中国水电
SINOHYDRO

中国水利水电建设集团公司志

中国水利水电第三工程局卷(1958～2006)

中国水利水电建设集团公司史志编辑委员会

中国电力出版社
CHINA ELECTRIC POWER PRESS

1952年10月，毛泽东视察万里黄河，发出了“要把黄河的事情办好”的号召

1966年3月19日，中共中央政治局常委、中共中央委员会总书记邓小平视察刘家峡水电站工程

1996年6月3日，中共中央政治局常委、国家主席江泽民在小浪底工地与水电三局职工亲切交谈

1995年6月12日，中共中央政治局常委、书记处书记胡锦涛视察青铜峡水电站

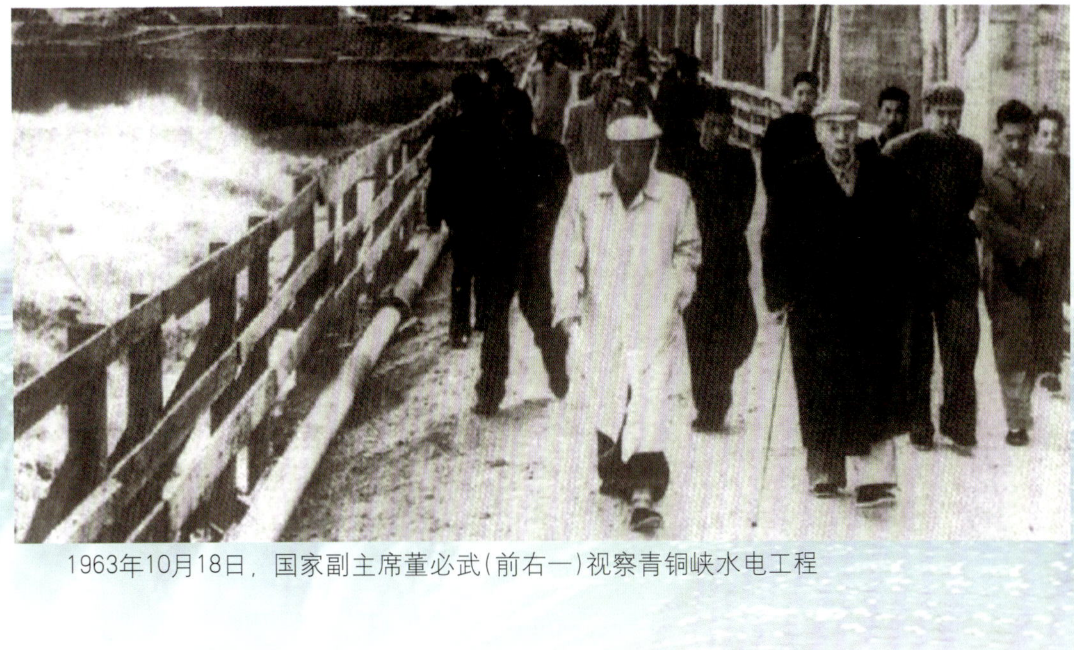

1963年10月18日，国家副主席董必武（前右一）视察青铜峡水电工程

2000年11月12日，中央政治局常委、全国人大常委会委员长李鹏在三峡工地视察时与水电三局领导握手慰问

1998年12月29日，中共中央政治局常委、国务院总理朱镕基在视察三峡工地时亲切接见水电三局职工

2001年2月28日，中共中央政治局常委、中央纪律检查委员会书记、中华全国总工会主席尉健行（中）在三峡工地与水电三局领导合影留念

1996年4月20日，中共中央政治局委员、国务院副总理邹家华（前右一）视察小浪底水利枢纽工程水电三局施工现场

1999年11月1日，中共中央政治局委员、国务院副总理吴邦国（中）在三峡水利枢纽工程建设工地慰问水电三局职工

1995年4月22日，国务委员、全国政协副主席李贵鲜（右一）视察水电三局安康生活基地

2000年12月6日，水利电力部部长、全国政协副主席钱正英（前左一）在三峡工地与水电三局职工合影

2003年10月26日，中共中央政治局常委，国务院总理温家宝在三峡视察水电三局施工现场并与职工合影留念

2003年6月15日，中共中央政治局常委、国家副主席曾庆红（前右一）视察沙坡头水电站水电三局施工现场

2006年8月26日，中共中央政治局常委李长春（前右一）视察拉西瓦水电站水电三局施工现场

2005年4月5日，中共中央政治局委员、国务院副总理曾培炎（左一）在向家坝水电站建设工地视察时与水电三局职工亲切握手

2001年3月24日，中共中央政治局委员、中央军委副主席、国防部部长迟浩田（右一）在三峡工地视察时与水电三局技术人员亲切握手

2003年9月4日，中共中央政治局委员、全国人大常委会副委员长、中华全国总工会书记王兆国（右一）在北京亲切接见水电三局女子电焊班代表

1996年11月15日，中共甘肃省委书记闫海旺（前左一）到大峡水电站工地视察

1998年1月23日，中共陕西省委书记李建国（右一）视察安康电站施工现场水电三局施工现场

1995年4月14日，甘肃省省长张吾乐（前右二）视察大峡水电站工地

1996年1月29日，水利部副部长、原中国水利水电工程总公司总经理张基尧（前右二）到大峡水电站工地看望职工并检查指导工作

2008年5月3日，中国水利水电建设集团公司总经理范集湘（右一）视察京沪高铁三标段（水电三局项目部）中心试验室

刘家峡水电站。其最大坝高147米，总装机容量122.5万千瓦，年发电量55.8亿千瓦·时，1975年竣工，获全国科技大会科技成果奖和国家银质工程奖

青铜峡水电站。其总装机容量27.2万千瓦，1958年8月开工建设，1968年第1台机组发电，1978年8月8台机组全部投产发电(该电站为我国第一座闸墩式水电站)

石门水库。其大坝为混凝土双曲拱坝，最大坝高88米，总库容1.05亿米^3，获水利电力部优质工程奖

石泉水电站。其总库容4.7亿米^3，总装机容量13.5万千瓦。获国家优质工程银质奖

安康水电站。其大坝为折线式混凝土重力坝，坝高128米，总库容25.85亿米^3，总装机80万千瓦，安康水电站主体混凝土获能源部优质工程奖

射洪螺丝池电航工程。该工程设有泄洪闸18孔，总长267米，总装机容量3.15万千瓦

大峡水电站。其大坝为河床式混凝土重力坝，装机总容量30万千瓦

小峡水电站。其大坝为混凝土重力坝，总装机容量为23万千瓦。获中国电力优质工程奖

三峡水利枢纽工程。该工程为特大型水利水电工程，总库容393亿米^3，总装机容量1820万千瓦。获新中国成立六十周年百项经典暨精品工程

小浪底水利枢纽大坝。其大坝为黏土心墙堆石坝，坝高154米，总装机容量180万千瓦。荣获新中国成立六十周年百项经典暨精品工程

公伯峡水电站。其大坝为混凝土面板堆石坝，总库容6.20亿米^3，总装机容量150万千瓦。获国家优质工程金奖、新中国成立六十周年百项经典暨精品工程、中国建筑工程鲁班奖

柴家峡水电站。其大坝长339米，最大坝高33米，总装机容量为9.6万千瓦

株洲航电枢纽。其建筑物主要有泄洪闸、船闸、电站厂房、坝顶公路，总装机容量14万千瓦

沙坡头水利枢纽工程。其水库总库容2600万米^3，灌溉总面积为584.7千米^2，总装机容量12.04万千瓦。获水利部“大禹奖”

双河口水电站工程。其大坝为混凝土面板堆石坝，坝高100.5米，坝顶宽10.6米。坝顶长372.08米，总装机容量120万千瓦

红岩子电航工程。其拦河大坝为碾压混凝土重力坝，最大坝高84米，坝顶长449米，总装机容量10.5万千瓦

大朝山水电站。其大坝为混凝土重力坝，最大坝高115米，总装机容量135万千瓦。获中国建筑工程“鲁班奖”

小湾水电站。其大坝为混凝土双曲拱坝，最大坝高292米，总装机容量420万千瓦。获中国电力科学技术一等奖

拉西瓦水电站。其大坝为混凝土重力拱坝，最大坝高250米，总装机容量420万千瓦

江垭水电站。其大坝为碾压混凝土重力坝，厂房为地下式发电厂房，总装机容量30万千瓦

石板水水电站。其大坝为混凝土重力坝，最大坝高84.6米，总装机容量11.5万千瓦

白水峪水电站。其大坝为混凝土重力坝，最大坝高63.5米，总装机容量4.5万千瓦

南水北调水源工程丹江口大坝加高工程。其加高后的混凝土重力坝坝高117米，坝顶长1141米

景洪水电站大坝。其大坝为混凝土重力坝，最大坝高108米，总装机容量175万千瓦。在混凝土施工中创国内碾压混凝土大口径取芯最长中国企业新纪录

三甲水电站。该工程为低水头径流式电站，总装机容量2.625万千瓦

甲岗水电站。其大坝为混凝土重力坝，是世界上海拔最高的水电站（海拔4700米）

同马大堤工程。其加固工程位于安徽省怀宁县。大堤全长173千米，为国家一级堤防

向家坝水电站大坝。其大坝为混凝土重力坝，最大坝高162米，坝顶长909.3米。总装机容量640万千瓦

西龙池抽水蓄能电站是目前国内最高水头的抽水蓄能电站。装机容量4×30万千瓦。获全国优秀焊接工程。左图为发电机组吊装施工现场

西龙池抽水蓄能电站下库

小浪底水利枢纽3号导流洞施工现场

三峡永久船闸工程。该船闸为双线五级船闸，一线上行，一线下行

三峡工程永久船闸人字门安装工程。该工程单扇门高38.5米，宽22米，被誉为“天下第一门”

南水北调中线京石段应急供水工程(北京段)北拒马河暗渠工程

南水北调PCCP管安装工程

双江口绰斯甲河大桥。全桥总长151米，桥面总宽12.5米

安康飞机场机场工程。其跑道长1600米，宽30米，停机坪面积9600米^2，候机楼和航管楼面积1200米^2

长安三水厂工程。其日供水能力8.1万米^3。外引水经过沉淀、过滤等加工程序，通过输水管道以重力方式供水

汉江瀛湖港口码头

汉中电信大楼。其建筑面积6250米^2，获陕西省优良工程

水电三局西安综合楼。该楼共21层，总层高69.75米，建筑面积12358米^2

北京石油大学综合建筑群。其建筑总面积18465.4米^2

伊拉克摩苏尔水坝。其水坝为黏土心墙堆石坝，最大坝高100米，坝长3600米，总装机容量72万千瓦

阿尔及利亚布库尔丹水坝。其水坝为黏土心墙堆石坝，最大坝高74.5米，坝顶长616米，坝顶宽10米，坝底宽335米。总库容1亿米^3

阿尔及利亚罗斯法水坝工程由取水塔、溢洪道、导流洞、黏土心墙土石坝组成。最大坝高57米，坝顶长226.7米

苏夫河谷水净化工程。该工程由管道安装工程、检查井、泵站、降水井等组成

2006年陕西省“水电杯”职工技能大赛在丹江口工地举办

全国“五一”劳动奖状获得者水电三局女子电焊班在三峡施工现场技术交流

水电三局苗家坝项目部在抗震救灾工作中被中华全国总工会评为“工人先锋号”

水电三局在精神文明建设过程中军民共建工作受到安康市的表彰

水电三局开展廉洁从业专项教育活动

水电三局广泛开展群众性娱乐活动，丰富职工的业余文化生活

水电三局举办大型国庆文艺汇演活动

荣誉资质

全国五一劳动奖状

全国先进基层党组织
中共中央组织部
二○○一年七月一日

中国建筑工程鲁班奖
(国家优质工程)

中国建筑工程鲁班奖
(国家优质工程)

证书

荣誉证书
甘肃省建设工程飞天金奖

石门水利枢纽工程
一級优质工程

国家质量奖审定委员会批准荣获
银质奖章特发此证书

全国优秀焊接工程
2007

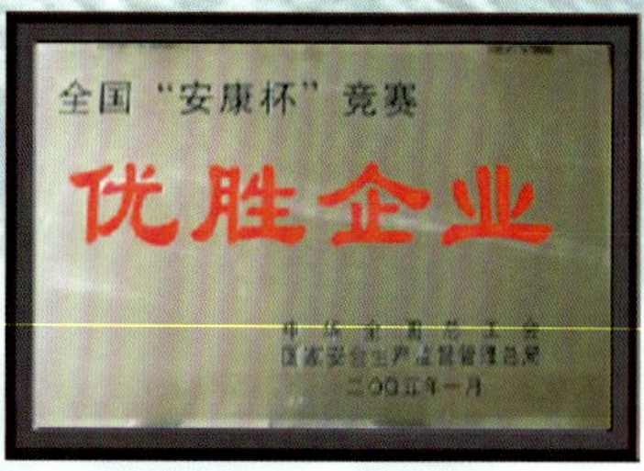
全国"安康杯"竞赛
优胜企业

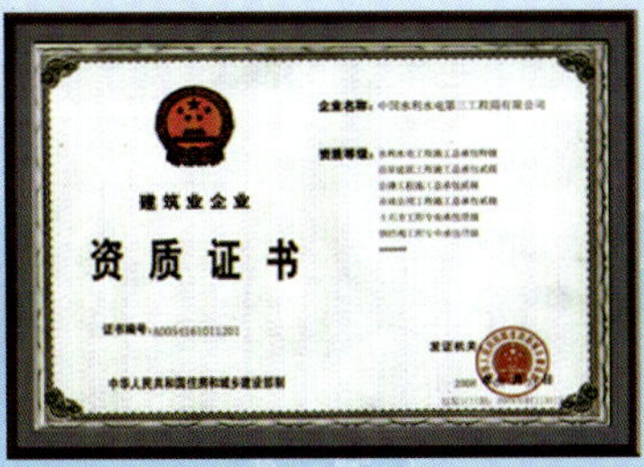
建筑业企业
资质证书

安全生产许可证
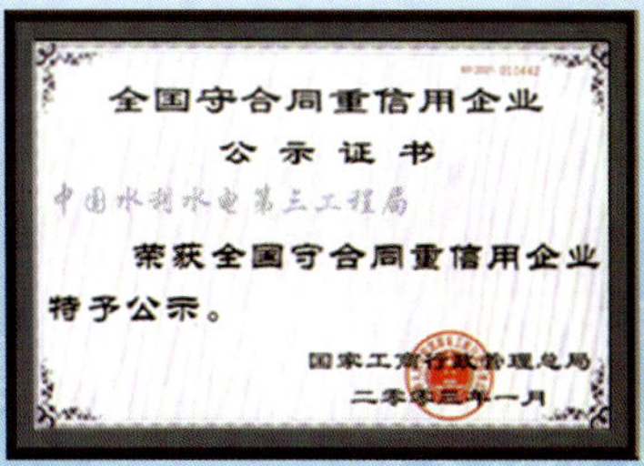
全国守合同重信用企业
公示证书
中国水利水电第三工程局
荣获全国守合同重信用企业
特予公示。
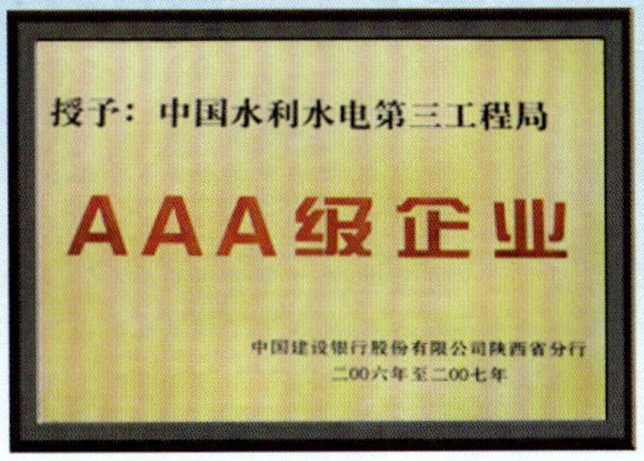
授予：中国水利水电第三工程局
AAA级企业
中国建设银行股份有限公司陕西省分行
二00六年至二00七年

陕西省守合同重信用企业
（2003年度）
陕西省工商行政管理局
二00四年十月十日
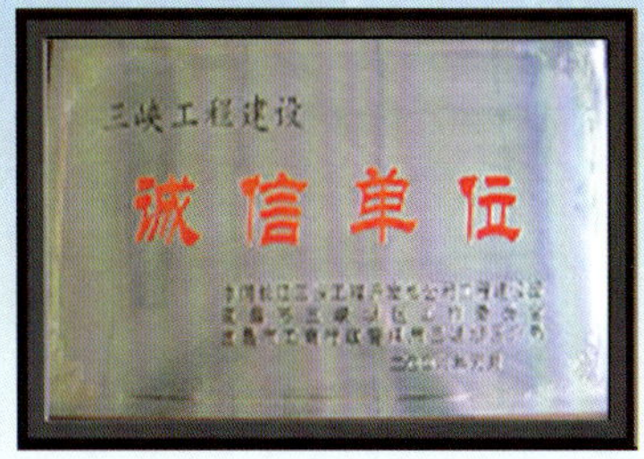
三峡工程建设
诚信单位

国家电力 STATE POWER
双文明单位
（1998 — 1999）
国家电力公司

證書
特发此证

CQM
质量管理体系认证证书
中国水利水电第三工程局

CQM
职业健康安全管理体系认证证书
中国水利水电第三工程局

CQM
环境管理体系认证证书
中国水利水电第三工程局
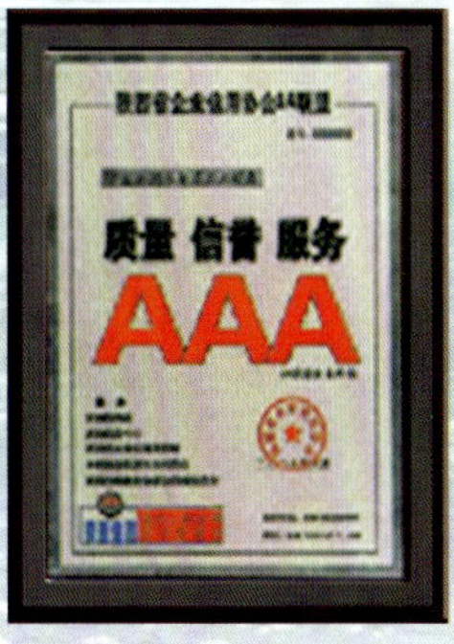
质量 信誉 服务
AAA

中国水电
SINOHYDRO

中国水利水电建设集团公司公司史志

编 辑 委 员 会

（2004 年 5 月～2008 年 4 月）

主 任 委 员　郭建堂

副主任委员　刘起涛　刘经迪　付元初　袁柏松　唐苏军

委　　　员　（按姓氏笔画为序）

丁永泉　王志平　王岩峰　王宗敏　王维斌　王振南

车治中　邓孟元　文端超　冯觉林　孙　越　孙玉民

孙宝田　孙洪水　安兰廷　刘伟民　刘均宏　许贺龙

吕瑞翔　张长源　张治源　张源智　陈正平　陈庆和

陈纯鹏　杨则珂　杨南安　李良顺　李跃平　佘其年

周　宇　周六义　林玉杰　林修建　苟达平　季晓勇

宗敦峰　范集湘　姜戌年　段尚毅　郭　志　郭志强

高　翔　谈玉富　唐定乾　徐洪兴　徐鹿元　黄保东

童劲松　楚跃先　解登发　樊建平　潘承东

编 委 会 编 辑 部

主　　编　解登发

编　　辑　杜永昌　冯有维　李霞林　李翔凌

中国水利水电建设集团公司史志

编 辑 委 员 会

（2008 年 4 月～ ）

编 委 会 编 辑 部

总　　序

中国的水利水电建设事业已经走过了五十多年的光辉历程，取得了举世瞩目的伟大成就，走在了世界的前列。中国水利水电建设集团公司作为中国治理江河和水电资源开发的主力军，为中国的水利水电建设走在世界前列、为中国水电走向世界作出了卓越的贡献。1950年8月，燃料工业部正式成立水力发电工程局，揭开了中国水利水电建设集团公司发展历史的第一页。在50多年的历史中，伴随着共和国的成长和水电事业的发展，从初创的水电工程局，到以后的水电建设局、水电建设总局、水电工程总公司，发展成为今天的中国水利水电建设集团公司，在中国特色社会主义大道上一路攀升，在雄居国内水利水电及相关产业市场制高点的同时，已全方位融入国际市场，成为由中央管理的、具有国际竞争力的大型跨国企业集团。

50多年来，特别是改革开放以来，中国水利水电建设集团公司始终站在中国水利水电建设的最前沿，站在中国水利水电建设技术创新的最前沿，站在中国水利水电建设体制改革的最前沿，站在中国建筑业市场的最前沿，站在中国水利水电建设与国际接轨的最前沿。一代代水电人持续发扬特别能吃苦，特别能战斗，特别能忍耐，特别能奉献的精神，承担了国内70%以上的大中型水电站和水利枢纽工程建设任务。集团公司整体建设实力和水平已经处于世界同行业先进水平，为中国水电开发建设规模跃居世界第一作出了突出贡献。与此同时，成功地走出国门，昂首进入国际市场，在世界数十个国家和地区进行工程承包建设、经济技术合作和投资经营活动，在国际上树立起了“中国水电建设第一品牌”的良好形象，“中国水电”在国际上已经成为中国水电建设行业的第一品牌和行业代表。

集团公司在全面从事国内外水电建设的同时，全面开拓非水电建筑市场，积极稳健地开展投融资业务，房地产开发经营业务，进出口贸易业务等，集团公司四大主业协同发展，建筑工程承包、资产经营两条主线稳健延伸，国际国内两大市场双向拓展，各项事业健康、持续、蓬勃发展。公司已由当初单一的水利水电施工企业发展成为今天集工程总承包、投资开发、国际经营等多元发展为一体的综合性大型企业集团，成为中国企业100强和全球最大国际承包企业中的重要成员。

中国水利水电建设集团的发展历程，就像长江黄河，从源头奔流向前，一路吸纳了支流河川的水量，也接受了这些河川带来的许多成分，汇聚成滚滚向前的时代洪流，培育了与时俱进的企业精神，形成了独具特色的水电企业文化。江河行地，海纳百川，水电企业文化之引以为荣，在于有容纳之量、消化之功和融合之美。每每看到共和国的大地上一座座大型水电站傲然屹立、一个个重点基础项目落成典礼；每每回顾水电建设的先辈们纵横江河、奋斗不息的往昔；每每在激情燃烧的工地上相聚风雨同舟、共成事业的战友；每每在异国他乡，紧紧握住征战国际工程的勇士们一双双长满老茧的手；置身于患难与共、朝夕相处的数十万水电职工之中；就会被水电人所创造的历史所震撼，为他们所铸就的辉煌而呐喊。喜看近年集团公司欣欣向荣的发展新面貌；展望任重道远、灿烂辉煌的未来；内心激情久久不能平静，历史负重感时时催人奋进。亲历峥嵘岁月，见证发展历程，一代代水电人数十年所承担的诸多历史重任、经历的诸多艰难曲折、经受的诸多历史磨炼和可歌可泣的奋斗生涯就在眼前，一代代水电人所具有的特别闪光的精神和深厚的水电文化内涵，正在世人面前展现着独特的魅力。

一代代水电人无愧于祖国和民族的重托，用智慧、心血和双手已经和正在创造出经得起时代和历史检验的物质财富，已经和正在创造出经得起时代和历史检验的精神财富。为铭记这波澜壮阔的创业史和发展史，为不忘曾经为发展中国水电事业奋斗终生的一代代建设者的历史功绩，传承和光大这宝贵的历史经验和精神财富，集团公司站在时代和历史的高度，以神圣的使命感决定开展集团公司的史志编研工作。通过各方不懈的努力，将集团公司的光辉历程编辑成鉴、编修成志、编著成史，形成集团公司史志鉴系列编著，载入史册，以便前有所稽，后有所鉴，承前启后，继往开来，服务当代，有益后世。做到对前人负责，对今人负责，对后人负责，对历史负责。

集团公司的史志编著，是企业文化的组成部分，具有突出的水电企业特色。史志编著要实事求是、与时俱进，坚持辩证唯物主义和历史唯物主义的观点和方法，坚持科学严谨的工作态度，求真务实，以生产力发展为主线，以经济建设为中心，注重突出集团公司企业特点，充分反映时代特征，体现与时俱进的精神，深刻总结发展经验，完整、准确地记载集团公司艰苦卓绝的创业史和发展史。编著中抓住重点，充分反映集团公司形成、发展的过程，体现企业创业发展的历史和坚持创新的成就；充分反映工程建设发展的轨迹、成就、经验和特点；充分把握企业改革的现状，体现企业改革的成果；充分把握对外开放的步伐，展现企业实施国际化发展战略的业绩；充分体现企业科技进步和管理创新的成果；充分把握精神文明建设的作用，体现集团公司的先进文化特色，传记贡献突出的水电建设者。

集团公司史志编著工作，是一项编纂浩繁的文化工程，也是一个系统工程。由于时间跨度太长，资料收集难度较大，编纂工作遇到了许多困难。几年来，经过集团及所属企业各级领导和广大史志工作者的不懈努力，史志编著工作已经取得阶段性成果，在《年鉴》公开出版发行的同时，按照史志编著工作《实施方案》的要求，周密规划了编著卷目，明确各卷编著的篇目框架，明确编著的具体质量要求、进度安排和工作责任。集团公司史志编著工作，由集团公司《年鉴》、集团公司《组织机构志》、《大事记》、《光辉历程》历史画册、《人物志》和成员企业18个工程局(厂)《分志》等22卷一整套系列编著组成。《年鉴》从集团公司组建开始，一年一卷，逐年编纂，连续出版。集团公司《志》的编修时段为1950年至2006年。22卷史志系列编著是一个有机的整体，总体上卷目架构系统合理，篇目框架设置科学，体现时代要求，突出企业特色，展现企业文化融合，体现全集团共有价值观。目前《年鉴》已出版三卷，受到有关方面的认可和好评；《志》书的编修工作正在全面开展，有的《分志》已成书付印，有的《志》书正在编修成稿，各卷志书将先后如期付梓问世。

质量是《年鉴》和《志》书的生命，是《年鉴》和《志》书的价值所在。集团公司从事史志鉴工作的同志们，在史志编著工作中坚持正确的指导思想，反映时代的特点，树立精品意识，编著精品工程，把好编著的政治质量标准、体例质量标准、资料质量标准、著述质量标准、入选照片质量标准、编排设计与印刷出版质量标准，学习贯彻《地方志工作条例》精神，按照质量要求，做到存真求实，确保质量，全面、客观地记述企业的历史和现状，使史志编著具有长效服务的生命力，起着“资治、教化、存史、致用”和启迪未来的重要作用。我愿在此向参与集团公司史志系列编著的所有同志们表示衷心感谢，向22卷史志系列编著将先后如期付梓出版表示热烈祝贺，向开创集团公司历史的先辈们和正在铸就集团公司灿烂辉煌的战友们表示崇高敬意！我相信，集团公司22卷史志系列编著，将以自己的鲜明特色，成为佳作良志，在众多的企业志鉴中占有一席之地。

历史是不能忘记的，而铭记历史是为了更好地面向现在和未来。当前，中国水电集团正以科学发展观为统领，努力建设具有较强国际竞争力的质量效益型跨国企业集团。这一目标催人奋进，必将鼓舞水电人开创更加美好的未来，谱写更加光辉的篇章！

中国水利水电建设集团公司
原党组书记、总经理 郭建堂

2008年6月30日

《中国水利水电建设集团公司志》系列编著总目录

一、中国水利水电建设集团公司组织机构志(1950～2006)
二、中国水利水电建设集团公司大事记(1950～2006)
三、中国水利水电建设集团公司光辉历程(1950～2006)
四、中国水利水电建设集团公司人物志(1950～2006)
五、中国水利水电建设集团公司志《中国水利水电第一工程局卷》(1958～2006)
六、中国水利水电建设集团公司志《中国水利水电第二工程局卷》(1958～2006)
七、中国水利水电建设集团公司志《中国水利水电第三工程局卷》(1955～2006)
八、中国水利水电建设集团公司志《中国水利水电第四工程局卷》(1958～2006)
九、中国水利水电建设集团公司志《中国水利水电第五工程局卷》(1954～2006)
十、中国水利水电建设集团公司志《中国水利水电第六工程局卷》(1958～2006)
十一、中国水利水电建设集团公司志《中国水利水电第七工程局卷》(1965～2006)
十二、中国水利水电建设集团公司志《中国水利水电第八工程局卷》(1952～2006)
十三、中国水利水电建设集团公司志《中国水利水电第九工程局卷》(1958～2006)
十四、中国水利水电建设集团公司志《中国水利水电第十工程局卷》(1981～2006)
十五、中国水利水电建设集团公司志《中国水利水电第十一工程局卷》(1955～2006)
十六、中国水利水电建设集团公司志《中国水利水电第十二工程局卷》(1956～2006)
十七、中国水利水电建设集团公司志《中国水利水电第十三工程局卷》(1962～2006)
十八、中国水利水电建设集团公司志《中国水利水电第十四工程局卷》(1954～2006)
十九、中国水利水电建设集团公司志《中国水电建设集团十五工程局有限公司卷》(1952～2006)
二十、中国水利水电建设集团公司志《中国水利水电闽江工程局卷》(1955～2006)
二十一、中国水利水电建设集团公司志《中国水电基础局有限公司卷》(1959～2006)
二十二、中国水利水电建设集团公司志《夹江水工机械厂卷》(1966～2006)

中国水利水电建设集团公司志
中国水利水电第三工程局卷

编纂机构及人员名单

一、编 纂 委 员 会

主任委员　章运礼　刘美华　吴新琪　张治源

副主任委员　付胜利　吴家明

顾　　问　赵　征　武　林　程　山　刘纪仁　赵庆安　李友仁
于彦洲　李　卫　姜玉村

委　　员　(按姓氏笔画为序)

王广利　王亚宁　王宏民　王鹏禹　邓远国　冯　亮
司　勤　叶　平　傅保贵　白存忠　任世玉　任祥友
刘　东　刘玉建　刘长海　刘胜平　齐志华　米振柱
李　刚　李炳汉　李兆宇　肖　康　肖庆国　沈　钧
沈宏伟　沈建平　邱建康　余国辉　陈宗林　陈忠伟
陈家新　汪群策　张　兵　张　波　张立选　张玉凤
张自顺　张育林　张金斗　张炎武　张雅兴　罗永红
屈劲松　单勇锋　洪　飞　俞　程　施　娟　赵红阳
姚安华　钟泽明　胡海涛　柳清泉　郭　坤　袁久峡
梁艺华　高统彪　姬脉兴　夏正平　黄　平　黄小平
黄继敏　常　民　曹宏军　程　军　鲁兴国　谢凯军
焦继轩　廖　勇

主　　编　任祥友

副 主 编　陈家新

二、史志办公室

主　　任　姚世友（2005～2007）

　　　　　任祥友

副 主 任　陈家新

编　　辑　王俊峡　卢兰英　谢声翠　梁致贤　尚玉凤

序　一

时光荏苒，岁月流年。弹指挥间，历史已进入新的发展时期，翻开新的时代篇章。

自古盛世修志，是中华民族之优良传统。在这个世界格局多元化，全球经济一体化，我国经济高速发展的历史背景下，集团公司科学发展，股份公司快速成长，成员企业奋力搏击市场。在此新形势下，集团公司组织修史编志，可谓意义重大。“忆往昔峥嵘岁月，展未来锦绣前程”。修史编志是“存史、资治、教化”的系统性工程，是企业文化传承与发扬的媒介工程，是一件功在当代、利在千秋的伟业工程。水电三局作为股份公司的成员企业，义不容辞地要担当起编写分志卷的重任。

《中国水利水电建设集团公司志—中国水利水电第三工程局卷（1958～2006)》一书，在集团领导的支持和关注下，在公司全体员工的共同企盼和努力下，在史志工作者的辛勤笔耕和操劳下，几易其稿，终于成卷。在付梓之际，本人不胜感慨，欣慰之至。借此，向所有关心支持修志工作的各级领导、各位专家及参与撰稿、编纂和提供资料的全体人员，致以崇高的敬意和衷心地感谢!

水电三局的发展历史，要追溯到1955年三门峡水利枢纽工程和伊河陆浑水库工程建设（因为水电三局有相当数量的老同志都参加过当年的艰苦创业)。之后由刘家峡、青铜峡转战到了陕西汉江之上，先后承建了石泉水电站、石门水利枢纽工程及安康水电站等多项陕西省内大中型水利水电建设项目；队伍也在辗转奋战中经过不断合并融入，成为统一整体，历史渊源可谓纵横交错，纷繁厚重。在50多年的历史进程中，水电三局人始终秉承了“特别能吃苦，特别能战斗”的水电人光荣传统，凭着“自强不息，勇于超越”的水电三局精神，独立承建、参建了国内外百余座大中型水利水电工程及其他建筑工程；在长江葛洲坝及三峡水利枢纽工程、黄河小浪底水利枢纽工程、南水北调工程、向家坝水电工程等享誉国内外的世界级宏伟工程施工建设中也立下功劳。

水电三局有限公司曾荣获“全国‘五一’劳动奖状”荣誉称号，多个项目荣获建筑行业最高荣誉——中国建筑工程鲁班奖。如今，水电三局继续乘风破浪，在市场经济的大潮中谱写着一首首悠扬的乐章；披荆斩棘，勇往直前，在锦绣壮丽的山河上描绘着一幅幅秀美的画卷。水电、市政、公路、高速铁路等众多建筑领域都印有三局人的足迹；祖国的大江南北、长城内外，世界的多个国家都留有我们水电三局人的荣耀。

水电三局的历史，凝结着几代人的智慧和汗水，有老一辈水电人的牵挂和不舍，有这一辈水电人的保护与担当，有下一辈水电人的希冀和未来。编纂出版此志书，无疑是对老一辈的交代，对这一辈的认可，对下一辈的鼓舞。回忆这段历史，对启迪人的思路、振奋人的精神、鼓舞人的斗志、加快企业的改革和发展大有裨益。

水电三局将继续以史为鉴，以志为导，勇于变革，开拓创新，承前启后，继往开来，努力建设成一支具有一流管理水平、一流业务水平、一流科技水平、一流装备水平的“大土木”综合施工队伍，满怀激情地为祖国建设和发展作出新的更大的贡献。

中国水利水电第三工程局有限公司执行董事、总经理

2011年3月8日

序　二

“盛世修志，志载盛事。”《中国水利水电建设集团公司志　中国水利水电第三工程局卷（1958～2006）》编纂完成，实为水电三局企业文化建设中的一大盛事，可喜可贺。

水电三局的历史，是伴随着共和国水电事业蓬勃发展而成长壮大的历史。她经历了计划经济的培育，也经历了市场经济的锤炼。从建局至今，五十余年的岁月里，水电三局人为国家的水电建设事业贡献了智慧和汗水，作出了奉献和牺牲，饱尝了曲折的艰辛和成功的喜悦，同时也积累了宝贵的经验。因此，编纂和出版此志书，对水电三局的前人、今人乃至后人，都具有十分重要的意义。

编史修志，是精神文明和物质文明建设的重要组成部分，是企业文化建设的分项工程，也是承上启下、继往开来、服务当代、益于后世的公益事业。水电三局组建于20世纪50年代，是具有水利水电工程施工总承包特级资质的综合性施工企业。这本志书如实展现了水电三局干部、职工的思想境界和精神风貌，多角度、多侧面、多层次对水电三局的发展之路进行了较为翔实、准确地追溯，对水电三局的现在和将来将起到重要的历史借鉴作用。

五十载艰苦创业，五十载春华秋实。五十年来，从黄河的三门峡水电站、青铜峡水电站、刘家峡水电站到汉水的石门、石泉、安康水电站；从计划经济的指令性工程，到市场经济的招投标工程。水电三局全体干部职工不怕困难，不辞辛苦，汗洒祖国大地，功成华夏山河；他们不讲条件，不计得失，甘于为水电作奉献；他们远离繁华的市区，在荒凉与寂寞中耕耘，在大江大河中弄潮，用智慧和力量，一次次点燃了人类对光与热的希望。在艰苦卓绝的奋斗历程中，水电三局全体员工忠诚于祖国，忠诚于党，用一座座水电丰碑回报人民，成就了水电三局辉煌的历史。

跨入新世纪以来，水电三局在继续做大做强水利水电工程的同时，全面实现国内水利水电、基础设施、国际工程共同发展的经营格局，在国内外参与了六十多项工程的建设。作为这个光荣集体中的一员，我为水电三局的发展感到由衷地喜悦和自豪，衷心地祝愿水电三局在今后的发展道路上，承前启后，继往开来，继续谱写企业更加辉煌的水电华章！

为企业立言，为创业者树碑。本志即将付梓问世。为成就这一史料专著，全体编纂人员抚今追昔，叙事作录，秉笔直书，按照写史的要求谋篇布章，设节安目，运笔着墨，编纂成卷，付出了艰辛的努力。我谨代表局党委、水电三局对《中国水利水电建设集团公司志　中国水利水电第三工程局卷（1958～2006）》的出版表示热烈的祝贺，向全体编纂人员表示衷心地感谢！

斗转星移，岁月有痕。古人云：“以铜为鉴，可以正衣冠；以史为鉴，可以知兴替。”为此，局党委、水电三局希望全局职工，特别是领导干部要重视读志、用志，以志为鉴，扬长避短，在学习实践科学发展观的过程中，继续发扬“自强不息，勇于超越”的企业精神，不断进取，再创新的辉煌。

中共水电三局党委书记

2011年3月10日

编辑说明

一、编写《中国水利水电建设集团公司志　中国水利水电第三工程局志卷（1958～2006）》是以邓小平理论和科学发展观为指导，运用辩证唯物主义和历史唯物主义观点，按照社会主义新方志的基本要求，力求全面、系统、准确地记述水电三局的历史与现状，达到思想性、科学性和资料性相统一。

二、本志按照中华人民共和国《地方志工作条例》和中国水利水电建设集团公司史志办公室编发的《中国水利水电建设集团公司志××工程局卷编写纲目》的要求编写，坚持存真求实的原则，突出水电施工企业特点，体现事物发展规律。

三、本志的断限：上限自 1958 年 5 月事物的发端起，下限至 2006 年 12 月止。个别章节内容延记。

四、本志以志为主体，辅以述、记、图、表、录、照片等诸体并用。

五、本志横排门类，纵述始末，纵横结合；篇目一般设篇、章、节 3 级，以下层次用一、（一）、1、（1）序号表示。

六、本志使用规范的语体文，文风力求朴实、严谨、简洁、流畅，言简意赅，文约事丰，述而不论。

七、本志的文字、标点符号、计量单位和数字的使用，均以国家新闻出版署的有关规定为准。

八、人物入志含传略、简介、名录和以事系人 4 种类型。其中传略按生不列传的原则，记载为工程局作出重大贡献的已故人物；简介记载水电三局行政、党委历任正、副职和“三总师”、纪委书记、工会主席、全国劳动模范、全国先进生产（工作）者和正式命名的省部级劳动模范、省部级先进生产（工作）者；名录收录水电三局历届行政、党委、纪委、工会、团委领导人，省部级及以上劳动模范、先进生产（工作）者（含享受此待遇者），省部级及以上劳动模范集体、先进集体，以及具有高级专业技术职务任职资格者名单；以事系人对在某方面作出主要贡献者和与水电三局历史上某一事件直接有关的人士，在有关篇章中进行记述。

九、本志引用的文件编号的日期，如“1959 年 6 月 5 日，水利电力部，水［1959］劳字第 223 号”，即表示该文发文日期为 1959 年 6 月 5 日。

十、中国水利水电第三工程局的名称几经变更，本志记述时，按历史阶段划分：1958～1982 年原水利电力部水利水电第三工程局和第十五工程局在 1982 年 9 月合并前分别简称原水电三局和水电十五局（电力部水电二局），1982 年 9 月两局合并后简称水电三局。

目　　录

第三篇　建筑与安装工程

第四篇　开 拓 国 际 市 场

第五篇　多 元 化 经 营

第六篇　企 业 改 革

第七篇　企　业　管　理

第八篇　科 技 与 教 育

第九篇　后　勤　工　作

第十篇　党　群　工　作

第十一篇　精神文明与企业文化建设

第十二篇　企　业　监　督

第十三篇　人　物

概　　述

中国水利水电第三工程局由同源于黄河三门峡工程局后又同在汉江流域施工的原水利电力部水利水电第三工程局和第十五工程局合并而成，属中国水利水电建设集团公司成员企业，是集科研、设计、开发、采购、施工、监理、咨询为一体的特级大型骨干企业，具有水利水电工程施工总承包特级、公路工程施工总承包二级、房屋建筑工程施工总承包二级、市政公用工程施工总承包二级、土石方专业承包一级、钢结构工程专业承包一级、试验室一级、测绘甲级、工程监理乙级、工程设计乙级等企业资质。

一、艰苦创业　谱写篇章

50余年间，中国水电三局几代人跋涉江河，在24个省市自治区进行水利水电工程施工；走出国门，在世界上9个国家和地区进行水利水电和工民建工程建设，累计承建和参建了百余个大、中、小型水利水电工程。

1982年9月两局合并前，原水电三局和水电十五局承建和参建了黄河流域的三门峡、刘家峡、盐锅峡、八盘峡、青铜峡、陆浑等6个水电站和水库；汉水流域的石泉水电站、石门水库；又先后支援了葛洲坝、红石、龙羊峡、乌江渡等水电站的建设和进行青铜峡水电站的修补；组建队伍参与了板桥工程的建设、派劳务参加了伊拉克萨达姆电站的施工。所承建的水利水电工程均达到国家验收标准，参建的盐锅峡电站和独建的石泉水电站的施工，创造出了工期短、投资省的全国先进水平。

安康水电站是水电三局承建的最后一个指令性水利水电枢纽工程。随着国家实行改革开放和建立社会主义市场经济体制，建筑工程项目不再有指令性计划安排，工程局面临生存和发展的新考验。水电三局适应形势发展和变化，引导职工解放思想，转变观念，积极展开对外工程投标和兴办第三产业，适应市场竞争。1987年起，水电三局坚持以工程开发为第一要务，积极开辟国内和国际水电建筑业市场，并向公路、码头、机场、桥涵、隧道以及工民建等广阔的施工领域扩展，形成了全方位、多领域的发展态势。水电三局和二级分局共同努力，先后中标、独建和参建了百余项水利水电工程、防洪工程及20余个交通道路、机场、堤防、工业和民用建筑等工程项目。

同时，为安排富余职工，在抓好水利水电工程主业的同时，水电三局依照“建筑施工，多种经营，两业并举，协调发展”的方针，大力兴办多种经营。20世纪80年代中期，先后在安康和汉中两个基地陆续兴办了冶炼、汽车、建材、化工、服装、工艺品、运输、养殖、加工、商业和服务业等12个产业计50多个生产和服务企业，从业人员达1700余人；生产产品达490多个品种，其中少数项目形成规模。1995年后，根据形势的变化和多种经营的现实情况，水电三局适时对多种经营项目实行关停和改制，同时改变投资方向，加快产业多元化进程。

二、科技创新　提升素质

计划经济时期，水电三局把技术革新和技术革命结合到水电工程施工的全过程，大力推动群众性的“双革”（技术革新和技术革命）活动，保证施工速度和工程质量。在青铜峡水电站施工中，青铜峡工程局组织技术人员和工人开展技术革新活动，成功应用后张法制作预应力混凝土大梁，试制成功膜片式化学灌浆泵，实施多部位不同标号混凝土的试验和施工，解决了复杂条件下混凝土的温控问题等。克服闸墩式混凝土坝水电站厂房坝段和溢流坝段相间布置的施工困难，保证了工程建设的顺利进行。在石泉水电站建设中，右岸大坝空腹坝的设计，不但节约了材料，而且缩短了工期。在安康水电站建设中，经过反复试验，采用混凝土中掺用粉煤灰新工艺，并达同行业先进水平；采用超深大断面及大口径钢筋混凝土抗滑桩、50吨级预应力锚索锚杆、截水墙、断层塞多项方式治理大面积坝肩滑坡；采用混凝土大型抗剪桩、抗剪洞塞、预应力锚索等方式处理坝基深层抗滑稳定难题；解决混凝土重力坝甲乙块拼缝等，在行业中开了工程先例，技术领先国内水平，获部级科技进步奖。在市场经济条件下，水电三局更加重视技术进步和科技创新，不断研发应用新技术和新工艺，解决施工技术难题，提升企业技术素质。三峡工程中采用预裂孔、缓冲孔、水平光面爆破新工艺开挖的钢管槽群；小浪底水利枢纽工程3号导流洞引进的移动针梁式钢模台车浇筑洞壁新工艺，受到国家领导人和技术权威的肯定。景洪水电站混凝土双掺料的使用、大型混凝土预制模板的试验运用、碾压混凝土大口径超长芯样的取得；西龙池斜井开挖激光导向等多项施工法被国家专业机构确认为国家级或行业施工标准工法等，都是技术进步的新成果。近50年间，水电三局承建和参建的百余项水电工程，30多条道路，有20多项获得国家、省部级优质工程奖，其中石泉水电站荣获国家优质工程银质奖；石门水库和安康水电站混凝土主体工程获部级优质工程奖；云南大朝山水电站和黄河公伯峡水电站获得中国建筑工程“鲁班奖”。

水电三局成立科学技术协会和职工技术协会，大力开展群众性的技术革新活动、合理化建议活动，从1984年起，水电三局连年举行青工技术“比武”和职工技能大赛，大力开展群众性的技术普及、提高活动，并把技术总结、评比、认定、表彰工作经常化，激发了职工的技术改革和创新热情，取得了积极效果。水电三局创办的《青铜峡工程》、《水电施工技术》内部刊物，搭建了局内技术交流平台，为推进水电三局群众性技术革新和技术创新活动，提升职工技术素质发挥了作用。

三、不断改革　强化管理　适应市场

计划经济体制时期，企业高度重视施工计划、现场管理，质量和安全管理，确保上级下达的年度生产计划的完成。进入市场经济后，水电三局适应市场经济要求，不断调整管理机构，全面加强工程开发、项目合同、企业经营、劳动保险等方面的管理工作，建立了相应的工作体系，推动管理水平不断提高。水电三局成立专门组织，坚持不懈地抓好施工质量和安全管理，于1998年通过质量管理体系认证，2005年通过质量健康安全管理体系认证和环境管理体系认证。

1984年，水电三局开始试行局长负责制，到1987年，水电三局建立、健全局长负责制的工作体系和机制，全面实行局长负责制。从20世纪80年代起，局长与职代会签订年度局长经营目标责任书。从 1988 年 4 月起开始建立局、工程处两级生产目标责任制、内部承包经营责任制和领导任期目标责任制，并不断对内设机构进行必要的调整与整合。通过实行这些管理办法，以经济手段把效益和利益与个人劳动成果挂钩，逐步打破了原有的管理模式，突破了两个“大锅饭”，使二级单位和职工的主动性、积极性得到发挥。

20 世纪 90 年代初，随着通过投招标获取工程和业主管理模式的推行，水电三局普遍实行“两级经营、两级管理、独立核算”的项目合同管理办法。从 1995 年下半年起，实行岗位技能工资制度。随着企业改革的深化，根据项目管理的不同状况，水电三局内部实行多元化的分配方式，对多数施工项目人员实行基础工资加效益工资。从 1996 年 7 月起，全面实行全员劳动合同制，从传统的人事管理逐步过渡到了适应市场的人力资源开发管理。

水电三局历届领导班子既高度重视企业管理，又注重基础性的制度建设，既贯彻国家和上级的法规，又加强和规范企业的管理。每年都根据经营管理的需要，制订下发涵盖各门类、各专业的规定和办法；并定期对汇编文件进行充实、增删，下发二级单位，作为日常管理工作的依据，有力地推动了全局经营管理的深化和有序发展。

水电三局不仅努力拓展施工领域，不断提高各领域工程施工管理水平，同时还成立专门机构进行法律许可层面的获取资质证书工作。经过多年经营，水电三局已拿到多项施工资质，能够承担相应工程项目的建设施工。水电三局努力落实管理各项管理措施，认真履行合同，践行诺言，从 20 世纪 90 年代起，已经连续十多年获得金融机构的高度评价，成为信用“三 A”企业；自 1996 年起连续 9 年被陕西省人民政府授予“重合同、守信用企业”称号。

四、加强党建和企业文化建设　发挥群团组织作用

改革开放以前，水电三局实行党委领导下的行政领导分工负责制，体现出党的一元化领导体制。1984 年试行局长负责制后，党委工作转变为主要发挥保证监督作用。根据企业工作实际，中共水电三局党委按照《中国共产党全民所有制工业企业党组织工作条例》，调整局处两级党委职能部门的设置，逐步减少党委副职，精简工作部门和政工干部，转变工作方式、方法，保证党的路线方针政策得到贯彻落实。全面进入市场经济后，党委做到了项目设立同时组建党的组织。局党委坚持围绕企业经济工作中心落实党建工作，加强党的思想建设，坚持党管干部的原则，加强班子建设，持之以恒地开展以“创先争优”活动为载体的多种形式的党内活动，为企业可持续发展提供了思想和组织保障。

水电三局纪委机构健全，积极落实工作职责，协助党委抓好对领导干部和党员的党风党纪教育，探索做好企业纪检工作的新思路，紧密结合企业实际，特别是市场经济条件下经济管理、干部管理、物资采购等环节的廉政监督，在贯彻教育、监督、惩治并重的工作制度过程中，建立起了党风廉政责任制和一系列工作制度，形成了具有企业特色的党风廉政建设的工作机制，有效地落实了廉政教育、案件查处、效能监察、纠正不正之风、治理商业贿赂、不正当交易自查等项工作，推进了纪检监察工作的深入发展。

企业工会是政治文化工作的重要力量。1982 年 9 月前，工会组织围绕工程建设开展工会活动，重点放在组织劳动竞赛和职工生活方面。改革开放以后，工会组织贯彻职工代表大会工作条例，建立和健全职工代表大会工作制度，发挥工会组织的社会职能。进入市场经济后，工会工作面更加拓展，除继续履行职能作用外，还完善职代会工作机制，定期制订和修订集体劳动合同，切实开展厂务公开活动，落实民主管理和民主评议干部措施，突出了维权工作。局、分局（处）两级工会，特别是项目上的基层工会组织，紧密结合施工实际，持续地开展劳动竞赛、“双革”和青工技术“比武”活动，促进阶段性目标的完成。局工会从2002起与陕西省总工会联合，连续举办职工技能大赛，着力提高青工的技术技能水平；开展“建家”活动、女工工作和各类文体活动；为职工办理多种辅助保险等，在建设“四有”职工队伍和维护职工合法权益、关心职工生活、促进企业发展中发挥了积极作用。

水电三局重视职工的技能教育，在建局及发展的初期阶段，以师带徒方式培养青年职工。也大力开展多种形式的技术教育和技能培训工作，进行特殊工种的技能训练，开办技工学校，为企业和社会培养和提供技能型工人。从1983年起成立职工技能教育管理部门，承担在岗职工的技能培训工作，使职工技能教育逐步走向规范化。在20世纪70～80年代，水电三局先后成立科协、职工技协、文协、体协等7个群众性专业团体，组织开展大量活动，丰富了企业文化建设的内涵。

共青团组织按照党委的要求，大力开展青工队伍建设，积极发挥助手作用，引导团员青年学习政治和科学技术知识，树立正确的人生观、价值观，为党组织培养后备人才；紧密围绕施工生产组织“青年突击队”，完成急、难、险任务；同时积极响应团中央号召，开展“青年文明号”和“突击手”活动，推动工程建设；还与工会联手开展多种形式的文化活动，活跃团员青年的文化生活。

20世纪70年代后期，水电三局建立了汉中河东店褒河两岸生活区、安康张岭职工生活区。在上级同意建立生活基地后，陆续修建职工住宅楼，并完善生活服务设施。围绕基地管理和服务，设立了相应的工作单位，履行社会管理职能。随着后勤管理陆续进入市场，基地管理机构也实行公司化，先后成立了生活服务公司、劳动服务公司、房地产公司，分别履行生活服务、房产管理和多种经营的管理职能。1997年5月，局机关迁西安后，在张岭基地设立了基地管理分局，作为工程局的派出机构，负责工程局与基地单位的协调工作，承担部分工程局的管理职能。

思想政治工作、精神文明建设和宣传文化工作是党的工作的重要组成部分，中共水电三局党委建立有效的党内外政治教育制度，并根据阶段性要求，适时地开展各种政治教育培训、干部政治轮训、职工形势任务教育及青工的“双基”教育等。有针对性地制定了《水电三局青工队伍建设工作纲要》，落实了“一五”～“五五”普法活动。在多年的宣传文化工作中，局、分局（处）两级设立工作部门和宣传教育载体，创办内部广播、报纸，在两个生活基地兴办闭路电视系统，定期刊播工程建设情况和局内新闻，反映工程局各方面的信息、动态；开展群众性的各类文化活动，在队伍建设方面都产生了积极作用。

艰难困苦，玉汝于成。近50年风雨历程，半世纪铿锵凯歌，水电三局一路走来，为共和国捧出了拳拳忠心，2006年5月，全国总工会授予水电三局“全国‘五一’劳动奖状”。

大 事 记

（1958～2006 年）

1958 年

5 月 经水利电力部（简称水电部）决定，根据宁夏回族自治区工委要求，兴建黄河青铜峡水利枢纽工程。由三门峡工程局派领导干部、技术干部等施工力量组建青铜峡工程局。赵征任中共黄河青铜峡工程局党委书记兼局长、房洪涛任党委副书记、李文任副局长、礼荣勋任总工程师；宁夏回族自治区工委抽调宁夏农业厅副厅长李子华、吴忠地区检察院检察长刘思孝任工程局副局长，财政厅副厅长曹鹏程任工程局党委副书记。

6 月下旬 黄河青铜峡工程局领导及技术人员进驻青铜峡工地，进行施工准备。

8 月 26 日 青铜峡水利工程开工。开工典礼大会上正式成立水利电力部黄河青铜峡水利工程局。

9 月 1 日 宁夏回族自治区工委组织部发［1958］第 45 号文件通知，明确青铜峡工程局领导成员：赵征任中共黄河青铜峡工程局党委书记兼局长；房洪涛、曹鹏程任副书记；李子华、李文、刘思孝任副局长；礼荣勋任总工程师；陈芝瑞任工会主席；吴政德任组织部长；冯荐任宣传部长；侯廷武任团委书记。赵征、房洪涛、曹鹏程、李子华、李文、刘思孝、吴政德、冯荐、陈芝瑞、侯廷武、礼荣勋为党委委员；赵征、房洪涛、曹鹏程、李子华、李文、刘思孝为常委。

9 月 28 日 朱传喜在三门峡水电站被评为河南省劳动模范，黄玉阶被评为河南省先进生产者，受到河南省政府的表彰；赵景云被评为浙江省先进生产者，受到浙江省政府表彰（3 人为后成立的水电四局石泉分局职工）；骆风水被评为福建省先进生产者，受到福建省政府表彰（骆风水为青铜峡工程局职工）。

10 月 18 日 根据水电部水电建设总局劳字 237 号文件：撤销刘家峡水力发电工程局筹备处，正式成立刘家峡水力发电工程局。杨一木任中共刘家峡水力发电工程局党委书记，张铁铮任局长，李鹗鼎任总工程师。

12 月 15 日 黄河青铜峡工程局《青铜峡报》创刊。

1959 年

1 月 20～24 日 中共黄河青铜峡工程局第一次党代会召开，出席代表 119 人，党委书记赵征作工作报告。讨论通过了局党委提出的《关于加强计划管理、技术管理、经济核算，促进生产高潮的报告》。会议选举了工程局首届党委，书记为赵征；作出了关于大会工作报告的决议；关于确保四月截流、“五一”放水的决议；关于加强党的领导、增强党的团结、维护党的统一的决议；关于生活福利的决议。

2 月 25 日 黄河青铜峡工程局成立共产主义大学，对职工和民工进行政治理论、文化、技术教育培训。党委书记赵征任校长，党委副书记房洪涛、副局长李文任副校长。

2月27日 水利电力部副部长钱正英、水电总局副局长朱国华、总工程师黄育贤到青铜峡水电站工地视察。

3月5日 水利电力部通知：黄河青铜峡工程局行政上由宁夏回族自治区领导改为属水电部领导，同时与三门峡工程局脱离隶属关系，改称水利电力部青铜峡水利工程局。

3月9日 中共宁夏回族自治区党委组织部发〔1959〕组干字第35号文，批复中共青铜峡工程局党委成员：赵征、房洪涛、曹鹏程、李子华、李文、刘思孝、礼荣勋、吴政德、冯荐、陈芝瑞、乔捷三、王玉栋、刘生财、王秉乾、吴若衡、叶正富16人为委员；高金堂、陈溪文、邢步宏、张成焕、宗化诚5人为候补委员；赵征、房洪涛、曹鹏程、李子华、李文、刘思孝6人为常委；赵征为书记，房洪涛、曹鹏程为副书记。另批准7人为监委委员，曹鹏程为监委书记。

5月1日 青铜峡秦、汉、唐徕三渠如期放水，保证宁夏1800千米^{2}农田灌溉。

7月5日 黄河青铜峡工程局首届团员代表大会召开，340名代表参加会议。共青团委书记侯廷武作《自1958年8月青铜峡工程开工以来的工作报告》。大会选举产生了由15名委员组成的青铜峡工程局第一届团委，侯廷武为书记。

7月27～30日 青铜峡工程局首届职工代表大会召开，出席大会的职工和民工代表308名。副局长李文作工作报告。会议选举产生了由17人组成的青铜峡工程局首届工会执行委员会，首届执委会推选了常委会，选举陈芝瑞为主席。

9月30日 青铜峡工程局职工李长会、曲万江、王宪章、何舍禄、刘素珍、范广聪被评为宁夏回族自治区先进生产者，受到自治区政府表彰。水电四局职工赵关宝（后归另成立的石泉分局）被评为甘肃省先进工作者，受到甘肃省政府表彰。

10月11日 中共宁夏回族自治区党委组织部发〔1959〕组干字第135号文通知，任命郭鹏为中共青铜峡工程局党委副书记。

11月20日 王进先、高德胜（此2人后为水电四局石泉分局职工）被评为全国工业、交通运输、基本建设、财贸方面社会主义建设先进生产者，王进先作为出席在北京召开的全国工业、基本建设、交通运输、财贸方面群英会的代表载誉回到三门峡工地。

11月 水利电力部以水电〔1959〕水字第35号文批准青铜峡水电站初步设计。

12月9日 中共宁夏回族自治区党委组织部发〔1959〕组干字第147号文通知，免去曹鹏程中共青铜峡工程局党委副书记职务，调任中共宁夏回族自治区交通局任党委书记兼局长。

12月 《青铜峡工程》技术刊物创刊。

1960年

1月30日 青铜峡工程局召开青铜峡水电站截流誓师大会。

2月24日 青铜峡水利枢纽工程成功截流。

3月21日 中共宁夏回族自治区党委组织部印发〔1960〕组干二字第8号文通知青铜峡工程局中层干部的任免情况。

3 月 22 日 中共青铜峡工程局党委召开第二次党代会，党委书记赵征作工作报告，宁夏回族自治区领导吴生秀到会讲话。

8 月 11 日 青铜峡工程局召开共青团第二次代表大会，369 名代表参加，选举戴焕智为团委书记。

9 月 7 日 中共宁夏回族自治区党委组织部发［1960］组干字第 35 号文，通知区党委决定并经中央批准，赵征兼任中共青铜峡市市委第一书记、刘思孝任青铜峡市副市长。

9 月 26 日 青铜峡工程局水利水电学校正式创建开学，由工程局副局长李文任校长。

9 月 30 日 青铜峡工程局职工王瑞亭被表彰为全国教育、文化、卫生、体育和新闻方面社会主义建设先进工作者；季明远被评为宁夏回族自治区先进生产者，受到自治区政府表彰。

10 月 8 日 为解决粮食、肉菜自给，确保青铜峡水电站建设施工正常进行，青铜峡工程局计划垦荒为 6 千米^2，于当日全面开始。

1961 年

1 月 4～7 日 中共青铜峡工程局党代会召开，正式代表和列席代表共 262 人。讨论通过了青铜峡工程局关于《为实现 5 月放水灌溉，安全过汛，力争早日发电的施工方案》。

2 月 3 日 中共宁夏回族自治区党委组织部发［1961］组干字第 7 号文通知，任命乔捷三为青铜峡工程局副局长。

2 月 农业部部长廖鲁言、水电部副部长李葆华在中共宁夏回族自治区党委书记处书记吴生秀陪同下视察青铜峡水利枢纽建设工地。

3 月 国家调整基本建设计划，刘家峡水电站缓建，施工力量逐步转移下放。1961 年元月刘家峡职工人数为 11615 人，至年底仅有 2517 人。

11 月 《青铜峡报》停刊。

12 月 9 日 中共宁夏回族自治区党委组织部［1961］组干字第 92 号文通知，自治区党委常委会批准中共青铜峡工程局党委成员：赵征、房洪涛、郭鹏、李文、乔捷三、礼荣勋、李清太、吴政德、陈芝瑞、刘生财、王秉乾、吴若衡 12 人为委员；冯荐、高世智、钱凤山、陈溪文、宗化诚、侯廷武 6 人为候补委员；赵征、房洪涛、郭鹏、李文、乔捷三 5 人任常委。房洪涛等 6 人为党委监察委员会委员，房洪涛为党委监察委员会书记。

1962 年

3 月 12 日 中共宁夏回族自治区党委组织部印发［1962］组干字第 17 号文通知，任李文为中共青铜峡工程局党委副书记兼副局长，免去刘思孝工程局副局长、党委和监委委员职务。

9 月 28 日 刘家峡工程局职工王东虎（后为水电十五局职工）被评为甘肃省先进工作者，受到省政府表彰。

1963 年

10 月 18 日 国家副主席董必武视察青铜峡工程，并题写《游青铜峡》七言律诗一首。

11月9～26日 根据国家计委［1963］1372号文批示精神和中共水利电力部党组、水电总局党组的指示，在三门峡召开黄河三门峡工程局和刘家峡工程局合并会议。两局合并后名称仍为黄河三门峡工程局，统一领导三门峡、陆浑、刘家峡、盐锅峡4个水电站工程的施工建设。

12月23～29日 中共青铜峡工程局第三次党代会召开，出席的正式代表和列席代表共134人。

1964年

1月 刘家峡水利枢纽工程复工兴建，期间刘书田任局长。

3月9日 班禅额尔德尼（十世）副委员长视察青铜峡水电站工地。

4月24日 根据中共宁夏回族自治区党委组织部发［1964］组干字第14号通知，中共宁夏回族自治区党委批准中共青铜峡工程局党委成员：赵征、乔捷三、礼荣勋、房洪涛、郭鹏、李清太、王玉栋、吴政德、陈芝瑞、李文、崔军、侯廷武、刘兴珍、颜崇宽、冯荐、吴若衡16人为委员；赵征、乔捷三、房洪涛、郭鹏、李文为常委；赵征为书记，房洪涛、郭鹏、李文为副书记。另批准4人组成党委监察委员会，赵征兼任书记。

5月26日 中共宁夏回族自治区党委组织部印发［1964］组干字第19号文，任免青铜峡工程局33名中层干部职务。

7月26日 黄河青铜峡发生近50年一遇的洪水，流量为5950米^3/秒，河床基坑过水，水电工程全部停工。

9月28日 黄河青铜峡工程局职工袁乃珍被评为宁夏自治区先进生产者，受到自治区政府表彰。

1965年

3月23日 中共甘肃省委员会任命刘书田为中共刘家峡水力发电工程局委员会书记。

6月 水利电力部副部长王英先到青铜峡水利枢纽工地检查工作。

10月1日 《青铜峡工程报》创刊。

11月12日 黄河青铜峡工程局修配厂试制成功我国第一台膜片式化学灌浆泵。

1966年

2月11～13日 青铜峡工程局召开第五次职工代表大会，会议由工会主席陈芝瑞主持，局政治部副主任张兰亭作工作报告，通过了大会决议。

3月19日 中共中央总书记邓小平，国务院副总理李富春、薄一波在水电部副部长刘澜波、中共甘肃省委书记汪锋陪同下，视察刘家峡水电站。

4月1～4日 青铜峡工程局召开1965年度“五好”及先进职工代表大会，隆重表彰局先进集体和个人。

6月30日 《青铜峡工程报》停刊。

1967 年

4 月 青铜峡水利枢纽库区开始蓄水，月底水库水位上升到 1151 米高程。

12 月 28 日 青铜峡水利枢纽工程第一台（2 号机）水轮发电机组开始并网发电。坝体土建工程全部竣工。

1968 年

4 月 29 日 中共宁夏回族自治区革命委员会宁革发［1968］9 号文《关于成立中共青铜峡工程局革命委员会的批示》，批准青铜峡工程局成立革命委员会（简称革委会），刘兴珍任革委会主任，朱友明、乔捷三、俞秉来、郭仲仲任副主任。

10 月 刘家峡水力发电工程局成立“八一三”分局和石泉分局，分别负责甘肃八盘峡水电站和陕西石泉水电站的筹建工作。

12 月 30 日 青铜峡水电站 8 号机组投产发电。

12 月 水利电力部和中共陕西省革命委员会对汉中褒河石门水利枢纽工程初步设计进行了审查。

1969 年

2 月 15 日 水利电力部军事管制委员会（简称军管委）发［1969］水电军电南字第 93 号文，要求青铜峡工程局成建制与长江流域规划办公室、西北勘测设计院抽调技术人员速即调至陕南，成立汉江上游工程局，首先担任褒河工程的施工，并积极为下一个大型工程尽快开工做好各方面的准备工作。同日，根据陕西省革命委员会陕革发［1969］13 号文《关于成立汉江上游工程局临时领导小组及有关工程的通知》，任命雷林为组长，在汉中专区革委会领导下进行工作，集中力量进行汉中褒河石门水利枢纽建设。据此文，青铜峡工程局组建为暂定名称的水电部汉江上游工程局。此后，青铜峡工程局开始陆续向陕西汉中河东店转移人员。

5 月 1 日 陕西省汉中褒河石门水利枢纽工程开工。

5 月 18 日 中共陕西省革命委员会陕革发［1969］32 号文批复汉中专区革委会提出的汉江上游工程局临时领导小组组成人员，临时领导小组组长：雷林；副组长：张久海、李清太、袁真；成员：张鲁月、李俊喜、洪炳锡、崔军，并请水电部西北勘测设计院和长江流域规划办公室派员担任领导小组成员。汉江上游工程局由临时领导小组负责领导工作。

11 月 24 日 水利电力部以［1969］水电军基字第 535 号文指示：立即筹备陕西省石泉水电站工程复工，按低坝方案进行设计，要求于 1970 年上半年提出初步设计，11 月截流。

11 月 26 日 刘家峡工程局 50 多名干部组成先遣队奔赴陕西省石泉县，筹建石泉水电站。

12 月 18 日 根据中国人民解放军水利电力部军事管制委员会［1969］水电军生办字

第 154 号文件《关于改变水利电力部直属水利水电工程单位名称的通知》，将刘家峡水力发电工程局更名为水利电力部第四工程局，将水利电力部青铜峡水利工程局更名为水利电力部第三工程局（简称原水电三局），同时，暂定的水利电力部汉江上游工程局名称撤销。

1970 年

3 月 12 日 陕西汉中褒河石门水利枢纽工程截流成功。

3 月 19 日 经水电部军管会同意，由王福顺、陈赓仪、常俊华负责组建石泉工程指挥部。

5 月 1 日 中国人民解放军陕西省军区发布命令称，为了抓紧三线建设，更快更好地完成安康地区水电工程的施工任务，根据兰州军区的指示，自 1970 年 5 月 1 日起，对安康地区水电工程实施军事管制，成立军事管制委员会，统一领导安康地区水电工程的各项工作。任命王福顺为军事管制委员会主任，许德英、鲍静波、支水山 3 人为副主任。

6 月 28 日 陕西石泉水电站右岸坝肩、缆机平台开挖施工开工。

7 月 《青铜峡工程报》正式停刊。

11 月 15 日 陕西石泉水电站工程正式开工。左岸草土围堰开始修筑。

1971 年

4 月初 水电部调辛良任中共水利电力部第三工程局（原水电三局）革命委员会主任、核心小组组长。

5 月 21 日 水利电力部以［1971］水电综字第 63 号文通知水电四局，“为适应施工需要，加强石泉工程的领导，同意成立临时的石泉分局”（简称水电四局石泉分局）。

12 月 1 日 石泉水电站右岸二期导流工程开工，同月 8 日完成截流，随即进行上下游围堰施工。

12 月 3 日 陕西安康地区革命委员会发安地革［1971］124 号文称：经中共安康地区革委会常委会议研究决定，同意成立中共水利电力部第四工程局石泉分局革命委员会，主任鲍静波（军代表）；副主任陈赓仪、支水山（军代表）、刘涛（地方领导）、张博林（军代表）、常俊华、王英清、孙见斋。委员 34 人，设常委 14 人。同日中共安康地委安地发字［1971］57 号文称，经中共安康地委常委会议研究决定，同意成立中共水利电力部第四工程局石泉分局革命委员会核心小组，由鲍静波、陈赓仪、支水山、刘涛、张博林、常俊华、王英清、孙见斋、张鲁东、张品 10 人组成，鲍静波任组长，陈赓仪、支水山任副组长。

1972 年

3 月 20 日 陕西汉中褒河水利枢纽水库蓄水，中水位运行，开始发挥灌溉效益。

5 月 10 日 原水电三局 17 名中层干部调往陕西地方水利部门工作。

1973 年

6 月 5～7 日 水电四局石泉分局首届工会代表大会召开，选举产生石泉分局工会首届工会委员会，主任方占寅，副主任刘家骏、李万善。

7 月 27 日 水利电力部发［1973］水电基字第 75 号文《关于安康水电站初步设计审查意见的批复》。

11 月 8 日 中国人民解放军军事管制委员会代表正式宣布撤离水电四局石泉分局。

11 月 16 日 安康地委组织部发安地组字［1973］15 号文，经中共安康地委研究同意：常俊华任中共水电四局石泉分局委员会书记，张鲁东、孙见斋任副书记。发［1973］16 号文，任命常俊华为水电四局石泉分局革委会主任，张鲁东、武天杰、刘锡臣为副主任。

12 月 10 日 石泉水电站实现截流，水库开始蓄水。

12 月 26 日 陕西石泉水电站第一台机组投产并网发电，单机容量 4.5 万千瓦。

12 月 28 日 青铜峡水电站 4 号机组并网发电。

1974 年

4 月 9 日 中共水电四局石泉分局革命委员会以［1974］四石党字第 5 号文，向陕西省革委会、水电部上报关于兴建安康水电站工程问题的报告。

5 月 11 日 中共安康地委组织部发安地组字［1974］88 号文，经安康地区革命委员会决定，吴师德任中共水电四局石泉分局革命委员会副主任。

5 月 18 日 中共陕西省革命委员会主任李瑞山视察石门水电站工地。

8 月 1 日 中共水电四局石泉分局革命委员会根据国家计委和水电部指示，决定撤销安康工程筹建组，成立安康工程筹建处。

8 月 2 日 水电四局石泉分局成立安康水电工程筹建处并正式对外办公。由吴师德、陈瑞峰、陈梦祥、陈益焜、陆佑楣、苏克谦、赵佩钰 7 人组成筹建处革命领导小组，吴师德任组长，陈瑞峰任副组长。工程代号：水电部 801 工程。

11 月上旬 石泉水电站第二台机组并网发电。

12 月 29 日 青铜峡水电站 5 号机组并网发电。

1975 年

2 月 5 日 国家建委发［1975］建发综字 55 号文，对安康水电站铁路专用线修建进行批复。

2 月 22 日 中共水电四局石泉分局党委书记、革命委员会主任常俊华进驻安康。

3 月 18 日 青铜峡水电站 5 号机组投产发电。

4 月 14 日 中共安康地委组织部安地组字［1975］56 号文，中共安康地委决定：刘锡臣、张道宽任中共水电部第四工程局石泉分局委员会委员、常委、副书记。

4 月 25 日 水电四局石泉分局的施工队伍开始向安康水电站火石岩工地转移。

5 月 1 日 汉中石门褒河水利枢纽第一台机组投产发电。

5 月 6 日 陕西省成立安康水电站工程领导小组。

5 月 15 日 中共水电四局石泉分局党委、革命委员会由石泉迁至安康马坡岭办公。

领导成员为：党委书记常俊华；副书记刘锡臣、张道宽、张同喜；革命委员会主任：常俊华；副主任刘锡臣、吴师德（兼总工程师）、武天杰。

6月19日 发水电四石革［1975］024号文，成立水利电力部第四工程局石泉分局安康工程前方指挥部，革命委员会副主任武天杰兼任前方指挥所指挥，胡玉明、程山任副指挥。9月12日发水电四石革［1975］166号文，任马广余为副指挥。

7月11日 水电部下文将水电四局石泉分局从水电部第四工程局划出，隶属水电部管，名称不变，简称石泉分局。

7月28日 陕西石泉水电站最后一台水轮发电机组并网发电，水电站竣工。石泉水电站共安装3台4.5万千瓦机组，总装机容量13.5万千瓦。

8月18日 石泉分局成立铁路筹建处及筹建处领导小组。

10月16日 撤销水电四局地勘队，成立中共水电四局石泉分局地勘队革命委员会；撤销中共水电四局革命委员会安康水电工程筹建组设计组，成立石泉分局革命委员会地勘设计院及科研所。

11月 水电部调令狐英任中共水电四局石泉分局革命委员会副主任。

12月30日 青铜峡水电站7号机组并网发电。

12月 石泉分局成立汽修厂。

1976年

5月7日 石泉分局成立职工“七·二一”大学。

7月1日 石泉分局创办局内宣传刊物《水电通讯》。

11月20日 石泉分局在安康水电站工地召开导流工程开工誓师大会。

12月初 王英清任中共水电四局石泉分局革命委员会副主任。

1977年

5月 中共水电四局石泉分局党委、革命委员会由安康马坡岭迁至县城1号楼办公。

6月6～20日 石泉分局“工业学大庆”会议在安康召开。主要内容是：贯彻全国工业学大庆会议精神，苦战“三枯”（即工程建设中第三个冬季枯水施工期），为把分局建成大庆式企业奋斗。

7月5日 石泉分局“七·二一”大学招生，设水工、机械、电气3个专业。

10月 在水电部电话会议上，钱正英部长要求石泉分局在1978年要千方百计实现安康水电站一期工程截流。

11月5日 武林任石泉分局党委书记、革委会主任。

1978年

3月17日 陕西安康水电站左岸岸坡开始全面开挖。

4月23日 石泉分局机关由安康县城搬迁到安康水电站建设工地——大沙坝办公。

4月27日 水利电力部［1978］水电计字149号文件，决定将水电四局石泉分局改为水利电力部第十五工程局（简称水电十五局），为地师级单位，决定水电十五局党政领导班子：党委书记武林，副书记常俊华、刘锡臣、王英清；局长武林，副局长常俊华、王英清、武天杰、胡玉明、李大臣；总工程师程山。

5月1日 水电十五局派出施工队伍随带灌浆设备参加乌江渡水电站灌浆会战。

8月20日 水电部［1978］水电党字第54号文通知：任命胡玉明为水电十五局副局长。

9月12日 安康县张岭派出所，火石岩工区派出所成立，接受安康县公安局和水电十五局双重领导。

10月30日 肖永安被评为水电部科技先进工作者。

11月21日 水电十五局召开安康水电站左岸导流工程下基坑动员大会，并实现分期导流。

12月28日 青铜峡水电站6号机组并网发电。至此，青铜峡水电站8台机组全部投产发电。

1979年

3月12日 应水电部领导要求，原水电三局抽调560余人组成葛洲坝施工处，参加葛洲坝会战。

3月20日 遵照水电部指示，水电十五局成立葛洲坝施工处，参加葛洲坝会战。

3月 黄健任原水电三局副局长。

4月11日 安康水电站工地大沙坝汉江公路大桥通车，公路专用线全线贯通。

4月23日 原水电三局派出队伍支援青铜峡水电站泄洪闸扩建、龙羊峡水电站建设。

5月4日 原水电三局向河南板桥水库转移，筹备板桥水库复建工程。先期到达600余人。

5月 原水电十五局副书记刘锡臣调原水电三局任副局长、副书记。

7月 水利水电建设总局在水电十五局召开安康水电站坝基缓倾角构造的补充分析和大坝稳定等技术专题审查会议。

9月30日 水电十五局职工王进先被电力工业部表彰为全国电力工业劳动模范。

10月25日 水利电力部分设为水利部和电力工业部，原水电部第三工程局更名为水利部第三工程局（仍简称原水电三局），水电第十五工程局更名为电力工业部第二水电工程局（简称电力部水电二局）。

10月 陕西汉中褒河石门水利枢纽工程竣工；石泉水电站正式移交。

11月25日 原水电三局职工刘玉生被水利部授予劳动模范称号；王跃华被电力部、翁兆生被水利部表彰为先进工作（生产）者。

12月17日 石泉分局时期创办的《水电通讯》更名为《安康水电站报》。

12月26日 电力部水电二局教育处撤销“七·二一”大学。

1980年

1月11～15日 电力工业部水电建设总局在电力工业部水电二局所在地——安康主

持召开全国水电直属工程局清产核资预检会议。

3月3日 电力工业部水电二局召开三级干部会。主要精神是：贯彻调整方针，切实做好水电站建设的准备工作。

4月2日 中共电力工业部水电二局党委决定：建立常委每周1天集体办公制度。

5月5日 根据［1980］电二局党字第15号文，成立电力部水电二局纪律检查委员会，由7人组成，常俊华任书记，李大臣、曹书勤任副书记。

5月23日 电力工业部水电二局成立劳动竞赛委员会，常俊华任主任。

6月 陈瑞峰任电力部水电二局党委副书记。

10月 荆广福任原水电三局副局长。

11月18～25日 电力工业部水电建设总局在电力部水电二局所在地——安康召开大型水电站施工水文预报经验交流会。

1981年

3月8～10日 电力工业部副部长李锐到电力工业部水电二局视察工作。

3月16～20日 电力工业部水电二局首次党代会在安康召开，133名代表参加会议。大会选举产生了党委会，原则通过电力部水电二局《1981～1983年三年规划》。大会作出了《关于局党委工作报告的决议》。

5月11～15日 电力工业部水电二局首届一次职代会召开，大会代表266人，列席代表23人。大会听取和审议了程山局长作的工作报告，审议通过了《1981～1983年三年规划》、《1981年增产节约计划》、《职工全员培训规划》、《局、处、队（厂）两级机构调整方案》。通过了女工委员会、房屋分配委员会、生活管理委员会组成名单。

5月25日 电力工业部水电二局机关办公地点从工地大沙坝迁至安康城区江北张岭。

5月27日 电力工业部水电二局成立技工学校，7月31日开始招生，并将该日确认为校庆纪念日。

5月30日 电力工业部水电二局成立机电处、施工研究所、职工教育委员会。将原开挖队改为一处、原浇筑队拌和厂合并成立为二处，原加工厂成立为三处、原机电队成立为四处。

6月10日 据陕组干［1981］112号文批复：同意武林等22人为中共电力工业部第二水电工程局首届委员会委员；武林等9人为常委，武林任书记，程山、胡玉明任副书记；胡玉明等7人为纪委委员，胡玉明任书记，曹书勤任副书记。

6月 电力工业部水电二局成立党校。

10月4日 电力工业部水电二局分设党委办公室和局办公室。

10月9日 电力工业部水电二局成立定额领导小组。

10月 陈瑞峰任电力工业部水电二局党委副书记。

是月 原水电三局副局长荆广福调徐州沂沭泗水利管理局工作。

12月29日 原水电三局抽调110名技工到伊拉克，参加修建摩苏尔水电站。

1982 年

1 月 13 日　中组部［1982］干任字第 40 号文通知，程山任电力部水电二局局长。电力部水电二局领导成员变更为：局长程山，副局长王英清、武天杰、陆佑楣（兼总工）；党委书记武林，副书记胡玉明。

3 月 1～4 日　电力工业部水电二局首届二次职代会在安康基地召开，审议通过了《局长工作报告》、《关于推行经济责任制试行办法的实施细则》、《全面整顿企业的实施方案》、《局职工教育五年规划及八二年职工教育计划》等 9 个文件，讨论批准了《职工守则》、《内部治安安全条例》等 4 个管理文件。

3 月 17～19 日　电力工业部水电二局首届二次党代会召开，作出《关于确保安康电站建设工程一九八四年初截流的决定》。

3 月 22 日　电力工业部水电二局成立经济民警中队。

4 月 7 日　电力工业部水电二局组建成立生活服务公司、劳动服务公司；5 月底撤销行政处。

6 月 11 日　鉴于国务院于 3 月已决定水利部和电力工业部合并为水利电力部，水电部发［1982］水电劳字第 12 号文通知，对所属工程局重新排序：水利部第三工程局名称恢复为水利电力部第三工程局（仍简称原水电三局）；电力工业部第二水电工程局更名为水利电力部第十五工程局，重新任命局领导：党委书记武林，副书记胡玉明、程国清；局长程山，副局长武天杰、李大臣、陆佑楣（兼总工）、杨广民。

6 月 22～24 日　水电十五局首届一次团代会召开，选举陈江生为书记。

9 月 10 日　原三局局长赵长利、副局长刘锡臣等 40 余名干部职工调往徐州沂沭泗管理局工作。

9 月 17 日　水利电力部［1982］水电水建字第 40 号文通知，将第三工程局和第十五工程局合并，定名为水利电力部第三工程局（简称水电三局）。水电三局重新设立二级机构。程山任水电三局局长，武林任局党委书记。

12 月 18 日　［1982］水建党字第 103 号文明确合并后的水电三局副局级领导成员：胡玉明、程国清为党委副书记；黄健、陆佑楣、赵国伟、杨广民为副局长；李大臣为工会主席。

1983 年

1 月 10 日　由原三局设计、施工的陕西南郑小南海水电站发电。

1 月　由水电四局石泉分局承建的陕西石泉水电站工程获国家优质工程银质奖。

2 月 20 日　水电三局成立教育委员会，统一管理全局教育工作。5 月中旬下文设立 3 部 1 室：政治部、中小学教育部、职工培训部、办公室。

3 月 22～25 日　水电三局第一届一次职工代表大会在安康张岭召开，大会正式代表 462 名。会议审议通过了程山作的《局长工作报告》，审议了《水电三局〈国营工业企业职工代表大会暂行条例〉实施细则》、《厂规厂纪》、《为四化立功创模活动暂行办法》、《计划生育工作暂行规定》、《内部自负盈亏、承包责任制试行办法》、《1983年职工教育培训计划》等11个议案；选举产生了房屋分配委员会，生活福利劳动保护委员会，提案征集分类处理委员会，增产节约技术革新挖潜委员会，经济监督委员会等5个专门委员会。

3月25日 水利水电建设总公司总经理陈赓仪到水电三局视察工作，并主持召开防汛工作会议。

5月6日 中共中央组织部发［1983］干任字342号文，中央同意武林任水电三局党委书记、程山任水电三局局长；水建党字第160号文任命杨伟寿为总会计师。

7月31日 陕西安康汉江流量达到31 000米^3/秒，最高水位257.25米，安康城堤6处决口，洪水淹没安康老城，形成四百年一遇的特大洪水灾害。水电三局设在安康城内的职工医院迅速组织转移住院病员，积极开展自救工作，确保了病员和职工的生命安全。

8月1日 水电三局党委召开紧急会议，研究组织抢险队、抽调车辆、船只和物资，部署参与安康抗洪抢险及局内受灾单位的救灾工作。

8月2日 水电三局成立安康"7·31"特大洪水抗洪救灾指挥部，全力组织投入安康市的抗洪救灾之中。

8月3日 水电三局设立多个接待站，接待并安置安康灾民达4700余人，竭力解决灾民的吃、住及医疗问题。

8月6日 陕西省省长李庆伟、副省长徐山林到水电三局了解灾情。

8月8日 全国政协副主席、兰州军区政委肖华，中共陕西省委第一书记马文瑞，省军区政委王南经到安康视察灾情，慰问抗洪救灾军民。

8月9日 中央政治局委员、国务院副总理万里，中央委员、国务院副总理李鹏，水电部副部长李伯宁等领导，到安康慰问受灾群众和救灾军民，表扬水电三局等单位抗洪救灾的壮举。

8月11～16日 水利水电建设总公司、水电七局、水电十局、葛洲坝工程局派医疗小组支援水电三局救灾工作。

9月23日 水电三局召开抗洪救灾先进集体、先进个人表彰大会。中央防总、陕西省委、省政府、水利水电建设总公司、西北电管局发来贺电。

10月13日 水电三局在安康水电站工地召开下基坑动员大会。

12月13日 水电三局成立离退休职工管理处，撤销退休职工管理委员会与老干部办公室。

12月25日 水电三局在安康水电站建设工地召开了3千人截流大会。陕西省副省长孙克华、水电部总工程师李鹗鼎等领导参加大会，10时56分，安康水电站右岸二期截流胜利完成。

1984年

1月 安康水电站二期基坑形成。

3月22日 著名作家雷加等一行5人到安康水电站工地参观，并为水电三局文学创作培训班授课。

3 月 28～30 日 水电三局一届二次职代会在安康基地召开，到会正式代表 264 名。会议讨论审议了程山作的《局长工作报告》、《工程局 1984 年基建计划安排的报告》、《工程局 1983 年财务计划执行情况及 1984 年度财务预算的报告》，审议并原则通过了《工程局内部自负盈亏、工程承包责任制试行办法》，评议了干部、推荐了局后备干部名单。大会作出了关于水电三局工作报告的决议、关于水电三局《内部自负盈亏、工程承包责任制试行办法》的决议。

3 月 水电三局副局长黄健调徐州沂沭泗水利管理局工作。

4 月 11 日 水电三局撤销教育委员会，成立教育培训中心。下设职工培训部、中小学部、党群办公室、行政办公室、技工学校。砂石厂二校划归中小学部，汉中分局中小学受双重领导。

6 月 12 日 根据［1984］水电干字第 138 号文，任命刘纪仁、刘劲军为水电三局副局长。

8 月 3 日 水电三局发［1984］局办字第 211 号文决定：①工程局实行局长负责制；工程处实行处长负责制；处长工作对局长负责。实行党政分工，充分发挥党委的保证、监督作用和职工代表大会的民主管理作用。②工程局内部实行分级任免、分权管理的领导体制。③逐步废除干部终身制，逐步实行干部聘用制度。

8 月 8 日 水电三局干部处与党委组织部分设为两个职能部门。同日首次由工程局局长任命了 3 个职能处室的处长。

8 月 23～31 日 水电系统西北地区文艺汇演在安康张岭水电三局举行。

9 月 8 日 水利水电建设总局批复水电三局从 1985 年起在全局范围内实行百元产值工资含量包干、费用工资含量包干及工资总额包干三种包干办法。

9 月 28 日 水电三局在安康水电站工地和张岭基地举行第一届青工技术“比武”活动。比赛工种为车工、电焊工、汽车驾驶、钳工、内外线电工、财务、打字、烹饪。各工种比赛第一名的分别是安秀华、吴伟明、武建、王新民、李应民、杨莉、张学莉、马洪平获上浮一级工资奖励；钳工第一名徐玫瑰获奖励一级固定工资。

10 月 1 日 职工郑丕、刘劲军、李宝龙被授予水利电力部劳动模范称号。

11 月 由原水电三局承建的陕西汉中褒河石门水利枢纽工程被评为 1984 年度水利水电系统一级优质工程。

11 月 20～22 日 水电三局在陕西安康张岭召开第一次党员代表大会，222 名党员代表参加会议，会议讨论通过了局党委三年工作规划；程山代表局党委作了题为《搞好整党、推动改革、为力争实现安康水电站八七年发电目标而努力奋斗》的报告，曹书勤代表局纪委作题为《加强党的纪律检查工作、为实现我局党风的根本好转而奋斗》的工作报告。会议通过无记名投票，选举产生首届委员会和纪律检查委员会。党委成员为：田进先、刘洪学、赵庆安、赵国伟、刘纪仁、程山、田景华、肖竹生、张宏义、马跃图、王建民、刘焕喜、梁臣安、齐东升、姜玉村、郝美玉、伍星红、雷克明、陶楚才、杨广民、曹书勤、潘智元、吕中福、安鸣瑞。选举程山、赵庆安、赵国伟、杨广民、曹书勤、王建民、陶楚才 7 人为党委常委成员；选举纪委成员为：赵庆安、李恒恩、王书祥、纪乐华、刘全通、赵庆霭、贺元林、程连坤、戴天利、戴贤仓、曹书勤、雷克明、张国泰、安鸣瑞。党委和纪委一次会议上选举程山为书记，赵庆安为副书记、纪委书记，曹书勤为纪委副书记。

12月11日 根据水利水电部及水电总公司关于所属单位建立审计机构，实行内部审计监督的要求，水电三局设立审计处。

12月21日 水电总公司党委［1984］水建党字第246号文批复，同意中共水电部第三工程局首届委员会及纪律检查委员会选举结果，由程山兼任党委书记、赵庆安任党委副书记兼纪委书记。

12月26日 水电三局与安康地区律师事务所签订聘请常年法律顾问协议书。设立局法律顾问处，其行政关系归局办公室。

1985年

2月5日 水电三局安康张岭基地新建的653户职工住宅交付使用。

2月6～9日 水电三局召开经营管理会议，讨论通过了经济体制改革办法，确定工程局经营管理方向：以水电为主，因地制宜、兼搞多种经营、增强企业活力。

3月2日 水电总局批准水电三局成立水电部汉江建筑安装工程公司。

3月8日 水电三局第一工程处汽车运输青年突击队被水电部命名为全国水电系统“新长征突击队”；职工朱松年、孙建龙、马正君、蔡振伯、王世平、牛大凤、罗文涛被命名为全国水电系统“新长征突击手”。

3月9日 陕西省水力发电工程学会安康分会暨咨询服务部成立。分会由42名委员组成，程山任会长，有会员246人。

3月16日 陕西省公安厅批复水电三局保卫处改为公安处，设派出所，行使除户口审批权外的县局职权。

3月30日 水电三局参加社会招投标工程，首次中标山西平朔煤矿公路修建及煤矿覆盖层剥离工程。

4月10日 水电三局成立平朔施工处。

4月15日 水电总公司党委发［1985］水建党字第56号文任命田进先为水电三局纪委书记。

4月 水电三局在安康水电站施工中，完成混凝土6.3万米^3，创高缆单班吊浇混凝土115罐的新纪录，达国内先进水平。

是月 《安康水电站报》经陕西省委宣传部批准、陕西省新闻出版局审核正式登记，刊号为陕西内部报刊第003号，由国家新闻出版总署备案。

4月30日～5月3日 共青团中央在北京召开“全国新长征突击手（队）”命名表彰大会，水电三局一处汽车运输青年突击队被命名为“全国新长征突击队”；第三工程处职工蔡振伯被命名为“全国新长征突击手”称号。

5月4日 水电三局机械修配厂更名为机械制造厂。

5月11日 水电总公司［1985］水建党字第76号文任命肖竹生为水电三局总工

程师。

5月22日 安康地区行署转发陕西省政府批文，同意水电三局二级单位成立公安科，行使公安派出所职权。

6月18日 水电三局综合加工厂更名为第五工程处。

6月27日 水电总公司党委发［1985］水建党字第97号文，任李友仁为第三工程局副局长。

7月2日 水电总公司、汉江工程承包公司、水电部北京勘测设计院共同签订安康水电站工程建设投资包干经济责任制合同书。水电总公司总经济师马承廉、北京勘测设计院代表高东军和汉江工程承包公司、水电三局局长程山分别签字。

7月上旬 在共青团陕西省委工作会议上，水电三局团委被命名为“1984年度先进团委”。

7月16日 安康水电站铁路专用线编入国家运营计划，关庙车站开通。

8月5日～9月29日 水电三局在安康基地举行第二届青工技术“比武”，10大工种参加比赛，1120名青工参加。其中炮工、架子工、风钻工、立模工、钢筋工、混凝土工、灌浆工、推土机工、护理9个工种的第一名分别是：刘定刚、胡发举、黄文林、安义民、罗建明、蔡少林、袁保财、高国栋、田景瑜。工程局决定自10月1日起，给以上获第一名者晋升一级浮动工资；营业员第一名杨素玲（待业青年）奖励100元。

8月6日 水电总公司将水电三局划定为一级企业。

8月30日 水电三局撤销教育培训中心，分设中小学教育处和职工培训处。

9月4日 水电三局成立教育委员会。

9月23～24日 水电三局党委召开整党工作会议，部署整党工作。

9月25日 水电三局首届归国华侨代表会在安康张岭召开，陕西省二届侨联委员、工程师李继林主持会议。大会选举产生工程局首届归侨联合会及侨联主席、副主席。

9月27～28日 召开共青团水电三局首次代表大会，出席代表145人。会议选举产生由17人组成的首届团委会及由7人组成的常委会，选举并经团陕西省委批复，张建军任局团委书记。

9月28日 水电三局技术人员崔淑卿荣获陕西省劳动模范称号，受到陕西省政府的表彰。

10月14日 水电三局数百户职工家庭用上了液化石油气。

10月19日 水电部水利水电规划设计院正式为水电三局颁发设计证书。

11月1日 水电三局汉中分局承建的汉中电信综合楼开工，副局长赵国伟参加开工庆典。

11月16日 安康水电站铁路混凝土进料线一、二线比原计划提前6天正式通车运行，水电三局局长程山为通车典礼剪彩。

11月22～23日 水电总公司在水电三局召开YQ－150A型潜孔钻除尘装置现场会，会议肯定水电三局第一工程处职工李德贤设计的Ⅰ型和Ⅱ型两种除尘装置，设计合理，使用灵活，操作方便，除尘效果好，达到国家规定的作业环境粉尘浓度标准，属国内先进水平。

11月23日 水电三局成立工资改革领导小组，局长程山任组长。

11月27日 中国人民解放军老山前线35279部队英模报告团刘建斗、王献光、杜登合等人到水电三局作英模事迹报告，水电三局职工、家属、职工子弟学校师生数千人在安康张岭举行热烈的欢迎仪式。

11月28日 经水电部水利水电建设总局批准：成立水电三局职工中等专业学校。

12月9日 水电三局成立职工技术协作委员会。

12月12日 水电三局与中水电公司融资承建的阿尔及利亚布库尔丹水坝工程首批人员进点。

同日 水电三局成立企业管理协会，程山任企业管理协会理事长，杨广民、赵庆安、胡玉明、赵国伟、肖竹生、蔡新鉴、戴天利任副理事长，蔡新鉴任秘书长。

1986年

3月3日 水电三局成立铁合金一厂。

3月24～29日 水电部科技司和水电总局在水电三局召开高边坡工程技术交流会。

4月24日 陕西省计委同意工程局以集资方式兴建安康水电站排砂洞小机组。

4月26日 水电三局设计室更名为勘测设计处。

5月1日 水电三局二处职工李宝龙被国务院、全国总工会授予"'五一'劳动奖章"。

5月21日 水电三局灌浆队更名为基础处理工程处。

7月7日 水电三局成立板桥分局，撤销板桥留守处。

7月7日～8月29日 水电三局在安康举行第三届青工技术"比武"活动。获得比赛各工种第一名的李德安、蒋超、王景寅、丁仁刚、王忠坤、马新民、刘治军获得晋升一级工资的奖励。

7月23日 ［1986］水建党字第105号文任命程国清任水电三局党委副书记。

8月14～15日 水电三局首次工会会员代表大会在安康基地召开，出席大会代表136人。选举出23人组成的首届工会委员会，工会委员会选举常委7人，成员是：赵国伟、姜玉村、王建民、王增德、李培珍、陈恩富、靳淑琴。常委会议选举赵国伟任主席；姜玉村、王建民任副主席。常委会提名、经委员会讨论通过，决定由5人组成经费审查委员会，陈义任主任；15人组成女工委员会，李培珍任主任。

8月31日 水电三局铁合金厂生产出第一炉产品。

10月7日 中共水利电力部水利水电建设总局党组发［1986］水建党字第4号文批复，同意赵国伟兼任水电三局工会主席。

10月8日 水电三局成立板桥转移领导小组。

10月13日 水电三局成立铁合金二厂。

10月19日 国家交通部钱永昌部长率长江航运考察团到安康水电站工地参观。

10月21～23日 水电三局二届一次职代会在安康基地召开，参加会议代表403名。

程山局长作工作报告。大会作出二届一次会议决议、局长报告的决议，向全局发出《认真学习六中全会文件，切实加强精神文明建设》的倡议书。大会还通过干部评议、提案处理、生活福利分房、生产经营四个工作委员会组成人员名单。

11月4日 水电三局西安转运站更名为西安办事处。

11月6～8日 水利水电建设总局汪恕诚副局长到水电三局考察工作。

1987年

1月22日 水电三局中标云南漫湾水电站围堰及坝基部分开挖土建工程。中标金额3632万元，工期自1987年4月～1991年3月。

2月4日 水电三局成立云南漫湾工程指挥部。

2月23日 水电三局房管处改为第七工程处。

2月24日 水利电力部水利水电建设总局［1987］水建党字第16号文通知，为保持领导班子的四化建设，搞好新老干部的正常交替，经党组讨论，并经地方党委的同意，决定：程国清任水电三局党委书记，刘纪仁任水电三局局长，赵庆安任局党委副书记，田进先任局纪委书记，刘劲军、李友仁为副局长、赵国伟任工会主席。3月4日，水利水电建设总局朱尔明局长在水电三局处级干部会议上宣布决定。

2月26～27日 水电三局二届二次职代会在安康基地召开，程山作工作报告。大会听取《关于1986年度财务计划执行情况和1987年度财务计划安排意见》、《关于全局分配问题的几点意见》、《关于我局增资方案初步意见》，通过了《关于局长工作报告的决议》和《关于立即在全局职工中广泛开展增产节约、增收节支运动的决议》。

4月28日 陕西省省长张勃兴视察安康水电站工地。

5月29日 水电总公司党委［1987］水建党字第39号文任胡懋初、史振宇为水电三局副局长，张宏义为总工程师。

6月17日 陕西省委书记白纪年视察安康水电站工地。

7月20日 阿尔及利亚政府颁布布库尔丹水坝工程开工令，水电三局派出的职工抵达工地参加该工程建设。

8月7日 水电三局中标四川射洪螺丝池电航工程，中标金额为4470万元。工期为1987年10月1日～1991年12月1日。8月12日，成立水电三局涪江电航工程分局。

8月9日 中央委员、北京大学党委书记王学珍到安康水电站工地参观。

8月27日 水电总公司党委发［1987］水建党字第92号文批复，同意水电三局试行局长负责制，刘纪仁继续担任局长职务。

8月28日 水电三局成立机电安装工程处。

9月17日 西德专家汉江考察团到安康水电站工地参观。

9月28日 水电三局第三工程处处长李卫、第二工程处职工马文杰荣获陕西省劳动模范称号，受到陕西省政府的表彰。第三工程处职工赵新义荣获能源部劳动模范，受到能源部表彰。

10月22日 陕西省水利发电协会在水电三局召开汉江上游综合开发研讨会。

12 月 17 日 水电三局成立科学技术协作委员会。召开科学技术协会第一次会员代表大会，新选举的科学技术协作委员会由 25 人组成；科学技术协作委员会常务委员会由：马锡庆、包正中、李作安、佘小林、张宏义、张贵兴、林宪彝、蔡泽夏、戴天利 9 人组成；张宏义同志为科协主席；李作安、佘小林同志为科协副主席；林宪彝同志为秘书长。

1988 年

1 月 4 日 安康地区公安处交警支队批准工程局成立交通警察队。

2 月 8～10 日 水电三局二届四次职代会在安康基地召开，294 名代表参加会议。刘纪仁局长作工作报告，会议讨论审议通过了水电三局贯彻执行《全民所有制工业企业厂长工作条例》实施细则、局长任期目标责任书、水电三局推行内部承包责任制的指导原则及工程局计划管理办法等 14 个文件，并作出相应决议，评议了干部。

3 月 5 日 水电三局召开安康水电站工程生产动员大会，提出“大干九十天，突破十五万，安全度大汛，全力攻关键”的口号。

3 月 9 日 陕西省省长侯宗宾视察安康水电站工地。

3 月 18 日 共青团中央书记处书记冯军到水电三局看望参建水电站建设的青年职工。

3 月 23～25 日 水电三局在陕西安康张岭召开第二次党员代表大会，250 名党员代表参加会议，程国清作题为《坚持从严治党，加强党的建设，用十三大精神推动我局改革建设和发展》的报告，田进先作题为《在改革开放形势下加强和改进党的作风建设》的报告。会议通过无记名投票，选举产生新一届党的委员会和纪律检查委员会。党委成员为：程国清、赵国伟、刘纪仁、刘劲军、田进先、张宏义、赵庆安、潘智元、王德明。纪委成员为：王建民、田进先、刘洪学、曹书勤、康忠耀、戴天利、戴贤仓。党委和纪委第一次会议分别选举程国清为书记、赵庆安为副书记；田进先为纪委书记、曹书勤为纪委副书记。4 月 19 日水建党字第 31 号文进行了批复。

3 月 26～27 日 陕西省政府、水电部联合组织召开安康水电站建设现场会，陕西省副省长曾慎达、水电部副部长陆佑楣主持会议。会议确定安康水电站建设下闸蓄水、机组发电、工程竣工等项目工期。

4 月 1 日 水电三局发［1988］局总经字第 1 号文，决定全局实行内部承包经营责任制，制定了责任制的原则、安康工程责任制要点、外包项目责任制要点、多种经营项目和机关、局内事业单位的包干办法。

4 月 14 日 水电三局成立质量管理协会。

4 月 28 日 水电三局成立法律事务处，撤销经济检查室与法律顾问处。

4 月 29 日 水电三局被水电部评为 1987 年度安全文明生产先进单位，并获水利电力部颁发的奖杯和荣誉证书。

5 月 5 日 水电三局成立新闻宣传处。

6 月 22 日 国家能源部成立，水利电力部第三工程局隶属能源部，改称为能源部水电三局。

8 月 27 日 水电三局中标签订四川资中五里店水电工程合同。

10 月 21 日 国家物资部、能源部水电物资公司、西北电管局物资公司在水电三局召开安康水电站三材总量审定会议。

11 月 4 日 国家水利电力质量管理协会公布 60 个优秀 QC 小组，水电三局有两个小组获得“优秀 QC 小组”称号。

1989 年

1 月 24 日 水电三局成立劳动人事处，撤销干部处和劳动工资处。

2 月 2 日 水电总公司发中水电人［1989］第 12 号文，任命李卫为水电三局副局长。

2 月 16～18 日 水电三局二届五次职代会在安康基地召开，403 名代表参加会议。刘纪仁局长作工作报告。会议讨论审议了《关于 1988 年财务计划执行情况和 1989 年财务计划安排意见》、《水电三局深化改革，强化经营管理的实施办法》、《1989 年内部承包经营责任制中有关财务管理的规定》等十余个文件，作出了《关于工程局局长工作报告的决议》和《关于审议工程局经营管理实施办法的决议》。

2 月 21 日 水电三局成立经营管理办公室。

3 月 8 日 省、部第二次安康水电站现场会召开。会议确定 1989 年安康水电站投资为 1.76 亿元。陕西省政协主席周雅光到安康水电站工地视察。

3 月 14 日 水电三局法律事务处更名为监察处，成立法律服务所。

3 月 31 日 陕西省 9 位政协委员联名提案递交全国政协七届二次会议，希望国家及有关方面关注安康水电站建设，尽快解决资金紧张和当年投资不足的问题。

9 月 4 日 陕西省省长侯宗宾、副省长刘春茂视察安康水电站工地并慰问一线职工。

9 月 12 日 水电三局成立安康工业学校。

9 月 28 日 水电三局副局长李卫被授予“全国劳动模范”称号，受到国务院和全国总工会表彰。基础处理工程处沈启光、第一工程处安生祥、第三工程处赵新义被授予“能源部劳动模范”称号，受到表彰。

10 月 11～15 日 第三届全国水工混凝土学术讨论会在水电三局召开。

10 月 26～27 日 水电三局召开共青团第二次代表大会，出席代表 173 人。会议选举出由 9 人组成的新一届团委，路苏予当选并经共青团陕西省委批复任团委书记。

10 月 30 日 安康水电站下闸蓄水阶段验收领导小组成立，陕西省政府特邀顾问张斌任组长。

12 月 12 日 陕冶计字［1989］386 号文批复同意水电三局铁合金厂更名为陕西省电冶铁合金厂。

12 月 22 日 安康水电站工程导流底孔顺利下闸蓄水，水电三局在火石岩工地举行隆重的下闸仪式。全国 16 家新闻单位和 39 名新闻工作者采访报道了这一盛况。

1990 年

1 月 10～12 日 水电三局党委召开思想政治工作会议，讨论通过《关于加强思想政治工作、加强党的建设的实施纲要》。

1月16～20日 水电三局三届一次职代会在安康基地召开，大会正式代表421名，特邀代表5人、列席代表10人。刘纪仁局长作工作报告。大会审议并原则通过《1990年经营管理实施办法》，通过《关于局长工作报告的决议》、《关于审议工程局经营管理办法的决议》，明确工程局1990年“保稳定、保发电、求发展”的目标。向全局职工发出《挖掘内部潜力，迅速掀起以“双增双节”为主要内容的社会主义劳动竞赛热潮的倡议书》。大会通过了干部评议、提案处理、生产经营、生活福利分房4个委员会组成人员名单。

2月6日 水电三局新闻宣传处归属局党委宣传部。

2月9日 陕西省副省长徐山林视察安康水电站工地。

2月10日 水电三局成立安康水电站工程指挥部、对外承包管理部、多种经营管理部、基地建设管理部，并明确行政领导的分工。

2月12日 水电三局成立安康水电站抢发电工程指挥部，胡懋初任总指挥，蔡泽夏任副总指挥。

2月19日 水电总公司发中水电人［1990］31号文同意蔡新鉴任水电三局总经济师。

2月21日 水电三局成立丹江工程指挥部。

2月27日 陕西省人大副主任陈学俊，副秘书长陈富深视察安康水电站工地。

3月5日 中国人民建设银行副行长李锡奎到水电三局了解安康水电站工程施工、投资等情况。

3月23～28日 由陕西省计委、水规院主持的汉江上游干流梯级开发规划报告审查会在水电三局召开。

4月11～14日 水电总公司主办的1990年总公司系统QC小组代表会在水电三局召开。

4月13日 水电三局成立外包工程管理部。

4月22日 水电三局召开科学技术协会第二次会员代表大会，选举蔡泽夏为科学技术协会主席；方浩、纪乐华、马耀图为科学技术协会副主席；纪乐华为秘书长（兼）；马锡庆、马耀图、方浩、包正中、王述敏、邓盛栋、刘健民、纪乐华、张鹤楼、赵建华、蔡泽夏11人为常务委员。同时成立水电三局科学技术协会学术委员会，张鹤楼任主任；仝斌任副主任。成立水电三局科学技术协会咨询委员会，王述敏任主任；邓盛栋任副主任。王述敏任水电三局科学技术协会办公室主任。

5月13日 陕西省委书记张勃兴视察安康水电站工地，要求水电三局确保年内发电。

5月18日 水电三局召开第二次工会会员代表大会，出席大会代表147人。选举出了25人组成的第二届工会委员会，工会委员会选举常委7名：姜玉村、王建民、陈恩富、王增德、周秀华、赵国伟、靳淑琴。常委会议选举姜玉村为主席；王建民、陈恩富为副主席；常委会提名、经委员会讨论通过，决定由7人组成经费审查委员会，由23人组成女工委员会。房泉森任经审委主任；周秀华任女工委主任。

6月5日 安康张岭基地地面卫星（电视）接收机通过验收正式投入使用，提高了水电三局广大职工、家属和离退休人员的电视收视效果。

7月28日 水电三局被陕西省人民政府授予“重合同、守信用”企业。

9 月 9 日 第十一届亚运会陕南分火炬传到水电三局，水电三局举行盛大的迎接传递活动。

9 月 10 日 安康水电站机组启动验收委员会成立，陕西省政府特邀顾问张斌为主任。

9 月 28 日 水电三局第三工程处综合一队获“国家级优秀 QC 小组”称号。

10 月 20 日 安康水电站右底孔弧门提前三天下闸，安康水电站正式蓄水。

11 月 3 日 水电三局被中国水利水电工程总公司评为 1989～1990 年度安全先进单位，获水电施工系统 1989～1990 年安全流动奖杯。

12 月 11 日 安康水电站第一台水轮发电机组（4 号机组）并网发电。水电三局举行大型庆祝活动。

12 月 30 日 由水电三局承建的四川资中水电站首台机组发电。

1991 年

1 月 22 日 陕西省建设厅、劳动厅、公安厅以陕建发［1991］029 号文件，公布陕西省液化石油气定点合格储灌站单位，其中水电三局张岭液化石油气储灌站为合格储灌站。

1 月 23 日 水电三局召开精神文明建设工作总结表彰大会，对 1990 年度获得安康地区级、安康县级、水电三局级文明单位称号的单位进行命名表彰。

2 月 4 日 由中国水利水电工程总公司、西北电管局、陕西省电建公司、安康地区经委、安康地区劳动局、安康地区供电局和技术监督局、石泉电厂等单位组成的陕西省先进企业检查验收团，受能源部和陕西省经委的委托到水电三局进行企业升级检查验收。

2 月 9～10 日 水电三局党委召开 1991 年思想政治工作会议，认真总结 1990 年全局思想政治工作、党的建设和精神文明建设工作，安排布置 1991 年思想政治工作、党的建设和精神文明建设工作。

2 月 11 日 水电三局成立基地建设部和水电三局工程管理部。

2 月 26～28 日 水电三局三届二次职代会在安康基地召开，327 名代表参加会议。会议审议通过刘纪仁局长的工作报告，并原则同意《1991 年经营管理实施纲要》和《1991 年工资分配管理办法》，还讨论审议了《调整住房制度的若干规定》、《调整医疗费管理办法的若干规定》。

3 月 4 日 水电三局召开 1991 年经营管理会议。刘纪仁局长代表工程局、局工会主席姜玉村代表职代会签订《1991 年局长经营目标责任书》。

3 月 5 日 水电三局二处职工翁兆生被陕西省委、省政府、省军区授予“学雷锋先进个人”称号。

3 月 7 日 陕西省人民政府陕政发［1991］37 号文决定：授予水电三局为 1990 年省级先进企业。

同日 四川省射洪县隆重举行庆祝大会，庆祝水电三局承建的射洪螺丝池电航工程首台 1.05 万千瓦机组并网发电。

3 月 11 日 水电三局决定在全局范围内开展青工岗位练兵和技术“比武”活动，并成立了活动组委会。主任史振宇，副主任胡懋初、姜玉村、蔡泽夏。

3月12日 由组长安玉瑞、主审秦兆勋等22人组成的审计署驻西安办事处特派员与国家能源投资公司联合审计检查组，到水电三局对安康水电站基本建设项目进行就地审计、检查。

4月2日 安康市十二届二次人大代表会增选水电三局局长刘纪仁为陕西省七届人大代表。

4月19日 水电三局五处、供应处被能源部“三查”领导小组办公室评为1990年度遵纪守法户，职工胡伟、武丽华被评为“三查”工作先进个人。

4月29日 水电三局第三工程处被陕西省民族团结表彰大会命名为陕西省民族团结先进集体。

5月12日 日本《朝日新闻》、法国新闻社、德国电台及电视台等5个国家7名外国记者到安康水电站工地参观。刘纪仁局长接受记者采访，并就水电三局概况、安康工程建设施工等问题回答了记者的提问。

6月10日 水电三局成立社会治安综合治理领导小组。赵庆安任组长，田进先、史振宇、李卫任副组长。

7月4日 水电三局中标甘肃黄河大峡水电站导截流工程。7月5日，成立水电三局大峡工程指挥部，李卫副局长兼任指挥部指挥长。7月13日签约，中标金额8994.95万元。

7月5日 陕西省人民政府以陕政发［1991］120号文授予水电三局为1990年度“重合同，守信用”单位。

同日 水电三局企业升级工作领导小组和水电三局标准化委员会成立。企业升级工作领导小组组长刘纪仁，副组长赵庆安、胡懋初、史振宇、姜玉村、蔡新鉴、蔡泽夏、方浩。标准化委员会主任胡懋初，副主任赵庆安、蔡新鉴、蔡泽夏。

7月9日 能源部［1991］602号文件，授予水电三局副局长胡懋初为“能源部施工企业优秀项目经理”荣誉称号，授予水电三局二处职工赵栓磨为“能源部重点工程青年功臣”荣誉称号。

7月10日 水电三局成立企业管理办公室，与全面质量管理办公室合署办公。

7月12日 水电三局承建的四川资中五里店水电站第三台机组试运转结束后移交给甲方。

7月27日 水电三局开展向苏皖等省灾区募捐赈灾活动，全局共向灾区人民捐赠人民币7.5667万元。

8月29日 成立水利电力部第三工程局驻京办事组，隶属局办公室。

9月3日 安康水电站第二台（3号）机组正式并网发电，比国家考核工期提前半年。

9月24日 水利水电工程总公司发中水电干［1991］31号文，对水电三局党政领导进行调整，任命李友仁为局长、蔡泽夏为总工程师、田进先为党委副书记。

9月 水电三局成立机构编制领导小组，对局内机构进行重新编制，［1991］局劳人字109号文《关于我局机关机构设置和人员编制方案的报告》中，列定机关处室20个、费用单位14个、下属生产单位19个。

10 月 10 日 陕西省人民政府以陕政发［1991］161 号文发出通报，授予水电三局1990～1991 年度重点建设先进施工单位。

10 月 15 日 水电三局承建的甘肃黄河大峡水电站导截流工程正式开工。能源部副部长陆佑楣、甘肃省委副书记阎海旺、省政协主席葛士英、副省长李萍、省人大副主任李文辉等领导参加开工典礼。

10 月 17 日 国务委员陈俊生、水利部副部长周文智、陕西省副省长王双锡视察安康水电站工地。

同日 水电三局成立小浪底工程指挥部。

10 月 18 日 能源部［1991］能源水电第 980 号文件，表彰 1991 年质量品种效益年水电优质工程、质量管理先进企业、先进集体和先进工作者，由水电三局承建的漫湾水电站截流工程和安康水电站混凝土主体工程获水电优质工程；水电三局二处施工一队、机电安装处获水电质量管理先进集体；质安处安全生产管理 QC 小组、二处质安科 QC 小组、五处供应科材料管理 QC 小组、铁路分局关庙车站转运三班 QC 小组获水电优秀管理小组；蔡泽夏、马向丕、张青林、阎书林获“水电质量管理先进工作（生产）者”称号。

10 月 19 日 在安康水电站工地和基地举行第四届青工“比武”活动。本届活动分两个阶段、处局两个层级进行，比赛在 14 个工种中开展，245 名选手参赛。各工种比武取得第一名的是：车工汪厚勇、钳工赵继江、起重工李晓云、汽车驾驶司机王利、管道工周天宝、门机司机刘旭、钢筋工谢涛、灌浆工汪龙柱、木模工肖星河、混凝土工阎安林、内线电工袁景才、电焊工史永存、炊事员张建国、混凝土试验工胡冬安。以上人员获晋升一级浮动工资的奖励，对取得第二名至第五名的 29 名青工给予 200～50 元的物质奖励，并命名前三名选手为“技术能手”。

10 月 23 日 鄂、豫、川、陕毗邻地市协作区第六届经济、技术、物资、文化交流大会在安康隆重开幕，水电三局参展的第三产业产品达 59 类 788 个品种。

10 月 31 日 水电三局召开精简机构、精干队伍、提高双效动员大会，决定把局机关作为精简的突破口。

11 月 1 日 李友仁局长、田进先副书记在水电三局有线电视台发表电视讲话，全面介绍工程局目前的形势和任务及存在的困难，结合新班子工作方针和指导思想，向全局职工提出要求。

11 月 15 日 水电三局会计工作达标通过中国水利水电工程总公司验收。

11 月 23 日 能源部和中国水利电力工会作出《关于表彰全国电力行业安全生产、建设先进集体和先进工作者的决定》：授予水电三局安装处电气卷线班为“全电力行业安全生产先进集体”；马中勤、杨飞、刘海平为“全国电力行业安全生产先进工作者”；授予在质量安全岗位上累计工作 15 年并做出成绩的柴隆彬、刘玉生、李欣、姚立贤、白志本、李生堂等 6 人“安全卫士”称号。

12 月 16 日 经陕西省新闻出版局批准，《安康水电站报》更名为《水利水电报》，内部报刊准印证编号为第 028 号。

12 月 25 日 安康火石岩联营水电站正式投产发电。该水电站是由水电三局倡导筹划、经原水电部同意立项、利用安康水电站排砂洞弃水发电的“子电站”，装机容量5.25万千瓦，由水电三局、西北电管局和安康地区行署共同出资，由水电三局施工修建。

1992年

1月7日 水电三局中标甘肃临洮三甲水电站工程合同在甘肃临洮县签订，合同金额4998.95万元，工期自1992年2月～1995年6月底。

1月25日 水电三局承建的四川射洪螺丝池电航工程最后一台机组并网发电。

2月12日 由水电三局承建的甘肃第一个集资办电项目洮河三甲水电站开工。

2月26～27日 水电三局三届三次职代会在安康基地召开。李友仁局长作工作报告，会议审议通过《关于审议工程局局长工作报告的决议》、《关于审议工程局1992年经营管理实施纲要的决议》。

3月4日 水电总公司1992年度安全工作会议在水电三局召开。

4月7日 水电三局前任局长刘纪仁被授予陕西省第二届“优秀建筑企业家”称号。

4月9日 陕西石泉二期工程初步设计审查会在水电三局召开。

6月24日 全国发供电企业优秀QC小组成果发布会在大连召开，水电三局获“能源部1992年开展QC小组活动先进企业”称号。

8月3日 中国水利水电工程总公司报请国家工商行政管理局核定，水利电力部第三工程局的企业名称核定为“中国水利水电第三工程局”(仍简称水电三局)。

8月24日 水电三局机电安装处被授予“陕西省先进集体”称号，职工赵栓磨被授予“陕西省劳动模范”称号。

8月31日 按国际GB 8564—1988《水轮发电机组安装技术规范》要求，安康水电站2号机顺利通过国家验收。

9月1日 安康水电站第三台20万千瓦机组（2号机）投产发电，比国家考核工期提前180天。

9月17日 水电总公司宣布调整工程局领导班子，发中水电干字［1992］第87号文，任命赵庆安为水电三局党委书记，发中水电干［1992］88号文，任命刘洪学、于彦洲为水电三局副局长，方浩为总会计师。

9月25日 水电三局中标黄河小浪底枢纽工程出水口土石方开挖工程。合同金额5731万元，工期14个月，为1992年11月～1993年12月31日。

9月28日 杨传宝荣获“陕西省劳动模范”称号，受到陕西省政府表彰。

10月10日 由水电三局承建的黄河小浪底水利枢纽洞群出口一期开挖工程正式动工。

10月26日 由水电三局机电安装处承担安装的湖北丹江水库自备防汛电厂第二台机组并网发电。

11月17日 水电三局中标湖北白水峪水电站工程，合同金额9335.16万元。12月21日水电站开工。

12月2日 水电三局中标四川石板水电站工程，合同金额14 475.16万元，工期为

1992 年 12 月 1 日～1996 年 2 月 28 日。

12 月 7～8 日 电力物资管理达标验收组到水电三局检查验收，局物资管理工作以 942 分达标。

12 月 10 日 水电三局李友仁、张运惠、赵栓磨 3 人当选为安康市十三届人大代表。

12 月 24 日 安康水电站第四台机组正式并网发电，剪彩仪式在安康水电站工地举行。安康水电站总装机 80 万千瓦，至此全部投产运营。

1993 年

1 月 12 日 水电三局二分局承包的西藏查龙电站工程协议书在北京签字。

2 月 9～12 日 召开局四届一次职代会和 1993 年度工作会议，审议通过李友仁局长作的工作报告，同意《1993 年局生产经营计划》、《水电三局转换经营机制实施纲要》；李友仁局长与职代会主席姜玉村签订《局长经营目标责任书》；副局长、三总师与局长签订了《局级领导互保责任书》。

2 月 11 日 水电三局党委书记赵庆安当选为陕西省第八次党代会代表。

2 月 23 日 水电三局发企管字［1993］第 4 号文，印发《水电三局转换经营机制实施纲要》及配套的《劳动工资管理办法》、《干部管理办法》、《多种经营管理办法》、《生产设备管理办法》、《物资供应与管理办法》，决定从 1 月 1 日起在全局实行。

3 月 22 日 全国人大八届一次会议通过国务院机构改革方案，决定撤销能源部，组建电力工业部，水电三局隶属电力工业部。

4 月 12 日 水电三局局长李友仁出席陕西省八届人大一次会议。

4 月 15 日 水电三局中标甘肃黄河大峡枢纽工程二标，在大峡水电总厂正式签订工程合同，合同金额 3.666 3 亿元。

7 月 28～29 日 水电三局在陕西安康张岭召开第三次党员代表大会，221 名党员代表参加会议。会议传达贯彻了陕西省第八次党代会和水电总公司 1993 年工作会议精神。赵庆安代表上届党委作题为《按照建立社会主义市场经济体制要求，为开创三局发展新局面而奋斗》的报告，田进先代表局纪委作题为《改进和加强党的纪律检查工作，为深化改革和经济建设服务》的报告。会议通过无记名投票，选举产生新一届党的委员会和纪律检查委员会。党委成员为：李友仁、赵庆安、田进先、方浩、于彦洲、姜玉村、史振宇、刘洪学、王德明。纪委成员为：马树生、田进先、吴家明、陈庆和、王德明、周秀华、刘玉建。党委和纪委第一次会议分别选举赵庆安为书记；田进先为副书记、纪委书记；马树生为纪委副书记。

10 月 3 日 水电三局中标安康飞机场扩建工程，并签订施工合同。合同金额 726.89 万元，工期为 1993 年 10 月 1 日～1994 年 5 月 22 日。

10 月 16 日 水电三局二分局负责施工的安康飞机场扩建工程正式开工。

10 月 25 日 水电三局与水电七局、水电八局以紧密联营方式组建联营企业宜昌三峡工程建设“三七八”联营总公司（简称“三七八”联总），注册资金 1.23 亿元，水电八局为联营体责任方。

11 月 15 日 水电三局中标三峡工程南村坪砂石骨料系统，中标金额 384.58 万元。工期至相应混凝土施工完成。

11 月 21 日 水电三局承建的甘肃大峡水电站胜利实现截流。

1994 年

1 月 7 日 水电三局中标浙江溪口抽水蓄能电站工程，合同金额 1.04 亿元，工期为 1994 年 2 月 1 日～1997 年 12 月 31 日。

2 月 3 日 由水电三局、七局、八局组成宜昌三峡工程“三七八”联营总公司中标三峡一期主体工程，合同金额 4983.9 万元。工期为 1994 年 3 月 15 日～1995 年 7 月 31 日。

3 月 3 日 水电三局建筑工程公司签订陕西汉中“八九六”人防工程施工合同书。

4 月 4～6 日 水电三局四届二次职代会在安康基地召开，227 名代表参加会议。审议并同意李友仁局长作的工作报告，原则同意《水电三局转换经营机制实施纲要》和《水电三局内部责任制实施办法》。

4 月 6 日 水电三局发［1994］第 14 号文，成立中国水利水电第三工程局三峡工程指挥部。

4 月 11 日 陕西省副省长徐山林到水电三局承建的安康飞机场工地视察。

4 月 27 日 全国电业劳模先进集体表彰大会在京召开，部级特等劳模王勇社参加大会，受到国务院领导的接见；朱自安、罗建民被授予“全国电力工业劳动模范”称号；水电三局社会福利厂获“全国电力工业先进集体”称号。

6 月 12 日 水电总公司张基尧总经理等 4 人，到水电三局视察指导工作。

6 月 27 日 水电三局机关机构调整及“四定”方案实施：水电三局直机关机构调整后，原有的 23 个部门缩减为 15 个部门；管理及技术人员人数由 356 人降至 200 人（含局领导 11 人）。

8 月 12 日 水电总公司发中水电干［1994］65 号文，任命张治源、曹松林为水电三局副局长；中水电党［1994］31 号文，任命陈庆和为水电三局党委副书记兼纪委书记。

8 月 18 日 电力工业部长汪恕诚、水电总公司王高亮等 20 多位领导和专家，到甘肃黄河大峡水电站工地检查指导工作。

同日 水电三局承建的小浪底水利枢纽出口一期工程竣工，共完成投资 5795.63 万元。

9 月 24 日 水电三局二分局承建的安康飞机场被共青团陕西省委正式批准为“青年文明号”工程。

9 月 30 日 水电三局基础公司王勇社被评为电力部特等劳模，三分局罗建民、一分局朱自安被评为电力部劳模，受到表彰。

10 月 31 日 甘肃黄河大峡水电站三标招标会在白银市举行，唯一邀请投标单位水电三局中标。

11 月 9 日 长江三峡工程建设总公司陆佑楣总经理、陈福厚副总经理一行 9 人到水电三局承建的南村坪砂石料场视察指导工作。

11 月 15 日 水电总公司召开“十佳、百优”表彰大会。水电三局职工刘伟民等 6 人分别获“十佳”、“百优”青年专业技术人员称号。

11 月 21 日 水电三局建筑公司承建的陕西汉中市人防工程被评为省优良工程。

1995 年

1 月 6 日 经国务院发展研究中心、管理世界中国企业评价中心、建设部建筑业司联合评价，水电三局名列“1994 年度中国 500 家最佳经济效益建筑业企业（一级资质企业）”第 433 位、“1994 年度中国 500 家最大经营规模建筑业企业”第 185 位、“堤坝、水电站、码头建筑业行业 100 家最大经营规模企业”第 17 位、“堤坝、水电站、码头建筑行业 100 家最佳经济效益企业”第 42 位。

1 月 25 日 水电八局和水电三局组成联营体，中标云南大朝山水电站大坝工程，合同总价为 40 437.571 万元。按联营体协议，水电八局为责任方占 70%股份；水电三局占 30%股份，承担 12 131.271 3 万元合同量。

2 月 8～9 日 水电三局四届三次职代会在张岭基地召开，274 名代表参加会议，李友仁局长作工作报告。会议审议通过局长工作报告，原则同意《关于财务决预算报告》，同意《1995 年度生产经营综合计划》。

2 月 27 日～3 月 8 日 水电总公司审计组对水电三局 1994 年履行承包经营协议的情况进行审计，认为：1994 年，水电三局较好地履行了承包方的权利和义务，努力实现利润指标，扭转了亏损局面。同时，保证了技术改造的投入和国有资产的保全，职工年人均工资比 1993 年有较大提高。

3 月 10 日 经陕西省工商行政管理局考核认定，水电三局符合重合同守信用标准。至此，1989 年以来，水电三局连续 7 年被陕西省人民政府命名为重合同，守信用企业。

3 月 14 日 水电三局与水电四局联合承担万家寨主体大坝工程施工任务，合同总价为 55 000 万元。水电四局为责任方，水电三局承担 15 000 万元。

3 月 16 日 由陕西省科委组织、西北电管局主持召开的“安康水电站过水叠梁技术成果鉴定会”在水电三局举行。鉴定小组成员由水科院、北京勘设院、西北水科院、西安理工大学、西北勘设院等有关单位的专家和教授组成。鉴定会认为，过水叠梁技术属国内先进水平，为大中型水电站建设提供了成功经验。

3 月 18 日 “三七八”联营总公司中标三峡下岸溪人工砂系统工程。该工程土建安装标价为 4350 万元，水电三局承担 1450 万元，工期为 1995 年 4 月 1 日～2002 年 6 月 20 日。

3 月 20 日 水电三局成立计算机应用领导小组，组长于彦洲，副组长陈庆和、马锡庆、廖为民。

4 月 14 日 甘肃省省长、黄河小三峡开发领导小组组长张吾乐在甘肃省电力局局长张明喜、省政府秘书长、省经贸委主任、省工商银行负责人以及白银市市长等领导陪同下，视察甘肃黄河大峡水电站工地。

同日 水电三局以局经管字［1995］第 17 号文印发新的医疗费管理办法，对 1991 年

《调整医疗费管理办法若干规定》进行适当修订和完善。

4月17日 水利部副部长朱登铨在四川涪陵地区专员聂卫国、石板水电站指挥部指挥长屈志豪等领导陪同下，视察四川石板水水电站。

4月22日 国务委员李贵鲜、民政部部长多吉才让在陕西省省长程安东陪同下视察了安康水电站，水电三局局长李友仁及其他领导简要汇报了水电站的建设情况。

5月18日 水电三局以17 499万元总价承包甘肃大峡水电站工程机电安装标，合同签字仪式在大峡水电总厂举行。工期为1995年6月18日～1997年12月31日。

6月22～24日 水电三局四届四次职工代表大会在安康基地召开，审议通过了《水电三局关于执行岗位技能工资制度的实施细则》。此后岗位技能工资制度在全局实行，这是水电三局分配制度的重大改革。

7月11日 水电三局制定下发《水电三局信息中心计算机网络系统管理暂行办法》和《水电三局计算机网络资源使用暂行办法》。

8月2日 水电三局与铁十六局联营体中标湖南江垭水利枢纽引水发电系统土建工程(JY-C3)，合同总价为11 478万元。工期为1995年8月～1998年12月。

9月1日 水电三局根据《国务院关于职工工作时间的规定》，安康、汉中基地开始执行五天工作制。

9月5日 全国人大副委员长、民盟中央主席费孝通在甘肃省省长的陪同下，考察甘肃三甲水电站工地，并为三甲水电站提词“办电兴工、强县富民”。

9月11日 水电三局二分局承建的安康飞机场改扩建工程，经陕西省建筑工程质量监督总站的核验和鉴定，被评定为陕西省优良工程。

9月12日 水电三局第五届青工技术“比武”，在甘肃大峡水电站工地圆满结束。参加比武的220名选手中有23名选手获得奖励，其中三分局的钟明伟、陈明、毛春江分别获得混凝土工、钢筋工和木模工第1名；机电安装公司的何风琴夺得电焊工第1名。4名青工获得晋升一级技能工资的奖励。

9月18日 由水电三局与铁十六局联营共同承建的湖南江垭水库地下厂房工程开工。

9月28日 水电三局和西藏自治区电力建设总公司联合成立的西藏水利电力工程有限公司正式挂牌，水电三局派员出任该公司总经理。

9月30日 水电三局党政工联合发出为水电一局和水电六局受灾职工募捐号召，各单位和部门8160名职工捐款4.16万元。

11月6日 西藏水利电力工程有限公司与西藏自治区工业电力厅，正式签署西藏那曲地区申扎县甲岗水电站主体工程和输电工程施工合同，合同总价为7173万元。工期为1995年11月6日～1997年12月6日。

11月8日 国务院总理李鹏、副总理邹家华视察三峡工程，“三七八”联营体总经理、水电三局副局长胡懋初代表联总，向国家领导人汇报厂坝二期工程施工情况。

11月19日 中央电视台《东方之子》栏目播出采访水电三局副局长兼大峡工程总指挥李卫。

11月20～24日 全国混凝土坝信息网技术年会在四川丰都举行。水电三局总工程师蔡泽夏参加会议。与会专家、学者对水电三局承建的石板水电站碾压混凝土施工成果给予高度评价。

11月24日 陕西省教育委员会、陕西省人事厅作出决定：授予水电三局子弟中学教师岳立“陕西省优秀教师”光荣称号。

11月28日 中共中央办公厅、国务院办公厅授予水电三局职工吴臣豪从事信访工作25年荣誉证书，吴臣豪为全国电力系统唯一获此殊荣的人。

12月24日 成立中国水利水电第三工程局社会保险事业管理中心。

1996年

1月17日 水电总公司以中水电干［1996］5号文聘任刘伟民为水电三局总经济师。

1月29日 水电总公司总经理张基尧、干部部主任解登发、综合部主任杜鸿礼一行三人，代表电力工业部及总公司到水电三局安康基地和甘肃大峡水电站工地进行慰问。

2月2日 水电三局成立内部经营责任制考评委员会，主任李友仁，副主任于彦洲（常务）、姜玉村、方浩、刘伟民。

2月19日 水电三局承建的西藏甲岗水电站工程正式开工。

2月25～27日 水电三局五届一次职代会在安康基地召开，299名代表参加会议。李友仁局长作工作报告。会议通过关于局长报告的决议和《水电三局改革与发展四年规划》的决议，通过本届职代会各专门委员会成员名单。

2月28日 经中华人民共和国建设部批准，水电三局取得工程施工总承包一级企业资质证书。标志着水电三局可承担各类型工程建设项目的勘察、设计、工程管理与施工、工程材料与设备采购、工程技术开发与应用等的总承包。

3月22日 水电三局二处在四川石板水电站压力钢管混凝土回填施工中，连创两项全国纪录：压力钢管道最后一层回填一次性完成110米，国产混凝土泵垂直输送混凝土180米。

4月12日 水利水电工程总公司授予水电三局职工刘伟民、李积伦、姬脉兴、张哲、刘策群、杨维佳6人“水利水电工程总公司百名优秀中青年专业技术人员”称号，其中刘伟民还被授予“水利水电工程总公司‘十佳’中青年专业技术人员”称号。

4月20日 国务院副总理邹家华在水利部副部长严克强、河南省省长马忠臣、黄河小浪底建设管理局常务副局长孙景林等的陪同下视察小浪底工地，邹副总理专程看望了承担3号导流洞施工的水电三局职工。

5月10日 水电三局《水利水电报》1995年被评为陕西省一级内部报纸，允许在报头刊印“陕西省一级内部报纸”。

5月13日 由中国水利水电工程总公司和清华大学联合主办的第九期项目经理培训班在水电三局开办。

5月21～23日 水电总公司专业技术干部工作讨论会在水电三局西安办事处举行。水电三局党委书记赵庆安、局长李友仁参加大会并分别致词。

5月23日 由水电三局承建的全长为1381.40米的三峡坝区江峡一路工程，经三峡开发总公司和监理的检查验收，确定该工程符合合同要求，质量等级为优良工程。

5月30日～6月4日 水电三局召开劳动工作会议。会议决定水电三局将于7月1日起全面实行全员劳动合同制，全面实施《电力行业职工养老保险制度改革试点方案》及相关配套政策。

6月9日 电力工业部部长史大桢在甘肃省常务副省长郭琨、西北电管局局长刘宏和甘肃省电力局局长黄德明的陪同下，视察水电三局承建的大峡水电站工地。

6月11日 水电三局颁发《中国水利水电第三工程局全员劳动合同制度实施细则》。

6月23日 水电三局承担的大峡水电站2号机锭子一次吊装就位，创造了水电三局水电施工史上现场组装、现场整体吊装大型水轮发电机锭子的新纪录。

6月24日 以全国人大常委会委员、全国人大华侨委员会副主任委员林丽韫为组长的全国人大华侨委员会执法检查组，到水电三局检查指导工作。

7月10日 水电三局李友仁局长与局属各单位负责人签订劳动合同书和法定代表人委托代理人授权委托书。

7月24日 由浙江省援藏办、西藏自治区电力工业厅、那曲地区行署、申扎县政府及西藏水利电力工程有限公司组成的考察团，赴水电三局承建的西藏甲岗水电站建设工地检查工程进展情况。

8月14日 全国电力系统双文明单位表彰暨经验交流大会在北京举行，水电三局安装公司被电力工业部授予“全国电力系统双文明单位”称号。

8月21日 水电三局印发《水电三局住房制度改革实施方案》。

9月10日 水电三局筹建的甘肃大峡水电站220千伏开关站设备安装及内部连线全部安装完毕，并一次性通过验收，质量合格率达100%。

9月11日 共青团陕西省委作出决定，追授为抢救落水职工英勇牺牲的水电三局职工张海琳为陕西省优秀共青团员。

10月1日 水电三局承建的四川石板水电站首台机组并网发电，比国家核定工期提前76天。

10月18日 水电三局召开房改工作动员大会。

10月21日 审计署驻西安办事处特派员一行来到水电三局，对安康水电站建设项目竣工决算进行审计。

10月24日 甘肃省代省长孙英在省电力工业局局长黄德明的陪同下到水电三局承建的甘肃大峡水电站视察工作。

11月10日 水电三局二分局分局长杨金贵被陕西省青年企业家协会授予“陕西省优秀青年企业家”称号，并被推选为协会理事。

11月15日 甘肃省委书记阎海旺在国能中小型水电站开发公司总经理张道富、省经贸委主任李文治、省电力工业局局长黄德明和白银市有关领导陪同下，视察由水电三局承建的甘肃大峡水电站工地。

11月17日 水电三局与水电十四局组成的联营体，承包黄河小浪底排砂洞开挖工程。

12 月 9 日 水利水电总公司党组做出决定：追授英勇救人的水电三局汉中分局青年工人张海琳“优秀青年工人”称号。

12 月 15 日 水电总公司总经理周大兵到水电三局承建的甘肃大峡水电站工地视察工作。

12 月 18 日 共青团甘肃省委、省建委、省计委授予水电三局承建的大峡水电站工程甘肃省“青年文明号”工程。

12 月 29 日 水电三局再次荣获陕西省“重合同守信用企业”荣誉称号。

1997 年

1 月 9 日 陕西省省长程安东一行到安康水电站实地考察汉江开发情况，水电三局领导李友仁、张治源、蔡泽夏、何为桢等陪同考察。

1 月 18 日 水电三局承建的黄河小浪底工程 1997 截流关键部位——出水口边坡抗滑桩施工全部竣工。

1 月 20 日 以水电三局四分局为主攻单位的甘肃大峡水电站土石方开挖工程，在全国电力系统表彰会上，获全国电力系统“青年文明号”工程，四分局青年突击队被授予水电部“优秀青年突击队”称号。

2 月 15 日 水电三局五届二次职代会在安康基地召开，243 名代表参加会议。李友仁局长作工作报告，会议审议通过局长工作报告，作出《关于确认五届一次职代会代表团长和专门委员会主任联席会议审议通过并在全局实施的〈水电三局全员劳动合同制实施细则〉的决议》和《关于授权代表团长和专门委员会主任联席会议审议并决定与局行政协商签订水电三局集体合同的决议》。

3 月 8 日 水电三局施工的小浪底 3 号导流洞底拱率先贯通。

3 月 14 日 水电三局取得陕西省劳动厅颁发的建筑安全资格证。

3 月 27 日 团中央、国家计委、建设部联合举行大会，命名表彰了 116 个首批国家重点建设工程全国青年文明号先进集体，水电三局小浪底工程指挥部液压铲班青年突击队，被授予“全国青年文明号先进集体”。

5 月 6～7 日 水电三局召开第三次工会会员代表大会，出席大会代表 124 人。选举产生由 25 人组成的第三届工会委员会，工会委员会选举常委会成员 6 人：姜玉村、张国泰、陈恩富、王守仁、王春玉、施娟。常委会议选举姜玉村为主席；张国泰、陈恩富为副主席；常委会提名、经委员会讨论通过，决定由 7 名委员组成经费审查委员会，由 21 名委员组成女工委员会。陈恩富任经审委主任；施娟任女工委主任。

5 月 8 日 水电三局局长李友仁代表企业、局工会主席姜玉村代表全体职工，在安康张岭签订水电三局第一轮集体合同。

5 月 16 日 水电三局中标西藏麦曲河水电站工程，合同金额为 2495 万元，工期为 1997 年 5 月 16 日～1999 年 5 月 16 日。这是水电三局继西藏甲岗水电站后的又一个西藏承建项目。

5 月 18 日 水电三局机关总部由陕西安康市张岭搬迁到西安市龙首北路西段 22 号。

5月20日 汉江开发有限公司筹备小组在西安人民大厦召开汉江开发论证研讨会。陕西省电力投资公司、省交通厅、水利厅、省资金管理局、水电三局、安康和汉中地区行署7方参加。于彦洲副局长代表水电三局和其他6家股东单位的代表在《喜河电站建设合资意向书》和《汉江开发合资意向书》上正式签字。

6月5日 中国水利水电工程总公司发中水电干［1997］50号文，聘任刘伟民为水电三局副局长兼总经济师；王新友为水电三局副局长。

7月20日 水电三局基础处理公司湖南渔潭预锚分公司获陕西省“青年文明号”称号。

7月30日 水电三局三峡工程厂坝二期项目部，采用预裂爆破开挖钢管槽群成型获得重大成功。水电泰斗张光斗给予高度评价。

8月3日 水电三局基础处理公司承担的陕西汉中二郎坝天生桥水库防渗工程正式开工。该工程5月19日中标，合同金额1749.33万元，工期为1997年6月12日～1998年10月6日。

9月2日 水电三局承建的黄河小浪底水利枢纽工程3号导流洞混凝土浇筑胜利完工。中央电视台、河南电视台等多家新闻单位作现场报道。

9月10日 水电三局中标三峡左岸“八二”拌和系统安装运行项目，合同金额5089万元，工期为1997年9月～2003年8月。

9月17日 水电三局中标四川南部县红岩子电航工程，合同金额9923.63万元，工期为1997年10月6日～2001年8月31日。

9月21日 水电三局和中国水利学会化学灌浆专门委员会在西安联合举办中国水利水电第七届化学灌浆学术交流会。来自全国59个单位108名代表参加交流会。

10月21日 水电三局ISO 9000族标准宣传贯彻及文件编写班开课。中国方圆标志认证委员会西北工作站，国家注册主任审核员邹全本讲授ISO 9000族标准。

10月29日 黄河小浪底建管局召开截流庆功大会。水电三局小浪底工程指挥部被授予“OTFF联营体三局先进集体”称号，吴新琪等95名员工分别被授予一、二、三等“功臣”。

11月12日 水电总公司在杭州召开1996～1997年度建筑业统计工作年报会，水电三局被评为总公司系统建筑业统计工作先进单位。

11月15日 水电三局第五工程处承建的西藏甲岗水电站首台机组按期并网发电。

11月23日 水利部副部长、电力工业部顾问何璟等一行，在水电三局局长李友仁等领导的陪同下，到甘肃大峡水电站工地检查指导工作。

12月5日 中水电干［1997］103号文聘任廖为民为工程局总会计师。

12月17日 水电三局以分包形式获小浪底排砂洞混凝土衬砌一、三标段的施工任务。水电三局副局长兼小浪底指挥部指挥长王新友与CGIC联营体Ⅱ标项目经理克劳斯先生，分别代表分包商在合同书上签字。

12月22日 陕西安康水电联合实业有限责任公司成立。该公司的前身为安康火石岩联营水电站。

12 月 25 日 水电三局李友仁、马金玲、李素春当选为安康市第十四届人民代表大会代表。

1998 年

1 月 21～22 日 水电三局五届三次职代会在安康基地召开，190 名代表参加会议。李友仁局长作工作报告。大会审议同意局长工作报告、财务报告。

1 月 23 日 陕西省委书记、省人大主任李建国一行视察安康水电站。

1 月 24 日 水电三局党委书记赵庆安当选为中共陕西省第九次党员代表大会代表。

2 月 6 日 经水电三局党政联席会研究通过，李友仁局长批准，水电三局质量方针和质量目标正式颁布。质量方针是：科学管理，信守合同，精心施工，争创优质；质量目标是：工程合格率 100%，工程优良率 80%以上。

3 月 13 日 局发局劳字［1998］15 号文，对 1994 年 4 月成立的水电三局三峡工程指挥部进行重新组建和机构调整。

3 月 17 日 水电总公司召开中国水利水电工程总公司科技进步大会。水电三局蔡泽夏被授予“先进科技工作者”称号；梁周全，何长春、司勤被授予“优秀科技人员”称号；王孟生、吴新琪、刘尚中、任宗社、冯亮、陈军、廖勇被授予“优秀工程技术人员”称号。

3 月 30 日 水电三局成立水电三局石泉扩机领导小组，副局长刘洪学任组长，聘任刘万忠为技术顾问。

4 月 22 日 水电总公司发中水电干［1998］21 号文，聘任吴新琪为水电三局总工程师。

5 月 18 日 水电三局中标合徐高速公路工程，全长 13.57 千米，工程局承担合同量的 60%，金额 4080 万元，工期 21 个月。

7 月 1 日 水电三局参建的合徐高速公路南段工程开工，安徽省省长回良玉等有关领导、水电三局副局长于彦洲参加开工典礼。

7 月 14 日 甘肃省水利厅、计委、电力局、财政厅、临洮县政府等单位领导及专家组成验收小组，对水电三局六分局承建的甘肃临洮三甲水电站工程进行初步验收，认为该工程质量为优等。

7 月 23～25 日 水电三局在陕西安康张岭召开第四次党员代表大会，201 名党员代表参加会议，赵庆安代表上届党委作题为《面向市场、开拓进取、迎接挑战，努力开创三局改革发展新局面》的报告，陈庆和代表局纪委作题为《紧贴经济工作、全面履行职能，毫不放松地推进工程局党风廉政建设》的报告。会议通过无记名投票，选举产生新一届党的委员会和纪律检查委员会。党委成员为：赵庆安、陈庆和、李友仁、于彦洲、张治源、姜玉村、王新友、刘伟民、王德明。纪委成员为：马树生、陈庆和、段尚毅、刘玉建、胡伟、王德明、施娟。党委和纪委第一次会议分别选举赵庆安为书记；陈庆和为副书记、纪委书记；马树生为纪委副书记。1998 年 8 月 6 日安地组干［1998］205 号文进行了批复；1998 年 9 月 8 日中水电党［1998］28 号文批复了赵庆安、陈庆和的任职。

7月28日 国家电力公司召开双文明单位表彰大会。授予水电三局安装公司、小浪底指挥部为国家电力公司“双文明单位”称号。

8月3日 水电三局承建的甘肃大峡水电站最后一台机组——4号机组移交，生产达标通过国家电力公司验收，成为全国首台水电机组移交生产达标机组。

8月13日 水电三局副局长于彦洲代表局党委、水电三局和全局1.3万余名职工，在安康行署将10万元人民币捐献给遭受洪涝灾害的安康人民。

8月20日 水电三局三峡工程指挥部承建的三峡江峡大道上段道路工程通过验收，被评为优良工程。

8月22日 水电三局中标陕西石泉水电站扩机工程，合同金额9298.32万元，工期为1998年7月1日～2000年6月。

8月28日 水电三局ISO 9001族质量体系运行进行内审。

8月30日 共青团陕西省委、陕西省经贸委、陕西省劳动厅联合对1997年度陕西省优秀和杰出青年岗位能手进行命名表彰。水电三局五处青工石玉军获陕西省“十大杰出青年岗位能手”称号，基础处理公司青工郑晓荣获陕西省“优秀青年岗位能手”称号。

9月1日 水电三局基本养老保险工作由原国家电力公司行业统筹正式移交陕西省，实行省级统筹管理。由陕西省社会保险经办机构负责收缴水电三局基本养老保险费和发放离退休人员基本养老金。

9月15日 水电三局承建的安徽合徐高速公路十一合同段8.1公里路段在地表清理后全线贯通。

9月16日 水电三局承建主体工程施工的西藏甲岗水电站，工程质量合格率100%，优良率80%以上，通过竣工验收。

9月29日 水电三局二分局承建的三峡工程左岸“八二”混凝土拌和系统通过终验，被评为优良工程。

10月6日 水电三局工会副主席张国泰、工会宣传部长王守仁受局党委和工程局的委托，带着为灾区捐助的17万元赈灾款和慰问信，直接送到湖南省民政厅。

11月7日 水电三局ISO 9001族质量体系通过认证审核。

11月21日 全国政协副主席毛致用视察水电三局参建的国家重点建设项目——湖南江垭水电站。

11月28日 水电三局机制厂卧龙台项目部被共青团陕西省委命名为“青年文明号”。

12月4日 水电三局承建的甘肃三甲水电站通过竣工验收，工程质量被评为优良。

12月11日 中国方圆标志认证委员会质量认证中心向水电三局颁发《质量体系认证证书》。

12月18日 水电三局中标的安徽合安高速公路第七合同段正式开工，该工程合同金额17234.92万元。

12月28日 水电三局承建的甘肃大峡水电站工程全面竣工。总体工程质量被评为优良。

12月29日 中共中央政治局常委、国务院总理朱镕基在三峡工程总公司总经理陆佑楣的陪同下，视察由“三七八”联营总公司负责施工的左岸水电站厂房现场，同水电三局三峡指挥部副总指挥马玉民亲切握手并合影留念。

12月30日 水电三局承建的西北地区最高、跨度最长、吨位最大的安康水电站升船机全部安装完毕，并进行负荷试运转，满足设计要求。

1999年

1月9日 湖北谷城联虹电业有限公司成立。由水电三局和襄樊供电局、谷城水电开发公司、谷城县电力局、谷城县物资贸易中心等五方共同投资的谷城县庙子头水电站工程建设正式启动。

1月10日 水电三局承建的湖北谷城庙子头水电站举行奠基仪式，该工程合同金额6056万元，工期为1999年9月10日～2001年12月31日。

1月15日 中国建设银行西安分行授予水电三局“AAA级信用等级企业”。

1月21日 水电三局安康基地管理分局正式成立，代表局机关在基地行使管理、协调、服务职责。

2月6日 中共中央政治局常委、中共中央纪律检查委员会书记、全国总工会主席尉健行在三峡工程总公司总经理陆佑楣的陪同下，视察由“三七八”联营总公司负责施工的左岸水电站厂房现场。

2月8～9日 水电三局五届四次职代会在安康基地召开，244名代表参加会议。李友仁局长作工作报告，会议审议通过局长工作报告和财务工作报告，并作出相应的决议、评议了局级干部。

2月26日 中水电党［1999］第4号文，经中国水利水电工程总公司党组研究，并征得中共安康地委同意后决定：陈庆和任水电三局党委书记。

3月12日 水电三局局长李友仁被评为1998年度全国优秀施工企业家。

3月30日 水电三局施工研究所被安康市指定为水利水电工程质量检测中心。

5月12日 水电三局发局劳人字［1999］10号文，将机关搬迁西安后的机构设置调整为15个：局办公室、劳动人事处、工程开发部、经营管理办公室、工程管理处、财务处、审计处、设备处、技术管理办公室、安监办、局党委办公室、组织部、局纪委、工会、团委。

5月18日 水电三局承建的湖南江垭水电站1号和2号机组提前并网发电。全国人大常委会委员杨振怀出席发电庆典仪式。

6月14日 水电三局社会保险事业管理中心改为水电三局社会保险管理处，不再由劳动人事处管理。

6月18日 根据水电三局五届三次职工代表大会决议，经党政联席会议研究决定：成立中国水利水电第三工程局资金管理中心，撤销水电三局内部银行建制。

10月17日～11月3日 水电三局在三峡、合安公路、石泉扩机项目工地举行第六届青工技术“比武”活动。获得比赛工种第一名的是：钢筋工张伯齐；木模工王伟；混凝土工杨小平；电工盛世明；测量工马培福；汽、机修工田国强，以上人员获得晋升一级工资奖励。

11月1日 国务院副总理吴邦国在三峡工程总公司总经理陆佑楣的陪同下，视察水电三局参建的三峡水电站厂房及永久船闸施工现场。

12月25日 陕西省总工会授予水电三局三分局女子电焊班“巾帼精品班组”称号。

2000年

1月19日 水电三局三峡工程指挥部被长江三峡开发总公司命名为“安全文明单位”。

1月26～28日 水电三局六届一次职工代表大会暨2000年度工作会在安康基地召开。会议审议通过局长工作报告、财务预决算报告和2000年全局生产经营计划；审议通过《关于〈水电三局改革与发展四年规划〉的决议》和《关于授权职代会代表团长暨专门委员会主任联席会议适时与工程局续签集体合同》等重要决议。

1月27日 水电三局中标长江堤防隐蔽工程同马大堤加固工程，合同金额为3046.5万元。

6月2日 水电三局安徽合徐项目部获“安徽省进度和质量先进单位”，并获得奖牌。

6月14日 中水电干［2000］28号文聘任张治源为工程局局长，聘任于彦洲、刘伟民、王新友、吴新琪、冯亮、焦继轩为副局长，廖为民为总会计师。

6月15日 中水电党［2000］15号文任陈庆和为工程局党委书记，任段尚毅为党委副书记兼纪委书记。

6月23日 由水电三局安装的安康水电站100吨门式干运垂直升船机通过安装验收。

7月1日 中共陕西省委授予水电三局三分局党委“企业先进基层党组织”称号。

7月31日 水电三局子弟中学高考成绩创历史新高：在116名考生中，达电大分数线95人，占考生总人数的81.9%；达地市线72人；达省线43人；达本科线36人（达重点本科线的14人）。周睿同学理科总成绩达811分，名列安康市汉滨区第一、安康市第二，被清华大学录取。

8月3日 水电三局宁波项目部中标陕西西安市长安县三水厂一期工程，合同额为609万元。

8月4日 水电三局施工研究所与陕西汉江水电开发有限责任公司签订紫阳毛坝水电站砂石骨料场勘察合同。

8月11日 水电三局局长张治源代表企业，局工会负责人吴家明代表全体职工，在党委书记陈庆和的见证下，签订水电三局第二轮集体合同。

8月23日 水电三局承建的青海黄河公伯峡高线场内公路通过验收，各项指标符合设计要求，被评为优良工程。

9月4日 水电三局质量体系监督审核末次会议在西安局机关举行。中国方圆标志认证委员会陕西审核中心审核组宣布：水电三局通过2000年质量保证体系现场审核。

9月20日～11月19日 分别在安康、四川南部县红岩子水电站工地、三峡水电站工地、合安公路项目工地举行第七届青工技术“比武”活动。比赛项目为财会、装载机工

（推土机）、挖掘机工、电焊工。4个项目的第一名分别是：张立选、王建军、杨学恒、朱世康获晋升一级工资的奖励。

9月25日　水电三局红岩子施工处团委被共青团陕西省委授予“青年文明号”荣誉称号。授牌仪式在红岩子水电站工地举行。

10月24日　中水电党［2000］28号文，任吴家明为水电三局工会主席。

10月25日　水电三局中标黄河公伯峡水电站左岸泄洪洞工程，签约合同额为1.07亿元，工期为2000年11月25日～2002年6月30日。

10月27日　水电三局子弟中学因2000年高考成绩突出，被安康市委、行署授予安康市“高中教育先进单位”称号。

11月10日　成立中国水利水电第三工程局公伯峡施工局，青海公伯峡泄洪洞工程采用一级管理，单独核算。

11月12日　中共中央政治局常委、全国人大常委会委员长李鹏和夫人朱琳一同到三峡施工现场看望一线职工，同水电三局安装公司青年工人曾忠利亲切握手。

12月5日　水电三局党政联席会议研究：实行医疗保险改革后，西安片选西京医院、西安医科大学第二附属医院、西安市第二人民医院、西安市中医院、西安市未央区第一人民医院、西安市莲湖区红十字医院为定点医院。

12月13日　水电总公司干部人事档案目标领导小组到水电三局检查验收结果为：认证中国水利水电第三工程局干部人事档案已达到二级标准。

2001年

1月10日　水电三局中标长江重要隐蔽工程荆南大堤桃花素段加固工程，合同额为1034万元。

1月11日　水电三局被中国建设银行陕西省分行授予“AAA级企业”。

1月18日　水电总公司党组书记、总经理郭建堂到水电三局，慰问居住在西安的离退休老同志和局机关全体干部职工；听取了水电三局副局长兼总工程师吴新琪和副局长冯亮的工作汇报。

1月18～19日　水电三局六届二次职代会暨2001年度工作会在安康基地召开，238名代表参加会议。张治源局长作工作报告。会议审议通过了局长工作报告、财务预决算报告和2000年全局生产经营计划；作出了工作决议；党政主要领导在大会述职，进行了干部评议。

2月24日　四川省委书记周永康视察水电三局承建的四川红岩子电航工程施工现场。

2月28日　中央政治局常委尉健行到三峡工地视察工作，并听取“三七八”联营总公司及水电三局副局长焦继轩的工作汇报。

3月5日　水电三局代表队在陕西电视台举办的“再造一个山川秀美的陕西”为主题的知识竞赛中获得一等奖。

3月23日　水电三局审计处被国电公司授予“审计工作先进集体”称号。

4月5日　在水电总公司2001年工作会议上，总公司党组对水电系统2000年度党风廉政建设6个优秀单位、11个优良单位进行了表彰，水电三局被评为优秀单位。

4月20日 水电三局被陕西省人民政府授予“重合同、守信用”企业称号，这是水电三局连续11年获此殊荣。

4月25日 受中华全国总工会和陕西省总工会的委托，省总工会女职工委员会主任刘书慧赴三峡工地，为荣获全国总工会女职工双文明建功立业先进集体的水电三局三分局女子电焊班颁发奖牌。

5月14日 宁夏回族自治区党委书记毛如柏、水利部副部长张基尧到沙坡头水利枢纽工地视察，了解施工情况，慰问参加施工的水电三局员工。

6月15日 水电三局党政联合下文，启动全局处级干部引入竞争上岗机制工作。

7月1日 中共中央组织部授予水电三局三分局“全国优秀基层党组织”称号。

7月6日 水电三局安全生产工作受国电公司表彰，水电三局小浪底指挥部和三分局一公司木工二班被授予“安全生产先进集体”称号；水电三局安监办副主任李桂兰获“安全卫士”称号，高统彪获“安全生产个人”称号。

8月10日 水电三局局长张治源被中国建筑业协会授予“全国优秀项目经理”称号。

8月23日 水电三局中标青海黄河公伯峡水电站左岸溢洪道工程，中标价为2.4亿元。工期为2001年9月1日～2004年6月30日。

10月12日 长江委员会专家组、河道管理局和有关部门对水电三局基础处理公司承建的荆南长江大堤三标段防渗加固工程进行审查，该工程被评为优良工程。

10月19日 水电三局纪委副书记马树生被国家电力公司党组评为“勤廉兼优标兵”。

同日 水电三局基础处理公司中标长江黄冈干堤加固防渗工程第三标段，合同额为2895万元，工期3个月。

10月22日 中水电党［2001］62号文聘任付胜利为水电三局党委副书记兼纪委书记。

10月23日 中水电人［2001］123号文聘任司勤为水电三局副局长，刘玉建为总会计师。

11月11日 水电三局中心试验室通过陕西省建设厅和质检中心评定，取得建筑施工企业一级试验室资质。

11月23日 水电三局参建的甘肃黄河小峡水电站开工。

11月24日 山西省委书记田成平、省长刘振华、副省长范堆相到全国最大规模的引水工程，山西省引黄工程总干线、水电三局承建的二级泵站施工现场视察。

11月29日 三峡建设者首届青工技能大赛表彰大会隆重举行，“三七八”联营总公司获得混凝土浇筑团体第一、钢筋团体第一、团体综合比分第一的三项桂冠。

12月25日 水电三局九分局承建的老挝南艾河水电站截流成功。该工程8月29日中标，合同金额1361.4万元，工期1年。

12月26日 水电三局被国家工商行政管理总局评选为全国首批“重合同守信用”企业。

同日 水电三局副总会计师刘康文和大朝山八三联营体总会计师杨国良（水电三局干

部），被云南省授予“云南大朝山水电站建设功臣”称号。

2002年

1月4日 水电三局中标新疆恰甫其海水利枢纽升孔排砂防空洞工程施工合同在新疆伊犁河流域开发建设管理局签订，合同金额2222.33万元，工期18个月。

1月16日 水电三局被陕西省工商行政管理局列为2001～2002年度免检企业。

1月20日 水电三局参建的云南省小湾水电站工程正式开工，国家电力公司副总经理周大兵、刘振亚、全国政协常委云南省原省长和志强等领导参加开工仪式。

1月25日 水电三局住房公积金归集工作站在西安正式成立。

1月29日 水电三局在安康张岭召开党员代表会议，114名党员代表出席会议，选举出江德佩、徐德胜为出席安康市第一次党代会代表。

2月4～5日 水电三局六届三次职代会暨2002年度工作会在安康基地召开，233名代表参加会议，张治源局长作工作报告。会议审议通过局长工作报告、财务预决算报告和2002年全局生产经营计划；作出了决议，进行了干部评议，党政主要领导在大会上述职。

3月12日 水电三局中标长江堤防工程武汉市江堤整险加固工程48标段，合同金额1271.7万元、黄岗黄梅堤段第七标段，合同金额1888.38万元。至此，水电三局在长江堤防工程中先后中6个标段。

3月15日 水电三局党委书记陈庆和当选为中共陕西省第十次党员代表大会代表。

3月26日 国家认证认可监督管理委员会在北京人民大会堂举行全国百家获证企业颁证大会及认证市场监督新闻发布会，水电三局副局长兼总工程师吴新琪参加大会并捧回质量认证证书。

3月27日 水电三局中标宁夏沙坡头水利枢纽泄洪闸及南干水电站土建工程，中标价7688万元，总工期为26个月。

3月29日 水电三局中标河南省许平南高速公路工程第十三合同段，中标价为9625万元，总工期24个月。

4月11日 中央电视台一套《科技博览》节目组到水电三局承建的湖北黄岗长江堤防工地，进行拍摄采访。

4月23日 水电三局承建的黄冈长江干堤加固工程第三标段，比合同工期提前7天全线完工。

4月26日 水电三局三峡工程指挥部副指挥长兼总工李积伦荣获“全国五一劳动奖章”。

4月 水电三局第四分局被中共陕西省委、省政府授予“陕西省先进集体”称号。

5月5日 水电三局三分局四公司经理蒲清海荣获“陕西省劳动模范”称号。

5月10日 水电三局副总会计师胡伟被评为全国内部审计先进工作者。

5月24日 水电三局党委书记陈庆和参加陕西省第十次党代会。

7月1日 经陕西省新闻出版局批准水电三局《水利水电报》更名为《水利水电新闻》。

7月25日 水电三局中标湖南省湘江株洲航电枢纽工程大坝、水电站厂房土建工程(A标)，合同签字仪式在长沙举行，合同额为2.88亿元，总工期48个月。

8月21日 水电三局承建的安康水电站升船机交付使用。

8月28日 水电三局基础处理公司施工的青海公伯峡水电站左岸边坡锚索工程顺利竣工，锚索各项张拉指标满足设计要求。

8月30日 香港特别行政区的“健康快车”停靠在水电三局张岭火车站，为山区千余名贫困患者实施白内障手术。水电三局提供相关的辅助工作。

9月10日 水电三局承建的西藏拉萨市柴周县虎头山水库整治工程竣工验收会在现场举行。该工程比合同工期提前14个月完成，工程优良率达92%，被评为优良工程。

9月16日 水电三局中标陕西汉江喜河水电站砂石料及混凝土系统工程，中标价为10 098万元，工期为2002年10月～2007年6月。

10月15～17日 水电三局承办的陕西省“水电杯”职工技术大赛钻探灌浆工比赛，在湖南凤滩扩机工程现场举行。小峡施工局、公伯峡施工局、凤滩项目部、三峡项目部、小湾项目部、株洲施工局组队参赛。选手郑晓获陕西省技术状元称号；汪龙桂、胡长峡、岳金峡、赖甲伟、袁欣等10位选手获技术能手称号；凤滩项目部和公伯峡施工局分别获团体第一名和第三名；局工会获优秀组织奖。

10月18日 水电三局承建的山西省万家寨引黄一期工程总干一级泵站、二级泵站、古交和小连接段PCCP输水管道竣工，并举行全线试通水庆典。

10月21日 陕西省委副书记、代省长贾治邦在省、市电力公司及水电三局领导陪同下，视察了水电三局参建的陕西汉江喜河水电站工地。

10月26日 水电三局承建甘肃小峡水电站枢纽工程CⅢ标施工合同签字仪式在兰州举行；合同金额为1.159 3亿元。工期为2002年11月6日～2005年11月30日。

11月11日 西藏自治区、日喀则地区计委和水利局质检站等部门组成验收委员会，对水电三局承建的西藏加达水电站工程土建、金结、机电安装项目进行单位验收后一致认为，加达水电站单位工程质量达到优良工程等级标准。

12月15日 水电三局组队参加陕西省总工会、省劳动和社会保障厅、省经贸委举办的陕西省职工计算机应用技术大赛，程序组获团体第六名，选手俞麒获“技术能手”称号。

2003年

1月6日 水电三局安装公司承建的庙子头水电站最后一台水轮发电机组并网发电。该水电站共安装3台灯泡式贯流机组，至此全部投产发电。

2月9～10日 水电三局在安康张岭基地召开第五次党员代表大会，132名党员代表参加大会。会议审议通过陈庆和作的题为《认清形势，珍惜机遇，创新工作，为实现企业更大发展而努力奋斗》的报告，付胜利作的题为《贯彻党的十六大精神按照“三个代表”的要求与时俱进开创企业党风廉政建设新局面》的报告。会议通过无记名投票，选举产生新一届党的委员会和纪律检查委员会。党委成员为：陈庆和、付胜利、张治源、吴新琪、刘伟民、司勤、焦继轩、冯亮、刘玉建、吴家明、刘美华。纪委成员为：付胜利、任世玉、姚世友、张玉凤、施娟、吕存智、胡伟。党委和纪委第一次会议分别选举陈庆和为书记、付胜利为副书记、纪委书记，吕存智为纪委副书记。

2月11～12日 水电三局六届四次职工代表大会暨2003年度工作会在安康张岭基地召开，240多名代表参加会议。大会一致同意局长张治源所作的工作报告，同意局总会计师刘玉建所作的财务工作报告，原则同意局工会提请大会讨论的第三轮集体合同文本，同意《水电三局工资集体协商试行办法》。会议进行了局级干部评议。

3月3日 水电三局中心实验室通过国家技术监督局电力评审组的计量认证复核。

3月6日 国务院国有企业监事会主席范有年等一行，在水电建设集团公司财务部主任谈玉富陪同下，到水电三局检查指导工作。

3月7日 经水电三局研究决定：中国水利水电第三工程局中心试验室更名为中国水利水电第三工程局中心实验室。

3月8日 中华全国总工会授予工程局三分局女子电焊班"全国'五一'劳动奖状"。

3月14日 中共陕西省委组织部陕组干任［2003］17号文，同意中国水利水电第三工程局第五届委员会、纪律检查委员会选举结果。陈庆和任党委书记，付胜利任党委副书记兼纪委书记。

4月3日 水电三局喜河施工局获得"陕西省重点工程建设立功竞赛先进集体"证书和牌匾。

7月25～26日 水电三局召开第四次工会会员代表大会，出席大会代表162人。大会选举产生由23名委员组成的第四届工会委员会，工会委员会选举常委会成员5人：吴家明、宋璞、王守仁、王春玉、施娟；选举吴家明为主席、宋璞为副主席；常委会提名、经委员会讨论通过，决定由5名委员组成经费审查委员会，由21名委员组成女工委员会。宋璞任经审委主任；施娟任女工委主任。

8月12日 水电三局中标陕西汉江喜河水电站厂房工程，合同总价1.46亿元。工期为2003年11月30日～2007年6月28日。

8月20日 水电三局中标四川洪雅百花滩水电站工程，合同总价2.1亿元。工期为2003年9月1日～2006年4月30日。

8月21日 水电三局承建的陕西安康水电站升船机正式通过验收投入使用。

8月27日 水电三局中标黄河苏只水电站厂房工程，合同总价1.51亿元。工期为2004年2月16日～2005年12月31日。

9月5日 陕西省总工会工字［2003］49号文，同意水电三局工会第四次会员代表大会选举结果：吴家明为水电三局工会主席。

10月24日 经中国方圆委陕西审核中心审核组现场监督审核，水电三局通过2003年度质量体系现场监督审核。

12月1日 水电三局中标山西西龙池抽水蓄能电站引水系统土建及钢管制安工程，合同金额1.4亿元，工期为2003年12月8日～2008年3月31日。

12月2日 水电建设集团公司党组发中水电人［2003］13号文聘任刘美华、张波为水电三局副局长。

12月8～10日 由水电三局和长江水利委员会承办的中国水利电力爆破学术经验交流会在西安举行。全国水利水电系统近70名爆破专家参加会议。中国工程院院士冯叔瑜、汪旭光、长江水利委员会勘测设计院副院长石伯勋、长江科学院党委副书记徐德毅、陕西省工程爆破协会理事长秦明武、工程爆破专业委员会常务副主任张正宇、水电三局常务副局长于彦洲和副局长兼总工程师吴新琪等出席会议。

12月15日 水电三局党政联席会议决定：成立中国共产党中国水利水电第三工程局党委工作部。撤销党委办公室和组织部，业务归口党委工作部管理。局团委与党委工作部合署办公。

12月 水电三局中标青海黄河拉西瓦水电站右岸坝肩、水电站进水口及消能区边坡开挖支护工程，中标金额1.189亿元。工期为2004年5月1日～2006年6月30日。

2004年

1月16日 水利水电集团公司命名水电三局小峡施工局为2003年度文明单位。

2月10日 水电三局液化气公司获得陕西省“先进消防安全百强企业”，受到表彰。

2月12日 水电三局局长张治源代表企业方，局工会主席吴家明代表职工方，签订水电三局第三轮集体合同。

2月23～24日 水电三局第六届五次职工代表大会在安康张岭基地召开，222名代表参加会议。大会一致同意局长张治源所作的工作报告，同意局总会计师刘玉建所作的财务工作报告。局领导在大会上述职，会议进行了局级干部评议。

2月24～25日 水电三局召开2004年工作会议，指出全局今后工作的努力方向是：进一步解放思想，深化内部改革，加快发展，做强做大，实现企业持续快速发展，由大局成为强局的目标。

3月5日 水电三局机关被西安市莲湖区委授予2003年度“文明机关”称号。

3月8日 水电三局机械制造厂金结一车间女子电焊班荣获中华全国总工会颁发的“全国先进女职工集体”奖牌。

3月9日 水电三局被陕西省安全生产委员会评为2003年度陕西省安全生产先进单位。

3月23日 水电三局荣获2003年度陕西省职工技术大赛“优胜组织奖”、“陕西省安康杯竞赛优胜企业”。

4月2日 受全国总工会委托，水电三局工会生产部代表全国总工会，慰问正在住院的全国劳动模范水电三局退休职工王进先，并送去慰问金9420元。

4月28日 宁夏回族自治区人民政府授予水电三局“黄河沙坡头水利枢纽建设贡献突出单位”荣誉称号。

4月30日 水电三局二分局沈兰保荣获“中央企业劳动模范”称号，受到国家人事部、国资委表彰。

5月10日 水电三局安装公司职工袁文德参加陕西省压力容器压力管道焊接比赛，

获得全能第三名，同时获全国电力培训新星一等奖。

6月14日 水电三局中标青海黄河拉西瓦水电站引水发电系统进水口及压力管道工程，合同金额4.15亿元。工期为2004年7月1日～2008年4月30日。

6月21日 水电三局安康张岭基地供水管路改造工程动工。

6月28日 全国妇联授予水电三局三分局女子电焊班“全国‘三八’红旗集体”称号。

7月5日 以局劳人字［2004］第68号文撤销工程局工商企业处。

7月12日 水电三局发局劳人字［2004］47号文成立国际工程部、48号文成立史志办。

7月15～17日 陕西省“水电杯”职工技术大赛水轮机、水轮发电机安装工比赛，在水电三局甘肃龙首（二级）水电站施工现场举行。水轮机安装工姚文辉、水轮发电机安装工阎明俊获陕西省技术“状元”；周峰、李万斌、刘军、张占武获陕西省技术能手。龙首（二级）项目部参赛队获团体金奖、株洲施工局参赛队获银奖、三峡项目部参赛队获铜奖；局工会获优秀组织奖；吴家明、王春玉、陈银利获优秀组织工作者奖。

7月23日 水电三局中标贵州蒙江双河口水电站大坝、溢洪道、LK公路工程，中标金额为1.54亿元，工期为2004年8月10日～2006年4月30日。

8月13日 水电三局中标四川省田湾河流域仁宗海水库电站土建工程，中标金额为1.24亿元。工期为2004年8月30～2007年8月30日。

8月30日 水电三局中标湖南筱溪水电枢纽土建工程，合同金额2.45亿元，工期为2004年9月28日～2007年10月31日。

8月31日 中国水电集团公司干部考核组到水电三局，对局领导班子换届进行为期7天的考核工作。

9月10日 水电三局承建的西北大型钢索桥——石泉喜河水电站横跨汉江的单跨无塔柔性悬索桥胜利建成。

10月22日 中国水利水电建设集团公司中水电人［2004］136号文件聘任：吴新琪为水电三局局长；张治源（兼）、焦继轩、冯亮、司勤、刘美华、张波为副局长；王鹏禹为总工程师；任世玉为总经济师；刘玉建为总会计师。同日中水电党［2004］53号文件任命：张治源为水电三局党委书记；吴新琪为党委副书记（兼）；付胜利为党委副书记兼纪委书记；吴家明为工会主席。

10月25～26日 水电三局共青团第四次代表大会在安康基地隆重举行，76名团员代表参加会议。大会通过《团结带领全局团员青年，为实现工程局快速发展目标而努力奋斗》的决议草案；选举产生了新一届共青团委员会，靳山任团委书记。

11月5日 水电三局中标云南景洪水电站左岸土建金属结构安装工程，中标金额8.665亿元，工期60个月，自2004年12月起。

11月18日 水电三局中标金沙江四川向家坝水电站左岸高程300米以上边坡开挖工程，中标金额3.34亿元。工期为2004年11月1日～2006年2月28日。

12月30日 水电三局工程开发全年合同额首次超过30亿元。

是年 水电三局与水电八局联合申报的碾压混凝土筑坝施工技术在大朝山水电站的研究与应用项目荣获集团公司一等奖，并荣获2003年度中国电力科技三等奖，2004年大朝山水电站工程质量荣获中国建筑业的最高奖项——“鲁班奖”。

2005年

1月初 陕西省总工会授予水电三局工会“陕西省模范职工之家”称号，同时授予水电三局安装公司工会“陕西省模范职工小家”称号。

1月11日 水电三局被陕西省人民政府评为2004年度安全生产先进企业。

1月下旬 水电三局荣获“2005年度中信实业银行AAA级企业”称号。

2月18～19日 水电三局第七届职工代表大会第一次会议暨2005年工作会在西安召开，266名代表参加会议。会议审议和通过局长吴新琪所作的工作报告、总会计师刘玉建所作出的财务预决算报告和《中国水电三局改革与发展规划（2005～2008)》，通过局“三合一”管理体系认证。

3月22日 水电三局成立分离企业办社会职能工作领导小组。

3月22～23日 水电三局在西安召开“水电三局分离企业办社会工作会议”和“分离企业办社会工作领导小组第一次会议”，对分离企业办社会工作进行具体安排。水电三局分离企业办社会职能工作正式启动。

3月27～30日 中国水利水电建设集团公司2005年财务暨资金管理工作会议在水电三局召开，财务及资金管理的负责人、来自本系统各单位的总会计师等近百人参加会议。

4月1日 水电三局质量、环境和职业健康安全管理体系的管理方针，经贯标领导小组和党政联席会讨论、局七届一次职代会通过，工程局最高管理者吴新琪局长批准正式发布实施。

4月6日 国务院副总理曾培炎在三峡总公司总经理等领导的陪同下，视察水电三局参建的四川向家坝工程建设工地，并亲切接见水电三局职工。

4月18日 水电三局史志编研工作领导小组成立：张治源任组长，司勤、付胜利、吴家明、姚世友任副组长。

4月19～21日 全国水利水电施工技术信息网第11次全网大会、第19次技术经验交流会暨《水利水电工程施工手册》出版总结会在南京召开。水电三局作为水利水电施工技术信息网网员单位及《水利水电工程施工手册》参编单位参加会议。水电三局陈文耀、谢凯军是该书第3卷《混凝土工程》中第三章“混凝土原材料选择及常态混凝土配合比设计”的主要执笔人；陈军是第五章“特种水工混凝土”的主要执笔人之一。

4月22日 水利水电建设集团公司下发《关于表彰集团公司劳动模范和先进生产（工作）者的决定》，水电三局职工蒲华被评为劳动模范，严风茂、胡海涛被评为先进生产（工作）者。

4月27日 西安市委、市政府下发关于表彰西安市劳动模范和先进集体的决定，水电三局职工李桂兰被评为西安市劳动模范。

同日 水电三局资质升级领导小组成立，下设资质升级办公室和对外联络办公室。水电三局水利水电特级资质升级工作全面启动。

4 月 30 日 水电三局安装公司职工郭均峰荣获“全国劳动模范”称号，在北京人民大会堂受到中共中央总书记、国家主席、中央军委主席胡锦涛、国务院总理温家宝及其他党和国家领导人的亲切接见并合影留念。

5 月 27 日 山西省西龙池抽水蓄能电站有限责任公司在施工现场为水电三局承建的斜井开挖创全国新纪录暨 2 号主洞上斜井贯通举行庆祝仪式。

6 月 6 日 水电三局在安康基地举办“遵章守法，关爱生命”大型安全签名活动。

6 月中旬 水电三局被授予陕西省“信用企业”称号。

6 月 20 日 水电三局被集团公司评为 2002～2004 年度内部审计先进单位，审计处处长邱建康被评为内部审计先进工作者。

6 月 20 日 水电三局承建的山西西龙池抽水蓄能水电站 1 号引水洞上斜井开挖全面贯通，再创斜井开挖 382 米的全国纪录。

7 月 5 日 水电三局中标南水北调中线水源——丹江口大坝加高右岸土建施工及金结设备安装工程，中标合同金额为 3.24 亿元。工期为 2005 年 7 月～2010 年 4 月 30 日。

7 月 12 日 水电三局中标阿尔及利亚苏夫河谷水净化管网工程，合同金额 2.29 亿元，工期为 2005 年 10 月 8 日～2008 年。

同日 根据国际工程开发及管理的需要，成立中国水利水电第三工程局国际工程部。

同日 水电三局党委下发《水电三局先进性教育活动实施方案》，全面展开党员先进性教育活动。

7 月 16 日 水电三局中标湖南清水江白市水电站主体土建工程，合同金额为 4.84 亿元。工期为 2005 年 8 月 21 日～2007 年 12 月 31 日。

7 月 22 日 水电三局成立丹江口工程施工局。

8 月 6 日 国家副主席曾庆红在青海省委书记赵乐际、省长宋秀岩等人陪同下，到水电三局参建的青海黄河公伯峡水电站视察。

8 月 26 日 水电三局成立白市工程施工局。

9 月 1 日 水电三局老干部李大臣、刘福等 22 名抗日老战士佩带由中共中央、国务院、中央军委颁发的纪念中国人民抗日战争胜利纪念章。

9 月 2 日 水电三局中标云南龙陵腊寨水电站大坝枢纽工程，合同金额为 1.009 5 亿元。工期为 2005 年 9 月 20 日～2008 年 6 月 30 日。

9 月 6 日 集团公司检查组到工程局检查投资、担保、企业负责人年薪制执行情况、资金管理及应收款项管理等管理制度执行情况。

10 月 11 日 水电三局中标甘肃黄河柴家峡水电站二期工程，合同金额为 1.087 1 亿元。

10 月 14～17 日 由水电三局承办的“陕西省水电杯混凝土拌和楼运转工技能大赛”在云南景洪水电站工地举行。全局共 8 个代表队参赛，土卡河项目部获团体金奖、二分局获银奖、景洪施工局获铜奖。选手陆青山获陕西省技术状元、汤红贵、顾红彬获“技术能手”称号。

11月2日 水电三局先进性教育领导小组组织群众满意度测评工作，118人参加测评，满意和基本满意达到97.4%。

11月4日 水电三局党委召开全局先进性教育活动总结大会。陕西省委第八巡检组、省直工委和集团公司巡检组以及局机关各处室、局属各单位共计120余名党员参加大会。水电三局先进性教育活动集中学习教育阶段圆满完成。

11月16日 云南保山槟榔江水电开发有限公司举行云南槟榔江猴桥水电站两台机组并网发电庆典仪式。水电三局司勤副局长参加典礼。水电三局承建的大坝枢纽工程、引水隧洞工程、厂房枢纽工程三个标段均被评为优良工程；整个工程提前5个半月完工。

12月7日 水电三局局长吴新琪当选为陕西省安康市第二届人民代表大会代表。

12月12日 水电三局经过文件编印、宣传贯彻、培训、内审、符合性审核及外审等工作，"三合一"管理体系通过中国方圆认证中心GB/T 28001—2001《质量环境职业健康安全管理体系》的认证，取得认证证书。

12月19日 水电三局中标河北南水北调中线京石应急供水工程（北京段）北拒马河暗渠工程，合同金额为9581万元。工期为2006年3月1日～2007年10月31日。

12月20日 水电三局企业办社会机构分离移交材料报送财政部审核。

12月21～22日 水电三局科技工作暨第三届科技代表大会在西安召开。集团公司副总经理兼总工程师付元初，工程科技部副主任楚跃先，陕西省水力发电工程学会理事长张锦堂，副秘书长李起祥，陕西省水利学会理事长史鉴，秘书长李六一，西安理工大学水电学院院长罗兴锜，水电十五局总工程师何小雄，水电三局党政领导和全体代表150余人参加会议。会议讨论通过水电三局四年科技发展规划，提出科技兴局、人才兴局、创新强局的科技工作原则；成立水电三局技术委员会、专家委员会、评审委员会、水电三局科学技术协作委员会，水电三局职工技术协会。

12月22日 水电三局职工技术协会在安康基地挂牌成立。

12月 水电三局参建的四川向家坝水电站土石方开挖月强度达到108万米^3，再创水电系统单项工程开挖新纪录。

2006年

1月下旬 水电三局取得中信银行2006年度AAA级信用证书。

2月23日 水电三局株洲施工局被评为2005年度湖南省重点工程建设项目施工先进单位。

3月8日 水电三局机械制造厂金结一车间女子电焊班，被全国妇联授予"'三八'红旗集体"荣誉称号。

同日 水电三局中标云南弄另水电站主体建筑物土建工程大坝标，中标金额12 760万元。工期为2006年3月～2009年3月。

3月9日 水电三局中标云南保山槟榔江苏家河口水电站坝基水上部分开挖、溢洪道土建及金属结构安装工程，中标额为12 773万元。工期为2006年3月19日～2008年12月30日。

3月10日 经建设部公示批准通过，水电三局获得水利水电工程施工总承包特级资质。这是水电三局发展史上的重要里程碑。

3月23日 以国务院国有企业监事会主席范有年为组长的检查组一行4人对水电三局生产经营、财务资金管理、审计监察、在建工程、安全生产等方面工作进行实地监督检查。

3月23～25日 第三届中国西部信用高层论坛暨首届陕西诚信人物颁奖典礼在西安隆重举行。水电三局局长吴新琪及其他单位38位企业负责人被评为首届陕西信用诚信企业家年度人物。

3月29日 水电三局中标重庆金家坝水电站枢纽工程，中标额为44 287万元。工期为2006年10月1日～2009年2月15日。

4月3～5日 水电三局七届二次职代会暨2006年工作会议在西安机关总部召开，225名代表参加会议。会议审议通过了吴新琪局长所作的工作报告和局财务预决算报告，还审议讨论水电三局集体合同第四轮文本和《水电三局2006年度综合生产经营计划》，进行了局级领导述职和民主评议。

4月4日 水电三局局长吴新琪代表企业方，局工会主席吴家明代表职工方在西安签订了水电三局第四轮集体合同。

4月15日 水电三局参建的我国西部最大水电站黄河拉西瓦水电站正式开工。

4月26日 水电三局四分局谢锟、一分局米振柱被授予“陕西省劳动模范”称号，水电三局制造安装分局被授予“陕西省先进集体”称号。

4月28日 水电三局获得“全国‘五一’劳动奖状”。陕西省召开庆祝“五一”国际劳动节劳模座谈会，水电三局作为获奖单位参加了大会并领取了“全国五一劳动奖状”牌匾。

5月17日 集团公司与陕西省人民政府正式签署协议，水电三局中小学校与工程局分离移交地方管理。

5月23日 水电三局再获中国建设银行陕西省分行AAA信用等级。

5月23～25日 集团公司纪委书记座谈会在水电三局召开，来自本系统各单位的纪委书记、监察处长参加会议。

5月29日 景洪施工局二工区主任蒲清海，被云南省总工会、华能有限公司授予“澜沧江流域水电建设功臣”称号，并受到表彰奖励。

6月1日 水电三局中标辽宁大伙房水库输水（二期）工程输水管线建筑及安装工程第三标，中标金额5372.67万元。工期为2006年6月15日～2008年9月30日。

6月23日 国务院副总理曾培炎在国务院南水北调办公室主任张基尧等中央有关部委和地方政府有关领导的陪同下，视察丹江口大坝加高工程，并在水电三局施工现场接见建设单位的主要领导。

7月初 水电三局承建的黄河小峡水电站经过中国电力建设企业协会初审、专家现场复查，被评为2006年度中国电力优质工程。

7月初 2006年度全国水力水电科技成果奖揭晓，水电三局副总工程师姬脉兴主笔撰写的论文《大坡度超长斜井开挖施工中的难点及对策》荣获一等奖。

7月6日 水电三局中标甘肃省临洮县莲麓一级水电站枢纽主体土建及金属结构设备安装工程，中标合同金额为16 181.94万元。工期为2006年10月～2009年8月31日。

7月10日 在陕西省第九届自然科学优秀学术论文评选中，水电三局职工黄斌、樊宇、姬脉兴合著的《保温保压浇筑蜗壳二期混凝土的施工技术》获得一等奖。

7月11日 水电三局获得陕西省国家税务局、陕西省地方税务局联合授予的“纳税信用等级A级纳税人”荣誉称号。

8月初 水电三局开始整合生产经营单位，推行内部管理体制改革。

8月8日 水电三局被西安市国家税务局和西安市地方税务局评定为西安市纳税信用A级企业。

8月19日 水电三局丹江口施工局承担的150吨级垂直升船机成功拆除。此次拆除，是国内水电站建设史上升船机拆除首例。

8月25日 中共中央政治局常委李长春在青海省委书记赵乐际、省长宋秀岩的陪同下对黄河上游水电开发情况进行调研，考察了在建的拉西瓦水电站。

8月26日 水电三局六分局施工的95.5米高的重庆奉节青莲溪水利工程双曲拱坝建成。

8月28日 水电三局工会荣获中华全国总工会授予的“全国工会干部教育培训工作先进集体”称号。

9月25日 水电三局第一期后备项目总经济师培训班，在西安理工大学水力水电学院开课，来自全局各单位的50余名学员参加培训。

10月1日 水电三局景洪施工局在云南景洪水电站大坝取出14.13米长的碾压混凝土芯样，创当时国内碾压混凝土施工的最新纪录。

10月18日 水电三局承建的湖南筱溪水电站工程获水利部“2006年度水利系统文明建设工地”称号。

10月20日 水电三局承办的2006年陕西省“水电杯”职工技能大赛水工钢筋工、浇筑工技术比赛在南水北调水源工程——湖北丹江口大坝加高工地举行。水电三局三分局的混凝土工杨小平和钢筋工张伯齐获得“陕西省技术状元”称号，并晋升为高级技师；和晋东、林天军、钟明伟、陶小华获“陕西省技术能手”称号。

10月30日 水电三局中标乌金峡水电站大坝及厂房工程，中标合同金额为11 685万元，工期为2006年11月～2009年10月31日。

10月 水电三局组织22名选手参加陕西省水电工程杯推土机驾驶员、挖掘机驾驶员、机械修理工技术大赛。

11月5～8日 中国电力报社和中央电视台大型文献电视片《照亮中国》摄制组一行4人来到水电三局进行采访。

11月13～14日 在集团公司召开的首届科学技术大会上，水电三局荣获集团公司科学技术进步奖。水电三局姬脉兴、谢凯军被评为中国水利水电建设集团公司优秀科技人员；王鹏禹被评为中国水利水电建设集团公司先进科技工作者；赵红阳、潘纪良、屈高见、王再明、魏勇被评为中国水利水电建设集团公司优秀工程技术人员；水电三局参与完成的700米级高陡边坡及堆积体开挖与锚固施工技术研究被评为特等奖；三峡二期工程左岸厂房混凝土配合比优化设计研究获三等奖。

11月25～27日 由中国企业联合会、中国企业家协会共同举办的中国企业新纪录（第十一批）新闻发布会暨企业自主创新论坛，宣布水电三局创造四项中国企业新纪录、三项中国企业纪录。

四项中国企业新纪录的是：

（1）2005年在四川省向家坝水电站左岸高程300米以上边坡土石方挖运施工中，11月份开挖111万土石方、挖运107万土石方；12月挖运108.5万土石方；其中11月19日完成土石方挖运3.81万土石方，创国内水电行业土石方挖运月强度和日强度新纪录。

（2）2005年建成的山西省西龙池抽水蓄能电站引水系统工程，由两条引水隧洞组成，1号引水洞总长1448.33米，2号引水洞总长1431.18米，都由三个平段两个斜段构成，斜段长度756.59米，最大倾角60度，最小倾角56度。该项目2003年12月开工，2005年12月份贯通，创国内大倾角斜井开挖长度和发电引水水头最高新纪录。

（3）2004年5月承建的山西省西龙池抽水蓄能电站引水系统工程，长515.7米上斜段使用阿里马克爬罐和反井钻机联合开挖，轴线偏离仅1.8厘米，偏离率0.3%，创国内水电行业大倾角超长斜井开挖轴线精确度新纪录。

（4）2005年在湖南筱溪水电站工程施工中，运用化学固结灌浆方法代替传统开挖回填方法处理电站厂房主体段复杂地基；化学固结灌浆材料为改性低黏度环氧灌浆材料，用4台电动隔膜化学灌浆泵同时灌注。9月29日～11月4日结束灌浆，历时37天，共进行了58孔灌浆，灌浆压力控制在0.8兆帕左右，灌浆延米305米，平均61.9升/米，工程造价不到200万元，比传统开挖回填处理方案节约工期约一年，成本降低超过80%，创国内水电工程地基加固处理新纪录。

三项中国企业纪录是：

（1）2003年在三峡水利枢纽工程建设中，自主完成的3号MQ型港机拆除及安装工作，自8月25日开始拆除，9月19日开始安装，10月20日通过负荷实验，拆除历时25天，安装历时32天，比合同工期提前33天完成，创国内水电行业同类型港机拆除和安装速度纪录。

（2）2002年建成的万家寨引黄工程总干线一级、二级泵站项目，引进日本丸红（荏原/东芝）联营体生产的水泵电动机组，设计扬程140米，设计流量6.45立方米/秒，额定转速600转/分钟，转轮直径1.786米，单机配套定速电机12兆瓦，于2000年8月～2002年7月11日完成了全部6台电机单机调试工作，创国内单机功率最大和泵站单台泵组功率（12兆瓦）安装纪录。

（3）2002年完成的山西省万家寨引黄工程连结段PCCP输水工程建筑安装项目，总长17公里，其中明埋安装9公里，隧洞内安装8公里，PCCP管径3米，单节长5米，重30～40吨，于2001年7月10日开工，2002年8月31日完成，创国内同行业管道安装内径最大的隧洞内安装最长纪录。

11月26日 水电三局参建的金沙江向家坝水电工程举行开工典礼。国务院副总理曾培炎等中、省、地领导及有关单位参加典礼活动。

11月 自9月起，水电三局在全局范围内公开选聘生产经营单位负责人副职并竞争上岗。经过报名申请、初选、面试、竞聘演讲、考核、公示等多个环节的公开选拔，截至11月，由局党政联席会研究确定59人被聘任到副处级岗位，其中30名年轻干部从科级岗位选聘。

12月1～5日 原属水电三局的三所学校（安康张岭子弟学校、关庙子弟学校、汉中子弟学校）顺利移交给安康市汉滨区和汉中市汉台区，其中251名在职教师、151名离退休教师共计402人全部移交两地政府管理。

12月10日 陕西省青年企业家协会第六次会员代表大会暨第十届陕西省优秀（杰出）青年企业家表彰大会在西安隆重召开。水电三局制造安装分局分局长张育林被授予“第十届陕西省优秀青年企业家”称号，同时被团省委授予“陕西省青年突击手”称号，并当选为陕西省青年企业家协会理事。

12月17日 云南省省委书记白恩培、省长秦光荣、副省长刘平等一行，在西双版纳州政府主要领导、云南华能澜沧江水电有限公司董事长寇伟等领导陪同下，视察景洪水电站建设工地，亲切慰问水电三局及全体建设者。

12月20日 水电三局承建的云南景洪C2标混凝土施工实现了年初提出浇筑混凝土百万米^{3}的目标，创云南景洪水电站工程建设新纪录，也是水电三局年混凝土施工新纪录。

12月30日 水电三局中标苗家坝水电站左岸导流洞、泄洪洞土建及金属结构安装工程，中标合同金额为2.068亿元。工期为2006年12月29日～2010年9月30日。

甘肃黄河小峡水电站工程获得甘肃省建筑工程“飞天奖”称号，小峡施工局领取了由甘肃省建筑业联合会颁发的象征敦煌文化的“飞天”奖杯。

水电三局参与建设的湖南筱溪水电站工程被国家水利部授予“2006年度水利系统文明建设工地”称号。

第一篇　体　　制

第一篇　体　　制

第一章　概　　述

中国水利水电第三工程局是由原水利电力部第三工程局和水利电力部第十五工程局合并组建而成的。原水电三局的前身为成立于1958年5月的青铜峡工程局，水电十五局的前身是从水电四局分立出来的石泉分局，两局于1982年合并，组成了新的水利电力部第三工程局（简称水电三局）。截至2006年，水电三局的发展已有近五十年的历史。在五十年里，水电三局经历了由国家计划经济到社会主义市场经济的发展，其名称、隶属关系、归口管理上级单位、局址、局领导、内部组织机构及职工队伍等要素，均处于不断变化之中。

第二章　组　织　沿　革

第一节　组　　建

1955年12月，黄河三门峡工程局成立。1958年初，中央决定由黄河三门峡工程局负责全黄河流域水利水电建设工程。1958年5月，由黄河三门峡工程局抽调领导骨干，加上从宁夏地方政府抽调的干部，成立青铜峡施工局。由水电部安排，三门峡工程局筑坝一分局局长赵征任青铜峡施工局党委书记兼局长，一分局的房洪涛任副书记，副分局长李文任副局长，二分局的主任工程师礼荣勋任总工程师。同时宁夏回族自治区工委抽派区农业厅副厅长李子华任施工局副局长，区财政厅副厅长曹鹏程任党委副书记，区水电局副书记郭鹏任党委副书记，宁夏吴忠地区检察院检察长刘思孝任副局长。9月1日自治区工委正式下发了工程局领导班子成员任职文件。8月，从三门峡抽调的技术干部、管理人员、工人约300人奔赴宁夏青铜峡工地，开始了青铜峡水电站的建设。1959年3月，根据水电部通知，黄河青铜峡工程局行政上由宁夏回族自治区领导改属水电部领导，同三门峡工程局也脱离隶属关系，称水利电力部青铜峡水利工程局。在基本完成青铜峡水电站建设后，1969年2月起水利水电部青铜峡工程局成建制陆续转移到陕西汉中，承担褒河石门水电站建设。

1969年11月，承建甘肃刘家峡水电站的水利电力部第四工程局组建石泉分局（简称水电四局石泉分局），担负陕西石泉水电站的建设任务。1970年初，水电四局石泉分局陆续转移到陕西石泉县，开始石泉水电站的建设。同年3月，经水电部军管会同意，由王福顺、陈庚仪、常俊华3人参加组建石泉工程指挥部。1971年5月，水利电力部以［1971］

水电综字第63号文通知水电四局，“为适应施工需要，加强石泉工程的领导，同意成立临时的石泉分局”，石泉分局正式成立。当年年底经陕西省安康地委常委会研究，同意成立水电四局石泉分局革命委员会，由鲍静波（军管会主任）任主任，陈赓仪（水电四局革委会副主任）任第一副主任，常俊华、支水山（军管会副主任）、刘涛（地方领导）、张博林（军代表）、王英清、孙见斋任副主任，委员34人，设常委14人；同日中共安康地委发安地发字［1971］057号文，经中共安康地委常委会议研究决定，同意成立中共水利电力部第四工程局石泉分局革命委员会核心小组，由鲍静波、陈赓仪、支水山、刘涛、张博林、常俊华、王英清、孙见斋、张鲁东、张品10人组成，鲍静波任组长，陈赓仪、支水山任副组长。

1975年7月，石泉分局从水电四局划出，隶属水利电力部直管，至1978年4月，水利电力部［1978］水电计字149号文件决定，石泉分局改为水利电力部第十五工程局（简称水电十五局）。水电部任命武林任局长，常俊华、王英清、武天杰、胡玉明、李大臣任副局长，程山任总工程师。

1982年9月，按照水电部［1982］水电建字第40号文《关于第三工程局与第十五工程局合并的通知》，原水电第三工程局和水电第十五工程局合并，两支同源于黄河三门峡而又同在汉江上的兄弟队伍走到一起，组建为新的水利电力部第三工程局（简称水电三局或工程局）。

第二节　易　名　迁　址

原水利电力部第三工程局和水利电力部第十五工程局都是从黄河三门峡工程局分离组建的，各自经历了发展演变过程。

1958年5月成立的黄河青铜峡施工局，后改为水利电力部青铜峡水利工程局。1969年初，按照［1969］水电军电南字第93号文件《请转移队伍至陕南成立水利电力部汉江上游工程局》要求，从1969年2月起，工程局由宁夏青铜峡成建制转移到陕西汉中褒河，并按照陕革发［1969］13号文以转移到汉中的青铜峡工程局为主，调入长江流域规划办和水电部西勘院的规划设计人员、领导骨干及地方施工单位人员组建成为水利电力部汉江上游工程局，首先担任褒河工程的施工，并积极为下一个大型工程尽快开工做好各方面的准备工作。1969年12月18日，根据中国人民解放军水利电力部军事管制委员会［1969］水电军生办字第154号《关于改变水利电力部直属水利水电工程单位名称的通知》，水利电力部青铜峡水利工程局改名为水利电力部第三工程局，同时暂定的水利电力部汉江上游工程局名称撤销。1974年，根据水利电力部［1974］水电计字331号文件，第三工程局交由陕西省领导和管理，名称没有变更，仍沿用水利电力部第三工程局，很短时间后仍恢复为水电部管理。1979年10月，水利电力部分为水利部和电力工业部，水利电力部第三工程局隶属于水利部，改名为水利部第三工程局（原水电三局）。1982年3月7日国务院决定水利部、电力工业部合并为水利电力部，水利部第三工程局名称恢复为水利电力部第三工程局。工程局驻地在陕西汉中河东店，二级单位分布于河东店褒河两岸。

水利电力部第十五工程局的前身是从水电四局分立出来的一支队伍。1958 年 10 月 18 日水电部水电建设总局决定由三门峡工程局调人成立了刘家峡水力发电工程局（简称刘家峡工程局）。在经历国民经济调整刘家峡工程停缓建后，于 1964 年 1 月工程复工，重新组建了刘家峡工程局。1968 年 10 月刘家峡工程局（1969 年 12 月更名为水利电力部第四工程局）按上级要求担负陕西石泉水电站的建设任务，成立石泉分局筹建领导小组，后成立石泉分局，承担陕西石泉水电站的施工建设。1969 年 11 月，由 50 余名干部组成先遣队进驻石泉，至 1970 年 5 月，原水电四局的大部分技术人员和施工人员先后转移至石泉水电站。1971 年 5 月 21 日，水利电力部发［1971］水电综字第 63 号文件："为适应施工需要，加强石泉工程的领导，同意成立临时的石泉分局"。1971 年 12 月 3 日，经中共安康地委常委会议研究决定，同意成立水利电力部第四工程局石泉分局革命委员会。石泉分局机关驻地在石泉县城，下属生产单位分布在县城周围、汉江两岸。

在进行石泉水电站尾工的同时，1974 年 8 月，石泉分局成立安康水电工程筹建处并正式对外办公，开始安康水电站建设的筹建工作。1975 年 5 月 15 日，水利电力部第四工程局石泉分局革委会移驻安康办公，先在马坡岭，后迁城区 1 号楼。1975 年 7 月，石泉分局从水电四局划出，隶属水电部直管。1978 年 4 月，水利电力部［1978］水电计字 149 号文件决定，水电部第四工程局石泉分局改为水利电力部第十五工程局，局机关设在安康水电站工地大沙坝，1981 年 5 月迁至安康江北张岭。局属二级生产单位分布在工地汉江两岸，少数生产单位及后勤单位分布驻在张岭、关庙基地。

1979 年 10 月，水利电力部分设为电力工业部和水利部，根据电办部［1979］57 号文《关于颁发启用电力工业部所属单位印章的通知》，水利电力部第十五工程局改名为电力工业部第二水电工程局。

1982 年 6 月 23 日，电力、水利两部合并为水利电力部，各直属工程局重新编制，电力工业部第二水电工程局又改为水利电力部第十五工程局。

1982 年 9 月 17 日，水利电力部［1982］水电水建字第 40 号文通知：将第三工程局和第十五工程局合并，定名为水利电力部第三工程局，主要承担安康水电站建设。

1988 年 6 月，国家能源部成立，水利电力部第三工程局隶属能源部，改称为能源部水电三局。10 月，中国水利水电工程总公司成立后，水电三局成为由总公司管理的具有法人地位的自主经营、自负盈亏的全民所有制大型水利水电施工企业。根据 1992 年 8 月 3 日，中国水利水电工程总公司中水电劳［1992］60 号文《关于变更水利水电企业名称的通知》，更名为中国水利水电第三工程局（仍简称"水电三局"）。1997 年 5 月，水电三局机关总部由陕西安康市张岭搬迁到西安市龙首北路西段 22 号。2002 年，中国水利水电建设集团公司组建成立后，水电三局为集团公司成员企业。

第三节　管理体制变革

从建局到 20 世纪 80 年代中期，原水电三局作为国有施工企业，在计划经济体制时期，从施工生产到人员编制都执行国家计划，服从上级主管部门指令完成国家计划投资，进行工程建设的组织管理工作。在内部管理体制运行中，机构的设置变更、用工计划审批、分配上的级别工资及总额控制、设备材料的管理等，无不在计划体制的管控之下。但在具体的管理活动中，青铜峡工程局在各时期，结合施工生产实际，为加快建设速度，保证质量，提高效率，控制成本，进行积极地探索和实践，以完成国家下达的年度生产计划。

青铜峡工程局在工程开工后及施工高峰时，积极探索管理方式，1959 年 2 月试行投资包干办法，6 月在全局推开，取得了激发职工热情、节约蔚然成风、工效大幅提高、成本明显降低的显著效果，有力地推进了工程建设速度。

原水电三局和水电四局石泉分局、水电十五局在施工过程中实行定额管理及少量的工序包干作业办法，与之适应制定相应的生产管理制度、分配制度（固定工资制基础上发放奖金）、用工制度（招工及民工的增减）等，并结合年度生产计划、任务量、节点工期，大力开展社会主义劳动竞赛，取得了较好的经济效果。水电十五局（电力部二局）在 1980 年下发《关于试行全优任务奖励办法、计时超额奖励办法、计件工资制管理办法的通知》，详细列出了各种管理办法的具体内容和操作方法，促进了当时的生产进度。

两局合并成立新的水电三局后，随着国家市场经济体制的建立和深化，水电三局领导冷静地看到，安康水电站作为最后一个指令性工程施工高峰过去后，水电三局必然要步入市场，因此及时确立了“水电为主、多业发展”的经营思路，积极开展工程对外投标，积极发展第三产业。同时在经营管理中，进行制度创新、方法创新，先后实行了：①建立局、处、队（厂）生产目标责任制；②百元产值工资含量包干；③制定内部施工定额，划小核算单位；④内部承包经营责任制和领导任期目标责任制；⑤对内设机构进行必要的调整与整合。这些管理办法的实行，逐步打破了原有的管理模式，以经济手段强化单位和职工的责、权、利意识，把效益和利益与个人劳动成果挂钩，突破了两个“大锅饭”，二级单位和职工的主动性、积极性得到发挥。

随着安康水电站的竣工，投标项目成为水电三局的经济支撑，施工项目呈现遍地开花的态势，多省份均有项目，水电三局适应这种变化，推行“一级管理、两级经营”的管理办法。一级管理，即巩固和强化水电三局总部对全局及项目的管控；两级经营，即局、处（分局）两级分别实施管理工作，承担经营责任。水电三局每年初召开职代会、工作会审议通过并下达年度生产经营计划，年度中，机关职能部门对二级生产单位和项目工作进行必要的检查、监督和指导，年终进行全面考核（包括产值、利润、质量、安全、上缴、党风廉政责任制等）；20 世纪 90 年代中期成立资金中心，其后陆续在大的项目上或分片设立资金结算中心，加强财务管理。人事由局统一管理，负责人员编制的计划、进出、任免等，履行局级管理职责。二级单位或项目部负责实施项目施工及经营管理，承担相应的管理责任。

党的十四届三中全会《关于建立社会主义市场经济体制若干问题的决定》发布后，工程局加快了经营机制转换的步伐。从 1993 年下半年开始实行“两级经营、两级管理”，并制定和完善“两级经营、两级管理”之间的制度和相应的运行机制，进一步落实二级单位的责任制，在资产保值增值、自负盈亏、合理负担全局性费用支出方面增强自我约束机制。费用单位也逐步由福利型服务向经营型服务转变。水电三局积极推行三项制度改革，逐步建立企业用人自主、职工竞争上岗机制，在1987年试行的副处、科级干部聘任制的基础上，在机关处室和费用单位试行正处级干部由任命制向聘用制过渡。至2006年，先后进行了两次全局性的处级干部岗位竞聘工作。20世纪90年代初开始酝酿分配制度改革的准备工作，经过调研、制订方案，再到职代会通过，水电三局从1995年下半年起，实行岗位技能工资制度，封存原来的等级工资，这是水电三局分配制度改革的重大步骤。随着企业改革的深化，根据项目管理的不同状况，水电三局内部实行了多元化的分配方式，多数施工项目实行了基础工资加效益工资。用工管理从1984年起开始执行合同制，至1996年7月全面实行全员合同制；并从传统的人事管理逐步过渡到了较为科学地人力资源开发管理，建立并实行激励机制。

在施工项目管理上，水电三局推行项目法管理。项目虽然分为局直管和分局（处）管理，但方式是按项目法要求实施。在总的经济运行中，实行的是完全适应市场经济的合同化管理。

为强化精细化管理，水电三局先后在分局或大的项目上设立了总工程师、总会计师、总经济师和安全总监。

水电三局作为注册的企业法人，对社会履行法律责任和义务，除少数多经企业或专业单位另行注册法人外，没有授权二级单位独立注册。

第四节　领导体制变革

与全国所有大型国有企业一样，改革开放前，水电三局领导体制均执行党和国家方针政策及上级的安排，即党委集中领导。从水电三局成立始，党政工组织健全，领导成员均由上级任命，各组织体系工作运转正常。1956年9月，党的八大作出了党和国家的工作重点必须转移到社会主义建设上来的重大战略决策，确定在全国经济组织里实行党委领导下的厂长负责制，这一制度在当时条件下发挥了积极作用，并在较长时间里得以延续。到文革时期，又回到了党委领导，并强化成为“一元化”领导，党委包揽一切，形成党政不分、权责不明以及决策慢、效率低的状况。党的十一届三中全会后，国有企业里又恢复实行党委领导下的厂长（经理）负责制。体制对企业的不适应，束缚了生产力的发展，使企业缺乏活力。但这种体制具体到各个企业，运行结果不尽相同。原水电三局和水电四局石泉分局各级组织和干部勤奋敬业，作风扎实，拼全力干工程，通过各种方式激发职工的社会主义建设积极性，同时加强企业内部管理，所担负的建设项目，除受到国家经济调整、投资不到位、“文化大革命”影响外，所取得的成就是显著的：在极为艰苦的条件下建成了我国唯一的闸墩式青铜峡水电站；在较短的时间内，完成了陕西石门和石泉水电站的建筑任务，并都获得了国家奖项。但体制不适应仍产生着负面作用，为此，原水电三局有计划、有部署地进行了领导体制变革的探索。

1980年4季度，当时的电力部二局即着手局级的党政分开工作，初步拟定了党政分工的具体办法和措施，开始建立党委领导下的局长负责制，划分了党委职责范围和局行政领导职责范围，根据党政分开原则，分设党委办公室和局行政办公室，并组建独立的经济技术机构，加强生产指挥和经济核算系统。1981 年 3 月中旬召开的电力部二局首届一次党代会报告中提出，“为扭转以往党政不分、以党代政的状况，我们已经做了一些努力，今后一段时间里，我们要切实实行党委领导下的厂长负责制。为此，各单位要划分党政职责范围，研究党委和行政领导的工作制度和配合方法。实行党委领导下的厂长负责制，党委研究解决的只能是重大的生产管理问题，凡是具体行政事务均由行政领导去做，改变过去事事党委研究决定，行政领导执行的惯例，以便党委从具体的行政事务中解脱出来，把主要精力放在加强和改善思想政治工作上，放在加强对行政和群众组织的领导以及工作检查和监督上”。在 1981 年 9 月全局政工会议上，继续深化这一要求，明确提出继续进行党政分工和领导体制的改革任务：党委通过局处（队）办公会议，研究重大问题；行政通过局处（队）务会议，研究解决生产和管理问题。行政领导对所在单位的生产和管理工作实行统一指挥，并在他们的领导下，建立以副局、处（队、厂）长为首的生产指挥系统；以总工程师为首的技术工作系统；以总会计师为首的经济核算工作系统，做到有职有责有权。自 1982 年 2 月起，经中组部批准，水电三局党政主要领导开始分设，此后按党政分开原则，水电三局陆续进行了二级单位党政领导分开配备，从组织上提供体制保障。1982 年底前，原水电三局领导体制没有大的变动。

水电三局成立后，水电三局在国家改革开放的总方针指导下，特别是党中央、国务院颁发三个条例后，确立了党委领导下的局（处、队）长负责制和职工代表大会制，按照党委集体领导、职工民主管理、厂长行政指挥原则开展工作。1984 年 7 月后，水电三局落实六届人大二次会议《政府工作报告》提出的逐步实行厂长（经理）负责制要求和党的十二届三中全会通过的《中共中央关于经济体制改革的决定》精神，进一步积极实践和探索企业内的领导体制改革，进行试行局长负责制。1984 年 8 月，水电三局下发文件，作出《水利电力部第三工程局关于企业改革的决定》：①水电三局实行局长负责制，工程处（分局、队、厂、公司）实行处长负责制。处长对局长负责，实行党政分工。②局内实行分级任免、分权管理的领导体制。③逐步废除干部终身制，逐步实行干部聘用制度。④局处两级机构设置要体现技术经济责任制等十二条具体规定，在全局贯彻实施。并逐步制定党委工作职责十五条，规定局长的决策、指挥、任免、奖惩、决定及主持讨论重大问题的六条职责权限，还制定了职代会、工会的职责和职权，在实际工作中进行落实。同时将党委组织部与干部处分设为两个职能部门，明确管理职责和范围，逐步形成了比较完整的行政领导负责的内部运行机制，逐步实现向局长负责制转换。1984 年 11 月水电三局首届一次党代会党委工作报告提出，要按照中央决定要求，不断完善局（工程处、队、厂）长负责制，并在领导体制改革的基础上，认真推行管理体制改革，做到责、权、利结合，理顺水电三局上下左右的经济关系，把水电三局转变为生产经营型企业，建设成为有较高竞争能力的经济实体。还提出了进一步实施经济责任制和改革分配制度的具体措施。1985 年水电三局就全面实行局长负责制向上级专题请示，1987 年水利水电建设总局党组［1987］水建党字第 92 号文批复，9 月后水电三局正式完全实行局长负责制。水电三局党、政、工组织按照“三个条例”精神和水电建设总局的要求，认真落实“党委集体领导、职工民主管理、局长行政负责”的三项制度，制定和不断完善各自的职责、制度；三方面的关系逐步明晰，工作顺畅，新的体制制度不断巩固和完善，适应国家改革大局和社会化大生产的要求，使工程局在市场经济条件下得到新的发展。

实行局长负责制后，局长行使各项生产经营指挥权限。水电三局党委按照加强和改善党的领导的要求，主要是思想政治的领导，落实党的组织建设、思想建设、作风建设、精神文明建设和企业文化建设。工作方式也逐步改变，重点转到发挥保证监督作用上。党委充分支持行政领导行使生产经营决策权、指挥权，做好行政、党委、工会三方的协调工作。党委参与工程局“三重一大”的决策，按照“党要管党”原则，加强党的建设和思想政治工作、干部管理工作。中层干部管理由党委负责转为行政部门负责，科级干部交由处、分局管理。党风廉政建设工作一直由党委负责。2000年后，按照上级要求，水电三局党政主要领导实行交叉任职，部分二级单位主要领导也安排交叉任职，落实“一岗两责”的领导方式。

工会负责民主管理的日常工作，组织召开职代会，审议通过工程局的重大事项，至2006年，已召开七届计二十多次职代会，较好地履行了职能，同时开展了队伍建设工作、维权工作。

第五节 行政、党委、纪委、工会团委历届领导人员任职情况

一、行政系统

（一）原水利水电第三工程局

（1）黄河青铜峡工程局、水利电力部青铜峡工程局期间（1958.05～1969.02）

局　　长：赵　征（1958.09～1968.05）

副 局 长：李　文（1958.09～1968.05）

李子华（1958.09～1961.03）

刘思孝（1958.09～1962.03）

乔捷三（1961.02～1968.03）

总工程师：礼荣勋（1958.09～1969.02）

工会主席：陈芝瑞（1959.09～1969.02）

革委会主任：刘兴珍（1968.04～1969.02）

张久海（军管会主任 1968.09～1969.12）

革委会副主任：乔捷三（1968.04～1969.02）

朱友明（1968.04～1968.07）

俞秉来（军 1968.04～撤离）

郭仲仲（军 1968.04～撤离）

李清太（1968.12～1969.02）

（2）汉江上游工程局→原水利电力部第三工程局期间（1969.02～1982.11）

革委会主任：沈思镁（军管会主任 1969.12～1971.04）

辛　良（1971.04～1975.06）

崔玉亭（1975.09～1979.03）

副　主　任：乔捷三（1969.02～1972.05）

李清太（1969.02～1979.04）

刘兴珍（1969.02～1972.05）

局　　长：赵长利（1979.04～1982.10）

副　局　长：李清太（1979.05～1982.11）

刘锡臣（1979.05～1982.10）

黄　健（1979.04～1982.11）

张兰亭（1980.10～1982.11）

赵国伟（1980.04～1982.11）

荆广福（1980.10～1981.10）

总 工 程 师：凌宏焜（1975.04～1982.11）

（二）水电第十五工程局

(1) 石泉水电站建设期间（1969.12～1975.12）

军管会主任：王福顺（1970.05～1971.02）

革委会主任：鲍静波（接任军管会主任 1971.02～1973.11）

第一副主任：陈赓仪（1971.12～1973.02）

副　主　任：常俊华（1971.12～1975.05）

支水山（军管会副主任 1971.12～1973.11）

刘　涛（地方领导 1971.12～1973.11）

张博林（军管会 1971.12～1973.11）

王英清（1971.12～1975.05）

孙见斋（1971.12～1973.10）

副总工程师：万宗尧（1970.01～1970.10）

(2) 安康水电站筹建期间（1975.05～1977.11）

革委会主任：常俊华（1975.05～1977.01）

副　主　任：王英清（1975.05～1977.11）

刘锡臣（1975.05～1977.11）

武天杰（1975.05～1977.11）

令狐英（1975.11～1977）（调出）

副主任兼总工程师：吴师德（1975.05～1977.11）

(3) 安康水电站建设开工前后（1977.11～1978.10）

革委会主任：武　林（1977.11～1978.10）

第一副主任：常俊华（1977.11～1978.10）

副　主　任：王英清（1977.11～1978.10）

刘锡臣（1977.11～1978.10）

武天杰（1977.11～1978.10）

副主任兼总工程师：吴师德（1977.11～1978.04）（调出）

(4) 石泉分局改为水利电力部第十五工程局后

局　　　长：武　林（1978.10～1979.11）

副　局　长：常俊华（1978.10～1979.11）

王英清（1978.10～1979.11）

武天杰（1978.10～1979.11）

胡玉明（1978.08～1979.11）

李大臣（1978～1979.11）

总 工 程 师：程　山（1978.06～1979.11）

(5) 水电十五局改为电力工业部第二水电工程局后（1979.11～1982.01）

局　　　长：武　林（1979.11～1982.01）

副　局　长：王英清（1979.11～1982.01）

武天杰（1979.11～1982.01）

胡玉明（1979.11～1981.03）（改任副书记）

李大臣（1979.11～1982.01）

副局长兼总工程师：陆佑楣（1979.11～1982.01）

1982 年 1 月 13 日局长变更：

局　　　长：程　山（1982.01～1982.06）

副　局　长：王英清（1982.01～1982.04）（调出）

武天杰（1982.01～1982.06）

李大臣（1982.01～1982.06）

副局长兼总工程师：陆佑楣（1982.01～1982.06）

(6) 电力工业部第二水电工程局又改为水利电力部第十五工程局后（1982.06～1982.12）

局　　　长：程　山（1982.06～1982.12）

副　局　长：武天杰（1982.06～1982.09）（调出）

李大臣（1982.06～1982.12）

杨广民（1982.07～1982.12）

副局长兼总工程师：陆佑楣（1982.06～1982.12）

（三）两局合并后的水利电力部第三工程局

1982 年 9 月 17 日原水利电力部第三工程局与水利电力部第十五工程局合并，组成为新的水利电力部第三工程局。

局　　　长：程　山（1982.12～1984.12）

副　局　长：黄　健（1982.12～1984.03）（调出）

陆佑楣（1982.12～1983.06）（调出）

赵国伟（1982.12～1984.12）（代职出国）
杨广民（1982.12～1984.12）
刘纪仁（1984.06～1984.12）
刘劲军（1984.06～1984.12）
总工程师：凌宏焜（1982.09～1985.05）（未到职，工作由陆佑楣代）
总会计师：杨伟寿（1983.05～1984.12）

1984年11月底党委换届后行政领导任职情况如下：

局　　长：程　山（1984.12～1987.03）（到年龄离职）
副 局 长：赵国伟（1984.12～1987.03）
杨广民（1984.12～1987.03）（调出）
刘纪仁（1984.12～1987.03）
刘劲军（1984.12～1987.03）
李友仁（1985.06～1987.03）
总工程师：肖竹生（1985.05～1987.02）（调出）
总会计师：杨伟寿（1984.12～1985.04）（调出）

1987年3月4日局长变更，领导成员任职情况如下：

局　　长：刘纪仁（1987.03～1988.03）
副 局 长：刘劲军（1987.03～1988.03）
李友仁（1987.03～1988.03）
史振宇（1987.06～1988.03）
胡懋初（1987.06～1988.03）
总工程师：张宏义（1987.06～1988.03）

1988年4月党委换届后行政领导任职情况：

局　　长：刘纪仁（1988.04～1991.09）（退二线）
副 局 长：刘劲军（1988.04～1991.09）
李友仁（1988.04～1991.09）
胡懋初（1988.04～1991.09）
史振宇（1988.04～1991.09）
李　卫（1989.02～1991.09）
总工程师：张宏义（1988.04～1991.09）（到年龄离职）
总经济师：蔡新鉴（1990.02～1991.08）（调出）

1991年9月14日水利水电工程总公司对工程局党政主要领导进行调整后的行政领导任职情况如下：

局　　长：李友仁（1991.09～1992.09）
副 局 长：刘劲军（1991.09～1992.09）
史振宇（1991.09～1992.09）
胡懋初（1991.09～1992.09）

李　卫（1991.09～1992.09）

总工程师：蔡泽夏（1991.09～1992.09）

代总经济师：蒲绪林（1991.09～1994.12）

1992年9月～2000年水利水电第三工程局领导班子任职情况如下：

局　　长：李友仁（1992.09～2000.06）（改任咨询）

副局长：刘劲军（1992.09～1993.01）（调出）

史振宇（1992.09～1993.08）（调出）

李　卫（1992.09～1996.06）（退休）

刘洪学（1992.09～1998.03）（退休）

于彦洲（1992.09～2000.06）

张治源（1994.08～2000.06）

曹松林（1994.08～1997.08）（调出）

王新友（1997.06～2000.06）

总经济师：刘伟民（1996.03～2000.06）

总工程师：蔡泽夏（1992.09～1998.03）（退休）

吴新琪（1998.04～2000.06）（接任）

总会计师：方　浩（1992.09～1997.11）（退休）

廖为民（1997.12～2000.06）（接任）

2000年6月集团公司党组对水电三局领导班子进行调整后任职情况如下：

局　　长：张治源（2000.06～2004.10）

常务副局长：于彦洲（2000.06～2003.02）（退休）

副局长：刘伟民（2000.06～2003.08）（调出）

王新友（2000.06～2002.01）（调出）

吴新琪（2000.06～2004.10）（2003年任常务副局长）

焦继轩（2000.06～2004.10）

冯　亮（2000.06～2004.10）

司　勤（2001.10～2004.10）

刘美华（2003.12～2004.10）

张　波（2003.12～2004.10）

总工程师：吴新琪（兼）

总经济师：刘伟民（兼）

总会计师：廖为民（2000.06～2001.03）（调出）

刘玉建（2001.10～2004.10）（接任）

2004年10月集团公司党组对水电三局局级领导班子调整，任职情况如下：

局　　长：吴新琪（2004.10～2006.12）

副局长：张治源（2004.10～2006.12）（兼）

焦继轩（2004.10～2006.12）

冯　亮（2004.10～2006.12）
司　勤（2004.10～2006.12）
刘美华（2004.10～2006.12）
张　波（2004.10～2006.12）
总工程师：王鹏禹（2004.10～2006.12）
总经济师：任世玉（2004.10～2006.12）
总会计师：刘玉建（2004.10～2006.12）

二、党委领导

（一）原水利水电第三工程局

（1）黄河青铜峡工程局、水利电力部青铜峡工程局期间（1958.07～1969.03）
党委书记：赵　征（1958.09～1968.05）
党委副书记：房洪涛（1958.09～1965.05）
曹鹏程（1958.09～1959.12）
郭　鹏（1959.10～1969.12）

（2）原水利电力部第三工程局期间（1969.03～1982.09）
革委会核心小组组长：辛　良（1971.04～1975.06）
崔玉亭（1975.09～1979.03）
党委书记：赵长利（1979.04～1982.10）
党委副书记：刘锡臣（1979.05～1982.10）

（二）水利水电第十五工程局

（1）石泉分局时期（1969.12～1975.05）
革委会核心小组组长：鲍静波（1971.12～1973.04）
副组长：陈赓仪（1971.11～1973.02）
支水山（1971.11～1973.04）
党委书记：常俊华（1973.11～1975.04）
副书记：张鲁东（1973.11～1975.04）
孙见斋（1973.11～1975.04）

（2）安康水电站筹建期间（1975.05～1977.11）
党委书记：常俊华（1975.05～1977.11）
党委副书记：刘锡臣（1975.05～1977.11）
张道宽（1975.05～1977.07）（调出）
张同喜（1975.05～1976.07）（因工去世）

（3）安康水电站建设开工前后（1977.11～1978.10）
党委书记：武　林（1977.11～1978.10）
党委副书记：常俊华（1977.11～1978.10）
刘锡臣（1977.11～1978.10）

（4）石泉分局改为水利电力部第十五工程局后（1978.10～1979.11）

党 委 书 记：武　林（1978.10～1979.11）

党委副书记：常俊华（1978.10～1979.11）

　　　　　　刘锡臣（1978.10～1979.05）（调出）

　　　　　　王英清（1978.10～1979.11）

（5）水电十五局改为电力工业部第二水电工程局后（1979.11～1982.06）

党 委 书 记：武　林（1979.11～1982.06）

党委副书记：常俊华（1979.11～1980.10）（调出）

　　　　　　程　山（1980.06～1982.01）

　　　　　　陈瑞峰（1980.06～1981.10）（调出）

　　　　　　胡玉明（1981.03～1982.06）

（6）电力工业部第二水电工程局又改为水利电力部第十五工程局后（1982.06～1982.12）

党 委 书 记：武　林（1982.06～1982.12）

党委副书记：胡玉明（1982.06～1982.12）

　　　　　　程国清（1982.07～1982.12）

（三）两局合并组成新的水利电力部第三工程局后

党 委 书 记：武　林（1982.12～1984.11）（离休）

党委副书记：胡玉明（1982.12～1984.12）（退二线）

　　　　　　程国清（1982.12～1984.09）（离职学习）

1984 年 11 月底党委换届后：

党 委 书 记：程　山（1984.12～1987.03）（到年龄离职）

党委副书记：赵庆安（1984.12～1987.03）

　　　　　　程国清（1986.06～1987.02）

1987 年 3 月 4 日后变更到 1988 年 4 月党委换届：

党 委 书 记：程国清（1987.02～1991.09）

党委副书记：赵庆安（1987.02～1991.09）

1991 年 9 月 24 日水利水电工程总公司对水电三局党政主要领导进行调整：

局党委书记：暂缺

局党委副书记：赵庆安（1991.09～1992.09）

　　　　　　　田进先（1991.09～1992.09）

1992 年 9 月～2000 年：

党 委 书 记：赵庆安（1992.09～1999.02）（改任咨询）

党委副书记：田进先（1992.09～1994.02）（调出）

　　　　　　陈庆和（1994.08～1999.02）（接任党委书记）

2000 年 6 月集团公司党组对水电三局领导班子进行调整：

党 委 书 记：陈庆和（1999.02～2004.10）（调出）

党委副书记：段尚毅（2000.06～2001.04）（调出）

付胜利（2001.10～2004.10）

2004年10月集团公司党组对水电三局局级领导班子调整后：

党 委 书 记：张治源（2004.10～2006.12）

党委副书记：吴新琪（兼2004.10～2006.12）

付胜利（2004.10～2006.12）

三、纪委领导

两局合并后领导任职情况：

纪 委 书 记：赵庆安（1984.11～1985.04）

田进先（1985.04～1994.02）（调出）

陈庆和（1994.12～1997.06）

段尚毅（2000.06～2001.04）（调出）

付胜利（2001.10～2006.12）

副　书　记：曹书勤（1984.11～1992.01）

马树生（1992.07～2003.02）

吕存智（2003.03～2006.12）

四、工会领导

青铜峡工程局时期：

工 会 主 席：陈芝瑞（1959.09～1969.01）

副　主　席：高明远（1960.03～）

原水利电力部第三工程局时期：

工 会 主 席：王玉栋（1980.10～1981.09）

副　主　席：高玉庆（1980.02～1982.10）

水电四局石泉分局时期：

工 会 主 任：方占寅（1973.06～1976.05）

副　主　任：刘家骏、李万善

水利水电第十五工程局（电力工业部水电二局）时期：

工会副主任：靳鸿岐（1978.05～1980.05）

工 会 主 席：靳鸿岐（1980.05～1981.03）

李大臣（1982.08～1982.11）

工会副主席：李恒恩（1981.03～1982.08）（主持工作）

两局合并后的水利水电第三工程局：

工 会 主 席：李大臣（1982.12～1984.11）（离休）

赵国伟（1986.10～1990.05）（离休）

姜玉村（1990.05～2000.06）（改任咨询）

吴家明（2000.10～2006.12）

工会副主席：李恒恩（1982.08～1986.08）

徐国友（1982.11～1984.08）

王建民（1983.03～1995.10）
姜玉村（1986.08～1990.06）
陈恩富（1990.05～2001.10）
张国泰（1996.08～2000.05）
宋 璞（2000.05～2000.12）、（2004.03～2006.10）

五、团委领导

青铜峡工程局时期：
书　　记：侯廷武（1958.09～1960.08）
戴焕智（1960.08～1962）
宋宝章（1962～1966.01）
董玉林（1966.02～1969.02）
副 书 记：戴焕智（1960.03～1960.08）
燕欣盛（1964～1968）

原水电三局时期：
书　　记：董玉林（1969.02～）
副 书 记：燕欣盛（1970.05～1981.02）
副 书 记：石留群（1980.09～1982.09）

水电四局石泉分局时期：
书　　记：伍星红（1973.02～1975.07）
郭世斌（1975.07～1978.04）
副 书 记：张治源（1973.02～1975.07）

水电十五局时期：
书　　记：郭世斌（1978.04～1981.07）
陈江生（1981.08～1982.11）

水利水电第三工程局时期：
书　　记：陈江生（1982.12～1984.09）
张建军（1985.09～1989.10）
路苏予（1989.10～1995.03）
孙建立（1995.03～2001.12）
代理书记：沈 毅（2002.01～2002.10）
书　　记：靳 山（2002.11～2006.12）
副 书 记：沈继慧（1981.05～1983.03）
吕存智（1984.08～1986.09）
冯 星（1992.05～1993.09）

第三章 机 构 设 置

第一节 机 关 职 能 机 构

一、黄河青铜峡工程局时期机关机构设置

黄河青铜峡工程局时期机关机构设置见图 1-3-1。

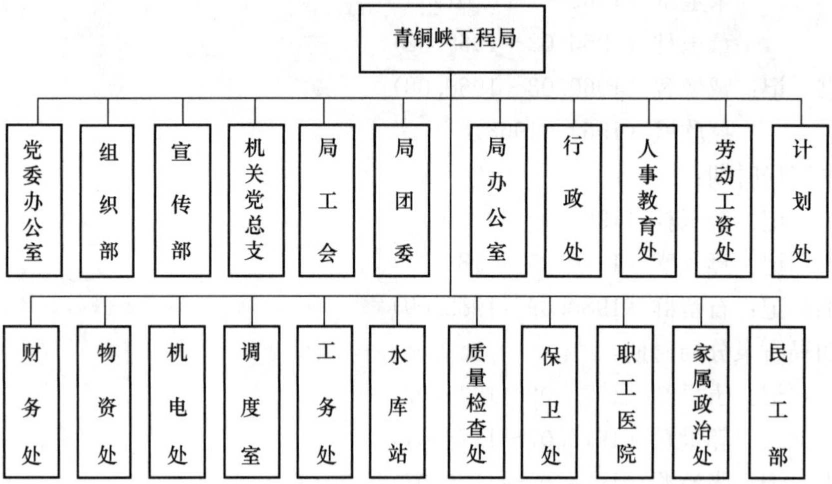

图 1-3-1 黄河青铜峡工程局时期机关机构设置

二、汉江上游工程局→原水利水电第三工程局时期

（1）原水电三局自转移到汉中后处于“文化大革命”时期，到 1979 年 8 月，原水电三局机关设置见图 1-3-2。

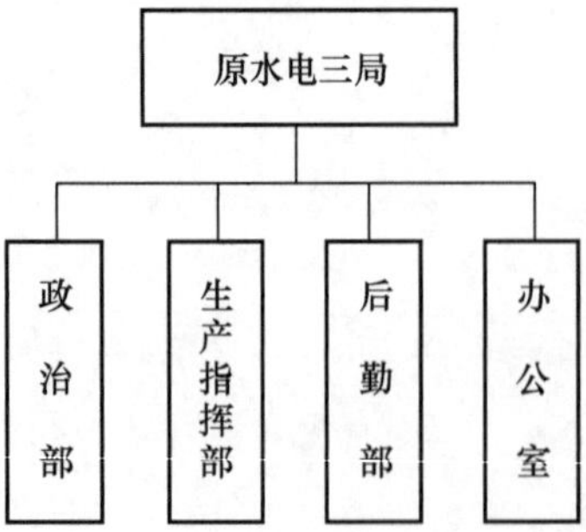

图 1-3-2 “文革”时期～1979 年 8 月原水电三局机关设置

（2）1979 年 8 月后领导班子变更，对机关机构设置作重大调整，开始设立处、室。1978 年 8 月后原水电三局机关机构设置见图 1-3-3。

三、原水利水电第十五工程局时期

（1）石泉分局后期（1975 年）机关机构设置见图 1-3-4。

（2）1978 年4 月，水电部第四工程局石泉分局改为水利电力部第十五工程局时机关机构设置见图 1-3-5。

1982 年 12月，原水利电力部第三工程局和水利电

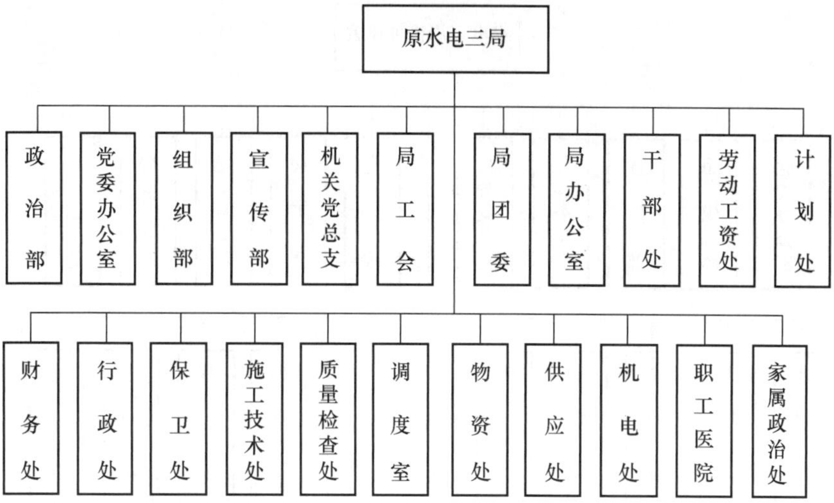

图 1－3－3 1979 年 8 月后原水电三局机关设置

力部第十五工程局正式合并组成水利电力部第三工程局时，水利水电建设总局［1982］水建劳字第 61 号文批复机构设置为：党群系统 8 个、行政部门 13 个，水电三局机关设置见图 1－3－6。

1982～2006 年的 20 多年间，水电三局在合并后的内部机构设置基础上，为适应工程建设发展和内部经营管理的需要，根据变化情况，不断对内部机构进行增加和撤并，具体情况在后面一并叙述。

2006 年末水电三局机关机构设置见图 1－3－7。

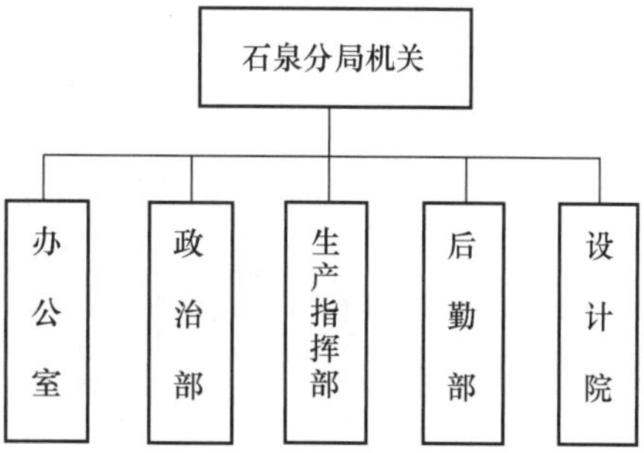

图 1－3－4 石泉分局后期（1975 年）机关机构设置

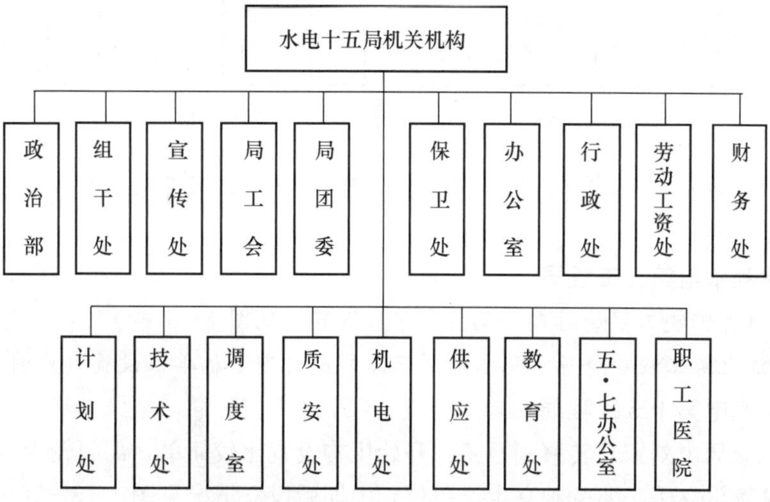

图 1－3－5 1978 年 4 月水利电力部第十五工程局机关机构设置

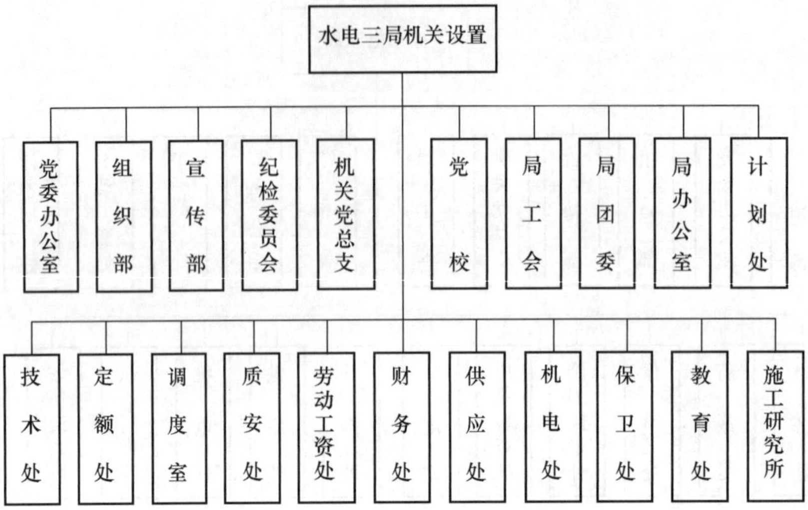

图 1-3-6　水电三局机关设置

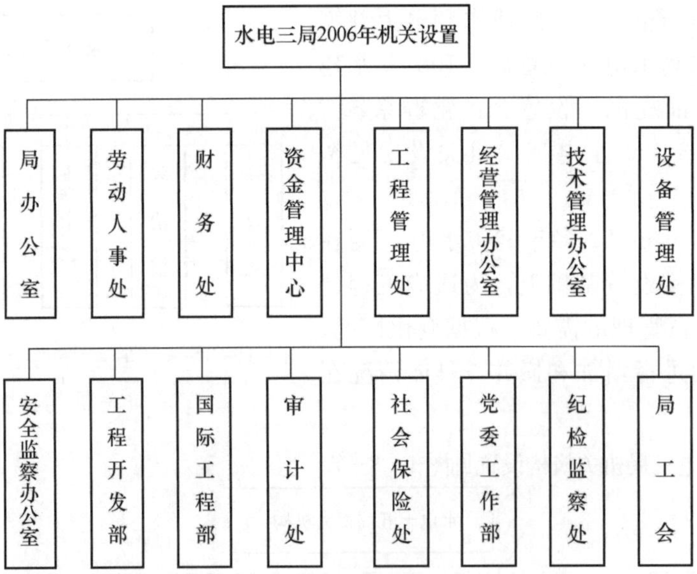

图 1-3-7　2006 年末水电三局机关设置

第二节　下属单位建制

一、原水利水电第三工程局

（一）黄河青铜峡工程局时期下属生产单位设置（见图 1-3-8）

（二）汉江上游工程局→原水利水电第三工程局时期下属单位设置（见图 1-3-9）

二、水利水电第十五工程局

（1）石泉分局由刘家峡转移到石泉，开始机构设置比较简单，部门较少，随着工程施工的推进，陆续设立了必要的独立生产单位，中期后设立情况见图 1-3-10。

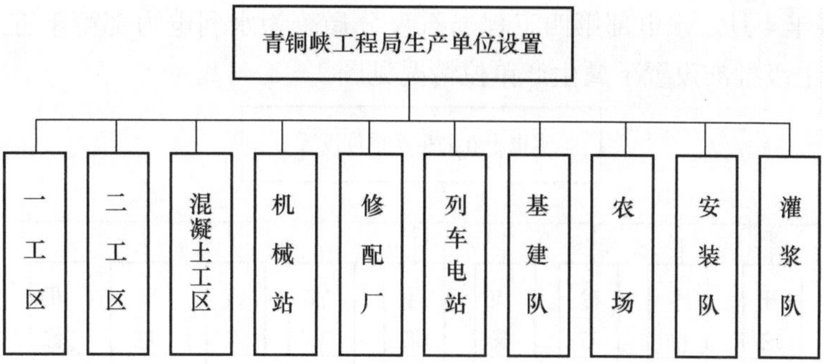

图1-3-8 青铜峡工程局生产单位设置

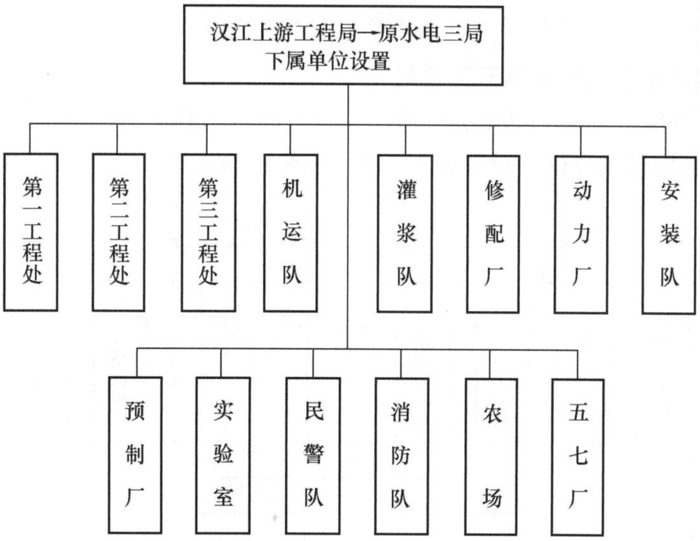

图1-3-9 汉江上游工程局→原水电三局下属单位设置

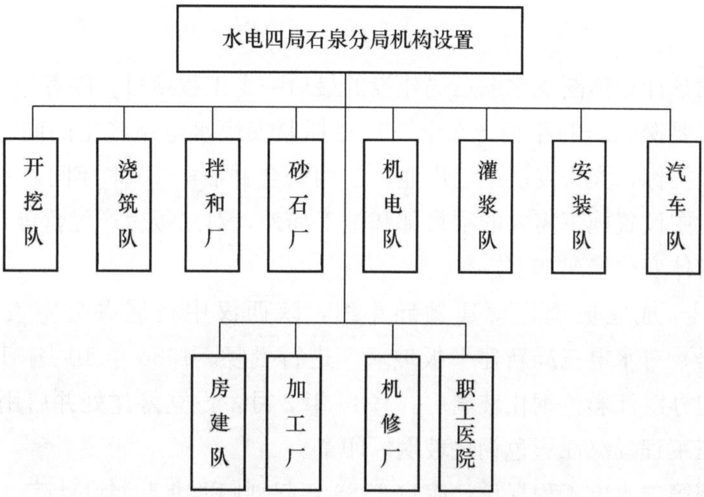

图1-3-10 水电四局石泉分局机构设置

(2) 1978 年 4 月，水电部第四工程局石泉分局改为水利电力部第十五工程局（水电十五局）时，上级批准设置下属生产单位情况见图 1-3-11。

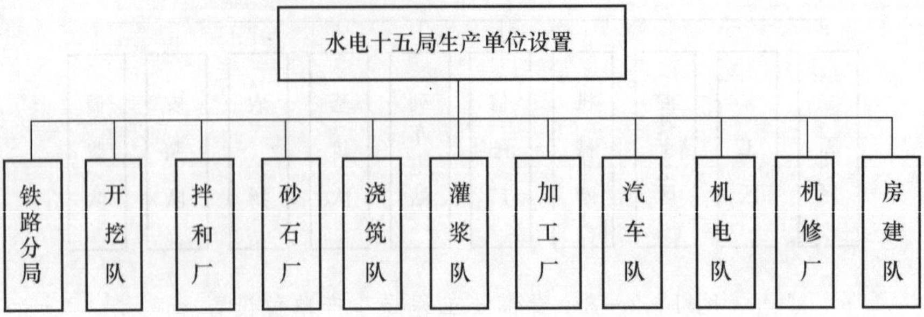

图 1-3-11　水电十五局生产单位设置

三、新组建的水利电力部第三工程局

两局正式合并组成新的水利电力部第三工程局时，水利水电建设总局［1982］水建劳字第 61 号文批复局属单位机构设置为 12 个，见图 1-3-12。

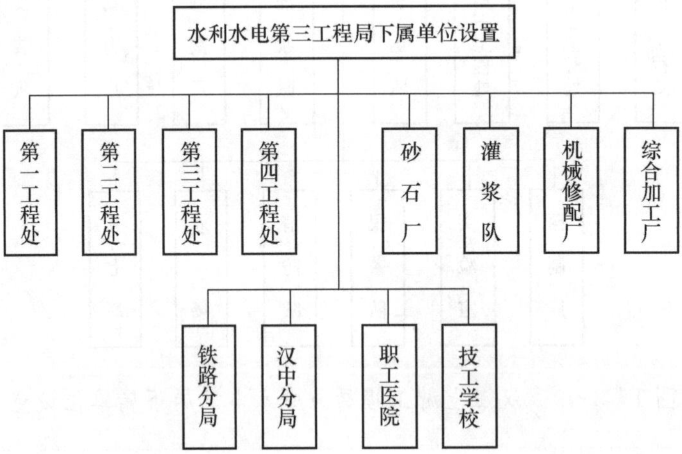

图 1-3-12　水利水电第三工程局下属单位设置

安康水电站是计划体制下水电三局建设的最后一个工程项目。随着施工进入尾期，水电三局的发展需要探索新的路径。水电三局在抓紧安康水电站施工的同时，积极进入市场，进行工程投招标，大力发展第三产业。在两局合并后的 20 多年间，水电三局除在对外工程承包施工中设置施工需要的项目部和施工局外，对二级生产经营等常设机构也多次进行了调整，具体变化情况如下。

1983 年 1 月，成立玻璃厂筹建领导小组，陕西汉中行署办公室发文（汉署办发［1983］第 07 号）对水电三局新建平板玻璃厂进行批复。1986 年 10 月 31 日，水电三局同意汉中分局建办汉江彩色钢化玻璃厂。1987 年 2 月，设立筹建处并启用印章，12 月启用水利水电第三工程局汉江彩色钢化玻璃厂印章。

电力工业部第二水电工程局设计院自 1983 年起划归西北勘测设计院。

1984 年 7 月，水电三局以［1984］局办字第 196 号文成立房地产管理处，明确直属局长领导，并启用印章。同年 8 月，局干字第 1 号文明确局组织部和干部处分设为两个职能部门。12 月成立审计处，1985 年 9 月 20 日启用印章。12 月 26 日，水电三局和安康地区律师事务所签订聘请常年法律顾问协议书，并设立水电三局法律顾问处，1985 年 1 月 26 日启用印章，行政关系归局办公室。

1985 年 1 月，水电三局成立安康水电站竣工机构。2 月成立经营部，9 月改为经营处，12 月启用印章。3 月初成立水电部汉江建筑安装公司。3 月上旬局党委常委会议和工程局局长会议研究决定，对汉中分局机构做部分变动：成立汉中离退休管理所，由工程局直接领导；成立勘测设计处汉中分处，归汉中分局管理；汉中分局子弟学校、职工医院分别划归教育培训中心和卫生处管理。3 月保卫处改为公安处。4 月成立平朔施工处、汉江工程承包公司、设计室（1986 年 4 月改为勘测设计处，启用印章）。5 月机械修配厂改为机械制造厂；成立安全委员会；综合加工厂改为第五工程处。9 月撤销定额处。10 月撤销汉中分局出国办公室，成立外事组；成立驻京办事处。11 月成立建筑安装公司、铁合金二厂筹建组。12 月成立职工技术协作委员会、劳保服装用品厂；将汽车改装列入局多种经营项目，成立汽车改装试制组，1986 年 12 月底成立水电三局汽车改装厂（1987 年 3 月启用印章）。

1985 年 3 月成立安康天柱实业公司；5 月将其由全民所有制改为全民所有集体经营。12 月将第一工程处的轮胎厂、施工研究所的塑线厂和塑化剂厂划归天柱公司。1986 年 2 月，安康天柱实业公司更名为水利电力部第三工程局天柱实业公司。

1986 年 1 月启用外事专用章，作废汉中分局出国办公室印章。5 月将灌浆队改为基础处理工程处，6 月启用印章。6 月下旬将砂石厂改为第六工程处并启用印章。7 月下旬水利电力部水电建设总局发文同意工程局将安康、汉中作为基地。8 月局幼儿园从生活服务公司划归教育处管理。10 月成立集体企业管理办公室；将西安转运站改为办事处（1987 年 5 月陕西省政府批准办事处成立）。12 月计划生育委员会办公室、爱国卫生运动委员会办公室归由卫生处管理。

1986 年 3 月中旬成立铁合金一厂，9 月成立铁合金二厂；陕西省冶金工业厅下文同意将水电三局铁合金厂纳入省冶金厅管理，更名为陕西省电冶铁合金厂。1987 年 1 月起铁合金二厂停建。

1987 年 2 月成立漫湾工程指挥部，2 月 16 日启用指挥部及指挥部临时党委印章；成立上海工程指挥部、第七工程处。3 月底设立经济检查室并启用印章。4 月中旬撤销集体企业管理办公室，业务并入经营处。5 月上旬撤销板桥分局；将老干处和退休处合并为离退休管理处；中旬将原房管处与生活服务公司合并成立行政处。7 月下发关于改革二级单位政工机构的通知，撤销二级单位的党委组织部、宣传部，成立党委办公室。8 月成立涪江电航工程分局、调研室、对外承包处、机电安装处并启用印章。12 月局党委常委会批准成立科学技术协会并启用印章。

1988 年 2 月 10 日，［1988］局劳字第 12 号文撤销水电三局上海工程指挥部。3 月 4 日，［1988］局劳字第 19 号文撤销教育委员会。5 月 5 日，［1988］局劳字第 38 号文成立新闻宣传处。12 月 24 日，［1988］局办字第 66 号文成立北方实业开发公司。

1989 年 1 月 24 日，［1989］局劳字 3 号文干部处与劳资处合并为劳动人事处；撤销法律事务处，成立监察处；将行政处所属的贸易公司、福利厂、手套厂、劳保库、汽水厂、理发店、照相馆、修理部、浴池、张岭两个食堂划归劳动服务公司管理。2 月 21 日，[1989] 局劳人字 23 号文成立经营管理办公室。74 号文将经营处与劳动服务公司合并。3 月 16 日，[1989] 局经办字 2 号文成立秦皇岛北方工程实业公司。

1990 年 2 月 6 日，[1990] 局党字第 14 号文撤销新闻宣传处，工作归并党委宣传部。2 月 21 日 [1990] 局劳人字第 10 号文成立水电三局丹江口工程指挥部。4 月 6 日 [1990] 局劳人字第 24 号文成立水电三局全面质量管理委员会办公室。4 月 13 日 [1990] 局办字第 21 号文成立水电三局外包工程管理部。6 月 21 日 [1990] 局劳人字第 36 号文确认成立水电三局引青济秦指挥部。

1991 年 9 月，成立机构编制领导小组，对局内机构进行重新编制：[1991] 局劳人字 109 号文《关于我局机关机构设置和人员编制方案的报告》中，列定水电三局机关机构设置见图 1 - 3 - 13，水电三局生产单位设置见图 1 - 3 - 14。

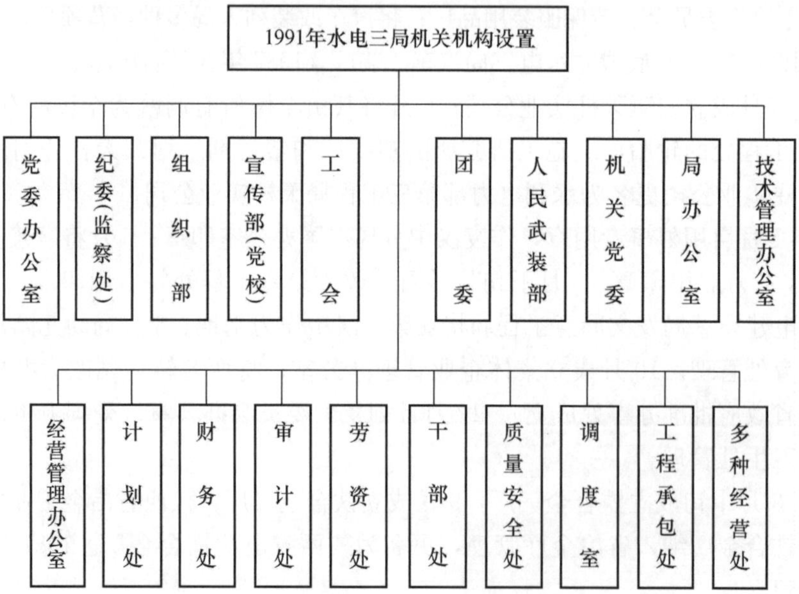

图 1 - 3 - 13　1991 年水电三局机关机构设置

1992 年 1 月 14 日，[1992] 局劳人字 4 号文成立水电三局洮河分局；局办字 [1992] 02 号文成立汉江水电工程咨询公司。5 月 5 日发 49 号文撤销第一、第四、第六工程处建制，成立第一分局。8 月 6 日局办字 [1992] 32 号文成立华源水利水电工程咨询公司陕西公司。9 月中旬局劳字 [1992] 20 号文成立物资总公司，与供应处一个机构两块牌子。9 月 23 日局办字 [1992] 32 号文成立水电三局酒泉建筑工程指挥部。9 月 28 局劳字 [1992] 13 号文将北京建筑工程处更名为北京金昌实业发展公司。11 月 19 日局劳字 [1992] 19 号文改勘测设计处为水电三局勘测设计院。11 月 21 日 22 号文改第二工程处为第二分局。12 月 15 日 31 号文成立有线电视台。局劳人字 [1992] 04 号文核定费用单位机构见图 1 - 3 - 15。

12 月 19 日局劳字 [1992] 32 号文在机电安装处基础上成立水电三局安装公司。局办字 [1992] 47 号文成立水电三局三峡工作领导小组。

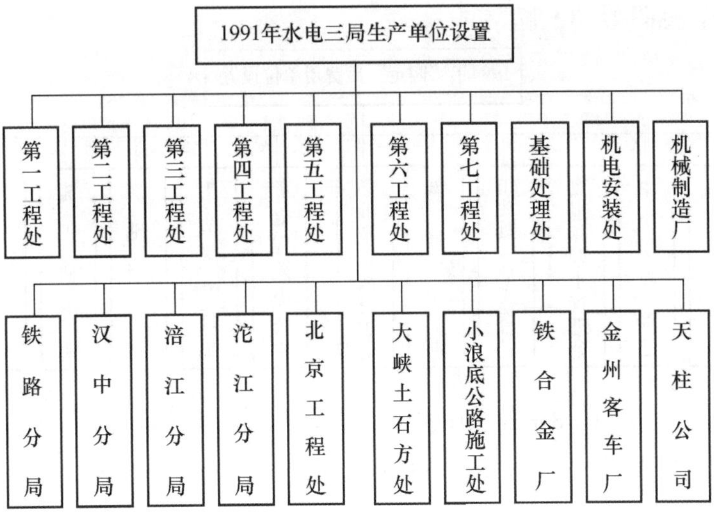

图 1-3-14　1991 年水电三局生产单位设置

1993 年 1 月 12 日，局企管字［1993］01 号文在原七处基础上成立建筑工程公司。4 月 8 日局劳字［1993］16 号文成立马鞍山办事处。4 月 21 日［1993］局劳字 17 号文成立珠海办事处；局劳字［1993］19 号文将基础处理工程处更名为水电三局基础处理公司。8 月 28 日局劳字［1993］26 号文成立水电三局驻宜昌办事处。9 月 10 日局企管字［1993］23 号文成立水电三局三通公司。12 月 18 日局企管字［1993］31 号文设立西安招待所。

1994 年 6 月 27 日，局三改字［1994］第 01 号文《局直机关机构调整及“四定”方案实施办法》；至年底将局机关原有 23 个部门缩减为 15 个，人员由 356 人减至 200 人。1994 年“四定”后机关机构设置见图 1-3-16。

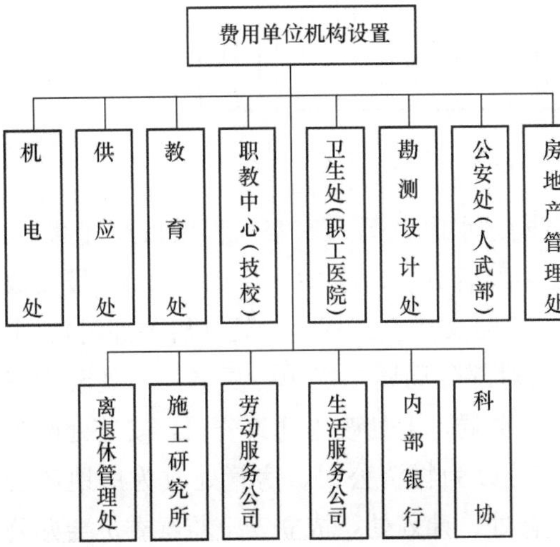

图 1-3-15　费用单位机构设置

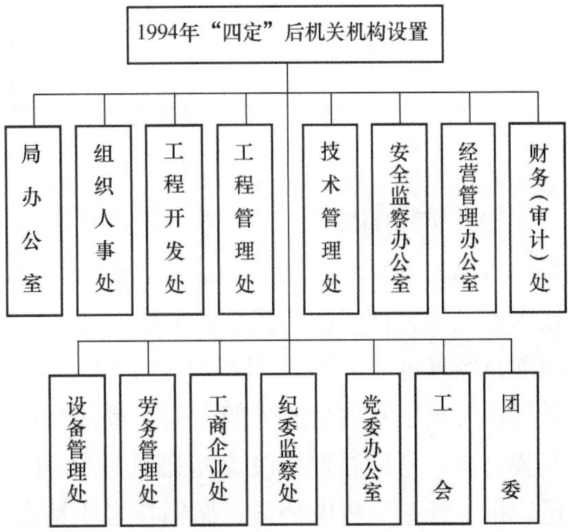

图 1-3-16　1994 年“四定”后机关机构设置

7 月 18 日 02 号文将属财务（审计）处的“内部银行”划出局机关，独立设置机构。11 月 11 日三改字［1994］05 号文下发《局属费用单位“四定”方案和实施办法》，设费用单位共 11 个，见图 1－3－17。

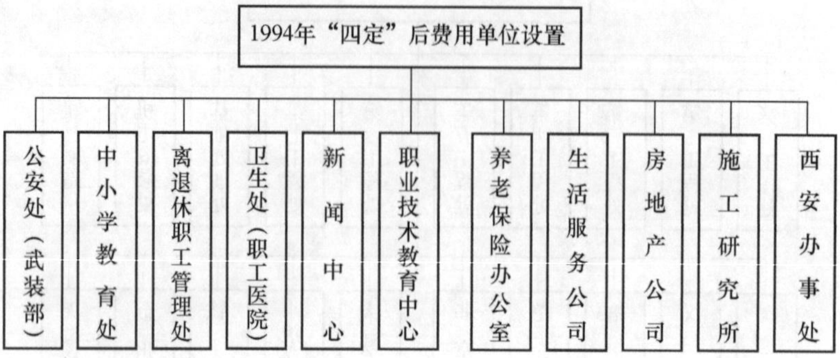

图 1－3－17　1994 年“四定”后费用单位设置

同日发三改字［1994］06 号文，下达《实施局二级生产经营单位机构编制方案》，机构设立见图 1－3－18。

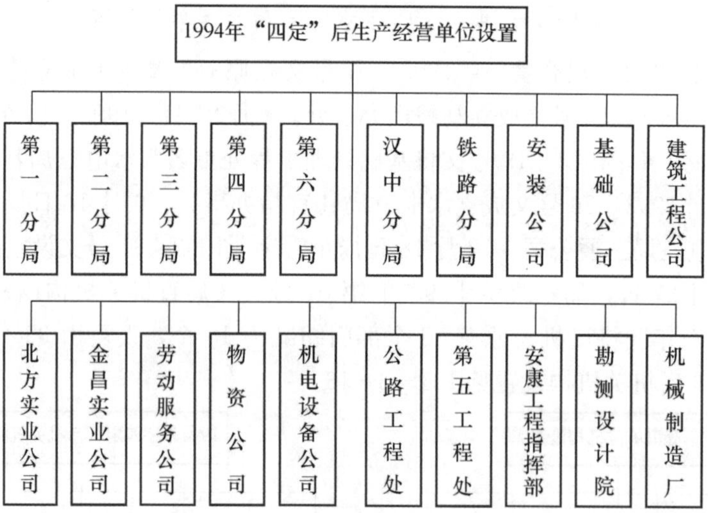

图 1－3－18　1994 年“四定”后生产经营单位设置

1995 年 3 月 14 日，局劳字［1995］09 号文成立水电三局万家寨工程项目经理部。3 月 13 日局三改字［1995］03 号文改经营管理处为经管办。3 月 24 日［1995］10 号文成立水电三局云南工程指挥部。5 月 15 日［1995］19 号文成立工程施工处（机关部门）、十堰项目经理部。5 月 24 日局办字［1995］25 号文对部分局属二级单位更名：三处改为三分局，大峡土石方处改为四分局，洮河分局改为六分局，七处改为建筑公司，安装处改为安装公司，基础处理处改为基础处理公司，供应处改为物资公司，房管处改为房地产公司，机电处改为机电公司；撤销技术质量安全监督处、计划处，成立安全监察委员会办公室（简称安监办）和工程管理处。7 月 12 日局人字［1995］44 号文成立水电三局监理公司。7 月 29 日局劳字［1995］31 号文成立西藏项目经理部。8 月 28 日局劳字［1995］35 号文撤销酒泉建筑工程指挥部 9 月 30 日局劳字［1995］40 号文成立澧水项目经理部。9 月 29 日局人字［1995］60 号文成立局调研室。12 月局劳字［1995］55 号文成立局社会保险事业管理中心。

1996年1月5日，局劳字[1996]01号文成立云南昆明办事处；05号文成立水电三局财务处、审计处，撤销原水电三局财务审计处。1月10日局劳字[1996]18号文成立局机电设备公司；局办字[1996]14号文成立交通分局（合并铁路分局、公路施工处）。7月4日局经管字[1996]24号文成立水电三局西北工程公司。5月6日局人字[1996]25号文成立溪口抽水蓄能工程项目经理部；局劳字[1996]69号文成立水电三局西北工程公司102国道项目部。

1997年1月15日，局劳字[1997]03号文撤销水电三局十堰项目经理部。4月5日局劳字[1997]24号文撤销水电三局珠海施工处、阿联酋工程项目经理部。5月29日局人字[1997]26号文成立水电三局二郎坝工程项目指挥部。7月15日局劳字[1997]37号文将房地产公司更名为房地产管理处。7月20日以局劳字[1997]39号文成立水电三局浙江经理部。8月27日局劳字[1997]43号文将金州客车厂并入机械制造厂。9月1日局劳字[1997]49号文成立陇南项目经理部。10月6日局人字[1997]61号文成立水电三局红岩子电航工程施工处。10月7日局办字[1997]25号文变安康火石岩联营水电站为安康水电联合实业有限责任公司。10月20日局办字[1997]26号文撤销水电三局西安办事处。11月局劳字[1997]57号文成立水电三局沙铺砻项目经理部。12月17日局劳字[1997]73号文成立水电三局镇坪项目经理部。

1998年2月5日，局劳字[1998]07号文将水电三局安康工程指挥部更名为水电三局第八分局。3月4日局劳字[1998]11号文成立水电三局马来西亚项目经理部。3月6日局劳字[1998]13号文成立水电三局二郎坝项目经理部。3月26日[1998]21号文成立水电三局石泉扩机项目经理部。7月2日局经管字[1998]10号文批复设立水电三局西安工程监理公司。7月29日局劳字[1998]47号文成立水电三局宁波项目部。8月3日局经管字[1998]43号文批复设立水电三局工程监理公司。8月3日局劳字[1998]49号文成立水电三局机电设备技术服务中心，与机电公司一套班子。8月10日局劳字[1998]51号文成立石泉扩机工程指挥部，撤销原石泉扩机工程项目经理部。8月13日[1998]55号文成立安徽工程开发处。10月30日局劳字[1998]12号文成立水电三局天巉公路项目部。12月21日局劳字[1998]87号文成立水电三局合安高速公路第七合同段项目经理部。

1999年1月21日，局劳字[1999]06号文成立水电三局基地管理分局；07号文将工程开发处更名为水电三局开发部。2月14日局劳字[1999]08号文成立水电三局公伯峡工程施工分局。2月28日[1999]14号文成立苏州经理部。5月12日局劳人字[1999]10号文对机关搬迁西安后的机构设置调整为15个，见图1-3-19。

6月14日局劳人字[1999]20号文成立水电三局社会保险管理处。6月15日21号文成立水电三局西安物业管理处。6月18日22号文成立水电三局资金管理中心。7月21日局劳人字[1999]37号文成立庙子头水电站项目经理部。11月8日局劳人字[1999]47号文成立局机关招待所。12月21日局劳人字[1999]55号文成立小湾工程施工分局。

2000年2月15日以局劳人字[2000]07号文成立水电三局同马大堤工程项目部。3月局人字[2000]02号文将原二分局拆分为水电三局二分局、水电三局红岩子施工处、水电

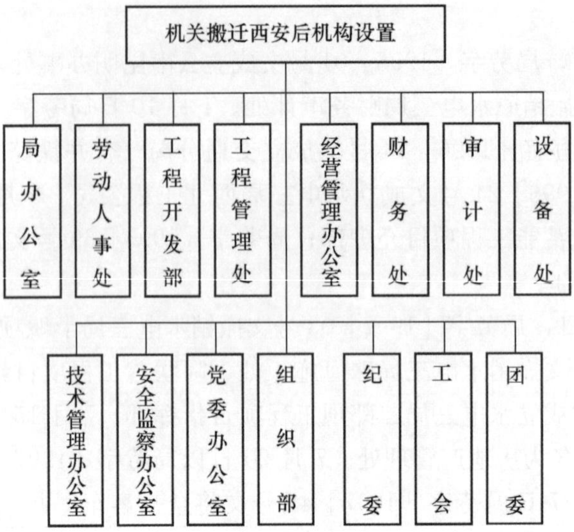

图 1-3-19　机关搬迁西安后机构设置

三局庙子头水电站项目部三个单位，分别实行独立核算。3 月 22 日局劳人字［2000］14 号文成立洛洪二级公路项目部。5 月 10 日局劳人字［2000］号文成立水电三局蔺河口水电站项目经理部。6 月 16 日劳人字［2000］31 号文成立水电三局安康物资储运中心。8 月 4 日劳人字［2000］39 号文成立水电三局长安科技园项目部。8 月 10 日 41 号文成立水电三局长安县三水厂工程项目部。9 月 29 日劳人字［2000］50 号文成立水电三局小湾水电站场内公路项目部。10 月 10 日劳人字［2000］51 号文成立青莲溪水利工程项目部。11 月 8 日劳人字［2000］57 号文成立水电三局公伯峡施工局。12 月 5 日劳人字［2000］64 号文成立沙坡头施工局；65 号文成立小湾施工局，撤销云南工程指挥部、小湾工程分局、小湾水电站场内公路项目部。12 月 12 日 66 号文成立水电三局四川项目经理部。12 月 26 日 71 号文成立毛坝关项目部。12 月 21 日 72 号文成立建筑安装工程处（与生活服务公司一套班子）。

2001 年 2 月 2 日，以局劳人字［2001］03 号文成立湖北襄荆高速公路第十四施工合同段水电三局项目部。2 月 5 日 04 号文成立水电三局砚文二级公路项目部；05 号文成立荆南大堤工程项目部。2 月 27 日 10 号文成立四川天龙湖水电站项目部。4 月 27 日劳人字［2001］14 号文成立水电三局黔北电厂小羊溪水库工程联合项目部；24 号文成立水电三局第九分局（庙子头水电站项目部改）、第十分局（红岩子施工处改）。5 月 9 日以劳人字［2001］16 号文成立水电三局萨噶加达水电站项目经理部。7 月 3 日局劳人字［2001］37 号文成立水电三局山西万家寨引黄工程项目部。8 月 3 日劳人字［2001］44 号文成立水电三局巫溪县堤防工程项目部。9 月 13 日局经管字［2001］39 号文批复同意勘测设计院注册法人登记；18 日以劳人字［2001］58 号文成立尼那水电站安全监测工程项目部；19 日以劳人字［2001］61 号文成立水电三局小峡施工局。11 月 6 日局劳人字［2001］71 号文成立水电三局黄冈长江干堤工程项目部；10 日局人字［2001］33 号文成立水电三局三板溪水电站工程项目经理部；27 日 76 号文成立黄广大堤工程项目部。12 月 12 日局劳人字［2001］82 号文成立水电三局大竹龙潭水库施工项目部。

2002年1月15日，以劳人字［2002］06号文，成立水电三局新疆伊犁恰甫其海项目经理部；18日局经管字［2002］02号文批复设立陕西江河水利水电土木勘测设计研究院；07号文成立水电三局凤滩扩机工程项目部。3月27日以局劳人字［2002］08号文成立水电三局武汉江堤整险加固工程项目部；09号文成立水电三局黄广大堤加固工程项目部；10号文成立水电三局茄子山水库项目部。4月2日局劳人字［2002］12号文成立水电三局山东鄄城堤防截渗墙工程项目部。4月17日39号文成立水电三局小湾水电站工程试验中心项目部。4月23日45号文撤销水电三局石泉扩机工程指挥部。5月29日局人字［2002］22号文成立河南许平南高速公路第13合同段项目经理部。5月23日局劳人字［2002］59号文成立水电三局西安市未央路100号小区水电大厦工程建设指挥部。6月25日局劳人字［2002］71号文成立水电三局拉西瓦工程项目部。6月28日72号文成立水电三局喜河工程项目部。8月26日局经管字［2002］25号文水电三局金州客车厂迁址（西安）更名为西安利达专用汽车改装厂。9月13日局经管字［2002］28号文批复设立水电三局机械制造厂。10月16日经管字［2002］号文批复设立水电三局西藏施工局。

2003年3月7日局劳人字［2003］07号文将水电三局中心试验室更名为中国水电三局中心实验室。4月10日劳人字［2003］12号文成立水电三局临滩岗北副坝工程项目部。4月24日24号文成立水电三局云河水电站工程项目部。4月29日26号文成立水电三局泔河水库加固工程项目部。5月20日劳人字［2003］27号文成立水电三局水沟坪水电站项目部。7月17日劳人字［2003］45号文成立水电三局槟榔江猴桥水电站项目经理部。8月15日劳人字［2003］53号文成立水电三局喜河工程施工局。8月18日54号文成立水电三局西龙池工程施工局。8月26日57号文成立水电三局百花滩工程施工局。9月15日局劳人字［2003］第61号文成立水电三局景洪工程施工局。9月19日劳人字［2003］63号文成立水电三局皂市水利枢纽工程项目部。9月26日64号文成立柳洪工程项目部。9月30日66号文成立水电三局皂市水利枢纽中心实验室。10月10日劳人字［2003］74号文成立贵州盘南电厂响水水库工程联合项目部。11月14日局劳人字［2003］第81号文成立水电三局金沙峡水电站工程项目部。11月24日第83号文将水电三局阿鸠田工程项目部更名为苏帕河工程项目部，原机构撤销。12月9日劳人字［2003］第84号文成立水电三局大盈江水电站项目部；第85号文成立水电三局呷村水电站工程项目部。12月12日第87号文成立水电三局居甫渡水电站工程项目部；15日第88号文成立水电三局党委工作部，撤销党委办公室和组织部，业务归口党委工作部管理；局团委与党委工作部合署办公；26日第95号文成立水电三局迪麻洛河水电站工程项目部；第96号文成立水电三局龙马水电站项目部。

2004年1月8日劳人字［2004］第2号文成立水电三局东王河水电站工程项目部；4号文成立水电三局土卡河水电站工程项目部。2月2日劳人字［2004］第6号文成立水电三局海堤白蕉联围加固工程项目部；16日8号文成立金竹山电厂工程项目部；18日第9号文成立下桃水电站工程项目部。3月3日劳人字［2004］第12号文成立水电三局汉江平川段防洪工程项目部；9日第14号文成立金安桥水电站项目经理部；11日第15号文成立沙湾工程项目部；16号文成立渭河灾后重建工程项目部；16日第18号文成立天柱水电站项目经理部。4月27日劳人字［2004］第32号文成立水电三局西霞院项目部。5月17日劳人字［2004］

第44号文成立水电三局糯扎渡工程项目部；26日第50号文成立贵州惠水团坡水电站联合项目部。6月21日第50号文成立水电三局麻巴水电站项目部。7月5日第61号文成立水电三局泗南江水电站项目部；9日第63号文成立九甸峡工程施工局；67号文撤销水电三局西藏交通工程经理部；68号文撤销水电三局工商企业处；24日第71号文成立向家坝工程施工局。8月2日第72号文成立水电三局双河口水电站施工局。9月6日第77号文成立水电三局仁宗海水库水电站工程施工局；7日第80号文成立块泽河水电站项目部；29日第86号文成立水电三局皂市水利枢纽水厂管理项目部。10月8日第87号文成立水电三局常付线工程S238－2段项目部；11日第90号文撤销蔺河口水电站项目经理部；26日第95号文成立水电三局筱溪施工局。11月24日第100号文成立水电三局糯扎渡实验项目部。12月3日第106号文成立水电三局柴家峡项目部；13日第112号文撤销水电三局安康物资储运中心。

2005年2月24日，局劳人［2005］4号文成立水电三局龙溪沟工程项目部。3月24日14号文成立水电三局坪头水电站项目部；15号文成立水电三局薛城水电站项目部；16号文成立水电三局狮子坪水电站项目部。4月11日23号文成立多儿水电站工程项目部；15日24号文成立水电三局积石峡工程项目部。5月15日27号文将水电三局拉西瓦工程项目部更名为拉西瓦施工局；28号文成立水电三局王峡口水库工程项目经理部；30日37号文成立水电三局白市水电站项目部。6月15日41号文成立水电三局官地水电站工程项目经理部。7月8日46号文成立水电三局石门水电站厂房项目部；12日47号文成立水电三局国际工程部；48号文成立水电三局史志办；22日55号文成立水电三局丹江口工程施工局。8月26日63号文成立水电三局白市工程施工局。9月8日71号文成立水电三局腊寨水电站工程项目部。10月19日82号文成立水电三局托口水电站场平项目经理部；27日85号文成立水电三局麒麟寺水电站砂石料混凝土系统项目部。11月22日88号文成立水电三局乌金峡项目部。

2006年1月5日局劳人［2006］1号文成立水电三局四川武都水库项目部。2月10日第12号文成立水电三局南水北调中线工程项目经理部；21日17号文成立水电三局官地施工局；18号文成立水电三局缅甸瑞丽江水电站项目经理部。3月8日25号文成立水电三局西溪河洛古水电站项目部；9日27号文成立水电三局蜀河工程施工局；20日29号文成立水电三局铁城工程项目部；30号文成立水电三局槟榔江苏家河口水电站项目经理部；32号文将原水电三局南水北调中线工程项目经理部更名为水电三局北京北拒马河暗渠工程项目经理部。4月6日40号文成立水电三局弄另水电站工程项目经理部；17日45号文成立云南大盈江四级水电站工程项目部。5月17日53号文成立水电三局双江口工程项目部。7月28日64号文将水电三局贵州盘南电厂响水水库泄洪工程联合项目部更名为水电三局贵州响水水库工程项目部。8月4日68号文成立水电三局浐河项目部；18日70号文将水电三局中心实验室划归陕西江河水利水电土木勘测设计院；29日72号文成立水电三局西溪河洛古水电站大坝枢纽项目部。9月14日78号文成立水电三局金家坝水电站项目部；30日79号文成立水电三局第一分局、第二分局、第三分局、第四分局、制造安装分局、路桥分局、基础工程分局、勘测设计研究院，同时撤销原第一分局、第二分局、第三分局、第四分局、第五工程处、第六分局、建筑工程分局、第八分局、第九分局、第十分局、汉中分局、交通分局、安装公司、基础处理公司、机械制造厂、勘测设计院、施工研究所、小峡施工局、小浪底工程指挥部、北方公司、经营处、苏州经理部、钢化玻璃厂、金城商业大楼。11 月 28 日 85 号文成立水电三局莲麓水电站项目部。12 月 4 日 87 号文成立水电三局旬阳大岭水电站工程项目经理部；30 日 91 号文成立水电三局天花板工程项目部。

第三节 其 他 机 构

三新公司（控股）、联虹公司（控股）、“三七八”联营体（参股）。

水电三局直属施工管理机构：公伯峡施工局、株洲施工局、拉西瓦施工局、景洪施工局、白市施工局、筱溪施工局、向家坝施工局、蜀河施工局、苏夫项目部。

经过多次调整和大的整合，到 2006 年底水电三局下属二级生产单位机构设置见图1-3-20。

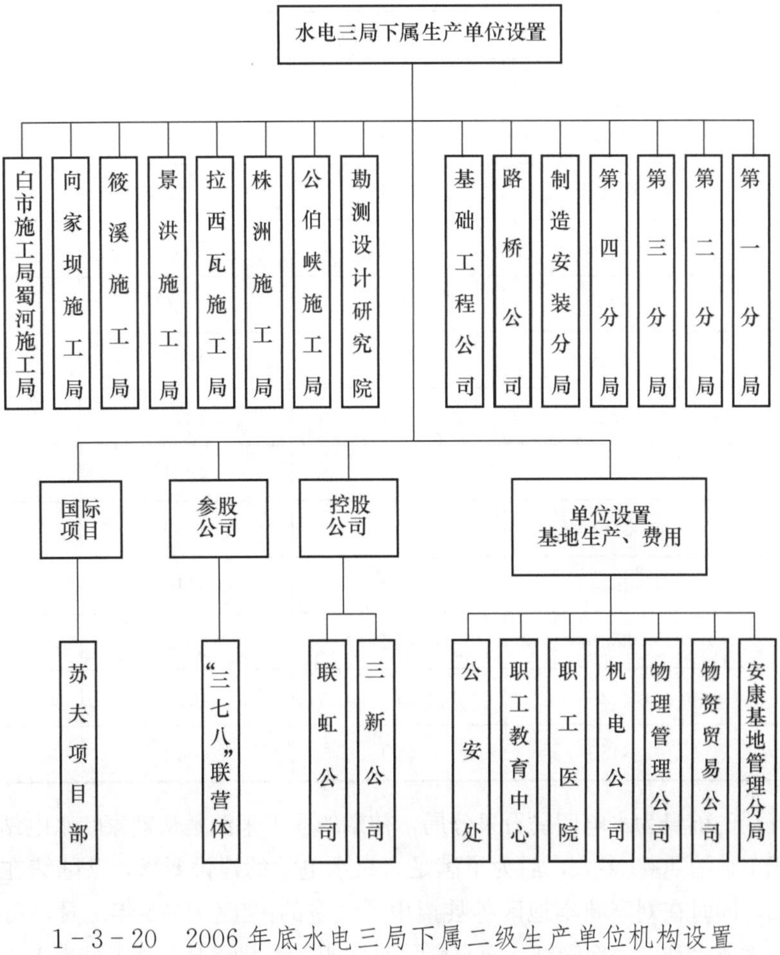

1-3-20 2006 年底水电三局下属二级生产单位机构设置

第四章 职 工 队 伍

第一节 创 建 时 期

青铜峡工程局的人员是根据工程进展情况，通过调入、合并、招工等形式组成的。当时青铜峡水电站是宁夏回族自治区最大的工程项目，区政府高度重视并大力支援工程建设，从各县调集了大量回汉民工，外加两批由2000余名浙江青年民工组成的支援队，高峰时总人数达到2万余人。到1961年4月后，职工人数减少至约4600人。

职工来源主要是从三门峡工程局、河北省调入以及北大荒的转业军人，另有西北公路局的部分干部和技术工人并入，从山东、河南等地招工等。1958～1969年青铜峡水电站人员编制情况（含职工和民工）见表1-4-1。

表1-4-1 1958～1969年青铜峡电站人员编制情况(含职工和民工) 单位：人

年 份	人员编制			总 计
	工人	干部	合计	
1958	11 037	316	11 353	11 353
1959	19 429	801	20 230	20 230
1960	4796	851	5647	5647
1961	5200	629	5829	5829
1962	4019	578	4597	4597
1963	3727	521	4248	4248
1964	4339	525	4864	4864
1965	3584	525	4109	4109
1966	4634	482	5116	5116
1967	3536	466	4002	4002
1968	3428	573	4001	4001
1969	3450	599	4049	4049

水电十五局的前身为水电四局石泉分局，初期的职工来源是从刘家峡水电站工地转移到石泉的固定职工，约4000多人，后为了满足石泉水电站的建设要求，又陆续在陕南招收了一些固定职工，同时在刘家峡本地区各县招用了大量的民工。1975年7月，石泉分局从水电四局划出，隶属水利电力部管辖。石泉分局时期职工编制情况一览表见表1-4-2。

表 1-4-2　　石泉分局编制情况一览表　　单位：人

年　份	人员编制			计　划 外用工	总 计
	工 人	管理人员	合 计		
1975	5128	1367	6535	4678	11 213
1976	5653	1515	7168	5306	12 474
1977	5532	1661	7193	3200	10 393

第二节　调　整　时　期

1969 年 2 月，青铜峡工程局成建制转移至陕西汉中，以其为主，调入长江流域规划办和水电部西勘院的规划设计人员、领导骨干及地方施工单位人员组建成为原水电三局，主要承担石门水电站的建设任务。至 1982 年 9 月合并前的十余年间，先后进行了招工、接收军转人员和大中专毕业生，但职工总数变化不是很大。原水电三局时期人员编制情况一览表见表 1-4-3。

表 1-4-3　　原水电三局时期人员编制情况一览表　　单位：人

年　份	人员编制			计　划 外用工	总 计
	工 人	干 部	合 计		
1970	3840	943	4783		4783
1971	4637	662	5299		5299
1972	4421	756	5177		5177
1973	4249	809	5058		5058
1974	3974	634	4608		4608
1975	3185	534	3719		3719
1976	2925	803	3728		3728
1977	3183	547	3730		3730
1978	3457	741	4198		4189
1979	3685	548	4233	111	4344
1980	4087	529	4616	50	4666
1981	4139	545	4684	23	4707
1982	4131	481	4612		4612

1978 年 4 月，水利电力部［1978］水电计字 149 号文件决定，将水利电力部第四工程局石泉分局组建为水利电力部第十五工程局。当时水电十五局正在进行安康水电站的建设，职工和民工总数达 1.1 万余人。水电十五局时期人员编制一览见表 1-4-4。

表1-4-4　　水电十五局时期人员编制一览　　单位：人

年　份	人员编制			计划外用工	总　计
	工人	管理人员	合计		
1978	9611	1772	11 383		11 383
1979	6583	1502	8085	3376	11 461
1980	7280	1337	8617	2144	10 761
1981	8057	1280	9337	450	9787
1982	7741	1453	9194	314	9508

第三节　经济体制改革时期

1982年9月17日，水利电力部［1982］水电水建字第40号文决定，驻汉中的原水利电力部第三工程局与驻安康的水利电力部第十五工程局合并，组成新的水利电力部第三工程局。至1994年前，主要任务是陕西安康水电站的建设施工。在1990年安康水电站第一台机组发电前，水电三局已经按照经济体制改革和形势发展要求进入市场，进行水电、非水电项目的投标及发展第三产业。与之相适应，内部机构发生变化，职工岗位流动也有较大变化。

两局合并初，原三局职工4459人，水电十五局职工9194人。以后年份里，水电三局再没有进行大数量的招工，员工增加主要来源是水电三局技校学生分配、军人转业安置、大中专学生分配、老职工退休顶招等。安康水电站建设时期人员编制一览表见表1-4-5。

表1-4-5　　安康水电站建设时期人员编制一览表　　单位：人

年　份	人员编制				计划外用工	总　计
	工人	管理人员	其他（下岗）	合计		
1983	12 136	1777		13 913	240	14 153
1984	12 141	1766		13 907	456	14 363
1985	11 641	2017		13 658	2216	15 874
1986	11 918	1933		13 851	670	14 521
1987	12 061	2187		14 248	1620	15 868
1988	11 799	2370		14 169	1612	15 781
1989	11 881	2441		14 322	1654	15 976
1990	11 949	2650		14 599	942	15 541
1991	12 191	2869		15 060	942	16 002
1992	11 955	2862	382	15 199	297	15 496

续表

年　份	人员编制				计划外用工	总　计
	工人	管理人员	其他（下岗）	合计		
1993	11 136	2961	936	15 033	836	15 869
1994	8297	3220	3792	15 309	769	16 078
1995	10 584	2801	1527	14 912	2066	16 978
1996	6857	2981	4500	14 338	1977	16 315
1997	6387	2563	5797	14 747		14 747
1998	7343	2876	4803	15 022		15 022
1999	5730	2932	4983	13 645	980	14 625
2000	6508	2160	4989	13 657	907	14 564
2001	5802	2573	5311	13 686	526	14 212
2002	5734	2566	5205	13 505		13 505
2003	5505	2650	5275	13 430		13 430
2004	5360	2697	5291	13 348		13 348
2005	5464	2783	5021	13 268		13 268
2006	5338	2718	4971	13 027		13 027

第二篇　水利水电工程

第二篇　水利水电工程

第一章　概　　况

中国水利水电第三工程局有限公司在建筑业中是集科研、设计、施工、技术开发和应用为一体的国家特大型骨干企业，具有国家建设部核发的建筑业企业资质证书。资质等级为：水利水电工程施工总承包特级、公路工程施工总承包二级、市政公用工程施工总承包二级、房屋建筑工程施工总承包二级、土石方工程和钢结构工程专业承包一级、电力大件运输承包甲级，具有机场工程施工许可证、工程设计乙级、实验室一级、测绘甲级、起重机机械修理与安装一级。企业信用资质 AAA 级。

1986 年前，水电三局参建和承建了三门峡水电枢纽、陆浑水库、刘家峡水电站、盐锅峡水电站、八盘峡水电站、青铜峡水电站、石泉水电站、褒河石门水库、安康水电站等工程建设。1986 年中标云南漫湾水电站截流工程，这是水电三局进入市场经济后承揽的第一个参建装机容量 150 万千瓦的大型水电站，创当年开工、当年截流的世界先进水平，荣获水利电力部“优质工程”称号。

在 1958～2006 年的近 50 年来，水电三局先后在国内外承建参建了 100 多个大中型水电施工项目。国内工程主要集中在长江、黄河、金沙江、澜沧江、雅砻江、湘江、嘉陵江、大渡河、红水河等流域。其中承建或参加施工的 100 米以上高坝水电站 30 余座，装机容量为 15 万千瓦以上的水电站厂房 40 余座。在混凝土重力坝、碾压混凝土坝、土石坝、面板堆石坝、混凝土拱坝、混凝土闸坝及船闸、发电厂房（含地下厂房）、导（截）流工程、高边坡及厂坝基础开挖支护、引水发电及压力管道、砂石混凝土系统、水电站交通工程、机电安装、金属结构制作安装等方面创出了一批优秀的代表性工程。尤其在高边坡及厂坝基础开挖、混凝土重力坝及碾压混凝土坝、地下厂房及大坡度超长斜井施工、草土及土石围堰、高强度压力钢管制作安装、高寒地带混凝土抗冻抗渗方面创出了水电三局自己的品牌工程。在承建和参建的工程项目中曾获中国建筑工程鲁班奖（国家优质工程奖）、国家优质工程银质奖、省部级优良工程奖，工程开挖多次被业主树为“开挖样板工程”，有 15 项工程创中国企业新纪录。所建项目先后被湖南省人民政府、宁夏回族自治区人民政府、甘肃省人民政府、陕西省人民政府等分别授予省重点工程施工“先进单位”和“贡献突出单位”称号。国际工程起步较早，自 20 世纪 80 年代始，就跨出国门，先后参与了伊拉克摩苏尔水坝、阿尔及利亚布库尔丹水坝和罗斯法水坝等国外工程项目的施工。

第二章 工 程 录

第一节 已建大中型水电站选介

在1958～2006年的近50年中，水电三局建成一批大中型水电站，其中有7座获奖。已建大中型水电站选介一览表见表2-2-1。

表2-2-1 已建大中型水电站选介一览表

序号	工程名称	坝型	最大坝高（米）	坝长（米）	坝顶高程（米）	总库容（亿米³）	装机总容量（万千瓦）	装机台数	竣工时间	施工项目	质量等级	备注
1	青铜峡水电站（宁夏）	闸墩式重力坝	42.7	693.75	1160.2	1.6	27.2（7×3.6+1×2）	8	1978.08	全建		已建
2	刘家峡水电站（甘肃）	混凝土重力坝	147	204	1739	57	122.5（3×22.5+25+30）	5	1974.12	全建	荣获国家银质工程奖	已建
3	石泉水电站（陕西）	空腹重力坝	65	353	416	4.7	13.5	3	1975.07	全建	荣获国家优质工程银质奖	已建
4	三门峡水利枢纽工程（河南）	混凝土重力坝	106	713.2	353	354	40	8	1973.12	全建		已建
5	陆浑水电站（河南）	砂卵石土坝	55	710	335	13.2	0.5	4	1965.08	全建		已建
6	盐锅峡水电站（甘肃）	混凝土宽缝重力坝	57.2	321	1624.2	2.2	35.2	8	1975	全建		已建
7	八盘峡水电站（甘肃）	闸坝	33	396	1580	0.49	18	5	1980.02	全建		已建
8	汉中褒河石门水库工程（陕西）	混凝土双曲拱坝	88	254.4	620	1.05	4.05（3×1.25+2×0.125+0.05）	6	1979.10	全建	荣获水电部水利水电系统一级优质工程	已建

续表

序号	工程名称	坝型	最大坝高（米）	坝长（米）	坝顶高程（米）	总库容（亿米³）	装机总容量（万千瓦）	装机台数	竣工时间	施工项目	质量等级	备注
9	石板水水电站（四川）	碾压混凝土重力坝	84	449		1.05	11.5（3×3.3+2.5）	4	1996.10	全建	荣获重庆市优良工程奖	已建
10	安康水电站（陕西）	混凝土重力坝	128	541.5	338	25.8	85.25（4×20+5.25）	5	1998	全建	荣获国家银质工程奖	已建
11	大峡水电站（甘肃）	河床式混凝土重力坝	72	258	1482	0.9	32.45（4×7.5+2.45）	5	1998.12	全建	甘肃省电力公司优质工程	已建
12	白水峪水电站（湖北）	混凝土重力坝	64.5	240	204.5	1.48	4.5	3	1998.06	全建		已建
13	石泉水电站扩机工程（陕西）	混凝土重力坝	66		416	4.7	9	2	2003.10	全建		已建
14	庙子头水电站（湖北）	混凝土闸坝				0.121 1	1.02	3	2004.03	全建		已建
15	沙铺砻水电站（浙江）	混凝土面板堆石坝	64.7	180	807.2	0.085	2.5	2	2003.09	全建	优	已建
16	百花滩水电站（四川）	混凝土闸坝	19.2		486.2	0.261 8	12	3	2006.04	全建		已建
17	柴家峡水电站（甘肃）	混凝土闸坝	33	339.4	1555	0.166	9.6	4	2008.02	全建		已建
18	金家坝水电站（重庆）	混凝土面板堆石坝	103.3		315	1.581	7.5	3	2009.06	全建		已建
19	小洋溪水库工程（贵州）	碾压混凝土重力坝	44.6	119.4		0.150 0			2002.09	全建		已建

第二节　已建、在建水利水电工程

在1958～2006年的近50年中，水电三局承建、参建百余项水利水电工程项目已建、在建水利水电工程一览表见表2-2-2。

表2-2-2　　已建、在建水利水电工程一览表

序号	工程名称	坝型	最大坝高（米）	坝长（米）	坝顶高程（米）	总库容（亿米³）	装机总容量（万千瓦）	装机台数	竣工时间	施工项目	质量等级	备注
1	漫湾水电站（云南）	混凝土重力坝	132	421	999	9.20	150	6	1989.01	围堰及坝基开挖土建工程	截流工程获能源部水电工程优质奖	已建
2	小浪底水利枢纽工程（河南）	混凝土面板堆石坝	154	1667	281	126.50	180	6	2001.11	导流洞、排沙洞、机电设备安装工程		已建
3	三峡水利枢纽工程（湖北）	混凝土重力坝	181	2309.47	185	393	1820	26	2007.12	左岸水电站厂房工程及厂坝一、二期开挖；82拌和系统安装与生产、人工砂石骨料生产系统；右岸高程84米混凝土拌和系统建安工程；右岸水电站厂房工程；永久船闸等部分工程	开挖工程获三峡开发总公司优质工程奖并树为样板工程，永久船闸四、五闸首人字门安装号称为“天下第一门”，三峡工程建筑诚信企业	已建
4	大朝山水电站（云南）	碾压混凝土重力坝	115	465.3	906	9.40	135	6	2002.06	大坝及相关工程（围堰及大江截流，坝基坝肩开挖，混凝土、金属结构设备安装，混凝土系统、安全监测、缆机运行）	中国建筑工程鲁班奖（国家优质工程），省优质工程一等奖	已建

续表

序号	工程名称	坝型	最大坝高（米）	坝长（米）	坝顶高程（米）	总库容（亿米³）	装机总容量（万千瓦）	装机台数	竣工时间	施工项目	质量等级	备注
5	小湾水电站（云南）	混凝土双曲拱坝	292	922.74	1245	149.14	420	6	2005.08	水电站右岸坝顶公路、右岸缆机基础及100米高程以上坝基开挖支护和相关工程	“700米高陡边坡及堆积体开挖与锚固施工技术研究”获集团公司科研特等奖	已建
6	沙坡头水利枢纽工程（宁夏）	混凝土闸坝	37.8	867.65	1242.6	0.26	11.60	4	2004.09	导流工程、泄洪闸及南干水电站土建工程、砂石混凝土系统建筑安装工程及生产管理	获2007年中国水利工程优质（大禹）奖，宁夏自治区沙坡头水利枢纽贡献突出单位	已建
7	小峡水电站（甘肃）	混凝土重力坝	50.7		1502	0.48	23	4	2005.08	导流及泄洪闸、大坝及厂房工程	中国电力优质工程，甘肃省建设工程飞天金奖、集团公司优质工程奖	已建
8	江垭水电站（湖南）	碾压混凝土重力坝	131	367	245	17.4	30	3	2003.06	引水发电系统地下厂房、引水隧道、压力管道及机电安装工程	湖南省重点建设施工先进单位	已建
9	公伯峡水电站（青海）	混凝土面板堆石坝	139	429	2010	6.2	150	5	2004.06	左岸泄洪洞、左岸溢洪道工程	中国建筑工程鲁班奖（国家优质工程），詹天佑奖，青海省建筑工程“江河源”奖（省级优质工程），中国电力优质工程	已建

续表

序号	工程名称	坝型	最大坝高(米)	坝长(米)	坝顶高程(米)	总库容(亿米^3)	装机总容量(万千瓦)	装机台数	竣工时间	施工项目	质量等级	备注
10	拉西瓦水电站(青海)	混凝土拱坝	250	475.83		1.06	420	6	2008.06	右岸高线公路隧洞段工程，引水发电系统进水口土建及压力管道工程，右岸坝肩、水电站进水口及消能区边坡开挖支护等工程	中国企业新纪录(创国内滑膜施工水工混凝土一次性滑升最高纪录)，获中华全国总工会“工人先锋号”称号	已建
11	苏只水电站(青海)	河床式	51.7			0.46	22.5	3	2006.08	水电站厂房工程	获2008年度中国电力优质工程奖	已建
12	喜河水电站(陕西)	碾压混凝土重力坝	61.8	346	367.8	2.29	18	3	2007.12	厂房工程、砂石料生产及混凝土拌和系统、水电站钢索桥、对外交通公路	获陕西省政府授予的“省重点工程建设立功竞赛先进企业”，获中华全国总工会“工人先锋号”称号	已建
13	株洲水利枢纽工程(湖南)	混凝土闸坝	31.2	764		4.743	14	5	2006.08	大坝、水电站土建及机电设备安装工程	获湖南省政府授予的省重点工程“施工先进单位”	已建
14	凤滩水电站扩机工程(湖南)	混凝土空腹重力坝	112.5	488	221.5	17.15	40	2	2004.12	扩机工程地下发电厂房及尾水系统土建工程施工	获湖南省政府授予的省重点建设项目“先进单位”	已建

续表

序号	工程名称	坝型	最大坝高（米）	坝长（米）	坝顶高程（米）	总库容（亿米³）	装机总容量（万千瓦）	装机台数	竣工时间	施工项目	质量等级	备注
15	皂市水电站（湖南）	碾压混凝土重力坝	88		148	14.39	12	2	2004.09	左岸边坡（高程75米以上）开挖及支护工程		已建
16	柳洪水电站（四川）	引水式布置形式	26.5		1307.5	0.006 5	18	3	2006.11	首部枢纽工程、机电安装等工程		已建
17	金安桥水电站（云南）	碾压混凝土重力坝	160			7.42	240	4	2005.08	左岸场内R1、R5公路及进场交通洞工程		已建
18	西霞院反调节水库工程（河南）	土石坝	20.2	2609		1.62	14	4	2007.07	土石坝填筑工程		已建
19	泗南江水电站（云南）	混凝土面板堆石坝	115	365.93	905	2.71	20.1		2007.12	调压井、钢管道和引水隧洞后段土建工程及金属结构制作安装工程		已建
20	双河口水电站（贵州）	混凝土面板堆石坝	99.5	371.086	583.8	1.952	12	3	2008.04	大坝及溢洪道工程、发电引水系统土建工程、厂区土建工程、金属结构制作安装工程及机电设备安装工程		已建

续表

序号	工程名称	坝型	最大坝高（米）	坝长（米）	坝顶高程（米）	总库容（亿米^3）	装机总容量（万千瓦）	装机台数	竣工时间	施工项目	质量等级	备注
21	仁宗海水库水电站（四川）	复合土工膜防渗堆石坝	56	830	2934	1.12	24	2	2008.05	电站土建工程及机电设备安装工程		已建
22	筱溪水电站（湖南）	混凝土闸坝	44.5	338.1	204.5	1.41	13.5（3×4＋1.5）	4	2007.05	导流、大坝、厂房、升船机、户内开关站等土建工程及人工砂石混凝土系统工程	获中国企业新纪录（创国内水电工程地基加固处理新纪录）	已建
23	景洪水电站（云南）	碾压混凝土重力坝	114	704.5	612	11.39	175	5	2008.04	左岸土建及金属结构安装缆机运行、右岸混凝土拌和及制冷系统建筑安装等工程	获中国企业新纪录（大口径取芯长度创国内碾压混凝土最长新纪录）、铁矿渣石灰岩双掺料混凝土施工技术研究获集团公司科学技术进步三等奖	已建
24	向家坝水电站（四川）	混凝土重力坝	161	909.3	383	51.63	600	8	2013.12	左岸高程300米以上边坡工程，左岸场内公路、水电站二期土建和金属结构安装工程	获中国企业新纪录（①土石方挖运月强度和日强度创国内水电行业新纪录②单月边坡支护工程创国内同类施工新纪录）	在建

续表

序号	工程名称	坝型	最大坝高（米）	坝长（米）	坝顶高程（米）	总库容（亿米^3）	装机总容量（万千瓦）	装机台数	竣工时间	施工项目	质量等级	备注
25	土卡河水电站（云南）	混凝土重力坝	59.2		372	0.78	16.5	3	2004.04	混凝土生产系统、人工砂石料加工系统		已建
26	红岩子水电站（四川）	混凝土闸坝	62.1	231		0.773 7	9	3	2003.08	右岸23孔泄洪闸、船闸、右岸链接坝段、导流明渠、左岸围堰防渗墙等土建工程		已建
27	蔺河口水电站（陕西）	碾压混凝土双曲拱坝	96.5	311	515	1.47	7.2	3	2003.09	引水建筑物工程		已建
28	毛坝关水电站（陕西）	混凝土拱坝	64		427	0.223	2.4	3	2005.06	挡水建筑物工程、导流隧洞工程		已建
29	双江口水电站（四川）	土质心墙堆石坝	314		2510	28.97	200	4	2009.10	场内交通工程（右岸低线公路、业隆渣场公路低线段）		在建
30	三板溪水电站（湖南）	混凝土面板堆石坝	185.5			40.94	100	4	2003.08	对外交通工程（路基、清水江大桥）		已建
31	官地水电站（四川）	碾压混凝土重力坝	168			7.83	240	4	2008.02	场内交通工程、左岸高低线公路施工、左岸导流洞工程		已建

续表

序号	工程名称	坝型	最大坝高（米）	坝长（米）	坝顶高程（米）	总库容（亿米^3）	装机总容量（万千瓦）	装机台数	竣工时间	施工项目	质量等级	备注
32	龙马水电站（云南）	混凝土面板堆石坝	135		643	5.986	28.5	3	2004.10	右岸导流洞及金属结构安装工程		已建
33	居甫渡水电站（云南）	碾压混凝土重力坝	95			1.86	28.5	3	2004.11	右岸导流洞工程		已建
34	雷打滩水电站（云南）	碾压混凝土重力坝	84			0.94	10.8	3	2003.08	导流隧洞土建及金属结构设备安装工程		已建
35	炳灵水电站（甘肃）	混凝土重力坝	61				24	5	2008.11	机电安装工程		已建
36	九甸峡水电站（甘肃）	混凝土面板堆石坝	133		2206.5	9.43	30	3	2005.06	枢纽截流及右岸岸坡处理工程		已建
37	鲁地拉水电站（云南）	碾压混凝土重力坝	140	622	1228	17.18	216	6	2008.10	右岸 1135 米高程以上开挖及支护工程		已建
38	阿海水电站（云南）	混凝土重力坝	138	482	1510	0.879	200	5	2012.12	导流隧洞土建及金属结构安装工程、右岸缆机基础及1420米高程以上坝基开挖支护工程、大坝土建及金属结构安装工程		在建

续表

序号	工程名称	坝型	最大坝高（米）	坝长（米）	坝顶高程（米）	总库容（亿米^3）	装机总容量（万千瓦）	装机台数	竣工时间	施工项目	质量等级	备注
39	苗家坝水电站（甘肃）	混凝土面板堆石坝	111		805	2.68	24	3	2010.07	左岸导流洞、溢洪洞土建及金属结构安装工程		在建
40	旬阳水电站（陕西）	混凝土闸坝重力坝	58	496	247	3.9	32	4	2009.09	右岸边坡、导流明渠开挖及支护工程		已建
41	阿鸠田水电站（云南）	混凝土闸坝	26	120		0.001 58	10.5	3	2005.03	大坝首部闸坝、尘沙地、厂区枢纽土建及机电设备安装		已建
42	乌金峡水电站（甘肃）	混凝土闸坝	55		1438	0.237	14	4	2009.10	砂石料加工及混凝土拌和系统工程；大坝及厂房工程、机电设备安装工程	2008 年乌金峡项目部荣获全国“五一”劳动奖状	已建
43	莲麓一级水电站（甘肃）	混凝土闸坝	51.5	230.31	2069.5	0.080 014	6.6	3	2009.08	电站枢纽主体土建及金属结构设备安装工程		已建
44	布西水电站（四川）	混凝土面板堆石坝	104.8	4271		2.28	200	2	2009.12	大坝土建及金属结构设备安装工程		已建
45	腊寨水电站（云南）	混凝土重力坝	68	180.5	1105	0.061 34	12	3	2008.06	大坝枢纽及相关工程		已建

续表

序号	工程名称	坝型	最大坝高（米）	坝长（米）	坝顶高程（米）	总库容（亿米^3）	装机总容量（万千瓦）	装机台数	竣工时间	施工项目	质量等级	备注
46	丹江口大坝加高工程（湖北）	混凝土重力坝	176.6	3442	176.6	290.5	90	6	2010.04	右岸土建及金属结构设备安装工程	中国企业新纪录（①混凝土重力坝大面积横缝锯缝施工创国内同类施工新纪录；②水工混凝土建筑物整体加厚加高工程创世界新纪录），获湖北省重点工程建设立功竞赛先进集体	在建
47	弄另水电站（云南）	碾压混凝土重力坝	90.5	280	964.5	2.33	18	2	2008.06	主体建筑物土建大坝工程	全国碾压混凝土专家委员会专家王圣培对弄另电站采用单掺火山灰碾压混凝土筑坝给予高度评价："开拓应用新技术、严格管理工程、建好优质大坝、单掺火石灰、筑精品大坝"	已建
48	蜀河水电站（陕西）	碾压混凝土重力坝	72	301	230	1.76	27	6	2007.12	右岸泄洪坝段及导流工程		已建
49	等壳水电站（云南）	碾压混凝土重力坝	76.4	293		0.052 88	12	3	2010.02	拦河坝、厂房土建工程		在建

续表

序号	工程名称	坝型	最大坝高（米）	坝长（米）	坝顶高程（米）	总库容（亿米³）	装机总容量（万千瓦）	装机台数	竣工时间	施工项目	质量等级	备注
50	白市水电站（贵州）	碾压混凝土重力坝	68	512		6.87	42	3	2010.06	主体土建、导流工程、左岸场内公路、缆机安装及运行		在建
51	洛古水电站（四川）	碾压混凝土重力坝	78	225	2046	0.373	11	2	2009.03	大坝土建及金属结构安装工程		
52	薛城水电站（四川）	混凝土重力坝	24	116.87	1711	0.013 6	13.8	3	2007.02	引水隧洞工程		已建
53	猴桥水电站（云南）	混凝土重力坝	35.5	209		0.007 66	4.8	3	2005.12	首部枢纽土建及金属结构安装，调压井、压力管道、厂区枢纽建筑物土建及金属结构安装，引水隧洞工程		已建
54	大盈江三级水电站（云南）	混凝土重力坝	35.6	156		0.015 267	9.8	2	2007.11	调压井、管道土建及金属结构制作安装工程；厂区枢纽土建及机电、金属结构安装工程		已建
55	大盈江四级水电站（云南）	混凝土重力坝	35.5	79.25	595	0.000 159 9	70	4	2009.03	厂房土建及机电设备安装工程		已建

续表

序号	工程名称	坝型	最大坝高（米）	坝长（米）	坝顶高程（米）	总库容（亿米^3）	装机总容量（万千瓦）	装机台数	竣工时间	施工项目	质量等级	备注
56	苏家河口水电站（云南）	混凝土面板堆石坝	130	443.9	1595	2.26	31.5	3	2009.01	泄洪洞土建、金属结构制作安装、水电站厂房、GIS楼土建及尾水闸门安装等工程		已建
57	天花板水电站（云南）	碾压混凝土拱坝	113		1076.8	0.787	18	2	2010.03	引水系统、厂房土建及机电设备安装工程		已建
58	小岩头水电站（云南）	混凝土闸坝	34.5	74	1284	0.030 273	13	3	2011.03	厂区枢纽工程		在建
59	橙子沟水电站（甘肃）	堆石坝	19		895.5	0.845	11.5	3	2011.12	引水隧洞工程		在建
60	坪头水电站（四川）	混凝土闸坝	10	150			18	3	2010.06	洞挖工程、料场开采及砂石生产		在建
61	潘口水电站（湖北）	混凝土面板堆石坝	114	292	362	19.7	50	2	2010.12	引水系统土建及金属结构安装工程	水电站工程施工规划设计报告获湖北省工程咨询协会2008年度优秀工程咨询成果三等奖	在建
62	麒麟寺水电站（甘肃）	重力式混凝土坝	52	252.02	615	0.297	11.1	3	2006.01	砂石、混凝土系统工程		已建

续表

序号	工程名称	坝型	最大坝高（米）	坝长（米）	坝顶高程（米）	总库容（亿米^3）	装机总容量（万千瓦）	装机台数	竣工时间	施工项目	质量等级	备注
63	糯扎渡水电站（云南）	心墙堆石坝	261.5		821.5	227.4	585	9	2005.05	左岸坝顶公路工程		已建
64	沙湾水电站（四川）						48	4	2005.05	一期上游围堰工程		已建
65	茄子山水电站（云南）	混凝土面板堆石坝	106.1			1.15	1.6	2	2002.07	地基渗漏处理项目		已建
66	多儿水电站（甘肃）	面板堆石坝	70			0.074 44	3	3	2006.02	水电站厂房、机电安装工程		已建
67	积石峡水电站（青海）	混凝土面板堆石坝	100		1864	2.94	102	3	2006.07	洞挖、拌和系统工程		已建
68	下桃水电站（陕西）	浆砌石重力坝	14.55	106			0.14	3				
69	鸡冠岩水电站（陕西）						0.9	4	2003.08	溢流坝、厂房建筑、机电安装工程		已建

续表

序号	工程名称	坝型	最大坝高（米）	坝长（米）	坝顶高程（米）	总库容（亿米³）	装机总容量（万千瓦）	装机台数	竣工时间	施工项目	质量等级	备注
70	恰甫其海水利枢纽工程（新疆）	黏心墙坝	108			19.61	32		2003.11	深孔排沙防空洞工程		已建
71	惠水团坡水电站（贵州）	混凝土重力坝	40			52.1	8（2×32＋1×1.6）	3		进场公路		已建
72	呷村水电站（四川）						0.001 05	3	2005.12	首部枢纽、引水系统、水电站厂房土建、金属结构及机电安装工程		已建
73	狮子坪水电站（四川）									库区改线公路工程		已建
74	金沙峡水电站（青海）						0.7		2006.09	引水隧洞工程		已建
75	石门坪水电站（甘肃）									厂房等土建工程		
76	水沟坪水电站（甘肃）						0.9	2	2005.03	水电站厂房工程		已建

续表

序号	工程名称	坝型	最大坝高（米）	坝长（米）	坝顶高程（米）	总库容（亿米^3）	装机总容量（万千瓦）	装机台数	竣工时间	施工项目	质量等级	备注
77	乌泥河水电站（云南）	混凝土重力坝	28	86				2	2005.05	首部枢纽建筑物土建工程		已建
78	朝阳水电站（云南）	闸坝				0.000 059	4	2	2006.07	首部枢纽和引水隧洞段土建工程		已建
79	金窝水电站（四川）							2	2007.09	水电站土建及厂房机电安装工程		已建
80	叶子坝水电站（甘肃）								1998.02	首部枢纽和引水系统		已建
81	加达水电站（西藏）	沙砾石土坝							2002.06	水电站建筑及安装工程		已建
82	索县水电站（西藏）						0.096		2000.12	改扩建工程、枢纽建筑改造、新建 693 米渠道的发电厂房及机电安装		已建
83	龙潭水库大坝工程（四川）	混凝土砌石重力坝	44	117					2003.12	大坝土建工程	优良工程	已建

续表

序号	工程名称	坝型	最大坝高（米）	坝长（米）	坝顶高程（米）	总库容（亿米^3）	装机总容量（万千瓦）	装机台数	竣工时间	施工项目	质量等级	备注
84	卧龙台水电站（陕西）						2.5	2	1999.04	压力前池、管道工程		已建
85	天生桥水电站（陕西）		47.2				1.2	3	1999.10	厂房施工和机组安装工程		已建
86	瑞丽江水电站（云南）								2008.05	首部枢纽土建及金属结构安装工程		已建
87	旬阳大岭水电站（陕西）	小闸坝	37.9	172	292.4	0.127 8	1.89	3	2009.09	基础开挖、导截流、大坝土建等主体工程		已建
88	盘南电厂响水水库大坝工程（贵州）	混凝土面板堆石坝	85.45			0.336	360	4	2004.10	泄洪工程		已建
89	岗曲河一级水电站（云南）	混凝土面板堆石坝	69		2586	0.069	6	2	2008.12	厂区工程		已建
90	三江口水电站（云南）	黏土心墙堆石坝	77		618	0.845	99	3	2008.03	导流洞土建工程		已建

续表

序号	工程名称	坝型	最大坝高（米）	坝长（米）	坝顶高程（米）	总库容（亿米^3）	装机总容量（万千瓦）	装机台数	竣工时间	施工项目	质量等级	备注
91	铁城水电站（甘肃）	碾压混凝土重力坝	44.3	143.19		0.076 4	5.15（3×14.5+1×8）	4	2008.01	枢纽土建工程		已建
92	宝鸡峡灌区泔河水库加固工程（陕西）								2004.11	溢洪道改建工程、大坝培厚加固工程		已建
93	万家寨水利枢纽工程（山西）	重力坝	105	436	982	8.96	108	6		大坝主体工程1～5坝段、厂房工程、供水系统运行管理		已建
94	克拉玛依（新疆）								1999.04	引水工程土建项目	优良工程	已建
95	达孜水电站（西藏）										2003年06月25日中标	已建
96	麻巴水电站（青海）									厂区及动力渠工程	2004年5月17日中标	已建
97	唐河水电站（西藏）						0.64		1995.12	引水渠、沉沙池、排洪洞修建及厂房机电设备的更换等工程		已建

续表

序号	工程名称	坝型	最大坝高（米）	坝长（米）	坝顶高程（米）	总库容（亿米^3）	装机总容量（万千瓦）	装机台数	竣工时间	施工项目	质量等级	备注
98	摩苏尔水坝（伊拉克）	黏土心墙堆石坝	100	3600			72					已建
99	布库尔丹水坝工程（阿尔及利亚）	黏土心墙堆石坝	74.5	616	125	1			1990.07	大坝、溢洪道工程		已建
100	罗斯法大坝工程（阿尔及利亚）	黏土心墙堆石坝	57	226.7	674	0.73			2004.05	大坝、溢洪道、取水塔、导流洞等相关工程		已建
101	小中河水力发电站（越南）		41			0.076	2.2	2	2009.10	首部枢纽工程、引水系统土建及钢管道制作安装、厂房和尾水渠等全部土建工程		在建
102	德拉迪斯大坝工程（阿尔及利亚）	黏土心墙堆石坝	67	956	76				2010.07	水坝施工和试运行工程		在建
103	南艾河水电站（老挝）						0.06	2	2003.05			已建
104	玛乌阿纳大坝工程（阿尔及利亚）	黏土心墙土石坝	88	884					2008.06 2011.06	土石坝、导流洞及竖井等工程		在建

第三节　已建、在建抽水蓄能电站

在1958～2006年的近50年里，水电三局承建、参建了部分抽水蓄能电站，已建、在建抽水蓄能电站一览表见表2-2-3。

表2-2-3　　　　已建、在建抽水蓄能电站一览表

序号	工程名称	坝型	最大坝高（米）	坝长（米）	坝顶高程（米）	总库容（万米³）	装机总容量（万千瓦）	装机台数	竣工时间	施工项目	质量等级	备注
1	溪口抽水蓄能水电站（浙江）	面板堆石坝	73.2	153.9	328.5	103	8×10^4	2	1998.12	土建及金结制安工程		已建
2	西龙池抽水蓄能水电站（山西）	面板堆石坝				上水库总库容4851，下水库总库容4942，总库容979	120	4	2009.07	下库工程、引水系统土建、钢管制安、机电设备安装工程	获全国优秀焊接工程；中国企业新纪录：①斜井钢管安装及混凝土回填月平均进度创世界新纪录；②大倾角斜井开挖长度及发电引水水头创国内最高新纪录；③大倾角超长斜井开挖轴线精确度创国内水电行业新纪录；④反井钻导井施工偏斜率创国内同类施工新纪录；⑤斜井AL1MAK施工长度、贯通误差创国内同类施工新纪录；“输水系统大坡度超长斜井开挖技术研究”获集团公司科学进步一等奖	在建

第四节 已建、在建水电装机制作安装项目

在1958～2006年的近50年里，水电三局承建了30余项水电装机制作安装项目，已建、在建水电装机制作安装一览表见表2-2-4。

表2-2-4　　已建、在建水电装机制作安装一览表

序号	工程名称	制作安装项目	承建规模	合同工期	竣工时间	工程质量	备注
1	刘家峡水电站	3×22.5万千瓦＋25＋30万千瓦混流式水轮发电机组	大型水利枢组		1974.12	优	已完工
2	青铜峡水电站	7×3.6万千瓦＋1×2万千瓦转桨式水轮机组			1978.08		已完工
3	石门水利枢纽	3×1.25万千瓦＋2×1250千瓦＋500千瓦轴流式水轮发电机组	大Ⅱ型水利枢组		1979.10	优	已完工
4	石泉水电站	3×4.5万千瓦混流式水轮发电机组	Ⅱ等二级工程		1975.09	优	已完工
5	安康水电站	4×200兆瓦＋1×52.5兆瓦混流式水轮发电机组	大Ⅰ型水利枢纽，总装机852.5兆瓦		1978.10	优良	已完工
6	甘肃大峡水电站	4×75＋1×24.5兆瓦轴流转桨式机组及金属结构安装调试	大Ⅱ型水电站，总装机324.5兆瓦	2000.06～2001.11	2001.11	4号机组为“国内首台基建移交生产达标机组”，3号机组被评为“基建移交生产达标投产机组”	已完工
7	黄河小浪底水利枢纽工程	1×300兆瓦混流式机组和相应电气设备安装工作	大Ⅰ型水利枢组，总装机1800兆瓦（水电三局完成300兆瓦）	1998.06～2001.12	2001.12	优良	已完工

续表

序号	工程名称	制作安装项目	承建规模	合同工期	竣工时间	工程质量	备注
8	江垭水利枢纽工程	3×100兆瓦立式水轮发电机组安装	大Ⅱ型水利枢纽，总装机300兆瓦	1996.05～2000.03	2000.03	湖南省优质工程	已完工
9	溪口抽水蓄能水电站	2×40兆瓦混流式水轮（水泵）/发电（电动）机组安装及送配电安装工程，金属结构、钢管制作安装工程	中型水电站，总装机80兆瓦	1995.06～1998.03	1998.03	优良	已完工
10	山西省万家寨引黄工程总干一、二级泵站	6台水泵电动机组、2套变频启动装置（SFC）、2套18间隔110千伏GIS设备、6台40兆伏·安变压器安装	工程等级为二等二级	2000.08～2003.02	2003.02	优秀施工项目部	已完工
11	西龙池抽水蓄能水电站	4×300兆瓦机组安装	工程等级为Ⅰ等，总装机1200兆瓦	2006.03.21～2009.08.01	2009.08		在建
12	长江三峡水利枢纽工程	金属结构安装	特大型水利枢纽，总装机容量为18200兆瓦	2003.10～2009.04	2009.04	在吊装总重达1700吨、享有“天下第一门”之誉的三峡船闸人字门时，一次吊装成功，受到各级领导的赞誉。优良工程	已完工
13	株洲航电枢纽工程	2×28兆瓦灯泡贯流式机组安装	大型航电枢纽工程，总装机140兆瓦	2003.09～2006年底	2006.12	优良	已完工
14	四川百花滩水电站	3×40兆瓦轴流转浆式水轮发电机组安装	中型水电站，总装机120兆瓦	2004.03～2006.11	2006.11	优良	已完工

续表

序号	工程名称	制作安装项目	承建规模	合同工期	竣工时间	工程质量	备注
15	甘肃黑河龙首二级水电站	3×45兆瓦和1×22兆瓦的水轮发电机组安装	中型水电站，总装机157兆瓦	2003.01～2004.11	2004.11	优良	已完工
16	云南保山苏帕河阿鸠田水电站	3×35兆瓦的引水冲击式水轮发电机	中型水电站，总装机105兆瓦	2003.09～2005.03	2005.03	优良	已完工
17	四川柳洪水电站	3×60兆瓦混流式水轮发电机组安装	中型水电站，总装机180兆瓦	2004.12.01～2007.04.30	2007.04	优良	已完工
18	云南泗南江水电站	3×67兆瓦混流式水轮发电机组安装	中型水电站，总装机201兆瓦	2005.10～2007.12	2008.12	优良	已完工
19	贵州蒙江流域双河口水电站	金属结构制作安装及3×40兆瓦水轮发电机组安装	中型水电站，总装机120兆瓦	2005.05.08～2007.05.01	2008.12	优良	已完工
20	黄河炳灵水电站	5×48兆瓦灯泡贯流机组（转轮直径6.2米）安装	三等中型工程，总装机240兆瓦	2006.05～2009.08	2009.08		在建
21	黄河柴家峡水电站	4×24兆瓦贯流式水轮发电机组(转轮直径7.2米)	中型水电站，总装机96兆瓦	2006.03.01～2008.10	2009.06		在建
22	黄河乌金峡水电站	4×35兆瓦灯泡贯流式水轮发电机组安装	Ⅲ等中型工程，总装机140兆瓦	2005.06～2009.10	2009.07		在建
23	田湾河机电安装工程机电设备安装工程	2×120立轴六喷嘴冲击式水轮发电机组安装	中型水电站，总装机240兆瓦	2007.06.01～2008.11	2009.07		在建
24	云南大盈江三级水电站	4×50兆瓦混流式机组安装	中型水电站，总装机200兆瓦	2005.11～2007.12.20	2008.12		在建
25	云南大盈江四级水电站	4×175兆瓦混流式机组安装	Ⅲ等中型工程，总装机700兆瓦	2006.04.15～2008.07.31	2009.10		在建

续表

序号	工程名称	制作安装项目	承建规模	合同工期	竣工时间	工程质量	备注
26	甘肃黑河龙汇水电站	2×6.5兆瓦水轮发电机组及其他附属设备的安装	水电站装机总容量13兆瓦（2×6.5兆瓦）	2006.09.01～2007.10	2008.12	优良	已完工
27	甘肃大通河铁城水电站	3×14.5兆瓦＋1×8兆瓦混流式水轮发电机组安装	Ⅲ等中型工程，总装机容量51.5兆瓦	2006.03.01～2007.10	2008.12	优良	已完工
28	贵州三岔湾水电站	2×18兆瓦混流立式水轮发电机组安装及金属结构制作安装	装机容量36兆瓦	2005.05～2006.04	2007.01	优良	已完工
29	四川丰都石板水电站	3×35兆瓦＋1×10兆瓦混流式机组的安装	总装机容量115兆瓦，中型水电站	1994.06～1999.12	1999.12	优良	已完工
30	龙首一级水电站	3×15兆瓦＋1×7兆瓦混流式机组安装	总装机容量52兆瓦	2000.06～2001.10	2001.01	优良	已完工
31	石泉水电站扩机工程	2×45兆瓦混流式水轮发电机组安装	中型水电站，90兆瓦混流式水轮发电机组	1999.04～2000.06	2000.06	优良	已完工
32	汉坪咀水电站	3×24混流式水轮发电机组	中小型水电站，总装机容量为72兆瓦	2003.10～2004.06	2005.07	优良	已完工
33	白水峪水电站工程	3×15＋1×15兆瓦立轴混流式机组安装	大Ⅲ型水库、中Ⅲ水电站，总装机60兆瓦	1995.10～1998.12	1998.12	优良	已完工
34	云南保山苏帕河阿鸠田水电站	3×35兆瓦的立轴直流式内控型四喷嘴冲击式水轮发电机组安装	Ⅲ等中型工程，总装机105兆瓦	2003.09～2005.03	2005.03	优良	已完工
35	宁强二郎坝水电站	3×15兆瓦冲击式水轮发电机组安装	总装机45兆瓦	1997.02～1998.09	1998.09	优良	已完工
36	罗江口水电站	3×13.47兆瓦轴流转浆式水轮发电机安装及金属结构制作安装	总装机40.41兆瓦	2005.03～2007.02	2009.09		在建

第五节 小 水 电 工 程

在1958～2006年的近50年里，水电三局承建了一批小水电工程，水电工程一览表见表2-2-5。

表2-2-5　　小水电工程一览表

序号	工程名称	坝型	最大坝高（米）	坝长（米）	坝顶高程（米）	总库容（万米^3）	装机总容量（万千瓦）	装机（台）	竣工时间	施工项目	质量等级	备注
1	新春水电站（陕西）						0.32	4	1991.01	全建		已建
2	射洪水电站（四川）	混凝土闸坝				6000	3.15	3	1991.12	全建		已建
3	资中五里店水电站（四川）	溢流重力坝	24				1.2	3	1991	全建		已建
4	流滩坝水电站（四川）	混凝土闸坝	13.5	190			1.8	3	1993.12	全建		已建
5	三甲水电站（甘肃）	河床式混凝土闸坝	35.84	232.5	35.84		2.625	3	1995.06	全建	获甘肃省级优良工程奖	已建
6	甲岗水电站（西藏）	混凝土重力坝	22.3	102.34	4715.3		0.15	3	1998.09	全建	获西藏自治区优良工程奖	已建
7	青莲溪水利工程（重庆）	双曲拱坝	95.5	181.31		2040	0.32	2	2004.04	全建		已建
8	岚皋花坝水电站（陕西）		48				0.9	3	2000.06	全建		已建

第三章　工　程　选　介

第一节　青铜峡水利枢纽工程

青铜峡水利枢纽工程是一座以灌溉为主，结合发电、防凌等综合利用的枢纽工程。位于宁夏回族自治区黄河中游的青铜峡峡谷出口，下距银川约 80 公里，有包兰铁路从左岸通过，对外交通方便。

宁夏引黄灌溉已有两千多年历史，著名的汉渠、秦渠、唐徕渠、汉廷渠、惠农渠均由青铜峡引水，素有“天下黄河富宁夏”的美誉。枢纽建成后，使灌溉面积由原 150 万亩扩大至 600 万亩，枢纽的兴建结束了宁夏灌区两千多年无坝引水的历史，对农业发展起了重大作用。水电站装机容量 27.2 万千瓦，承担宁夏电网 50%以上的负荷，为宁夏地区的工农业发展创造了有利条件。

青铜峡水利枢纽是开发黄河水力资源的第一期工程之一，是低水头发电站，为日调节水库，闸墩式混凝土重力式坝，最大坝高 42.7 米，溢流段位于河床中部，全长 98 米，采用面流消能。厂房布置在溢流坝闸墩内，安装 7 台 3.6 万千瓦及 1 台 2 万千瓦的转桨式水轮机组。2 台机组段均有两个泄水、排砂底孔，均匀排泄泥沙。闸墩式水电站是我国独具一格的水电站。

该工程由西北勘测设计院设计，青铜峡工程局施工，1958 年 8 月 26 日开工，1960 年 2 月截流，采用了古老传统的草土围堰，同时灌渠开始发挥效益。1967 年第一台机组发电，1978 年 8 月工程全面竣工。主要工程量为：混凝土总量 68 万米^3，土石方开挖 692 万米^3，钢材 2.7 万吨。为降低水泥单耗，个别部位使用了底流态混凝土。工程总投资 2.51 亿元。

该工程土石方开挖，初期是以人工开挖和抬运，后期采用了挖土机和汽车。岩石钻孔采用手风钻进行。砂石料开采，采用天然砂石料。施工特点：第一，青铜峡主体工程采用闸墩式水电站型式，即河床式水电站（带有泄水管并为露天式厂房）和重力式溢流坝相间布置，结构十分复杂，给施工带来很大困难，并产生较多裂缝。第二，冰期截流前无先例。1960 年 2 月，黄河上千里冰封，此时截流没有先例。如果在合龙过程中，龙口以上几公里的冰层崩裂，冰块涌向龙口形成冰峰，可能摧毁整个截流戗堤，导致截流失败。在摸清冰凌规律的前提下，提出了冰期、软基、平立堵结合的整套截流措施，采取炸冰、拴冰、稳冰等办法，成功截流。第三，导流期间处理好与灌溉的关系。从青铜峡引黄河水的秦渠、汉渠、唐徕渠三大干渠，灌溉着银川平原，已有两千多年历史，是宁夏两大灌区之一。青铜峡枢纽坝轴线选在峡谷出口，即原三大干渠引水口下游 1～3 公里处，从而切断了原来的渠首引水。施工导流期间，保证三大渠的灌溉，是青铜峡施工特点之一，从开工对这一问题认识不足，到摆正了灌溉和施工的关系，施工中对灌溉付出了极大的努力，施工十多年来，始终没有影响灌溉用水。

采用的新工艺：水泥喷浆。青铜峡工程施工时，喷浆技术已有几十年历史，中外文献不少，但多属于现象和经验的叙述，很少能真正体现理论和实践，数据和原理的关系，若干有争论的问题，一直不能解决。青铜峡工程做了大量试验工作，并用于实践，共喷浆1.23万$米^2$，主要用于以下四方面：①作为混凝土表面缺陷的修补，包括蜂窝、麻面、外型不平整等，占总量71.5%；②作为水电站泄水管承受高速水流的表面衬砌，占总量20.7%；③作为坝段伸缩缝止水铜片的外部护面，占总量6.7%；④作为结构补强材料，占总量1.1%。

采用的新材料：在青铜峡工程坝基断层和混凝土裂缝处理中，研究引进了甲凝、丙凝和环氧等新材料化学灌浆，是属于较早引入水利工程的，并作了一些探索性的工作。

采用的新技术：草土围堰。草土围堰是黄河埽工的一种，采用麦草或稻草，一层草一层土的在水中进占或在干地堆筑而成，在宁夏地区已有数百年历史，一般规模不大。1956年在兰州自来水厂的黄河引水中应用，其水深和规模都超过了过去。1958年以后，在青铜峡工程广泛应用，总工程量达25万$米^3$。草土围堰的发展上，起了一个承前启后的作用。

1959年由青铜峡水利工程局召集其他单位参加，共同编成了《草土工程施工技术规范》(草案)。

第二节　刘家峡水电站

刘家峡水电站位于黄河上游甘肃省永靖县境内，距兰州市约100公里，是我国已建成的大型水电站之一，兼有灌溉、防洪、防凌、航运及养殖等综合效益。

该水电站主坝为混凝土重力坝，最大坝高147米，长204米；左右岸各有副坝连接，高12～46米，长636米，大坝总长840米。装机总容量122.5万千瓦，设计年发电量55.8亿千瓦·时；水库总库容57亿$米^3$，有效库容41.5亿$米^3$。通过蓄洪补枯的调节，可提高刘家峡水电站本身及其下游已建的盐锅峡、八盘峡、青铜峡各级水电站的枯水期出力，改善甘肃、宁夏、内蒙等省（区）1580万亩农田灌溉条件，可解除兰州市百年一遇的洪水灾害，在解冻期控制下泄流量，可防止内蒙古河段的冰凌危害，库区内的航运、养殖业及周边的旅游业也得到相应的发展，综合效益显著。

工程于1958年9月27日开工兴建，1961年因调整基建计划而停建，1964年复工。1960年1月1日，实现大河截流。1960年开始坝基开挖，1966年6月30日全部完成，共开挖石方51.6万$米^3$。1966年4月20日开始浇筑主坝混凝土，1969年8月全部浇完。坝体浇筑混凝土共计104万$米^3$，最高日浇筑强度3141$米^3$，最高月浇筑强度5.22万$米^3$。

水电站机组安装自1968年6月开始，1969年3月29日第一台机组发电，1974年12月18日5台机组全部安装结束并投入运行。安装总工程量9788吨。该工程共开挖土石方811万$米^3$，填筑土石方70万$米^3$，浇筑混凝土182万$米^3$（其中坝体混凝土76万$米^3$），钢筋、钢材5.5万吨，木材12.4万$米^3$，水泥48.2万吨。工程总投资6.35亿元，总造价5.12亿元。

在该水电站施工过程中，积极采用新技术、新工艺：①低流态混凝土应用。每米^{3}混凝土用水量可降至 90 千克以下，可节约水泥 24%，强度提高 21%。该工程共浇筑低流态混凝土 65.6 万米^3，占大坝混凝土浇筑量 104 万米^{3}的 63%，不仅提高了混凝土强度，还可节约水泥 5000 吨，节省投资约 380 万元。②定子坑外组装。4 号机组定子组装采用此方法，提前 57 天完成安装任务，同时取得了大型机组定子整体吊装经验。③钢模台车应用。经设计人员和工人研究和实践，成功制造钢模台车，用于顶拱衬砌，不仅降低了成本，而且比用木模提高工效 5.5 倍，提高了衬砌质量。

刘家峡水电站经过运行实践测评，工程质量优良，被评为水电工程优秀设计之一，并获得全国科学大会科技成果奖和国家银质工程奖。

第三节　石门水利枢纽工程

石门水利枢纽工程是陕西省重点水利工程之一，位于汉中市北面、著名的褒斜古道南口，因这里有世界建筑史上最早的石门隧道而得名。整个工程以灌溉为主，兼有发电、水产、防汛等综合效益。

坝址距阳安铁路约 8 公里，坝址下游 2 公里河东店镇有公路经过，褒汉公路经过坝址（施工时改线），对外交通方便。

石门水利枢纽工程为大Ⅱ型工程。枢纽由混凝土双曲拱坝、河床水电站、河东引水灌溉渠首、河西引水灌溉渠首、反调节池等建筑物组成。枢纽建成后可保灌和扩灌农田 51.5 万亩，装有 6 台水轮发电机组，总装机容量 4.05 万千瓦，平均年发电量 1.34 亿千瓦·时，总库容 1.05 亿米^3。

混凝土拱坝（拦河大坝）为变圆心变半径的混凝土双曲拱坝，坝顶高程 620 米，最大坝高 88 米。河床水电站由进水塔、引水隧洞、厂房及尾水渠等组成。场内安装 3 台 1.25 万千瓦的轴流式水轮发电机组，总装机容量 3.75 万千瓦。东干渠首工程由进水塔、引水洞、水电站厂房及灌溉输水建筑物等组成，水电站厂房内装 1250 千瓦机组 2 台。灌溉输水建筑物由灌溉管、灌溉闸室、消力池和明渠 4 部分组成。西干渠渠首工程由进水口、压力管道、渠首水电站厂房及灌溉放水管等组成。厂房内安装 500 千瓦水轮发电机组 1 台。反调节池工程位于拱坝下 2 公里处，是利用原褒惠渠滚水坝及渠首改造而成的，是为解决灌溉要求均匀放水，而水电站发电需集中放水的矛盾而设计的；同时可增加水电站替代容量 2 万千瓦。主要由溢流坝、渠首、导墙及橡胶坝袋等建筑物组成。

石门水利枢纽工程由原水电部西北勘测设计院勘测设计，1970 年以后由承担该工程施工任务的水电三局进行设计。工程是在边勘测、边设计、边施工的“三边”情况下进行的。

枢纽工程从 1969 年 2 月进行施工准备，10 月开始全面施工。1970 年 4 月挖通导流隧洞，进行河床截流，5 月 20 日进行坝区两岸危石处理，7 月进行两岸坝肩的开挖，1971 年 3 月开始浇筑拱坝混凝土，1972 年 3 月 17 日导流隧洞下闸封堵，水库蓄水，进行低水位运行，开始发挥灌溉效益。1973 年 3 月拱坝浇到设计高程，土建工程大部分竣工。从

1975年起枢纽就开始按正常高水位运行。河床引水发电工程于1971年4月开始施工，1975年7月3号机组开始安装，1976年1月机组试运行，1978年5月交石门管理局运行；2号机和1号机分别于1978年12月和1979年2月先后移交石门管理局运行。河西渠首工程于1970年8月进行开挖，1972年5月渠首放水灌溉。1975年5月完成了3号机组试运行，1977年5月交石门管理局。河东渠首工程于1971年4月进行土建，1972年5月通水，开始发挥灌溉效益，1977年7月机组开始安装，1978年7月机组启动。反调节池工程于1977年11月开始施工，1978年4月竣工，9月交石门管理局管理运行。

施工特点：①石门混凝土双曲拱坝为当时同类坝型中的最高坝（最大坝高88米），可借鉴的经验很少。②坝身开大孔口泄洪，坝体中部开了6个宽7米、高8米的泄洪大孔口，给施工带来一定困难。③反调节池为橡胶坝，单跨长132.5米，高3米，为当时国内跨度最大的橡胶坝。

石门枢纽工程自1969年10月开始全面施工至1979年年底共完成土方28.7万米^3，石方33.8万米^3，混凝土浇筑33.8万米^3，金属结构制作与安装1300吨，水轮发电机组6台（总容量4.05万千瓦），和橡胶坝袋1座，耗用水泥9.77万吨、钢材1.066万吨、木材2.66万米^3，完成投资1.085亿元。

枢纽工程于1972年5月开始发挥灌溉效益，混凝土拱坝从基础开挖到混凝土浇筑到设计高程完成，用了2年10个月。1975年水库蓄水以来，经历了多次高水位和洪水的考验，特别在1981年特大洪水中，库内水位距坝顶只有0.8米，大坝及整个工程安然无恙，削峰1400米^3/秒。1983年3月28日国家委托陕西省政府正式验收，交付使用，获水利电力部一级优质工程奖。

第四节　石 泉 水 电 站

石泉水电站位于汉江上游石泉县城以上1公里处峡谷口，坝型为混凝土空腹坝及实体重力坝，坝后式厂房，最大坝高65米，坝顶长353米，库容4.7亿米^3。水电站装机容量13.5万千瓦（3台4.5万千瓦机组），枯水季最小月平均出力3万～3.5万千瓦，年均发电量6.3亿千瓦·时。水电站主要工程量为：土石方123.1万米^3，混凝土浇筑46.3万米^3，金属结构及设备安装1.253万吨，耗钢材2.065万吨，水泥15.034万吨，木材4.19万米^3，淹没土地7456亩，迁移人口6459人。总投资1.93亿元，工程总造价1.79亿元。1983年石泉水电站工程获国家优质工程银质奖。

石泉水电站以发电为主，同时兼有发展航运、灌溉、渔业等水库综合效益。它的建成对满足陕南汉中、安康不断增长的用电需要、供应阳安、襄渝线铁路电气化用电，担任陕西省电力系统必要的调峰、调频、检修备用等，发挥积极的作用。

1969年11月24日，水利电力部［1969］水电军基字535号文件批准石泉水电站开工，水电三局（当时是水电四局石泉分局）承担了石泉水电站的设计和施工任务。设计工作、队伍转移和工程的各项筹建工作同时于1970年初开始进行，6月提出初步设计，9月水电部会同陕西省在石泉工地组织了石泉水电站初步设计审查会议，审查了设计提出的规划、枢纽布置、主要建筑物、机电以及施工导流、施工总平面等设计原则和设计方案，11月进行一期基坑施工，1971年12月进行二期施工，1973年12月第一台机组发电，1975年7月土建基本完成，全部机组安装完毕。3台发电机组分别于1974年7月、1975年1月和9月交付石泉水电厂运行使用。

石泉水电站工程建设经历了施工准备、全面开工、加快建设和工程收尾等4个阶段。1969年11月第一批设计和筹建人员进点到1970年底工程处在施工准备阶段。1970年11月至1973年初石泉工程进入全面开工阶段。1970年11月25日正式开始一期基坑施工，当日下基坑做草土围堰，12月5日建成草土围堰。1971年1月3日基坑抽水，1月6日大导墙开始开挖至2月21日基本结束，1月14日浇筑大导墙，3月下旬全面完成。导流坝段于1971年3月开始开挖，4月12日开始浇筑混凝土，6月底完成消力戽底板混凝土。1971年11月前浇筑了左岸溢流坝导流底孔和小导墙，并将厂房坝段浇到挡水高程。小导墙下游建成下游横向土石围堰形成厂房小基坑，为右岸截流创造了条件。

1972年12月15日，开始进行右岸二期基坑施工，12月27日完成上游围堰，12月30日完成下游围堰，1973年1月4日开始开挖基坑；1月24日开始浇筑，4月10日浇筑到所需高度。

1972年8月石泉工程建设进入第三阶段，加快建设速度，形成施工高峰，至1973年6月底坝体基本达到设防高程，12月10日23：22分汉江截流蓄水。1973年12月26日第一台机组试运转成功。

至此，石泉水电站工程建设进入尾工阶段。1974年、1975年相继完成2、3号机组安装，主体工程继续升高并安装闸门、启闭机。1975年7月土建基本完成，3台机组全部安装完毕。与此同时，设计人员、施工队伍、机械设备陆续向安康新工地转移，开始进行安康水电站的建设。

石泉水电站工程建设从开始筹建到第一台机组发电，用了4年时间，全面竣工用了不到6年时间。这样的速度与我国同时同等规模的水电站相比是快的。其主要原因是：第一，石泉、汉阴、宁陕等县从农业生产第一线抽调了几千名精壮劳力到工程局当民工，支援水电站建设，成为生产中的主力军。在石泉县、西乡县、洋县等地人民的大力支持下，征地和移民工作进展顺利，较短时间内问题得到妥善解决，为早日建成水电站，创造了条件。第二，石泉水电站的设计工作是在长江流域规划办公室（简称长办）所做的大量勘探和规划设计工作的基础上进行的。1958～1960年长办对石泉水电站高坝方案（正常高水位为470米）曾进行了大量的勘测设计工作，于1960年底完成了技术设计阶段的地质勘探工作，由于长办提供了大量准确详细的基本资料，给短期内完成石泉水电站初步设计工作均创造了极为有利的条件。第三，1973年施工高峰期间，由于木工缺少，立模跟不上去，混凝土浇筑受到影响，水电部立即从三三〇工程局派300多名木工前来支援，加快了施工进度。第四，设计密切配合施工。如：1972年初，二期基坑截流后，为适应度汛和蓄水发电的需要，设计、施工、科研人员共同研究并经三三〇工程局领导干部、技术人员和工人三结合会议确定，将右岸混凝土重力坝改为空腹坝。节省了开挖量和混凝土量，此外，空腹坝甲块可提前浇筑和加高，用以代替上游过水围堰，减少上游围堰的工程量，使整个水电站建设速度大大加快。再如：溢流坝消能形式采用消力戽，工艺先进，效果理想，这两项重大修改方案的成功应用，受到1978年全国科学大会的嘉奖。

第五节 安康水电站

安康水电站位于陕西省安康市城西18公里的汉江火石岩，是开发治理汉江的骨干工程；上游距石泉水电站170公里，下游距丹江口水电站约260公里。

水电站工程规模宏大，效益显著，是以发电为主，兼顾航运、防洪等综合利用的大型水利水电工程。水库库容25.8亿米^3，年发电量28.85亿千瓦·时，航运年过坝能力45万～50万吨。水电站装机容量800兆瓦，为陕西电网骨干电源，主要担任调蜂、调频任务。升船机按100吨设计（为西北地区最高、跨度最长、吨位最大）。水库正常运行后，库区128公里和下游220公里河道的航运条件均有所改善。水库预留3.5亿米^{3}防洪库容，可削减5～20年常遇洪峰流量3000～4500米^3/秒，相应提高了安康市区的防洪标准。

水电站枢纽由拦河坝、坝后水电站厂房和升船机等建筑物组成。

拦河坝为整体式混凝土折线重力坝，最大坝高128米，坝顶长541.5米，坝顶宽13～22.5米，坝顶高程338米。坝体泄洪方式采用表、中、底孔3层布置，共14个孔口。

水电站厂房布置在河床右侧厂房坝段之后。为坝后半封闭式厂房，安装4台200兆瓦水轮发电机组，2台350/75/10吨桥吊。水电站进水口底槛高程282米，设7.5×9.2米^{2}快速工作门。

右岸排砂管出口设水电站厂房，安装一台52.5兆瓦水轮发电机组，利用汛期弃水发电。

安康水电站是国家“七五”计划重点建设项目，由能源部、水利部北京勘测设计院设计，中国水利水电第三工程局承建施工。1970年选定坝址，1973年批准初步工程设计，1975年筹备兴建，1983年12月截流，主体工程开始全面施工。1989年12月导流底孔下闸封堵，1990年4月机组开始安装。1992年12月24日四台机组全部投产运营。

安康水电站工程总投资24.7亿元。主要工程量为：土石方开挖量1663万米^3，混凝土浇筑量365万米^3，金属结构安装1.2万吨，基础灌浆量21.5万米，接缝灌浆量16万米^2，主要材料需用量，钢材18.1万吨，木材18万米^3，水泥119.8万吨。

通过验收的主体永久工程质量优良，获能源部1991年主体工程质量优良奖。

水电站工程建设施工难度很大。首要原因是工程地质条件差，在当时属于我国甚至是国际上工程地质条件最复杂的高坝之一。其次是汉江洪水峰高量大，存在很多工程技术难题。在建设中，水电三局开发和利用了大量新技术新工艺，并成功地应用到生产实践中。

一是坝基缓倾角地质构造设置5条4×5米^2（宽×高）的平行抗剪洞塞，解决了大坝基础深层抗滑稳定处理的难题。

二是表孔溢流坝采用宽尾墩和消力池联合消能工；河床3个中孔溢流坝采用不对称宽尾墩、差动式折流墩和消力池联合消能工，左岸溢洪道出口采用异向窄缝式挑流消能工，泄洪排砂底孔采用异型鼻坎和自由扩散式挑流消能工，解决了安康水电站泄洪消能防冲的技术难题。新型消能技术的应用，代表了我国狭窄河谷高坝泄洪消能领域的先进水平。

三是对高边坡进行了大量的加固治理。在右岸设置了 123 根抗滑桩，断面为 2×2 米～4×5.5 米，深 1～45 米。厂房边坡设置 182 根锚筋桩。导流明渠左边坡设置 9 根直径 1 米的大口径钻孔钢筋混凝土抗滑桩，共设置预应力锚索 226 根，解决了严重的滑坡给施工带来的难题。

四是水电站开关站采用全封闭组合电器；设立水情自动预报系统；采用大尺寸弧形闸门；大吨位复杂锚块和弯曲锚束的预应力闸墩；大型水轮机分瓣转轮直接焊接，取消试验片模拟焊接试验；研制和使用 SK－H002 混凝土表面处理剂以代替传统毛面处理等。

安康水电站在建设中，遇到了国家两次经济调整，投资没有保证，开工初期陆续发现地质问题，工程建设被动；遭受大洪水袭击和大滑坡的严重干扰。数遇险阻，历经艰辛。现已屹立于秦巴峡谷之中，横跨于汉江河道之上，它的建成为全面治理和开发汉江上游奠定了坚实的基础。

第六节　漫湾水电站

漫湾水电站位于云南省西部云县和景东县交界处的漫湾河口下游 1 公里的澜沧江中游河段上，是国家"七五"重点工程。

漫湾水电站 1986 年 5 月 1 日正式开工，1986 年 12 月大江截流，1993 年 6 月第一台机组并网发电，1995 年 6 月 5 台机组全部投产运行，一期工程基本建成。

1987 年 1 月 22 日水电三局中标云南漫湾水电站围堰及坝基部分开挖土建工程，中标价 3732.21 万元。主要工程量为：土石方开挖 217 万米^3，其中石方 190 万米^3，洞挖 3.7 万米^3；围堰填筑 74 万米^3，混凝土 6.7 万米^3；钢筋制作 2300 吨。工期 2 年。在上下游围堰施工中，采用填筑碾压和无纺布黏土芯墙的新技术，填筑碾压密实度达到了 95%以上，使工程在确保质量的前提下高效率地施工。同时实现了当年进点、当年开工、当年在澜沧江上截流成功。1991 年 10 月 18 日，能源部［1991］能源水电第 980 号文《1991 年质量品种效益年》，表彰水电优质工程、质量管理先进企业、先进集体和先进工作者中，由水电三局承建的漫湾水电站截流工程获水电优质工程。

第七节　大峡水电站

大峡水电站位于甘肃省兰州市皋兰县和榆中县交界的黄河支流大峡出口段飞鱼崖，是《黄河干流龙羊峡—青铜峡河段梯级开发规划报告》拟定的第 11 个梯级水电站，坝址以上流域面积为 22.78 万公里^2，总库容 0.9 亿米^3，是一座综合利用的大Ⅱ型水利枢纽工程。

枢纽主要建筑物包括：河床式水电站厂房、泄洪底孔和溢流表孔、灌溉引水口、排砂孔及副坝（混凝土重力坝），混凝土坝全长 258 米，最大坝高 72 米。水电站装机容量 32.45 万千瓦，设 4 台 7.5 万千瓦及 1 台 2.45 万千瓦轴流转桨式水轮发电机组，年发电量 14.65 亿千瓦·时，改善灌溉面积 13 万亩，其中扩大自流灌溉面积 0.6 万亩。

黄河大峡水电站由国家开发投资公司中（国）水电公司、甘肃省电力投资公司、甘肃省电力公司按5∶3∶2比例合资兴建，业主单位为三方股东联合设立的甘肃小三峡水电开发有限责任公司。工程由国家电力公司西北勘测设计研究院承担设计，甘肃黄河水利水电工程监理公司负责监理。该工程是甘肃省第一个实行项目业主责任制的水电工程项目。列入甘肃省“八五”、“九五”期间的重点建设项目，总概算投资25.995亿元。

大峡水电站工程于1990年列为国家预备开工项目，1991年被国家计委正式列入基建年度开工计划。工程共分3个标：一标为施工导流工程，二标为水电站土建工程，三标为机电设备及金属结构安装工程。三个标均为水电三局于1991年7月4日、1993年4月15日和1995年5月18日分别中标施工。水电三局中标后于7月5日成立水电三局大峡工程指挥部。

1996年12月8日，首台机组（2号机）完成72小时试运行投产发电，比国家审定的发电工期提前半年。1、4、3号机组分别于1997年6月17日、12月17日、1998年6月16日完成72小时试运行投产发电，其中1号机比预定计划提前23天并网发电。1998年8月3日，大峡水电站最后一台机组——4号机组移交，生产达标通过国家电力公司验收，成为当时全国首台水电机组移交生产达标机组。

1998年12月28日工程全部竣工，总体工程质量评为优良工程。1999年1月1日正式移交。完成投资24.54亿元。完成土石方开挖321.28万米^3，混凝土浇筑59.43万米^3，钢筋制作安装1.89万吨，固结灌浆1.91万米，帷幕灌浆6201米，接缝、接触灌浆6369米^2，金属结构安装9466吨，机电设备安装6232吨。

在大峡水电站建设中，水电三局大峡工程指挥部从厂房第一块混凝土到主体工程完工，创造了20个月的时间浇完河床式水电站的纪录，实现了一个月之内2台机组发电的创举。创造了第一台机组发电时所有机窝混凝土均浇到发电机层的高程，实现了月开挖强度20万米^3、混凝土浇筑3万米^{3}及金属结构月安装1000吨的好成绩，创造了该局一年内安装了8000吨金属结构并提前半年发电的目标。白银市将大峡水电站确定为“社会主义教育基地”。1996年12月18日共青团甘肃省委、省建委、省计委授予水电三局承建的大峡水电站工程为甘肃省“青年文明号”工程。1997年1月20日，以水电三局四分局为主攻单位的甘肃大峡水电站土石方开挖工程，在全国电力系统表彰会上，获全国电力系统“青年文明号”工程；四分局青年突击队被授予水利电力部“优秀青年突击队”称号。

水电站施工采用分期导流。一期束窄河床导流；二期主河床截流明渠导流；三期明渠断流，泄水底孔、排砂孔导流。

第八节　射洪螺丝池电航工程

射洪县螺丝池电航工程1987年5月被列入四川省“七五”基建计划，是遂宁市及射洪县的最大工程，修建在涪江干流与支流梓江汇合口以下7公里，距射洪县城4公里的螺丝池滩处，为河床式水电站，总装机容量为3×1.05万千瓦。

电航工程以发电为主，兼顾航运。工程等级水电站厂房为三等三级，闸坝船闸为四等四级，其他建筑物为四等五级。年过船能力 48 万吨，库容 6000 万米^3，年发电量 1.81 亿千瓦·时。工程建成后，既可改善射洪县和遂宁市电力紧张状况，加速电气化进程，又可渠化 17 公里河道，消除 11 个险滩，提高涪江该段的通航能力，发展水上运输，并为另一条大江——梓江复航创造了条件。还可以在水域内发展水产养殖业，建立水上游乐场和服务点，开发县城到风景区金华山的旅游事业，是发展射洪经济的骨干工程。

射洪县螺丝池电航工程建筑安装工程的枢纽总体设计由四川省水利水电勘测设计院承担；船闸设计由四川省内河勘察规划设计院承担；水工模型试验由水电部成都勘测设计院科研所进行；工程地质和工程测量由射洪县水电勘测设计队承担。1987 年 7 月 15 日水电三局对该工程的土建及机电设备和金属结构安装，以总体一次承包的方式中标。1987 年 8 月 7 日在四川省射洪县举行了签字仪式。此次工程由发电厂工程、航运工程、拦河闸工程、漫滩溢流坝工程、尾水渠工程等组成。主要工程量：土石方开挖 15.93 万米^3，砂卵石开挖 126.38 万米^3，石方开挖 72.91 万米^3，回填 36.03 万米^3，帷幕灌浆 2152 米，固结灌浆 6000 米。全部工程承包总价为 4470 万元。这是水电三局进入市场经济后在四川中的第一个标。

1987 年 8 月 12 日，成立了水电三局涪江电航工程分局并开始施工。1991 年 2 月 13 日首台 1.05 万千瓦发电机组正式启动发电。1991 年 11 月 17 日第二台机组并网发电。1992 年 1 月 25 日水电三局承建的四川射洪螺丝池电航工程最后一台机组并网发电。

在工程施工中，第一次将草土围堰技术引进了西南，并实现当年完成围堰工程、当年开挖、当年浇筑第一块混凝土。

第九节　三 峡 水 电 站

参建三峡水电站工程是水电三局建局以来最为光辉的一页。1993 年 7 月水电三局首批施工人员、机械设备进驻三峡工地。

为适应三峡工程高强度、高质量的挑战，1993 年 8 月成立了由中国水利水电第三、第七、第八工程局联合组建的湖北宜昌三峡工程建设“三七八”联营总公司（简称“三七八”联营总公司），它标志着水电施工企业开始组织大兵团作战。1993～2007 年，“三七八”联营总公司先后中标多项工程项目，其中由水电三局承担的主要工程项目有：三峡坝区江峡大道高等级公路、南村坪砂石骨料系统、下岸溪人工砂系统工程、一期主体工程、厂坝二期工程、永久船闸等工程。

三峡坝区江峡大道高等级公路：大道以北段是三峡坝区一条高标准的重要干道，施工长度 1411.14 米。道路水泥砂砾稳定层 6500 米^3。该工程于 1995 年 3 月 18 日开工，1995 年 12 月 30 日全线贯通。江峡大道上段是大江截流的重要通道，施工长度 1115.8 米，主车道宽 16 米，土石方挖填 55 万米^3，水泥碎石稳定层 8271.55 米^3，路面混凝土 9935.25 米^3。1997 年 4 月 15 日开工，1998 年 4 月 5 日全线竣工，同年 8 月 20 日通过验收，被评定为优良工程。

砂石骨料系统：1993 年 11 月 15 日水电三局中标三峡工程南村坪砂石骨料系统是三

峡工程施工准备及一期工程混凝土所需骨料的主要生产基地，主要承担左岸1～4年的混凝土114.4万米^{3}及右岸71.5万米^{3}混凝土所需砂石料。需砂石净料270万米^3。1994年9月8日三峡南村坪料场基本形成，到11月25日14：00南村坪料场开始为三峡工程供料，确保了三峡第一罐混凝土的浇筑，它标志着为三峡水电站大坝浇筑提供“主粮”的南村坪天然料场已正式形成。1995年1月23日“三七八”联营总公司中标三峡下岸溪人工砂系统工程。下岸溪是三峡主体工程2700万米^{3}混凝土的砂料主要供应基地，是三峡大坝的重要“粮仓”。该系统目前是国内最大的人工砂石料开采加工系统。系统生产能力为处理砂石毛料2400吨/时，砂石月生产强度45万米^3，高峰年生产强度461万米^3。水电三局从1995年4月开工至1999年8月投产。

左岸一期主体工程：这一标段主要为左岸一期1～6厂房坝段工程。工程总量为土石方开挖480.36万米^3，土石方回填157.52万米^3，预裂爆破7261米^3，浆砌石块石5030米^3。工程于1994年3月15日开工，1995年7月31日完工，总工期504天，月平均开挖强度31万米^3。1994年2月16日“三七八”联营总公司在成都召开董事会，会议确定以项目法施工要求成立“三七八”联营总公司厂坝项目部，实行在董事会执委会领导下项目经理负责制。董事会还确定了联营公司在这一标实施中实行统一组织和切块分包相结合的形式组织施工。坝75～115米高程混凝土系统的场地平整共66.88万米^{3}土石方开挖和153.4万米^{3}的填筑由水电三局承包。水电三局这一开挖比合同工期提前72天完成。

左岸大坝与水电站厂房开挖工程：1994年12月14日长江三峡水利枢纽工程正式开工。1995年由“三七八”联营总公司投中左岸大坝与水电站厂房开挖工程，该标段工程，土石方开挖总量达444万米^3。1996年3月25日，水电三局作为厂坝施工的责任方，承担了全部工程的70%，主要有左岸1～6号机钢管槽开挖、排砂孔槽开挖及大部分尾水基坑开挖和1～6号墩的5000余米锚索孔施工。左岸厂房1～6号机钢管槽，垂直于坝轴线平行排列有6条管槽。要在岩体上开挖高差为41.2米、宽度为16.6米、隔墩为21.7米的钢管槽，连排砂槽在内共有七槽六墩。1997年5月底水电三局率先从4号钢管槽的槽口开始爆破，6月底，七槽六墩全部展现在世人面前。左岸厂房1～6号机钢管槽开挖施工，成功采用孔间微差、孔外接力网络起爆和手风钻通槽薄层或分段台阶开挖结合周边光爆技术，开挖成型控制精度和平整度创造了水电施工史上在大型引水钢管槽墩群方面的奇迹。在长江三峡水利枢纽左岸水电站厂房大型钢管槽墩群开挖工程中，钢管槽墩群工程为世界上最大的引水钢管槽墩群开挖工程。1998年9月18日“两院”院士、水电泰斗张光斗教授来三峡，评价其为“世界第一流的开挖水平”，被长江三峡开发总公司树为三峡开挖样板工程。

左岸大坝与水电站二期开挖工程：本标段主要为土石方开挖工程。主要工程量：土石方开挖357.1万米^3，混凝土浇筑5万米^3。该工程1995年8月开工，1997年9月完工，创月开挖石方80万米^{3}的新纪录，获三峡开发总公司优良工程奖，并树为三峡开挖施工样板工程。

左岸水电站厂房工程：左岸水电站厂房全长643米，安装14台（套）水轮发电机组，单机装机总容量为700兆瓦，三局主要承担了1、2、9、10号机组段的水电站主厂房，安

Ⅰ、安Ⅱ和副厂房混凝土浇筑施，基础开挖、基础处理、金结机电一期埋件安装、引水压力钢管及凑合结、伸缩节制作安装工程等施工项目。该工程于1997年10月1日开工，2004年4月30日完工，总工期为79个月。主要工程量：土石方开挖95.09万米^3，混凝土浇筑47.88万米^3，固结灌浆1.44万米，金结机电一期埋件制安装1.232万吨，钢筋制安1.92万吨。

三峡永久船闸工程：世界上最大的船闸——三峡永久船闸工程，拥有长1620米的双线五级船闸，设计了各6个闸首、5个闸室。建成后的双线五级船闸上下总落差113米，分五级过船，由五个各长280米、宽34米的闸室组成。每次可通过由3条3000吨级的驳船和一个机动拖船组成的万吨级船队，每次过闸的时间为2小时40分，年单向过闸能力为5000万吨，通航后可使运输成本降低35%以上。水电三局承揽了船闸南线三、四、五闸首和四、五闸室的混凝土浇筑任务以及部分工程的安装任务，仅混凝土量就达50多万米^3，要求2002年完工。在永久船闸混凝土施工的5家单位中，水电三局总体质量排名第一。长江三峡永久船闸三闸首～五闸首金属结构和四闸首～五闸首人字门安装由水电三局承担，双线级永久船闸布置了12套人字门。人字门高37.5米、单扇宽20.2米、厚3米，由12节门叶拼装而成，重850吨，两扇总重达1700吨。一扇人字门比一个篮球场还大，为世界最大工作水工闸门，代表了当今世界的先进水平，被称为“天下第一门”。2001年10日1日，南线五闸首第一节人字门顺利吊装成功，比预定工期提前了15天。10月2日又将南线第二节人字门叶顺利吊装就位，与第一节人字门叶拼装吻合。10月6日，将中南线五闸首首节门叶顺利吊装，全国人大常委会委员长李鹏视察三峡永久船闸时，专程观看了整个吊装过程。第二天，第二节又顺利开吊，实现了与首节门叶的对接。12月6日，三峡永久船闸南线五闸首的最后一节人字门门叶吊坐在第11节门叶上，至此，这个部位人字门体比计划工期提前24天全部吊装完毕，也标志着号称“天下第一门”的三峡永久船闸双线五级船闸的12套人字门的最后一吊，由水电三局圆满完成。

左岸水电站厂房机组安装工程：1999年8月29日水电三局在三峡1号机尾水部位成功吊装第一节锥管。2000年3月1日，水电三局首家开始安装三峡水电站左岸厂房1号机重达65吨的首瓣座环。2号机蜗壳安装仅用了45天，创三峡工程同项目施工最高纪录。三峡水电站1、2号机单个蜗壳重达756吨，该蜗壳直径达12.508米，外形最大宽度（x轴线方向）34.02米，蜗壳最大板材厚度0.064米，单台焊条用量达18吨，按ASM标准UT检验一次合格率：1号机99.97%，2号机99.96%（国家优质工程UT一次合格率为90%）。

右岸水电站厂房工程：三峡右岸水电站厂房安装12台（套）水轮发电机组，单机安装容量为700兆瓦，水电三局承担了右岸水电站厂房19号机、20号机、安Ⅰ、安Ⅱ的混凝土浇筑、基础处理、金结机电埋件安装、引水压力钢管及凑合结、伸缩节制作安装等施工项目，右岸84米高程混凝土拌和系统的建筑安装和整个系统的运行、维护等管理工作。主要工程量：混凝土浇筑25万米^3，固结灌浆0.8万米，金结机电埋件安装0.6万吨、钢筋制作安装1.5万吨。

大型门机安装：1998年11月20日，3号MQ2000型门机的第一个行走脚缓缓地落在三峡左岸基坑30米高程平台轨道上，拉开了3号MQ2000型门机安装的序幕，它标志水电三局具备了安装1000吨以上特大型垂吊设备的能力。仅1999年一年，在三峡永久船闸施工中，该型门机拆装就达20台·次。2006年11月25～27日在由中国企业联合会、中国企业家协会共同举办的中国企业新纪录（第十一批）新闻发布会暨企业自主创新论坛上，水电三局创造了4项中国企业新纪录、3项中国企业纪录。获得的3项中国企业纪录其中的一项是：2003年在三峡水利枢纽工程建设中，水电三局自主完成的3号MQ型港机拆除及安装工程，自8月25日开始拆除，9月19日开始安装，10月20日通过负荷实验，拆除历时25天，安装历时32天，比合同工期提前33天完成，创国内水电行业同类型港机拆除和安装速度纪录。

混凝土拌和系统：三峡82高程混凝土拌和系统由HL240－4F3000搅拌楼1座、冰楼1座、冷水厂1座配置。混凝土生产总量158万米^3，常规混凝土产量240米^3/时。该系统承担了三峡工程水电站厂房和永久船闸施工的混凝土供应。水电三局承建的该工程于1997年9月18日开工，1998年1月31日投运生产出合格混凝土。1998年3月16日经验收合格，获长江三峡开发总公司优良工程奖。1998年、1999年和2000年82米高程拌和楼荣获三峡总公司红旗设备三连冠的称号。2000年三峡82米高程拌和系统获陕西省“青年文明号”称号。

1993～2007年，水电三局在三峡开挖土石方1450.83万米^3，浇筑混凝土103.83万米^3，钢筋制安15.09万吨，固结灌浆26 604.98万米，帷幕灌浆5255.30万米，生产混凝土159.61万米^3。

水电三局在三峡工程建设中，于2006年获中国长江三峡工程开发总公司“诚信单位”荣誉称号。

第十节　溪口抽水蓄能电站

宁波溪口抽水蓄能电站位于浙江省奉化市溪口镇西北2.5公里的茗山岭下，距宁波市仅30公里，溪口抽水蓄能电站装机容量为80兆瓦，安装2台单机容量40兆瓦的立轴可逆混流式水泵水轮机—发电电动机组。设计年发电量1.261亿千瓦·时，年抽水电量1.728亿千瓦·时。年发电利用小时1570时，年抽水利用小时2160时。电站由上水库、下水库、输水系统、圆形竖井半地下式厂房及升压开关站等组成，大坝坝顶长153.9米，最大坝高48.5米，坝顶高层328.5米。

该工程为三等工程，主要建筑物等级为3级。主要建筑物洪水设计标准为50年一遇，校核洪水标准杆为500年一遇。主机设备为瑞士ABB和SEW（苏尔寿）公司生产。

宁波溪口抽水蓄能电站是宁波地区电力系统现阶段唯一的中型调峰填谷电站。该电站的建成对缓解宁波地区电力系统日益严重的峰谷矛盾、提高供电的可靠性、改善供电质量起到了很大作用。

宁波溪口抽水蓄能电站筑两个堆石面板坝，上下游各一个，顺茗山打一个长120米、直径4.4米、斜度37的斜井，安装大型压力引水钢管道，才能抽水—蓄能—发电。工程于1994年2月1日开工建设，1998年6月8日正式投产发电，成为我国第一座投产发电的中型抽水蓄能电站。

水电三局先后中标该电站土建及金属结构制作安装标和机电安装标。为满足工程建设的需要，1994年2月18日水电三局成立第六分局溪口施工处。

1994年2月28日溪口电站工程全面开工，截至3月中旬，工地“三通一平”已基本完成，各类大中型设备已进点20余台（套）。4月厂房、土石方开挖已全面铺开。9月1日厂房竖井开挖工程开工。1995年4月中旬上下库开挖结束，厂房开挖到位，30米深的竖井达到竣工形象。共开挖土石方55万米^3。1995年底完成堆石筑坝任务。

压力钢管生产线从1994年8月开工，至1995年1月24日压力钢管生产线全部形成。压力钢管总长665.9米，总重约1200吨，分314个管节，最大直径3.4米，最小直径1.4米，板厚0.012～0.072米。

1995年7月9日，该电站工程厂房首批进口设备尾水钢管安装及管路预埋结束，并通过压力试验，比预定工期提前了5天；9月施工难度最大的咽喉部位——横贯上下库区的引水洞全线贯通。1996年6月25日上库坝体填筑提前6天达到324.37米高程，主体工程总体形象达到设计要求。上库坝第一块面板混凝土自1996年10月3日开盘浇筑，11月13日结束，比考核工期提前12天完成了混凝土浇筑任务；11月24日下库坝全线达到70.2米，比计划工期提前26天完成下库坝填筑任务。1997年3月1日上库坝开始蓄水。下库坝面板混凝土浇筑于1997年3月5日全部竣工，比考核工期提前31天完成任务。

1997年12月底和1998年5月15日两台机组发电。1998年6月8日举行了投产发电剪彩仪式。该电站水电三局共完成6条洞子、5个竖井和两个库盆的开挖任务，克服了数十条地质断层的困难。面板混凝土浇筑采用滑模台车的新工艺，工效提高了5～6倍。水电三局安装公司第一次进行新机型“立轴可逆式水泵水轮机—发电电动机”首装运行成功。

第十一节　景洪水电站

景洪水电站位于澜沧江下游河段，在云南省西双版纳傣族自治州境内，距景洪市约5公里，是澜沧江中下游河段规划的两库八级开发方案的第六级，上、下游分别与糯扎渡水电站和橄榄坝水电站衔接。拦河大坝为碾压混凝土重力坝，坝高114米，总库容11.39亿米^3，水电站装机容量1750兆瓦（总装机5×350兆瓦）。景洪水电站以发电为主，兼有航运、防洪、旅游及库区水产养殖等综合效益。

该水电站由国家电力公司昆明勘测设计研究院设计，1993年6月完成《景洪水电站勘测设计项目建议书》，1995年6月完成《景洪水电站预可行性研究报告》并于11月审查通过。景洪水电站于2003年7月18日开工。水电三局先后中标右岸拌和系统安装工程、大坝及厂房土建金结制作安装工程。

景洪水电站右岸混凝土拌和及制冷系统坐落在景洪市上游5公里处上坝公路右侧，呈台阶式布置，主要生产系统由一座4×3米^{3}自落式和一座强制式（2×3米^3）拌和楼、两个制冷厂组成。拌和楼每小时可生产混凝土 480 米^3，制冷装机量为 650 万千焦/(千克·时)。配套设施主要有 7 座散装水泥储存罐、9 座骨料储存罐、2 座变电站、1 座实验室、6 座筛分楼、31 条胶带输送机和一套污水处理系统等组成。水泥罐可储存散装水泥 1.05 万吨，骨料罐可储存砂石骨料 1700 吨。景洪电站右岸 1 号拌和楼高 37 米、总重量 690 吨；2 号拌和楼高 35.4 米、总重量 320 吨。投产后可承担景洪水电站 50％的混凝土生产任务，主要工程量有：土石方开挖 3.89 万米^3；混凝土浇筑 2.59 万米^3；钢筋制作安装 798 吨；钢结构制作安装 1376.74 吨；主要设备安装 114.485 台（套）；各类钢管道制作安装 114.485 吨。该项工程于 2003 年 9 月 15 日开工，2004 年 1 月 15 日投产。合同工期 110 天。水电三局在云南景洪水电站右岸混凝土拌和及制冷系统建筑安装中，用了 108 天时间完成了该项目建筑安装任务，创出了水电系统同类施工的新纪录，被中国华能集团公司、云南华能澜沧江水电有限公司、景洪电站建设公司领导及专家赞誉为“进度快、质量好、环境美、投资省”的工程，被称为“景洪速度”。

2004 年 1 月 10 日，景洪水电站左岸坝肩开挖动工。同年 5 月 15 日，左岸边坡 660 米高程以上混凝土菱形网格梁支护工程完工，共完成边坡支护面积 2.59 万米^2，钢筋制作安装 140.72 吨，支护槽开挖 2246 米^3，混凝土浇筑 2695 米^3。到 5 月 20 日，提前 10 天完成景洪水电站左岸坝肩 612 米高程以上开挖任务，共开挖土石方 105 万米^3。

2004 年 11 月 5 日，水电三局中标景洪水电站左岸土建及金属结构安装工程（简称 C2 标），中标金额为 8.665 亿元。本标主体工程包括冲砂底孔坝段以左的挡水建筑物、排砂建筑物及引水发电建筑物。主要工程量为围堰填筑、土石方开挖、锚杆、锚索、喷混凝土、混凝土施工、钢筋制作安装、帷幕灌浆、固结灌浆、回填灌浆、接缝灌浆、排水孔、压力钢管制作安装、金属结构设备安装及预埋件埋设等。该合同段工程于 2004 年 12 月开工，2008 年 4 月完工。

本标工程施工有几大特点：一是工程量大。本标段土石方开挖 195.7 万米^3；混凝土浇筑 206.5 万米^3。二是施工准备期短，施工项目多。三是施工强度高。混凝土浇筑最高月强度达 12.35 万米^3，且施工强度呈现高峰期集中、不均衡状态。四是开挖与混凝土施工相互干扰等。

2006 年，水电三局在承担的施工任务中创造了多项新纪录：班浇筑混凝土 3019 米^3、日浇筑混凝土 5601 米^3、月浇筑混凝土 12 万米^3、年浇筑混凝土 103.91 万米^3；拌和系统年生产混凝土突破百万米^3，创造了在亚热带地区混凝土施工高产的“景洪速度”。在 19 坝段取出碾压混凝土长 14.13 米、直径 197 毫米的全国第一芯，创造了当时的全国之最。芯样共穿过 44 个层面（含 5 个冷升层和 39 个热生层）。该芯样表面光滑、结构密实，骨料分布均匀，气泡极少，这是施工质量最好的见证。

景洪水电站 2007 年 6 月 20 日开始下闸，6 月 25 日 16 扇闸门提前 5 天下完，防汛项目全部完成实现节点工期。2007 年 12 月 27 日，大坝混凝土浇筑全线达到坝顶高程，混凝土施工质量合格率达 100％，优良率达 90.9％。2008 年 4 月 2 日，左岸土建及金属结构通过了下闸蓄水验收，2008 年 4 月 18 日实现下闸蓄水。为景洪水电站投产发电创造了先决条件。2008 年 6 月 19 日 9：00，景洪水电站首台机组投产发电。

水电三局在景洪水电站工艺、质量管理方面：

（1）景洪水电站建筑物结构复杂，在模板的使用方案上，对永久外露面均采用大型的钢模板进行支撑，在模板底口与混凝土结合面之间、模板与模板之间使用双面胶黏贴，使浇筑后的混凝土光洁、美观、舒适感好。

（2）在常态混凝土施工中采用台阶法浇筑，外露面混凝土浇筑后间隔30分钟左右进行第二次振捣排气，避免出现麻面和气泡。

（3）景洪地处亚热带，昼夜温差变化大，混凝土温控是难点。施工中采用了在运输混凝土的车厢和部分关键仓号搭设遮阳篷的办法，阻断了阳光的直接暴晒。仓面保温方面，在仓面布设冷却水管，在仓号两侧架设固定式回转喷雾机降温。

（4）景洪水电站C2标结构复杂，混凝土施工的工艺和工序繁多，仅工艺就分为常态混凝土、碾压混凝土、变态混凝土。碾压混凝土主要采用了斜层平推法施工工艺。总结出了“三快速”工作法，即快速施工、快速覆盖、快速降温。

水电三局在景洪水电站科技应用方面：

（1）二期上下游横向围堰采用土工膜心墙施工。该方案减少了围堰施工断面和填充量，有利于加快填筑速度，确保施工质量，减少了施工投入，降低了施工成本。

（2）右冲开挖采用控制爆破支护加固。采用边梯段爆破开挖，边进行各种支护，既解决了汛前右冲导墙侧向稳定问题，又解决了高边坡开挖的难度问题，确保14号坝段和1号机组开挖按期交面、混凝土按期浇筑。

（3）引水压力钢管采用钢筋混凝土支墩支撑。节约钢材300余吨，节省成本200余万元。

（4）厂房坝段牛腿采用预制钢筋混凝土模板。此项工作节约施工成本约300万元。

（5）排风道结构顶板采用预制梁。节约钢架管500吨，钢模板7.5吨，节约投资约300元。该办法节省了材料和人工，加快了施工速度，保证质量，杜绝安全隐患。

（6）厂房坝段坝前门机轨道梁采用片筏基础。确保了高架门机在复杂地基上的安全运行，实施此方案，为水电三局创造了170万元的收入。

（7）碾压混凝土斜层平推法的应用。在浇筑过程中，采用斜层平推法，解决了在高温、高辐射和多雨条件下碾压混凝土的施工问题。

（8）直螺纹套筒在钢筋接头中的使用。这种新材料的使用，不仅加快施工进度，减少人工投入，而且降低施工成本。仅钢筋接头一项就为水电三局节省成本1500万元。

（9）景洪水电站混凝土采用锰铁矿与灰岩粉双掺料、铁矿渣与石灰岩粉双掺料在国内首次使用。《铁矿渣石灰岩双掺料混凝土施工技术研究》，这一技术成果拓展了混凝土掺和料的选材范围，为类似工程提供了借鉴。2007年此项技术成果荣获集团公司科学技术进步三等奖。

（10）景洪水电站厂房坝段坝体前沿设有拦污栅墩。拦污栅墩若采用定型曲面钢模板进行分层浇筑，时间为16个月。滑模工艺的运用同常规混凝土浇筑工艺相比，节约施工投入费用约335.4万元，工期提前2个月，被景洪监管局、中南公司景洪监理部确定为混凝土施工的样板工程。

水电三局在景洪水电站的施工中，重视过程控制，建立质量管理体系，落实质量管理责任制，通过全方位的管理，实现质量的立体监控，进而实现达标投产和质量控制的目的。水电三局景洪施工局连续4年被评为“质量管理先进单位”，有3个分部工程被评为“样板工程”：2005年9月初，景洪水电站坝基开挖被景洪工程建设管理局评为样板工程。2007年3月31日，景洪水电工程建设管理局、昆明勘测设计院、中南监理公司景洪水电站监理部对5号机尾水墩混凝土施工进行现场检查、验收、评定。这次验收，工程单元合格率为100%。优良率为90.9%，认定5号机尾水墩混凝土施工为景洪水电站样板工程。

第十二节　西龙池抽水蓄能电站

西龙池抽水蓄能电站位于山西省忻州市五台县境内，滹沱河与清水河交汇处上游约3公里处的滹沱河左岸，由上水库、引水系统、地下厂房系统、下水库、地面开关站及副厂房、补水泵站、对外交通公路等建筑物组成。建设总工期为6年。水电站装机容量为1200兆瓦，年发电量为18.05亿千瓦·时。

西龙池抽水蓄能电站装机容量为4台30万千瓦，为我国目前最高水头（694.5米）的抽水蓄能电站，仅次于日本的葛野川抽水蓄能电站，位列世界第二，国内之首。工程于2002年6月18日正式开工，2003年主体工程动工。2003年9月22日，水电三局中标西龙池抽水蓄能电站引水系统土建及压力钢管制安工程。工程包括上水库进出水口、压力管道上平段、引水事故闸门井、上斜井、中平段、下斜井、下平段、岔管、高压支管、尾水隧洞、尾水闸门井及下水库进出水口等土建及压力钢管道制作和安装。2006年3月又先后中标厂房混凝土、机电安装工程及人工砂石骨料生产系统等工程。

山西西龙池抽水蓄能电站引水系统含两条引水隧洞，引水隧洞单洞总长分别为：1号隧洞长为1448.33米，2号隧洞长为1431.18米，引水隧洞分别由上库进出口、压力管道、岔管、高压支管、尾水隧洞、尾水闸门井及下库进出水口组成。压力管道采用“一管两机”供水方式，分别由上平段、上斜井段、中平段、下斜井段及下平段组成。单条压力管道斜洞长为756.59米，最大坡度60度，高差为680米，最大压力级别为800兆帕。岔管将每条高压主管分成2条内径为2.5米的高压支管。

压力钢管道所选用的板材为进口高强钢共11种。1号压力钢管道（包括Ⅰ、Ⅱ号支洞）钢衬管节总数约为494节。2号压力钢管道（包括Ⅲ、Ⅳ号支洞）钢衬管节总数为487节。

本工程施工极端最低气温为－34.6℃。压力钢管道的制作采用工地现场建厂制作，焊接主要采用埋弧自动焊。工地安装焊接采用手工电弧焊。

引水系统土建及压力钢管的制作安装工程从2003年9月开工，2008年4月竣工。2007年11月完成2号引水洞压力钢管安装后，2008年4月30日又顺利完成了1号引水洞压力钢管安装。压力钢管制造计划工期为21.5个月，安装计划工期为27.5个月，水电三局西龙池工程施工局分别比计划工期减少4个月和2.5个月，圆满完成了西龙池电站引水系统压力钢管制造安装任务，顺利实现了1号、2号引水隧洞的全线贯通。

完成主要工程量洞挖 25.10 万米^3，混凝土 34.1753 万米^3，锚杆 1.23 万根，钢筋 3.25 万吨，固结灌浆 4.13 万米，压力钢管制安 1.02 万吨，闸门及启闭机安装 3356 吨。

厂房混凝土及机电安装工程从 2006 年 3 月开工，安装装机容量为 4×30 万千瓦的立轴单机混流可逆式机组。首台发电机组转子、定子分别于 2008 年 1 月 17 日和 1 月 28 日吊装就位。8 月 24 日，首台发电机组开始充水。2008 年 12 月 28 日，西龙池抽水蓄能电站首台 30 万千瓦机组通过验收，正式投入商业运行。

西龙池抽水蓄能电站引水系统斜井长度为亚洲第一，压力水头为全国第一，是我国抽水蓄能电站引水系统工程斜井开挖施工和压力钢管制作安装的制高点，也是中国水利水电集团公司的科研攻关项目。该工程施工难度很大，地形复杂，作业环境艰苦，存在许多技术问题。水电三局开发利用了大量新技术、新工艺，成功解决了国内坡度最大、隧洞最长斜井开挖中的一系列技术难题，创造和打破了中国新纪录和世界纪录。

(1) 引水系统地址差，这里岩层有部分Ⅳ、Ⅴ类围岩和 3 层地下滞留水存在，而滞留水流量每天要达到 200 米^3，并有断层、溶洞、裂隙和岩溶水存在，最大难题当属大陡坡超长斜井的开挖。由于自然气候的特点，斜井开挖到 150 米这个被公认是死亡地带时，排烟、引爆、清撬、测量等非常困难，施工难度非常大。水电三局西龙池施工局首先采用世界上最先进的阿里玛克爬罐和改进的 LM-300 反井钻联合施工；其次，把标准镀锌铁管固定于岩壁和导轨内侧，增加通风管路，烟尘迅速的被排放出去；最后，采用能量高、穿透力强的军用绿源激光指向仪，穿透力达 800 米，洞内的亮度和清晰度增加了，减少了激光束的能量损失，斜井导向控制的难题得以解决。

(2) 在西龙池电站钢管安装中，水电三局西龙池施工局承担的压力钢管制安 67%是由 790 兆帕级高强钢制作而成，厚度 0.016～0.06 米不等。水电三局购置了当时在国内最先进的 W11XCNC-140X3200 数控水平下调式超大型三辊卷板机。又购置了 2 台全自动数控多头火焰切割机，2 台全自动焊接中心。使压力钢管制作从下料、卷板、组圆、焊接一直到防腐处理等作业有序链接。

(3) 优化施工方案。上引水支洞和下引水支洞通过修改施工组织设计方案进行变更。修改后的下引水支洞比原设计减少 104 米，减少开挖量 5240 米^3，减少回填混凝土量 2360 米^3，大大降低了成本，为业主创造了良好的经济效益。

(4) 洞挖施工中的测量是关键点之一。在测量施工中本着“从整体到局部、由高级到低级、先控制后碎部”的原则，采取“布好局、走好线、定好位、备好案”的测量控制方法进行开挖。

(5) 采用直径为 218 毫米钢管加串联闸阀的办法解决了引水系统斜井混凝土回填这一施工技术难题。

(6)“790 兆帕高强钢管制造安装及焊接施工技术”的科研课题顺利通过中国水利水电集团公司的课题成果验收。在电站输水压力钢管制造安装工程施工中，单个工程 800 兆帕级钢用量 5193.5 吨。管壁厚 60 毫米，引水压力钢管单条斜井 756.59 米，钢管水头 694.5 米，均创国内水电站同类钢管制造安装新纪录。

(7) 压力钢管制造安装工程所使用的钢板合同规定都是从日本进口，钢管设计水平高，钢管的直径与管壁厚度的比值小，管壁厚度大，材料的强度等级高。由于环境气候寒冷，钢管制造中的成型和焊接均有相当大的难度，为了保证质量和工艺，西龙池施工局投入120多万元建起了一座钢管制作的保暖厂房，克服了环境因素对钢管制造的影响。

(8) 2004年5月～2005年年底，在专家多次论证的基础上，西龙池进行了岔管大比例尺现场结构模型试验，通过对岔管实际工作状态进行模拟，大大降低了制作安装难度并节约了工程投资，经济效益十分明显。

(9) 西龙池抽水蓄能电站6根500千伏高压电缆的敷设、GLS的安装，由于电压等级高，对于水电三局在安装试验上也尚属首次。西龙池施工局成立了电器实验室中心，对该项技术进行了科研立项，开展科技攻关。

该工程创世界和中国企业新纪录的有7项：

(1) 中国水利水电第三工程局2004年5月承建抽水蓄能电站引水系统工程，长515.7米上斜段使用阿里玛克爬罐和反井钻机联合开挖，轴线偏差仅1.8厘米，偏差率为0.003 5%，创国内水电行业大倾角超长斜井开挖轴线精确度新纪录。

(2) 中国水利水电第三工程局2005年建成的山西省西龙池抽水蓄能电站引水系统工程，由两条引水隧洞组成，1号引水洞总长1448.33米，2号引水洞总长1431.18米，都由3个平段两个斜段构成，斜段长度756.59米，最大倾角60度，最小倾角56度，该项目于2003年12月开工，2005年12月贯通，创国内大倾角斜井开挖长度和发电引水水头最高的新纪录。

(3) 2006年2月在西龙池抽水蓄能电站1号闸门井反井钻导井施工中，偏斜率为0.03%，创国内同类施工世界新纪录。

(4) 2005年5～6月在西龙池抽水蓄能电站输水系统1、2号上斜井下段导井开挖施工中，采用阿里玛克爬罐施工，施工长度382米，激光导向测量贯通误差0.004米，洞轴线实际误差0.007 5米，均创国内同类施工新纪录。

(5) 2007年4月在西龙池抽水蓄能电站输水系统2号上斜井钢管安装及混凝土回填工程中，月施工75米，创钢管安装及混凝土回填月平均进度世界新纪录。

(6) 2008年，西龙池抽水蓄能电站输水压力钢管制造安装工程施工中，创国内水电站同类钢管直径安装新纪录。

(7) 2008年，西龙池抽水蓄能电站3号机组蜗壳打压及保温保压浇筑二期混凝土施工中，创国内水电站蜗壳打压压力值及混凝土浇筑保压压力值最高的新纪录。

西龙池抽水蓄能电站引水压力钢管制造焊接工程获中国工程建筑业协会2007年全国优秀焊接工程。以项目为依托编制的《斜井开挖激光导向施工法》、《斜井导井阿里玛克爬罐施工工法》被确认为国家级工法。2006年，输水系统大坡度超长斜井开挖施工中的难点对策获全国水利水电科技成果一等奖。2007年，输水系统大坡度超长斜井开挖技术研究获集团公司一等奖。

第三篇　建筑与安装工程

第三篇　建筑与安装工程

第一章　概　　况

1982年9月，水电三局在经历了两局合并后，适逢国家对水电项目的投资逐年减少，使水电三局面临任务量不足、富余人员增多的困难境地。而1984年10月《中共中央关于加快经济体制改革的决定》的发布，使水电三局又面临“加快改革、提高效率，灵活经营，增强企业活力”的发展机遇，促使水电三局不失时机地进行企业整顿，开始由生产型企业向生产经营型企业转变。1985年初，根据改革的要求和国内水电建设面临的新形势，水电三局确定了“面向社会参加竞争，大力开展对外承包经营”的经营方针，提出了利用水电三局自身的人才、技术、设备的优势，积极涉足工民建、公路、铁路、桥梁、隧道、码头、机场、河堤、环保、市政等非水电建筑安装行业，以逐步增加非水电建安工程产值的战略思想。

1985年3月，水电三局中标由美国企业投资的山西平塑煤矿建设工程。该工程包括两条矿山公路及煤矿覆盖层的土石方剥离。这是水电三局历史上对外承包工程首次中标，也是水电三局承建非水电项目的第一个建安工程。同年11月，水电三局中标总投资500多万元、建筑面积7000米^{2}的框架结构的陕西省汉中市汉中电信综合楼，首次打入工民建市场，从此，水电三局拉开了向非水电建筑安装行业进军的序幕。

在水电三局中标小浪底水利枢纽南村对外公路工程项目后，于1991年10月18日成立小浪底工程指挥部公路施工处。此后，为便于专业对口，单兵作战，适应市场竞争的需要，水电三局相继组建了基础工程公司（分局)、建筑安装工程处、交通分局（路桥分局)、机械制造厂、制造安装分局、房地产开发公司、铁路分局等专业施工机构。同时，为这些专业施工队伍引进了工民建、路桥、市政、房地产、环保等方面的专业技术人才，购置了新设备，扩充了实力，增强了市场竞争力。

为了实现战略转变，进一步拓宽建筑业领域，水电三局总揽全局，以全局综合实力为后盾，加大工程开发的力度，在紧紧追踪国内大中型水电工程项目的同时，进一步充实高等级公路、工民建、高层建筑、市政综合工程、机场、码头等建筑领域中的工程开发能力和施工能力，使非水电领域内的建筑安装与水电建筑业优势互补。

至1992年，水电三局非水电的建筑安装产业单兵作战、多点开花的局面已经形成。从1990年以后，水电三局先后承担江西省京九铁路赣江特大桥桥基处理工程、四川省宝珠寺水电站回填灌浆和帷幕灌浆工程、山西万家寨供水系统运行管理和浙江省宁海县杨梅岭水库改建工程、长江同马大堤、荆南大堤、黄冈大堤、武汉大堤、黄梅大堤加固工程、合安高速公路工程7标段、京沈公路宝坻—山海关高速公路第二合同段、许昌—平顶山—南阳高速公路、陕西安康机场改扩建工程、安康瀛湖风景区旅游码头工程、西安市长安县三水厂一期工程、三峡水电站闸门安装项目、山西省万家寨引黄工程连接段PCCP输水工程建筑安装Ⅰ标、阿尔及利亚罗斯法水坝项目、湖北省黄冈市境内长江重要堤防隐蔽工程黄冈长江干堤加固工程第三标段茅山堤段防渗工程、湖北省襄荆高速公路第十四施工合同段、湖北省石首市长江重要堤防隐蔽荆南长江干堤防渗第三标段桃花素A段大坝加固、山西省古交引黄入晋工程金结制安与机电设备安装等数百个非水电建筑安装项目。

1996年4月，水电三局取得了由国家建设部颁发的国家建筑企业工程施工总承包一级企业资质证书：水电三局为建筑业中集科研、设计、施工、技术开发和应用为一体的国家一级大型骨干企业，主营能源、水利水电、交通、各类工业、民用等工程建设；拥有国家建筑企业工程施工总承包一级企业资质证书。这标志着水电三局已从单一的水电施工为主的企业，转变为跨行业从事各种类型工程建设项目全过程承包活动的智力密集型龙头企业。

1999年，水电三局工程开发实现跨行业重大突破。全年签约项目23个，合同金额累计4.30亿元；其中，仅公路工程的合同金额为2.25亿元，首次超过主业水电工程。

根据国内国际建筑市场的新变化以及为后水电时代到来作战略转变的准备，水电三局在2000年出台的《2000～2003年改革与发展四年规划》中提出：在开发公路、水利、市政、工民建等非水电建安领域中要取得长足进展，力争在规划期末，实现与水电建安产值基本相等的产值构成，从而实现多元化的经营格局，并提出在资源配置上要适度倾斜。

2003年中标项目76个，累计签约合同额20.16亿元，其中非水电建安项目签约合同数和签约额分别超过或接近半数；全年完成建筑安装产值的11.58亿元中，非水电建安工程也占接近一半；2003年底合同存量25亿元，实现历史性突破，达到了四年规划预期目标。

2005年7月12日，水电三局同集团公司国际工程有限公司联合中标阿尔及利亚苏夫河谷水净化管网工程项目，合同额为1.22亿美元（含税价），折合人民币10.09亿元（扣除阿国合作伙伴和集团公司参股份额，水电三局份额折算为3.41亿元人民币），这是水电三局在国外签约的第一个非水电建安项目。

2006年3月，水电三局申报的水利水电工程施工总承包特级资质经建设部公示，已批准通过。同时建设部和铁道部确定，具有水利水电工程施工总承包特级资质的企业，可以直接承担铁路的路基和隧道工程施工。水电三局在非水电建行业的资质等级为：公路工程施工总承包二级，市政公用工程施工总承包二级，房屋建筑工程总承包二级，钢结构工程专业承包一级，起重机机械修理与安装一级，具有机场工程施工许可证。2006年水电三局共完成企业总产值24.18亿元，创历史最高水平，比年初计划增加近15个百分点，其中水电和非水电建安产值23.83亿元，两项产值所占比例基本相等。

至此，水电三局已经适应了国内外建筑安装市场的新形势，实现了非水电建筑安装产值与水电建安产值基本相等的产值构成，实现了多元化的经营格局，为水电三局实现可持续发展打下了良好的基础。

第二章　工业与民用建筑工程

第一节　已建、在建工业与民用建筑工程

在1958～2006年的近50年里，水电三局在搞好水利水电建设的同时，广开门路，积极承建、参建工业与民用建筑工程，已建、在建工业与民用建筑工程一览表见表3-2-1。

表3-2-1　　已建、在建工业与民用建筑工程一览表

工程名称及所在地	工程结构及层数	建筑面积（米^2）	开工与竣工时间	备　注
安康、汉中基地职工住宅楼	土木、砖混1～4层	58 159.3	1969～1980	
安康、汉中基地职工住宅楼	土木、砖混1～6层	268 410.7	1981～1990	
陕西汉中电信综合楼	框架7层地下一层	7000	1985.11～1989.01	获陕西省优质工程奖
北京邮电部仓库工程	框架3层	9613	1986开工	
安康基地职工住宅楼	砖混3～6层	7313.17	1992以前	
安康地区公安处综合楼			1992.01竣工	
安康、西安、汉中合资职工住房楼	砖混、框架6～21层	176 743.8	1994～2005	
汉中市“八九六人防工程”	地下一层	2515	1994.03～1994.07	获陕西省优良工程奖
三峡左岸13小区场地工程			1994.11.28竣工	
安康基地职工集资建房	砖混6层	9555	1994.12开工	
安康基地职工集资建房	砖混6层	554.78	1995.11开工	7258万元
安康、汉中基地职工集资建房	砖混7层	1300	1997.09开工	
安康基地职工集资建房	砖混7层		1998.05开工	总造价7918.88万元
西安基地职工集资建房	框架	4567	1998.06开工	总造价353万元
安康基地职工集资建房	砖混7层	9600	1998.07开工	总造价500万元
安康基地职工集资建房	砖混7层	6344	1998.07开工	总造价310万元

续表

工程名称及所在地	工程结构及层数	建筑面积（米^2）	开工与竣工时间	备　注
西安安康基地汉中基地职工集资建房	框架砖混7层	8000、12 000、6000	2000.03开工	总造价1170万元
西安、安康基地职工集资建房	砖混7层	47 000	2005.02开工	总造价7000万元

第二节　工　程　选　介

（一）陕西省安康市张岭基地

水电三局住宅区。张岭基地地处汉江以北，占地面积98.39万米^2；城市道路包括水电大街、能源路、育贤路、福星路等11条；公共广场1个；建有职工住宅44.82万米^2；公园2个，面积8.04万米^2，园林道路径绿地覆盖面积15.90万米^2。1977年始建至今，安康基地仍在建设中。

（二）汉中电信综合楼

1985年水电三局承建陕西省汉中市汉中电信综合楼，总投资500多万元。电信大楼建筑面积7000米^2，全框架结构，总高度35米；其中：主楼地上7层，每层高度4.2米，地下一层高度6米，塔楼高度15米。1985年11月1日开工，1989年1月竣工。1992年8月，汉中地区电信综合楼工程被陕西省优质工程评审委员会评为“优质工程”。

（三）浐河小区

为了适应市场要求，在陕西西安市浐河开发区水电三局原有的划拨土地上，建造水电三局职工住宅楼小区，采用职工住户融资方式自筹解决建设资金。工程始建于2006年10月30日，小区建筑面积4.66万米^2，土地面积1.25万米^2，小区户数388户，小区绿化面积4640米^2，投资金额7500万元。

项目主要工程量：1号、2号、3号楼主体工程主要工程量：土方开挖1.94万米^3，边坡支护2091米^2，挤密桩5212米^3，工程桩（C30混凝土）4183米^3，试、锚桩363米^3，土方回填1.09万米^3，砖砌体5473米^3，混凝土2.05万米^3，钢筋3430吨，卷材防水1.68万米^2，地面抹灰4.17万米^2，墙面及天棚抹灰16.98万米^2，块料墙面1.99万米^2，墙面油漆2.51万米^2，管路安装19.52万米，控制箱、电表箱安装1006台。质量评价为合格。

第三章　路　桥　工　程

第一节　已建、在建路桥工程

在1975～2006年的近30年里，水电三局拓宽渠道，承建、参建了路桥工程建设。已建、在建路桥工程一览表见表3－3－1。

表3－3－1　　已建、在建路桥工程一览表

工程名称及 工程所在地	工程规模	开工与竣工时间	备　注
陕西省安康水电站进场公路	公路长18公里，投资760万元	1975.07～1976	
陕西省安康汉江公路桥	投资100余万元	1976始建，1977.05.01通车	
陕西省安康水电站铁路专用线		1977年底通车	
山西省平朔煤矿公路修建、煤矿覆盖层剥离工程		1985.03.30签约	首次外包工程中标
河南省小浪底水利枢纽东官庄——右坝肩2号公路	挖方142万米^3，填方32万米^3，砌石护坡4.8万米^3，修涵洞17座。总造价1300万元	1991.12.15～1993.05.01	
陕西省安康市嬴湖风景区旅游码头工程	中标价：85万元	1994.12中标	
湖北省长江三峡水电站场内公路工程	中标价：1341万元		“三七八”联营总公司中标1341万元，水电三局承担1000万元
湖北省长江三峡坝区江峡大道高等级公路工程	施工长度1115.8米，土石方挖填55万米^3，水泥碎石稳定层8271.55米^3，路面混凝土9935.25米^3，大道北施工长度1411.14米，宽12米	1995.03.18～1995.12.30	独立承建的一条高标准的市政道路工程
河北省玉田县京沈公路宝坻至山海关高速公路第二合同段	路基、桥涵、排水与通道及防护4个项目。其中软基处理3056米，桩基3176米，桥涵15座。路基开挖5.4万米^3，填筑88万米^3。公路段长5.4公里，宽33.5米，造价3000万元	1996.08中标，工期27个月	首次参与高等级公路施工，被评为“优良工程”
陕西省安康市江北大道工程	合同价：190万元	1997.08.28竣工	

续表

工程名称及工程所在地	工程规模	开工与竣工时间	备　注
陕西省镇平县镇平干竹河大桥工程	该桥为3孔，单跨30米，总长124.42米，宽9.5米。造价74.6万元	1997.11.10开工 工期6个月	
安徽省合肥市合徐高速公路（11A标段）	路段长8.1千米，双向四车道，路基宽28米，中桥5座，立交桥5座，上跨桥2座；土石方60万米^3。合同价4082.3万元	1998.07～2001.02	获安徽省合徐高速公路指挥部“路基工程质量及工程进度先进单位”称号
安徽省合安高速公路工程7标段	全长15.9千米，双向四车道，宽28米，共有大、中桥3座，其中板桥河大桥长489.9米，为20×24跨钢筋混凝土预应力空心板连续桥梁。合同价17 200万元	1999.01～2002.06	
陕西省洛南县洛南至洪门河二级公路工程	中标第三标段	2000.03.30签约	
青海省黄河公伯峡水电站高线场内公路	公路全长2100米，土石方开挖20余万米^3，总投资750万元	1999.02～2000.08.23	被评为优良工程
云南省凤庆县小湾水电站进场公路	长6.4千米，路基宽10.5米，路面宽9米，土石方开挖200万米^3。填方19.2万米^3，浆砌石14万米^3，路面碎石基层3.59万米^3，中标价：3081万元	2000.01～2001.06	
云南省凤庆县小湾水电站右岸坝顶公路工程	长2.408 8千米，路基宽10.5米，路面宽9米。其中隧道长540米。主要工程量：土石方43万米^3，砌体5.922 7万米^3，防护工程1.6万米^3，喷混凝土4万米^2	2000.11～2002.01	
湖北省襄樊—荆门高速公路	路段长7.876米，路基宽26米，水泥混凝土路面。中桥1座，结构物及涵洞34项。路基填筑87.36万米^3，砌石20 370米^3，绿化116 030米^2。 造价5190.079 5万元	2001.02～2003.02	质量评定优良，在所有标段工程质量和进度排行榜中名列前茅

续表

工程名称及 工程所在地	工程规模	开工与竣工时间	备　注
贵州省锦屏县三板溪水电站对外交通公路工程	主要工程量：土方77万米^3，石方121.4万米^3，回填量68.75万米^3，27座拱涵，84座盖板涵，浆砌石139 371米^3，绿化面积3486米^2，喷混凝土支护46 077米^2，锚杆4825根。合同价7589万元	2001.11～2003.08	
河南省南阳市许昌—平顶山—南阳高速公路	路段长7.5千米，路基宽28米，沥青混凝土路面。大桥3座，中桥2座，立交桥3座；其中，澧河特大桥长577.08米，19～30预应力混凝土结构。合同价9624.978 9万元	2002.03.10 ～ 2004.05.10	荣获河南省许平南高速公路有限公司“优秀施工企业”奖
青海省贵德与贵南县交界处。拉西瓦水电站右岸高线公路隧洞段	承担：路基、路面、隧道工程，排水及涵洞工程，防护工程，公路沿线设施。 合同价3433万元	2002.07 ～ 2003.12.31	
甘肃省黄河小峡水电站左岸进场公路	金额18 412万元	2002.11中标	
陕西石泉县汉江喜河水电站钢索桥工程	包括厂房工程、交通钢索桥，钢索桥为无塔架平拉式悬索桥，跨度210米，桥宽14米。荷载单车汽30吨，校核荷载单车履带式挖掘机70吨。中标价14 590万元	2003.06～2004.09	是西北最大的索桥。中标价14 590万元中包括水电站厂房工程
青海省苏只水电站对外交通工程	合同价1509.9万元	2003.06～2003.10	
云南省丽江市金安桥水电站左岸场内R1、R5公路及交通洞工程	R1公路长1.75千米，混凝土路面，路基宽11米；R5公路长1.22千米，泥结石路面，宽11米，R1交通洞长606.35米，净断面9.25米×7米；进场交通洞1.48千米，净断面10米×12米；土石方开挖：68.146万米^3。合同价1.51亿元	2004.02～2005.08	

续表

工程名称及工程所在地	工程规模	开工与竣工时间	备　注
云南省思茅市糯扎渡水电站左岸坝顶公路工程（I合同段）	包括露天矿山二级路、隧道、路基、路面、排水、防护及沿线设施。合同价4073万元	2004.04～2005.05	
四川省西昌市和盐城县交界官地水电站左岸高、低线公路工程	左岸高线公路长2.562千米（路基宽10.5米），底线公路长千米（路基宽12米），混凝土路面。路基土石方开挖42.92米^3，填筑3.2万米^3，路面混凝土1.1万米^3 合同价2.42亿元	2005.06～2006.06	
四川省双江口水电站场内交通工程Ⅲ标（右岸低线公路）	承担场内交通工程Ⅲ标，路基、路面、隧洞、大桥等工程，合同价：2201.31万元	2006.05开工	

第二节　工　程　选　介

（一）湖南三板溪水电站进场公路工程

水电三局承建的三板溪水电站对外公路工程全长19.4公里，属二级公路，沿线桥梁10座。主要工程量：其中清水江大桥全长167.5米，为4孔，单孔长40米，简支桥面连续预应力T型桥梁。土方77万米^3，石方121.4万米^3，回填量68.75万米^3，27座拱涵，84座盖板涵，浆砌石13.9万米^3，绿化面积3486米^2，喷混凝土支护4.6万米^2，锚杆4825根。本工程于2001年11月开工，2003年8月竣工。经甲方施工质量验收小组验收，合格率达100%，优良率85%。

（二）云南省糯扎渡水电站左岸坝顶公路工程

由水电三局承建的云南省糯扎渡水电站左岸坝顶公路工程全长4.3公里（含交通隧道长690米），位于云南省思茅市和澜沧县交界处的澜沧江下游干流上（坝址在勘界河与火烧寨之间）。包括隧道、路基、路面、排水、防护及沿线设施。其路基宽11.5米，路面宽10米，属二级公路；水泥混凝土路面。合同价4073万元。工程为2004年4月～2005年5月。经甲方施工质量验收小组验收，合格率达100%，优良率85%。

（三）襄樊至荆州高速公路路基土建项目第十四合同段

工程所在地：湖北沙洋县。发包人名称：湖北襄荆高速公路有限责任公司。合同价：5190.079 5万元。工程简况：双向四车道高速公路，长7.876公里，路基宽度26米，路基宽26米，路面行车道宽2×2×3.75米，水泥混凝土路面。工程为2001年2月～2003年2月，共完成中桥一座，结构物及涵洞34项，软基处理2处，路基土石方填筑87.3万米^3，防护工程为浆砌石 2.037 万米^3；绿化达 11.6 万米^2。工程经过质量部门验收，合格率为 100%，优良率达 86%。

第四章　市　政　工　程

第一节　已建、在建市政工程

在 1958～2006 年的近 50 年里，水电三局积极参与市政工程建设。已建、在建市政工程一览表见表 3-4-1。

3-4-1　　已建、在建市政工程一览表

工程名称及所在地	工　程　规　模	开工与竣工时间	备　　注
陕西省安康市江北大道改造工程	包括路面混凝土浇筑、人行道板装铺和绿化等项目	1997.08.28 竣工	
湖北省三峡江峡大道上段道路工程		1998.08.20 竣工	被评为优良工程
西安市长安县三水厂一期工程	由污水泵站、混合沉淀池、过滤构筑物、清水池、二级本站、管网等组成。1609.865 5 万元	2000.08.19～2001.09	
河南省汝洲市区改建工程		2005 年竣工	
西安市泛渼花园东区公建工程	合同额 2800 万元	2005 年中标	
阿尔及利亚苏夫河谷水净化管网工程	合同额为 1.22 亿美元（含税价），水电三局占份额 3.41 亿（人民币）	2005.07.12 中标	实现国外工程签约额零的突破
沈阳市、辽阳市境内大伙房水库输水管线建筑及安装工程	合同价 5373 万元	2006.06.15～2008.09.30	
陕西省安康市张岭（水电三局基地）市政工程	城市道路包括水电大街、能源路、育贤路、福星路等 11 条；公共广场 1 个，面积 15 270米^2；公园 2 个，面积 80 376米^2	1978～2006	荣获全国首次“城市市政公用设施普查先进单位”称号
陕西省安康市张岭（水电三局基地）供水工程	共打 7 口深井；由 1、2、3 级泵站、4 座蓄水池、4 个沉淀池及输水管道组成供水能力 1.8 万米^3 的供水系统，供 3 万多人生活、生产用水	1978～2006	

第二节　工　程　选　介

（一）长安县三水厂工程

陕西省长安县三水厂一期工程合同价1609.865 5万元。2000年8月开工，2001年9月完工。工程设计规模为8.1万米^3/天，分三期建设，一期设计规模为2.3万米^3/天。主要建筑物特征：水厂由污水泵站、混合沉淀池、过滤构筑物、清水池、二级本站、管网等组成。日供水能力8.1万米^3。供水方式：从黑河引水经配水井进入混合装置与投加的水处理药液混合，进入沉淀池进行絮凝沉淀，而后进入虹吸滤池过滤，再进入清水池，通过输水管道以重力方式供水。

（二）阿尔及利亚苏夫河谷水净化管网工程

水电三局加强与集团公司海外事业部联系，同集团公司国际工程有限公司联合于2005年7月12日中标阿尔及利亚苏夫河谷水净化管网工程项目，合同额为1.22亿美元（含税价），扣除阿国合作伙伴和集团公司参股份额，水电三局份额折算为3.41亿元人民币。

经集团公司国际工程有限公司和水电三局同意，由集团公司国际工程有限公司和水电三局组成紧密联营体，共同负责苏夫河谷水净化管网工程施工，并由双方领导组成苏夫河谷水净化管网工程项目董事会。2005年10月27日，阿尔及利亚苏夫河谷水净化项目董事会一届一次会议在水电三局召开，会议对联营体协议、预期达到的目标和经济责任制、审批项目物资、设备采购办法和程序、工程技术难点前期所需的资金等问题进行了研究。

苏夫河谷水净化管网工程贯穿阿尔及利亚东南部的埃尔乌德、巴亚达市、库伊宁市和罗巴市。项目包括污水、雨水和灌溉水的净化以及防止地下含水层上升的水净化管网工程。主要工程量：PVC管道安装263.6千米，PRV（玻璃钢管）管道安装47.6千米，检查井6413个，新建泵站21个，旧泵站改造5个，抽水泵房及降水井58个。土方开挖总量为123.24万米^3，土方回填119.96万米^3，混凝土总量约为2.26万米^3，钢筋制安约为1104吨。另外还为业主提供F3住宅8套，办公楼4栋，单身楼4栋，车辆7台。

第五章　机电设备、金属结构制作安装工程

第一节　已建、在建机电设备制作安装工程

在1958～2006年的近50年里，水电三局在实践中培养锻炼了一支技术队伍，独立或参与完成了许多机电设备制作安装工程，已建、在建机电设备制作安装工程一览表见表3－5－1。

表 3-5-1　　　已建、在建机电设备制作安装工程一览表

工程名称及所在地	工　程　规　模	开工与竣工时间	备　注
河南省黄河三门峡水电站 5×50 兆瓦水轮发电机组安装	参与完成水电站压力钢管、坝顶门机、进出口闸门等金属结构安装。	20 世纪 50 年代末，60 年代初	
甘肃省刘家峡水电站地下厂房 2×22.5 兆瓦水轮机发电机组安装		1968～1970	参与安装
陕西省石泉县石泉水电站发电机组安装	安装 3 台 45 兆瓦混流式水轮	1970～1974	
陕西省安康市安康水电站厂房及机电安装工程	主厂房尺寸为长 132.55×宽 26.5×高 55.15 米，装机 4×200 兆瓦+52.5 兆瓦，总装机 852.5 兆瓦，混流式水轮发电机组。110 千伏及 330 千伏 GIS 设备	1990～1992	获能源部优质工程奖
湖北省丹江市丹江口水电站自备防汛混流悬吊式水轮发电机机组安装	装机 2×20 兆瓦	1992	
甘肃省黄河大峡水电站厂房及机电安装、金属结构制作安装工程	厂房坝段长 105.5 米装机 4×75 兆瓦+1×24.5 兆瓦，总装机 324.5 兆瓦轴流转桨式水轮发电机组；金属结构制作安装 6900 吨。总造价 16 974.09万元	1991.10～1997.04	
浙江省溪口抽水蓄能电站机电设备安装工程	装机 2×40 兆瓦，混流式水轮（水泵）/发电（电动）机组。合同额 8054 万元	1994.02～1999	
四川省石板水水电站金属结构制作安装及机电设备安装工程	金属结构制安 1500 吨，包括重达 45 吨的中孔弧门，坡度 64 度，直径 3.7 米，长度 245 米，总重 1100 吨的压力钢管等金属结构制作安装；安装 3×35 兆瓦+41×10 兆瓦的 4 台水轮发电机组。合同金额 1389.93 万元	1995.01～1996.10	获重庆市优质工程奖
湖北省谷城县谷城白水峪水电站金属结构制作安装及机电设备安装工程	制作安装重达 155 吨，尺寸 12×18.8 米的表孔弧门、600 余吨的压力钢管、700 余吨的金属，安装 3×15 兆瓦+1×5 兆瓦的 4 台水轮发电机组。合同价 1373.09 万元	1997～1999	

续表

工程名称及所在地	工 程 规 模	开工与竣工时间	备 注
湖南省江垭水电站金属结构制作安装及机电设备安装工程	安装3×100兆瓦混流式水轮发电机组和配套的机电设备；金属结构制作安装214吨。合同价4220.64万元	1997.01～1999.12	
甘肃省白银市大峡水电站机电设备安装及金属结构制作安装项目	安装4台75兆瓦转浆式和1台24.5兆瓦立式水轮发电机组，金属结构安装9466.32吨，机电设备安装6232吨	1997.10～1998.12	获甘肃省电力工业局“基建移交生产达标机组”称号
河南省黄河小浪底水利枢纽金属结构制作安装与机电安装项目	合同金额3158.53万元	1999～2004	
湖北省长江三峡水电站金属结构制作安装与机电安装项目	合同金额7436.40万元	1999～2006	
陕西省石泉县石泉水电站二期（扩建机组）工程金属结构制作安装与机电安装项目	2台45兆瓦混流式机组安装及全部金属结构制造和安装。项目金额1372.45万元	1999.01～2001.01	
甘肃省张掖龙首水电站一期机组安装及二期机组安装	一期装机总容量3×45兆瓦＋1×22兆瓦，二期总装机容量为157兆瓦	2000～2003	
河南省黄河小浪底水利枢纽水电站机电安装项目	2号机300兆瓦水轮发电机组安装。该机组为竖轴半伞式结构，转速107转/分，额定水头112米，机组总重1870吨，水轮机总重1049吨。机组投产后运行平稳。合同价8100万元	2000.06～2001.11	
山西省万家寨水利枢纽金属结构制作安装与机电安装项目	合同金额5782.21万元	2001～2005	
山西省古交引黄入晋工程金结制作安装与机电设备安装项目	完成金属结构制作安装与机电安装。项目金额9329.80万元	2001～2006	
甘肃省张掖龙首二级水电站压力钢管制作安装及机电安装工程	合同金额1606.80万元	2003.01～2004.11	

续表

工程名称及所在地	工　程　规　模	开工与竣工时间	备　注
云南省龙陵县苏帕河流域梯级开发的阿鸠田水电站	完成3台机组35千瓦冲击式水轮发电机组安装，包括全部金属结构施工。该机组最大水头为421.27米，最小水头395.59米，额定水头398米。合同金额491.3万元	2004～2006.11	为首次安装当时国内容量最大的冲击式水轮发电机组
云南省大盈江水电站金属结构制作安装与机电安装项目	合同金额2022.60万元	2004～2006	
四川省洪雅县四川百花滩水电站机电设备安装工程	装机容量为3×40兆瓦。合同金额1525.66万元	2004.03～2006.11	截至2006年底已完成合同金额860.8万元
湖南省株州电航工程金属结构制作安装与机电安装项目	合同金额2024.90万元	2004～2006	
山西西龙池抽水蓄能电站金属结构制作安装与机电安装项目	合同金额590.00万元	2004～2006	
甘肃省张掖市龙首水电站二级金属结构制作安装与机电安装项目	合同金额3271.01万元	2004～2006	
甘肃省汉坪嘴水电站金属结构制作安装与机电安装项目	合同金额1428.21万元	2004～2006	
四川省洪雅县百花滩水电站金属结构制作安装与机电安装项目	合同金额860.00万元	2004～2007	
四川凉山彝族自治州美姑县柳洪水电站机电设备安装工程	总装机容量为180兆瓦。合同金额1091.74万元	2004.12.01～2007.04.30	水电站按无人值班原则设计
湖南省湘江株洲航电枢纽工程水电站	安装5台28兆瓦灯泡式贯流机组，为当时国内同类型水轮发电机组之最，包括24孔特大型弧门金结制作安装，该机组转轮直径7.5米。合同金额204 275万元	2002.07～2006.08	工程获湖南省重点建设施工项目“先进单位”称号

续表

工程名称及所在地	工 程 规 模	开工与竣工时间	备 注
云南省澜沧江景洪水电站金属结构制作安装与机电安装项目	合同金额 2062.15 万元	2005～2007	
四川省凉山州盐源县永宁河水电站金属结构制作安装与机电安装项目	合同金额 3400.00 万元	2005～2006	
甘肃省永靖县黄河炳灵水电站机电安装工程	合同金额 3338.29 万元	2006.05～2008.11	参建
云南省盈江县大盈江四级水电站机电设备安装工程	合同金额 1802.00 万元	2006.04.15～2008.07.31	参建
山西省忻州市五台县境内西龙池抽水蓄能电站机电设备安装工程	装机 4×300 兆瓦竖轴单机混流可逆式水泵水轮机组，500 千伏的 GIS 设备。包括钢管制作安装工程，合同金额为 7983.65 万元	2006.03.27（主厂房第一台桥机开始安装）～2009.07.25（1 号机组试运行完毕）	
云南省腾冲县西北部苏家河口水电站厂房、JIS 楼土建及尾水闸门安装工程	合同价 6699 万元	2006.12.15～2009.01.31	中缅交界附近中方一侧的槟榔江河段上
甘肃兰州西固区柴家峡水电站金属结构制作安装与机电安装项目	装机 4 台，单机容量 24 兆瓦，总装机容量为 96 兆瓦。合同金额 256.40 万元	2006～2007.10	

第二节　已建、在建金属结构制作安装工程

1958～2006 年的近 50 年来，水电三局承接了大量的金属结构制作安装工程，已建、在建金属结构制作安装重点项目工程一览表重点项目见表 3－5－2。

表 3－5－2　　已建、在建金属结构制作安装重点项目工程一览表

工程名称及所在地	工　程　规　模	开工与竣工时间	备　注
陕西省水电三局安装公司安康本部金结制作安装	4388.66 万元	1993 至今	
浙江溪口抽水蓄能电站金结制作安装	安装制作直径 3.2 米，长度 639.4 米，总重 1218 吨的压力钢管及其他全部金属结构，合同金额：2154.58 万元	1995～1999	
甘肃省大峡水电站金属结构制作安装项目	合同金额 958 万元	1995～1997	
四川省石板水电站金属结构制作安装项目	合同金额 668 万元	1995～2002	
陕西安康金州客车厂汽车配件制作	共完成产值 353.06 万元	1996～2003	多种经营产业
四川省石板水电站中孔弧门安装及压力钢管等金属结构制作安装	包括该水电站 3×35＋10 兆瓦 4 台水轮发电机组的安装、重达 45 吨的中孔弧门安装，坡度 64°，直径 3.7 米，长度 245 米，总重 1100 吨的压力钢管等金属结构制作安装	1997	
陕西宁强县卧龙台项目金属结构制作安装项目	合同金额 752 万元	1997～2002	
湖北省三峡水电站组散装水泥罐制作安装项目	制作安装重量为 1000 吨水泥罐	1998	
山西省万家寨水利枢纽金属结构制作安装项目	合同金额 704.5 万元	1998	
河南省黄河小浪底水利枢纽金属结构项目	合同金额 723.5 万元	1998	
湖北省长江三峡水电站金属结构项目	合同金额 374 万元	1998～2004	
贵州长顺水电站金属结构制作	合同金额 1065.9 万元	1998～2004	
陕西省石泉水电站扩机金属结构项目	合同金额 776.56 万元	1999～2001	
四川省岷江铜钟水电站制造安装过江压力钢管	制造安装的钢管内径 6 米，长 265 米	2000	

续表

工程名称及所在地	工　程　规　模	开工与竣工时间	备　注
陕西省岚皋花坝水电站金属结构项目	合同金额 359.69 万元	2000～2002	
四川省岷江铜钟水电站项目金属结构	合同金额 684.91 万元	2000～2003	
陕西岚皋县金淌水电站压力钢管工程	合同金额 1160 万元	2000～2003	
湖北省谷城庙子头水电站钢结构	合同金额 1554.87 万元	2001～2005	
青海省公伯峡水电站金结项目	合同金额 478.7 万元	2001～2005	
陕西略阳县葫芦头水电站金结项目	合同金额 741.95 万元	2002～2003	
湖北省长江三峡水电站闸门安装项目	双线五级连续梯型船闸四闸首、五闸首超大型人字门。该闸门单扇尺寸为 37.5 米×20.2 米×3 米，每套门重达 1600 余吨。号称天下第一门——是世界上最大的水工闸门	2003	
四川省通口水电站金属结构项目	合同金额 158.22 万元	2003～2005	
湖北省三峡水电站永久船闸反向弧门安装	南线四闸室、五闸室用于充水的反向弧门。弧门尺寸 4.2 米×4.5 米	2003	利用 40 吨汽车吊攻克了门孔深（达 92 米）、门体重（达 92 吨）、闸隙小三大难点
湖北省三峡水利枢纽左岸电站厂房安装工程	左岸厂房全长 643.7 米，顺流向长 68 米。安装机组 14×700 兆瓦，钢筋制作安装 1.92 万吨，机电设备及金结预埋件 1.33 万吨	2003～2006	其中，完成的 2 号机组蜗壳被三峡总公司评为样板工程
湖北省三峡电站左、右岸厂房网格屋架屋顶吊装	该网架单榀重 64 吨，尺寸 36.2 米×18.5 米×3.5 米	2003～2006	受到三峡总公司好评

续表

工程名称及所在地	工　程　规　模	开工与竣工时间	备　注
四川省紫坪铺水电站闸门制作	合同金额1482.92万元	2003～2006	
四川百花滩水电站金属结构项目	金属结构制作安装8988.87吨。合同金额4300万元	2003～2006	
甘肃省海甸峡水电站制作安装压力钢管	该钢管直径达8米，总重量为1000余吨	2004.07～2005.12	
四川省都江堰市紫坪铺电站制作特大型弧门	弧门长达18.7米，宽12米，单扇重量达210吨，计1扇。弧门安全运行4年，“5·12”汶川大地震中弧门依然安全运行	2004～2005	质量经受住了大地震的严峻考验
宁夏回族自治区沙坡头水利枢纽金属结构工程	合同金额1022万元	2004～2005	
黄河苏只水电站金属结构工程	合同金额454万元	2004～2005	
青海省康扬水电站钢结构项目	合同金额1240.6万元	2004～2006	
陕西省石泉喜河水电站金属结构项目	合同金额154万元	2004～2006	
四川过军渡水电站钢结构制作	合同金额2502万元	2004～2006	
四川罗江口水电站钢结构制作	合同金额3500万元	2004～2006	
云南省西双版纳永宁河水电站压力钢管安装制作工程	压力钢管重约3000余吨。合同金额3098万元	2004.01～2006.06	参建
云南省景洪水电站左岸土建及金属结构安装工程	引水管采用坝后背管的形式，进水口渐变段以后接钢管。合同金额6650.76万元	2004.12～2009.12	参建
青海省拉西瓦水电站特大型平板尾水检修门制作	检修门计2扇，单扇重245吨，闸门厚2.2米，孔口尺寸15.3×(18.7——31米)	2005	
四川省罗江口水电站定式启闭尾水门机制作、安装	2×800千牛双向门机；2×1600千牛固定式启闭机	2005	首次为水电站制造尾水门机

续表

工程名称及所在地	工 程 规 模	开工与竣工时间	备 注
甘肃省柴家峡水电站金属结构制造	合同金额1043万元	2005～2006	
湖南湘江株洲航电枢纽工程电站钢结构制作安装工程	包括安装5台28兆瓦灯泡贯流机组，制作左汊11孔、右汊13孔共计24套单扇12米×20米的特大型弧门	2005～2005.12	工程获湖南省重点建设施工项目先进单位
青海省拉西瓦水电站金属结构制造	合同金额509万元	2005～2006	
湖北省丹江口水电站金属结构制造	合同金额1630.8万元	2005～2008	
宁夏黄河沙波头电站六扇平板叠梁闸门	该闸门单扇重155吨，孔口尺寸14×15.9——15.5米	2006	
四川省夹江县千佛岩水电站金属结构项目	包括枢纽工程、东风渠取水口、跃进渠取水口等工程闸门、检修门、拦污栅等合计74孔46扇，金属结构制作安装约3000吨，启闭设备安装约36台套。合同金额1900万元	2006～2007	
阿尔及利亚苏夫河电站钢板和模板制作项目	钢模板总吨位1555.8吨。合同金额1430万元	2006.01至今	
甘肃省连麓一级水电枢纽主体土建及金属结构安装工程	合同金额1.68亿元	2006.06.01～2008.09.30	渭源康乐交界处的洮河干流河段上
甘肃省白银市乌金峡水电站大坝及厂房、厂坝金属结构制作工程	有左岸挡水坝段、河床厂房、右岸挡水坝段、开关站和中控楼、尾水渠及护岸工程、发电厂房工程等。合同金额1.2亿元	2006.11.15～2009.10	
四川省洪雅县百花滩水电站金属结构项目	完成金属结构制作安装8988.87吨，合同金额3095.00万元	2006至今	

续表

工程名称及所在地	工　程　规　模	开工与竣工时间	备　注
云南省苏家河口水电站厂房、JIS楼土建及尾水闸门安装工程	由主厂房、下游副厂房、上游副厂房、安装场、主变压器室、主变压器运输道、GIS楼、屋顶出线架及尾水闸门启闭室等组成，主厂房尺寸（长×宽×高）=73.48米×21.3米×42米，机组安装高程1233.50米。合同金额6699万元	2006.12.15～2009.01.31	中缅交界附近中方一侧的槟榔江
甘肃省文县苗家坝水电站导流洞、泄洪洞土建及金属结构安装工程	合同金额2.07亿元（包括土建项目）	2006.12.02～2008.04.30	
四川省夹江县千佛岩水电站金属结构制作安装工程	包括枢纽工程、东风渠取水口、跃进渠取水口等工程闸门、检修门、拦污栅等合计74孔46扇门3000吨金属制作安装，启闭设备安装约36台（套）。合同金额2489.06万元	2006.01～2008	

第三节　工　程　选　介

（一）安康水电站金属结构制作安装及机电设备安装

工程简况：安康水电站是以发电为主，兼有航运、防洪、灌溉、养殖及旅游等综合效益的Ⅰ等大型水电工程。枢纽建筑物主要由折线式混凝土重力坝、坝后式厂房、泄洪排砂设施、330千伏变电站及垂直升船机组成。

主要建筑物特性：混凝土重力坝，坝高128米，坝顶长度541.5米，主厂房尺寸132.5米×26.5米×55.15米，装机4×200兆瓦+1×52.5兆瓦。主要施工内容为围堰及大江截流、坝基及高边坡开挖支护、基础处理及灌浆工程、混凝土工程、金属结构设备安装（弧形闸门15米×20米，平板闸门13.5米×21米，导流底孔8米×15米，启闭机容量2×1000千牛及2×1250千牛）、砂石混凝土系统、机电安装及辅助设施。金属结构制作安装为1.5万吨。

1990～1992年，水电三局制安分局克服技术力量薄弱、机组大等困难，为抢安康水电站工期、节约资金在现场取消试验片，直接焊接重达160吨的分瓣转轮，完成4台200兆瓦混流式水轮发电机组安装和1台采用F-113氟立昂循环冷却气体封闭新技术的52.5

兆瓦水轮发电机安装。1991 年，装机容量 252.5 兆瓦，占当年全国水电装机计划容量 840.4 计划装机容量的 33%；1992 年装机 400 兆瓦，占当年全国水电装机计划容量 2000 兆瓦的 25%。安康电站包括全长 4 米×95 米、总重 485 吨的引水钢管、5 台重 1000 余吨的表孔弧门、3 台中孔弧门、2 台 350 吨桥式起重机，1 台 360/20 吨坝顶门机及机组进水口、尾水闸门、尾水门机、启闭机在内的 2.6 万吨全部金属结构安装均由水电三局制作安装分局完成。

（二）三峡水电站金属结构制作安装及机电设备安装

水电三局 2002 年在长江三峡电站完成了总重 168 吨，直径 5 米的排砂管制作安装。该管采用不锈钢复合钢板制作，攻克焊接关是施工中的一道难题。2003 年，完成长江三峡电站双线五级连续梯型船闸四闸首、五闸首人字型超大型闸门安装。单扇闸门尺寸为 37.5 米×20.2 米×3 米，每套门重达 1600 余吨。该闸门号称天下第一门，是世界上最大的水工闸门。2003 年 6 月 16 日，三峡永久船闸试通航典礼，会场就设在制安分局施工的四闸首。2003 年攻克了门孔深（达 92 米）、门体重（达 92 吨）、闸隙小的三大难点，利用 400 吨汽车吊，完成了长江三峡电站永久船闸南线四闸室、五闸室用于充水的反向弧门安装，反向弧门尺寸 4.2 米×4.5 米，是专门为启闭频繁、压力较大向船闸闸室充水的反向受力的工作闸门。

2003～2006 年水电三局，在长江三峡电站先后完成了左岸厂房 1、2、9、10 号，右岸厂房 19、20 号 6 台 700 兆牛机组埋件——座环和蜗壳的安装，占三峡电站 26 台机组的 23%。单台座环重达 75 吨，单台蜗壳最大直径达 12.51 米；其中 2 号机组蜗壳被三峡总公司评为样板工程。完成了左、右岸厂房网格屋架屋顶吊装。该网架单榀重 64 吨，尺寸 36.2 米×18.5 米×3.5 米，近 3 个篮球场大，经反复讨论，科学选定吊点，全部安全成功吊装，有效地控制了变型。此项工程受到业主三峡总公司好评。

（三）黄河小浪底水利枢纽金属结构制作安装及机电设备安装

2001 年水电三局独立完成了黄河小浪底水利枢纽 2 号机 300 兆瓦水轮发电机组安装。该机组为竖轴半伞式结构，转速 107 转/分，额定水头 112 米，机组总重 1870 吨，水轮机总重 1049 吨。机组投产后运行平稳，转子绝缘直流泄露试验值为 120 兆安，为该电站 6 台机组质量之最，被评为唯一 1 台优良等级的分部工程。

第六章　水　务　工　程

第一节　已建、在建水务工程

在 1958～2006 年的近 50 年中，水电三局承建、参建了大量的水务工程。已建、在建水务工程一览表见表 3-6-1。

表 3-6-1　　已建、在建水务工程一览表

工程名称及所在地	工 程 规 模	工 期	备 注
伊拉克摩苏尔水坝工程	坝型为黏土心墙堆石坝，最大坝高100米，坝长3600米，总库容81.6亿米^3，装机75万千瓦	1980～1984	原名萨达姆水坝
陕西省安康市城区灾后清理平整工程	平整地面128 000余米^2，修通恢复城内道路16 000余米^2。使用人工11 545个工作日，各种机械1091台班	1983.08.08～1983.09.03	为无偿支援
陕西紫阳县紫阳河堤工程	签约金额59.50万元	1986	
阿尔及利亚蒂巴扎省布库尔丹水坝	合同金额93.5万美元	1986～1992	水电三局与中水公司合资承包
陕西省三原县泾惠渠渠首扩建工程	中标金额1789万元	1992.10～1994.10	地方投资
河南省小浪底枢纽工程出水口土石方开挖工程	共完成投资5795.63万元	1992.10～1994.08	
陕西省安康市马坡岭取水工程	完成投资140万元	1994.12开工	
陕西安康瀛湖镇一期土建工程	完成投资85万元	1994.12开工	
阿联酋污水处理工程	完成投资93.5万美元	1994	
山西省万家寨引黄工程一总干渠一、二泵安装工程	工程总额23 818万元	1995.04.27中标	
山西省万家寨供水系统运行管理工程	完成投资105.96万元	1995.04	
新疆引额济克穿城河工程	完成投资2300万元	1998.05.18开工，1999.04具备通水条件	获自治区优质工程奖
西藏林周县虎头山水库整治工程	完成投资685.3万元	1999.10.9开工	1999.08.23中标

续表

工程名称及所在地	工 程 规 模	工 期	备 注
江西省庐山莲花台水库大坝及引水渠工程	总投资3660万元	1999.10.02中标，2002.04.04完工	被江西省水利厅水利工程质量监督管理中心站评为省级优良工程
青海省黄河公伯峡水电站左岸泄洪洞工程	合同金额：1.07亿元		
宁夏沙坡头水利枢纽导流明渠工程和砂石混凝土建安系统工程	总合同金额1.1亿元	2000.12.06中标	
陕西省紫阳县毛坝关水电站导流洞工程	总合同金额1328万元	2000.12.24中标	
阿尔及利亚提塞姆西勒特省罗斯法水塔工程	水塔高69.05米，溢洪量1570米^3/秒，导流洞长256米，内径3米。水坝高57米，坝顶长226.7米。主要工程量：土石方开挖19.36米^3，填筑105.28万米^3	2001～2004	该工程是水电三局和中国电力技术进出口公司联营参建的项目，工程进度、质量得到阿方的好评
陕西宝鸡峡灌区泔河水库加固工程	合同金额2403.848 6元	2003.04	
河南省西霞院反调节水库土石坝填筑工程	6627万元	2003～2004	
云南省景洪河道整治工程	总合同金额7970万元	2003～2004	
云南、四川交界处向家坝水电站左岸渣厂沟水处理工程		2003～2004	该工程被业主评为为优良工程
河北省涿州市西疃村至北京市房山区南水北调中线北拒马河暗渠工程	总投资9581万元	2006.03～2007.12.31	
湖北省长江同马大堤加固工程	合同金额3100万元	2000.02～2000.07	

续表

工程名称及所在地	工　程　规　模	工　期	备　注
湖北省长江荆南干堤加固工程	合同总金额 1400 万元	2001.01～2001.04	
湖北省长江黄冈干堤加固工程	合同总金额 2700 万元	2001.11～2002.04	
湖北省长江黄广干堤加固工程	总金额 1800 万元	2002.04～2003.12	
湖北省武汉柴泊湖堤防及泵站工程	主要工程量：土方开挖95 486 米^3；土方填筑107 526米^3；混凝土浇筑16 213 米^3；混凝土路面17 434 米^2；水泥粉喷桩 83 525 米；毛石挡土墙16 213米^3；混凝土拆除 2758 米^3；浆砌石拆除 3529 米^3；钢筋制作安装 1467 吨	2002.04～2003.12	
安徽临淮岗洪水控制工程（北副坝Ⅶ标段）	主要工程量：土方明挖203 214 米^3；填筑 976 837.84 米^3；砌石体 1906.6 米^3；混凝土浇筑 2536.71 米^3；水泥搅拌桩 1139.03 米^3；泥结石防汛路面 29 525 米^2；混凝土上坝道路 1479.5 米^2；制作安装 2 米钢筋混凝土圆管 28 节	2003.11～2005.09	
山东省鄄城黄河堤防加固工程	主要工程量：土方开挖 200 万米^3；振冲防渗板墙 28 012 米^2	2002.04～2002.12	
四川省武都水库安全监测工程	完成投资 2384 万元	2005 中标	

第二节　工　程　选　介

（一）南水北调北拒马河暗渠工程

工程所在地：河北省涿州市西疃村和北京市房山区大石窝镇南河村及惠南庄村，横穿北拒马河中支及北南，距北京市区约 60 公里，距总干渠终点颐和园团城湖约 80 公里。山西省万家寨引黄工程总公司发包。合同金额：9581 万元。2006 年 3 月 1 日开工，2007 年 12 月 31 日完工。承担的工程：包括渠首枢纽、暗渠、退水系统 3 部分（合同编号 YRD-PC/SG/JMH-001）。主要工程量为：土方开挖及清基 64.91 万米^3，土方及砂砾料填筑 62.52 万米^3，混凝土 6.09 万米^3，各种砌石 9.60 万米^3，钢筋制作安装 7243 吨。

工程简况：北拒马河暗渠工程是南水北调中线京石段应急供水工程穿越北拒马河中支和北支的交叉建筑物。本段总干渠长1781.05米，是南水北调中线总干渠进入北京的第一个单项工程。主要建筑物特征：渠首枢纽是总干渠翼京点的连接建筑物，包括渠首明渠、渠首节制闸、排冰设施、渠首防洪围堤、机电控制及管理用房建筑等组成。暗渠为两孔箱涵结构，总孔高5米，高5.6米，进口接渠首枢纽节制闸，横跨北拒马河中支和北支，出口与惠南庄泵站进口闸相接，总长1686.05米。退水系统在渠首明渠后侧侧后进水，由退水闸、退水暗涵和退水明渠组成，总长2014.53米。

（二）伊拉克摩苏尔水坝

摩苏尔水坝（原名萨达姆水坝）位于伊拉克共和国东北部底格里斯河上游。水坝工程包括大坝、厂房、溢洪道、电站进水口、引水隧洞、尾水渠等，以发电、灌溉为主的综合型水电工程。坝型为黏土芯墙堆石坝，最大坝高100米，坝长3600米，总库容81.6亿米^3，装机75万千瓦。进水口为直径8米的4台发电引水洞，压力钢管总长2500米，I等建筑物。主要工程量：土石方填筑3800米^3，混凝土浇筑68.6万米^3。

第七章　基础处理工程

第一节　已建、在建基础处理工程

在1988～2006年的近50年中，水电三局承担了大量基础处理工程。已建、在建基础处理工程一览表见表3-7-1。

表3-7-1　　　　已建、在建基础处理工程一览表

工程名称及所在地	工　程　量	工　期	备注
甘肃省刘家峡水电站基础处理工程	主要工程量：固结灌浆21万米，帷幕灌浆7万米，排水孔钻孔2万米。总价330万元	1956.01～1969.06	
陕西省石泉水电站基础处理工程	主要工程量：固结灌浆7.4万米，帷幕灌浆3.4万米，排水孔钻孔0.9万米。总价158万元	1969.01～1980.06	
陕西省安康水电站基础处理工程	主要工程量：固结灌浆15.05万米，帷幕灌浆5.99万米，排水孔钻孔1.4万米。总价520万元	1973.04～1989.10	
陕西省安康水电站基础处理工程	主要工程量：倒垂孔350米	1989.06～1989.12	
甘肃省黄河大峡水电站基础处理工程	主要工程量：固结灌浆1.55万米，帷幕灌浆1.35万米，接缝灌浆6674米^2，砂砾石基础灌浆1400米，回填灌浆1730米^2，钻孔3704米等。总价1500万元	1991.07～1997.09	

续表

工程名称及所在地	工　程　量	工　期	备注
江西省京九铁路赣江特大桥桥基础处理工程	主要工程量：混凝土灌注桩钻孔 3080 米^2，灌注桩混凝土浇筑 2417 米^3。总价 180 万元	1992.03～1992.12	
河南省小浪底水利枢纽基础处理工程	主要工程量：长期观测孔施工 320 米	1992.04～1993.03	
四川省宝珠寺水电站基础处理工程	主要工程量：回填灌浆 3600 米^2，帷幕灌浆 3.4 万米。总价 1200 万元	1993.10～1995.12	
湖南省江垭水电站基础处理工程	主要工程量：固结灌浆 4500 米，帷幕灌浆 3600 米，回填灌浆 6881 米^2。总价 180 万元	1995.03～2000.07	
甘肃大峡水电站基础处理工程	主要工程量：倒垂孔 213 米	1995.08～1995.10	
湖南鱼潭水电站基础处理工程	主要工程量：回填灌浆 3248 米^2，固结灌浆 1667 米，帷幕灌浆 3568 米，钻孔 1700 米，垂直锚索 270（根）（300 吨），水平锚索 54（根）（100 吨）。总价 632 万元	1995.11～1998.07	
西藏申扎甲岗水电站基础处理工程	主要工程量：固结灌浆 500 米，帷幕灌浆 2500 米。总价 70 万元	1995.12～1997.02	
湖北省白水峪水电站基础处理工程	主要工程量：固结灌浆 1.03 万米，帷幕灌浆 1.35 万米，混凝土防渗墙 2290 米^2，砂砾石基础灌浆 4000 米，回填灌浆 622 米^2，钻孔 7752 米。总价 580 万元	1995.12～1999.09	
湖北省白水峪水电站工程	主要工程量：倒垂孔 210 米	1996.09～1997.03	
湖北长江三峡水利枢纽基础处理工程	主要工程量：混凝土防渗墙 4700 米^2，固结灌浆 1.25 万米，回填灌浆 137 米^2，帷幕灌浆 1.57 万米，锚索（300 吨）5100 米，锚索（200 吨）3281 米。总价 2100 万元	1997.02～2003.10	
陕西省天生桥水利枢纽基础处理工程	主要工程量：回填灌浆 3200 米^2，固结灌浆 1.56 万米，帷幕灌浆 3.2 万米，钻孔 4000 米。总价 2738 万元	1997.04～1999.09	
陕西省石泉水电站二期扩机基础处理工程	主要工程量：固结灌浆 1 万米，帷幕灌浆 3000 米，回填灌浆 2000 米^2，锚索 140（100 吨）根，倒垂孔 207 米。总价 349 万元	1998.03～2000.03	

续表

工程名称及所在地	工 程 量	工 期	备注
湖北省谷城庙子头水电站基础处理工程	主要工程量：一期围堰摆喷防渗墙灌浆4426.5米，二期围堰摆喷防渗墙灌浆3823.05米。右岸永久防护堤旋喷灌浆2178.8米，后期补强防渗墙高喷灌浆2.39万米^2。总价730万元	1999.08～2004.08	
宁夏盐环定扬黄基础处理工程	主要工程量：回填灌浆6731米^2，钻孔410米。总价140万元	1999.12～2000.08	
河南小浪底水利枢纽四子标和左岸山体补强灌浆标基础处理工程	主要工程量：帷幕灌浆2.32万米，回填灌浆1239米^2，钻孔867米，帷幕补强钻孔6987米，帷幕补强灌浆5967米。总价1400万元	2000.04～2003.10	
陕西省岚皋县蔺河口水电站基础处理工程	主要工程量：固结灌浆3159.3米	2000.05～2002.07	
甘肃黄河小峡水电站基础处理工程	主要工程量：固结灌浆755米，固结钻孔9655米，帷幕灌浆2200米，排水孔699米，锚索54米	2000.12至今	
湖北省长江同马大堤加固基础处理工程	主要工程量：射水法建造塑性混凝土防渗墙（厚0.5米）60 864米^2，锥探灌浆218 065米，清基开挖21 347米^{3}等总价3100万元	2000.02～2000.07	
陕西紫阳县毛坝关水电站基础处理工程	主要工程量：高压旋喷5300米，倒垂孔196米	2000.12～2004.02	
湖北省长江荆南干堤加固基础处理工程	主要工程量：射水法建造塑性混凝土墙(厚0.25米）56 776.9米^2，墙顶土方开挖451.9米^3，墙顶黏土回填451.9米^3。总价1400万元	2001.01～2001.04	
青海省公伯峡水电站(左岸泄洪洞和溢洪道)基础处理工程	主要工程量：回填灌浆6695.99米^2，固结钻孔27 095米，固结水泥灌浆1104.17吨，帷幕钻孔3013.4米，帷幕水泥灌浆592.46吨等	2001.05～2004.06	
湖北省长江黄冈干堤加固基础处理工程	主要工程量：水泥土防渗墙128 694.44米^2。包括塑性混凝土防渗墙57 636.15米^2；高压喷射灌浆3413.23米	2001.11～2002.04	
湖南省凤滩水电站二期扩机基础处理工程	主要工程量：固结灌浆7335米，回填灌浆4213米^2，锚索165 600千牛·米，钻孔1401米	2002.01～2005.03	

续表

工程名称及所在地	工　程　量	工　期	备注
云南省小湾水电站边坡锚索基础处理工程	主要工程量：锚索 8 361 000 千牛·米，排水孔 1144 米，观测孔 15 米	2002.01～2005.05	
湖北省长江黄广干堤加固基础处理工程	主要工程量：土方填筑 1 052 470 米^3 总价 1800 万元	2002.04～2003.12	
湖北省武汉市柴泊湖堤防及泵站基础处理工程	主要工程量：土方开挖 95 486 米^3，土方填筑 107 526 米^3，混凝土浇筑 16 213 米^3，混凝土路面 17 434 平方米等	2002.04～2003.12	
山东省鄄城黄河堤防加固基础处理工程	主要工程量：土方开挖 200 万米^3，振冲防渗板墙 28 012 米^2	2002.04～2002.12	
陕西省石泉水电站基础处理工程	主要工程量：倒垂孔 207 米	2002.08～2003.01	
陕西省石泉水电站大坝监测系统二期自动化改造基础处理工程	主要工程量：直径 273 毫米倒垂孔：80 米。总价 40 万元	2002.09～2003.01	
湖南省株洲航电枢纽基础处理工程	主要工程量：高喷造孔 12 857 米，高喷灌浆 10 547 米，帷幕钻孔 704 米，帷幕灌浆 354 米，排水孔 107 米，勘探孔 223 米	2003.07～2006.06	
湖南省皂市水电站锚索基础处理工程	主要工程量：无黏结锚索（100 吨级）80 根	2003.08～2004.11	
陕西省石泉县喜河水电站基础处理工程	主要工程量：围堰高喷防渗墙 8426 米，固结灌浆 10 000 米，帷幕灌浆 3094 米，锚索（100 吨级）30 根。总价 420 万元	2003.10～2007.06	
安徽颍上县临淮岗洪水控制基础处理工程（北副坝Ⅶ标段）	主要工程量：土方明挖 203 214 米^3，填筑 976 837.84 米^3，砌石体 1906.6 米^3，混凝土浇筑 2536.71 米^3 等	2003.11～2005.09	
青海省尼那水电站基础处理工程	主要工程量：副坝高压旋喷防渗墙灌浆 784 米	2004.03～2004.04	
山西省西龙池抽水蓄能电站基础处理工程	主要工程量：回填灌浆 2694.1 米^2，固结灌浆钻孔 4221.1 米，帷幕灌浆 4003.4 米，锚杆 994 根，接触灌浆 3040.8 米等	2004.05 至今	
云南省阿鸠田水电站基础处理工程	主要工程量：固结灌浆 832.6 米，帷幕灌浆 2328.7 米，回填灌浆 1744.5 米^2，排水孔 150 米，高压旋喷灌浆 1233.8 米。总价 987 万元	2004.07～2006.12	

续表

工程名称及所在地	工 程 量	工 期	备注
甘肃省柴家峡水电站基础处理工程	主要工程量：高压旋（摆）喷防渗墙钻孔2600米，灌浆1220米，固结灌浆10 496米，帷幕灌浆2225.1米，排水孔789.2米	2004.11～2007.04	
云南省金安桥水电站锚索工程	主要工程量：锚索（100吨级）340根，锚杆2497根，喷射混凝土2825米^3	2004.10～2005.12	
青海省拉西瓦水电站基础处理工程	主要工程量：锚索（100吨级）786根，锚杆247根，回填灌浆8216米^2，固结灌浆钻孔19 225米，接触灌浆167米^2	2004.11至今	
贵州省双河口水电站基础处理及锚索基础处理工程	主要工程量：回填灌浆148米^2，固结灌浆钻孔11 577.4米，帷幕灌浆23 856米，锚杆97根	2004.12～2007.12	
云南省景洪水电站基础处理工程	主要工程量：土石方明挖7200米^3，锚杆851根，锚筋桩426根，喷射混凝土56.3立方，预应力锚索（100～180吨级）123根，回填灌浆1121.7米^{2}等。总价2700万元	2005.03～2009.04	
四川省与云南省交界处向家坝水电站左岸300米高程以上边坡支护基础处理工程	主要工程量：固结灌浆钻孔20 393米，灌浆11 360米，锚索（150吨级）360根，锚杆9697根，喷射混凝土3765米。总价6710万元	2005.04～2007.03	
湖南省筱溪水电站基础处理工程	主要工程量：高压摆喷灌浆1756米，固结灌浆钻孔13 252米，帷幕钻孔12 737米，灌浆9577.7米，锚筋桩1404根	2005.04～2008.03	
湖北省三峡水电站公路基础处理工程	主要工程量：土石方明挖4085米^3，锚杆3236根，喷射混凝土3100米^{3}总价240万元	2005.04～2006.01	
云南省戈兰滩水电站围堰基础处理工程	主要工程量：高压旋喷：4320米	2005.12～2006.01	
云南省腊寨水电站基础处理工程	主要工程量：固结灌浆4430.5米，帷幕灌浆10 193.5米，锚杆835根，喷射混凝土3765米^3	2005.12～2008.05	

续表

工程名称及所在地	工　程　量	工　期	备注
湖北省丹江口水电站基础处理工程	主要工程量：回填灌浆 104.1 米^2，固结灌浆钻孔 7772.1 米，帷幕灌浆 2543 米，直径 273 毫米正垂孔钻孔 148.3 米，排水孔 1777.2 米。总价 756 万元	2005.12～2007.09	
贵州省白市水电站基础处理工程	主要工程量：高压旋喷灌浆 334.7 米，固结灌浆钻孔 30 319 米，帷幕灌浆 1873.3 米，排水孔 5764.2 米	2006.02～12	
四川省官地水电站基础处理工程	主要工程量：回填灌浆 15 139.6 米^2，固结灌浆钻孔 16 891.8 米，帷幕灌浆 1150.5 米，预应力锚索（100～150 吨级）29 根，锚杆 25 根，排水孔 3006.6 米。总价 1700 万元	2006.07～2008.03	
甘肃省乌金峡水电站基础处理工程	主要工程量：高压旋喷钻孔 19 219.8 米，高压旋喷灌浆 16 494.9 米，混凝土防渗墙 4457.3 米^2，固结灌浆钻孔 1829 米等	2006.08 至今	
甘肃省铁成水电站基础处理工程	主要工程量：高压旋喷灌浆 1859.8 米，固结灌浆钻孔 1112.5 米，帷幕灌浆 2186.7 米	2006.10～2007.12	
甘肃省莲麓水电站基础处理工程	主要工程量：高压旋喷灌浆 2935.1 米，钻孔 9028 米	2006.12 至今	
陕西旬阳县蜀河水电站基础处理工程	主要工程量：高压旋喷钻孔 11 863.3 米，固结灌浆钻孔 1838 米，帷幕灌浆 5256.2 米，排水孔 1766 米。总价 1400 万元	2006.09～2008.10	

第二节　工　程　选　介

（一）三峡水电站工程基础处理工程

水电三局于 1986 年开始引进预应力锚索施工工艺，至 2007 年拥有锚索施工设备 20 多台（套），1997 年 2 月～2003 年 10 月，水电三局基础分局承担了长江三峡水利枢纽电站预应力锚索工程，总价 2100 万元。主要工程量：混凝土防渗墙 4700 米^2；固结灌浆 1.25 万米；回填灌浆 137 米^2；帷幕灌浆 1.57 万米；锚索（300 吨）5100 米；锚索（200 吨）3281 米。2005 年 4 月～2006 年 1 月，水电三局基础分局承担三峡水电站公路工程，总价 240 万元。主要工程量：土石方明挖 4085 米^3，锚杆 3236 根，喷射混凝土 3100 米^3。

（二）长防工程之一：长江同马大堤加固工程

1998年中国长江流域发生特大洪水。洪水过后，国家进行了大规模的长江堤防加固整治工程。水电三局抓住机遇，积极参与市场竞争，先后中标承建了长江同马大堤加固、长江荆南大堤加固、长江武汉大堤加固等工程，并以优良的工程质量和良好的信誉为水利水电三局赢得了“水电铁军”的声誉。2000年2～7月，水电三局基础分局承担的长江同马大堤加固工程，完成产值3100万元。主要工程量：射水法建造塑性混凝土防渗墙（厚0.5米）6.086万米^2，射水法建造塑性混凝土防渗墙（厚0.3米）1.27万米^2，锥探灌浆21.81万米，清基开挖2.13万米^3，土方开挖6729米^3，土方填筑3.5万米^3，碎石垫层7093米^3，干砌石护坡2.13万米^3，浆砌石3476米^3，土工膜7.98万米^2。

（三）景洪水电站大孔径混凝土取芯工程

水电三局2005年3月承担云南省景洪水电站大孔径混凝土取芯工程，总造价2700万元。主要工程量：土石方明挖7200米^3，锚杆851根，锚筋桩426根，喷射混凝土56.3米^3，预应力锚索（100～180吨级）123根，回填灌浆1121.7米^2，固结灌浆钻孔1.8万米，帷幕灌浆3.9万米，排水孔1.65万米，接触（缝）灌浆1.7万米^2。在景洪水电站工地，按照业主、监理的要求，对电站C2标段碾压混凝土钻孔取芯，以检查混凝土工程质量。2006年10月1日上午，经过156小时钻孔，在业主、监理的见证下，顺利从岩芯管中取出完整的混凝土芯样，芯样直径197毫米，长度14.13米。此芯样长度为国内同行业中碾压混凝土所取出的最长芯样。芯样表面光滑密实无气孔，是少见的碾压混凝土芯样，创造了混凝土大口径取芯的新纪录，在业内称之为“中国第一芯”。

第三节 其 他 工 程

除上所述，在1958～2006年的50年中水电三局承担了大量的已建、在建的各类其他工程。已建、在建的各类其他工程一览表见表3-7-2。

表3-7-2 已建、在建的各类其他工程一览表

项目名称及所在地	工程规模	工 期	备 注
甘肃省白银市大峡水电站安全拆装4台·次东德平移式缆机	该缆机承重20吨，提升高度125米，自重1470余吨，设计跨度615米	1990～1992	
陕西省安康水电站拆装2台·次东德平移式缆机	安装跨度527米		
重庆市涪陵石板水电站人工砂石骨料系统	承担的工作：包括人工砂石料生产系统建设、运行、管理。建筑安装总造价3200万元	1995.01～1999.10	
湖北省三峡水利枢纽下岸溪人工砂石骨料生产系统全过程（含石料开采）	“三七八”联营体承建，水电三局参建。建筑安装总造价4314万元	1995.04	

续表

项目名称及所在地	工程规模	工　　期	备　注
陕西安康安康水电站 100 吨级门式干运垂直升船机安装工程	该机跨度最长达 715 米；起吊吨位最大达 180 吨（船、货总重）；一次性提升高度最高达 105 米；总重 1419 吨，年过坝运货能力 50 万吨，是西北地区最大的垂直升船机。中标额 2185.96 万元	1995.9.28 中标，2002 年交付使用	
湖北省三峡水利枢纽 82 高程混凝土拌和系统安装与生产	主要承担 82 高程混凝土拌和系统安装与生产，中标价：5089 万元（建筑安装）	1997.09～1998.05（运行至 2004.02）	
甘肃省白银市风电工程	塔筒单件重 90.5 吨，高度 60 米，直径达 42 900 厘米。钢板最大厚度 65 厘米。捡财塘风电场单机容量 1500 千瓦，总装机容量 1.5×30=45 兆瓦。为捡财塘风电场制作塔筒连接基础件 30 套		
山西省万家寨引水入晋泵站安装连接段 PCCP 输水管道安装	泵站为日本产单机单吸立式离心泵，单机流量 6.45 米^3/秒，施工中采用框式水平仪控制质量	2000 年 6 月	系国内最大的水泵
宁夏中卫县沙坡头水利枢纽工程砂石、砼系统建筑、安装工程及生产管理	完成投资 7250 万元（其中建筑安装 591.81 万元）	2000.12.26～2001.05.30 建筑安装完成	2004.09.30 生产管理结束
山西省娄顶、古交县万家寨引黄工程连接段 PCCP 输水工程建筑安装 I 标	主要承担 DN3 的 PCCP 管道明渠安装 9 千米，隧道内安装 8 千米。工程全长 17 千米，其中明槽段安装 9 千米，隧洞段安装 8 千米，包括 3 座减压阀室及 42 座调节型沿线建筑物，设计流量 20.5 米^3/秒。合同价 7226 万元	2001.07.10～2002.08.31	工期提前 5 个月，被评为优良工程
山西省万家寨引黄工程连接段向汾河西干渠分水工程 PCCP 管道安装工程	合同价 495 万元	2002.08～2002.10	被评为优质工程
山西省万家寨引黄工程总干渠一、二期安装工程	安装工程包括 GM_1GM_2 泵站主厂房、50/10 吨桥机泵组进水管、泵站安装及二期混凝土施工		

续表

项目名称及所在地	工程规模	工期	备注
陕西省石泉县喜河水电站砂石料生产及混凝土拌和系统	主要承担砂石料生产、混凝土拌和系统建筑安装及运行管理	2002.09～2002.12（建筑安装完成）	
湖北省三峡水利枢纽左岸厂房首台125吨桥式起重机安装	该机自重220吨，跨度36米		
云南省土卡河水电站人工沙石料系统安装工程	合同金额12 435万元		
云南省西双版纳傣族自治州洪水电站右岸混凝土及制冷系统建筑安装及运行管理工程	合同金额3286万元（建筑安装）	2003.09（建筑安装）2004.01.15（运行管理）	
湖北三峡水利枢纽左、右岸厂房坝段拆除起重机	先后拆装17台·次MQ2000港式起重机	2003～2006	创同类港机拆装速度全国企业新纪录
云南省江城县李仙江土卡河水电站砼生产系统、人工砂石料加工系统	合同价：混凝土生产系统工程12 435.62万元，人工砂石加工系统工程4793.26万元	2004.01～2004.04	
湖南省大唐金竹山火电厂扩建工程	承担2×600兆瓦机组场地平整工程	2004.02至今	
甘肃省文县白龙江干流甘肃麒麟寺水电站砂石、混凝土系统工程	承担砂石、混凝土系统的设计、建安、及生产运行管理工程。合同价7239万元	2005.10.27～2006.01.28（运行到2008.03）	
甘肃省白银市靖远县乌金峡水电站砂石料加工及混凝土拌和系统工程	砂石料加工及混凝土拌和系统建设、试运行及投产。合同价7144万元	2005.11.25～2006.05.31	
湖北省南水北调中线湖北丹江口150吨斜拉升船机水平行走钢梁拆除	采用连接索引、滑移方案，完成150吨斜拉升船机水平行走钢梁拆除	2005	提前15天完工。荣获陕西省劳动竞赛委员会2006年职工创新成果奖

续表

项目名称及所在地	工程规模	工　期	备　注
北京市承建南水北调（中线）北京段总干渠西甘池上，下游隧洞和崇青隧洞管道安装	PCCP管道内直径4米，单节重达70吨，总长2×2280米	2006	
河北省涿州市西疃村至北京市房山区南水北调中线北京段北拒马河暗渠工程	主要工程量：土方开挖及清基64.91万米^3，土方及砂砾石填筑62.52万米^3，混凝土6.9万米^3，砌石9.60万米^3，钢筋7243吨。合同价9581万元	2006.03.1～2007.12.31	
陕西安康机场改扩建工程	主体工程量：土石方挖填8.8万米^3，石灰土石基层1.8万米^3，混凝土面层1.5万米^3，合同总价726.9万元	1993.10.03中标，1995.09竣工	被评为陕西省优良工程
湖北省三峡电站右岸厂房1200/125吨桥式起重机安装	该桥机自重813吨（不含电器），跨度36米，为目前国内最大的桥式起重机	2006年中标	
辽宁省沈阳大伙房输水（二期）工程输水管线安装工程	PCCP管道安装，管道内径2.4米，长度39 025米。合同价5372.67万元	2006.06～2008.12	

第四篇　开拓国际市场

第四篇　开 拓 国 际 市 场

第一章　概　　况

水电三局在开展国际经营业务方面起步较早，从 1981 年起先后通过同国内中水公司合资承包、中国电力技术进出口公司联营参建、集团公司国际工程有限公司联合中标等方式参与了伊拉克摩苏尔水坝、阿尔及利亚布库尔丹水坝、阿尔及利亚罗斯法水坝等项目的施工。1994 年 10 月 25 日，水电三局与阿联酋工程项目经理部签订了阿布扎比污水处理工程内部承包合同。同时，水电三局还以援建或劳务方式参与阿尔巴尼亚、索马里、突尼斯等国水利水电建设。还进行了尼泊尔凯利-大吉闸门启闭机安装工程的施工。当时，水电三局工程开发的总体思路，是以国内工程开发为主体，以国际工程开发为重点，以水电工程开发为中心，加强其他领域的开发，逐步实现水电三局国内水电工程、国内其他工程、国际水电工程三足鼎立的工程开发长远目标。

国际工程开发初期，由于缺乏相应的专业人才，国际工程业务没有形成一定规模，主要依托的是水利水电集团总公司，其形式也是以劳务输出为主要方式。2005 以后，水电三局制定的第三个四年规划（2005～2008 年），对国际工程思路进行了战略定位：即充分利用集团公司的国际工程开发建设平台，全方位的快速进入国际工程市场，培育一支熟悉海外工程项目开发和管理的高素质的专业队伍。直到 2005 年以后，水电三局的国际化经营才开始走上正轨，从而形成了国内水电工程、国外工程、非水电工程三足鼎立的态势。

2005 年 7 月，水电三局组建成立了国际工程部，专门负责国际工程的开发和管理，坚持“走出去”战略，面向国际工程市场，扩大现有市场，开辟新市场，持续发展国外经营工作的良好局面。在中国水利水电建设集团公司的组织指导下，2005 年 7 月水电三局与集团公司国际工程有限公司（简称集团国际公司）联合中标阿尔及利亚苏夫河谷水净化管网工程项目。此外还参与了尼泊尔凯利—大吉闸门起闭机安装工程建设、察雅麦曲河水电站建设、伊拉克摩苏尔水坝项目的施工等，并且以经援或劳务方式参与了阿尔巴尼亚、索马里、突尼斯等国水利水电建设。2006 年以后，水电三局加大了对国际工程开发的工作力度，从人员的配备到管理方式的创新，都促使水电三局的国际业务开创前所未有的新局面。

第二章　国　际　工　程

第一节　工 程 承 包 项 目

一、阿尔及利亚苏夫Ⅰ期

该项目具体实施由水电集团国际公司和水电三局组建内部紧密联营体，水电集团国际公司占55%份额，水电三局有限公司占45%份额。实行董事会领导下的项目经理负责制。

项目业主为阿尔及利亚水资源部水净化司。工程位于阿尔及利亚瓦德省境内。资金来源为阿尔及利亚共和国政府资金，工程合同工期为34个月。

二、阿尔及利亚瓦德房建项目

该项目为阿尔及利亚瓦德省（OUED）住宅建设局组织的瓦德地区低收入者住房项目，分3个标段，分别为500套（125栋）和250套（62栋）标段、420套（106栋）标段。3个标段共计1170套（293栋）住房，分布在瓦德省（OUED）两个区域，工程地处撒哈拉沙漠边缘，业主为瓦德房屋管理局。

三、卡塔尔路塞CP1项目

该项目位于卡塔尔国多哈路塞区，由水电三局、十局、十三局组成紧密联营体，水电三局为责任方的城市基础设施工程。合同金额6.64亿美元，合同工期23.3个月。

工程内容包括道路和停车场修建、景观和绿化、饮用水、灌溉用水、污水、雨水及地下水、高低压供配电、埋设超高压及通信电缆管道、路灯及标志等。

四、越南小中河水力发电站项目

小中河水电站的修建主要为了通过国家电网向老街地区供应电力，提高国家电网电能质量。业主为越中电力投资有限公司。

该项目合同2008年2月签订，合同金额1824.4亿越南盾（约折合1131万美元），合同工期20个月。

第二节　工 程 分 包 项 目

一、阿联酋阿布扎比双塔项目

阿联酋阿布扎比宾馆工程由水电三局同浙江海天建设集团有限公司共同组成的联营体从中国航空技术国际工程公司分包的工程项目。工程分包价格折合人民币约8.043亿元。水电三局为控股方，占51%股份；浙江海天建设集团有限公司占49%股份。建筑面积58.86万米^2，剪力墙结构。地下4层，地上23层。

二、阿尔及利亚玛乌阿纳大坝项目

该工程目的在于从北到南每年输送大约1.18亿米^{3}的水，以便用于1.3万公顷的农田灌溉和加强赛迪夫的饮用水供应网。

该工程由水电三局和十三局组成的联营体从中国水利电力对外公司全额分包。水电三局为联营体责任方，占 51%的股份；水电十三局占 49%的股份。该工程中标价为 9696.68 万欧元（折合人民币约 10.15 亿元），主要工程施工内容为：黏土心墙堆石坝，上游围堰，导流洞，进水塔，导流洞后期改造。项目业主为阿尔及利亚水资源部大坝司，工程合同工期为 36 个月。

三、阿尔及利亚德拉迪斯大坝项目

阿尔及利亚德拉迪斯大坝是一座集水利、发电、灌溉于一体的综合水利枢纽工程。该工程由水电三局和水电十三局组成联营体从中国水利电力对外公司全额分包。水电十三局为责任方，占 51%的股份；水电三局占 49%的股份。该工程合同金额约 9100 万美元。项目业主为阿尔及利亚水资源部大坝司，工程合同工期为 34 个月。

第三节　劳务分包项目

一、伊拉克摩苏尔水坝项目

摩苏尔水坝项目位于伊拉克共和国东北部，底格里斯河上游。水坝工程包括大坝、厂房、溢洪道、电站进水口、引水遂洞、尾水渠等。黏土心墙堆石坝，坝高 100 米，坝长 3600 米，总装机 720 兆瓦；进水口为直径 8 米的 4 台发电引水洞，压力钢管总长 2500 米，Ⅰ等建筑物。主要工程量：土石方填筑 3800 $米^3$，混凝土浇筑 68.6 $万米^3$。

二、阿尔及利亚布库尔丹水坝项目

布库尔丹水坝工程位于阿尔及利亚蒂巴扎省的哈桑河上，是一座以灌溉和城市供水为主的大型水利工程，Ⅰ等建筑物。工程包括大坝、溢洪道等。其中大坝为黏土心墙堆石坝，坝高 74.5 米，坝顶长 616 米，坝顶宽 10 米，底宽 335 米；总库容 1 $亿米^3$，溢洪道长 248 米，底宽 25 米。该工程是中建公司中标转让给中水公司承建，1986～1992 年水电三局与中水公司合资承包。水坝建成后主要用于工农业用水。

三、阿尔及利亚罗斯法水坝项目

罗斯法水坝位于阿尔及利亚提塞姆西勒特省的埃勒·富达河上。工程由取水塔、溢洪道、导流洞、黏土心墙土石坝组成。取水塔高 69.05 米，溢洪道泄流量 1570 $米^3$/秒。导流洞长 256 米，内径 3 米。水坝高 57 米，坝顶长 226.7 米。主要工程量：土石方开挖 19.36 $万米^3$，填筑 105.28 $万米^3$。阿尔及利亚水资源部大坝司在工程验收证书中对该工程给予了高度赞誉。

此外，水电三局还以援建或劳务方式参与了阿联酋污水处理工程、阿尔巴尼亚、索马里、突尼斯等国的水利水电建设。

第四节　国际工程选介

一、卡塔尔路塞 CP1 项目

业主名称：Qatari Diar Real Estate Investment Company

卡塔尔迪尔房地产投资公司

监理单位：Parsons International Limited

合同金额：3.21亿美元

实施单位：水电三局、十三局、十局联营体（联营体股份比例：50%：30%：20%）

工程位于卡塔尔国多哈路塞区，是卡塔尔路塞开发区永久基础设施。第一标段位于现场地标2A和部分1B、1C、1D区域，面积约3千米^2。工程内容包括道路和停车场修建、景观和绿化、饮用水、灌溉用水、污水、雨水及地下水、高低压供配电、埋设超高压及通信电缆管道、路灯及标志等。

标段合同工期700天。标段主要工程量见表4－2－1。

表4－2－1　　标段主要工程量

序号	项目名称	单位	工程量
1	土石方明挖	万米^3	239
2	土方回填	万米^3	135
3	混凝土	万米^3	53.2
4	钢筋制作安装	吨	74 817
5	给排水管道安装	米	879 000
6	道路	米	152 700

二、阿联酋阿布扎比双塔项目

业主名称：H. E. Sheikh Ahmed Bin Saif Bin Mohamed Al Nahyan

监理单位：Architectural Consulting Group（简称ACG）

合同金额：43200万DHS

实施单位：水电三局—浙江海天联营体(水电三局股份占51%，浙江海天公司股份占49%)

工程位于阿布扎比市穆萨发工业开发区，当地叫“between to bridget”，在两个桥梁之间，在河流（海沟）的南岸，诺富特和艾比斯宾馆就矗立在海边上。建筑面积58.86万米^2，剪力墙结构，地下4层，地上23层。

工程合同范围包括诺富特和艾比斯宾馆、地基与基础工程、主体结构工程、建筑装饰装修工程、建筑屋面工程、建筑给排水及采暖工程、建筑电器工程、通风与空调工程。

工程合同总工期28个月。从2008年8月6日开始计算施工准备期60天，工程竣工日期2010年12月6日。

工程主要工程量见表4－2－2。

表4－2－2　　工程主要工程量

序号	分项工程名称	单位	工程量
1	支护桩	根	282
2	土方开挖	米^3	92 987

续表

序号	分项工程名称	单位	工程量
3	桩基础	根	343
4	混凝土	米^3	34 500
5	钢筋制作安装	吨	6150
6	砌体	米^2	43 638
7	玻璃幕墙	米^2	21 596
8	抹灰	米^2	77 876

三、阿尔及利亚玛乌阿纳大坝项目

业主名称：阿尔及利亚水资源部大坝司

监理单位：法国 Coyne et Bellier（COB）公司

合同金额：9696.68 万欧元；合同工期 36 个月

实施单位：水电三局—水电十三局（水电三局股份占 51%，水电十三局占 49%）

工程修建在盖萨尔（Guessar）河上，在玛乌阿纳镇的东北边，位于赛迪夫市西北方向 8 千米处，距离阿尔及尔 320 千米。

项目工程属于“西部”系统的范畴，目的在于从北到南每年输送大约 1.18 亿米^3 的水，以便用于 130 千米^2 的农田灌溉和加强赛迪夫的饮用水供应网。

玛乌阿纳水坝的主要工程施工内容为黏土芯墙堆石坝，上游围堰，导流洞，进水塔，导流洞后期改造。

本工程主要工程量见表 4-2-3。

表 4-2-3　　本工程主要工程量

工程名称		单位	数量
土方开挖		万米^3	307.05
石方开挖		万米^3	4.025
石方洞挖		米^3	20 433
混凝土		米^3	20 595
钢筋		吨	982.5
固结灌浆		米	375
帷幕灌浆		米	47 200
大坝回填	上下游坝壳料	万米^3	421
	下游冲积料回填	万米^3	15
	黏土回填	万米^3	100
	边坡保护性石灰岩块石回填	万米^3	24
	反滤料回填	万米^3	55
	过渡料回填	万米^3	11.8
	排水料回填	万米^3	58.1
	小　计	万米^3	684.7

四、阿尔及利亚德拉迪斯大坝项目

业主名称：阿尔及利亚水资源部大坝司

监理单位：法国 Coyne et Bellier（COB）公司

合同金额：约 9128 万美元；合同工期 34 个月

实施单位：水电十三局—水电三局（中水电十三局股份占 51%，水电三局占 49%）

工程位于阿尔及利亚东部 Setif 省 El Eulma 市以东 Tachouda 镇，距离该市区 11.5 公里。该项目属于“东部”系统的一部分，每年从北部向南部调水约 1.89 亿米^3，用于灌溉 3.17×10^8 米^2 的土地，并提供 El Eulma 地区的工业用水和饮用水。

项目主要由挡水建筑物、取水建筑物、放空洞、交通设施等组成。

挡水建筑物由 1 座主坝和 4 个副坝组成。主坝为黏土心墙堆石坝，坝顶长 956 米，坝顶宽 10 米，最大坝高 76 米。4 个副坝为黏土斜墙堆石坝，高度较低，分布在水库左岸 4 个垭口。右岸坝肩山体采用黏土铺盖防渗，面积 25.6 万米^2，铺盖厚度 6 米。

导流、取水管道、放空洞布置在一条隧洞内，长 429.17 米。隧洞上游为水下式进水室，下游为尾水渠。隧洞下部布置一条直径 1.6 米的灌溉管和一条直径 0.6 米的供水管。隧洞上部为高 3.0 米，直径 4.0 米，底宽 3.6 米的放空洞。隧洞开挖长度 384.71 米，开挖断面尺寸为马蹄型，高 5.35 米，直径 4.7 米，底宽 3.0 米。隧洞在施工期还承担施工导流任务。

进水室下部为内径 15 米、外径 17 米的圆筒形，顶部为内半径 7.5 米、厚 1 米的球冠形，最大高度 22.05 米。进水室内布置供水、灌溉及备用流量取水管和控制闸门等。布置了 162.8 米长水平交通廊道，50.6 米深竖井作为进水室的交通通道，竖井上部布置了控制室。

尾水渠为长 832 米梯形断面的渠道，底宽 9.0～25.0 米，渠深 1.78～3.0 米。

阿尔及利亚大坝司于 2008 年 5 月 6 日签署了德拉迪斯大坝项目合同，并于 2008 年 5 月 27 日发布了开工令，项目合同工期 34 个月。

工程主要工程量：土方开挖 56.5 万米^3，石方开挖 10.8 万米^3；土石方填筑 510.0 万米^3（坝壳料 166 万米^3，黏土 158 万米^3，堆石填筑 66 万米^3，级配碎石 120 万米^3），其中主坝 315.0 万米^3、4 个副坝 15.0 万米^3、上游防渗铺盖 180.0 万米^3；混凝土 2.91 万米^3；灌浆 10.4 万米。

五、阿尔及利亚苏夫河谷水净化项目（尾工消缺处理阶段）

业主名称：阿尔及利亚水资源部水净化司

监理单位：法国 BG 公司

合同：金额约 7460 万美元；工期 34 个月

实施单位：中国水利水电建设集团公司国际公司—水电三局（中国水利水电建设集团公司国际公司占 55%，水电三局占 45%）

工程位于阿国瓦德省瓦德市，该地区地下水位呈现为周期性上涨。目前的状况已经对当地农业区和市区造成很大影响。死水和露出地面的水含盐量很高，威胁到了棕榈林和所有植物，该工程的目的就是为解决目前这种情况。

工程由 Lot1、Lot2、Lot3、Lot5 共 4 批次组成。其中，Lot1 为南北排水主管路（PRV 管）；Lot2 为瓦德城区的重力收集管网（PVC 管）；Lot3 为瓦德城区的疏导管网（打降水井及压力 PVC 管网）；Lot5 为罗巴、巴亚达和库伊宁的重力收集管网（PVC 管网）。管网总长度 309 公里（其中 PRV 管 47 公里，PVC 管 262 公里），降水井 58 口，新建泵站 19 座，改造泵站 4 座。

主要工程量：PVC 管道安装总长度为 309.5 千米，最大管径为 1000 毫米；土方开挖总量为 123.24 万米^3，其中需板桩支护的为 86.31 万米^3；土方回填 119.96 万米^3；新建泵站 19 个，抽水泵房及降水井 58 个，旧泵站改造 5 个。估算混凝土总量约为 2.26 万米^3，钢筋制作安装约为 1104 吨。

六、阿尔及利亚瓦德房建项目

业主名称：阿尔及利亚瓦德房屋管理局

监理单位：CTH

合同金额：约 3960 万美元

实施单位：水电三局

该项目为阿尔及利亚瓦德省（OUED）住宅建设局组织的瓦德地区低收入者住房项目，分 3 个标段。分别为 500 套（125 栋）和 250 套（62 栋）标段、420 套（106 栋）标段。3 个标段共计 1170 套（293 栋）住房，分布在瓦德省（OUED）2 个区域，工程地处撒哈拉沙漠边缘。

该住房均为 F3 型，单套使用面积为 67 米^2，共计建筑面积约 90 万米^2。每个单体为 2 层 4 户（即 1 梯 2 户）密柱小跨度钢筋混凝土框架结构，空斗围护墙，并根据当地风俗习惯，在屋顶设置一定数量的穹顶。两个施工区域均与瓦德省内市政交通道路毗邻，地形开阔，交通便利，材料运输方便，且距原苏夫一期项目营地较近。

工程施工范围主要包括基础工程、主体结构、砌体工程、防水工程、室内外饰工程、室内外给排水工程、室内外电气工程及室外绿化工程、小区道路等。

工程合同工期为：250 套住房工期为 12 个月；500 套住房工期为 16 个月；420 套住房为 16 个月。

工程主要工程量见表 4-2-4。

表 4-2-4　　工程主要工程量

序号	项　　目	工　程　量			合　计
		250 套	420 套	500 套	
1	土方开挖（米^3）	31 000	52 500	63 000	146 500
2	土方回填（米^3）	27 900	47 250	56 700	131 850
3	钢筋混凝土（米^3）	5664	9683	11 420	26 767
4	素混凝土（米^3）	2170	3710	4375	10 255
5	钢筋（吨）	508	670	1025	2203
6	砖砌体（米^3）	10 590	18 104	21 350	50 044

续表

序号	项　　目	工　程　量			合　计
		250套	420套	500套	
7	门、窗（套）	2542	4346	5125	12 013
8	墙面粉饰（米^2）	66 278	112 572	132 750	311 600
9	地面砖（米^2）	17 112	28 536	34 500	80 148
10	小区主干道路（米）	380	640	720	1740

七、越南小中河水电站项目

业主名称：越中电力投资有限公司

监理单位：越南设计咨询和投资服务股份公司（INFISCO）

合同：金额约1131万美元；工期20个月

实施单位：水电三局

Seo Chong Ho（小中河）水力发电站工程位于SaPa镇东南10.5千米，老街西南26.5千米，Bao Thang西南偏西28.5千米，Than Uyen西北偏北33.5千米。本工程在Seo Chong Ho上进行施工，Seo Chong Ho属于老街省Sapa地区Ngòi Bo的一条主要支流。首部枢纽位于Séo Mí Tỷ乡，厂房枢纽位于Tả Van乡。

电站的修建主要为了通过国家电网向老街地区供应电力，提高国家电网电能质量。本电站枢纽为引水式发电站，电站分首部枢纽工程、引水系统、厂房及尾水渠工程等，发电总水头863.3米，电站装机22兆瓦。业主为越中电力投资有限公司。

主要工程量：混凝土量约2.2万米^3；灌浆约4000米；闸门和启闭机的安装。

为使水电三局在国外承包工程的经营管理工作程序化、规范化、制度化、程序化，保证项目的顺利实施，赢得好的企业信誉和经济效益，水电三局制定了国际工程管理工作办法。1994年水电三局下发《水电三局因公出国人员暂行管理办法》，加大了国际工程的管理力度。

2006年5月26日印发了编号第4号文《中国水利水电第三工程局国际工程管理办法》，对国际化经营的组织机构设置、国际工程部的职责、国际工程的经营、国际工程信息搜集、编、投标、评审、档案管理以及因公出国等作出了明确规定，并针对国际工程的特点，水电三局要求出国（境）人员在外期间，必须遵守各项规定，严格遵守组织原则和外交纪律。国际工程部也先后制定了相应的机构设置与人事管理、合同管理、安全管理、工程进度管理、工程质量管理、工程成本（财务）管理、文明施工等制度。

第五篇　多元化经营

第五篇　多元化经营

第一章　概　　况

水电三局的多元化经营起步于 1983 年。1982 年 9 月，原水电三局与水电十五局合并为水电三局后，全局职工达 1.4 万余人，全局职工家属近 3 万人，待业青年 3 千余人。当时的在建工程主要是国家计划项目安康水电站。人多、任务量不足，待业青年多、职工家属多、企业办社会负担重成为当时水电三局最突出的矛盾。在这种形势下，水电三局提出了多元化经营的战略思想，以搞多种经营，兴办第三产业来安置待业青年和少量富余职工，方便基地职工家属的衣、食、住、行，同时也缓解企业办社会的压力。

1983 年 5 月水电三局成立了劳动服务公司，主要安置待业青年；随后各二级单位也相继成立了劳动服务公司。各级劳动服务公司主要是承接水电三局内的房建、基地市政建设任务以及从事食品加工、饮料制作、商品批发零售等服务类、商业类项目。由于处于计划经济时期，当时的多种经营主要是安置型的，不求盈利，只求安置人员，方便职工家属，达到稳定社会的目的，其政治意义大于经济意义。

由于“七五”期间国家基本建设资金压缩，水电建设投资在电力投资中的比重逐年下降，导致水电招标工程竞争激烈，水电三局任务量不足，人员窝工。在这种情况下，为摆脱困境，探索新的发展模式，水电三局于 1985 年 2 月 6 日召开经营管理会议，在分析了当前和今后水电三局所面临的形势、任务后，正式确定了“一业为主，多种经营”的经营方针。紧接着水电三局相继创办了天柱实业公司、汽车改装厂、钢化玻璃厂、铁合金厂等一些较大型的不同规模、不同类型的工业企业和一些小型产业、商业。到 1986 年 10 月，工程局共兴办各类公司（产业、商业）56 个，安置职工、待业青年 1726 人，共投入资金 1342.60 万元。

虽然经营规模上去了，但经营目标和经济效益却没有达到预期目标。1986 年全局多种经营产值仅 200 万元左右，大多数公司亏损。针对近两年来多种经营各产业（商业）所反映出来的问题，水电三局于 1986 年 8 月 20 日～9 月 30 日对全局多种经营企业进行清理、整顿；对一些长期亏损的公司实行关、停、撤或限期整改，并及时地关闭了一些严重亏损的企业，同时又拓宽了产业领域，加大了对铁合金厂、金州客车厂、彩色钢化玻璃厂等有发展前景的企业的资金投入。至 1989 年底，这几个厂已初具规模，形成支柱型产业。1988 年 8 月水电三局又与安康地区行署、西北电管局就联合集资建设安康水电站小机组达成协议，并组建安康水电联合实业有限公司。这也是水电三局首次在能源建设项目上的股权投资。

经过清理、整顿、提高，至 1988 年 12 月，全局多种经营企业压缩为 38 个，其中全民所有制企业 12 个，集体所有制企业 26 个，安置职工及待业青年 1089 人，水电三局累计投资1997.10万元。1989年完成多种经营产值2051.41万元，实现利润83.44万元，首次实现扭亏为盈。但从总体上看，多经企业还没有完全从安置型过渡到经济效益型，亏损企业仍占多数；水电三局资金短缺的状况仍没有改变，对多种经营产业的投资一直保持着谨慎、少量的原则，立足于小规模投入、滚雪球发展的策略。

1992年，在邓小平南巡讲话的推动下，全国掀起了新一轮的改革开放热潮。而在这一时期，水电三局所面临的形势更加严峻：全局有1.5万人，其中女职工有6000余人，所承揽的工程任务量严重不足，人员大量窝工；现存的多种经营产业的规模、发展速度和经济效益都不能适应国家经济体制转轨变型时期的新形势。在这种严峻形势的逼迫下，水电三局提出了发展多种经营的"八五"（1992～1995年）目标和"九五"（1996～2000年）目标规划。这两个目标计划在"八五"末期使水电三局多种经营产值达8000万元以上，从业人数4000余人；"九五"末期产值达1.6亿元，从业人员7500～8000人，其中待业青年1500人。根据水电三局所处的地理环境和现实状况，规划项目开发的方向是立足安康，瞄准西安、关中，面向西北，着眼全国市场，开拓外向产品。主攻五个目标，即重点开发高科技产品；优先开发省内紧缺、空白产品；努力开发西北紧缺、空白产品；量力开发国内紧缺、空白产品；积极开发出口创汇产品。计划开发高新技术产业、汽车改装业、机械制造业、金属制品业、有色金属合金业、建筑材料及非金属材料制造业、电子设备、元件、材料制造业、纸制品业、工艺美术品业、养殖及加工业、商贸业和其他产业等13项产业。这一揽子宏伟的发展规划草案在通过广泛论证、广泛征求各个部门和职工代表的意见，经水电三局党、政、工联席会议讨论通过，形成一个正式的总体规划文件后，立即在全局大张旗鼓地开展实施：挤出部分资金加大对铁合金厂、金州客车厂、彩色钢化玻璃厂、天柱公司等一批重点项目的投入；通过对沿海、沿边的考察，在珠海、黑河、秦皇岛、北海等地设立商贸公司和实业开发公司；在安康、汉中基地创办或扩建氢氧源焊割厂、激光厂、陶艺厂、环氧树脂厂、海绵厂、大理石厂、养鱼场、养猪场等数10个产业。

这些新型产业大都属高新技术产业，产品也多属当地、省内乃至西北五省紧缺产品，1992年当年就取得良好的成绩，全年多经产值2000万元左右，实现销售收入3200万元；1993年产值2100万元，实现销售收入4428.10万元；1995年完成产值5530万元，销售收入5000万元以上；1996年完成产值8245.81万元；1997年完成产值7623.91万元。同时也涌现出彩色钢化玻璃厂、三新公司、天柱公司、西安招待所等一批经济效益比较好的企业。

虽一直保持着增长态势，但与"八五"规划目标和"九五"规划目标相差甚远，在经营中也暴露出多种经营投资不足、投资分散、规模小、效益低、粗放经营等问题，有超过半数企业亏损。特别是在1995年前后，经济效益一直比较好的铁合金厂、金州客车厂由于受国家宏观调控政策的影响，陷入停产或半停产状态。这无疑使水电三局的多种经营雪上加霜。

1998年9月，水电三局在接到中水电财经［1998］41号文《转发〈关于清理整顿多种经营企业的意见〉的通知》后，即对水电三局40余家各类多种经营企业进行全面的调查摸底和清理、整顿。经过清理、整顿，对14家经营效益差、没有发展前景的企业实行关、停、撤销处理。截至1998年底水电三局已累计向多种经营投资3725.504万元；累计账面亏损2031.58万元。

根据十多年来多种经营企业的成功经验和失败教训，1998年初水电三局决定对条件成熟的企业进行改制。首先对天柱实业公司实行了股份合作制；对金城商业大楼实行了内部租赁经营制。以后又对社会福利厂进行了改制分流。

早在1990年前后在对安康小机组电站股权投资后，水电三局就逐渐加大对能源项目及其他项目的股权投资。先后对三新公司、陕西汉江投资开发有限公司、湖北谷城联宏有限责任公司、陕西石泉发电有限责任公司等股份制企业进行股权投资，从而加快了产业多元化的进程。同时，为了减轻企业办社会的负担，加快经济体制改革，1992年前后，水电三局对原先一直靠费用补贴的生活服务公司、房管处、物资公司、机电公司、科研所、设计院、新闻中心、液化气公司、印刷厂等费用单位逐年减少费用补贴以至完全取消费用补贴，使之成为面向市场、自收自支、自负盈亏、自主经营、自我发展的经营实体，成为水电三局内部多元化产业的一部分。

随着水电三局内多数多经企业的相继停产或关闭，国家对水电建设的投资逐渐回暖，从1998年起水电三局不再创办新的多种经营项目，紧跟国家经济体制改革转轨、转型时期的新思路、新形势，对“一业为主，多种经营”方针的认识更趋理性化、科学化，并及时调整投资方向，加大对外股权投资。截至2006年对外投资的控股、参股公司有9个。其中全资子公司3个，控股公司2个，参股公司4个，累计投入资金6777.10万元（不包括安康联营电站）。

随着2000年前后天柱公司、铁合金厂、彩色钢化玻璃厂、金州客车厂等骨干企业的相继改制、关闭；随着生活服务公司、科研所、设计院、机电公司等费用单位走上自收自支、自主经营的经营实体；随着物资公司取代金城贸易公司（金城商业大楼）成为全面走向市场、步入良性运营的商贸实体；随着水电三局对外投资的控股、参股公司的良性运营，成果显著，水电三局的多种经营企业逐渐淡出全局职工的视线，也不再成为水电三局职工热议的话题。多元化产业、股份制、分离、分流企业逐渐成为水电三局职工关注的焦点和热议的话题。

第二章 综 合 经 营

第一节 机电设备物资租赁

水电三局机电设备物资系统在1994年以前，基本沿用计划经济时期的设备物资管理模式，设备及物资由水电三局统一管理并调配给各二级单位使用；二级单位之间设备调配由局机电处开据调拨单调拨。水电三局机电处属费用单位。

随着企业内部改革的不断深入，为盘活资产、转变企业的经营机制，1994年11月水电三局撤销机电处，成立机电公司。公司的职能由原工程局职能处室转变为水电三局内部的设备及配件的运营单位，参与市场竞争，最终目标走上自收自支、自我经营、自我发展的经营实体。

新成立的公司有职工126人；公司下设办公室、财务、设备、配件、仓储运输5个职能科室。1995年机电公司尝试对混凝土泵车、罐车、汽车吊、拖车等设备在局内及社会市场上开展租赁及配件营销业务。

1995年2月14日，水电三局制定《水电三局生产施工设备管理办法》（修订本）。办法根据水电三局经营体制和设备管理办法的实施情况，对公司成立前的《水电三局生产施工设备管理办法》作了修订：AB级设备短期内在局属单位间调剂使用时采用租赁方式。这是水电三局设备管理文件中首次规定工程局内二级单位短期设备调剂采用租赁方式。至此，水电三局的设备租赁经营开始起步。

1995年11月12日，水电三局下发《水电三局设备租赁管理实施细则》规定：设备租赁应本着对内搞活、对外开放的方针，开展多种形式的设备租赁活动。规定租赁方式为：人机固定的连人带机一并租赁及只租设备不带人。设备租赁有关费用及计算方法应遵循内外有别原则：局内租赁以总公司《设备管理实施细则》按成本计价；局外单位开展设备租赁以设备租赁市场价格为准；外租设备台班费高于局内租赁台班费。

1997年，机电公司从局内调入6台旧推土机并进行了大修，调入及购入各2台小方量挖掘机，扩大局内外的设备租赁业务。当时陕南地区公路、铁路施工市场火热，对外设备租赁业务也随之增加。1998年水电三局调给机电公司2台三臂钻机及2台卡特966F侧翻装载机，机电公司开始了地下工程及洞挖设备的运行、维修及租赁业务。并先后参与了汉江石泉水电站扩机工程、湖南凤滩水电站扩机工程、四川官地水电站工程的施工。2002年水电三局在小羊溪水电站建设施工，施工工艺为碾压混凝土。这是水电三局在石板水电站施工10多年后，再次采用碾压混凝土施工方法浇筑混凝土大坝，水电三局把振动碾、平仓机相对集中在机电公司，由机电公司租赁运营。机电公司在运营期间提高了设备的完好率、利用率，并组建了一批碾压混凝土施工的专业队伍。此后又相继完成了喜河、景洪、白市、蜀河水电站的碾压混凝土施工。

2006年，水电三局把白市缆机运行、保养、维修租赁运营交给机电公司。这是自安康水电站竣工10多年以后，水电三局再次采用缆机施工吊运浇筑混凝土。机电公司从全局抽调缆机操作及维修人员，并进行培训取得上岗证。在白市运营租赁期间，在保障安全的前提下，较好地满足了施工要求，也使机电公司在运营租赁大型、特种设备业务上迈出了坚实的步伐。

2006年9月，水电三局召开了设备管理讨论会，对设备管理及租赁进行总结与探讨。同年10月水电三局下发了《关于发布〈大型特殊设备管理规定〉的通知》，定义大型特殊设备为工程需要和投标需要购置的特殊设备为大型缆机、三臂钻、高价值大吨位自卸车、大型挖掘机、高价值装载机、混凝土布料机等及水电三局专题会议确定的其他设备。大型特殊设备交局机电设备公司进行管理，并指明大型特殊设备运营租赁不具备赢利性质，只提设备管理费用。

水电三局总结了把混凝土泵罐车、碾压混凝土设备交机电公司管理的数年中，为工程施工提供了优良服务，减少了设备的闲置时间，取得了良好效果。为了管好、用好大型特殊设备，现又把这些设备交机电公司管理运营，全力支持扶植机电设备公司组建成为工程局下属专业设备运行管理、租赁经营的单位。

2007年，水电三局先后出台了“门塔机月租赁费指导价”、“门塔机安拆费”、“特种设备安装、改造、维修、运行参考指导价格”，指导、规范局内二级生产经营单位及项目部之间的特种设备运营租赁活动。

2008年2月19日，水电三局为充分利用水电三局内部设备资源和社会资源，提高设备综合效率，实现设备资源动态调节和设备配置市场化，规定各分局、施工局、项目部应按要求定期向局设备处报送本单位闲置设备清单，由工程局设备处发布局内闲置设备信息及局外设备租赁信息，在全局范围内开展设备租赁活动，规范设备租赁工作；并下发了《水电三局设备租赁管理办法》，详细规定了局内、局外设备租赁价格、合同签字及合同范本。

第二节　能　源　投　资

水电三局在能源投资方面主要投资水电站建设项目，属股权投资。从1988年开始投资能源建设，投资安康水电站小机组（安康水电联合实业有限公司），1999年后又相继投资湖北谷城联虹电业有限责任公司（庙子头水电站）、陕西石泉发电有限责任公司（石泉扩机工程）、陕西汉江投资开发有限公司等，经营范围包括水电站、公路、房屋等建设项目的开发、施工及管理的陕西联重工贸有限公司等。

一、安康水电联合实业有限公司

1988年3月27日，西北电管局局长刘春茂、水电三局局长刘纪仁、安康地区行署副专员李升堂就三方合资建设安康小机组进行协商，并于同年8月15日三方达成协议。协议中确定：三方以集资方式建设安康水电站5.25万千瓦小机组。预算总投资2040万元。由水电三局出资1040万元；安康行署出资800万元；西北电管局出资200万元。由水电三局和安康行署组成领导小组，具体负责投资使用、监督及建设工期等项工作。建设期间具体分工为：水电三局全面负责小机组的建设管理及施工进度；西北电管局负责全部输出工程的建设管理及工期要求；安康行署负责解决还贷中有关问题，并协助水电三局和西北电管局上述工程建设与地方协调关系。

三方组成的企业命名为安康水电联合实业有限公司。

二、谷城联虹电业有限责任公司

公司创立于1999年元月，由水电三局与谷城县水电开发公司、襄樊电力集团、襄樊电力集团谷城银盛公司、谷城县华鑫公司5家单位共同出资组建。公司注册资本金3340万元，水电三局出资1575万元，占47%的股权。按照以上顺序股东出资比例分别为1575万元、1050万元、190万元、175万元、350万元，出资比例分别为47∶31∶6∶5∶10。

公司经营的庙子头水电站位于汉江支流南河的下游，地处湖北谷城县盛康镇西5千米的庙子头村，据谷城县城20千米，是继白水峪水电站、胡家渡水电站之后在南河谷城段修建的第三座梯级电站。电站总库容为 1211 米^3，灌溉面积 8000 亩；主体工程由泄水闸、电站厂房、户内式开关站、闸顶公路桥及左岸防护堤等建筑物组成；电站装机容量 3×3400 千瓦。电站通过议标由水电三局中标承建。1999 年 1 月前期工程进点动工，1999 年 9 月正式开工建设，2002 年 4 月 7 日成功截流，2002 年 6 月 25 日下闸蓄水，2002 年 7 月 25 日首台机组并网发电试运行，2004 年 2 月工程竣工。工程总投资 1.77 亿元。

三、陕西石泉发电有限责任公司

公司于 1998 年 3 月正式注册成立，注册资本金 7500 万元。由大唐陕西发电有限公司、安康国有资本经营公司、水电三局、中国水电顾问集团西北勘测设计研究院等 4 家单位共同出资组建。大唐陕西发电有限公司出资 3750 万元；安康国有资本经营公司出资 1875 万元；水电三局出资 1275 万元，占 17%股权；中国水电顾问集团西北勘测设计研究院出资 600 万元。出资比例分别为 50∶25∶17∶8。

公司主要负责石泉扩机工程的建设管理和发电运营。石泉水电站位于跎汉江上游陕西省石泉县县城上游 1 千米的峡谷出口处。扩机工程是利用原水库设施，在左岸坝前建进水口，岸内布置引水隧洞至坝下游左岸建厂房发电。为左岸短洞引水，一洞两机岸边引水式水电站。扩机机组容量 2×45 兆瓦，年平均发电量 1.75 亿千瓦·时。该工程于 1998 年 9 月 29 日开工，2001 年建成投运。工程概算投资 3 亿元，实际总投资 2.99 亿元。工程建设单位为陕西省石泉发电有限责任公司；设计单位为国家电力公司西北勘测设计研究院；施工单位为水电三局。

四、陕西汉江投资开发有限公司

陕西汉江投资开发有限公司于 2002 年 1 月在西安注册成立。公司首期注册资本金 1000 万元（未变更），由水电三局与大唐陕西发电有限公司、陕西省水电开发有限责任公司、陕西省交通厅航运管理局、安康市国有资本经营公司 5 家单位投资组建。

汉江公司拟引进外资——日本电源开发株式会社，该株式会社收购了陕西省水电开发有限责任公司所持汉江投资开发有限公司 25%的股权；收购了安康国有资本经营公司所持汉江投资开发有限公司 2%的全部股权。其变更后的股东构成为：大唐陕西发电有限公司、陕西省水电开发有限责任公司、陕西省交通厅航运管理局、中国水利水电第三工程局、日本电源开发株式会社。调整后的资本金总额约 11.37 亿元。大唐陕西发电有限公司出资 6.026 1 亿元；陕西省水电开发有限责任公司出资 5685 万元；陕西省交通厅航运管理局出资 1.137 亿元；中国水利水电第三工程局出资 5685 万元；日本电源开发株式会社出资 3.069 9 亿元。股权比例分别为 53∶5∶10∶5∶27。

五、陕西联重工贸有限公司

陕西联重工贸有限公司，创立于 2003 年 9 月，公司主要经营范围，水电站、公路、房屋等建设项目的开发、施工及管理等。公司现注册地为陕西西安，注册资本金 800 万元，其中，水电三局出资 200 万元，占 25%股权；自然人出资合计 600 万元，占 75%的股份。

公司有管理人员 11 人。下设生产经营部、财务管理部、机电物资部、综合管理部

4 个部门和物业管理分公司。经营的生产项目有云南阿海、重庆金家坝运输项目；公司独资设立了西安旺舍利尔装饰装修公司，注册资金 50 万元，该子公司目前在建的有 3 个项目。

第三节　房地产开发

水电三局房地产主要分布在陕西的安康、汉中、西安等地。其中安康基地房地产是 1975 年在修建安康水电站时开始形成的。

一、地产

安康基地在 1975～1990 年共征用土地总面积为 124.09 万米^2（1861.59 亩）。其中张岭基地总面积为 98.39 万米^2（1475.90 亩）；关庙基地总面积为 18.51 万米^2（277.60 亩）；瀛湖镇总面积为 5.27 万米^2（79.10 亩）；建民镇炸药库总面积为 1.93 万米^2（28.90 亩）。

汉中基地房地产是从 1969 年修建汉中石门水电站时开始形成的。共征用土地总面积为 24.21 万米^2（363.18 亩）。分布在勉县和汉台区两地。其中勉县（河西片）面积为 21.63 万米^2（324.48 亩）；汉台区（河东片）面积为 2.58 万米^2（38.70 亩）。

西安基地征用和置换土地总面积为 5.39 万米^2（80.79 亩）。

外省市地产：在河北秦皇岛市征用土地面积 9050.58 米^2（13.58 亩）。在甘肃白银市土地面积为 1.99 万米^2（29.85 亩）。另外，苏州、武汉住宅分摊土地面积为 43.12 米^2。

二、房产

从 20 世纪 60 年代～2008 年底，水电三局共建公用房屋 23.54 万米^2。其中安康基地为 18.48 万米^2；汉中基地为 3.45 万米^2；西安总部为 1.42 万米^2；外省为 1999.93 米^2。另外，在外省市购买住房情况：北京昌平有 4 套住宅，总面积为 1146.8 米^2；北京海淀区有 2 套住宅，总面积为 282.17 米^2；苏州 1 套住宅，面积为 123.61 米^2；昆明有 5 套住宅房，总面积为 361.16 米^2；武汉有 1 套住宅，面积为 86.19 米^2。

水电三局共建职工住宅房（公改房、福利房等）56.67 万米^2。其中：安康基地 44.82 万米^2；西安基地 7.67 万米^2；汉中基地 4.17 万米^2（不包括 299 套不成套租赁房）。

水电三局职工住宅房都属公改房、福利房和租赁房。2008 年 10 月水电三局成立房地产开发公司，拉开了水电三局房地产业走向市场的序幕。该公司以此为契机，本着“先局内，后局外”的开发战略，计划从 2009 年开始走向市场。

第四节　工程设计、监理与技术咨询

一、工程设计

水电三局工程勘测设计系统，在原水利电力部青铜峡水利工程局时，1959 年 3 月～1969 年 8 月期间设勘测设计组，隶属于青铜峡工程局临时领导小组。

石泉分局前期设有设计组。1975 年设地勘设计院。1979 年 11 月水利电力部第十五工程局改为电力工业部第二水电工程局时设立设计院。

1982年9月，两局合并后设立施工研究所。1985年2月成立水电部第三工程局勘测设计室。1991年改称为水电三局勘测设计处。1992年更名为水电三局勘测设计院。现名为陕西江河水利水电土木勘测设计研究有限公司。

该公司从1985年开始走向社会，在经过8年的过渡后，1993年1月正式走上了自主经营、自负盈亏、自我约束、自我发展的市场经济轨道，成为一个社会化、企业化的经营实体。由水电三局于2002年独资组建，坐落在西安市区，主要从事水利水电工程、工业与民用建筑工程及市政工程的勘测、设计、装饰设计等。该公司现注册资本金48.33万元。

该公司设综合管理部、工民建室、水电室、水工室、勘测队共5个部室。公司有员工94人。

该公司1985年2月经水电部水利水电规划设计院［1985］水规综字第7号文批准，取得了国家认可的设计资格。1993年取得了国家建设部颁发的工程设计乙级证书。其主行业为水利水电勘测设计；跨行业为建筑市政专业。1993年12月取得陕西省建设厅颁发的城市规划设计丙级资质。1994年8月取得了陕西省建设厅颁发的工程建设场地抗震性能评价资格。1995年5月，水电三局以该院为基础成立了水电三局工程施工处，实行两块牌子，一套人马，承担水利水电工程及工业与民用建筑施工项目。2001年8月取得了国家发改委颁发的工程咨询乙级资格证书，从事水利水电建设、工民建、市政公用工程等业务，编制建议书、科研、工程设计及招标咨询。2002年1月经中国水利水电建设总公司批准，更名为陕西江河水利水电土木勘测设计研究院。同时取得了国家建设部颁发的水利水电、市政专业设计和工程总承包乙级资质；中国工程咨询协会颁发的工程咨询乙级资质、工程建设场地抗震性能评价二级资质；国家测绘局颁发的工程测量甲级资质。

设计研究院在成为一个独立的经营实体后，除了承担水电三局内的各项工程设计、咨询、工程测量、地质勘察以及工程施工任务外，1985～2006年，从社会建筑市场上承揽了安康地区广播电视大楼、安康江北贸易中心、西安工商银行住宅楼、龙口水利枢纽生活区建筑群等46项建筑设计任务，并承揽了安康广景花园、西安龙首山庄、安康电信基站等8项建筑地质勘测任务。

在项目取费中，承担水电三局内部设计、勘察、测量工程任务时也按国家规定的取费标准收费，完全成为自主经营、自负盈亏、自我约束、自我发展的经营实体。

2007年8月，设计研究院与水电三局科研所合并，对内名为水电三局勘测设计院。

二、工程监理与技术

（一）陕西华源水利水电工程咨询公司

1992年8月，水电三局在安康成立了陕西华源水利水电工程咨询公司。该公司的性质为具有法人资格的全民所有制，为华源公司的成员公司，上级主管单位为水电三局。公司注册资金为15万元，经营方式为自主经营、独立核算、自负盈亏。组织机构设有综合办公室、经营部、劳财部，实行总经理负责制。公司经营范围：主营水利水电工程监理（并兼工民建筑、公路工程监理）；兼营水利水电工程及工民建等工程技术咨询服务。

该公司于1994年4月取得原电力工业部颁发的监理单位资质证书；1995年定为乙级监理企业；2005年获取国家建设部颁发的乙级监理企业资质证书。

该公司在成立之初的经营主要以劳务输出形式向外单位输送工程监理人员。1992年底华东勘察院从该公司借聘8名资深专业技术人员为浙江天荒坪抽水蓄能电站建设工程担任监理工程师，从而为该公司乃至水电三局涉足工程建设监理行业开创了先河，同时也使水电三局的专业人员首次接触抽水蓄能电站建设，扩展了他们的知识领域。此后在江西东津水电站建设监理中，水电三局的技术人员也是第一次接触了混凝土面板堆石坝的坝型。从成立之初到2007年，该公司派员参加监理的特大型、大型水电建设项目有三峡、小浪底、二滩、李家峡、万家寨、天荒坪、小湾、莲花、龙滩、紫坪铺等近20个，中小型水电站建设项目有20多个。此外派员参加非水电建设项目有三亚银泰大厦、浙江玉环火电厂等10多项。共安排工程监理300多人·次，其中派员最多的一年为107人。

除派员外，该公司还承包工程建设监理项目。第一个项目是在2004年签约的湖北恩施地区的狮子头电站。以后共承包小型水电站建设工程监理项目共16个，非水电项目8个，其中合同额最大为72万，最小的3.5万。

截至2008年底，该公司共完成合同额2000余万元，其中2001年为最高值，达310万元。

除工程监理和技术咨询外，公司还组织了多次监理工程师培训，共有145人取得了结业证书，为175人办理了电力系统监理工程师资质证书和170个注册证。

（二）中国水利水电第三工程局工程监理有限公司

该公司位于西安市未央区凤城五路明珠花园12号楼，注册号：610000100118471，注册资本：117.77万元；登记注册机关为陕西省工商行政管理局；企业性质为有限责任公司（法人独资）。该公司成立于2002年，资质等级为乙级。公司成立以后，一直隶属于水电三局，系水电三局的全资子公司。公司设总经理一名，副总经理一名。公司现有监理人员48人，其中获得监理工程师资格37人，各类高级专业技术人员18人，中级专业人员22人。公司经营范围：工程监理、技术咨询服务、工程概预算编制、报价、评估、审计咨询、招投标咨询服务，工程造价调整、索赔技术服务、技术方案、工程管理、合同咨询、信息服务、中介服务等。

公司先后监理和派出劳务的工程项目有湖北三峡水电站、河南小浪底水利枢纽、山西万家寨水利枢纽、浙江省龙泉岩樟溪水电站、黄水水电站、杨梅滩水电站、陕西旬阳桂花水电站、云南勐典河水电站、白水江梯级水电站、云龙石房水电站、湖南江子田水电站等。

公司所属行业为：水电监理行业；地域特点：主要以西南水资源富集区为经营服务地。公司自成立以来的年收入在300万元左右，2007年年收入为379.33万元。

第三章　多　种　经　营

水电三局多种经营起步于1983年2月。为了安置局内待业青年和少量的富余职工就业，水电三局和局属各二级单位相继成立局劳动服务公司，其主要任务是承接水电三局内的房建、基地市政建设任务以及从事食品加工、饮料制作、商品批发零售等服务类、商业类项目。1985年2月水电三局根据当时国家对水电建设的投资逐年减少，水电三局任务量不足、富余人员多的形势，为搞活经济，适应国家改革开放形势，安置富余人员，增加经济效益，提出“一业为主，多种经营”的经营方针。从此就大力兴办建材、加工、商贸、服务业、养殖业等产业（商业）。1992年，在国家掀起新一轮改革开放热潮的推动下，水电三局的多种经营得到进一步发展壮大，一度涌现出象铁合金厂、金州客车厂、彩色钢化玻璃厂、大理石厂等一批科技含量高、产品远销全国各地，经济效益比较好的工业企业。多种经营年产值由1986年的200万元提高到1996年的8245.81万元。安置人员从1986年 的1726人提高到1996年的近4000人。

由于受国家宏观调控政策的影响以及水电三局一直缺乏资金，对多种经营的投入不足，使一些发展前景好的企业难以形成规模经营，取得规模效益；加之经营体制不活，造成管理不善，导致多数企业亏损。1998年9月水电三局根据水电总公司的有关指示精神，对全局多种经营企业进行清理整顿，关闭了一些亏损严重、没有发展前途的企业，保留了一些经济效益比较好的企业，并对天柱公司、社会福利厂等企业进行改制分离；不再投资兴办新的项目，转而加大对外股权投资，走“一业为主，多业支撑，立足长远，相关多元，科学发展”的科学发展道路，使多种经营成为水电三局多元化产业的一个重要组成部分。水电三局多种经营虽然没有达到预期目标，但在水电三局最困难时期，安置了数千名待业青年和富余职工，维护了水电三局内部的社会稳定和改革、发展，积累了水电三局多元化经营的经验。

第一节　建　材　生　产

水电三局的建材生产产品主要有预制构件及预应力梁板、商品混凝土、粉煤灰、钉丝、冷拔丝、空心砖、制氧、骨料（砂石料）、混凝土外加剂、环氧树脂、大理石、涂料以及SK-HOO型混凝土缝表面处理剂等。在20世纪90年代前，以上大多数产品主要用于安康水电站建设，只有空心砖、大理石、涂料等产品主要面向市场销售。在江苏苏州的生产商品混凝土的三新公司则是由水电三局控股的完全在市场竞争中生存发展的企业。1990年，随着安康水电站工程进入尾声，水电三局的建材产品逐步转向社会，积极参与市场竞争，在市场竞争中谋求生存发展，一些企业取得了成绩，占得了先机，但大多数企业却在激烈的市场竞争中被淘汰，只有三新公司一枝独秀，仍然活跃在市场竞争中。

（一）水电三局加工厂

该厂是专业生产预应力构件的单位，为电站大坝生产各种预应力构件，也为水电三局内部房建生产预制板。在计划经济时，该厂按计划组织生产，人员、设备基本上无闲置。1982年后生产任务也逐年减少，人员出现富余，该厂开始向市场推销预应力构件和楼房预制板，取得一定的经济效益，安置了部分富余人员。但随着当地小型预制构件厂的兴起，该厂由于在成本上要高于那些小型厂（作坊），所以在市场竞争中不占优势，效益下滑。该厂1985年更名为水电三局第五工程处，在安康水电站完工后，转向工程施工行列，从而停止了建材生产，退出了市场。

（二）水泥砌块厂（又名空心砖厂）

该厂由水电三局技校、计划处、设计院三家自筹资金3万元兴办。1988年11月筹建，1989年3月投产；占地面积1000米^2。该厂实行独立核算，自负盈亏，内部管理实行计件工资制。管理体制为董事会领导下的厂长负责制。主要设备有制砖机、搅拌机等；主要原材料为水泥、砂、粉煤灰等。产品型号为390×190×190型、290×190×190型、190×190×190型。产品经国家质监部门检验为合格产品。设计年生产能力为118.8万块，实际年产销30万～40万块，年均实现销售收入25万元，年均税后利润为2.3万元。由于当时国家为保护耕地，节约能源，大力提倡和推广用水泥砌块作墙体材料，以替代土制砖，加之水电三局内部的房建任务比较多，所以该厂的产品销路一直是稳定的。1992年底水电三局为发展商业，决定兴办一个大型的商品批发市场，决定将该厂暂时关闭，腾出位置建批发市场。后该厂又择地支撑到1993年底，最终因受场地、资金所限而关闭。

（三）拔丝厂（原名钉丝厂）

该厂由水电三局供应处（后更名为水电三局物贸公司）创办。主要生产安康水电站建设所需的爬钉、元钉、冷拔丝等产品。随着安康水电站的完工，该厂转向市场生产、销售元钉，年产销量在300吨左右。2000年，为扩大生产规模，物贸公司给该厂投资20万元购置了带勒冷轧机等系列设备，该厂开始生产冷轧带勒钢筋，年销260～300吨，销售收入200万元左右。后因受个体经营户欠账的困扰，年资金回收率仅38%左右，使得该厂难以为继，于2005年底关闭。

（四）粉煤灰厂

该厂由水电三局第三工程处1989年4月创建。当时安康水电站正处在建设高峰期，为增强大坝混凝土的强度，需要在大坝的混凝土浇筑中掺进一定比例的粉煤灰，既可提高混凝土质量，又能降低工程成本。电站每年需要的2万余吨粉煤灰过去一直都在外地购买，常常因货源紧张和受交通运输的困扰而影响生产。当时正值水电三局铁合金厂扩大生产规模，在生产锰合金时有大量的废渣，而这些废渣正是生产粉煤灰所需的主要原料。第三工程处抓住该时机，自筹资金，在铁合金厂旁建起了粉煤灰厂。该厂主要设备有配料楼、烘干机、球磨机、提升机、运输机等10台（套）设备，年生产粉煤灰1.5万吨左右，满足了大坝混凝土浇筑的60%以上的需要量。1991年后随着安康水电站的完工，该厂也随之关闭。

（五）外加剂厂

该厂由水电三局天柱实业公司创办。1989年底筹建，1990年3月投产。主要生产混凝土减水剂、引气剂、SK-H002混凝土缝毛面处理剂以及各种颜色106内墙涂料及107胶水。其中减水剂、引气剂处理剂主要用于安康水电站大坝混凝土施工中；内墙涂料则用于水电三局内部职工住宅楼建设中，并面向当地市场出售。该厂在1993年前因主要面向安康水电站及水电三局内部房建，所以销路有一定的保障；安康水电站建设完工后全面转向市场，而地方上同类产品的厂家逐年增多，由于他们生产成本要高于个体小厂，售价比市场同类产品高，故市场所占份额越来越少，最终因严重亏损于1994年底关闭。

（六）树脂厂

该厂由水电三局天柱实业公司1990年3月创办。主要生产环氧树脂，填补了安康地区的一大空白。该产品是一种化学防腐剂和黏结剂，用途广泛，在安康水电站施工中大量使用，也销售给当地市场。在安康水电站完工后，该产品由于技术更新不到位，与市场销售的同类产品相比成本较高，遂于1992年7月停产。

（七）大理石厂

该厂由水电三局汉中分局创办。1986年筹建，1987年7月投产。建厂初期由于产品质量未能过关，使产品滞销。1988年1月汉中分局采取承包经营制，由承包人自主经营，自负盈亏。1991年1月承包期满后该厂归属汉中分局劳动服务公司。

该厂是当时水电部所属企业中唯一生产大理石系列产品的专业厂。主要产品有雪花白、汉白玉、牛头红（黄、绿）、菜花绿等各色天然大理石、大理石工艺品、大理石板材及大理石拼花地板砖。该厂产品，产销两旺，曾一度通过山东外贸系统出口到日本、韩国及东南亚等国家和地区。年均生产各种规格的各类产品5500米^2，年均实现销售收入55万元，年均利润7.5万元；安置员工40～50人。1995年后由于设备陈旧老化，资金紧张无力更换加之市场对大理石产品的需求量当时呈下降趋势，遂于1996年6月关闭。

（八）苏州三新商品混凝土有限公司

该公司由水电三局与苏州联发房地产公司于1995年共同出资组建。主要从事商品混凝土生产和营销，公司坐落在苏州市工业园区，公司注册资本金2200万元，其中水电三局出资1540万元，占70%控股权，苏州联发房地产公司出资660万元，占30%的参股权。

公司设总经理室、综合管理部、财务部、营销部、核算部、技术质量管理部、实验室、生产部、物资部共9个部门。公司在册员工150人。

第二节　加　工　业

水电三局加工业起始于1983年的食品加工。1990年前后，为安置大量的下岗女工，又兴办服装厂和编织厂及工艺品加工厂等。这些行业除了安置了千余名待业青年和富余职工外，也方便了职工家属的衣、食、住、行，缓解了企业办社会的压力。到1995年后，由于市场竞争越来越激烈，受地域环境和经营机制的局限，这些行业都逐渐衰落，退出市场。

一、食品加工

始于1983年初，由水电三局局劳动服务公司及各二级单位劳动服务公司办起了各类食品加工厂和作坊。主要加工制作糕点、饼干、面包、茶叶以及各种饮料。下面介绍几个主要厂家：

（一）水电三局劳动服务公司食品厂

该厂于1983年5月兴办。主要加工杏仁酥、橄榄酥、鸳鸯酥、豆沙佛手、法式面包和港式面包等30余个品种。企业性质为集体所有制，实行自主经营，独立核算。产品投放市场后很受张岭基地职工家属欢迎。该厂年产值20万～30万元，安置职工及待业青年30～50人。1990年前，成为安康基地生产量、销售量最大的厂家。1990年后随着个体食品加工作坊的兴起，该厂逐渐失去竞争的优势，到1993年底关闭。

（二）劳动服务公司饮料厂

该厂创办于1984年4月。主要生产橘汁饮料、汽水、冰糕等。企业性质为集体所有制，实行自主经营，独立核算。该厂所生产的各类饮品主要集中在夏季销售，不仅在安康基地销售，还销到安康城区，很受广大消费者的青睐。虽年产值不过4万～5万元，但效益比较好。该厂在1992年后受市场经济的冲击，在面临产品、设备更新换代时，缺乏资金投入，难以发展，最终转产。

（三）饼干厂

该厂由水电三局第二工程处1989年7月与福建晋江一家饼干厂联营兴办，第二工程处出厂房，对方出设备和技术，流动资金双方各半，安置第二工程处女工25～30人；主要生产袋装和散装饼干。产品主要销售到安康基地和安康城区。1989年8月～1990年12月生产饼干5万余斤，实现销售收入6万余元。后因饼干的口感较差而滞销，于1991年3月关闭。

（四）茶叶加工厂

该厂于1991年8月由水电三局第三工程处投资30万元兴办。厂址设在安康市马坡岭；安置职工20余人。企业性质为集体所有制，实行自主经营，独立核算。该厂主营茶叶加工，兼营农副产品销售。主要加工一、二、三、四级紫阳青茶和茶蕊；年加工能力为100吨。1992年全年完成产值45万元，实现销售收入32万元，当年实现利润5万元。1993年受市场波动，销售急剧下滑，全年只完成销售收入13.41万元，全年亏损1.17万元。1994年又因进货渠道不畅，加之产品严重滞销，亏损严重，于1995年初关闭。

二、服装加工

（一）水电三局社会福利厂

该厂是水电三局于1986年6月建立的第一个服装加工厂。水电三局投资3万元作为启动资金，并提供厂房、办公房等固定资产。企业性质为集体所有制，实行自主经营，独立核算。行政先后归属于水电三局劳动服务公司、工商企业处。该厂以安置水电三局内的残疾青年就业为主，30余名员工中有20名是残疾青年。建厂初期，该厂主要为水电三局制作帆布手套、工作服以及一般的劳保用品。1989年后随着安康水电站施工进入尾声，各单位工作服、劳保品的发放逐年减少，该厂的生产任务严重不足，就进入了市场参与市场竞争。该厂首先进行设备、技术的更新。1989年7月，采取“走出去，请进来”的办法，选派一些职工到辽宁大连服装学校和河南三门峡市皮件厂学习；又从外地请来了两名皮件工艺师傅来厂作技术指导；同时又从上海等地购置了35台电动缝纫机等新设备，一手抓劳保用品的生产加工，一手抓高档新产品的开发，成功地在陕南重镇安康市第一个开办了真皮服装加工，并解决了供货问题和技术难关。1989年9月该厂开始批量生产新产品。产品主要有男女真皮春秋夹克、皮裤、皮裙、男女猎装、航空服、民警服等。至1992年仅皮衣款式就达20余种，年生产系列皮衣2000余件，并销往安康10大县区，产值突破100万元，创利税13.50万元。以后几年年产值在100万元上下浮动。

为了转变企业经营机制，2001年元月该厂完成了企业改制工作，与水电三局分离，成为一个独立法人企业。

（二）汉光毛衣编织厂

该厂于1988年底由水电三局第二工程处投资6万余元创办。1989年2月投产，安置女职工30～40人。主要为外地客商加工各类型号的男女式毛衣、毛裤、毛背心、帽子、围裙、套装及双线提花毛衣短袖衫等毛线服装。年综合生产能力为5000套以上，年产值为20万元左右。这是一个属安置型的企业，虽然经济效益一直不好，但却起到了安置富余女职工，稳定职工队伍的作用。该厂于1994年初关闭。

还有几个服装加工厂如腾飞服装厂、星亚服装厂、毛线编织厂等，都由各二级单位创办，其主要目的为安置本单位的富余女职工。

三、工艺品加工

（一）水电三局金州陶艺厂（黑古陶厂）

该厂为1989年11月水电三局劳动服务公司自筹资金5.81万元建设。企业性质为全民所有制，安置职工40余人。

黑古陶起源于我国龙山文化时期。产品造型古朴典雅，纯黑光亮无釉。整个制作过程以传统的手工为主，各项技术流程全凭艺工的心领神会，从毛胚抛光、绘画、雕刻到成品需10几道工序。产品一投放市场就受到客商的青睐。在1992年5月北京举办的中国中小型企业成果博览会上，该厂产品获荣誉证书；同年10月在1992中国旅游购物节西安会场，又荣获优秀产品奖。陕西省外事办确定该产品为省定点旅游产品。该厂从1989年11月投产到1992年12月，产品由260种增加到300余种，产值、销售一直比较好。销售收入从1990年的5万元到1994年的20余万元。从1995年后，由于销售市场疲软，加之产品生产成本加大，企业出现亏损，1996年8月关闭。

（二）星亚工艺品厂

该厂为水电三局工会为解决下岗女工再就业，在原一分局、二分局两家合办的真丝手绘厂的基础上于1994年10月扩建而成。原主管单位为局工会，后于1996年归属局工商企业处。初期水电三局投资36万元，后又追加投资，截止1999年1月共投资69.35万元(不包括原来的机械设备)。该厂主营真丝手绘制品、真丝服装加工；兼营毛衣编织、绣花等。1995年3月正式投产。员工全部聘用下岗职工，聘用人数根据生产任务的多少而定。

实行计件工资制，按劳取酬。在建厂初期先后安置下岗职工200余人，对稳定职工队伍起了一定的作用。后因资金投入不足和市场竞争原因，于1999年5月关闭。

第三节　商　　业

在原水电三局和水电十五局合并前，两个局都各办有内部贸易公司，内部贸易公司下设综合商店、门市部和代销点（或称小卖部），分布在后方生产、办公、生活区和前方工地各片区。该种公司在经营管理上实行二级核算制，配备管理和营业人员，设置网点，并按国家的方针政策进行经营管理。在业务上则接受地方上级业务部门的监督和指导。主要经销百货、纺织、针织、土产、化工、五金、副食、烟酒、水产及文具等商品。

该种公司按时编制和上报各类商品的供应计划，由两个局所在地的汉中地区商业局、安康地区商业局直供，不足部分自行解决。资金来源主要依靠银行贷款。公司的管理人员从职工中选调，营业人员主要从职工家属和待业青年中选配，其工资和劳保待遇参照地方商业系统营业员的待遇。

1979年后，随着国家改革开放政策，放开了个体经商，社会上个体商业网点星罗棋布；两个局的商业系统也顺应新时期潮流进行改革，由过去的统包、统管改为承包经营；各点（片）的商业网点则由各二级单位自主经营。1982年两局合并后，大量的局内待业青年和富余人员需要安置，水电三局的商业系统就成了一个主要的安置点。水电三局和各二级单位都把商业推向社会，参与社会商业市场的竞争。1985年在安康、汉中两个基地的商业网点（商店、代销点、小卖部）就超过30余家；1986年超过50家。其中规模最大的局贸易公司（金城商业公司）规模最大：营业面积达1000米^2，经营范围包括日用百货、家电、五金交化等数千种商品。

为转变经营机制，1989年水电三局又将贸易公司从行政处划归局劳动服务公司。1990年初，为适应商品经济发展和市场竞争需要，水电三局劳动服务公司将贸易公司更名为金城商业公司，同时对公司80余名职工进行了短期培训，制定了一系列服务规范管理条例和考核办法，强化了内部管理，拓宽了销售渠道，设置了零售部、批发部、储蓄所等6个经营部、16个柜组，商品也增加到600多个品种，各类商品达1万多种。公司采取自筹资金和信贷集资的办法解决资金问题，完全按照现代商业运营模式经营，以全新的面貌参与市场商业竞争。在安康、汉中基地的属二级单位自办的贸易公司、商场、商店大多采取承包经营制，没有实行自负盈亏的经营模式。

1992年邓小平南巡讲话后，我国开始了新一轮的改革开放，全面实行市场经济。为抓住机遇，适应新形势，水电三局提出大力发展商贸业的新思路：即在有代表性的地区及中心城市设立商贸点，开展广泛的商贸活动。

1992年10月前后，水电三局主管多种经营的领导及有关职能部门的负责人前往沿海沿边地区实地考察。在了解了各地的实际情况后，经水电三局党政工联席会议研究讨论，确定在一些沿海沿边地区创办几个重点商贸公司。①在黑龙江省黑河市成立黑河安琪经贸公司，水电三局投资200万～300万元，开展边境贸易经营；②广东省珠海市投资100万元，成立以科、工、贸一体化的康海实业公司；③在安徽省马鞍山市成立以经销建材、通信设备为主的康海贸易公司。这些边贸公司成立运营后，带动了全局商贸业的发展。在水电三局安康、汉中基地，又成立了大大小小的商店、批发部30余个，共安置职工近千人，使全局商业营业额大幅增加。1993年全局商业完成销售收入2559.05万元，为年计划的153.71%；增幅较大的是几个边贸公司，占全局全年商业收入的67%。其中马鞍山康海贸易公司和黑河安琪经贸公司年实现利润共65万元。1994年商业销售再创新高，销售额达4573万元，创利税272万元。

1995年，由于受国家通货膨胀的影响，加之受市场风起云涌的商业大潮的冲击，全民经商兴起，水电三局的商业系统不管是体制上还是从业人员对市场经济的认识上以及经商经验方面与地方私企、个体户相比均不占优势，致使全局的商业销售额一落千丈，全年只完成销售额1563.54万元。一些商店、商贸公司由于亏损严重而纷纷关闭，水电三局最大的也是最早的商业中心——金城商业公司则艰难维持经营。1998年该公司对商品柜组实行个人租赁承包经营制，但仍然没有摆脱困境。承包后按最好的情况，也只能保住16名职工的工资费用，尚有17名下岗职工的基本生活费无法解决。为摆脱困境，该公司于2003年3月将金城商业大楼整体出租给一家民营企业，靠租金基本解决了33名职工的基本生活费及社保统筹费用。

其他在外地的包括沿海、沿边的商贸公司也陆续转行或关闭。如安徽马鞍山康海贸易公司1997年后转为跟踪、投标非水电工程的办事处，更名为水电三局马鞍山办事处。

安康、汉中的一些商店、商铺或由职工个体经营（与原单位脱钩），或转给个体户。

水电三局经贸公司是另一个大型的商贸公司。该公司是由原水电三局供应处演变而成，1992年更名为水电三局物资公司。主要经销煤炭、钢材、水泥、燃油等物资。该公司在由计划经济转入市场经济后，进入社会参与市场竞争。1992～2000年该公司仍以局内销售为主，销售额一直徘徊不前，1995年1月～2000年3月销售总额为6712.42万元，利润率为0.487%。2000年后随着局内需求量越来越少，该公司全面进入社会，积极参与市场竞争，使社会贸易占公司总贸易的90%以上。2000年3月～2003年1月共完成销售收入4491.19万元，实现了逐年减亏。2003年1月～2008年12月底，共完成销售收入达1.128亿元，年均1880.50万元。从2004年开始实现了扭亏为盈，2008年全年盈利达81万元。该公司已成为一支摆脱了依赖，具有一定的市场竞争力，走上了良性运营、科学发展的商贸公司。

第四节　服　务　业

水电三局服务业包括供水、供电、供热、食堂、澡堂、理发等项目。在改革开放前，这些服务项目基本上都由水电三局福利费开支，有些项目也只是象征性地收一点费用。改革开放后，特别是实行市场经济后，除了在施工工地大多数的项目仍为福利性外，在基地生活区内水电三局逐年减少补贴，直至取消补贴。2006年以后，原生活服务公司与原房管处、汉中、西安物业管理处、西安招待所等单位合并组成物业管理公司，承担安康、汉中、西安基地的供水、供电、市政、环卫等服务项目。已经成为完全自收自支、自负盈亏、自我发展的经营实体。

一、供水、供电系统

供水、供电系统是水电三局补贴最大的系统。1994 年以前，水、电按市场价的10%～50%收费，1993 年 8 月后每度生活用电按 0.24～0.30 元收费；每立方水 0.30～0.35 元收费，仍低于市场价；澡票由过去的每张 0.2～0.5 元提高到每张 0.8 元，为市场价的50%。1998 年 10 月水电三局又一次调整了水、电、供热、洗澡等服务项目的价格。这次调整除水价仍低于市场价外，其他价格基本与市场同步。至此，水电三局基本上取消了对这些服务项目的补贴（水、供热仍有少量的补贴）。同时水电三局又投资改造了安康、汉中基地的供水、供电线路，为这些服务项目走向市场打下了良好基础，创造了有利条件。

二、洗澡、供暖系统

在 2005 年完全取消费用补贴后，洗澡、供暖系统因设备老化，无法与个体经营户竞争而关闭。

三、理发、照相行业

早在青铜峡、刘家峡时期和 20 世纪 60、70 年代，由青铜峡工程局生活服务公司补贴。20 世纪 80 年代后水电三局就取消了补贴，现在安康、汉中、西安基地这些项目都由个体户经营。

四、餐饮业（职工食堂）

从 1988 后水电三局逐年减少补贴，至 1995 年后取消费用补贴，职工食堂在坚持一年多的市场运营后，终因竞争不过个体户而退出市场。

五、蜂窝煤厂

从 1992 年开始减少补贴，直到 1995 年完全取消。现在安康基地的 2 个蜂窝煤厂和汉中基地的 1 个蜂窝煤厂都是自收自支，自负盈亏的经营实体。

六、局幼儿园

局幼儿园的补贴从 1993 年 3 月取消，实行全省统一的收费标准，但水电三局规定家长所在单位（二级）给予补贴。后来各单位根据本单位的经济效益或补或不补。2007 年局幼儿园划归局物贸公司，现在已成为一个自收自支，自负盈亏的经营实体。

七、招待所

水电三局在安康、西安、汉中都设有招待所，主要是服务于本单位，接待局内部来往人员。为节约开支，原水电十五局决定安康及火石岩（工地）2 个招待所从 1978 年 3 月 10 日起实行收费制度，每人每日收费 0.5 元。无论本局职工或外单位出差人员均按此规定执行。工地招待所撤销以后，安康基地招待所的收费标准随着市场行情而增加，但始终低于社会同行业标准。该所 1997～2006 年实行承包经营制，自负盈亏，水电三局给予一定的费用补贴。2006 年 7 月内部承包合同到期终止，水电三局对该招待所执行新的费用补贴政策，并研究决定将其行政隶属关系划归局房管处。2008 年 8 月水电三局房管处与局生活服务公司合并组成物业管理公司，该所行政隶属于物管公司。西安招待所原隶属水电三局西安办事处，1993 年 3 月 24 日该所更名为中国水利水电第三工程局招待所。1994

年11月8日局党政联席会议决定，西办处不包括招待所，招待所今后实行承包经营。1995年后该招待所经济效益明显好转，1996年该所产值达260.28万元，上缴税金14.7万元，税后利润53.06万元。1998年10月西办招待所更名为水电宾馆，实行自主经营，自负盈亏，完全走向市场。年收入在200万元左右，年盈利10万～100万元之间。

汉中招待所从1985年后就进入市场，实行自负盈亏、自主经营的方式。

第五节 养殖业

水电三局的养殖业从1985年初兴办小型养鸡场开始。养殖种类有养殖食用性的鸡(肉鸡、蛋鸡)、肉鸽、鱼、肉兔、猪；也有养殖用于医疗和轻工产品的蝎子、獭兔等，共办有大大小小的养殖场9个。1985～1989年属摸索阶段，1989～1996年为兴起阶段，1997年后逐渐衰落。

养殖业之所以兴起快，一是投资少，见效快；二是利用水电三局当时的空房、空地做场房，利用一些闲置设备和废弃的材料做场内设施，以减少成本。但由于经营机制不健全，加之几乎所有的养殖场都没有形成规模，在低成本、低利润、小规模的经营状态下运行，最终在激烈的市场竞争中败下阵来。

一、养鸡

1985年由水电三局劳动服务公司兴办小养鸡场。之后水电三局的退休办、汉中分局、二分局等单位也相继办起了小型养鸡场。各个鸡场的存栏均在1000只左右。由于效益不大，发展缓慢，一些小场相继关闭。只有水电三局劳动服务公司养鸡场在饲养肉鸡的基础上拓宽了养殖范围，扩大了养殖规模。1994年饲养员根据安康当地鸡场种蛋缺乏的情况，从外地一次购买2000余只种鸡进行饲养繁育，聘请当地畜牧专家和畜牧防疫师，进行技术指导，首先有效地解决了种鸡的防病治病难题，接着又解决了种鸡的繁育问题，并很快在市场热销。一方面改变了市场鸡场种蛋供应不及时的局面，另一方面又适应了当地个体养殖户对种鸡蛋苗的需求。

20世纪90年代后期，随着当地大型养鸡场和个体养鸡户的逐渐增多，受经营管理体制的制约以及缺乏资金投入，水电三局的养鸡业也逐渐衰落，至2000年全部关闭。

二、养猪

1994年底由水电三局工商企业处成立陕西安康亨茂养殖公司，利用水电三局废弃的炸药库建起了一个养殖能力在6000头以上的养猪场，以养猪为主，兼营饲料加工、副食品零售、油料加工等。1995年底完成一期工程，1996年底完成二期工程，共投资80.41万元，建成两栋猪舍以及供水供电的配套设施。公司有职工35人。

为了增加种猪的圈舍，养殖公司又自筹资金11万元，于1996年底建成一栋优良种猪的圈舍，使养殖规模达1万头以上，达到计划指标。

为了减低成本，1995年初～1996年，养殖公司先后外购种猪56头，进入正常自繁自养程序，与此同时开始肉猪养殖。1995年销售肉猪150头，1996年出栏（销售）肉猪800头，每头均在200斤以上。后因资金紧张无力扩大规模，再加缺乏养殖经验，导致经营规模、经济效益一路下滑，至1998年1月因严重亏损，水电三局决定对该公司进行清理整顿后由工程局工商企业处直接管理。在转换管理体制后，虽然减少了成本，降低了亏损，但仍受规模及效益的制约，未能挽回颓势，维持到2001年初将养猪场关闭。

三、养鱼

1993年4月水电三局投资30万元在安康水电站库区（瀛湖）建起了一个网箱养鱼场。共设成品鱼网箱30个、鱼苗网箱2个、员工宿舍、饲料仓库各1间、小船1条，并建起1个饲料加工厂。该渔场为单独核算实体，计划年产值25万元，实行滚动发展。1993年4月购进鱼苗6220斤，其中鲤鱼苗2842斤，鲢鱼苗3388斤。1993年全年共销售鲤鱼1.7万斤，鲢鱼1.1万斤，实现销售收入9.64万元。1993～1995年，虽然该场从养殖到销售一直比较稳定，但因在养殖技术和经验上都不成熟，一直未达到计划产量，3年平均年销售收入8.09万元，与原计划年产值相差甚远，产出比仅为1∶3.5。产量上不去，造成单位固定成本过高，加之流动资金匮乏，养殖规模上不去，制约了发展，加剧了亏损。1996年将该场归属亨茂公司，虽经过整顿，加强了对鱼病的防治工作，减少了成本支出，减少了亏损，但一直未能扭亏为盈。1998年4月水电三局工商处将该渔场转让。

四、肉鸽养殖

1988年底，由水电三局第二工程处投资1.4万元在安康基地建成一个肉鸽良种场。1989年3月，从四川德阳引进美国王鸽100对；4月由从江苏徐州引进美国王鸽300对，其中转售给汉中分局劳动服务公司养殖场一部分。1989年3月水电三局退休办投资一万元办起一个肉鸽良种场，引进美国王鸽100对。这几个养殖场的经营目标是通过出售种鸽，回收仔鸽，循环发展，带动当地的肉鸽养殖业。

此项目得到安康当地政府的支持，安康市科协对该项目进行推广。但该项目未能在当地推广开来。一是缺乏资金投入，二是风险太大，水电三局几个场都没有发展起来。最先成立的二分局肉鸽良种场在经营管理中缺乏经验和技术，盲目扩大规模，造成亏损，于1989年11月将鸽场转让。其他鸽场于1990年前后也相继关闭。

第六篇　企业改革

第六篇　企　业　改　革

第一章　概　　况

改革开放近30年来，水电三局在企业改革过程中，从执行上级指令性计划到走向市场参与激烈竞争，从党委领导下的厂长经理负责制到实行厂长经理负责制，从单纯抓生产的企业到以提高经济效益为中心的生产经营型企业，从首次中标承包额265万元到中标工程最大单个合同金额数十亿元，从水利水电建筑施工一级到水利水电工程施工总承包特级资质，从单一承担国内水电工程到国内水电、非水电和国际工程三足鼎立，从转变经济增长方式走内涵式发展的道路到树立科学发展观、落实精细化管理、持续协调发展，经营成效逐步提高，各个领域逐渐发展。

1979年11月，中央在全国找200个重点企业作为企业改革试点，水电三局是其中之一。试点过程是党委领导下的厂长（经理）负责制向厂长（经理）负责制过渡阶段。企业改革主要有两个任务：一是政企分开，二是企业不办社会。

1980年初，根据国家对企业改革试点单位的要求，水电三局遵照“调整、改革、整顿、提高”的指导方针，从一季度开始试行全优任务奖励办法、计时超额奖励办法和计件工资制办法，5月开始贯彻“内部投资包干和使用代金券试用办法”，自负经济盈亏责任。

1981年，水电三局以党字第017号文印发《1981～1983年三年规划》。贯彻实施规划，积极创造条件，争取1983年底安康水电站截流；建立健全经济核算体制，变专业化施工队伍为综合性施工队伍，以利于对外承包工程。在局、处、中队（车间）推行了以施工图预算为依据、以实物量为核算内容的工程任务单制度，实行内部成本核算。同年在局、处、中队（车间）之间推行了内部施工经济合同，取得了初步经验。

1982年，按照中央“六好企业”的要求进行整顿，逐步实现转轨变型，经济责任制开始建立。整顿验收合格后，水电三局紧紧围绕增强企业活力这个中心，大力推行企业改革。安康水电站1983年截流，水电三局经营管理思想有了明显的转变，从单纯抓生产逐步转到以提高经济效益为中心的轨道上来，开始由生产型企业向生产经营型企业转化。

1984年8月，水电三局党委探索企业内部领导制度改革，积极创造条件向局长负责制过渡。经水电三局企业改革座谈会讨论并经局务会研究，水电三局向局机关和全局各二级单位印发了［1984］局办字第211号文《水利电力部第三工程局关于企业改革的决定》。规定水电三局实行局长负责制，工程处（分局、队、厂、公司）实行处长负责制。1985年根据改革的要求和水电施工面临的形势，水电三局确定了“一业为主，因地制宜，多种经营，增强活力”的经营思想，在保证安康水电站施工的前提下，面向社会参加竞争，兴办产业，开展对外承包经营。

1986 年，水电三局集资兴建安康火石岩联营电站等国内外大小工程共计 2 亿多元，同时兴办了大小 6 个产业及服务行业，产业投资 1500 万元，解决了 1726 人的就业问题，初步形成了水电三局经济构成中不可缺少的重要组成部分。

1987 年，水电三局体制改革迈出了新的步伐：①实行了单项工程切块全优承包经营责任制；②实行百元产值工资含量包干；③局、处、中队三级建立了目标责任制和监督措施；④按比例严格控制局处两级的管理干部和非生产人员。同时，水电三局党委再次召开会议讨论认为：以局长为首的生产行政领导班子，年龄和专业结构基本合理，政治业务素质好，在企业工作中形成了坚强有力的生产指挥系统，领导决策机构亦在趋于完善，实行厂长负责制的条件基本成熟。水电三局党委 8 月 7 日向水利水电建设局党组提出《关于水电三局正式实行局长负责制的请示》。8 月 27 日水利水电建设总局党组批复：同意水电三局实行局长负责制。自此水电三局正式实行局（处）长负责制。

1992 年，水电三局提出“转变观念、深化改革、强化管理、提高效益”的经营思想，职工的思想观念实现了转变，为水电三局的经营管理注入了活力。

1993 年，《水电三局转换经营机制实施纲要》正式颁行，同时着手建立“两级经营，两级管理”的管理体制，对二级单位下放人财物和责权利，落实经营权和责任权。二级施工生产经营单位的经营权包括：生产经营决策权，工程、产品、劳务定价权，产品销售权，物资采购权，进出口权，投资决策权，资产处置权，联营兼并权，劳动用工权，人事管理权，工资、奖金分配权，内部机构设置权，拒绝摊派权等。二级单位自我发展、参与竞争的积极性得到增强。

1994 年，水电三局遵照水电总公司文件要求进行了“四定”工作。局三改字［1994］第 01 号文下达了《局直机关机构调整及“四定”方案实施办法》，将局机关原有 23 个部门缩减为 15 个，人员由 356 人减至 200 人。局机关 160 名职工应聘上岗。费用单位机构定为 12 个，二级生产经营单位设为 7 个分局、8 个公司、2 个工程处、1 个指挥部、一院、一厂。

1995，年根据《水电三局内部经营责任制实施办法》，水电三局直属机关职能转变，实施《中国水利水电第三工程局机关工作规范》。相应完善了工程投标经营机制、工程项目责任制，着眼于“两级经营，两级管理”与项目法施工的有机结合，在工程施工中组建项目经理部，落实项目经理责任；对施工技术研究所等单位实行自主经营、独立核算、自负盈亏，不同程度建立起自我约束机制；后勤服务单位试行走服务商品化、管理社会化的道路。

1996 年，水电三局制定了《1996～1999 改革与发展四年规划》，提出适应市场环境、改组企业结构；改革完善内部经营管理机制，调整局处两级经济关系，进一步划分和落实局处两级职责、权益；水电三局本部的工作重点将以产权关系为纽带，逐步由生产经营型向资产经营型过渡；促进企业技术进步，加强管理，注重效益，建立行之有效的科学管理和民主管理体系。旨在把水电三局的经济增长提高一个层次，向高产高效发展。同年局劳字［1996］第 22 号文印发了《中国水利水电第三工程局全员劳动合同制实施细则》。

1999年，水电三局机关迁址西安，面临的形势是挑战与机遇同在，困难与发展并存。当时国家提出2000～2010年要完成8000万千瓦水电装机，水电施工企业的振兴和崛起面临新的机遇。中央把扩大国内需求作为促进经济增长的主要措施，水利水电建筑市场、公路交通和工民建等市场向工程展示着较大的开拓空间。建筑市场与国际接轨也为工程提供了新的发展机遇。但是由于市场竞争激烈，“千军万马过独木桥”；国家的改制机制正在加速优势企业发展，加速劣势企业淘汰。1999年水电三局仍无大的水电项目开工。面临生死存亡，水电三局工作的指导思想是：以党的十五大和中央工作会精神为指导，按照建立现代企业制度的要求，继续深化改革，积极推进两个根本性转变，加强内部管理，提高经济效益；开拓新市场，跻身新领域，培育投资主体，盘活现有资产，办好联营企业，扩大经营规模。

2000年，水电三局制定了《2000～2003改革与发展四年规划》，提出继续巩固工程开发的龙头地位。在开发结构上，配合水电三局产业结构调整的方向，调整工程开发的力量投向，在巩固国家大中型水电项目投标力量的同时，要在开发公路、水利、市政工程、民用建筑、环保、机场、码头等领域中，取得长足进展。在开发机制上，要建立工程开发的责任机制，把个人的收益同业绩挂钩，同签约额挂钩，切实做到优胜劣汰，从制度上保证对从事工程开发并取得优秀成绩的人员实行重奖，进一步巩固和加大局处两级的工程开发力度。注重对二级单位工程开发工作的协调和指导，计划并期望二级单位逐步承担起工程开发的主渠道作用。在开发形式上，鼓励全局各单位、各部门的所有力量，以集体组织、个人参与的承包经营、内外联营等多种方式，参与工程开发。

2002年，水电三局网站在国际互联网上正式注册。同年水电三局住房公积金归集站正式成立，为了切实保证职工的合法权益，按照《住房公积金管理条例》和国发［2002］12号文件精神的要求，水电三局研究并征得陕西省房改委及陕西省住房公积金管理委员会同意，决定将水电三局的住房公积金实行属地化管理。

2004年是水电三局改革发展保持经济快速发展之年。这年水电三局通过了ISO 9001：2000质量管理体系认证，并顺利通过认证机构的年度监督审核。

2005年，水电三局作出《2005～2008年水电三局改革与发展规划》战略定位：构建以国内外建筑业施工为主导产业、多元化发展、具有综合经济实力的特大型企业。规划确定了未来四年的目标及任务。同年5月水电三局启动了水利水电工程施工总承包特级资质申报与准备工作，成立了资质升级工作领导小组。2005年7月成立中国水利水电第三工程局国际工程部，与集团公司国际工程有限公司联合中标阿尔及利亚苏夫河谷水净化管网工程项目。至此，水电三局实现了国外工程签约额零的突破，并于当年10月由双方领导组成苏夫河谷水净化管网工程项目董事会。

2006年是水电三局贯彻集团公司“三步走”战略，开创管理体制和机制创新的关键年。按照全局生产经营单位机构整合工作的整体安排，开展了生产经营单位负责人（副职）公开选聘工作，有59人被聘到相应的领导岗位。

第二章 走 向 市 场

第一节 探 索

1979年底，水电三局成为全国企业改革试点单位后，积极进行企业改革尝试和探索。1981年全局各二级施工单位变专业化施工队伍为综合性施工队伍，以利于对外承包工程。1982年按照中央“六好企业”的要求进行整顿，逐步实现转轨变型。经过整顿，水电三局达到了国家“六好企业”的要求，经营管理思想有了明显的转变，从单纯抓生产逐步转向以提高经济效益为中心的轨道上来，开始由生产型企业向生产经营型企业转变。

1985年初，水电三局根据改革的要求和本局水电施工面临的形势，确定了“一业为主，因地制宜，多种经营，增强活力”的经营思想，充分利用人、财、物方面的条件，兴办产业，面向社会参加竞争，大力开展对外承包经营。1985年3月30日水电三局外包工程首次中标，承包山西平朔煤矿公路修建及煤矿覆盖层剥离工程，承包额265万元。同年6月“三润”汽车装配厂（后为金州客车厂）宣告成立。同年11月，水电三局首次承建的工业民用建筑——陕西省汉中电信综合楼开工。全局1985年承包合同总额达1617万元，从而掀开了水电三局对外承包、正式进入市场搏击的第一页。

安康水电站建设后期，水电三局于1986年4月24日征得陕西省计委同意以集资方式兴建排砂洞小机组，取名安康火石岩联营电站。同年水电三局铁合金厂正式投产。相继成立汉江非金属制品厂（后改名汉江彩色玻璃厂）、北方图书公司。同时兴办了大小6个产业及服务行业（产业投资1500万元），解决了1726人的就业问题，使之成为水电三局经济构成中的重要组成部分。

水电三局在由生产型企业向生产经营型企业转变的同时，企业体制改革迈出了新的步伐。1987年实行了经水利水电建设总局党组正式批准的局长负责制。12月安康张岭基地建立液化气站，生活设施有所改善。

为了把水电站建设同对外承包、多种经营的总体目标与单位目标紧密结合落到实处，探索出一条适合企业生存发展的途径，水电三局把实行年度承包经营目标责任制作为局长和处长任期目标责任制的组成部分，1988年制定了1988～1991年局长任期目标责任书。1988年5月水电三局成立北京安道华工程实业公司。1988年底成立（秦皇岛）北方实业开发公司（设在北方图书公司内）。

1989年，陕西省工商局对水电三局核发了企业法人执照，使水电三局有了合法的经营凭证。在水电三局内部以强化经营管理为龙头制定了划小核算单位、逐级实行全面经济责任制、积极开发多种经营等一系列配套措施和办法，促进了水电三局的改革及各项工作。同年9月水电三局组建北京建筑工程处（对外称北京市集体建筑总公司北协十二队）；10月水电三局设立劳务市场，劳动服务公司在西安开秦南饭店。至此，水电三局初步探索并走上了一条“一业为主、多种经营”的新路子，开始全面进入市场。

第二节　措　　施

1992 年，水电三局进一步提出“转变观念、深化改革、强化管理、提高效益”的经营思想。由于全局职工的努力，安康水电站工程 100%完成年投资计划；外包在建工程完成投资 1.06 亿元；外包中标工程签约额达 4.75 亿元，水电三局依托基地展开外线作战的局面已经形成。1992 年初成立了工商企业处，对多种经营产业实行统一管理抓出了成效，全年实现产值 1800 万元，实现利润约 80 万元。水电三局筹措资金购买设备，增强了水电三局在市场上的竞争能力。

1993 年，水电三局颁布实行《水电三局转换经营机制实施纲要》，提出总的经营管理思想和方针是：以市场为导向，以经济效益为中心，调整产业结构，转换经营机制，实现工程施工与多种经营两业并举、协调发展；着手建立“两级经营，两级管理”的管理体制，对二级单位下放人财物和责权利，落实经营权和责任权。

1994 年，水电三局为拓宽在云、贵、川等地水电施工、工业与民用建筑等工程项目开发和信息跟踪业务，并具体负责云南大朝山“八三”联营体水电三局方的管理工作，成立云南工程指挥部。

为实现《水电三局 1996～1999 改革与发展四年规划》目标，水电三局提出：充分发挥水电三局主导作用，紧紧盯住大中型水电工程项目，进一步拓宽建筑业领域。以全局综合实力为后盾，以工程开发的主管部门为核心，政策倾斜，加大力度，紧紧追踪国内大中型水电工程项目。进一步充实高等级公路、高层建筑、市政综合工程、机场、码头等建筑领域的开发施工能力，把经营触角伸出去。要争取取得工程总承包一级资质和国外工程承包经营权。结合四年规划制定的企业结构调整目标，大胆改革、勇于推进。在坚持局处两级工程开发主渠道的同时，动员全局职工、离退休职工和各部门、各单位的所有力量，倡导工程开发的全员意识。在保证水电三局资产不流失、国家和企业利益不受侵害的前提下，建立多种形式的工程开发机制，构造更多的经济生长点。在维护局处两级权益的同时，切实保障集体、个人的应得权益：①离退休职工利用自己的专业特长和管理经验，自愿组成承包体，水电三局提供条件，行使法律、质量、经济的宏观监控。水电三局提供条件，承包施工，个人收取中介或工程承揽费用。②水电三局提供条件，与个人合营，承担总包责任，分开核算，各负盈亏。总的原则是：利益共享、风险共担、信守合同、注重信誉。从 1996 年始，要在实践中逐步建立起多种新型的经济关系，使多种形式的工程开发有实质性的发展。到 1999 年争取这一部分获得的工程项目达到计划签约额的 5%以上。

1996 年 7 月 29 日，水电三局举办首期高等级公路技术培训班，聘请西安公路交通大学的教授、讲师讲课；同年 8 月水电三局中标河北玉田宝山高速公路第二合同段，造价 3000 万元，这是水电三局有史以来第一次参与高等级公路的建设施工。

第三节 快速发展

为适应电力体制改革的要求，水电三局运用资产重组的手段，调整现有资产，盘活闲置资产。通过陕西石泉水电站扩机和湖北庙子头水电站工程的开发性投入，增强了企业长远发展的后劲。对长期闲置的土地、设备、材料通过市场出租或转让，变死资产为活资产，这样不仅培育了新的财源，还为工程开发开辟了新的途径。为激活多种经营企业，使其焕发新的生机，水电三局对多种经营项目进行了股份合作、出售、租赁、承包等不同形式的改制。

1998 年是水电三局继续深化改革、艰苦奋斗的一年，全年共完成企业总产值 6.31 亿元，超过实排计划。工程开发实现跨行业重大突破，全年参加投标项目 42 个，签约项目 23 个，共计合同金额 4.30 亿元。其中公路工程的合同金额为 2.25 亿元，首次超过主业水电工程，实现了水电三局跨行业工程开发的历史性突破。这表明水电三局以积极主动的姿态跻身于公路建筑市场，向相关建筑业拓展的战略已经初见成效。

1999 年 11 月 25 日，为了加强水电三局日渐增多的投资项目的管理，建立科学、合理、规范、高效的投资项目管理体制，使水电三局的投资项目在拓宽市场、扩大规模、增强企业竞争力、提高经济效益方面起到更大作用，经水电三局党政联席会议研究决定，根据水电三局面临的经济形势，水电三局对外投资管理委员会正式成立。

在实施《1996～1999 水电三局改革与发展四年规划》后，水电三局发展速度明显。一是局处两级工程开发在 1996～1999 的四年间继续发展，在市场竞争日趋激烈的情况下，二级单位的市场竞争意识、自我发展意识得到了加强，独立的市场竞争主体的发展方向进一步明确。

2000 年初，水电三局制定了《2000～2003 水电三局改革与发展四年规划》。其主要任务是在现有基础上，继续保持和发展企业的生产规模，追求经济效益，深化企业内部改革，保持稳定的工作局面，为 21 世纪初的更大发展奠定坚实的基础。

2001 年，水电三局围绕水电总公司的改革发展战略目标和本局规划目标，大力开拓市场，扩大经营规模，全面推进制度创新、科技创新、管理创新。在全局广大职工的共同努力下，局、处两级克服各种不利因素，攻坚克难，顽强拼搏，最终使企业总产值达到 8.68 亿元，多种经营产值达 0.89 亿元，实现利税 2640 万元。

2003 年，积极应对电力体制改革和集团公司改革的新挑战，水电三局继续以工程开发为龙头，加大工程开发力度，以工程项目建设为重点，确保全面履行合同；以经济效益为中心，加强各项管理工作，实现“开发、产值、效益”再上新台阶三大任务，为水电三局持续发展增添后劲，使水电三局的综合实力跨入集团公司前列。为实现企业跨越式发展，水电三局围绕改革、发展和稳定的大局，组织实施“以我为主、抓大放小、重点突破”战略。

2004 年是水电三局改革发展保持经济快速发展之年。为实现企业跨越式发展目标，按照水电集团公司的总体部署，水电三局继续外争市场，内抓管理，以质量为根本，以信誉求生存，以管理求发展，努力提升企业实力。这一年水电三局主要做了7个方面的工作，首要的是继续以工程开发为重点，不断扩大市场占有率，全年完成企业总产值17.58亿元，是年计划的125.57%，与2003年相比增长47.85%；其中建造安装产值17.33亿元，多种经营完成2500.29万元，是年计划的105.23%；实现利税6700万元；全员劳动生产率13.13万元/（人·年）。

2005年，水电三局以工程开发为龙头，以国内水电工程开发为主体，以国际工程开发为重点，兼顾国内其他领域的开发。国内工程继续实施“以我为主、多元开发、抓大放小、突出重点”战略，发挥在建工程的辐射作用，以点带线，以线带面，对超过亿元的大项目，建立水电三局领导重点跟踪负责制，保证国内水电市场份额。加大国内路桥、房建等市场开发的力度，拓宽水电三局施工领域，提高施工资质，建立工程开发新机制，在内部试行编标项目法管理，提高工作效率。通过内部管理制度的修编，进一步完善与市场经济相适应的规章制度，修订责任制考核管理办法，完成水利水电工程施工总承包特级资质申报和质量、环境、职业健康管理体系的认证工作。

2005年，水电三局成立国际工程部，重视和加强与水电集团公司海外事业部的联系，同集团公司国际工程有限公司联合中标阿尔及利亚苏夫河谷水净化管网工程项目，合同额为1.22亿美元（含税价），折合人民币10.09亿元（扣除阿国合作伙伴和集团公司参股份额，水电三局份额折算为3.41亿人民币）。经集团公司国际工程有限公司和水电三局同意，由集团公司国际工程有限公司和水电三局组成紧密联营体，共同负责苏夫河谷水净化管网工程施工，并由双方领导组成苏夫河谷水净化管网工程项目董事会。

2006年，水电三局荣获“全国‘五一’劳动奖状”荣誉称号。这一年是水电三局执行第三个四年规划的第二年，是贯彻水电集团公司“三步走”战略，开创三局管理体制和机制创新的关键年。建设部于2006年3月10日公示：水电三局申报的水利水电工程施工总承包特级资质批准通过，证书编号为A0051161011201。建设部和铁道部确定，具有水利水电工程施工总承包特级资质的企业可以直接承担铁路的路基和隧道工程施工。水电三局充分利用特级资质的优势，向公路、铁路、工民建、桥梁、地铁、核电站等领域进军。在全局员工的努力下，实现了全局生产经营和各项工作稳中求进的目标，为水电三局的持续发展奠定了良好的基础。

第三章　领　导　体　制

第一节　党委领导下的厂长（经理）负责制

党委领导下的厂长（经理）负责制，是计划经济时期国有企业所采用的一种领导管理体制，当企业在遇到特别重大问题时，由职工代表大会审议重大决策，一般重要问题由党委不定期讨论决定。这些重大或重要问题是指干部任免、投资方向、重大财务支出、职工福利等。

作为国家全民制企业，水电三局自建局以来一直延续党委一元化领导，在青铜峡工程局时期和刘家峡水力发电工程局时期（石泉分局的前身），执行的是党委领导下的厂长负责制；实行集体领导与个人负责相结合的制度："贯彻执行统一领导、分级管理"的企业管理原则；按要求实行职工代表大会制度。这一制度一直沿用到20世纪80年代中期。

第二节 局长负责制

1979年11月，水电三局进入全国200个重点企业的改革试点单位，开始进行党委领导下的厂长（经理）负责制向厂长（经理）负责制过渡的尝试阶段。

自1984年7月起，水电三局不断探索企业内部领导制度改革，积极创造条件，党委的工作中心逐步转到实行思想政治领导，发挥保证监督作用上来，以顺利向局长负责制过渡。1984年8月，经水电三局企业改革座谈会讨论，并经局务会研究，于8月3日向局属二级单位下发了［1984］局办字第211号文《水利电力部第三工程局关于企业改革的决定》，内容为：

（1）水电三局实行局长负责制，工程处（分局、队、厂、公司、）实行处长负责制。处长对局长负全责。实行党政分工，充分发挥党委的保证、监督作用和职工代表大会的民主管理作用。

（2）局内实行分级任免、分权管理的领导体制：①局长由总局任免，副局长、总工、总会由局长提名，总局任免；②副总工、副总会、机关各处（室、所）及工程处正处长由局长任免；副处长由正处长提名，局长任免；③各单位正科长（车间主任、中队长）由本单位正处长任免；副科长由正科长提名，正处长任免。

1987年8月7日，水电三局党委向水利水电建设总局党组提出《关于水电三局正式实行局长负责制的请示》；8月27日，水利水电建设局党组［1987］水建党字第92号文批复，同意水电三局实行局长负责制。

1988年1月，水电三局实行局长任期目标责任制，划小经济核算单位，全面推行经济责任制。同年4月9日水电三局成立企业管理委员会，主要履行《全民所有制工业企业厂长工作条例》中规定的职责，就企业经营管理中的重大问题协助局长决策。企业管理委员会除按条例明确规定现任局长、副局长、总工程师、总会计师、党委书记、工会主席和团委书记为成员外，还有1988年2月召开的局二届四次职代会上选出的5名职工代表。水电三局企业管理委员会成员共16名：刘纪仁（局长）、刘劲军（副局长）、李友仁（副局长）、史振宇（副局长）、程国清（党委书记）、胡懋初（副局长）、张宏义（总工程师）、佘小林（副总工程师）、戴天利（副总会计师）、赵国伟（工会主席）、张建军（团委书记）；职工代表5名：马文杰、马玉明、陈凭、毛志伊、赖纯久（女）。

第四章　经　营　方　式

第一节　承　包　制

1980 年，在调整、改革、整顿、提高方针指导下，原水电三局印发了《关于“内部投资包干和使用代金券试用办法”的通知》，明确各级职责分工与经济责任，自负盈亏。同年 5 月 21 日原三局印发了［1980］电二局第 100 号文《关于试行全优任务奖励办法、计时超额奖励办法、计件工资制管理办法的通知》，并确定从当年一季度开始执行。为落实搞好试行工作，水电三局成立了局劳动竞赛委员会负责组织评比。

1981 年，在局、处、中队（车间）推行了以施工图预算为依据、以实物量为核算内容的工程任务单制度，实行内部成本核算；在局、处、中队（车间）之间推行了内部施工经济合同，取得了初步经验。

1982 年，水电三局在按照中央“六好企业”的要求进行整顿，逐步实现转轨变型，经济责任制开始建立，整顿验收合格后，紧紧围绕增强企业活力这个中心，大力推行企业改革。

1983 年，安康水电站截流之后，水电三局经营管理思想有了明显的转变，从单纯抓生产逐步转向以提高经济效益为中心的轨道上来，开始由生产型企业向生产经营型企业转化。

1983 年 7 月 19 日，局办字［1983］第 220 号文《关于试行〈水利电力部第三工程局机关经济责任制试行办法〉和成立考评委员会的通知》，水电三局机关从 1983 年 1 月 1 日起开始试行该办法，其中浮动工资和浮动升级从 1983 年 7 月 1 日开始试行。局机关成立经济责任制考评委员会，负责对局机关各部门的考核评定工作。

1984 年 2 月 10 日，局工作会讨论并通过了《水利电力部第三工程局内部自负盈亏、工程承包责任制试行办法》，对实行承包制作了详细的规定。在承包制的总则中明确提出：承包责任制在国家计划统一指导下进行，局属施工单位都必须承包工程任务，实行盈利分成、亏损不补、工资自理，使本单位逐步成为内部核算、自负盈亏的经济实体；实行承包制的施工单位，要在内部层层建立并实行相应的责任制度，做到责权利结合，处理好国家、企业和职工个人三者利益的关系，充分发挥广大职工的积极性。有效地克服“大锅饭”和平均分配倾向。实行承包责任制，必须具备一定的生产、管理条件。局属两级机关要为创造这些条件改进工作方法，改进工作作风，提高工作质量，提高工作效率，保证承包责任制的实施。当时水电三局对承包单位实行了“五定”、“五保”。即：定任务，定人员，定成本，定主要材料、设备，定施工技术措施；保提供承包任务和施工图纸、技术措施供应，保材料、设备供应，保劳动力平衡调度，保安全措施督促检查和质量终检，保及时结算并公布成果。“五保”任务落实到各相关处室。

承包制规定：承包的工程必须通过签订协议书的形式予以实施。协议书以水电三局为甲方，承包单位为乙方，自双方签字之日起生效。协议书的内容，包括承包的工程项目、部位、工程量、形象进度、单价、总价、甲乙双方利润与分成比例。协议书可以一个工程项目、几个工程项目签一份，也可以随时签或一个月、一个工程阶段、一年签一次。协议一经签订，双方必须严格履行，任何一方不得中断、废止。局纪律检查委员会为履行协议的监督机构，对于任何一方违背协议的任何行为，行使监督、干预、裁决权。

承包单位的责任须全面实现“五包”，即包完成任务、包形象进度工期、包成本节约、包工程质量、包人工费和间接费不超支。严格按照设计图纸、技术要求和施工规范组织施工生产。杜绝恶性人身、机械和质量事故。

承包单位在规定范围内对利润留成部分有支配使用权。党政正职领导有权选择副职（副处级）人选，报局党委讨论，上报批准后任命；所属科室、车间、中队、工段领导人，单位党委有任免权，不称职的可就地免职，确有才干的可破格提拔，报局备案。有权给予工人、一般干部、科级干部直至留厂察看在内的任何行政纪律处分，报局备案。根据施工生产和经营管理的实际需要，有权设置或撤销内部机构，报局备案。有权在内部实行浮动工资（具体办法由本单位决定）。有权在局内部招聘职工，招聘退休职工。对职工在内部有调转权，可决定加班。但对加班工资应当有控制，不能无限制地多发。

承包工程实行盈利分成，盈多少分多少，分成比例不变，不封顶。完成承包的工程量、形象进度、成本有节约等3项，即可实行盈利分成。盈利分成比例视各项承包任务而定：盈利中先上交总公司60%，余下局与承包单位实行五五或四六分成等。承包单位留成中的15%交能源交通基金，35%用于生产发展基金和集体福利，50%留作企业奖励基金。对水电三局各工程处队厂的奖金暂定：①在全面完成任务，全面完成各项技经指标，尤其要保证形象进度和工期的前提下计奖。奖金指标由各单位自行掌握，提出数据报局劳资处备案。各单位要认真掌握，瞻前顾后，妥善安排。②奖金指标为：在上述①的条件下以人均创利水平考核分为七等，人均创利水平奖金考核标准见表6-4-1。③前方单位在上述奖金水平上加10%。

表6-4-1　　人均创利水平奖金考核标准

人均创利额	奖金水平（全局平均标准工资/月）	人均创利额	奖金水平（全局平均标准工资/月）
1500元以上	3.1	300元以上	1.5
1200元以上	2.7	300元以下	1.0
900元以上	2.3	0	0.5
600元以上	2.0		

其计算公式是：

$$人均创利额（元/年）=\frac{施工利润+其他收入-生活分公司费用-营业外支出}{全员（年平均）人数}$$

1985年2月14日，水电三局成立工程经营部，负责组织制订局的经营政策、办法；参与决策、对外经营；收集研究和交流信息等。同年9月8日水电总局58号文批复；同意水电三局从1985年起实行百元产值工资含量包干和费用工资含量包干，核定当年每百元产值工资含量系数为 2.35%，并同意增加 95.4 万元用于处理历史遗留及山区津贴等问题。

第二节　经营承包责任制

1988 年 2 月 27 日，国务院发布《全民所有制工业企业承包经营责任制暂行条例》，共 7 章 45 条。对承包经营制的内容和形式、承包经营合同、承包经营合同双方的权利和义务、企业经营者、承包经营企业的管理等问题作了具体规定。由于水电三局早在 1979 年就成为国家 200 家企业改革试点单位之一，在企业实行承包制方面进行了探索和尝试。因此，在条例发布后，水电三局在贯彻执行条例时，开始在深化企业改革上进行了新的探索。

1988 年 3 月 21 日，水电三局印发［1988］局总经字第 1 号文《关于深化改革、搞活经济、实行内部承包经营责任制的决定》。对内部承包经营责任制的原则、内部承包责任制要点、独立外包项目的承包经营责任制、多种经营项目原则、局内事业单位和局机关实行多种费用包干办法制定了明确的规定。其分配随全局生产经营效益浮动。

1988 年 4 月，水电三局［1988］局财字第 14 号文《内部银行结算暂行办法》开始实行。

1989 年，《水电三局深化改革、强化经营管理的实施办法》对内部承包经营责任制的原则做了明确规定：①基本原则是责、权、利相结合，国家、集体、个人利益相统一，职工劳动所得同劳动成果相联系。②水电三局与二级单位的利益分配关系要按“包死指标、确保上交、超收自留、亏损自补”的原则予以妥善处理。③内部承包经营责任制就是总包、分包、小包制。对一个工程项目或一个单位要实行总包。

为在新形势下求得生存和发展，1990 年水电三局制定《水电三局 1990 年经营管理实施办法》。要求全局培养求实进取、知难而进、奋力拼搏的企业精神，确保在建工程形象进度，稳妥发展多种经营，积极寻找后续工程，努力建设工程施工、多种经营两大经济支柱，逐步使三局成为自立于社会的经济实体。明确提出继续坚持多种形式的承包经营责任制，并不断加以完善；继续实行并完善局、处长负责制和任期目标责任制；继续实行现行的经济核算体制，实行全面核算制的处、厂、分局、指挥部、公司等单位是水电三局内部独立核算、自主经营、自负盈亏的经济实体，继续深化内部配套改革。承包经营责任制的基本点是：①核定指标，确保上交，超收多留，亏损自负。②水电三局与二级单位订立内部承包经营合同。③责权利相结合。水电三局与二级单位均应当履行承包经营合同中规定的义务。水电三局按合同规定，对承包方的生产经营活动进行检查、督促和审计，二级单位享有合同规定的经营管理自主权。④局长授予二级单位经营者以任期相同的法人委托书。⑤承包方经营管理的房地产和工程局所有的机械设备及计划供应回收的物资，未经水电三局许可，不得擅自转让、变卖和处理。至此，水电三局内部经营承包方式基本形成。

第三节　经营目标责任制

1988年1月3日，水电三局办字［1988］第1号文《关于做好局长任期目标制定过程中有关工作的通知》，明确了水电三局领导体制的改革要扎实稳妥地进行，在抓紧制订局长负责制细则的同时，制定出经过努力可以达到的、切实可行的、体现平均先进水平的长远规划和局长任期责任目标。

1989年，局劳人字［1989］第23号文成立局经营管理办公室。同年3月1日［1989］局办字第16号文《关于印发我局深化改革、强化经营管理的实施办法及其他8个单项管理办法的通知》提出，为了把承包经营责任制与1989年安康工程在年底下闸和对外承包，多种经营的总体目标、单位目标紧密结合落到实处，拟实行1989年度承包经营目标责任制作为局长和处长任期目标责任制的组成部分。

1991年，时任水电三局局长的刘纪仁代表水电三局、局工会主席姜玉村代表职工签订了《1991年局长经营目标责任书》。这是水电三局有史以来第一份局长经营目标责任书。(此后，历任局长均在职代会上签订任期内的《局长经营目标责任书》，经营目标内容依据当时的实际调整拟定)。按照《全民所有制工业企业转换经营机制条例》规定，局长对水电三局盈亏负直接责任。对局长的责任制实行考核和奖罚兑现。局长以标准工资25％作风险抵押，责任书总年限与任期相同，每年考核一次。责任书指标包括：①资产保值、增殖；②实现利润；③履行合同、施工生产经营计划（首先保证完成上级指令性计划)；④全员劳动生产率；⑤质量安全；⑥计划生育；⑦精神文明；⑧职工生活等。考核工作由局职代会组织进行，依据水电三局各项年报和上级审核或审核结论。奖罚办法：①全面完成或基本完成（前两项必须完成）考核指标，可按实际实现利润的0.5％提奖（以1992年实现净利润为基数，逐年递增20％)；②大部分完成考核指标（前2项和后6项各有一项未完成)，不奖不罚；③基本未完成考核指标，以风险抵押金冲抵；④任期内连续全面完成或基本完成责任书指标，经局职代会确认，可按任期内年度平均超额利润的1％给予一次性奖励；⑤连续两年完不成责任书指标的，职代会可向上级主管部门提出免职请求（局长也可自动提出辞职申请)。

其他局级领导干部互保责任书。在每年局工作会上，其他局级领导与局长订立互保责任书。互保责任书指标包括：①分工主管工作；②与局长及其他局级领导的协作配合；③支持局长为完成任期目标组织开展的各项工作。奖惩办法：以局长责任书中的前两项指标为前提，互保责任书指标全面完成或基本完成，可按局实际实现利润的0.4％提奖；分管工作主要指标有一项未完成，不奖不罚；互保责任书指标基本未完成，以风险抵押金全部冲抵。水电三局连续两年完不成各项目标和指标，或连续两年未完成互保责任书指标，局级领导可向上级主管部门提出集体或个人辞职的请求。

二级单位经营目标责任。二级单位行政正职对本单位盈亏和局下达指标负有直接经营责任，并与局长签订经营目标责任合同书，以其15％标准工资作风险抵押。

项目经理部和项目经理经营目标责任。项目经理部系水电三局派出机构。项目经理对局长负责，对项目的合同履行、施工生产、经营管理及局核定的各项指标的完成负有直接责任。项目经理在局党政工联席会议上与局长签订经营目标责任书合同，以其20%工资作风险抵押。连续两年完不成责任书指标，局长可免去项目经理或经理部其他领导的职务。

局机关各职能部门及行政正职包干责任制。局机关各职能部门按精简、效能、改革的原则设置，通过履行职能、互相协作来完成各项经营管理工作。其行政正职对本部门工作成效负有直接责任。局长视年终考核情况奖励或撤、免、降部门负责人。

费用单位经营责任制。对费用单位区别不同情况，分别实行预算费用包干、费用差额补贴、自收自支等经营责任制。

1994年4月，水电三局印发经过水电三局四届二次职代会讨论修订的、编号为局企管字第13号文的《水电三局转换经营机制实施纲要》，共5章39条。其中，对经营目标做了新的具体要求。

第四节 转变经济增长方式

水电三局《1996～1999改革与发展四年规划》提出转变经济增长方式，走内涵发展的道路。规划紧紧围绕实现经济增长方式转变提出了工作的指导思想和主要任务，提出水电三局改革与发展要完成：第一，以工程开发为龙头，增加合同存量，保持施工产值持续增长。第二，完善科学管理，强化集约经营意识，提高工程项目的经济效益。建立健全配套制度体系，围绕成本核算，全面推行财务和成本管理。一切管理工作的出发点都要从减少投入、提高效益入手，按集约化经营的要求动态组织项目施工的全过程管理。走内涵发展的道路，改变粗放型的经济增长方式，提高经济增长的质量与效益。第三，适应市场环境变化，合理配置资源，逐步调整和完善企业结构。第四，改革完善企业内部经营管理机制，调整局处两级经济关系。第五，进一步巩固发展多种经营，加快形成支柱产业。壮大多种经营产业规模，拓宽经营领域，提高多种经营经济效益，实现水电三局经济结构调整的战略目标。第六，巩固完善基地服务体系，积极推进住房制度改革，使基地管理逐步向社会化服务转变。第七，加强党的建设，坚持两个文明一起抓，发挥企业党组织的政治核心作用。努力营造有利于水电三局发展的软环境，形成一种团结、和谐、文明、健康的人际关系和社会风尚，为促进水电三局生产力发展提供长久的精神动力和智力支持。

1997年，水电三局经济增长方式实现了初步转变。通过坚持全局以经济效益为中心，企业管理以财务管理为中心的思想，切实加强了项目管理。黄河大峡电站施工模式也得到了电力部领导的肯定，并取得较好经营效果。各项目部和二级单位也在通过制度建设不断完善各项管理办法，经营状况有所改善。到年底全局的扭亏增盈工作初见成效，绝大多数单位已变亏为盈。水电三局的经济增长方式已初步向集约化、效益化转变。

2005年10月，水电三局在西安召开了2005年度经营管理工作会议，确立了树立科学发展观，转变经济增长方式，增强项目精细化管理的概念；提出了进一步推行"转变观念，强化管理，突出效益中心，促进水电三局持续、稳定、健康发展"的工作思路。在转变经济增长方式的基础上提出了精细化管理的理念。

第五节 联 营 体

联营体经营管理模式的出现，反映出中国市场经济特殊性的特点，是计划经济向市场经济转型过渡的一种新的形式，各施工企业可根据项目的需求，联合起来，弥补自身在资金、专业技术或治理上的不足，成功承接各类资金投入大或者技术复杂的大型工程，减少各成员企业担保金、保险金、周转资金和机械设备的投入，分散风险；可避免承包商相互间过度竞争，是实现工程承包市场有效竞争的一种途径，是承包商拓展市场的有效手段。通过联营体各方的合作和相互学习，有助于技术的强化和管理经验的积累，体现资源优势的整合。

一、“三七八”联营体

1990年以后，由水电三局、水电七局、水电八局组成“三七八”联营总公司参加世界瞩目的三峡工程建设，承担了三峡工程的左岸电站厂房、右岸电站厂房的开挖和混凝土浇筑，永久船闸的混凝土浇筑等主要工程。联营体的组织机构分为三个层次，即：董事会、总经理及三总师的决策层、各部门和项目经理的管理层、各工区和工段的作业层。“三七八”联营总公司前期实行松散型的联营，水电八局、七局、三局的投入比例为4∶3∶3，制定了《“三七八”联营总公司章程》、《“三七八”联营总公司运行规则》、《“三七八”联营总公司监事会章程》作为管理工作的依据。在进入三峡电站三期工程时，水电八局、水电三局、水电七局按5∶2.5∶2.5的比例来分享利润和承担相应的亏损。联营体实行一级核算、二级管理，实行紧密型联营，又重新制定了《三峡水利水电工程“三七八”联营体章程》、《三峡水利水电工程“三七八”联营体运营规则》、《三峡水利水电工程“三七八”联营体劳务管理规则》及《三峡水利水电工程“三七八”联营体设备管理规则》，确定“三七八”联营体对右岸的电站厂房工程项目管理按紧密型联营方式运作。

二、“八三”联营公司

1994年10月，中国水利水电第三工程局与中国水利水电第八工程局签订《大朝山水电站工程建设八三联营体协议》。1995年3月经中国水利水电工程总公司批准，“同意中国水电八局、中国水电三局为适应社会主义市场经济发展和大朝山工程建设的需要，按股出资共同组建云南大朝山水电站工程建设‘八三’联营公司”。联营体伙伴股份比例为水电八局70%，水电三局30%，共同承担大朝山水电站大坝主体等工程。联营体实行董事会领导下的经理负责制；董事会是联营体的决策层，下设联营体管理层与作业层。联营体实行一级核算，统一对内外结算，统一纳税。“八三”联营体在大朝山水电站全断面碾压混凝土重力坝施工中，采用了一系列新技术和先进施工工艺，创造了多个国内之最，总工期比原计划提前一年。云南大朝山水电站在2004年荣获国家“鲁班奖”。

三、“四三”联营体

2001年7月，中国水利水电第三工程局作为联营方与中国水利水电第四工程局签订《联营体协议书》，组成中国水利水电四局、三局小湾水电工程联营体，简称“四三”联营体，承担小湾水电站工程左、右岸缆机基础及1000米高程以上坝基开挖、支护等主要工程。双方在联营体的参股比例是：水电四局60%；水电三局40%。联营体经营模式为董事会领导下的、监事会实施监督的紧密型独立核算联营实体。联营体组织机构分为三个层次，即：决策层、管理层、执行层。依据《联营体协议书》，制定了《中国水利水电四局三局联营体章程》，并制定了联营体运营规则及内部管理办法，实行规范运作。云南小湾电站2004年提前一年截流，“四三”联营体承担了截流关键工程之一的下游围堰施工。截至2004年8月底，联营体共验评单元工程4979个，优良4470个，合格率100%，平均优良率90%。

“三七八”联营体、“八三”联营公司、“四三”联营体在所承担的工程任务完成后，结束使命而解体。

第六节　参　股　控　股

自1999年起，为加强水电三局日渐增多的投资项目的管理，建立科学、合理、规范、高效的投资项目管理体制，使水电三局的投资项目在为水电三局拓宽市场、扩大规模、增强企业竞争力、提高经济效益方面起到更大作用，水电三局成立了对外投资管理委员会。这是一个制定投资政策，提供投资决策方案，统一管理水电三局投资项目的管理机构。

随着水电三局产权结构调整力度的不断加大，对外投资呈多元化。截至2006年，水电三局共有对外投资项目6个，其中控股公司2个、参股公司4个。

一、苏州三新商品混凝土有限公司（简称三新公司）

由水电三局与苏州联发房地产公司于1995年共同出资组建。主要从事商品混凝土生产和销售。公司坐落在苏州城区，注册资本金2200万元，水电三局出资1540万元，占70%控股权。

二、湖北谷城联虹有限责任公司

1999年1月，由水电三局与谷城县水电开发公司、襄樊电力集团、襄樊电力集团谷城银盛公司、谷城县华鑫公司5家单位共同出资组建。公司注册资本金3340万元，水电三局出资1575万元，占47%的股权。

三、陕西石泉发电有限责任公司

注册成立于1998年2月，由水电三局与大唐陕西发电有限公司、安康国有资本经营公司、中国水电顾问集团西北勘测设计院4家单位共同出资组建。公司注册资本金7500万元，其中，水电三局出资1275万元，占17%的股权。

四、陕西汉江投资开发有限公司

于2002年1月在西安注册成立。首期注册资本金1000万元。公司由水电三局与大唐陕西发电有限公司、陕西省水电开发有限责任公司、陕西省交通厅航运管理局、安康市国有资本经营公司5家单位共同出资组建。其中水电三局投入项目建设资本金3704万元，占5%的股权。

五、云南秦云工贸有限公司

成立于2003年9月，是一个以水电三局职工自然人身份出资和水电三局出资共同发起创立的有限责任公司。公司主要经营范围：水电站、公路、房屋等建设项目的开发、施工、管理等。公司注册资本金暂定100万元。公司项目建设资本金累计1766万元，其中，水电三局出资442.4万元，占25%股权，相对控股，其余为自然人出资。

六、苏州科利源施工技术研究所有限公司

于1999年在苏州高新技术开发区注册成立，由水电三局与苏州混凝土水泥制品研究院共同组建，注册资本金100万元，水电三局出资48万元，占48%的股权。

第五章　企　业　升　级

第一节　组　织　机　构

为进一步贯彻国务院《关于加强工业企业管理若干问题的决定》搞好“抓管理，上等级，全面提高素质”的工作，1991年7月水电三局开始了企业升级工作，成立了资质升级领导小组，由局长刘纪仁任组长；局党委副书记赵庆安，副局长胡懋初、史振宇，局工会主席姜玉村，局总经济师蔡新鉴，总工程师蔡泽夏，总会计师方浩任副组长；成员有：刘晓东、齐松林、张贵兴、汪文浩、陈畴麒、柴隆彬、吴道通、屈良贵、俞德南、岳文华、安鸣瑞、齐东升。领导小组下设办公室，负责企业升级的具体业务工作。

为进一步加强水电三局班组建设工作和适应抓管理上等级工作的需要，1991年8月8日，水电三局企业升级管理领导小组第一次会议决定成立班组建设领导小组。组长史振宇，副组长赵庆安、陈恩富。领导小组办事机构设在劳动人事处。

2005年，为提升水电三局的市场竞争力，水电三局全面启动水利水电资质升级工作，申报水利水电工程施工总承包特级资质。同时成立了水电三局资质升级工作领导小组。领导小组组长：副局长司勤；副组长：总经济师任世玉、局党委副书记付胜利；成员有：胡伟、沈钧、俞程、韩贵才、李桂兰、张玉凤、李建军、何长春、魏山河、白存忠。

第二节　措　　施

一、企业全面整顿

1980年8月8日，国家基本建设委员会［1980］建发施字第178号文《关于整顿施工企业的通知》，试行《国营施工企业暂行工作条例》；国家电力部转发并要求各水电三局贯彻试行。《国营施工企业暂行工作条例》对施工企业的经营方式、施工程序、计划管理、质量管理、材料管理、机械设备管理、财务管理、劳动管理、技术管理、工资福利、领导制度、政治工作等作出了明确规定。水电三局于9月1日转发并认真组织试行。

1982年5月18日，水电三局制定下发《企业全面整顿的实施方案》的补充规定，要求1982年内完成整顿工作，1983年上半年进行验收。

1982年8月14日，印发执行水电三局《1982年下半年企业全面整顿的工作安排》和《工程处（队厂）整顿验收标准》。经过一年多的努力，企业全面整顿工作取得了较好的成效，基本上完成了中央［1982］第2号文件规定的五项整顿工作。经过两次自检，水利水电建设总公司预验收组于1983年6月上旬的预验收，认为基本符合验收条件；8月经过水电三局补课复查认为已接近总公司颁发的企业整顿合格的标准细则；9月6日局将《申请验收报告》及《创“六好企业”规划》提交局职代会主席团扩大会议审议通过，特报请中国水利水电建设集团公司进行正式验收。

1983年10月5～11日，水利水电建设总局会同安康地区行署组成的企业整顿检查验收团，对水电三局企业整顿工作进行了全面的检查验收，按照《水利水电施工企业整顿验收合格标准细则》进行评定，按千分制考核实得936分，验收合格。同年10月11日水电三局职代会第五次主席团扩大会议听取了水电部水利水电建设总局、安康地区行署企业整顿联合检查验收团《关于检查验收水电部第三工程局企业全面整顿工作总结报告》，完全同意联合检查验收团的报告和对水电三局检查验收合格的结论。1984年水电三局获水电部水电建设总局颁发的企业全面整顿验收合格证。

二、基础管理工作

（一）标准化工作

业务系统和生产指挥部及局属二级单位建立标准化工作机构，并配备专（兼）职人员，建立健全以技术标准为主题、包括工作标准和管理标准在内的企业标准化管理体系，并贯彻执行。

（二）计量工作

在加强对计量工作人员培训逐步取得合格证的基础上，坚持计量器具配备率、检测率、周检率、以满足生产和经营的需要，并按照《全国工业企业计量工作定级升级标准》及《水利电力部计量管理工作规定》做好计量定级工作，按时获得相关要求等级的计量合格证书。

（三）定额管理工作

完善和加强定额管理机构，加强各种定额管理。凡是有条件的单位都要按照定额来组织生产进行经济核算或进行定额承包，并不断提高定额管理水平。

（四）档案管理工作

在主要管理职能部门实行计算机管理。按《档案法》、《国营企业档案暂行规定》以及国家档案局《企业档案管理升级试行办法》等有关档案工作法规、规定，健全和完善档案管理的各项制度。

（五）教育培训工作

加强职工教育培训，充分发挥技工学校和党校的教学优势，技工学校承担部分脱产人员的技术培训，党校承担科级（含中队长）以上干部培训任务。在有可能的条件下选送一部分有培养前途的专业人员到大专院校进修，以不断提高各类人员的素质。

（六）建章立制

在加强两个文明建设、深化管理、搞好经营、提高企业素质的方针指导下，理顺各种关系，完善各种规章制度，搞好生产调度、技术、质量、安全、劳动人事、教育、物资、设备、财务、房屋、行政、生产的管理。以各业务系统为主，组织力量，集中时间对已颁发的各种规章制度进行补充汇编，并认真贯彻执行。

三、各项专业管理工作

（一）计划管理

水电三局计划处负责汇编全局性的年、季度计划及实施方案，并逐月进行督促检查，统计分析各项计划执行情况，充分发挥预测、分析、监督和控制、平衡等管理职能作用。

负责企业对评有各级各类职称的工程技术和管理人员、企业项目经理等材料的收集和整理。

（二）全面质量管理

建立全面质量管理体系，严格执行质量自检、互检和局检质量检查制度，杜绝施工中因责任造成的各种工程质量事故，保证工程合格率和优良率都达到国家要求的标准。

负责代表工程业绩、工程竣工验收、质量评定、安全评价和结算等资料的收集和整理。

（三）安全管理

完善以局长为首的各工程单位领导安全负责制和全局保证体系，建立健全各级安全管理机构，配齐专（兼）职安全管理人员，完善安全技术措施，根据水电施工规律，定期开展安全大检查，努力消除安全隐患。

（四）设备管理

各单位领导认真抓好设备的维修、运行和技术改进环节，按国家规定提取折旧费，加速设备的更新改造。

（五）财务与审计管理

贯彻执行《会计法》和《国营施工企业成本管理条例》，严格遵守财经纪律，执行财经制度。在审计工作方面，设立审计处，积极开展审计工作，对水电三局属各单位全部进行了审计。

（六）物资管理

水电三局物资管理实行局、处两级管理，建立了比较完善的，科学的管理办法和制度，从计划、采购、验收、发放、领用等都有严格的制度和规定的程序。

（七）劳动人事管理

水电三局本着“精简、统一、效能”的原则，按定员定额组织生产，尽量压缩非生产用工和计划外用工，逐步进行定额承包，计件工资和单项工程承包等经济承包责任制，搞好工资和奖金分配。做好干部的聘任和定期考核以及培训、技术职称评定、升级调资、离退休的工作，达到人尽其能、各尽其才的灵活高效的原则。

（八）其他管理

除上述各项管理工作外，还有生活、卫生、第三产业等行业的管理，所有行业的管理都贯彻“为生产服务、为职工服务、为工程服务”的方针，都以企业升级为中心，统一部署，协调行动。

（九）建立质量管理体系

2005年，根据水电三局的总体计划安排和质量体系整合的需要，水电三局推进质量、环境、职业健康安全管理体系运行，不断提高各项基础管理水平完成管理体系文件的编制，严格按照《贯标工作计划》的安排，开展体系认证与运行要求的宣传贯彻培训，举办16期管理体系人员培训班；按计划完成新体系的内部审核、管理评审等各项工作。于2005年12月12日通过认证机构的认证审核，并取得证书。

第三节　成　　果

1989年9月14日，中华人民共和国建设部向水电三局颁发了编号为37131182的资质证书。资质等级：水利水电建筑施工一级、水利水电设备安装一级、水利水电基础处理一级、工业民用建筑施工三级。

1990年2月14日，中华人民共和国能源部、中华人民共和国水电部向水电三局勘测设计处颁发了编号为水电设证乙字第16号的工程设计证书：①工程设计等级：乙级。承担任务范围：乙级范围的建筑工程设计；小型水利水电工程设计及科研工作（包括与工程有关的配套项目设计及大型水利水电工程的施工组织设计）。②工程勘察等级：丙级。承担任务范围：小型水利水电工程的地质勘探、测量与水文测验工作；按国家计委规定的其他行业的丙级勘测工作。

2006年3月，根据《中华人民共和国建筑法》、《中华人民共和国招标投标法》及《建筑工业企业资质管理规定》等规定，水电三局申报的水利水电工程施工总承包特级资质，经建设部3月10日公示，批准通过。企业资质：水电三局为建筑业中集科研、设计、施工、技术开发和应用为一体的国家特大型骨干企业，具有国家建设部核发的建筑业企业资质证书。资质等级为：水利水电工程施工总承包特级、公路工程施工总承包二级、市政公用工程施工总承包二级、房屋建筑工程施工总承包二级、土石方工程及钢结构工程专业承包一级、工程设计乙级、电力大件运输承包甲级、试验室一级、测绘甲级、起重机机械修理与安装一级。还核发有机场工程施工许可证、安全生产许可证。

根据建设部建市［2006］第87号文《关于继续开放铁路建设市场的通知》精神，为适应铁路建设需求，建设部和铁道部决定，具有公路、港口与航道、水利水电、矿山，市政公用工程施工总承包特级资质的企业，可比照铁路施工总承包特级资质承担铁路工程总承包。至此，水电三局拥有了水利水电工程施工总承包特级资质。

第六章　产　业　结　构

第一节　一业为主　多种经营

水电三局自建局以来，主要以承建水利水电工程施工、工业、民用建筑为主，到20

世纪 90 年代已发展成为具有国家水利水电工程施工总承包特级资质，以及公路工程施工、市政公用工程施工、房屋建筑工程施工、工程设计、电力大件运输、试验室、土石方工程及钢结构工程、起重机机械修理与安装、机场工程施工、安全生产等相应资质，集施工、勘测、设计、质控、安装、制造等业务能力于一体的大型综合企业。

1983 年，水电三局随着计划经济最后一个指令性工程安康水电站的截流，经营管理思想随着国家政策的调整和生存形式的变化，开始由生产型企业向生产经营型企业转变。

1985 年，水电三局确定了经营的方向：以水电为主、因地制宜、兼搞多种经营、增强企业活力，即一业为主，多种经营。当年 3 月水电三局外包工程首次中标，承包山西平朔煤矿公路修建及煤矿覆盖层剥离工程。

1986 年 11 月，通过中建总公司在阿尔及利亚承包布库尔丹水坝工程由水电三局负责施工。同年兴办了大小 6 个产业及服务行业，产业投资达 1500 万元，解决了 1726 人的就业问题，初步成为水电三局经济构成中不可缺少的重要组成部分。

1989 年，陕西省工商局对水电三局核发了企业法人执照，使水电三局有了合法的经营凭证。

1990 年，水电三局的铁合金厂和金州客车厂分别获中国水利水电总公司 10 个效益性企业第三名和第七名。

1992 年初，根据当时多种经营的规模和管理需要，水电三局成立了工商企业处，对多种经营产业实行统一管理。

1994 年 4 月 6 日，水电三局印发了经过局四届二次职代会讨论修订的、编号为局企管字第 13 号文的《水电三局转换经营机制实施纲要》，提出水电三局总的经营管理思想和方针是以市场为导向，以经济效益为中心，调整产业结构，转换经营机制，实现工程施工与多种经营两业并举、协调发展。

1996 年初，水电三局多元化产业结构初步形成，在此基础上，提出了把以工程开发为龙头，工程施工、多种经营两业并举，实现规模效益放在实现水电三局发展的重要战略位置。积极全面地探索市场，把握市场，采取一切可能的形式去占领市场。适度加大多经投入，初步形成相对独立的多种经营体系。至 1996 年，水电三局先后在西安、秦皇岛、北京昌平、湖北宜昌、甘肃白银、云南昆明等地购置了房地产，同时创办了一批多种经营实体，总计安置人员近 3000 人。

1998 年 9 月，水电三局根据水电总公司的有关指示精神，对全局多种经营企业进行清理整顿，关闭了一些亏损严重、没有发展前途的企业，保留了一些经济效益比较好的企业；并对天柱公司、社会福利厂等企业进行改制分离。不再投资兴办新的项目，转而加大对外股权投资，走“一业为主，多业支撑，立足长远，相关多元，科学发展”的科学发展道路，使多种经营更趋理性，成为水电三局多元化产业的一个重要组成部分。

2001 年以后，水电三局水利水电主业发展迅速，主业产值不断攀升，鉴于多种经营项目投入不足，经验不足，制度不活，管理不善，导致多数企业亏损严重的实际状况，水电三局对多种经营项目进行了改制或关闭。

第二节　主辅分离　精干主业

2000 年初，遵照国电公司和集团公司的总体安排，水电三局在系统分析了队伍结构、产权结构和产业结构调整的基础上，对有关单位进行了非经营性资产（不动产）的初步摸底，摸清了规模与数额。当年 7 月召开了水电三局改制工作研讨会，经过充分酝酿、分析和准备，提出了水电三局改制工作的基本思路和下一阶段改制方案的设想，经党政联席会审定，成为水电三局改制工作的基本政策。

2000 年 10 月 8 日，水电三局召开体制改革领导小组第一次会议，提出按总公司“剥离、改制、重组”三步走精神，本着“先分立、后分离”的原则，进行企业办社会职能的剥离。水电三局随后拟定了改制的阶段性计划，要求各改制单位在 2000 年底以前上报本单位总体改制方案。同时派出专业工作组对改制单位进行清产核资、人员结构队伍规模划分；派出专门人员赴陕西省安康市教委、卫生局、体改委、劳动局、社保局，就水电三局办社会职能的移交问题进行磋商。到 2001 年初外围改制单位都先后上报了各自改制方案，大多数单位摸清了家底，为水电三局制订改制方案提供了充足的依据。

2001 年 1 月，由水电三局体制改革办公室拟出的《水电三局改制工作情况通报》，传达了国家电力公司及水电总公司的改制精神和基本思路。国家电力公司在 1999 年初把目标定位在“控股型、经营型、现代化、集团化的国际一流企业”。全面推进公司系统组织结构的战略性调整，把政府（社会）职能移交给政府（社会）；把行业管理职能移交行业组织。进一步充实和完善公司的企业职能，核心是建立法人治理机构，加快减人增效和下岗分流，加大体制外分流人员的力度。水电总公司在 2000 年要求坚决果断地将社会职能分离出去，按“能交则交，能停则停”的原则，尽快实行分离或分立，提出了水电三局外围改制方案。

2004 年 1 月，按集团公司要求，水电三局经研究上报了水电三局纳入辅业改制单位的资产重组情况分析表，也就是第一批主辅分离名单。包括单位人员、性质、目前的经营现状、所占土地面积和原值、房产面积、其他各类资产以及总资产原值等基本情况。

第三节　分离企业办社会

2005 年初，按照集团公司的统一部署和陕西省财政厅的总体安排，水电三局发［2005］第 05 号文成立了水电三局分离企业办社会职能工作领导小组，组长吴新琪；副组长：司勤、冯亮、付胜利、刘玉建、吴家明；下设办公室，办公室主任陈越文。同年 3 月 22～23 日，水电三局在西安召开水电三局分离企业办社会工作预备会议和分离企业办社会工作领导小组第一次会议，对分离企业办社会工作进行具体安排。这标志着水电三局分离企业办社会职能工作正式启动。

分离工作分四个阶段进行，即准备阶段、数据核对阶段、签署协议阶段、办理移交手续阶段。坚持资产随职能走，人员随资产走的整体移交原则。2006年5月17日集团公司与陕西省人民政府签署了《第二批中央在陕企业分离办社会职能机构移交协议书》（陕中企移字［2006］第023号文）。根据协议规定，移交到陕西省安康市汉滨区管理的全日制学校分别为中国水电三局安康张岭子弟学校、中国水电三局安康关庙子弟学校。移交到陕西省汉中市汉台区管理的全日制学校为中国水电三局汉中学校。

2006年12月1日，水电三局与陕西省汉中市汉台区人民政府签定了《第二批中央在陕企业分离办社会职能机构补充移交协议书》（汉区移字［2006］05号文），移交学校为中国水电三局汉中学校。

2006年12月6日，水电三局与陕西省安康市汉滨区人民政府签定了《第二批中央在陕企业分离办社会职能机构补充移交协议书》。至此水电三局平稳、顺利地将251名在职教师、151名离退休教师共计402人，全部移交汉中汉台区、安康市汉滨区两地政府管理。水电三局对三所中小学校移交地方政府的工作全面完成。公安系统的移交工作根据国家和陕西省工作进度安排平稳推进。

第四节 产业多元化

从1985年水电三局确定以水电为主、因地制宜、兼搞多种经营、增强企业活力的经营方向后，经过10余年的艰难探索，至1995年底水电三局在建筑业中，除传统的水利水电施工外，已进入了工业与民用建筑、机场、公路、桥梁等建筑市场，经济结构多元化初见成效。1997年开始从现有的公路、工业与民用建筑、基础处理、机电设备安装等专业队伍的技术装备能力出发，调整资金投向。1999年11月25日，经水电三局党政联席会议研究决定成立水电三局对外投资管理委员会。

《2005～2008年水电三局改革与发展四年规划》作出了水电三局战略定位：构建以国内外建筑业施工为主导产业，多元化发展、具有综合经济实力的特大型企业。主要体现在四个方面。①继续巩固和扩大国内水电建筑市场份额，拓宽交通、水务、市政建设等建筑领域，保持强有力的竞争态势。②充分利用集团公司的国际工程开发建设平台，全方位地快速进入国际工程市场，培育一支熟悉海外工程项目开发和管理的高素质的专业队伍。通过四年规划期的持续努力，实现水电三局产业结构由量到质的根本转变，实现水电三局生存空间的更广阔发展。③坚持科学、协调的发展观，按能源、基础行业开发的相关产业链为主线，继续积极、审慎地开展高端产业项目投资活动，扩大和延伸经营领域，增加新的效益来源，提高抵御经济风险的能力。

第五节 资源重组

水电三局建局50年来，在发展的各个时期，都曾对内部资源进行过多次整合和重组，以保证生产发展的需要和自身队伍结构的合理、有序、高效地运作，使企业更好更快地发展。

2005年，在多次调整，改革的基础上，水电三局对现有运行机制进行认真总结与分析，对全局队伍规模进行整合、优化。按“扁平化”原则构建高效精干的职能结构，拓宽管理幅度，减少管理层次，提高信息化应用水平，使组织结构、规模及工作机制适应市场和各在建项目快速发展的需要。

2006年7月，水电三局研究制定了《中国水利水电施工生产单位及专业队伍结构整合方案》，将现有12个施工生产单位和3个专业化队伍整合成4个土建分局、3个专业化分局和1个勘测设计研究院。要求在整合过程中，以专业特色为主，兼顾各单位的施工生产实际和区域划分，由简到难逐步实施。整合方案上报集团公司备案。同时成立生产单位整合领导小组，组长吴新琪；副组长：张治源、司勤、吴家明；成员：焦继轩、付胜利、刘玉建、任世玉。领导小组下设办公室，主任陈越文；副主任魏山河、姚红滨、陈锡霞、王保辚；成员：由财务处、劳人处、设备处、工管处、局办、党委工作部、局工会、局纪委监察处、审计处、社保处、新闻中心各派一名工作人员组成。办公室下设4个工作小组：政研组、人事组、财务组、资产组。

整合后的二级单位领导岗位职数控制在10～12名，其中分局长兼党委副书记1名，书记兼副分局长1名，副分局长3～5名，工会主席兼纪委书记1名，总工程师1名，总经济师1名，总会计师1名，总机械师1名。

至2006年底机构整合资源重组以后，水电三局原有24个生产经营单位及其他单位重组为7个综合土建及专业施工队伍和1个勘测设计单位。各单位在资源、主攻方向、核心专业、综合施工生产能力和规模、人力技术资源上，按照水电三局的优势互补，减少管理层次，缩短管理链条，降低经营管理成本和提高整体施工管理能力及作业效率、提升各单位的综合实力的构想完成了全面整合工作。

第七章　管　理　体　制

第一节　机　构　设　置

水电三局从承建青铜峡水电站、刘家峡水电站、石门水库、石泉水电站直至安康水电站时期，一直是在国家计划经济条件下，独立整建制的投入电站建设，因而机构设置通常采用的都是两级管理体制，即水电三局—工程处（队、厂）管理模式。在水电三局一级管理中，设置的是代行水电三局指令性计划管理的机关职能部门，分为行政管理系统和党群管理系统，机构设置随水电三局职能的调整而不断发生变化。在工程处（队、厂）一级管理中，又将权力细化，分解到班组、车间。这一时期机构设置带有明显的计划经济特点，机构设置庞大、复杂，涉及企业生产建设、企业党建、企业办社会等各个领域。因此，机关机构在这一时期不断地进行调整和精简，工程处（队、厂）一级的机构也随着水电三局产业结构的调整而不断发生变化。

第二节　职　能　转　变

随着企业改革的不断深入，水电三局各职能处室的职能也相应地发生了根本性变化。生产管理的部门职能转变为生产经营职能；企业经管部门转变为企业发展的宏观管理部门；设计院与科研所的整合，使原有的单一职能，转变为设计科研综合职能；原费用单位转变为物业管理单位。劳资、人事以及干部管理的各自职能转变为人力资源的综合职能。房地产管理部门转变为房地厂开发职能。根据各部门职能的转变，水电三局对各部门的不同工作内容制定了相应的管理职责。

第八章　人事劳动用工分配制度

第一节　人　事　制　度

在计划经济时期，水电三局在人事和劳动用工方面，执行的是国家有关政策和计划，缺乏相应的自主权。随着建筑企业逐步走向市场，国家在企业人事和劳动用工方面也逐步放开。1984 年 7 月随着水电三局领导体制由党委领导下的厂长负责制转为实行局长任期目标责任制，水电三局的人事制度发生了重大变化。从 20 世纪 90 年代始，领导干部的任用推行干部聘任制，全员的劳动关系逐步实行合同制管理。

1992 年初，劳动部等五部委联合制定了深化企业劳动人事、工资分配等项改革为主要环节的转换企业经营机制的任务和措施，原能源部制订了《关于推进劳动、人事、工资制度配套改革的若干意见》。

1993 年 4 月，水电三局成立人事、劳动、工资三项改革领导小组，局长李友仁任组长，局党委书记赵庆安任副组长，1995 年增补副局长于彦洲为副组长。

1995 年 6 月 1 日，为实现水电三局各级领导班子年龄结构的梯次配备，水电三局党委下发了第 37 号文《中共水电三局党委关于抓紧培养选拔优秀年轻干部的意见》，要求局机关各部门要有一名 40 岁以下的处级干部，并逐步配备一定数量的 40 岁以下的正职领导；部门中应有一定数量的 35 岁以下的干部。二级单位党委和行政领导班子中，35 岁以下的干部至少要有一名，并创造条件努力配备 35 岁左右的正职领导。二级单位应有一定数量的 35 岁以下的科级干部，其中正职要有一些 30 岁左右的干部。选拔年轻干部必须坚持德才兼备的原则，切实做到择优而任。

1997 年 3 月，根据水利水电部、水电总公司有关规定，水电三局组织人事处修订颁发了《水电三局干部管理办法》(试行稿)，其中对选拔任用各级领导干部要坚持的原则规定：①党管干部的原则；②德才兼备，任人唯贤的原则；③群众公认，注重实际的原则；④公平、平等、竞争、择优的原则；⑤民主集中制的原则；⑥依法办事的原则；⑦在研究讨论聘免干部时，坚持集体讨论的原则。抓紧选拔优秀年轻干部，特别要注意选拔经过一定台阶锻炼，在改革开放和实际工作中政绩突出，群众公认的优秀年轻干部。采取优惠政策，积极主动吸引高等院校优秀毕业生和有专业特长的技术干部到水电三局工作。凡水电三局急需专业，大专以上学历统招统分的毕业生到水电三局工作的，在见习期内执行岗位工资。本、专科生分别为三岗、二岗。对十分紧缺的高层次人才还应特殊对待。水工、施工、水动、施工机械、机械加工、交通工程、电气、钻探地质、财会、临床医学等10个专业的大学本科、专科生，根据经济困难情况还可分别享受4000元以下及2000元的安置费。

处级（含处级）以下干部调出和调入由水电三局决定。处级干部和具有高级专业技术职务的干部，调出（入）水电三局由组织人事处提出意见，按党群、行政分别提交局党委、局党、政领导联席会议研究决定。其他干部调动，由主管组织人事工作的局领导召开专门会议研究决定。实行全员劳动合同制后，凡通过竞争在现岗位上工作的管理人员、专业技术人员，不允许办理停薪留职手续。停薪留职人员必须是落聘人员。辞职人员必须是落聘人员。干部的奖惩要坚持精神鼓励和物质鼓励相结合，惩戒相结合的原则，做到功过分明赏罚得当。按干部管理权限，处级干部奖惩由水电三局决定，其他干部奖惩由二级单位办理。干部的工资变动、除名、开除厂籍由水电三局决定。推行以“四定”工作为基础，试行专业技术资格职务评聘公开制度。

自2000年起，为了加快干部人事制度改革的步伐，促进人才的合理流动与优化配置，水电三局决定采用公开选拔，竞争上岗的办法选拔处级干部。下发局党字［2001］18号《水电三局公开竞争处级领导岗位实施办法》，包括公开竞争处级领导岗位应遵循的基本原则、应具备的资格、应履行的基本程序。竞聘采取报名自荐、资审提名、述职测评、公示聘任等环节。对后备干部采取轮岗、上挂、下派等方式有计划有步骤地培养和使用。改变用人观念，只要具备一技之长，能为企业发展作出贡献的都视为人才。优化人才配置，建立水电三局人才数据库，对人才的流动情况适时统计分析，关键人才的流动必须经党政联席会议决定，逐步完善人才激励机制。每年按需求计划，到全国各大中专院校招聘大中专毕业生，并按照当地政府的规定，办理西安落户手续，发放安置费。

2005年，水电三局深入贯彻集团公司“人才强企”战略思想，完善人才工作制度，干部队伍逐步显现专业化、年轻化局面。加大人力资源调配力度，规范人力资源信息化管理，建立系统的人力资源培养、使用和激励机制。注重高技能人才的培养，树立人人都可以成才的观念，不唯学历，不唯职称，不唯资历，不唯身份，发挥技术工人的积极性和创造性。

2006年，水电三局按照全局生产经营单位机构整合工作的整体安排，开展了生产经营单位负责人（副职）公开选聘工作，对61个副处级工作岗位在全局范围公开选聘。通过严格审查，有161人参加了面试，最后有59人被聘到相应的岗位（其中30人从科级岗位选聘）。

第二节　劳动用工制度

1994年5月，水电三局明确提出了劳动制度改革的目标是：全面推行和完善合理劳动组合。按照每个工作岗位的要求，通过公开考核，择优上岗，签订岗位合同，实行企业内部全员合同制管理。干部与工人称谓就此取消，统称为企业员工。

《1996～1999水电三局改革与发展四年规划》中提出，在新技术、新工艺不断涌现的现代社会，脑力劳动和体力劳动的差距日益缩小，先进的科学技术、机械设备，最终要通过劳动者的有效结合才能转化为现实的生产力。企业参与市场竞争，最终是人才的竞争。要适应市场环境，调整改造队伍结构，加快人才工程建设，全面提高职工素质。人才的挖掘和培养要贯彻内外结合的方针，重在内部培养。同时采取有效措施，引进企业急需的管理、科技和各方面的专业人才，全面提高职工队伍的技术和业务素质，达到最终建成一支技术密集型和智力密集型的职工队伍的目标。特别注意一线生产工人的技能更新培训，争取40%以上的一线工人能达到一专多能、具备领班作业的技术能力和管理能力，以适应生产规模扩大的要求。做好科队长和班组长的培训工作，通过集中培训和鼓励自学，使科队长全部达到中专以上文化程度，班组长全部达到高中以上文化程度。现阶段特别要强调员工竞争就业意识，创造竞争上岗、竞争上项目的用工机制，保证经营效益落到实处。

1996年5月30日，水电三局召开劳动工作会，主题是“实行全员劳动合同制，深化社会保险制度改革”。会议决定水电三局于当年7月1日起全面实行全员劳动合同制。强调实行全员劳动合同制，要追求激励机制，重视协商机制，职工要善待企业，企业要善待职工，努力建立起一个和谐稳定的劳动关系。在依法签订劳动合同时，要坚持平等自愿、协商一致的原则。同年7月，局劳字［1996］第22号文印发《中国水利水电第三工程局全员劳动合同制实施细则》中对劳动合同制实施范围和实施时间，劳动合同的内容，劳动合同的签订、终止、续订变更与解除，合同期间的有关待遇，劳动合同签证及劳动争议处理，劳动合同管理等均作出了明确规定。

在实施劳动合同制过程中，劳动者无正当理由不得单方面与用人单位解除劳动关系；用人单位也不得以实行劳动合同制度为由，借机辞退部分职工。水电三局推行劳动合同制后，专业技术人员和技术骨干不再实行停薪留职。因履行劳动合同发生争议后，双方当事人可以向局、处（分局）两级劳动争议调解委员会申请调解；调解不成，一方要求仲裁，可以向地方劳动争议仲裁委员会申请仲裁；当事人也可以向地方劳动争议仲裁委员会申请仲裁；仲裁不服的，可以向人民法院提起诉讼。劳动合同只确定劳动关系。各级管理、专业技术人员的职务仍由其主管部门按管理权限聘任（聘用）或分别由党（工、团）代表大会选举产生。

2000年初，中国水利水电第三工程局、中国水利水电第三工程局工会委员会联合以局办字［2000］第36号文下发《关于公布实施第二轮〈中国水利水电第三工程局集体合同〉的通知》。第二轮集体合同分总则、职工聘用、劳动报酬、津贴及福利、工作时间和休息休假、劳动保护及安全卫生、社会保险、职工培训、集体合同的签订、变更、解除或终止、监督检查、违约责任、争议处理、附则共9章。与通知一同下发的还有《水电三局集体合同监督检查办法》。

2005年，水电三局深入贯彻集团公司“人才强企”战略思想，树立人人都可以成才的观念，注重高技能人才的培养，发挥技术工人的积极性和创造性。建立相关激励机制，解决高技能人员紧缺的问题。在技工队伍中培养适应施工现场生产作业管理的工长、施工队长和基层班组长，培养技术工人骨干和业务尖子，提高职工的综合技能。把各类人才培训计划纳入年度计划。2005年根据工作需要，先后组织举办一级建造师考核认定、人力资源管理师、建筑施工企业“五大员”、设备管理、科队长、班组长、质检员、特种作业人员、测量工等13项培训，共培训1487人·次。

在水电三局第三轮集体合同（2003.1.1～2005.12.31）履行的最后一年，为掌握第三轮集体合同履行情况，水电三局集体劳动合同监督委员会与职工代表联合组成调查组到局属各单位进行调查。多次召开由行政方、劳动人事、安全监察、工会主席、女工主任及受检单位部分职工代表参加的座谈会，征求意见并向职工代表发放问卷调查表进行调查，将调查结果形成水电三局第三轮集体合同履行情况调查报告上报水电三局。集体合同监督委员会严格按照《水电三局集体合同监督检查制度》的要求，对集体合同履行情况进行监督检查，使集体合同达到协调和稳定企业内部劳动关系、维护企业和职工双方的合法权益、促进企业经济发展的目的。

2006年1月5日，劳动人事处局劳人［2006］第4号文《关于印发〈水电三局劳动合同管理试行办法〉的通知》、《劳动合同续订协商意见书》和《劳动合同签（续）订名册》。《劳动合同管理试行办法》规定：劳动合同期限分为固定期限、无固定期限和以完成一定工作为期限。劳动合同期限由用人单位与员工协商确定。新增员工初次签订劳动合同期限：大、中专毕业生初次签订劳动合同期限不低于5年；其他人员初次签订劳动合同期限一般不超过3年。水电三局新增员工初次签订劳动合同应约定试用期，试用期包括在劳动合同期内，最长不超过6个月。在劳动合同有效期限内，因生产（工作）需要，经双方当事人协商同意，可以变更劳动合同的相关内容，提出变更劳动合同的一方当事人应提前30日以书面形式通知对方。劳动合同部分条款变更后，未变更部分仍然有效。

劳动合同管理实行两级管理。水电三局劳动人事处是劳动合同管理的主管部门。劳动人事处负责水电三局劳动合同书的制定和修订，规范劳动合同文本，建立健全全局员工合同信息数据库，审批办理劳动合同的签订、续订、签证、解除、终止等相关事宜。各用人单位相关部门应配备专（兼）职劳动合同管理人员，负责本单位劳动合同的日常管理，完善劳动合同基础资料，办理劳动合同的变更手续，协助水电三局劳动人事处做好本单位劳动合同的签订、续订、签证、终止、解除的动态管理。

第三节　分　配　制　度

与企业人事制度改革相适应，1983年8月26日，经水电三局职代会主席团会议审议，原则同意《局机关各部门考核、奖励和浮动工资试行办法》，此后，主席团会议形成了《局机关各部门考核、奖励和浮动工资试行办法的决议》。

1986年1月25日，水电三局职代会第十六次主席团会议听取了水电三局工资改革领导小组对工资测算和套改方案的汇报，讨论水电三局根据水电总局1985年11月12日颁发的［1985］水建劳字第91号文《关于下发〈水利水电直属施工企业工资制度改革方案〉的通知》精神而制订的工资套改方案，同意上报审批。审议通过了工资套改方案在全局实行。

1994年11月1日，水电三局根据劳动部、财政部、国家经贸委联合下文精神，决定从当年1月1日起，凡在册职工每人在原标准工资基础上增加三级工资。同年11月4日，局劳字［1994］第38号文印发《水电三局调整职工工资实施办法》规定：水电三局1994年1月1日在册的固定职工、合同制工人，包括尚在学徒期、试用期、见习期间的人员，享受教授、研究员同等待遇的高级师在规定延长工作年限之内，并且继续在专业技术岗位上工作的可按此次调整工资规定增加工资，此次调整工资增加的工资，可作为离退休金计算基数。

1995年6月9日，水电三局四届四次职代会上审议通过了《水电三局关于执行岗位技能工资制度的实施细则》，这是根据水电总公司下发的《水电施工企业岗位技能工资制实施办法》和《调整水电施工企业工资标准》制定的。岗位工资是根据职工所在岗位的劳动责任轻重、技能要求高低、劳动强度大小和劳动条件的好差确定的工资。根据水电施工企业情况，岗位划分为工人岗位和管理岗位（含专业技术）两大类。其中工人岗位又分为生产工人和服务工人岗位。岗位不同，工资标准也不同。岗位名称相同，但在不同单位、部门以及同一单位的不同科室、车间、班组对其劳动要素评价不尽相同，其岗位工资也有所差别。岗位工资实行一岗一薪，并随着职工岗位的变化而调整。按照综合评价，工人岗位的岗位工资划分为12级，管理岗位的岗位工资划分为24个岗级（大型企业）。技能工资是根据不同的岗位对劳动技能的不同要求和员工实际具备的劳动技能水平及工作实绩，经考试考核确定的工资。技能工资体现工资的激励作用，鼓励劳动者努力去学技术、钻研业务、提高素质更好地去完成本职工作。技能工资标准分工人技能工资标准和管理（含专业技术人员）技能工资标准。技术工人的工资标准按照初级技工、中级技工、高级技工、技师和高级技师设置28级；非技术工人（普通工、熟练工）的技能工资等级按1～17级设置。管理技能工资标准，根据管理岗位要求应具备的工作能力、文化知识水平、专业技术理论水平划分为初级管理职务、中级管理职务、高级管理职务，其技能工资标准设置为最高33级。

1998年8月3日，局劳字［1998］第61号文印发《关于调整工资收入分配结构实施办法》的通知，提出了水电三局自1994年实行岗位技能工资以来，对调动广大职工的劳动积极性，促进企业的发展，起到了一定的作用。但随着社会生活物质指数的上涨，职工工资收入的分配结构发生了变化，工资收入中基本工资的比重下降，难以发挥工资的激励功能。为此，根据中国水利水电工程总公司中水电劳［1997］第64号文印发《关于调整水电施工企业工资收入分配结构的意见》的通知精神，结合水电三局的实际情况，水电三局就调整工资收入分配结构并提出实施办法。

2006年，水电三局劳人［2006］第15号文《印发〈水电三局主营生产单位和局管项目部负责人基本月薪实施办法（暂行）〉的通知》。按照集团公司要求，为切实履行出资人职责，进一步规范各单位负责人收入分配管理，建立有效的激励约束机制，提高经营管理的质量和效益，结合水电三局实际情况制定了基本月薪的计算公式。

第九章　住　房　制　度

第一节　优　惠　售　房

20 世纪 50～70 年代，水电三局在青铜峡、刘家峡、石泉等工程建设中，职工家属均居住在电站工地生活区，住的是干打垒简易房或砖瓦平房，生活条件十分艰苦。进入 80 年代末 90 年代初，水电三局开始在西安、汉中和安康等地分别自建了多栋住宅楼，作为福利房按规定要求分配给部分职工。当时水电建设者在住房方面享受的是象征性缴纳廉价房租的福利房，因此，住房供需矛盾长期得不到解决。随着全面改革的深化发展，水电三局职工住房制度的改革于 20 世纪 90 年代逐步拉开序幕。

1993 年 8 月 31 日，水电三局调整住房制度改革领导小组成立。组长李友仁，副组长赵庆安。同年 9 月 1 日，水电三局向西北电业管理局呈报了三局房改字［1993］第 3 号文《关于水电三局房改实施方案的报告》；11 月 8 日，电力工业部西北电业管理局西电房改字［1993］72 号文《关于〈中国水利水电第三工程局住房制度改革实施方案〉的批复》："同意你局实施方案"。

《中国水利水电第三工程局住房制度改革实施方案》是根据本企业属水利水电施工单位的特点制定的。由于长期受"先生产后生活"建设方针的影响，房屋建筑标准很低，加之地域分散，流动性大，部分职工长期住在简易房、临建房中，每年有近 600 户职工排队等待分配住房，特别是现行的"国家包、低租金、福利制、实物分配型"的住房制度存在严重弊端，企业长期背着沉重的负担。因此，改革水电三局住房制度，缓解住房困难，势在必行。水电三局的住房制度改革方案实施办法就是根据本局实际情况"对症下药"的。实施方案的基本内容：①分步提高租金，适当补贴；②租房交纳保证金；③出售公有住房；④实行公积金；⑤建立住房基金。

实施方案中关于出售公有住房的主要内容是：出售公有住房是引导消费结构调整，促进住房商品化和筹集资金，加快住房建设的重要途径，新建公房要坚持先卖后租的原则。考虑到职工的承受能力，以标准价向中低收入的职工出售公房是比较合理和可行的。实施方案对以下几点进行了规定。

一、范围和对象

凡经房地产管理部门确认产权的公有新、旧单元成套住房，均可以标准价向符合买房条件的职工出售。凡具有城镇户口且符合水电三局住房条件的在职固定工、合同制职工、离退休职工，每户只能以标准价购买一套住房。要优先售给无房户和困难户。旧套房出售时，住户有优先购买权。自 1992 年 1 月 1 日起，新竣工的公有住房实行先售后租的办法。

二、公房出售价格

以标准价售房，按建筑面积计算。凡购买公有住房者，在规定住房标准面积以内的享受标准价，超过标准的部分，按综合价计价。以标准价出售的公房在实施各种优惠后，每平方米售价不得低于100元。所有出售公房，需经陕西电力系统房改办委托评估机构评估，陕西省房改办批准后方可实施。

三、优惠政策

在1993年底，前凡在规定住房标准面积内买房的，给买房者以优惠政策，第一次购买公房的免交房产税、城镇土地使用税和一次性契税；按标准价购买新房者，征地拆迁补偿费可暂不计或由单位适当承担；对一次性付清房款者，减收房价款的20%；无力一次付清房款的首次付款不得低于房价的30%，每多付10%，减收2%。分期付款应承担利息，利息根据还款期限的长短确定。职工买房可通过产权单位向银行贷款。职工买房分期付款期限，新房不超过15年，旧房不超过10年。

四、购房职工的权益

职工以标准价购买的公有住房，拥有部分产权。享有全部使用权、占有权和受限制的受益权。职工在全部交清房款并住满5年以后可以出售，在同等价钱下可优先出售给本局房管部门，其收益按产权比例分成。

公房出售后的维修、管理办法另行制定。职工购买公房后继续执行公积金制度。出售公有住房的配套文件是《水电三局公有住房向个人出售暂行办法》。

水电三局房改办根据《中国水利水电第三工程局住房制度改革实施方案》，于1994年4月16日制定了《水电三局公有住房租金的暂行规定》，对提租步骤、住房标准、提高房租后补贴、租金管理等作出了明确规定。

1994年5月31日，根据《中国水利水电第三工程局住房制度改革实施方案》，水电三局再发《水电三局公有住房向个人出售暂行办法》共13条。确定凡经水电三局房地产管理部门确认产权的公有新单元式成套住房，均以标准价向符合买房条件的职工出售。凡在《房改方案》范围内出售公有住房，统一执行经陕西省政府批准的年度售房基价。1993年底以前售房基价为：砖混结构一等新房标准价为每建筑平方米220元；砖混结构二等新房标准价为每建筑平方米200元。对不同地段、窗向、楼层、工龄优惠进行综合调节，对一层及六层楼的五楼、五楼为顶层的减收5%，六楼减收10%房款。

1996年，水电三局房字［1996］第10号文《关于印发〈水电三局住房制度改革实施方案〉的通知》，对售房的原则、范围和对象、公房出售价格、优惠政策、权属管理、售后维修管理作出了明确的规定。

1999年2月5日，水电三局房改办局房改字［1999］第02号文《关于转发陕西电力系统成本价出售公有住房实施办法的通知》，按省房改办的要求，成本价售房工作的日期截止为1999年3月底。

第二节　集　资　建　房

1994年12月中旬，根据国家公有住房改革政策和规定，水电三局推出了首批职工与企业合资住宅楼集资方案。

1995年2月27日，水电三局首批企业与个人集资建楼在安康张岭三区破土动工，5

栋120套住宅楼基础开挖启铲。同年11月2日，根据水电三局房改办《集资建房通知》，第二批集资建房开始。地点在张岭三区（与第一批集资建房同址），楼高6层，每幢两个单元，一梯两户，共计4幢96户。

为发挥国家、单位、个人集资建房积极性，改变国家、单位统包的住房建设体制和单位全额投资建设住房的办法，建立国家、单位、个人三者共同负担的新体制，加快住房建设，缓解职工家属住房困难，加强集资建房的组织管理，根据国家、上级、属地房改有关集资建房的决定，结合水电三局实际制定了《水电三局1995～1996年集资建设住房管理办法》规定：①员工个人集资额在“九五”期间不能低于房屋建安工程造价的1/2；鼓励有条件和员工经济承受能力强的二级单位开展成本价集资建房。住房建成后可以按员工集资款到位当年的标准价和优惠政策出售给员工。②集资建设住房的对象指水电三局在册员工和离、退休人员。在集资建房时应优先安排离、退休人员、老工人和住房困难员工，重点解决无房户。③集资建房经省房改办批准后，按国家规定可不受固定资产规模限制，并按有关规定，免交营业税、投资方向调节税；免交水电增容费、排污费、城市建设配套费、商业网点费、人防工程费等。④集资建设的房屋竣工后，按集资到位当年的标准价出售给参加集资的员工个人，其集资款可以冲抵购房款。

1998年，陕房改办集发［1998］第034号文批示：①同意水电三局以成本价向职工出售张岭四幢砖混结构单元式住宅楼，批准出售的面积为7918.88米^2。②职工以成本价购买公有住房，可选择一次性付款和分期付款两种方式中的一种。③产权单位应与购房职工签订职工购买公有住房合同书。④按陕政发［1997］44号文规定，购房人还需缴纳每平方米建筑面积10元的物业基金。同年7月10日陕房改办集发［1998］063号文批示：①同意水电三局以成本价职工集资方式建设住宅9600建筑米^2，共143套，总投资控制在500万元之内。全部投资由该局自筹和职工集资解决。②住宅楼如期竣工后，按陕政发［1994］59号文和《安康市深化城镇住房制度改革实施方案》及陕政发［1997］44号文的有关规定，经评估批准后，以集资当年公有住房出售政策出售给职工个人，集资款不计息。同日陕房改办集发［1998］064号文批示：①同意水电三局以成本价职工集资方式建设住宅6344建筑米^2，共96套，总共投资控制在310万元之内。全部投资由三局自筹和职工集资解决。②集资建房要本着住得下、分得开的基本原则，力求经济适用，方便生活。③根据房改政策的规定和该项工程预算，水电三局职工首期集资总额不得低于150万元。

陕房改办集发［2000］07号文审批水电三局集资在西安、安康、汉中三地建砖混结构职工住房，总建筑面积分别为8000米^2、1.2万米^2、6000米^2，总造价1170万元。

陕房改办集发［2006］006号文审批水电三局集资在西安、安康两地建砖混结构职工住房，总建筑面积分别为4.7万米^2，总造价7000万元。

第三节 住房公积金

公积金是一种义务性的长期储蓄，是筹集住房资金的重要措施。通过长期的储蓄积累，提高单位和职工建、购房的承受能力，改善职工的住房条件。为缓解职工家属住房困难，根据国家、上级、属地房改有关集资建房的决定，结合水电三局实际，水电三局于1996年制定了《水电三局1995～1996年集资建设住房管理办法》，明确规定：单位集资建房必须首先建立住房公积金制度，公积金交缴率为职工个人和所在单位各按职工个人工资和职工工资总额的5%确定。

1996年8月21日，局房字［1996］第10号文《关于印发〈水电三局住房制度改革实施方案〉的通知》指出，水电三局住房制度改革的基本内容之一是全面推行住房公积金制度。为逐步增强员工自我解决住房的经济能力，拓宽住房建设资金来源，所有单位及其员工均应按照"个人存储、单位资助、统一管理、专项使用"的原则缴存住房公积金，建立和完善住房公积金制度。①范围和对象：水电三局在册的员工均应缴纳住房公积金，离、退休人员不缴纳住房公积金。②个人公积金的上缴率和利息：从1996年起员工个人按个人工资额的5%按月缴纳住房公积金。住房公积金本息归员工个人所有，存入个人住房公积金账户，在个人购房、退休或调离时一次兑付。住房公积金是一种长期性储蓄。存储的住房公积金按国家房改政策规定的结息办法付给员工利息。员工的住房公积金本息免征个人所得税。③集体公积金的来源：二级单位根据当年经营情况，按本单位全年工资总额的2%～5%向水电三局划交集体住房公积金；水电三局每年按全局人均工资总额的2%划拨全局性集体住房公积金，均从成本中列支。售房所得，原则上全额划转为集体住房公积金，用于房改启动资金。④公积金的使用：员工个人住房公积金只能用于家庭购买、建造自住房及家庭做住房大修理支出（不包括室内装修）；员工退休、离职或调出时，可由本人提取或请求划转个人住房公积金本息余额；去世的员工，其合法继承人或受遗赠人可提取其个人住房公积金本息余额。⑤公积金的管理：水电三局房地产管理部门统一负责住房公积金的归集、使用、管理，在银行专户存储。住房公积金要专款专用，严禁挪作他用。《水电三局住房制度改革实施方案》附件有《水电三局住房公积金管理暂行办法》和《公积金手册管理办法》。《水电三局住房公积金管理暂行办法〉包括总则、对象和范围、公积金的缴纳率和利息、住房公积金的使用和退还、职工权益、附则共6章25条。

1996年12月9日，局财字［1996］第36号文下发《水电三局住房基金财务管理及会计核算办法》。

2001年10月30日，局房管字［2001］第02号文向陕西省房改委递交《关于成立水电三局住房公积金归集工作站的报告》，决定于2001年在全局范围内实行住房公积金制度。其目的是为了保证住房公积金的正常缴纳，有效使用和管理的顺利进行，保证住房的正常运转，分发挥资金的使用效益，实现住房资金的良性循环。水电三局对住房公积金归集工作站的职能、人员及费用等给予明确和确定。为了便于开展工作，该站行政上归水电三局领导，业务上归陕西省住房资金管理中心指导。后经陕西省房改委批准，2002年1月25日水电三局住房公积金归集工作站正式成立，业务方面接受陕西省住房资金中心领导。工作站设在局机关总部西安市，人员编制为4人。

根据国务院《住房公积金管理条例》规定，结合水电三局实际制定《水电三局住房公积金支取暂行规定》，并于2004年1月14日局房管字［2004］第2号文印发，从2004年

10月1日起执行。支取和使用规定：职工有下列情况之一的，可以支取职工住房公积金账户内的存储余额：①购买、建造、翻建自住住房的；②离休、退休的；③完全丧失劳动能力，并与单位终止劳动关系的；④出境定居的；⑤偿还购房贷款本息的；⑥房租超出家庭工资收入的规定比例的；⑦职工调出水电三局（西安市除外）；⑧职工死亡的，职工的继承人、受遗赠人可以提取职工住房公积金账户内的存储余额。

为了切实保证职工的合法权益，按照《住房公积金管理条例》和国发［2002］12号文件精神的要求，水电三局研究并征得陕西省房改委及陕西省住房资金管理中心同意，于2005年6月20日发局房管［2005］3号于《关于我局住房公积金实行属地化管理的通知》，决定将水电三局的住房公积金实行属地化管理，分别交由安康、汉中、西安三个属地的住房公积金管理中心进行管理，以便解决职工购房申请住房公积金贷款的需要。

2005年6月，水电三局下发《关于水电三局住房公积金实行属地化管理的通知》、《关于水电三局住房公积金移交地方实行属地化管理需各单位提供有关资料的通知》及《关于住房公积金实行属地化管理移交前账务处理的通知》等文件。按各单位提供的《水电三局职工住房公积金归集签认表》的统计，对职工个人账户进行西安、安康、汉中三地分配，全局共12 819户个人账户，归属西安市职工人数1637人，金额586.61万元；归属安康市的职工人数10 493人，金额2167.67万元；归属汉中市的职工人数689人，金额170.52万元。

自2005年9月起，水电三局自行管理住房公积金；使水电三局购房职工能够享受到住房公积金的优惠政策，使安康、汉中两地的购房职工能够方便地提到住房公积金贷款。

第七篇　企 业 管 理

第七篇　企　业　管　理

第一章　战　略　管　理

第一节　机　　构

20世纪90年代中期以后，水电三局明确并制定出具体的企业发展战略规划，形成了水电三局党政联席会是企业战略管理的核心，水电三局经营管理办公室是战略规划策划管理部门，水电三局职工代表大会是企业战略规划的最终审议机构的管理体制。截至2006年，水电三局共制定了三个企业改革发展四年战略规划，均由水电三局党政联席会提出企业宏观发展战略思路和发展规划远景框架，由水电三局经营管理办公室起草拟定规划草案，再经水电三局党政联席会审核确定，提交水电三局职工代表大会审议通过后由水电三局颁发实施。

第二节　发　展　规　划

1981年3月，原水电三局首届党代会制定了电力部二局（水电十五局）《1981～1983年三年规划》，同年5月，经原水电三局首届第一次职代会审议通过后由原三局印发执行。

从20世纪90年代中期始制定水电三局四年战略规划。

（1）1996年2月，制定了水电三局第一个改革发展战略规划：《水电三局改革与发展四年规划（1996～1999年）》，经水电三局五届一次职工代表大会审议通过。经济发展的主要目标是：①营业总收入力争达到10亿元以上，实现产值翻一番，年平均递增率16%，其中：施工产值达到8亿元，年均递增13%；多种经营产值达到1亿元，年平均递增40%；②工程签约额达到10亿元，年均递增13%；③年末工程合同存量达到16亿元，年均递增13%；④企业净资产达到2亿元，年均递增4%；⑤实现利税达到2000万元以上，年均递增13%；⑥劳动生产率达到人均7万元，年均递增19%；⑦职工人数控制在1.45万人，年均递减1%；⑧人均收入达到1万元，年均递增14%。改革与发展的指导思想：适应社会主义市场经济要求，按照现代企业制度构造企业，以求发展、求效益总揽全局工作，努力实现向集约化经营的根本转变；坚持以工程施工为主导，确保建安产值逐年增长，同时积极拓宽经营领域，发展多种经营，扩大经营总规模；抓住项目管理和财务管理这两个关键点，全面提高科学管理水平，切实把工作重点转移到以提高经济效益为中心的轨道上来；深化各项改革，理顺内部关系，加强宏观调控，讲求工作实效，追求技术进步，提高队伍素质，倡导爱岗敬业，勇于开拓奉献，形成良好的内部经营机制和管理秩序，保证改革和发展的目标实现。

（2）2000年，水电三局制定了第二个发展战略规划：《水电三局改革与发展四年规划

(2000～2003年)》，经水电三局六届一次职工代表大会审议通过。2000～2003年经营指标：①企业总产值累计达到28亿元，其中施工产值24亿元，规划期末力争当年产值10亿元；②工程签约额累计达到28亿元；③年末工程合同存量达到10亿元；④国有资产保值率大于100%；⑤实现利税年均2000万元以上；⑥职工人数在1999年的基础上实现负增长。

2004年，由于水电三局领导班子调整和任期等原因，2004年被确定为规划的过渡期，企业战略规划的提出和制定延续到2005年。

(3) 2005年2月，水电三局制定了2005～2008年四年发展规划，经水电三局七届一次职代会讨论通过。规划期末要达到的主要经营指标为：规划期总产值累计82亿元；工程开发累计90亿元，期末合同存量50亿元；期末企业资产规模15.15亿元，比2004年资产总额增长23%；实现保值增值率101%，比上一个四年规划期提高1%；规划期末累计实现利税总额达到3.75亿元，相当上个四年利税总额的347%；职工工资计划总额比2004年基期平均增长约5%。

同时根据中国水利水电建设集团公司关于制定三年战略发展战略纲要的要求，上报集团公司2004～2006年水电三局三年发展战略纲要，并确定在2008年第三个战略规划执行完成后，将战略规划的周期由四年调整为三年。

第三节 战 略 实 施

1996～2006年，水电三局连续制定并实施了3个发展周期的企业中长期发展战略和规划，11年来，水电三局企业规模、发展业绩、综合实力得到逐年发展壮大；核心竞争力有了实质性提升和明显转变；企业的市场竞争力、产业结构调整、综合业绩、管理机制、经营模式和经济效益得到渐进式的发展和提升，水电三局通过后期的公司化改建和法人治理结构的调整规范，使企业的经济关系、管理秩序、责权关系、责任制的实施与落实、项目管理、考核与奖惩机制等得到进一步的落实。

一、第一个四年规划期战略实施情况

1996年，水电三局为适应市场经济要求，提出了以现代企业制度构造企业，以求发展、求效益总揽全局工作，努力实现向集约化经营的根本转变，坚持以工程施工为主导，确保建安产值逐年增长，同时积极拓宽经营领域，发展多种经营，扩大经营总规模，形成良好的内部经营机制和管理秩序，切实把工作重点转移到以提高经济效益为中心的轨道上来的发展战略和指导思想，实现了产业结构调整的阶段性目标。

围绕"第一个规划"制定的产业结构调整思路，结合加剧变化的建筑业市场格局，局处两级从资源配置、队伍技术构成、工程开发投入等方面适时进行重组，经营范围得以迅速拓宽。加大力度扭转水电施工"一头重"的产业结构特点，积极发展工业与民用建筑、堤防、高速公路等建筑业领域。1999年非水电行业形成的产值已达企业总产值的26%，标志着水电三局已经初步实现产业结构调整的阶段性目标，企业的整体竞争实力得到进一步增强。在1996规划期间，水电三局的"两级经营、两级管理"的模式在制度上得到进

一步的确立和规范，注重各项管理制度的配套和完善，四年来制定了涵盖全局各个层次、各个方面的管理制度274项，基本上做到事事有章可循，建章立制工作取得很大成果。经过四年来积极的探索和调整，理顺和明晰了局处两级的经济关系，确立了权利、责任、义务相统一的经营机制，全面建立了局处两级经营管理的信息反馈和奖惩考核制度，规范了费用上交的责任和体系，建立了公共费用预算管理的运作机制。二级单位的市场竞争意识、自我发展意识得到加强。

1996～1999年，企业总产值连续四年都在6亿元以上，共实现营业总收入25.52亿元，比1992～1995年的14.27亿元增长75%，完成多经产值3.17亿元，比前四年的1.51亿元增长109.93%。

在市场竞争日趋激烈的形势下，水电三局以局处两级开发为机制，在四年间继续发展，“96规划”期间通过市场竞争取得了签约额18.04亿元的开发成果，比1996年前四年的16.15亿元增加了11.7%。

企业总资产由1996年初的7.94亿元增加到1999年末的9.11亿元，增加14.74%，国有资产保值率均达100%以上。劳动生产率1996年以来平均值保持在4.53万元/(人·年)水平，比前四年的平均值2.33万元/（人·年）增加了近一倍。职工人数控制实现了负增长目标。职工人均年收入由前四年的平均0.41万元增加至0.7万元，增幅75%。1996年以后的四年间实现利税6126万元，比1996年前四年实现利税总额1995万元，增幅三倍以上，为国家作出了贡献。

“第一个规划”执行期间，全局经济工作重点实现了三项目标：一是保持和发展了企业的经营规模；二是巩固和完善了适合局情的“两级经营、两级管理”的企业内部运行机制；三是推动了各项社会保障制度的贯彻实施。

二、第二个四年规划期战略实施情况

2000年，水电三局实施第二个四年发展战略规划（2000～2003年），在规划期，水电三局提出了“以邓小平理论为指导，深入贯彻党的十五大和十五届四中全会精神，围绕国有企业改革和发展的总体方向和目标，按照建立现代企业制度的要求和市场经济运行规律，大胆探索、深化改革、积极进取，调整和完善产业结构，改革同改组、改造、加强管理相结合，着力转换企业经营机制，提高科学管理水平和企业整体素质；大力开拓市场，扩大经营规模，培育多种经济成分；提高工程项目的质量和效益，以科技进步提高队伍的竞争实力，保持我局持续、稳定、健康的发展”的发展战略思路。

2000～2003年，全局计划实现企业生产总值28亿元，实际完成38.58亿元，超额38%完成经营目标。其中，计划实现建安产值24亿元，实际完成35.92亿元，超额50%完成经营目标；计划完成工程开发合同签约额28亿元，实际完成工程开发合同签约额52.86亿元，超额89%完成经营目标；2003年规划期末，计划实现合同存量10亿元，实际实现合同存量为27亿元，超额169%完成经营目标；2003年末企业总资产为12.53亿元，总资产比第一个四年规划期末增长37.54%；计划实现国有资产保值增值率为100%，四年来实际实现国有资产保值增值率平均100.56%，比要求提高0.56%；实现利税总额为1.08亿元，年增长率为31%；全员劳动生产率平均7.07万元/（人·年），比第一个四年规划期平均增长 56%；职工人均年收入平均 0.84 万元，比第一个四年规划期末增长 36%。

三、第三个四年规划期战略实施情况

2004 年是水电三局战略规划的过渡期。2004 年水电三局完成企业总产值 17.58 亿元，为当年计划安排的 125.57%，相当于 2003 年实际完成的 147.73%，净增加产值 5.68 亿元；工程开发达到 31.87 亿元，为当年工程开发计划的 199.19%，进入集团公司第一梯队，工程开发和产值规模取得历史性突破，为水电三局实现跨越式发展打下良好的基础。2004 年水电三局的发展战略重点，一是抓住水电市场的基建高峰，实现工程开发的突破；二是创造条件为进入国际市场奠定基础；三是根据四年发展战略规划和年度生产经营计划的各项经济指标，确保年度经营指标全面实现；四是根据集团公司的规划，在主辅改制分离工作方面确保有关工作目标的完成。

2005 年是第三个四年改革发展规划的第一年，水电三局根据发展和市场情况变化，提出了 2005～2008 年第三个发展战略规划期间的战略定位，即“构建以国内外建筑业施工为主导产业、多元化发展、具有综合经济实力的特大型企业。主要体现在四个方面：一是继续巩固和扩大国内水电建筑市场份额，进一步拓宽交通、水务、市政建设等建筑领域，保持强有力的竞争态势。二是充分利用集团公司的国际工程开发建设平台，全方位的快速进入国际工程市场，培育一支熟悉海外工程项目开发和管理的高素质的专业队伍；通过四年规划期的持续努力，实现水电三局产业结构由量到质的根本转变，实现生存空间的更广阔发展。三是坚持科学、协调的发展观，按能源、基础行业开发的相关产业链为主线，继续积极、审慎地开展高端产业项目投资活动，扩大和延伸经营领域，增加新的效益来源，提高抵御经济风险的能力。四是把握近几年基建市场扩大的契机，保持生产经营增长的规模和发展速度，培育核心技术，实现经济效益的同步增长，从而快速提升水电三局的综合竞争能力，在积累中创造新的发展业绩，实现水电三局由大局变强局的根本性转变，在第三个规划期步入全国特大型企业行列”。

同时水电三局提出“围绕国有企业改革和发展的总体方向和目标，按照建立现代企业制度的要求和市场经济运行规律，大胆探索、深化改革、积极进取，调整和完善产业结构，改革同改组、改造、加强管理相结合，着力转换企业经营机制，提高科学管理水平和企业整体素质；大力开拓市场，扩大经营规模，培育多种经济成分；提高工程项目的质量和效益，以科技进步提高队伍的竞争实力，保持持续、稳定、健康发展”的战略发展思路。

第二章　经　营　管　理

第一节　机　　构

根据水电三局经济体制改革的要求和局经营管理会议精神，1985 年 2 月成立水电三局经营部，直属局长、分管副局长领导，负责组织制订水电三局的经营政策、办法；参与决策、对外经营；收集、研究和交流信息等有关事宜。雷克明任局经营部经理。1985 年 9 月 27 日，水电三局经营部改为水电三局经营处（简称经营处），毛志伊任处长。

1989 年 2 月，水电三局将总经济师办公室、总会计师办公室的部分职能与调研室合并，成立为水电三局经营管理办公室，主要职责是：①提出水电三局经营发展战略；②审查经营项目；③提出水电三局改革方案并组织实施；④对企业管理进行综合指导；⑤组织落实经济承包责任制；⑥收集、整理、提供经济管理信息。张贵兴任主任，田开举、王广筠、赵铭义、娄安镐、齐松林、骆志强先后任副主任。

1991 年 9 月，水电三局机关进行机构编制调整，继续设立经营管理办公室。1994 年 6 月水电三局机关进行机构调整，将原有 23 个部门减少为 15 个，保留经营管理办公室（1995 年 3 月前曾改名为经营管理处）；1999 年 5 月局机关搬迁西安，对机构再次调整，仍设立经营管理办公室至 2006 年。以上期间历任主任：廖为民（1994～1995.3 为处长）、任世玉；副主任：骆志强（曾任副处长）、杨春生、王紫林。

第二节　招　投　标

工程招投标是市场经济条件下，投标方按照招标人的要约作出承诺，通过竞争，与招标人达成协议或合同关系的工程管理模式，双方为平等的法律主体，所形成的合同具法律约束力。20 世纪 80 年代，政府出台管理办法进行规范管理，建设领域的经济组织陆续在这一政策下进行经济活动。水电三局积极适应这种变化，于 1984 年 7 月制定并试行《安康水电站单项工程招标试行办法》，并在安康水电站建设后期开始在社会上进行投标获取施工项目的尝试，1985 年 3 月底首次中标山西平朔煤矿公路修建及煤矿覆盖层剥离工程，10 月汉中分局又中标汉中电信综合楼建设项目，年底水电三局与中水电公司联合中标承建的阿尔及利亚布库尔丹水坝工程。这个时期水电三局的投标处于探索阶段，局、处（分局）分别跟踪信息，以水电三局的资质进行投标。水电三局调集人员组成投标班子，进行投标活动。

为适应工程建设项目投招标模式的管理要求，提高投标质量和中标率，需要建立专门的机构负责工作。1987 年 8 月 18 日成立水电三局对外工程承包处，下设外事科、管理科、投标科。处长何有源、刘泽；副处长朱启玉、汪文浩、虞寿平、杨盛相、宋浩阳、支余庆；刘劲军副局长为主管领导。

为适应和加强对外工程管理的需要，1991 年 2 月 11 日设立水电三局工程管理部，下设承包处、设计处、项目管理处、综合处。副局长李友仁兼任工程管理部主任；蒲绪林、袁科生、于彦洲兼任副主任；工程管理部承包处处长：刘泽；副处长：支余庆。

1994 年 7 月成立工程开发处。处长刘泽、方国梁；副处长周湘安、孙细安、赵琼仁。1999 年 1 月改名为工程开发部，下设五个处：施工组织设计处、工程联络处、工程商务处、国际工程处、综合管理处。至 2006 年底，部长何长春、单勇峰、王鹏禹；副部长周三余、周湘安、刘美华、费真理等人。随着工程开发工作量加大，开发部内部机构和人员都有所增加。

为规范投标及相应的各项管理工作，水电三局除转发执行政府和上级组织的法律规定外，还先后制定多项内部管理制度。1997 年 4 月制订下发了《水电三局工程投标保函管理办法》；为确保企业资金安全，防止“小金库”等违法违纪现象的发生，10 月发出了《关于投标补偿金等必须按规定入账的紧急通知》。1998 年 5 月成立水电三局开展对外投资借款、担保调查工作领导小组，组长李友仁；副组长廖为民（总会）；成员 3 人。

国家《招投标法》颁布执行后，成为建设领域工程管理的法律依据。工程开发成为水电三局获得工程项目的唯一途径，也是水电三局生存发展的“龙头”和中心工作，得到历届领导班子的高度重视和大力支持。

水电三局步入市场参加招投标工程，自 1985 年 3 月首次中标山西平朔煤矿公路修建及煤矿剥离工程以来，编标投标千余个，中标数百项工程，在总结提高的同时，也不断建立健全各项招投标的管理制度，形成工作机制。

第三节　合　同　管　理

实行招投标以及水电三局内部执行责任制目标管理以来，合同管理成为工程管理和经济活动中约定责权利的主要形式，是水电三局经营管理的中心工作。1982 年 7 月 1 日起实施的《中华人民共和国经济合同法》，是各经济组织必须遵循的法律依据。水电三局认真执行法律法规，在内部逐步加强合同管理工作，在法律指导下明晰内外的经济关系，对科学管理、推动企业发展、维护水电三局的合法利益、提高经济效益都起到决定性的作用。

水电三局明确经营管理办公室为合同归口管理部门，设立合同管理的专门机构—合同科，不论是水电三局或者二级单位所签订的工程合同，均交由合同科负责管理。在兴办第三产业时期，多种经营合同实行局、处分级管理并进行履约。

水电三局合同管理工作主要分两大部分，一是内部经营合同，即水电三局与各二级单位订立的经营目标责任书（合同），包括经营指标、产值计划、费用上缴（或补贴）指标等内容。二是外部工程经营合同，这是贯穿于项目施工管理过程中进行的。项目中标后，项目管理人员要掌握合同约定内容和各项要求，设立合同管理部门和岗位，配备专门工作人员。合同履约主要是两大部分：①工程进度、质量、技术、安全等指标要符合合同规定；②合同变更与索赔，此项工作由专门人员与技术、质量安全、物资材料、财务结算等部门密切配合，并了解项目施工的全面情况，深入研究合同，重视搜集基础资料，依据合同条款维护企业利益。另外还有项目部与施工队的内部合同。工程合同管理要求项目主要负责人具有高度责任心，要求各部门、施工队的协调配合。

水电三局建立了合同管理的各项制度。1983 年 7 月 18 日水电三局制定下发签订内部服务经济合同的暂行规定。1986 年 8 月颁发《水电三局经济合同管理实施办法（暂行）》及细则。1986 年 12 月［1986］局营字第 26 号下发《关于加强经济合同管理和配备管理人员的通知》指出，随着经营工作的开展，据不完全统计，截至 1986 年 11 月水电三局对外签订的经济合同达200余份（不包括供销合同）。为加强水电三局经济合同的管理工作，充分发挥合同在经济工作中的作用，提高企业经济效益，避免或减少合同纠纷与经济损失，要求各单位在对外签订经济合同过程中，严格执行水电三局颁发的《经济合同管理实施办法（暂行）》和《经济合同管理细则（草案）》的规定。并再次重申：①自1987年1月1日起，凡是不具备法人地位或未经法人授权的单位，对外签订经济合同应按程序办理。如各单位不按规定，自行对外签订的经济合同一律无效，所发生的合同纠纷，局法律顾问处将不予受理，一切后果由单位主管负责人和直接责任人承担。②各单位应设立或指定机构并指定专人进行经济合同管理，合同数量较多的单位可建立专门的合同管理机构。

1987年11月12日，颁发执行《水电三局经济合同管理办法》，共10章33条，其他规定同时废止。水电三局决定经营处合同管理科为合同管理机构，负责管理全局的对外经济合同。几年来国家制定的各种经济法规及实施措施日趋完善，水电三局内外经营环境也发生了变化，水电三局在广泛征求意见的基础上，重新修订了《水电三局经济合同管理办法》，于1991年8月29日印发［1991］以局经管字第36号文《水电三局经济合同管理办法》（修订稿），在全局执行。1989年4月制定印发《水电三局经济合同管理办法的补充规定》。1990年5月，水电三局制定印发《禁止不具备法人资格的局属二级单位以自己的名义对外洽谈签订合同（协议）》。1990年11月22日［1990］局经管字第81号文印发执行国家工商行政管理局第四号令发布的《经济合同示范文本管理办法》。规定以前局发有关文件内容上如有与四号令不一致处，以四号令为准。1991年、1999年又对《经济合同示范文本管理办法》进行了修订，重新颁发执行。这是水电三局规范对外签约和对内合同管理的准则和基础性制度。

1997年1月21日，局工管字［1997］第02号文转发电力工业部《关于颁发〈水电工程建设经济合同争议调解暂行规则〉的通知》。

随着新的《中华人民共和国合同法》颁布并于1999年10月1日起施行，水电三局1991年印发的《水利电力部第三工程局经济合同管理办法》已不能适应新的合同法和当前市场经济发展需要的要求。为适应新形势，进一步加强水电三局合同管理工作，减少或防止经济纠纷，依法维护水电三局合法权益，根据新的合同法和有关法律、法规，水电三局重新制定并于1999年8月10日印发局经管字［1999］第27号文《中国水利水电第三工程局合同管理办法》，共10章78条，除总则附则之外，还对合同管理部门及职责、合同的订立、履行、合同报表、台账、文档管理、合同印鉴管理、企业证照管理、合同纠纷的处理、奖惩等作出具体规定，明确水电三局经营管理办公室为局合同归口管理部门，负责全局的合同管理。水电三局合同管理实行统一归口，分级管理的原则。本办法自印发之日起施行，1991年《水电三局经济合同管理办法》（修订稿）和1993年《工程项目合同管理办法》同时废止。

2002年，水电三局修订《工程局合同管理办法》，为水电三局GB/T 19001 id t ISO 9001：2000标准的配套文件，是合同管理的依据。2005年根据《中华人民共和国合同法》及有关法律、法规的规定，水电三局再次修订《水电三局合同管理办法》，并于11月9日以局经管［2005］69号印发全局贯彻执行。《水电三局合同管理办法》共9章68条，除总则和附则之外，还对合同管理部门及职责、合同的订立：①一般合同；②工程施工承包合同的签订；③投资、联营合同的签订；④借款、担保合同的签订；⑤大型设备、大宗物资采购合同的签订。合同的履行：①一般规定；②工程施工承包合同的履行、合同报表、台账、文档管理、合同印鉴的管理、合同纠纷的处理、奖惩等作了明确规定。

根据《中华人民共和国担保法》及《中国水利水电建设集团公司担保管理办法》，水电三局制定《水电三局担保管理实施细则》，并于2006年4月28日以局资管［2006］6号文印发全局认真遵照执行。文件规定资金管理中心是水电三局担保业务管理部门，负责担保业务的实施、监控、管理。水电三局所有担保业务集中在水电三局，局属各单位不得办理任何担保业务（包括对内部单位提供担保）。

1989年，水电三局被列入陕西省第一类完成投资计划好的企业，首次获得陕西省人民政府授予水电三局“重合同守信用企业”的殊荣，自此至2004年，水电三局连续13年经陕西省人民政府审定批准、被陕西省工商行政管理局授予“重合同守信用企业”殊荣。

2001年12月26日，水电三局被国家工商行政管理总局评选为全国首批“重合同守信用”企业，首次荣获全国性信用荣誉。

2002年1月16日，水电三局被陕西省工商局授予“2001～2002年免检企业”，这是对企业守法经营和良好的社会信誉的肯定。

2003年6月13日，陕西省工商局举行国家工商行政管理总局2001年、2002年度公示的两批本省“全国守合同重信用企业”新闻发布会，水电三局再次被国家工商行政管理总局评为全国“守合同重信用企业”。

2005年7月，经陕西省企业信用协会初审、陕西省企业信用评定委员会评定、公示，水电三局被授予陕西省“信用企业”称号。

第四节　企业资质管理

一、企业资质达标

1988年11月28日，水电三局转发水利电力部、能源部水电［1988］第9号文《关于转发〈国家级水利水电施工企业等级标准〉（试行）的通知》，要求各单位学习和执行，进一步加强各项管理工作，并制订必要措施，力争使水电三局在1～2年内达到国家二级水利水电施工企业标准。

1989年11月21日，水电三局印发《贯彻执行建设部〈施工企业资质管理规定〉的实施办法和开展全省施工企业技术资质复查的通知》。

1991年7月，水电三局成立水电三局企业升级工作领导小组，开展企业资质升级的相关工作。领导小组组长刘纪仁，副组长赵庆安、胡懋初、史振宇、姜玉村、蔡新鉴、蔡泽夏、方浩。

经过多年努力，水电三局具备了相应的施工资质。为进一步提升资质等级标准，拓宽施工经营范围，满足水电三局由大局向强局过渡硬件技术的要求，根据技术部第78号文和集团公司《2005年建筑业企业资质升级及增项工作意见的通知》精神，经水电三局研究决定，2005 年 4 月 27 日重新成立水电三局资质升级工作领导小组，组长司勤，副组长任世玉、付胜利，成员 10 人；下设办公室和对外联络办公室，均设在经管办；主任俞程，副主任王保辚、袁久峡、魏山河、曾辉。对外联络办公室主任：李建军。水电三局水利水电特级资质升级工作全面启动，2005 年申报水利水电工程施工总承包特级资质和公路工程施工总承包一级资质。

二、企业资质

1995 年，经国务院发展研究中心、管理世界中国企业评价中心、建设部建筑业司联合评价，水电三局荣列“1994 年度中国 500 家最佳经济效益建筑业企业（一级资质企业）”第 433 位；“1994 年度中国 500 家最大经营规模建筑业企业”第 185 位；“堤坝、电站、码头建筑业行业 100 家最大经营规模企业”第 17 位；“堤坝、电站、码头建筑业行业 100 家最佳经济效益企业”第 42 位。

1996 年，水电三局相继取得四种资格证书，为跨行业、多方位经营拓宽了路子。经中华人民共和国建设部批准，1996 年 2 月 28 日水电三局取得工程施工总承包一级企业资质证书，可承担各类型工程建设项目的勘察、设计、工程管理与施工、工程材料与设备采购、工程技术开发与应用等的总承包；9 月取得国家测绘总局颁发的甲级《测绘资格证书》；11 月取得国家民航总局颁发的《民用机场工程许可证》；12 月顺利通过国家交通部审查的公路施工一级资信等级。这 4 种资质证书，使水电三局在工业、能源、交通、民用的工程建设项目上具备施工总承包资格。

1999 年 1 月，中国建设银行西安分行授予水电三局为“AAA 级信用等级企业”。“三 A”是我国最高信用等级，它表明企业各项经济指标完成较好，经营管理状况较好，经济效益较好，有很强的清偿与支付能力，企业信用度高。取得“三 A”级信用等级的企业，可享受银行给予优先安排贷款，在规定范围内，适当给予贷款利率优惠和优先办理信贷担保及其他保证业务等 7 项优惠条件。2001 年 1 月 11 日水电三局被中国建设银行陕西省分行授予“AAA 级企业”称号。至 2006 年水电三局连续 6 年荣获建设银行 AAA 信用等级。2005 年、2006 年水电三局获中信银行“AAA 级企业”称号。

2002 年，水电三局质量体系由 1994 版到 2000 版转换通过认证机构转版验收，被陕西省技术监督局评为“质量管理先进企业”称号，并被陕西省工商局核准为“免检”企业，荣获陕西省总工会和安全生产监督局 2003 年度“安康杯”竞赛优胜奖，同时荣获中国水利水电建设集团公司的“安全生产先进单位”。

根据经营的需要，经集团公司同意，水电三局向陕西省工商行政管理局提交了注册资本金变更申请，于 2005 年 8 月 12 日得到变更核准，取得新的《企业法人营业执照》，注册资本金调整为 30 126 万元，经营范围仍为：可承担各类工业、能源、交通、民用等工程建设项目的施工总承包；可承担各类型的地基与基础工程施工；可承担各类型建设项目中预应力专项工程的施工；可承担各种类型的钢结构网架工程的制作与安装、土木工程建筑、金属结构制作与安装，各种混凝土预制件制作与机械配件生产；生产铁合金、彩色钢化玻璃、电石、旅行车、客货两用车，承担各种加工业务。水电三局主要资质等级的提升，提高了水电三局参与水利水电建筑市场的竞争力，拓宽了市场准入途径，为水电三局的发展和下一步进入铁路建设市场提供了强有力的资质保证。

2006年5月，水电三局获得国务院、全国总工会颁发的“全国‘五一’劳动奖状”。

2006年5月15日，局经管［2006］34号《工程局〈建筑业企业资质证书〉和〈企业法人营业执照〉经营范围》明确：2006年3月10日国家建设部批准水电三局主项资质升级的申请，颁发了水利水电工程施工总承包特级为主项资质的《建筑业企业资质证书》，增项资质不变。资质证书编号为：A0051161011201。资质等级及可承担工程范围如下：

（1）水利水电工程施工总承包特级：可承担各种类型水利水电工程及辅助生产设施工程的施工。

（2）房屋建筑工程施工总承包二级：可承担单项建安合同额不超过企业注册资本金5倍的下列房屋的施工：①28层及以下、单跨跨度36米及以下的房屋建筑工程；②高度120米及以下的构筑物；③建筑面积12万米^{2}及以下的住宅小区或建筑群体。

（3）公路工程施工总承包二级：可承担单项合同额不超过企业注册资本金5倍的一级标准及以下公路、单跨跨度＜100米的桥梁、长度＜1000米的隧道工程的施工。

（4）市政公用工程施工总承包二级：可承担单项合同额不超过企业注册资本金5倍的下列市政公用工程的施工：①城市道路工程；单跨跨度40米以内桥梁工程；断面20米^{2}及以下隧道工程；公共广场工程；②10万吨/日及以下给水厂；5万吨/日及以下污水处理工程；3米^3/秒及以下给水、污水泵站；15米^3/秒及以下雨水泵站；各类给排水管道工程；③总贮存容积1000米^{3}及以下液化气贮罐场（站）；供气规模15万米^3/日燃气工程；中压及以下燃气管道、调压站；供热面积150万米^{2}热力工程；④各类城市生活垃圾处理工程。

（5）土石方工程专业承包一级：可承担各类钢结构工程（包括网架、轻型钢结构工程）的制作与安装。

截至2006年底，水电三局资质等级见表7-2-1。

表7-2-1　　　　水电三局资质等级

证书名称	等级	发证单位
水利水电工程施工总承包	特级	建设部
公路工程施工总承包	二级	建设部
房屋建筑工程施工总承包	二级	建设部
市政公用工程施工总承包	二级	建设部
土石方专业承包	一级	建设部
钢结构工程专业承包	一级	建设部
检测试验证书		中国国家认证认可监督管理委员会
检测计量认证证书		陕西省质量技术监督局
测绘资质证书	甲级	国家测绘局
工程监理	乙级	陕西省建设厅
建筑工程设计	乙级	陕西省建设厅

续表

证书名称	等级	发证单位
水电设计	乙级	国家建设部
工程咨询	乙级	国家发展和改革委员会
辐射安全许可证		陕西省环境保护局
工程勘察	乙级	陕西省建设厅
桥式起重机、门式起重机、塔式起重机、门座起重机、桅杆起重机、旋臂式起重机、升降机的安装、维修	A级	国家质检总局
大型固定卷扬式启闭机、超大型平面滑动闸门、超大型平面定轮闸门、超大型弧形闸门、超大型拦污栅、超大型水电工程压力钢管、超大型水电工程压力钢岔管、超大型水电工程压力钢管伸缩节、大型耙斗式清污机的生产制造		国家质监总局
中型移动式启闭机生产		水利部
压力钢管GB类	GB1、GB2级	陕西省技监局
压力钢管GC类	GC2级	

三、资质证书管理

1988年3月4日，水电三局以［1988］局营字第3号文颁发执行《法人受权证明书》管理办法。

1994年3月7日，局办字［1994］第05号文转发《电力工业部电建［1994］84号施工企业资质管理办法（试行）》。

水电三局根据市场变化需求，对1991年6月21日印发的《工程局〈企业法人营业执照〉副本使用规定》和《工程局〈施工企业资质等级证书〉副本使用规定》作了部分修订，于1995年2月16日以局经管字［1995］第07号印发，与陕西省工商行政管理局核定的企业法人经营范围、中华人民共和国建设部核定的资质等级与承包范围一并遵照执行。1999年修改和补充了10月18日以局经管字［1999］第35号文印发执行《中国水利水电第三工程局〈企业法人营业执照〉、〈资质证书〉和〈法人授权证明书〉管理规定》。2005年再次进行修订和补充，9月27日以局经管［2005］62号文印发执行《中国水利水电第三工程局企业法人证件管理规定》。

1996年9月11日以局经管字［1996］第31号文印发执行《工程局〈企业法人营业执照〉副本和〈建筑业企业资质证书〉副本及〈法人授权委托证明书〉使用试行押金制度的暂行规定》，押金标准：①证、照分别为1万元；②授权书为5000元。杜绝丢失和被盗情况的发生。

第五节　开　发　经　营

党的十一届三中全会以后，水电三局在完成国家计划投资工程的同时，适应市场经济发展，积极步入市场参加招投标工程，在开发经营方面做了大胆的尝试。

一、外包工程开发经营管理

为进一步搞好外包工程管理工作，1983 年水电三局以［1983］局计字第 186 号文颁发执行《关于颁发“外包工程暂行管理办法”（讨论稿）》，1984 年经修订后，4 月 18 日下达《水电三局外包工程暂行管理办法》，局属各单位认真贯彻执行。

1985 年 3 月 30 日，水电三局外包工程首次中标，承包山西平朔煤矿公路修建及煤矿覆盖层剥离工程。属于指令性计划项目的安康水电站工程建设，仍然执行固定资产投资计划的编报程序，而平朔煤矿工程施工则实行百元产值工资含量包干制度，经济责任制的利益分配由分配奖金改为分配工资总额。

为适应和加强水电三局对外承包工程的管理，探索投标承包工程的经验，健全和完善对外承包工程的经营管理机制，提高经济效益，1988 年 3 月水电三局制定并印发《水电三局对外承包工程管理办法》，共 5 章 29 条，除总则、附则之外，对立项及投标、项目管理、项目监督等作出具体规定。

1991 年 9 月 20 日，水电三局发出《关于重申外包工程各类报表归口上报的通知》。

1995 年 5 月 16 日，水电三局以局管字［1995］第 20 号文印发《水电三局工程开发管理办法》，主要内容包括工程信息管理、工程编标与投标管理、中标工程签约管理和工程开发基金管理等。工程开发是水电三局生存发展的基础，为加强此项工作管理，促进局、处两级搞好工程开发，进一步完善水电三局工程开发的运营机制和管理体制，1997 年 7 月 30 日局开发字［1997］第 10 号将修订的《水电三局工程开发管理办法》印发全局执行，原管理办法同时作废。此管理办法明确工程开发处是水电三局工程开发的业务主管部门，对水电三局的工程开发负全面责任。二级单位成立相应的工程开发管理机构，业务上受工程开发处指导。以市场为导向，局处两级共同开发，积极参与各类建筑安装行业竞争，拓宽跨行业、跨地区的业务范围，加大国内外工程开发力度，承揽工程施工任务。1999 年 7 月 23 日以局开发字［1999］第 06 号文印发《水电三局工程开发管理办法的补充规定》。

1997 年 6 月 1 日，以局开发字［1997］第 05 号文发出《关于加强两级工程开发工作联系与协调的通知》。

1999 年 7 月 15～16 日，水电三局召开 1999 年工程开发研讨会。

水电三局 2002 年 1 月转发水电总公司《工程分包管理暂行规定》，并根据此规定的要求，结合水电三局实际，制定并下发《水电三局工程分包管理办法》，除总则附则之外，有工程分包管理、监督和检查、责任追究等具体规定，自 2002 年 12 月 1 日起执行。还结合新情况，对原《水电三局工程专项施工分包管理办法》进行了较大修订，于 2005 年 3 月下文执行。

水电三局适应建筑业市场发展的客观要求，探索工程项目开发和项目管理的新模式，2003年7月印发执行《水电三局施工项目内部承包经营管理暂行规定》。

自1995年水电三局制定执行《水电三局工程开发管理办法》后，形成了局处两级的开发机制，同时制定了配套开发管理办法的工作体系和开发责任制，使工程开发工作逐步适应新的市场环境和竞争需要。水电三局明确提出以工程开发为龙头，加强在开发结构、开发机制、开发形式和开发策略上全面调整，加大与地方企业、流域性开发公司、地方水电项目等股份合作、联营投资的力度，进行具体运作和改革探索，以适应市场变化和工程招投标需要。在这种机制和模式的调整下，使得水电三局在2000～2003年暨第二个四年规划期间，工程开发规模逐年上升，中标项目和开发产值实现了历史性的突破。

水电三局2006年9月印发执行《水电三局国内工程开发管理办法》，共9章61条，主要内容为：①水电三局国内工程开发采取局处两级共同开发的原则，以水电三局开发为重点，鼓励二级单位开发。国内工程开发立足水利水电工程，积极参与国内公路工程、铁路工程、市政工程、工业与民用建筑等各类建筑行业的工程开发，拓宽水电三局跨行业、跨地区的工程开发范围。②水电三局国内工程开发管理是指包括工程开发前期工作管理、编标投标管理、中标工程签约和工程开发基金管理在内的全面管理。此外还有国内工程开发规定、组织管理机构和制度、工程开发前期工作管理、工程编标投标管理、工程签约管理、工程开发基金管理、证、照使用及其他规定。水电三局国内工程开发采取分管副局长主管，工程开发部部长负责制。工程开发部下设联络处、综合处、商务处、施工组织设计处，负责工程开发前期工作管理、编标投标管理、中标工程签约和工程开发基金管理在内的与工程开发有关的各项管理。

二、联营投资开发经营

由水电三局、西北电管局和安康市行署三家共同集资修建的安康火石岩联营电站于1991年12月25日正式投产发电。

1997年，水电三局参股陕西汉江开发有限公司，为董事单位之一。

1999年1月9日，湖北谷城联虹电业有限公司成立。由水电三局和襄樊供电局、谷城水电开发公司、谷城县电力局、谷城县物资贸易中心等5方共同投资的谷城县庙子头水电站工程建设正式启动。

为加强水电三局日益增多的投资项目的管理，建立科学、合理、规范、高效的投资项目管理体制，使投资项目在为拓宽市场，扩大规模，增强企业竞争力，提高经济效益方面起到更大作用，1999年11月25日，以局经管字［1999］第42号文成立水电三局对外投资管理委员会，明确投资管理委员会是以水电三局领导为主，包括水电三局有关部门主要领导组成的，参与制定投资政策，提供投资决策方案，统一管理水电三局投资项目的管理机构。在水电三局局长的直接领导下行使职权。

第三章 法 制 管 理

第一节 机 构

1984 年 12 月 26 日，水电三局从安康地区律师事务所聘请 3 名律师担任局常年法律顾问后，又从本局自学成才的职工中选调 1 名专职法律人员，组建了由局办公室代管的法律顾问处。

1985 年 12 月 18 日，水电三局与安康地区律师事务所续签了常年法律顾问协议书，赵国伟副局长代表程山局长在协议书上签字，律师事务所主任马永安在协议书上签字，续聘的律师是米立、马永安、刘庆瑞、蒋炔青、王家康。

1988 年 4 月，由法律顾问处与经济检查室、合同管理科合并成立法律事务处，专职法律顾问由原 1 人增至 4 人。刘顺法、江德佩任法律事务处副处长。1989 年 1 月法律事务处改为监察处。监察处下设行政监察室、法律顾问室、合同管理科。监察处有 1 名副处长分管法律顾问室工作。

根据司法部《关于乡镇法律服务所的暂行规定》，1989 年 4 月 8 日正式成立水电三局法律服务所，受局监察处领导和安康地区司法局的业务指导，为承包经营的个人、职工和家属提供法律服务，同时也面向社会提供法律服务。1989 年 7 月，水电三局聘任余国辉、李玉明、金建峡、廖千秋为局专职法律顾问。

1991 年 12 月，水电三局监察处同局纪委合署办公，一套人员，两块牌子，隶属局党群系统，接受局党委和上级主管部门的领导。原监察处法律顾问室改设法律事务科，1994 年恢复为法律顾问室，直属局经营管理办公室领导。1996～2007 年李玉明、俞国辉先后任法律顾问室主任。

1992 年 8 月 10 日，水电三局经管办法律事务科与安康地区律师事务所联合创办的安康地区律师事务所江北办事处在水电三局成立。

1996 年 10 月 21 日～2006 年 8 月 9 日，水电三局先后成立“三五”、“四五”、“五五”普法及依法治理领导小组。几经成员调整，赵庆安、陈庆和、张治源先后任组长；副组长：刘洪学、陈庆和、姜玉村、于彦洲、吴家明、吴新琪、付胜利；先后有成员 12～41 人不等；下设办公室，先后设在局党委办公室（工作部），负责全局普法日常工作。

1996 年 10 月、2000 年 9 月、2004 年 11 月，分别调整局社会治安综合治理领导小组，历任领导：组长赵庆安、陈庆和、张治源；副组长刘洪学、陈庆和、姜玉村、于彦洲、段尚毅、付胜利、冯亮；成员 14～16 人。

第二节 普 法 教 育

1979 年 11 月，水电三局开展法制宣传教育月活动，增强职工的遵纪守法的自觉性。

自1985年开始，水电三局把普法列入党政工组织的常规性工作。水电三局局工会举办法律知识专刊，还同局党委宣传部、局团委联合举办法律知识有奖答题竞赛活动。1986年举办大型宣传专刊、宣传橱窗，宣传法律基础知识、法律条文、图片和案例，在全局范围内开展第二次法律知识学习竞赛活动。1987年全局举办各类法律知识培训班36期，干部、工人法律自学考试7次。1988年全局开展学习、宣传、贯彻《企业法》、推动企业民主管理活动，局工会与行政部门联合作出《企业法》学习宣传的安排和部署，订购《企业法讲话》和《企业法100问》、编写《企业法》宣讲材料等，辅导全局职工学习。1988年6月6日陕西省普法办公室主任张建中一行9人来水电三局检查普法工作，对学习“九法一例”全局取得普法合格证的职工人数达80%表示满意，要求继续抓好普法教育，把《企业法》的学习引向深入。截至1988年11月底，全局共有12 147人取得了普法合格证，占全员的90%，其中科级以上领导干部有789人取得合格证，合格率为95.5%。

1990年，水电三局被陕西省评为全省普法先进集体。

根据《中共中央、国务院关于批转中宣部、司法部关于在公民中开展法制宣传教育的第二个五年规划的通知》，1991年8月22日，水电三局制定下发《在全局职工中普及法律知识的第二个五年规划》。

1992年，水电三局共举办各类普法学习班29期计34个班，有2134人通过法律考试，基本完成全年的普法任务，顺利通过安康地区普法办检查验收。1992～1993年水电三局工会组织全局职工认真学习宣传贯彻并全面执行《工会法》和《妇女权益保障法》，依法建设好各级工会组织。

1994年7月《劳动法》颁布后，局工会加订《中国工运》宣传劳动法专辑65份，订购单行本1500册；与行政部门上街开展宣传日活动；配合行政举办劳资干部劳动法培训班；同时，组织全局工会干部51人参加劳动法培训班。同年12月中旬，又组织全局性劳动法宣传周活动；举办专题宣传栏；组织全局职工学习《劳动法》知识竞赛活动，为依法维护职工利益，深化劳动制度改革，推动建立现代企业制度奠定了基础。

1995年，在层层开展劳动法及其配套法规的宣传基础上，在全局范围内开展《公司法》、劳动法配套法规及市场经济知识的学习竞赛活动。11月举行有16个单位参加的知识竞赛活动，吸引了2000多人参加，把劳动法的学习宣传又深入推进了一步。1996年以后，为落实和贯彻《劳动法》，主要围绕建立稳定和谐的劳动关系开展维权工作。2000年以后，深入贯彻《劳动法》，局工会与水电三局建立了平等协商签订集体合同制度。这项工作成为工会协调劳动关系、维护职工合法权益的重要措施。

1996年，水电三局按照电力工业部转发的由中宣部、司法部《关于在全民中开展法制宣传教育的第三个五年规划》的要求，在原普法领导机构的基础上，成立了“三五”普法领导小组，水电三局拨款4万元编撰印发了3800册《普法选编》，做到领导机构、普法经费和人员三落实。把科以上干部的法制学习和专业法的学习摆在中心位置，每年都举办2～3期处级及处级后备干部理论学习班。要求各级领导干部、管理干部和技术干部重点学好《合同法》、《担保法》、《票据法》、《会计法》、《电力法》和《劳动法》。由于水电三局加强和重视合同管理工作，从1996年以来，全局未发生合同纠纷，合同履约率为100%。

1997年，在全局开展“三五”普法教育工作，4月举办首期普法宣讲员培训班，有26个单位44名宣讲员参加培训后回原单位向广大职工宣讲《经济合同法》等7门法律知识，以此增强全员的法律意识和法制观念。建立健全干部学法考核制度，1998年12月14日水电三局组织局处级以上领导干部参加全省县处级以上领导干部第二次“三五”普法考试，全局有59名局处级领导干部参加考试。2000年5月11日国家电力公司“三五”普法检查验收组来水电三局检查验收合格。

2001年6月13日，水电三局成立“四五”普法及依法治理工作领导小组，制定“四五”普法规划，在全局开展“四五”普法教育工作。

2001年，新的《工会法》颁布，水电三局充分利用有线电视，《水利水电新闻》、板报、橱窗等形式，广泛宣传《工会法》知识。按照省总的要求，在全局职工中开展新《工会法》《集体合同条例》知识竞赛答题活动，收到了较好的效果；还组织职工参加陕西省总工会6月举办的新《工会法》《集体合同条例》赛台式知识竞赛活动。

2001年，水电三局39名处级干部参加安康市委依法治市办公室组织的县处级领导干部法律知识考试，平均成绩93分。

2006年6月29日，以局党字［2006］第47号文印发《水电三局开展治理商业贿赂专项工作实施方案》，并组织实施。

2006年8月9日，以局党字［2006］第58号文印发《水电三局开展法制宣传教育第五个五年规划》，成立水电三局“五五”普法领导小组。明确“五五”普法宣传教育工作由局党委工作部负责，法律顾问室参与实施。

第三节　法　律　事　务

1994年10月5日，局经管字［1994］第10号文《关于对局法律事务管理的通知》明确：①水电三局法律事务，由法律顾问室负责办理。②法律顾问室对水电三局及其局属各单位（包括局属法人企业、营业单位）法律事务，应提供优质高效的服务，并不得以任何名义收取费用。③在保证完成水电三局法律服务的前提下，法律顾问室可根据国家和地方政府有关规定，面向社会提供法律服务，其创收部分70%上交水电三局，30%自行分配。法律顾问室业务上接受经营管理处监督，创收活动接受财务审计处监督。

为切实维护水电三局的权益，减少法律风险，明确职责，2000年8月9日以局经管字［2000］第28号文印发执行《水电三局诉讼纠纷案件实行申报等有关问题的暂行规定》。

根据《中华人民共和国律师法》、《国有企业法律顾问管理办法》、《中国水利水电建设集团公司法律事务管理暂行办法》的规定，水电三局重新修订并于2005年11月10日局经管［2005］70号印发执行《水电三局法律事务管理办法（暂行）》，共6章19条，明确指出：

（1）所称的法律事务是指水电三局在经营管理工作中涉及法律咨询、合同管理、法律文书审查、诉讼与非诉讼代理、仲裁以及参与普法教育等事务。

（2）水电三局法律事务工作的原则是：①坚持依法治企，依法管企的原则；②坚持依法维护水电三局合法权益的原则；③坚持以事先法律防范风险为主，事后法律手段补救为辅相结合的原则。

（3）水电三局法律顾问室是专门负责法律事务的职能部门，与经营管理办公室合署办公，并以法律顾问室名义参与开展水电三局内部法律事务工作。

2006年7月18日，以局经管［2006］39号文转发执行《水利水电建设集团公司规范经营行为规避法律风险的若干规定》。

水电三局法律机构成立以后，在当地司法局的支持指导下，为改善企业经营管理、维护本局及职工家属合法权益等方面开展了代理经济诉讼案件、代理非诉讼案件、代理民事、刑事、行政诉讼案件以及协助完成水电三局普法工作，还完成了日常性的参与经济、工程决策，起草法律文书，提供法律建议及法律咨询等工作。

第四章　计　划　管　理

第一节　机　　构

青铜峡水利枢纽建设时期，青铜峡工程局机构设立计划处，负责施工生产的全部计划编制及管理工作。处长刘凤润、颜崇宽；副处长王志强、李省。1969年转移到汉中成立水电三局，机关设立“三部一室”。在生产指挥部下设立计划组，负责生产计划编制、下达施工任务和结算工作，1979年8月后改设计划处。

1978年4月，水电四局石泉分局改为水利电力部第十五工程局，将石泉分局革命委员会生产指挥部下的计划科，改设为计划处。1978年4月10日王春林、邱公谔任局计划处副处长；12月底，工程局对机关各处室机构定员，计划处35人。

水电十五局1981年10月上旬成立定额领导小组。

1982年9月，两局合并，水利水电建设总公司以［1982］水建劳字第61号文批复水电三局机构设置计划处和定额处，刘纪仁任计划处处长，王春林任副处长；章树林、王广筠任定额处副处长。1985年9月，水电三局撤销定额处，定额业务归计划处。下设预算一科、二科（定额科）、综合统计科、土地管理科。

1991年6月，局机关机构重新编制时设计划处，下设计划科、定额科、统计合同科。1994年水电三局机关机构调整，不再设立计划处，计划管理工作由经营管理办公室负责。计划处历任处长为：刘纪仁、蔡新鉴、佘小林、戴圣哲、汪文浩；历任副处长为王春林、邱公谔、王广筠、蔺存永、王绍忠、吴占雄。

第二节　目标与规划

计划经济时期，青铜峡工程局每年的任务就是完成上级下达的投资计划。计划管理的目标，也就是按照水电部水电总局下达的指令性计划控制指标编制年度计划，将任务量进行分解、逐级下达，并通过统计工作，对每时段（通常为月、季）施工生产情况进行反馈和监控，向领导提供数据、当好参谋。青铜峡水电站、汉中石门水库、石泉水电站、安康水电站工程都是这样进行计划管理。具体管理工作包括了施工计划和经济核算。水电三局在以往计划管理制度基础上，1988 年 3 月 31 日再次制定并以［1988］局计字第 13 号文印发执行《水电三局计划管理办法》，共 6 章 33 条，提出对指令性计划、指导性计划，统计与结算的管理措施。

国家经济体制改革以后，水电三局的经营管理逐步取代计划管理的职能。水电三局的年度计划变为经营目标，而项目上的施工计划也变成了进度安排。水电三局的经营目标，一是在四年规划中提出，二是在每年的职代会上确定并在工作会上下达。

第三节　统　计　管　理

工程统计管理是施工管理的基础性工作，伴随着水电三局建局、施工起始。青铜峡工程局时期的统计工作归属计划处，原水电三局时期，水电四局石泉分局由计划组负责（后改为计划处）。水电三局成立后，在计划处内设综合统计科，负责全局的统计工作。

统计工作是计划管理的组成部分和重要手段，它是通过文字、数据、图表等方式，反映任务的完成情况、施工进展，便于领导掌握情况、发现问题，指导生产。

在计划体制时期，统计的内容主要以上级要求而定，分级负责，层层上报，由工程局汇总，向上级报表。计划转变为经营后，除上级要求的数据外，增加了工程局经营范围的数据。

水电三局执行国家的统计法规和上级的统计工作制度。1987 年《中华人民共和国统计法实施细则》经国务院批准，由国家统计局发布施行。水电三局专门发文，要求各单位认真贯彻实施，同时总结过去的经验教训，找出差距制定出改进措施。水电三局发文执行水电部《关于布置“水电建筑业统计工作制度和试行办法”及“1988 年统计竞赛评比工作”的通知》。

1988 年 5 月，水电三局计划处统计科开始将计算机应用于统计工作，使水电三局的统计工作进入一个新的阶段，为实现统计计算和数据传送传输技术现代化奠定了基础，被西北电业管理局评为先进单位。

1991 年水电三局被能源部西北电管局评为 1990 年度统计工作先进单位。

随着水电三局对外投标承揽工程项目，为及时反映承包工程的投资产值、经济效益，掌握各承包工程进度和有关单位协调并向上级部门汇总上报，水电三局 1993 年 10 月发出《关于布置各外包工程单位定期统计报表的通知》，建立对外承包工程定期统计报表制度。

1994 年 2 月，水电三局发《关于确定工程局综合汇总统计部门的通知》明确：

（1）水电三局综合汇总统计部门是局企业经营管理办公室。

（2）各专业统计部门及负责人是：①建筑业生产情况统计归局计划处，负责人王保璘。②建筑业财务状况归局财务处，负责人杨淑贤。③建筑业劳动情况统计归局劳资处，负责人魏山河。④原材料指标统计归局供应处，负责人肖雅非。水电三局第三产业执行局统计制度，报表报工商企业处。

1995年3月18日，水电三局以局经管字［1995］第08号文印发《水电三局报表制度》，共7章28条，于1995年1月1日起实行。报表制度的建立，主要是为了适应市场经济的要求，增强水电三局宏观调控能力，维护各项报表的严肃性和时效性，使报表工作进一步制度化、规范化和系统化。水电三局要求填制和报送的报表分为：计划报表、财务会计报表和统计报表三类。水电三局各项报表的综合管理机构为局经营管理办公室。各项专业报表的归口管理单位为水电三局机关相应职能处室。

1995年12月20日，安康市召开1995年固定资产投资统计年报会议，水电三局被评为安康市1995年度统计工作先进集体，这是水电三局连续第二次获此荣誉。

1997年11月12日，水电总公司在杭州召开1996～1997年度建筑业统计工作年报会，水电三局被评为水电总公司系统建筑业统计工作先进单位。

1998年10月5日，以局经管字［1998］第04号文印发执行《水电三局统计技术管理办法》。

2005年9月，以局经管［2005］64号文修订印发《水电三局综合统计管理办法》；65号印发《水电三局统计工作评比办法》，以后每年进行统计工作的评比表彰。

第五章　工 程 项 目 管 理

第一节　机　　构

计划体制时期，工程建设项目由国家安排，往往是因一个工程的建设而组建一个施工单位，青铜峡工程局就是为建设青铜峡水利枢纽而成立的，施工期间设置工务处，负责施工管理和工程技术工作。1969年成建制转移到陕西汉中承建石门水库，机构调整为生产组，负责施工计划、调度、质量安全和技术管理等工作。

1970年3月，水电四局报水电部军管会同意，由王福顺、陈庚仪、常俊华3人组建石泉工程指挥部。1971年12月～1974年2月，武天杰、程山先后任水电四局石泉分局生产指挥部主任；张全、陈贵山、孟宪斌、陆佑棡先后任副主任；陈梦祥任党委书记；韩世善、韩连江任党委副书记。生产指挥部下设办公室、劳动工资科、调度科、施工科、质量安全科、计划科等，全面负责石泉水电站工程管理。

承建安康水电站建设时，1975年6月成立水电四局石泉分局安康工程前方指挥所，局党委常委、革委会副主任武天杰兼任前方指挥所指挥，胡玉明、程山任副指挥。后改为指挥部，领导有：党委书记胡玉明；副指挥：马广余、赵秀章。从1985年1月始成立竣工领导小组、1990年2月成立抢发电工程指挥部、1994年6月成立竣工决算领导小组、1995年3月成立尾工领导小组等，自始至终抓好安康水电站工程建设。

计划经济时期工程局承担工程项目管理的是直接与施工相关的部门，有总工办、计划调度、施工技术、质量安全、设备物资供应、竣工等部门（“文革”时期为生产指挥部、后勤部）。其中青铜峡工程局调度室起到工程管理指挥中枢调节作用。1958年始青铜峡工程建设期间机构设置调度室，副主任阎世杰、周秉权。1969年始修建陕西省汉中市褒河石门水利枢纽工程期间，机构由生产组分设为调度室。在建设石泉水电站期间设调度科。1978年4月改为水电十五局设置调度室，为处级生产指挥部门。历任主任：杨广民、胡懋初、江忠儒、马友武；副主任：王永庆、刘吉敏、刘铎、肖圣义、杨荣先、卢仁纪。

进入市场经济后，水电三局的施工项目通过投标、签订合同获得，项目管理不仅存在对标段内施工过程的全程管理，还有经营管理的任务。1990年4月成立水电三局外包工程管理部，对外包工程从前期信息跟踪到工程投标，中标后的施工队伍确定和工程实施全过程的宏观管理。外包工程管理部除原有的对外工程承包处、设计处外，设立一个综合办公室，主管在建工程的技术和管理业务。管理部工作由李友仁副局长全面负责。1991年水电三局成立工程管理部，下设承包处、设计处、项目管理处、综合处；1992年改为工程管理处。1994年调整机构继续设工程管理处，主管全局的在建工程项目。历任处长：于仁春、冯亮、黄全孝、韩贵才；副处长：蔡非扬、廖为民、王和平、王保鳞、舒舍青、王爱民。下设项目管理科、合同科、统计科、质量管理科。后质量管理划分出去，该管理模式持续到2006年。

第二节　工　程　合　同

20世纪80年代初，水电三局就涉及了工程合同的签订、履约等管理形式，为工程建设施工提供了法律保障。自从投标获得工程项目以来，水电三局都是按照业主提供的招标文件进行编标、投标，中标后由水电三局与业主签订施工（制造加工、安装等）合同，1985～2006年底，共签约477个工程合同。

为保证工程承包合同的履行，根据《中华人民共和国经济合同法》及有关规定，水电三局于1993年3月制定并印发执行《水电三局工程项目合同管理办法》。1999年8月又重新制定《中国水利水电第三工程局合同管理办法》。

1999年10月，实施新的《中华人民共和国合同法》后，水电三局又制定印发《水电三局工程合同管理办法》，除总则和附则之外、对工程合同履约管理的职责范围、履约过程的管理、工程分包与劳务分包的管理、合同的变更与解除、合同纠纷及处理、合同索赔及反索赔、奖罚等都作了明确规定。还制定了《工程施工分包合同范本（试行)》和《工程劳务分包合同范本（试行)》，项目上内部分包和与外协队的工序分包均由项目部按照管理办法签订施工合同。

2000年12月，水电三局向各二级施工单位发出《水电三局工程合同分承包方名册》和《水电三局劳务合同分承包方名册》。

2001年水电三局制订新的《工程局合同管理办法》，明确经营管理部是水电三局的管理合同机构。

2005年11月水电三局重新修订的《水电三局合同管理办法》明确规定：水电三局局

长可以法定代表人资格对外签订工程施工承包合同，局属单位负责人可在水电三局局长授权下签订工程施工承包合同。水电三局属各单位跟踪联系的工程项目投标前，应按工程开发制度要求经工程开发部同意后方可投标。确定投标的工程项目，由局经管办办理投标法人授权委托书。投标文件是合同形式要件的组成部分，水电三局编制的投标文件，须经主管领导审核后递交招标单位。局属非法人经营单位、二级生产经营单位、项目部和其他派出机构自行编制的投标文件递交前，应报局工程开发部审核，经主管领导批准，方可递交招标单位。项目中标后，水电三局工程开发部组织局经管办、其他相关专业部门和拟承担合同履约责任的单位派员参加合同谈判。工程开发部是投标文件归档的责任部门。

2005 年 12 月 7 日又修订、印发了《工程施工专业分包合同范本》和《工程劳务分包合同范本》。

第三节　工　程　进　度

工程总进度和节点按照投标文件要求执行，一般是只能提前不能拖后。具体的施工进度则是各项目根据总进度编制年、季、月、周进度计划，并组织实施。周、月进度计划在周生产会上进行安排下达，进度控制由项目的计划调度负责。

为保证进度计划的落实，项目上都要采取种种施工措施，除各种资源配置合理、及时到位和加强调度外，还开展多种形式的劳动竞赛活动，并配以誓师会、动员会、倡议书等方式。

第四节　工　程　安　全

本篇第八章“安全管理”对工程安全管理做专章介绍，此不另述。这里补充介绍与工程安全有紧密关系的防汛工作。

（1）水电工程施工每年都会遭遇汛期，防汛则成为重点工作。水电三局在各时期的项目施工中都要成立防汛指挥机构，承担防汛的指挥职责，同时还设有水情监测机构—水情组。

（2）防汛设施。在布置每个汛期的防汛工作中，要具备防洪抢险的人、财、物资源，包括设备设施。

为满足安康水电站施工防汛需要，经陕西省无线电管理委员会批准，1983 年 2 月 9 日，水电三局与安康地区邮电局签订《关于租用无线电台的合同》，自 1983 年到安康水电站建成期间每年 3 月 16 日～10 月 31 日，由安康地区邮电局向水电三局出租开设 15 瓦防汛电台 15 部（其中包括备用台 7 部）。主台设在安康大沙坝，分台设在紫阳洄水水位站、红椿水文站、汉王城水位站；平利狮坪电站；岚皋六口水文站；镇巴观音堂雨量站。水电三局又与达县地区邮电局签订租用无线电台的合同，设在万源县大竹区邮电所，定时与大沙坝的主台联络。

当时全国已建水电站中规模较大、情况最为复杂的大型水情测报系统——安康水电站水情自动测报工程于1992年5月1日按期开通，正式投入运行。这个系统在汉江安康水电站坝址上游设置水情自动遥测雨量站25个，水位站9个，中继站5个，总投资280万元。系统采用超短波无线通信方式，选用应答式设备，能准确及时地采集、传达各遥测站雨量、水位的实际数据，经计算机处理后作出联机实时预报，增加了洪水预见期和提高洪水预报精度，使库区和下游减少淹没损失。

(3) 安康水电站建设时期的大汛。

1983年3月25日，水利水电建设总公司陈赓仪总经理来水电三局视察工作并主持召开防汛工作会议。

1983年7月31日夜，陕西安康汉江遭遇了百年一遇的特大洪水，汉江流量达3.7万米^3/秒，最高水位257.25米，安康城堤6处决口，洪水淹没安康老城。8月2日水电三局成立抗洪救灾指挥部，积极主动地抗洪抢险、安置灾民，受到中央领导的表扬。

1985年4月11日，水电三局召开安康水电站防汛会议，遵循“以防为主、力争主动”的指导思想，全面部署防汛工作。5月14日17时27分安康水电站基坑第一次过水，洪水最大流量为7750米^3/秒，基坑内机械设备和材料安全撤出．这是安康水文观测史上罕见的桃汛。

1997年5月21日，水电三局将安康水电站主要泄洪设施移交安康水电厂，电站防汛任务也同时向电厂移交。

第五节　工　程　质　量

质量是产品的生命。水电三局根据各个时期的质量方针、目标，认真做好工程施工过程中的质量控制，建立了工程建设和施工全过程的质量保证体系，并使其有效运行，所承建的项目质量合格率达到100%，优良率保持在80%以上，部分工程获得各个层级的质量奖项：

由水电四局石泉分局建设的陕西石泉水电站1982年4月被电力工业部命名为施工企业单项标兵；1983年8月，被水电部评为水电建设系统全优工程奖；1983年9月荣获国家优质工程银质奖。

水电三局建设的陕西汉中石门水利枢纽工程1984年被水利电力部评为一级优质工程。

水电三局建筑公司承建的汉中地区电信综合楼1988年被评为汉中地区一等三级工程；1991年荣获陕西省优质工程II等奖。

水电三局建设的安康水电站混凝土主体工程和漫湾水电站截流工程1991年10月分别被能源部评为水电优质工程。

水电三局承建的四川流滩坝电航工程，第二次工程阶段验收，1993年9月23日被评为优良工程。

水电三局建筑公司承建的陕西汉中市人防工程1994年11月21日获陕西省优良工程。

水电三局二分局承建的安康飞机场1995年9月被陕西省建筑工程质量监督总站评为陕西省优良工程。

水电三局承建的全长1381.40米的三峡坝区江峡一路工程1996年5月23日经三峡开发总公司和监理的检查验收，确定该工程在合同期内完工，质量等级为优良工程。

水电三局承担主体工程施工的西藏甲岗水电站1998年9月16日通过竣工验收，工程质量合格率100%，优良率80%以上。

水电三局承建的三峡工程左岸“八二”混凝土拌和系统1998年9月29日通过终验，被评为优良工程。

水电三局承建的甘肃三甲水电站1998年12月4日通过竣工验收，工程质量被评为优良。

水电三局承建的甘肃大峡水电站工程1998年12月28日全面竣工，总体工程质量被评为优良。

水电三局承建的青海黄河公伯峡高线场内公路于2000年8月23日通过验收，各项指标符合设计要求，被评为优良工程。

2001年10月12日，长江委员会专家组、河道管理局和有关部门对水电三局基础处理公司承建的荆南长江大堤三标段防渗加固工程进行审查，该工程被评为优良工程。

2002年11月21日，甘肃省计委、省建设厅重点办、省电力公司、业主、监理、设计代表及甘肃省质量技术监督部门组成验收组对水电三局承建的甘肃小峡水电站CⅢ标段的10个分部工程、793个单元工程进行验收，所验工程被认定为优良工程。

2005年1月，水电三局参建的云南大朝山电站获国家建设部和中国建筑业协会颁发的“鲁班奖”。

2006年底，水电三局承建的甘肃黄河小峡水电站工程获得甘肃省建筑工程“飞天奖”。

2007年11月，水电三局承建的公伯峡水电站荣获国家建设部颁发的中国建筑工程“鲁班奖”。

第六节　工　程　成　本

社会主义市场经济条件下，企业是自主经营，自负盈亏的经济实体，盈利是企业生存的根本条件，要盈利就必须千方百计降低成本，企业要想在市场竞争中生存和发展，必须重视加强成本管理。

计划经济时期，水电三局财务主要负责制度管理。建安工程成本由二级单位根据投资计划，负责施工图预算编制，依据预算定额制定消耗计划，下达施工生产任务。工程项目成本核算由各二级单位负责实施。根据制度要求采用完全成本法，工程项目成本包括：人工、材料、机械、其他直接费、施工管理费。建安工程成本支出，作为建安投资实际完成与计划资额相比较，分析管理效果。在完全成本法核算制度下，局机关发生的管理费用支出，按照一定标准分配进入工程成本。这个阶段，国家规定把建安工程表、主要物资消耗表和基本建设经济指标表，纳入企业上报的会计报表体系，由国家对企业生产情况进行监督。随着国家计划内项目施工任务的减少，逐步转入市场经济建筑施工项目，成本出现三级组织形式。施工处是直接负责成本控制的基本生产单位，实行项目法施工以后，项目经理部是直接负责成本控制的生产单位，并推行项目承包制。

一、外包工程项目成本管理

1985 年，水电三局在全局分别不同情况的实行“百元产值工资含量包干”、“费用工资含量包干”和“工资总额包干”三种包干办法。

1988 年 1 月 14 日，水电三局发［1988］局财字第 3 号文：经研究决定，对漫湾、射洪两个工程项目 1987 年利润分成按照利润总额 50%上交局（其中 20%为上交部利润），50%指挥部留成，其中 40%为生产发展基金，30%为职工福利基金，30%为后备基金。

1990 年 4 月 18 日，水电三局核定水电三局丹江口工程指挥部 1990 年百元产值工资含量包干系数为 25%。

1991 年 12 月 30 日，水电三局研究决定，鉴于小浪底公路施工是新开工程，为不影响生产和职工工资的发放，自开工至 1992 年底，其百元产值工资含量包干系数暂定为 18%，待条件具备签订合同时再正式确定百元产值工资含量包干系数。

1991 年 12 月 11 日，水电三局研究决定，①大峡工程指挥部 1991 年百元产值工资含量包干系数定为 20%。②大峡工程甲方在工资含量包干系数之外另支付的奖金，其 30%交水电三局，70%留指挥部使用。

1992 年 12 月 25 日，水电三局研究决定：小浪底工程指挥部承担的黄河小浪底洞群出口开挖及南岸厂区干线公路工程，其工资总额的控制实行百元产值工资含量，1993 年第一季度工资含量系数暂按 20%控制。

为了进一步加强水电三局在建项目的管理，2003 年 1 月 2 日成立水电三局工程项目成本评审委员会（局工管字［2003］第 01 号文），并在全局开展工程项目目标成本评审工作，确定工程项目的目标成本。评审委员会下设工程项目目标成本评审工作组，以工程管理处为主，工程开发部、经营管理办公室、财务处派人参加，负责评审工作的联系、纵横向接口、目标成本水平的比较、分析、测定以及调整、补充、完善等具体工作。

二、工程竣工决算

自 1992 年以来工程结算收入稳步增长，除 1993 年清产核资核销以前不良资产形成亏损，1998 年部分项目因各种原因未及时结算形成亏损外，水电三局多年来保持盈利水平。

2005 年 3 月 8 日，以局工管［2005］4 号文印发《水电三局工程项目结算管理办法》。

2005 年 10 月，水电三局制订下发《水电三局工程项目竣工管理办法》。工程项目竣工管理主要包含两部分内容，即工程竣工验收管理和竣工结算管理。2006 年 6 月又制定印发《水电三局施工项目竣工财务决算编制办法》，以此规范水电三局在项目施工过程中对工程竣工阶段的管理，提高工程施工管理水平。

第七节　项 目 法 施 工

项目法施工就是以单位工程为管理对象，以综合有效地利用资源为基础，以单位工程为核算对象，以工程任务为契机组建项目经理部，是一种系统的、合理的动态管理方法。

1991 年，水电三局对新中标的甘肃黄河大峡水电站工程开始尝试项目法施工，增强了水电三局对外包工程进行宏观调控的能力。1994 年 5 月 16 日水电三局以企管字［1994］第 13 号下发《水电三局转换经营机制实施纲要》，对实施项目法施工提出了明确的要求。

1995 年 3 月 13 日，水电三局工管字［1995］第 03 号印发《水电三局项目管理办法》，确定水电三局在两级经营、两级管理的经营体制下，对承包工程进行合同管理，采取项目法施工的管理体制。①按项目法施工组织实施的工程，实行项目经理负责制。在项目经理的领导下，按照“统一领导，分工协作”的原则，组建精干高效、调度灵活、独立核算的项目经理部（指挥部）。②项目经理部系水电三局的派出机构。项目经理是局法定代表人在项目工程中的代理人，对项目的合同履行、经营管理及局下达的各项指标的完成负直接责任。③由水电三局法定代表人（或其代理人）与项目经理签定内部承包合同，合同中应明确规定工程的工期、质量、安全、成本、上交费用、利润和控制性进度等指标以及按时向水电三局准确报送各项报表的责任，明确规定双方的权、责、利以及合同终止处理、违约处理等项内容。④在项目工程的人员、设备等管理上采取有分有合的动态管理体制。人员、设备可来自不同的单位，但在项目工程上，则听从项目经理的统一调动。

水电三局在推行项目法施工中规定，项目工程实行内部独立核算，简化层次，施工项目经理部中只分一个管理层和作业层。经理部的各职能部（室）为管理层，经理部下设中队和班组为作业层。水电三局的 A、B 级设备所有权属水电三局，作为二级单位谋生发展的手段，划归各二级单位有偿占用。A、B 级设备的管理实行机长负责制，机长随设备走。水电三局职能部门和二级单位职能部门对项目工程的管理，按照管辖权限，依据内部承包合同、劳务合同、设备租赁合同的要求进行管理。项目工程实行独立考核。同时，按照项目法管理，对项目经理及经理部的职责、权利也作出了明确规定。

1996 年，水电三局制定了《1996～1999 水电三局改革与发展四年规划》，提出今后新承建的施工项目，一律按项目法组织施工。水电三局组织的工程项目，由局统一组织项目经理部，基本原则是按工程规模、工程性质和项目来源确定项目经理部组建单位。施工项目是企业与市场的对接点，也是局处两级经济效益的主要源泉。二级单位要把项目法施工作为转换经营机制、加强科学管理的突破口。项目经理部是局、处为组织项目施工派出的管理机构，主要运做方式是通过内外市场渠道和经济合同形式配置生产要素，形成项目生产力，实行全面的合同约束，行政手段为契约合同手段对项目施工的管理。在设备、劳动力配置、资金使用等生产要素诸方面都要与输出单位签订合同。项目部可根据授权对外签约，对内签订工程承包管理合同和资源使用合同。以项目部为中心，实现纵横全方位的合同约束机制，建立统一的合同管理模式。水电三局不建立全局性的劳动力市场，但为了保持企业项目法施工的管理要求，要在全局范围内构建十分精干的人才储备机制，包括优秀的技术、经济管理干部和一线生产骨干，给予政策倾斜，保证其基本收入。二级单位也应建立相应的人才储备机制，规模控制在单位人员总数的 20%左右，使企业总体上保持稳定发展的势头。同时水电三局建立特大、特型设备储备机制，以满足项目施工的专项短期要求，避免装备能力的重复购置和资源浪费。

为适应市场竞争的需要，遵循“大企业要做强”的改革发展目标，响应业主要求，水电三局采用“强强联合”的方式，按照现代企业制度规范运作项目管理，以紧密联营的方式组建非法人性质的联营体，整合项目资源配置，按联营协议拟定的比例投入。以项目参加各方组成股东会、董事会、监事会、项目经理部等不同决策层次的项目管理框架，实现项目管理的新模式。①宜昌三峡工程建设“三七八”联营总公司成立于1994年2月，是国内较早的紧密型水电施工联营体，经过多年的探索与实践，形成了一套完整的联营体组织结构和管理体系，在三峡水利枢纽工程建设中发挥重要作用。②“八三”联营体成立于1995年3月，属于紧密型联营体，承建云南大朝山水电站施工，该联营项目已完工。③水电四局水电三局联营体成立于2002年3月，主要承建云南小湾水电站工程项目，属于紧密型联营体，一方为联营体责任方；双方按比例投入资源，承担风险，分配利润，统一组织施工管理。

为实现《2005～2008年水电三局四年改革与发展规划》中规定累计总产值要达到82亿元的目标，水电三局加大对项目分包和竣工决算的管理力度，注意培养一批信誉好、实力强的协作队伍，作为长期稳定的合作伙伴。进一步加强了对项目的管理力度。根据集团公司“集团公司是投资中心，水电三局（厂）是利润中心，施工项目是成本中心”的定位，2005年水电三局将项目管理作为经营管理的重点，强调加强项目管理是取得良好经济效益的关键，切实转变经营观念。通过经营管理专题会议和开展项目的商务管理培训工作，提高全局工程项目的商务管理水平。各施工项目注重在工程建设过程中加强合同管理，加大成本控制的力度，提高项目的经营意识。

2005年水电三局在建工程项目达70余个，大多处于西部和西南地区水资源丰富的省份。为加强在建项目的协调管理，通过与业主、监理、设计等方面的沟通，及时了解和分析工程建设过程中存在的问题并及时解决。水电三局先后对西龙池、拉西瓦、景洪、向家坝、喜河、金沙峡等工程项目的资源投入进行了调整和完善。在工程项目的检查协调过程中，注重提高项目部合同意识和施工合同的履约能力。主动参与项目重大施工方案的审查，在协调管理过程中将工程项目的经济效益放在重要位置，在控制好工程施工进度、工程施工质量的同时，指导项目做好合同变更索赔工作以及项目成本的控制，提高项目经济效益。水电三局工管字［2005］4号印发《水电三局工程项目合同索赔管理办法》。同年10月25文日以局工管字25号文印发《水电三局工程项目竣工管理办法》，以局党字［2005］第89号文印发《水电三局项目党工委工作细则》，规定了党工委参与重大问题的决策的内容：①项目的经营方针；②年度生产经营计划和财务预决算方案；③大宗资金的使用方案；④内部生产管理机构的设置和调整；⑤项目部中层以上领导的任免、奖惩；⑥涉及职工利益的重要决策；⑦重要规章制度的修订或废除；⑧其他需慎重决策的问题。

第八节　建　章　立　制

除已归入专题章节中的之外，水电三局还建立以下规章制度。

1980年8月1日，原水电三局制定印发《水工混凝土施工规范》。

1983年6月27日，水电三局颁发执行《外包工程暂行管理办法》。

1987年5月14日，转发执行水电建设总局《关于颁发〈水工碾压混凝土施工暂行规定〉的通知》。

1995年3月13日，水电三局制定下发《水电三局项目管理办法（试行）》。本办法共13章62条，除总则和附则之外，还有工程项目的组织形式和管理模式、项目经理、项目部、施工生产资源配置、项目运作关系及投入与回报、局内专业承包、工程分包管理、工程项目经济责任体系、项目经济责任制、项目部费用上缴、项目部的管理制度等内容。

2006年5月，制定下发执行《水电三局国际工程管理办法》。

第六章　工程技术管理

第一节　机　　构

青铜峡工程局时期，施工技术归由工务处管理，后工务处改为施工技术处，处长李清太，副处长王玉栋。

青铜峡工程局转移到汉中并改为水电部第三工程局后，处于“文革”时期，至1979年8月局机关设“三部一室”，在生产指挥部下设技术组，负责施工技术和工程设计工作。1979年8月后设施工技术处，负责施工技术管理。

水电四局石泉分局在建设石泉水电站期间，在生产指挥部下设置施工科，承担技术工作，陆佑楣、赵恩荣先后任施工科科长。1978年4月改为十五局后，设立施工技术处，定员29人。两局合并为水利水电第三工程局后，设技术处。历任领导：处长陆佑楣（局副总工程师兼）、蒋庆文、张宏义、姜永华、鲁新、周业忠；副处长胡尚全、李培元、袁科生、张胜保、马锡庆、范钦平、何为桢、曹迎秋；同时还设立施工研究所，为施工的技术单位。根据国家技术监督局《产品质量检验机构计量认证/审查认可（验收）评审准则》的规定和要求，为满足水电三局产品质量检验需要，2003年3月将下属的水电三局中心试验室更名为水电三局中心实验室。赵仁安任中心实验室主任，黄继敏、李磊、谢凯军为副主任。

1985年12月9日，成立水电三局职工技术协作委员会（群众团体），主席：李作安；副主席：李恒恩、刘晓东、张建军；办公室设在局工会生产部。

1991年1月15日，成立水电三局技术监督处，原质安处质量管理科、计量管理科、计量室三个科（室）划入技术监督处，另增设标准化科。历任处长：柴隆彬、岳文华；副处长：刘延平、马中勤、马向丕、王和平。

1992年6月，成立局技术管理办公室。至2006年历任领导：主任马锡庆（兼）、彭景铮（兼）；姬脉兴（局副总工程师兼）；副主任岳文华、郑利民、任宗社。

1992年8月水电三局成立科协，负责技术咨询，科普教育，技术发展，新科技推广及学术交流。

1997年3月21日，成立水电三局科技领导小组，组长李友仁，副组长张治源、蔡泽夏；成员9人。领导小组下设办公室，主任马锡庆（兼）。

2005年12月21日，水电三局召开2005年科技工作会暨第三届科技代表会，成立水电三局技术委员会、专家委员会、评审委员会；改选了水电三局科学技术协会，水电三局职工技术协会。

第二节　目标与规划

一、水电三局改革和发展四年规划（1996～1999年）提出科技工作部署和措施

（1）增强科技意识，提倡“科技兴局”。树立“科学技术是第一生产力”的观念，把依靠科技进步作为实现水电三局经济增长方式的突破口之一。

（2）在水电三局已形成的综合技术优势基础上逐渐形成具有特色的生产组织形式和施工工艺；坚持为工程服务，以实用技术为主，兼顾行业领先地位的尖端技术和树立企业形象的主导技术开发。

（3）推广以小发明、小设计、小改造、小建议、小革新为主要内容的“五小”科技活动，解决施工现场存在的技术问题。

（4）探索技术引进、开发应用的运行机制，建立健全科技进步考核制度，完善科技成果应用的推广体系，探索建立科技基金制度。通过科技进步，改善生产组织方式，优化施工措施，实行规模经济效益。

二、2000～2003年四年改革发展规划提出技术管理工作安排

（1）提高队伍技术构成，建立局处两级人才储备机制；完善专业技术职务聘任制度。

（2）大力增强科技创新意识，以推广特色技术与先进技术为主；建立技术创新、引进推广的考核制度，完善评审机制，对在技术创新、成果转化中创造经济社会效益的技术人员进行奖励。

三、2005～2008年四年改革发展规划提出科技工作目标

（1）分专业、分层次解决专业技术人才待遇偏低问题；建立激励机制，培育有广泛群众基础的技术工人和业务尖子；每年选送一定数量的优秀人才到大专院校进修深造，对紧缺技能人才每年培训力争达到500人以上，合格率达90%以上。挖掘技术潜力，开展各层次的技术“比武”活动。

（2）加快新技术、新工艺、新材料的应用推广。

（3）研究科技创新课题，制定分年度课题规划，长远安排生产力优化手段和创新能力，加速形成技术创新和科技成果转化。建立员工技术创新、科研项目评定奖励办法，逐步增加科技经费投入。

2005年12月，水电三局第二届科技大会通过的《水电三局四年科技发展规划》提出2005～2008年科技工作目标及工作规划：

（1）积极为水电三局第三个改革和发展四年规划做好技术支持和智力支撑，确保各项经济技术指标的实现。

（2）创造“尊重知识”、“尊重人才”、“专家治企”、“素质创优”的经营环境，采取各科优惠激励政策，努力提高科技人员的待遇，加大人才培养选拔力度，创新包装人才，确保每年招收引进各类大学生不少于200人，使技术干部流失率降低80％以上，使流失人员回归率达20％以上。

（3）逐年加大科技投入的比例，使2006年科技投入比占总产值的0.3％、2007年达0.4％、2008年达0.5％。

（4）四年规划期间力争建设三个科技含量高的科技示范工程，科技先进水平达到省级和水电总公司级获奖标准，以此带动一批该行业项目领域的其他工程。

（5）提高科技专业技术人员发现科技亮点，勇闯科技难点，善于总结提高创新的能力。每年在各种报纸杂志上发表不少于30篇科技论文，规划期末取得不少于3项省级或水电总公司级科技成果，每年局内科研立项项目不少于10项，10项经费不少于100万元，争取在行业技术规范、规程、标准和科技专著上有所造就。

（6）确保在南水北调丹江口大坝加高工程施工中出一本技术专著，突破国内行业新老混凝土黏接、年老失修大坝技术改造增容技术难关，力争荣获一、二项国家和省部级科技奖励，争取申请一项国家专利，发表一批在国内外有影响的科技论文，总结一套水电工程加固改造增容的经验和工法。

（7）确保在水电总公司科研项目中已立项的山西西龙池大坡度超长斜井和高强度输水钢管制作与安装科研任务的全面完成，力争荣获水电总公司和陕西科技进步奖，为三局两项科研项目总结一套可以指导其它工程和推广应用的施工经验和工法。

（8）在大坝基础煤层采空区地质加固处理科研项目上力争荣获水电总公司或陕西省科技进步奖。

（9）重视筱溪工程大坝基础处理施工问题，收集处理过程的资料（包括影视资料），为工程局复杂坝基地质处理总结一套经验和工法，力争荣获水电总公司和陕西省科技进步奖。

（10）在闸墩整体滑模施工方面力争荣获水电总公司和陕西省科技进步奖。

（11）积极做好高坝施工，大容量机组安装的技术储备，力争在堆石面板坝、碾压混凝土坝、双曲拱坝、心墙土石坝的高坝施工和350兆瓦以上70兆瓦以下混流式机组，30～40兆瓦贯流式机组，200～300兆瓦可逆式抽水蓄能机组安装领域内有新突破，力争占据一席之地。

第三节　建　章　立　制

1959年6月，青铜峡工程局制定“技术交底”、“技术责任制”、“青铜峡工程验收”等制度。1960年3月，建立技术责任制度和图纸会审及交底制度，混凝土原材料及混凝土拌和物控制制度及编制施工措施制度等有关规章制度。

1979年3月20日，原水电三局转发执行国家建委关于试行《建筑安装施工技术管理规定》等3个文件。

1983年8月23日，下文要求局属各单位遵照执行在原有技术管理基础上修订后于7月16日下达的《水电三局技术管理暂行办法》(试行稿)。

1990年7月25日，水电三局转发水电部水建［1990］10号颁发的《疏浚工程施工技术规范》(SL17—1990)，自1990年12月1日起执行。

1990年3月24日，发［1990］局总工字第1号《关于进一步明确我局金属机构、机组、电器设备安装工程执行“三检制”的决定》，局质安处代表水电三局为终检单位，安装处质安科为二级检查单位，施工队为自检单位。

1991年1月25日，以［1991］局技监字第01号文印发实行《水电三局计量管理实施办法》。

1991年4月16日，以［1991］局技监字第06号文下发水电三局《能源计量管理办法》。

1991年8月8日，以［1991］局技监字第17号文关于印发《水电三局标准体系编制规定（试行)》的通知，逐步建立健全水电三局标准体系，为实现国家二级企业的目标奠定基础。

1995年9月15日，局开发字［1995］第06号文转发电力工业部电建［1995］503号《电力工业部关于电力技术市场管理规定（暂行）的通知》。

1995年12月18日，以局设字［1995］第11号文下发《水电三局生产施工设备技术改造管理暂行规定》。

1996年4月29日，以局技字［1996］第05号文下发《水电三局施工技术管理办法》，共5章16条，除总则外，对施工技术管理的业务和内容、施工技术管理的组织和职能、施工技术管理等制定出具体管理办法。水电三局技术管理办公室受总工程师的委托，组织有关技术人员深入各工地调查研究、指导工作。

1998年10月5日，以局经管字［1998］第04号文印发执行《水电三局统计技术管理办法》。

2000年9月12日，以局技管字［2000］第05号文下发《2000年12月1日起六大水泥将改用新标准》的通知，自1999年12月1日起实施水泥标准以及水泥胶砂强度检验方法的新标准，即将原水泥标号改为强度等级，水泥强度检验方法由原GB法改为ISO法。原有标准于2000年12月1日起废止。

2000年10月24日，以局技管字［2000］第07号文转发中电联标［2000］61号文和中华人民共和国建设部令第81号文《实施工程技术强制性标准监督规定》。

2001年12月10日，以局技管字［2001］第06号文下发《2001年修订后的受控使用标准、规程、规范条目汇编》，对原局技管字［2000］第03号文下发的局技术标准（规程、规范）现行状态控制清单进行再次修订，并增添2001年最新技术标准（规程、规范)，要求执行最新技术标准（规程、规范)。

2005年10月27日，以局技管［2005］7号文下发《水电三局技术标准（规程、规范）管理办法》：①水电三局是国有大型建筑施工企业，在大中型基本建设施工中采用国家和部颁行业标准以确保工程质量。②水电三局技术管理办公室根据工程资质范围编制水电三局技术标准（规程、规范）现行控制清单，经审核后由水电三局总工程师批准发布。③技管办及时跟踪、收集国家、行业最新的技术标准，发布信息并向局属各二级单位、项目部通报，局属各二级单位和项目部应及时配备自己所需的新标准，并应根据标书要求积极主动与业主、监理商讨贯彻、实施新标准的方式。

2006年5月29日，以局技管［2006］16号文印发执行《水电三局在建项目施工技术管理工作暂行通则》。

2006年8月2日，以局劳人［2006］67号文印发《水电三局专业技术带头人管理办法》。专业技术带头人的选拔坚持“尊重知识、尊重人才、尊重创造”和“公平、公开、公正、择优”的原则。适用于水电三局的工程技术领域、经济管理领域、财务管理领域专业技术带头人的选拔与管理。并对评选条件、程序、职责与待遇、考核与管理等作出了明确的规定。

第四节　实施与考核

工程技术管理工作的实施，一般分为三大部分，一是项目开工前的分项设计和技术措施的交底、安排；二是施工过程中技术问题协调和处理；三是施工完成后的资料收集、总结等。水电工程是科技实践性很强的建筑项目，水电三局内部形成了水电三局、处（分局）、施工队的技术管理网络，承担各级技术工作的实施和推行。各种技术机构和组织认真开展施工技术的落实推广、技术攻关，全局工程技术人员大胆开展新技术新工艺的创新和应用，不仅完成了各个工程项目的技术工作，还开创了多项新的技术成果，为水电建设技术进步作出了贡献。

1978年3月，全国科学大会上，水电三局参建的甘肃刘家峡水电站获得科技成果奖。

1979年7月，水电部水力发电建设局在安康召开了安康水电站坝基缓倾角构造的补充分析和大坝稳定等技术专题审查会议。

1980年11月18～25日，电力部水电总局在工程局召开大型水电站施工水文预报经验交流会。

1983年10月26日～11月1日，水利水电建设总局在水电三局召开安康工程混凝土施工技术讨论会。

1985年2月25日，由水电部水利水电规划设计院审查合格，准予水电三局设计室承担勘查设计任务，发给了水利电力部部级类别的勘测设计证书。

1986年3月24～29日，水电部科技司和水电总局在水电三局召开高边坡工程技术交流会。

1989年1月16日，陕西省水电学会邀请全国有关方面专家、学者在水电三局召开安康水电站坝体冷却接缝灌浆技术研讨会。

1991年11月27日，苏联水电设计总院副院长佐罗托夫、副总工程师沙依达诺夫在西北设计院办公室副主任熊炳煊陪同下来水电三局就技术合作问题进行洽谈。

1994年，水电三局职工刘伟民荣获水电系统“最佳中青年专业技术人员”称号；刘策群、张哲、李积伦、姬脉兴、杨维佳5人被总公司授予“百名优秀中青年专业技术人员”称号。

1996年9月，《中华人民共和国无线电管理条例》发布实施3周年，经安康市无线电管理委员会检查审批，水电三局大峡工程指挥部张岭办事处无线电台、小浪底工程指挥部张岭办事处无线电台、第二、三、四、六分局的无线电台均达地区级“标准化无线电台站”标准，获得安康市无管会颁发的“标准化无线电台站”牌匾。

1998年3月17日，水电总公司召开中国水利水电工程总公司科技进步大会，水电三局蔡泽夏被授予“先进科技工作者”称号；梁周全，何长春、司勤3人被授予“优秀科技人员”称号；王孟生、吴新琪、刘尚中、任宗社、冯亮、陈军、廖勇7人被授予“优秀工程技术人员”称号，受到表彰奖励。

2001年11月11日，水电三局中心试验室通过陕西省建设厅和质检中心评定，取得建筑施工企业一级试验室资质。

2003年3月3日，水电三局中心实验室通过国家技术监督局电力评审组的计量认证复核。标志着水电三局可以承担国内任何大型工程的混凝土实验检测及大坝安全检测任务。

2003年12月8～10日，由水电三局和长江水利委员会承办的中国水利电力爆破学术经验交流会在西安举行。全国水利水电系统近70名爆破专家出席会议。中国工程院院士冯叔瑜、汪旭光、长江水利委员会勘测设计院副院长石伯勋、长江科学院党委副书记徐德毅、陕西省工程爆破协会理事长秦明武及工程爆破专业委员会常务副主任张正宇等出席了会议。

2004年7月15～17日，陕西省“水电杯”职工技术大赛水轮机、水轮发电机安装工比赛在水电三局甘肃龙首电站施工现场举行。

2005年12月21～22日，水电三局科技工作暨第二届科技代表大会在西安召开，会议提出了科技兴局、人才兴局、创新强局的科技工作原则。会议讨论通过了《水电三局四年科技发展规划》、《水电三局科学技术发展基金管理规定》、《水电三局科技进步考核办法》、《水电三局科学技术委员会章程》。大会举办了科技讲座，聘请西安理工大学的博导陈小隆、教授苗隆德讲授“当前世界及我国水利发电工程前沿技术和现状”、“如何做好项目的技术管理工作”等课程。

2005年4月19～21日，全国水利水电施工技术信息网第11次全网大会、第19次技术经验交流会暨《水利水电工程施工手册》出版总结会在南京召开。水电三局作为水利水电施工技术信息网网员单位及《水利水电工程施工手册》参编单位参加会议。水电三局陈文跃、谢凯军是第三卷《混凝土工程》中第三章“混凝土原材料选择及常态混凝土配合比设计”的主要执笔人；陈军是第五章“特种水工混凝土”的主要执笔人之一。

2006年6月30日，以局技管［2006］21号文关于下发《水电三局工程技术标准（规程、规范）现行状态控制清单（2006）修订》的通知。

2006年7月初，2006年度全国水力水电科技成果奖揭晓，水电三局副总工程师姬脉兴主笔撰写的论文《大坡度超长斜井开挖施工中的难点及对策》荣获一等奖。

2006年7月6日，技管［2006］17号关于下发《水电三局施工工法编制暂行规定》的通知：为了促进水电三局技术进步，提高整体施工技术管理水平和工程科技含量，决定逐步编写完善水电三局企业级施工工法。施工工法是指以工程为对象，工艺为核心，运用系统工程的原理，把先进的技术和科学管理结合起来，经过工程实践，形成的综合配套的施工方法。它必须具有先进、适用和保证工程质量与安全，提高施工效率，降低工程成本，节约资源，保护环境等特点。水电三局工法由技术管理办公室统一编号为：GTEB编号—发布年份。如GTEB 01—2006表示工法为水电三局的第一部工法，发布年份为2006年。工法的审核由水电三局技术管理办公室进行，必要时应先下发相关单位征求意见或召开专家评审会评审。工法的批准由工程局总工程师签发，工法由水电三局以技管字文号下发实施。

2006年7月10日，在陕西省第九届自然科学优秀学术论文评选中，水电三局黄斌、樊宇、姬脉兴合著的《保温保压浇筑蜗壳二期混凝土的施工技术》荣获一等奖。王彬、薛贵金合著的《沙坡头水利枢纽工程混凝土预冷系统优化设计》荣获三等奖。

2006年11月13～14日，在集团公司召开的首届科学技术大会上，水电三局荣获集团公司科学技术进步奖。姬脉兴、谢凯军被评为中国水利水电建设集团公司优秀科技人员，王鹏禹被评为中国水利水电建设集团公司先进科技工作者，赵红阳、潘纪良、屈高见、王再明、魏勇被评为中国水利水电建设集团公司优秀工程技术人员。水电三局参与完成的《700米级高陡边坡及堆积体开挖与锚固施工技术研究》被评为特等奖；《三峡二期工程左岸厂房混凝土配合比优化设计研究》获三等奖。

第五节　技术革新与增产节约

水电三局历来重视技术革新和增产节约工作。1959年6月上旬，青铜峡工程局局长就在六干会上动员开展增产节约和技术革新活动，制定相应的管理办法，活动取得了显著成效，当年节约钢材410吨、水泥3900吨、木材1500米^3。

1979年，水电四局石泉分局制订下发增产节约计划。1980年4月召开“工业学大庆”先进集体、先进个人代表大会，总结经验、树立标兵、鼓励先进，掀起增产节约劳动竞赛新热潮。5月23日原水电三局党委决定成立局劳动竞赛委员会，常俊华局长任主任；并下发“在全局开展为四化立功活动”的文件，动员全局职工开展以生产为中心，以管理为重点，增产节约，降低成本，为四化立功的劳动竞赛活动。

1981年5月，原水电三局首届一次职代会讨论通过《1981年增产节约规划》。

1982年，中共陕西省委工交部、省劳动竞赛委员会、省计委、省建委、省总工会联合发出《关于全省工业企业开展创“六好企业”社会主义劳动竞赛的意见》。水电三局也制定了《创六好规划》，具体为：①责权利三者兼顾好；②工作质量好；③工作指标完成好；④工作秩序好；⑤文明服务好；⑥政治思想工作好。又制定了《学大庆、学邯二、学先进、创六好工程处、五好处（室）科室、四好中队（车间）、六好班组、争当五好职工竞赛试行办法》，在全局范围内掀起比、学、赶、帮、超的劳动竞赛热潮。

1983年，召开两局合并后的水电三局第一届职工代表大会，大会选举产生由7人组成的增产节约、技术革新挖潜委员会，刘佳炎任主任、王增德任副主任。7月16日委员会召开第二次会议，决定给第二工程处骨料罐采用滑模施工合理化建议奖励800元。

1985年，水电三局响应出席全国“五一劳动奖章”授奖仪式全体代表提出的《关于在全国范围内广泛开展合理化建议和技术革新活动的倡议》，贯彻全国总工会、国家经委、国家科委、团中央为此发出的联合通知精神，提出《关于在我局开展“技术革新和合理化建议活动”的安排意见》，由工程局劳动竞赛委员会负责这项活动的领导、宣传、课题选定、重大科研项目的组织实施、成果鉴定、表彰奖励等工作。下设办公室和鉴定小组，办公室设在局工会生产部；成果鉴定小组由科研所、技术处、计划处、机电处、财务处等有关单位组成，由科研所负责，并发出《关于抓紧全技术革新、合理化建议机构和收集填报项目和成果的通知》。水电三局属各单位均按要求成立组织机构，开展此项工作。

1986年7月，根据国务院《合理化建议和技术改进奖励条例》及陕西省有关文件精神，水电三局职代会主席团会议原则通过《水利水电部第三工程局合理化建议和技术革新活动奖励条例》。水电三局合理化建议和技术革新成果鉴定由总工程师办公室组织进行，总工程师为总负责人。1987年局二届二次职代会讨论通过《关于立即在全局职工中广泛开展增产节约、增收节支活动的决议》。1987年6月水电三局对1986年的奖励条例作出进一步修改，改名为《合理化建议和技术改进奖励办法》；7月成立双增双节领导小组，由刘纪仁、戴天利（副总会计师）等8人组成。1988年7月以局劳竞字第2号文发出《关于调整合理化建议、技术改进组织领导机构的通知》，明确总工办、总经办、总会办负责课题审定，组织制订实施方案，进行成果技术鉴定、验收等工作。

1990年2月23日，局办字第25号文宣布成立水电部第三工程局合理化建议和技术革新领导小组，组长由局长刘纪仁担任；副组长赵庆安、蔡新鉴（兼办公室主任），办公室副主任张贵兴、马东坡（兼），统管全局合理化建议和技术革新具体工作。1990年5月以局经管字第33号文发出《关于印发〈水利电力部第三工程局合理化建议和技术革新奖励管理办法（试行）〉的通知》。1990年设立合理化建议和技术革新奖励基金。1990年发动广大职工深入开展以“双增双节”为主要内容的社会主义劳动竞赛和合理化建议活动，在局职工代表大会上发出《挖掘内部潜力，掀起以增产节约、增收节支为主要内容的社会主义劳动竞赛热潮》的倡议书，得到了全局各级组织和广大职工的积极响应。据不完全统计，1985～1990年共收集合理化建议1596条、采纳909条，实施846条，创经济效益4800余万元。

1991年6月，水电三局积极落实能源部和中国水利电力工会全委会水电工字［1991］12号《关于在全国电力职工中开展“合理化建议月”活动的通知》精神，由行政和工会联合发出《关于在全局范围内开展“合理化建议月”活动的通知》，广大职工以主人翁姿态参加活动，共提出合理化建议1484条，已采纳89条，实施89条，创经济效益36万余元，节约成本直接创造经济价值7万余元。

1991年，水电三局工会紧紧围绕水电三局“管理、质量、效益年”活动，组织开展了以“双增双节”为主要内容的劳动竞赛和合理化建议以及青工技术“比武”活动。

1997 年 3 月 21 日，水电三局研究决定，将水电三局合理化建议和技术革新领导小组更名为水电三局科技领导小组，其成员调整为：组长李友仁，副组长张治源、蔡泽夏；成员 9 人。领导小组下设办公室，主任马锡庆（兼）。

至 2006 年，水电三局每年都对劳动竞赛和合理化建议活动进行评选和奖励。

第七章　安　全　管　理

第一节　机　　构

1958 年 8 月青铜峡水利枢纽开工后，原水电三局明确由主管生产的副局长负责安全生产管理领导工作，设立技安科，负责质量安全管理工作。1959 年 7 月设质量安全检查处，张治宏任处长，张成焕任副处长，负责质量安全管理的具体工作，安全员 3 人。局保卫处成立专业消防队，配备消防员 28 人，并建立了工地安全消防指挥所。各工区、厂、站分别建立了质量安全机构，配备了专职或兼职质量安全人员。1969 年 8 月调整为质量安全检查组，延续至“文革”结束，改为质量安全处。

石泉分局在建设石泉水电站期间，在指挥部设质量安全科。1971 年 5 月成立分局安全生产委员会，由 9 人组成，孙见斋任主任。1978 年 4 月改为十五局后设质量安全检查处（简称质安处），为处级部门，定员 24 人。1978 年 8 月在原安委会的基础上进行了调整充实，成立了局质量安全委员会，王英清任主任，武天杰、程山任副主任，委员 13 人；下设办公室，主任刘福，副主任朱海焕。

两局合并后成立安全生产委员会（简称局安委会）。以后历届局长变更均对局安委会成员进行调整。至 2006 年底历任安委会主任：程山、胡懋初、李友仁、于彦洲；副主任：刘劲军、肖竹生、田进先、张宏义、蔡泽夏、陈庆和、张国泰、姜俊民；安委会下设办公室，主任：刘玉生；副主任：马中勤、杨飞。

1994 年 10 月 7 日，水电三局成立安全监察委员会，下设办公室。至 2006 年委员会成员进行了四次调整。历任主任：李友仁、张治源、吴新琪；副主任：胡懋初、蔡泽夏、陈庆和、王新友、吴新琪、马中勤、于彦洲、焦继轩（常务）、冯亮、吴家明；委员 9～13人。

1994 年 6 月，水电三局调整部分机构，撤销局技术质量安全监督处，成立局安全监察委员会办公室（简称局安监办）；下设安全管理科、劳动环境监督科。截至 2006 年历任安监办主任：马中勤、李桂兰；副主任：杨飞、高统彪。

水电三局内部机构进行多次调整，各二级单位均设立安全管理机构。局和分局两级管理的外包项目部也设立安全工作部门，履行安全管理职能。

第二节　目标与规划

水电三局历年在安排当年工作时都提出安全工作的年度目标，并制订措施确保实现。

水电三局每年都召开安全生产工作会议，传达贯彻上级主管部门安全工作会议或电话会议精神，总结上年度的安全生产工作的成绩和经验，制订下发当年度的安全工作规划，进一步明晰全局安全生产工作思路，统一思想，明确目标，致力于建设和完善科学规范的安全生产管理体系，逐步构建和完善安全生产的长效机制，以促进水电三局安全生产工作。

青铜峡工程局 1959 年 7 月提出安全生产“消灭恶性事故，减少一般事故”和“安全管理规范化、安全检查实效化，安全自查常态化，安全教育长效化”的安全生产目标，并实施考核指标的目标管理，努力构建安全生产长效机制。

1989 年 11 月，制订下发《水电三局企业升级安全生产考核指标规定》。

1991 年 5 月，制订《水电三局 1991～1995 年尘、毒、噪声治理规划》并上报能源部安全环保司。

1993 年 1 月，以技安字［1993］第 8 号文下发试行《安全生产责任目标合同书》，决定从 1993 年起，水电三局与局属各主要施工单位（包括外包工程及第三产业工业企业）的行政正职、主管安全生产的直接领导签订《安全生产责任目标合同书》，约定各项安全指数目标。

水电三局贯彻并努力实现国家电力公司 2000 年颁发的《国家电力公司电力安全工作规定》中规定的水电施工企业安全生产目标：①不发生人身群亡事故；②不发生重大施工机械设备严重损坏事故；③不发生重大质量事故。

水电三局自 1996 年起先后制订的几个发展规划中都明确了安全管理的具体目标。

2005 年 3 月 14 日，水电三局发布实施水电三局质量、环境和职业健康安全管理体系的管理方针是：科学管理、诚信守法、注重环保、安全健康、争创优质、持续改进。环境方针：科学管理、诚信守法、注重环保、持续改进。职业健康安全方针：科学管理、诚信守法、安全健康、持续改进。目标是：①因工死亡率≤0.02%；②因工重伤率≤0.04%；③新增职业病为零；④因工轻伤率≤1%。

第三节　建章立制

水电三局贯彻“安全第一，预防为主”方针，高度重视安全管理的建章立制和落实，以达到用制度规范管理的目的。

青铜峡工程局根据工程进展需要逐步建立健全安全生产管理制度：1958 年 12 月制定了《安全防火制度》、《消防检查制度》；1959 年 1 月 3 日制定了《加强施工管理，改善劳动组织的几项规定》；1959 年 7 月制定了《严格执行管理制度，加强安全教育》的 9 项规定，明确要求上下班必须整队进入施工现场、禁止下河游泳、桥梁必须设防护栏杆和明显的通行规定、拆除围堰必须有措施、高空作业必须有安全带、垂直作业必须有安全措施等；局组织技术干部和老工人编制安全操作规程，指导和规范安全生产。各工区、厂、站也制定了相应的安全管理制度。青铜峡工程局转移到陕西汉中更名、承担石门水电站建设工程中，除继续执行国家安全规定和已制定的制度外，又根据施工实际完善了多项安全管理制度。

石泉水电站施工期间，水电四局石泉分局严格执行水电四局的安全制度规定。改为水电十五局后，结合石泉工程尾期和安康水电站开工建设实际，对安全管理制度进行了充实完善。

两局合并后，认真执行上级主管部门各种有关安全生产管理的规章制度。1982 年 12 月 22 日水电三局颁发《水电三局安全生产教育制度》。1988 年编辑了国家、部省和水电三局 95 个文件、共 33 万字的《安全生产管理规程汇编》，印发全局各单位管理使用。并不断转发执行上级新的行业安全管理规定。

1991 年 5 月，下发执行《水电三局施工作业区安全管理暂行规定》。1993 年 1 月印发执行《水电三局特种作业人员安全技术考核管理实施细则》。

1994 年 8 月 16 日，以局安监字［1994］第 08 号文制定印发《水电三局水电工程项目施工安全管理办法实施细则》，要求各单位认真组织职工学习，贯彻执行。

1995 年 4 月，以局安监字［1995］第 12 号文印发执行《预防高空坠落伤害事故安全技术措施》；7 月以局安监字［1995］第 22 号文转发《关于颁发〈爆炸危险场所安全规定〉的通知》。

1996 年 1 月 19 日，以局安监字［1996］第 02 号文转发并贯彻执行电力部颁发的《电力生产安全工作规定》、《电力安全监督规定》、《电力系统多种经营安全工作规定》等文件。

1996 年 10 月，以局安监字［1996］第 28 号文印发《习惯性违章的表现》。

1997 年 5 月，以局安监字［1997］第 16 号文印发《防止水电施工多发性重大事故的七项重点要求》。

1999 年 9 月 6 日，以局安监字［1999］第 15 号文下发《工伤事故分析分类统计报告若干问题规定》。

2001 年 8 月，以局安监字［2001］第 25 号文印发《水电三局安全管理系统党风廉政建设若干规定》。

为进一步夯实班组安全管理基础，水电三局制定并于 2002 年 2 月以局安监字［2002］第 05 号印发水电三局《班组安全管理标准》。

2003 年 5 月，以局安监字［2003］第 09 号文印发执行《水电三局安全生产教育培训管理规定》。

2004 年 7 月，以局安监字［2004］第 11 号文印发执行《水电三局化学危险品管理办法》及《水电三局安全事故救援应急预案管理办法》。

2004 年 9 月，以局安监字［2004］第 14 号文印发执行《水电三局重大安全事故责任追究制度管理规定》。

2004年12月，以局安监字［2004］第19号文印发执行《水电三局工伤认定初审管理办法（试行）》。

2005年7月，以局安监字［2005］第17号印发执行《水电三局安全管理规章制度》。

2006年7月，以局安监字［2006］第22号印发《水电三局交通管理办法》。

多年来水电三局制订了一系列安全操作规程和规定，长期坚持强化管理的五种制度，即每年进行全局性安全大检查和每周二前方工地例检制度，执行三种例行安全检查日记制度（《班组例行安全检查日记》、《机械例行安全检查日记》及《机动车辆（船舶）例行检查日记》），坚持对中队长（车间主任）、班组长及两级安全员的考核奖罚制度，开展多种形式的安全生产教育活动制度，以及坚持按“三不放过”的原则严肃处理各类安全事故的制度。制订一系列安全操作规程和规定。如《施工现场大型起重机械安全运行暂行规定》、《施工爆破放炮警戒及信号规定》及《石棉瓦房顶修缮工程安全操作规程》等，有效地预防和减少了事故发生。

第四节 实施与考核

党的十一届三中全会以后，特别是进入20世纪80年代以来，水电三局加强劳动保护组织建设、培训干部和积极分子工作，进一步贯彻“安全第一，预防为主”和“群防群治，防治结合”的方针，开展群众性的监督检查、预防事故及职业病活动。

一、安全教育培训

根据1954年8月劳动部《关于进一步加强安全技术教育的决定》，青铜峡工程局制定一系列安全教育制度，对从事危险性工作的炮工、电工、电焊工、锅炉工等进行专门安全技术操作规程培训工作，经考试合格，颁发合格证，持证上岗。

青铜峡工程局从以下几方面开展安全教育：一是狠抓安全生产宣传教育。工程局利用报纸、广播、黑板报和生产调度会对职工进行经常性的不同形式的安全教育。二是工程局和二级单位均编制质量安全管理基本知识教材，各级管理人员依据教材，对职工尤其是班组长进行质量安全管理基本知识的教育。三是技术与技能培训，到1959年6月共建立业余学校21所，参加学习人数已达总数的90%以上。四是开展以师带徒，以老带新的互教互学活动，提高安全生产意识。五是组织技术干部和老工人编制安全操作规程，指导和规范安全生产。

1982年12月22日，颁发《水电三局安全生产教育制度》。

1986年，水电三局举办了4期劳保干部短期培训班，车间（中队）领导和处级工会劳保干部共109人参加培训，增强劳保意识，提高劳保技能，推动全局劳保工作。

1988年，举办全面质量管理、安全系统工程、企业伤亡事故分类分析与统计培训班等，参加培训人员300人·次。

1990年5月10日，以局质字［1990］第29号文转发执行《陕西省企业厂长（经理）安全生产管理技术培训、考核暂行办法》，做好培训工作，全年举办劳动保护监督检查员培训班6期，培训180人·次。

针对90％以上事故发生在班组和80％以上事故是因班组施工人员违章作业、冒险作业或设备隐患未及时发现及消除等因素造成的特点，水电三局注重加强班组安全建设，截至1992年底共对1190名特殊工种人员进行培训考核持证上岗；在此基础上，普及对班组长的安全培训，仅1988～1990年局、处两级共举办各种安全培训班38期，参加人员983人·次，为预防和减少各种事故奠定了基础。

1995年9月15日，根据国家劳动部和电力行业有关安全生产管理规范的要求，水电三局举办厂长、经理职业安全卫生管理资格认证培训班，80余名处级以上干部接受市场经济知识和职业安全卫生知识培训。

1997年4月17日，水电三局安监办举办第三期安全监察员培训班，40名安全科长和管理人员参加学习培训，考试合格者颁发结业证书。

2005年2月21日，水电三局在西安举办质量环境安全健康“三合一”管理体系培训班，局属各单位的负责人和贯标专干100多人参加培训。

2005年4月28日，水电三局在安康基地举行质量、环境和职业健康安全管理体系文件发布会。

二、开展安全活动

水电三局按照国家有关规定，适时开展“安全生产月”、“安全生产周”、“安全生产日”等活动，加大宣传教育力度，增强全民安全意识，搞好安全生产。

1. 安全生产月活动

1960年6月，青铜峡工程局实施“安全运动月”；8月17日召开专职安全会议，决定开展百日安全活动，消灭四大恶性死亡事故。开展“十防止”活动：防止撞压、坍塌、爆炸、触电、中毒、坠落、粉尘、烫伤、关节炎及其他职业病。减少一般事故，进一步提高全体职工对安全生产的认识。

根据水电部转发国家经济委员会《关于开展“质量月”活动的通知》的精神，1978年8月24日，水电四局石泉分局在全局范围内开展“质量安全月活动”，通过开展质量安全大检查、大评比、大落实，形成人人讲安全，讲质量的好风气，牢固树立“质量第一、安全第一”的思想。从此以后局每年逐级开展形式多样的“安全生产月”活动，成立专门组织，明确活动主题，设计活动载体，认真抓好实施。“安全生产月”活动成为工程局安全文化的重要内容。

2. 安全生产周活动

水电三局自1991年起，每年开展“安全生产周”活动。由水电三局、分局、项目部安监部门组织实施。

2001年，在第十一次全国“安全生产周”开展之际，局工会重新修订下发贯彻落实《工会劳动保护监督检查员工作条例》、《基层工会劳动保护检查委员会工作条例》和《工会小组劳动保护检察员工作条例》三个条例，并与质安部门联合举办“平安杯”演讲赛，促进工会劳动保护工作上一个新台阶。

3. 安全生产日活动

根据能源部安全生产指令第一号规定，水电三局从1989年起每年的4月1～15日都要集中时间开展安全活动。为了教育广大职工进一步增强安全意识，搞好安全生产，水电三局于1991年决定把6月27日定为安全活动日，全局进行安全整顿。

4. 安全演讲赛

1992年，水电三局在全局职工中开展“安全活动在我心中”的大讨论和演讲比赛活动，从中挑选出15人聘为局安全宣传员，组成“安全在我心中”演讲团，先后到局属各级单位和外包工程施工点上进行巡回演讲。增强广大职工安全意识，提高搞好安全生产自觉性，变“要我安全”为“我要安全”，做到“三不伤害”即我不伤害别人、我不伤害自己、我不被别人伤害。

1998年5月10日，中国水利部安全演讲团到湖南江垭工地演讲。

2001年5月，水电三局组织首届以“安全、生命、幸福”为主题的“平安杯”演讲活动。9月份参加陕西省电视台举办的“科技综艺安全知识竞赛”，获得第二名。截至2004年6月29日共举办了四届“平安杯”演讲赛。

2005年6月6日，水电三局在安康基地举办“遵章守法，关爱生命”大型安全签名活动。6月23日，安监办、局工会在安康基地联合举办第五届“安康杯”安全知识竞赛活动。

三、安全监督检查（监察）员

长期以来，水电三局建立以局长为首，局有关职能部门负责人组成的安全生产委员会及其下设办公室，日常工作由技术安全监督处负责。20世纪七八十年代，企业推行“两参一改三结合”，工会作为职工方参与安全管理。1982年在班组设生产员、安全员、工资员、生活福利员等，让职工参与班组民主管理。各二级施工生产单位亦成立相应的机构及配备专职人员，包括施工中队（生产车间）、班组长、兼职安全员和工会劳动保护监督检查员在内，形成自上而下的四级安全生产组织保障体系。

1983年，水电三局首届职代会建立生活福利、劳动保护委员会并明确工作任务，担当维护国家、企业、个人三者利益的责任。局工会和局属基层工会建立安全监督检查委员会；各分会建立群众安全监督检查小组；各工会小组设群众安全监督检查员。1985年局工会发出《关于加强劳动保护工作的通知》。到1986年全局工会组织已设置群众劳动保护监督检查员91人，初步形成了群众性的劳动保护监督网。

1987年4月，局工会印发《工会劳动保护文件》单行本；同时颁发《工会中队（车间）分会、工会小组劳动保护监督检查员奖罚考核办法》，从当年四季度开始实行。

1990年，局工会发出《关于进一步健全工会劳保监督网络，搞好安全生产的通知》，各单位工会对劳动保护监督检查员进行充实调整，迅速健全本单位的劳动保护监督机构，发展了一批监督检查员和工会小组监察员，强化群众监督检查网络体系。1991年局工会对1987年制定的奖罚考核办法进行修改，发出《关于健全工会劳动保护监督检查组织机构和颁发工会劳动保护监督检查员证章的通知》，给全局536名劳动保护监督检查员颁发了证章和工会劳动保护文件。

1992年3月，水电总公司系统1992年度安全工作会议在水电三局召开。水电三局贯彻会议精神，结合水电三局1992年安全规划，局工会对劳动保护监督检查员考核办法进行了修订，进一步明确各级工会监督检查委员会、工会小组劳动保护检察员的权利和职责，建立监督检查工作制度。

1993年，局工会重新制定奖罚办法和增加对交通事故的考核工作。1994年在全局各单位健全安全监督检查员网络，重新明确372名工会安全监督检查员，实行事故隐患通知书送达制度。

1996年，继续抓好工会系统安全监督检查员网络建设，坚持事故隐患报告制度和发生事故及时报告制度，充分发挥工会组织内部18个劳保监督检查委员会和420余名劳保监督检查员的作用。

自1987年第四季度起试行《工会中队（车间）分会、工会小组劳动保护监督检查员奖罚考核办法》，至1993年底，水电三局工会考核安全检查监督员9187人·次，奖励7527人·次，处罚190人·次。

1993年7月14日，以局技安字［1993］第44号文下发《关于我局执行〈水利水电施工企业安全生产监察工作实施细则〉的通知》，明确水电三局设技术安全质量监督处，下设安全管理科和环境监测站，由水电总公司和水电三局聘任的安全监察员为核心组成水电三局安全监察机构。安全监察人员按0.3%～5%配备，其中专业技术干部不少于1/3。安全监察员的职责和权力是，深入基层，深入现场，检查作业现场安全状况和设备安全运行情况。发现违章指挥、违章作业、违反劳动纪律的现象，有权制止与处罚；发现不安全隐患，有权发出通知书，要求限期解决；发现有事故危险的作业现场，有权责令停止作业、撤出人员并向有关领导报告采取措施。水电三局和局属各单位的安全监察员由水电三局聘任，报总公司安全监察办公室核准并发给安全监察员证书。1993年水电三局马中勤、杨飞、李桂兰、刘玉生4人被聘任为中国水利水电工程总公司安全监察员。同时聘任了水电三局第一批安全监察员。

1994年9月17日，将水电三局属各单位在本专业岗位工作且符合任职条件的安全专职人员聘任为局第二批安全监察员。

四、考核与奖励

1985年3月31日，转发水总《关于安全生产经济奖罚暂行办法（讨论稿）》。9月16日水电三局颁发《安全工作奖罚考核细则（试行）》，后经修订，分别于1986年6月、1987年9月25日颁发《水电三局安全工作奖罚考核细则（试行）》。

1987年5月1日，水电三局转发安康地区劳动人事局《关于贯彻执行〈陕西省劳动安全条例（试行）有关问题的通知〉》，自1987年5月1日起执行陕西省对违反劳动安全法规者的经济处罚实施办法。

安全生产保证体系有效运行，20世纪80年代中期以后，水电三局因工死亡率、重伤率、千人负伤率三项指标均控制在国家、部、总公司规定的标准之内，获得上级表彰。

1990年11月3日，水电三局被中国水利水电工程总公司评为1989～1990年度安全先进单位，获水电施工系统1989～1990年安全流动奖杯。

1991年11月23日，能源部和中国水利水电工会作出《关于表彰全国电力行业安全生产、建设先进集体和先进工作者的决定》，授予水电三局机电安装处卷线班为“全国电力行业安全生产先进集体”称号；授予马中勤、杨飞、刘海平为“全国电力行业安全生产先进工作者”称号；对水电三局柴隆彬、刘玉生、李欣、姚立贤、白志本、李生堂等6人在质量安全岗位上累计工作15年并作出成绩，授予“安全卫士”称号。

根据部电力安全工作会议精神，1992年7月成立水电三局安全纪律检查组，李友仁局长任组长；田进先、胡懋初、王建民、路苏予任副组长。

1993年3月5日，以局技安字［1993］第12号文修订《队长（车间主任）、班组长及两级安全员安全生产奖罚考核办法》。

1993年3月、1994年6月及2001年3月分别印发执行《水电三局安全生产奖罚条例(试行)》，坚持制度的连续性、持久性。

1997年，小浪底指挥部和六分局因连续四年无重大人事伤亡和机械交通事故，被总公司授予全国水电系统安全先进单位。1997年7月在水电总公司安全工作会议上，小浪底工程指挥部被授予“1996年度水电施工安全生产先进项目部”；王新友被授予“优秀项目经理”荣誉称号。

1998年1月18日，以局安监字［1998］第15号文印发水电三局《安全生产奖惩办法》。

1999年4月，水电三局三峡工程指挥部指挥长张治源、常务副指挥长马玉民被水电总公司授予“1998年安全生产优秀项目经理”称号，授予三峡工程指挥部“1998年安全生产先进项目部”。

2001年7月6日，水电三局安全生产工作受国电公司表彰，小浪底指挥部和三分局一公司木工二班被授予“安全生产先进集体”称号，水电三局安监办副主任李桂兰获“安全卫士”称号，高统彪获“安全生产个人”称号。

2002年初，水电三局被陕西省总工会、省安全生产监督管理局授予陕西省2001年度“安康杯”竞赛优胜企业。局安全监察办公室高统彪被评为“安全杯竞赛先进个人”。

2004年2月10日，水电三局液化气公司获得陕西省“先进消防安全百强企业”称号，受到表彰。水电三局2003～2007年连续五年被陕西省安全生产委员会评为安全生产工作“先进企业”、2007年陕西省“安康杯”竞赛优胜企业。

2004年，全国总工会和国家安全生产监督管理总局在全国企事业单位广泛开展以“掌握安全生产知识，争做遵章守纪职工”为主题的“安康杯”竞赛活动，水电三局被评为优胜企业。2005年、2006年再获全国“安康杯”竞赛优胜企业。

水电三局西龙池施工局被评为2006年度中国水利水电建设集团公司安全生产先进单位。

五、安全生产责任制

1993年1月，水电三局决定从当年试行《安全生产责任目标合同书》，1994年1月8日以局技安字［1994］第09号文实行《安全生产目标责任书》。自此以后，每年年初在水电三局召开的安全生产工作会议上，水电三局局长都与二级单位行政正职或主管安全生产的副职签订《安全生产目标责任书》，实行年度考核，兑现奖罚。

六、加强劳动保护

劳动防护是保障职工在生产过程中的安全和健康的一种辅助措施（不是生活福利待

遇）。水电三局在搞好企业生产的同时，把劳动保护工作和不断改善劳动条件作为办好企业的一项重要任务。党的十一届三中全会以后，逐步建立起“企业负责，行业管理，国家监察和群众（工会）监督”的管理体制，促进了职工群众劳动保护工作深入发展。

1. 个人防护

青铜峡工程局自建局起就根据国务院1956年5月25日《建筑安装工程安全技术规程》中防护用品的相关规定标准，给职工个人发放劳动保护用品。1965年起执行劳动部1964年12月28日《国有企业职工个人防护用品发放标准（试行）》。

1973年，水电四局石泉分局生产指挥部质量安全科负责劳保用品的发放管理工作。各单位配备专职劳保员，建立劳保卡片制度，保证劳保用品的正常发放，起到了保障职工安全、健康和促进生产的作用。

1977年8月8日，水电四局石泉革命委员会指发［1977］93号文《关于劳动防护品试行办法的通知》，制定企业劳动保护规章制度，对职工开展经常性的劳动保护知识宣传教育，提高预防安全事故的意识。

1979年1月18日，原水电三局制定下发劳动保护用品的有关规定：①由局质安处负责全局劳保用品用量计划，掌握标准审批；②由局供应处负责物资的采购、保管、发放工作。有关加工、回收修补、洗晒等工作由“五七”办负责等。安技劳保用品，应有计划、有分工地逐步为改善劳动条件服务。

原水电三局自1980年7月1日试行劳动防护用品发放标准及管理制度，10月21日颁发执行职工个人防护用品发放标准及管理制度后，1983年、1986年、1993年、2000年分别进行修订补充印发执行。

2. 除尘、防毒、防噪声

水电三局一直将治理工业粉尘列为劳动保护工作的重要内容，针对工程施工特点，对开挖岩石粉尘和水泥粉尘进行治理与防范。1965年以前给接触粉尘作业的工人发放纱布口罩。1965年以后土石方开挖、隧道开挖和喷浆作业人员佩戴防尘口罩，风钻工人戴防噪音耳塞，喷锌工人佩戴防毒面具，增加一套换洗工作服，保证班后洗热水澡。

1978年11月15日，原水电三局发出《关于做好防尘工作的通知》，要求各单位执行国家计委［1973］计劳字第477号文《关于加强防止矽尘和有毒物质危害工作的通知》和中共中央发［1978］67号文的规定要求，力争达到或接近国家标准。

从20世纪80年代后，对从事粉尘的工作人员加强劳动保护，发放劳保津贴、口罩、防尘罩、风镜等，还对机械设备安装吸尘器、除尘器等，使产生粉尘的生产岗位达到国家规定标准，同时对从事粉尘和有毒物质的工作人员进行定期体检。

根据《中华人民共和国尘肺病防尘条例》和国务院［1984］97号《关于加强防尘防毒工作的决定》精神，1988年7月29日，水电三局制定《水电三局贯彻〈中华人民共和国尘肺病防治条例〉实施细则》。

1991年5月，制定《水电三局1991～1995年尘、毒、噪声治理规划》，上报能源部安全环保司。

1996年12月，水电三局成立粉尘治理暨尘肺病防治工作领导小组，组长李友仁；副组长张治源、蔡泽夏、陈庆和、姜玉村，成员8人。

依据《中华人民共和国尘肺病防治条例》及电力部《电力行业尘肺病防治暂行办法》，1997年1月29日，水电三局印发《中国水利水电第三工程局尘肺病防治实施细则》，共8章44条，适用于水电三局钻孔凿岩、爆破、灌浆、水泥装卸、混凝土拌和、铸造、冶炼、煤炭装卸及加工、骨料粉碎、去锈等有粉尘作业的单位和项目经理部。要求局属各单位和员工必须坚持"预防为主，防治结合"的方针，遵守劳动法规和工业卫生有关法规，把保护劳动者在生产劳动过程中的安全和健康放在首位，认真做好尘肺病的防治工作。在水电三局防疫站设职业病防治组，负责职业病管理、治疗工作。

3. 锅炉及压力容器

国务院《建筑安装工程安全技术规程》规定，对工业锅炉及压力容器操作人员必须经专门训练并考试合格。1971年12月13日，国家基本建设革命委员会《关于加强基本建设施工安全的规定》中有锅炉及受压容器的安全技术措施的规定。1978年9月8日工程局转发国家劳动总局《建议迅速对本系统锅炉进行一次全面安全检查的函》，落实检查工作，建立健全规章制度，对从事压力容器操作人员进行专门安全技术操作规程培训工作，经考试合格，颁发合格证，持证上岗，一直坚持至今。

第五节　改进与提高

水电三局建立三级安全检查管理体系。①现场施工队（班组）负责人和兼职安全员每日进行安全检查，项目部专职安全员每日巡视施工现场，对施工现场存在的安全隐患及各种违反安全操作规程的事件，视轻重缓急，或向操作人员直接提出，或通知施工队、现场施工调度人员反映提出纠正；对重要或重大的安全事件，及时向二级单位领导汇报，并向水电三局质安部门报告，做到防患于未然。②施工现场的安全检查工作，在专业队施工时，由专业队队长和工程队技术人员随生产进行。在实行项目法施工时，由项目部主管安全工作的副经理和专职人员每日巡视检查施工安全。项目经理部主管每周一主持安全例会；项目经理每周检查一次安全工作，每月主持一次安全生产委员会、文明施工领导小组会议或安全工作会议，每月检查一次施工现场。③水电三局安全监察部门，定期或不定期地检查或抽查施工现场安全生产工作；通过周生产调度会及月、季、年度安全工作会议，对全局安全生产工作进行布置、检查、总结和评比表彰等。

水电三局安全主管部门持续开展施工现场的安全检查和督察工作。

2003年7月，水电三局制定《安全生产检查制度》和《安全生产会议制度》等25项安全生产管理制度，具体规定了安全生产检查管理工作的组织、人员、形式、记录、整改、监控和应急预案等。

2004年9月28日，以局发安监字［2004］14号文印发水电三局《重大安全事故责任追究制度管理规定》。

2005年1月18日，水电三局成立安全评价领导小组，组长：焦继轩；副组长：李桂兰、沈钧，成员9人，办公室设在安监办，办公室主任高统彪。

为加强对安全专项工作的领导，水电三局先后成立了应急救援指挥中心、安全防火委员会、防震领导小组等组织。

自开展实施《职业健康安全管理体系规范》后，水电三局各单位依据体系标准要求，认真开展了环境因素和危险源辨识工作，特别是在施工项目上，都用牌版标示，对评价出的重要环境因素和重大危险源进行重点和全程监控、管理。水电三局每年都要进行内部审核和认证机构外审，对发现的安全隐患提出整改意见和治理措施，并对不符合项进行跟踪，整治合格后方可闭合，以确保体系运转的有效性并符合标准，持续改进安全管理工作。

第八章　质　量　管　理

第一节　机　　构

青铜峡水利枢纽施工的工程质量与质量管理工作由总工程师负责，1958 年 8 月工程局成立技安科，负责质量安全管理工作。1959 年 3 月改为质量检查组，7 月改为质量安全检查处，负责质量安全管理的具体工作；下设劳动保护与安全组、混凝土外业组、地质组、金属结构与机电安装组、内业组等 5 个组；1964 年 5 月后张治宏任处长，张成焕任副处长。1964 年 5 月成立局质量处理办公室，负责质量处理工作，局技术处负责质量处理措施的制定。1969 年 8 月，原水电三局机构为生产指挥部下设质量安全检查组。负责质量的检查监督工作，组长李访华，副组长张宏义、李焕喜；以后改设质量检查处。

水电四局石泉分局在生产指挥部下设质量安全科，魏文奎任科长，蒋庆文任副科长。1978 年 4 月，机构设置质量安全检查处（简称质安处），直至 1982 年两局合并后。1991 年 1 月 15 日成立水电三局技术监督处，原质安处质量管理科、计量管理科、计量室 3 个科（室）划入技术监督处，另增设标准化科。历任处长：刘福、柴隆彬、岳文华；副处长：刘延平、马中勤、马向丕、王和平。

1992 年 6 月～1994 年，改名为技术安全质量监督处，下设质量管理科、质量检查科。历任处长：吴智灵、柴隆彬；副处长：蒋庆文、刘玉生、马向丕、刘晓东、马中勤。1994 年 6 月，水电三局机构调整，将质量管理划入工程管理处，设质量管理科至 2006 年。

根据国家和上级关于“推行全面质量管理，强化质量保证体系”指示精神，1986 年 7 月 1 日成立水电三局 QC 领导小组；1987 年 7 月调整为全面质量管理委员会，主任刘纪仁；副主任刘劲军、胡懋初、张宏义，并成立 TQC 办公室。

经陕西省质管协会批准，1988 年 4 月 14 日水电三局成立质量管理协会，5 月 14 日改为陕西省质量管理协会水电三局分会，理事长胡懋初、副理事长张宏义、赵国伟，秘书长马向丕。1989 年 8 月增补副理事长蔡泽夏、秘书长调整为齐松林，QC 工作委员会主任委员韩杰。1991 年 1 月增补姜玉村为副理事长。

根据水电三局“七五”期间推行全面质量管理工作规划（草案）精神，为进一步加强全局工程质量管理，1990年4月6日，成立水电三局全面质量管理委员会办公室（简称全质办），从局质安处划出成为独立的职能处室。

1990年10月20日，成立水电三局全面质量管理达标工作领导小组，下设办公室，办公地点设在全质办。1991年3月调整领导小组成员：组长刘纪仁；副组长赵庆安、胡懋初、姜玉村、蔡泽夏、蔡新鉴、方浩、刘晓东；办公室主任齐松林。

1991年，企业管理协会、企业管理办公室、全质委办公室、质协合署办公。

1997年2月18日，成立水电三局ISO 9000标准质量体系认证领导小组，1998年4月20日进行了成员调整：组长李友仁；副组长于彦洲（主管）、张治源、蔡泽夏；成员10～12人。领导小组下设办公室，挂靠工程管理处；办公室主任冯亮，成员10人。

为加快水电三局“三合一”管理体系认证和贯标工作的推进，2004年12月成立水电三局管理体系认证领导小组及水电三局管理体系贯标办公室。①领导小组组长吴新琪；副组长：焦继轩、冯亮（常务副组长）、付胜利、吴家明；成员18人。②贯标办公室主任王爱民，成员23人，分别明确工作职责。

2005年1月20日，水电三局工管［2005］2号文任命冯亮副局长为水电三局管理体系管理者代表，具体负责按《GB/T 19001—2000 idt ISO 9001：2000质量管理体系要求》、《GB/T 24001—1996 idt ISO14001：1996环境管理体系规范及使用指南》和《GB/T 28001—2001职业健康安全管理体系规范》3个标准的要求，建立、实施、运行和保持工作，并组织开展有关贯标认证的一切业务。

第二节　目标与规划

质量管理的方针是“百年大计，质量第一”。水电三局根据所处的时期和阶段，不断修订和提炼质量管理目标。

建设青铜峡水利枢纽时，青铜峡工程局提出“工程质量向优质方向发展，建设能经受考验的好工程，遗留万年的工程”的要求；“好”字当头，质量第一，“一次过手”目标等，实施以成本、质量、安全等考核指标的目标管理，保证工程建设如期实现目标。

从1982年起，水电三局开始试点实行TQC；1983年11月4日颁发《水电三局质量管理小组（QC小组）工作条例（试行）》。1990年7月制订执行《关于加强对QC小组活动管理的若干规定》。

1988年2月2日，以局质字［1988］第10号文颁发实施《水电三局“七五”期间推行全面质量管理工作规划（草案）》。

1997年10月20日，以局工管字［1997］第22号文下发执行《贯彻GB/T 19000—IS 9000族标准工作规划》，以便对贯标认证工作进行指导。

1998年2月6日，以局工管字［1998］第02号文颁布水电三局质量方针和质量目标。质量方针是：科学管理，信守合同，精心施工，争创优质。质量目标：工程合格率100%，工程优良率80%以上。

从2005年4月1日起，水电三局实施的管理方针是：科学管理、诚信守法、注重环保、安全健康、争创优质、持续改进。质量方针是：科学管理、诚信守法、争创优质、持续改进。质量总目标是：工程合格率100％；工程优良率≥85％；合同履约率100％；顾客满意度80％以上。

1992年2月，水电三局被陕西省经委授予“TQC达标验收合格企业”证牌。1998年顺利通过了中国方圆标志认证委员会陕西省审核中心的首次审核，取得了ISO 9001：94版标准《质量体系认证证书》。经历年换证通过复评审核，2002年取得了ISO 9001：2000版标准《质量管理体系认证证书》。2005年12月通过审核获得“三合一”管理体系（即质量管理体系、环境管理体系、职业健康安全管理体系3个体系的简称）认证；通过中国方圆认证中心GB/T 28001—2001《质量环境职业健康安全管理体系》的认证，取得认证证书。

第三节　建　章　立　制

长期以来，水电三局对质量管理工作高度重视，不仅及时转发国家和上级有关质量法规外，还通过建立系统的内部管理制度，实现对工程质量的控制。除已归纳专题章节中外，还有以下主要规章制度。

1963年，青铜峡工程局转发并贯彻执行水利电力部相继颁布的《水工建筑物混凝土浇筑及钢筋混凝土施工规范》、《水工建筑物岩石地基开挖施工规范》、《水工隧洞施工规范》和《水工隧洞灌浆施工规范（草案）》等标准。

1986年7月2日，水电三局颁发《安康水电站金属结构工程质量奖罚办法（试行）》。

1987年3月27日，印发执行水电三局《1987年推进全面质量管理工作实施计划（试行）》。

1990年3月，制订下发局质字［1990］第12号文《安康水电站大坝接缝灌浆、帷幕灌浆和基础排水工程三个单元工程质量评定标准（试行）》。

1993年4月21日，颁发执行《安康水电站尾工施工期质量考核奖罚办法》。

1993年11月，以局技安字［1993］第43号文印发《关于局承建工程中禁止使用劣质建筑材料的通知》要求：①水电三局承建的水利水电及工民建工程，施工中所用的建筑材料，必须按合同标书所指定的材料进行采购，若合同标书中没有指定，必须在质量可靠的生产厂家或政府指定的建材市场购买，所采购的材料需达到国家标准、规范要求，不得通过非正常渠道，购买劣质建材用于工程施工中。②严把采购进货关。凡用于主体工程上的主要材料，必须按局规定统一归口进货，同时对所采购的材料在使用前，必须抽查复验，合格后方可投入使用。不经复验将劣质材料使用到工程中，要追究单位领导和有关人员的责任。③各单位质量部门要切实加强工程施工中的质量监督，严格执行工程质量标准和规范，对不按规定要求使用劣质建材的，要给予经济行政处罚，后果严重的，追究刑事责任，并对使用的劣质建材部位进行返工处理。

1994年9月，下发《关于修订房建工程质量管理办法的通知》，根据国家新的技术标准对水电三局房建工程质量检查、验收、评定办法作出新的规定。

1994 年 12 月，制定执行《水电三局水利水电工程质量管理办法》。明确坚持实行质量与效益挂钩，在企业内部贯彻经济责任制，设立质量奖励基金，并严格执行奖惩方法，实行奖优罚劣。该办法包括总则、质量管理、质量经济责任制、工程质量检查评定、质量奖惩等 5 章。另一附件《水电三局质量责任制》中，明确规定了局长、总工程师、工程处长（项目负责人)、工程处主任工程师（项目总工程师)、工程队长、工程队技术负责人、现场施工员、班组长、水电三局质量管理部门、工程处质量管理部门、质量检查人员等的质量管理责任。同时还制定《质量检测机构及专职人员资格认证制度》。

2002 年 9 月 25 日，以局劳人字［2002］第 104 号文下发执行《关于建立与产品质量相关人员考绩档案的通知》，档案归所在单位保管。

2002 年 10 月，以局工管字［2002］第 19 号文转发执行《水电工程总公司质量管理办法》。

2005 年 11 月，以局工管［2005］27 号文下发《工程质量事故处理程序》。

第四节　实施与考核

一、开展质量认证工作

根据国家计委计施［1986］2200 号和水电部［1986］基综字第 195 号文件要求，1988 年 2 月 2 日水电三局制定第一个《水电三局“七五”期间推行全面质量管理工作规划（草案)》；10 月 8 日印发《水电三局“七五”期间推行全面质量管理工作规划（草案实施细则)》指导全局开展工作，要求局属各单位遵照执行，并结合本单位的情况制订出工作规划和实施细则。同年 4 月成立水电三局质量管理协会。1990 年 10 月成立局全面质量管理达标工作领导小组。

1994 年，我国将国际 ISO 9000 族质量管理体系标准，转换成国家推荐实行的《GB/T 19001—1994》标准。ISO 9000 族标准作为国际性的质量管理标准，对规范企业质量管理行为，提高企业竞争力有着积极的作用。通过质量体系认证，可以实现企业质量管理与国际惯例接轨，取得走向国际市场的通行证。为了提高水电三局工程质量管理水平，普及推广 ISO 9000 族质量标准，取得资格认证，1997 年 2 月成立水电三局 ISO 9000 族标准质量体系认证领导小组，1998 年 4 月进行调整，由水电三局局长李友仁担任组长，领导此项工作。同年 10 月以局工管字［1997］第 22 号下发执行《贯彻 GB/T 19000—IS 9000 族标准工作规划》，对贯标认证工作进行指导。还下发了《质量体系文件编写指南》。

1998 年 2 月，正式颁布水电三局质量方针和质量目标。这是水电三局贯彻 ISO 9000 族标准的主要工作，它标志着贯标工作进入新的阶段。水电三局内部实行质量体系的调控，使基础管理水平得到提升，提高了项目质量意识和施工质量。1998 年水电三局顺利通过中国方圆标志认证委员会陕西省审核中心的首次认证审核，取得 ISO 9001：1994 版标准质量体系认证证书。

根据国家电力公司国电水［2000］83 号文件要求，2000 年 5 月 15 日水电三局以工管字［2000］第 11 号文转发《国家电力公司水电建设工程质量管理办法（试行)》，在全局认真贯彻执行。

2001年进行换证复评审核；2002年进行ISO 9001：2000版标准的换版审核，取得ISO 9001：2000版标准质量管理体系认证证书；2002年3月26日，国家认证认可监督管理委员会在北京人民大会堂举行全国百家获证企业颁证大会及认证市场监督新闻发布会，水电三局副局长兼总工程师吴新琪领回质量认证证书。

通过对质量体系的贯彻，2003年水电三局在建项目质量优良率工程合格率为100%，工程优良率为92%。

2004年1月，水电三局下发《质量手册编制导则》。针对水电三局质量管理体系所覆盖的产品范围，明确以GB/T 19001—2000标准、《质量手册》（B版）和“程序文件”（B版）为依据。

2004年12月，再次调整水电三局管理体系认证领导小组，成立水电三局管理体系贯标办公室，分别明确工作职责，逐步建立健全水电三局推行TQC的组织网络。二级单位设有TQC领导小组和质协分会、专职或兼职推进者。

水电三局决定在2005年开展“三合一”管理体系的贯标认证工作，2004年12月27日局工管字［2004］第16号下发《“三合一”管理体系第三层文件（C版）编制计划》。

经水电三局七届一次职代会通过，水电三局最高管理者批准，2005年3月14日水电三局正式发布（局工管［2005］7号）水电三局的管理方针，它是开展质量、环境和职业健康安全管理体系贯标认证工作的总宗旨，为管理目标、指标提供了框架，体现了水电三局对顾客（业主）、员工、社会的承诺。

2005年12月12日，水电三局经过文件编印、宣贯培训、内审、符合性审核及外审等工作，“三合一”管理体系认证工作通过审核，并通过中国方圆认证中心GB/T 28001—2001《质量环境职业健康安全管理体系》的认证审核，取得认证证书。

二、全面推行质量管理活动

根据水电部转发国家经济委员会《关于开展“质量月”活动的通知》的精神，1978年8月24日水电四局石泉分局决定于9月1日开始在全局范围内开展一次“质量安全月活动”，通过开展质量安全大检查、大评比、大落实，形成人人讲安全，讲质量的好风气，牢固树立“质量第一、安全第一”的思想。

自1978年全国工交战线第一次质量月活动开始，水电三局都作出计划安排，积极组织局属各单位开展每年9月全国性的“质量月”活动，并进行总结表彰，为创建优质工程起到了重要作用。2006年的“质量月”活动，是围绕“创新提升质量，名牌促进发展”专题，抓好“五查”活动，即查设备、查隐患、查制度、查文明生产、查管理。

三、普及TQC知识

水电三局从1982年起开始试点实行TQC；1983年11月4日颁发《水电三局质量管理小组（QC小组）工作条例（试行）》，积极开展QC小组活动，全局组建29个QC小组。1986年成立局QC领导小组，在全局各单位初步推行TQC。从1987年开始注册登记，至1991年水电三局累计增加到400多个；召开了6次局级成果发布会，取得成果175项，直接经济效益累计达641.75万元；产生局级优秀小组77个，有14个小组共17

次被评为部级或总公司级优秀小组，有13个小组共20次被评为省级优秀小组，并有2个小组获省优“三连冠”，有2个小组3次获全国工程建设或全国电力企业优秀小组，有2人被评为能源部水电施工系统和陕西省QC小组优秀推进者。

从1987年起每年组织两次职工参加全国电视讲座统考，截至1991年已有11074人获全国TOC基本知识电视讲座统考结业证书，占全局职工的75%。20世纪90年代初期培训57名局、处级TQC辅导员，促进TQC知识的普及教育。

四、质量管理审核员

1998年，水电三局以局工管字［1998］第19号、第23号分别聘任质量管理审核员和内审员，组长的聘期延长到2001年12月30日止。

根据水电三局质量体系运行的需要，经水电三局研究决定，2000年2月16日以局工管字［2000］08号文补充41人为水电三局内部质量体系审核员，聘期2年。

根据内审员的培训结果，2004年7月24日聘任111人为水电三局内部质量管理体系审核员，聘期1～3年不等。其主要职责是为水电三局质量管理体系的保持和改进当好参谋，监督、指导、参与本单位（部门）质量管理体系的建立和运行，并积极地配合做好内部、外部质量管理体系的审核工作。

五、验评、考核、奖惩

根据水电工程具有施工流程长，结构复杂、工序繁多，技术质量要求高等特点，水电三局一直沿用的质量管理体制是三级检查制度（简称“三检制”）、隐蔽工程验收制度和阶段（竣工）验收制度。其中：“三检制”指工程队和施工班组的初检、工程处的复检和水电三局的终检，适用于混凝土浇筑、金属结构制作安装和机电安装工程；隐蔽工程验收制度，指由局质量监督部门牵头，局施工、技术等部门和设计代表参加，联合对“隐蔽工程”进行单元工程验收，适用于建设基面开挖和灌浆工程，其日常质检工作以工程处为主，局进行抽查监督；阶段（竣工）验收制度，指工程施工的关键阶段（如截流、下闸、蓄水、机组启动、竣工等）由水电三局提出申请，编制施工报告和竣工资料，由国家或国家委托的上级部门进行全面的复查验收。实践证明，这样的质量管理体制，能够保证工程质量符合设计和技术标准要求。

水电三局承建的各项工程，历来均建立和不断完善质量保证体系，严肃执行质量验评、材料试（化）验，竣工验收等项技术管理制度，保证工程质量处于严密的受控状态，并有预防质量通病发生的有效措施。20世纪80年代初以来，水电三局又加强质量评定、考核、奖罚工作，严格实施质量监督，坚持质量否决权，大力推行TQC和开展QC小组活动等，使工程质量不断提高。

1997年11月11日，以局工管字［1997］第28号文关于下发《贯标认证考核奖惩办法》。

2004年9月中旬，中国方圆标志认证委员会陕西审核中心审核组对水电三局进行两周的现场监督审核。审核范围涉及水电三局高层领导、工管处、安监办、设备处、技管办、劳人处、开发处、设计院、机制厂、科研所、苏帕河项目部、西安D楼房建项目部、许平南高速公路项目部。体系认证覆盖的产品范围有水利水电施工、公路施工、房屋设计和建筑、土石方施工、钢结构制作安装等。经过审核，审核组得出的结论是：水电三局质量体系文件符合 GB/T 19001—2000 版标准要求，质量管理体系运行有效，保持认证资格。

2005 年 12 月 12 日，水电三局通过中国方圆认证中心 GB/T 28001—2001《质量、环境、职业健康安全管理体系》的认证，取得《质量管理体系认证证书》、《环境管理体系认证证书》、《职业健康安全管理体系认证证书》。这标志着水电三局在科学化、标准化、规范化、程序化上迈出可喜的一步，上了个台阶。

2006 年 9 月 28～29 日，中国方圆标志认证中心审核组对水电三局进行质量、环境、职业健康安全管理体系进行认真审核后研究决定，水电三局三个体系认证证书有效，报送方圆总部审批。

六、获奖情况

水电三局从 1982 年起开始试行 TQC；水电三局质量保证体系的有效运行，使工程质量不断提高，从 1984 年以来已连续上了两个台阶，且稳定在较高水平。安康水电站混凝土浇筑单元工程的优良率多年来都稳定在 80%以上，主体工程单元工程综合优良率（包括建基面开挖、混凝土浇筑、灌浆、金结安装等），均稳定在 80%以上，达到国家对施工企业的考核指标要求和省级先进企业考核指标要求（均要求优良品率为 70%），且达到国家二级企业考核指标要求（要求优良品率为 80%），有许多单位及个人荣获省部级奖项，受到表彰奖励。

1987 年，水电三局汉中电信楼工程指挥部 QC 小组获“水电部优秀 QC 小组”称号。

1988 年，水电三局第三工程处并综合一队 QC 小组获“全国施工企业管理协会优秀 QC 小组”称号。11 月 4 日国家水利电力质量管理协会公布 60 个优秀 QC 小组，水电三局两个小组获得称号。水电三局第三工程处模板工程 QC 小组分别获“陕西省和水电部优秀 QC 小组”称号。

1990 年 4 月，中国水利水电工程总公司 QC 小组代表会在水电三局召开，全国各水电局、水电三局、水工厂等 20 多个单位 60 多人参加会议，共发表成果 26 项，其中水电三局有 6 个 QC 成果发表。6 月水电三局第三工程处综合一队获“水电总公司一级优秀 QC 小组”称号；9 月又被全国工程建设质量奖审定委员会授予“国家级优秀 QC 小组”称号。

1991 年 10 月，能源部表彰 1991 年质量品种效益年水电优质工程、质量管理先进企业、先进集体和先进工作者。由水电三局承建的漫湾水电站截流工程和安康水电站混凝土主体工程获水电优质工程；水电三局二处施工一队、机电安装处获水电质量管理先进集体；质安处安全生产管理 QC 小组、二处质安科 QC 小组、五处供应科材料管理 QC 小组、铁路分局关庙车站转运三班 QC 小组获水电“优秀管理小组”称号。蔡泽夏、马向丕、张青林、阎书林获水电质量管理先进工作（生产）者。水电三局三处一队质量管理小组被授予“陕西省优秀质量管理小组三连冠”称号；组长赵新义被授予“陕西省质量管理小组铜星组长”称号。

1992 年，在陕西省第十二次 QC 小组代表会上，水电三局质安处质检科大坝 QC 小组获“陕西省二级优秀 QC 小组”称号；机制厂技术科新产品开发 QC 小组、质安处质检科综合 QC 小组、汉江彩色钢化玻璃厂 QC 小组分别获“陕西省三级优秀 QC 小组”称号；水电三局质安处安全管理 QC 小组获“陕西省三等奖优秀质量管理小组三连冠”称号，组长马中勤获“陕西省质量管理小组铜星组长”称号；铁路分局质安科姬恒顺被评为省级 QC 小组推进者先进个人；铁路分局李颖环在“质量在我心中”演讲中获得三等奖。5 月能源部水电施工企业系统 1992 年 QC 成果发布会在湖北宜昌举行，会上共发布了 33 项成果，水电三局质安处质检科综合 QC 小组获第一名，机制厂技术科新产品开发 QC 小组获第三名，汉江彩色钢化玻璃厂 QC 小组获第五名；水电三局被评为能源部 QC 小组活动先进集体；韩杰被评为能源部水电施工系统 QC 小组推进工作先进个人。6 月全国发供电企业优秀 QC 小组成果发布会在大连召开，水电三局荣获“能源部 1992 年开展 QC 小组活动先进企业”称号，在全国水电施工企业系统获此殊荣的仅此一家。

1993 年，水电三局局技术安全质量监督处质检科 QC 小组和全面质量管理办公室 QC 小组，被电力工业部评为优秀质量管理小组。

1994 年 6 月，在陕西省第十四次 QC 小组代表会上，水电三局质安处质检科 QC 小组获省级二等奖；全质办 QC 小组、质安处房建 QC 小组、安康工程指挥部对外新闻宣传 QC 小组获省级三等奖；第三工程处缩短工期确保截流 QC 小组获陕西省最佳效益质量攻关小组三等奖。水电三局质安处质检科综合 QC 小组获“陕西省三等奖优秀质量管理小组三连冠”称号，授予组长为“陕西省质量管理小组铜星组长”称号。

1999 年 2 月 25 日，陕政字［1999］16 号文公布：水电三局获得“陕西省 1998 年贯彻 ISO 9000 族标准推行质量认证活动先进集体”称号，冯亮、王爱民获得“先进个人”称号。

2000 年 6 月 2 日，水电三局安徽合徐项目部获“安徽省进度和质量先进单位”荣誉称号。

2002 年 3 月 26 日，国家认证认可监督管理委员会举行全国“百家”获证企业颁证大会及认证市场监督新闻发布会，水电三局荣获全国百家质量认证证书。获此殊荣的全国大中型企业只有 100 家。12 月 24 日召开的陕西省 2002 年中国名牌暨全省质量管理先进企业及个人表彰大会上，水电三局被陕西省质量监督局授予“2002 年陕西省质量管理先进企业”荣誉称号；水电三局副局长冯亮被授予“2002 年陕西省企业管理先进工作者”荣誉称号。

水电三局景洪施工局实验室 QC 小组的《景洪电站采用双掺料技术的碾压混凝土质量控制》，在云南省电力行业 2006 年度 QC 小组活动中被评为优秀成果，受到表彰奖励。

第九章　环境保护管理

第一节　概　　况

水电工程建设中的环保管理是 20 世纪 90 年代提出、21 世纪全面推行的一项管理工作。水电三局为保护工程项目环境，承担社会责任，1991 年 7 月成立水电三局环保监测站，环保监测业务工作由质安处工业卫生科负责。1996 年 12 月在水电三局安全监察委员会办公室下设安全管理科、劳动环境监督科两个专门工作机构，以确保环保工作的落实。

水电三局从 2005 年起引入 GB/T 24001—2004《环境管理体系要求及使用指南》标准，成立专门组织，在全局范围内实施运行环境管理体系和职业健康安全管理体系工作，同时在各单位、各项目推行环保管理工作。连续组织内部审核、认证机构复核，进行持续改进，不断提高体系的适宜性、充分性、有效性。

2005 年，水电三局制定的环境方针是：科学管理、诚信守法、注重环保、持续改进。环境目标和指标是：①施工污水排放符合 GB 8978—1996 二类二级及地方相关要求指标；②施工场界噪声符合 GB 12523—1990 标准；③施工粉尘排放符合 GB 16297—1996 标准。环境方针和目标，体现水电三局对顾客（业主）、员工、社会的承诺。

各二级单位紧密结合项目施工情况，编制各个专业、部门的支持性文件，制订岗位职责，搜集环保法规，开展环境因素的识别和有效监控，在施工组织设计及实施中切注重环保措施的落实，并进行持续性改进，同时加强员工教育培训，员工环保意识及环保管理工作不断得到强化，现代施工管理水平得到显著提升。

水电三局多次转发国家、地方政府关于环保的法规，组织认真学习和贯彻。为保证管理体系的正常运转，制定了环保费用列支的管理规定，即《关于规范环境职业健康安全费用核算的通知》。按照三项管理体系认证要求，从财务方面反映对环境、职业健康方面投入的资金。

第二节　文明施工管理

文明施工生产管理总体上是和安全管理同步进行，从水电三局到分局（处）、项目，基本上是由安全管理机构实施。

文明施工是伴随项目施工全程的总要求，文明程度也随着社会进步不断提高。从物品摆放整齐、工完料尽场地清到结合环保要求提出的更高目标，体现出施工管理者的水平。

20 世纪 80 年代中期前只是要求工地整洁、规范，处于较低层次，以后对文明施工的要求逐步提高。水电三局从 1983 年起开始注重搞好文明生产，并提出要达到的近期目标：①做好施工组织设计，精心布置施工现场，实施最佳方案；②准确无误地指挥生产，施工忙而不乱，均衡连续，不松不垮不突击；③机械设备处于最佳技术和配套状态，并充分发挥各机械的技术性能；④加强劳动保护，确保安全生产；⑤使用最新技术实现质量全优；⑥各类器材不准乱堆乱放；⑦消除漏水漏油漏风；⑧实现风水电骨干管线化，能埋设的不明设，能架空的不拖地；⑨改善劳动环境和条件，逐步消除噪声和粉尘；⑩修好工地骨干交通道路，减少泥水飞溅，尘土飞扬。质量安全部门认真执行各项文明生产的操作规程和规定，经常深入工地监督检查，防患于未然。以上要求从安康水电站开始落实，并在以后的项目中大力开展“文明施工项目”、“文明单位”创建活动，使水电三局整体文明施工水平不断得到提升。

随着水电三局对外承揽工程项目的增多，以及工程开发的需要，文明施工要求成为项目管理的基本内容，贯穿于项目施工的全过程。也由于现代施工管理理念的强化，业主对项目的文明施工提出越来越高的要求，甚至列出专门费用，制定严格的考核办法，促进施工单位提高文明施工水平。水电三局为此不断完善文明施工的制度，增强管理力度，推进文明施工水平的不断进步。1988 年 4 月 29 日水电三局被水电部评为 1987 年度安全文明生产先进单位。1995 年安装公司被命名为陕西省文明单位。

1997 年，水电三局转发执行中国水利水电工程总公司颁发的《水电施工企业安全文明施工考评标准》，并于 1997 年 9 月举办全局安全干部学习班，对标准内容和操作方法进行研讨。

2000 年 4 月 21 日，水电三局转发执行《国家电力公司水电建设工程安全文明生产管理规定》(局安监字［2000］第 11 号)。

2004 年 1 月 16 日，中国水电集团公司命名水电三局小峡施工局为 2003 年文明单位。

2004 年 2 月 14 日，水电三局修订《中国水电三局文明施工项目、文明小区、文明机关建设管理办法》，在全局组织继续深入开展精神文明“三创建”活动。

水电三局参建的黄河公伯峡水电站文明施工活动，2005 年 8 月受到国家副主席曾庆红的高度评价：“社会效益、经济效益、环保效益在公伯峡电站得到了充分的体现”。该工程获得“鲁班奖”。

水电三局参与建设的湖南筱溪水电站工程被国家水利部授予“2006 年度水利系统文明建设工地”称号。

第三节　基 地 环 保 管 理

水电三局在抓好工程项目建设中文明施工管理的同时，高度重视抓基地环境建设和管理。1981 年 4 月 22 日，水电十五局对张岭区域的有关管理作出规定：①植树栽花，绿化张岭；②讲究清洁，搞好环境卫生；③保证交通运输通畅，爱护公共设施；④节约用水，保障生活。1988 年 5 月印发了水电三局《张岭市政、园林绿化管理暂行规定》。

管好基地集贸市场，水电三局张岭集贸市场 1988 年 1 月被安康县人民政府命名为“文明集贸市场”。

1991 年 3 月，水电三局制订“八五”期间全局绿化工作规划。

1992 年，水电三局被陕西省人民政府评为并授予“全省造林绿化先进单位”和“地区级卫生先进单位”称号。

按照国家建设部、国家统计局下发的《关于开展城市市政公用设施普查工作的通知》，从 1995 年 6 月始，水电三局投入“全国首次城市市政公用设施普查”，对基地道路、排水、路灯、园林、绿化、公厕、供水、液化气、环卫及机械设备等进行市政普查工作，迅速准确地查清了全局公用设施分布情况，并做好各种资料的整理和上报工作，得到上级部门的表彰。1996 年 1 月被安康市建设局评为先进单位；7 月被国家建设部和统计局评为先进单位。

2000 年以来，水电三局每年对基地环境建设进行投入，先后改铺了人行道地砖、将行道树法国梧桐改栽为香樟树，设置和更换垃圾箱、进行房屋改造等，使基地环境得到一定改善。

2003 年 8 月 26 日，张岭城建监察中队在工程局房管处正式挂牌成立，使基地管理进入规范化、法制化阶段。

第十章　设备物资管理

第一节　机　　构

青铜峡工程局和水电十五局设备物资管理机构是按计划经济模式设立的。青铜峡工程局时期设立物资处，负责物资及设备的供应管理工作。副局长李子华主管物资供应工作，乔捷三、吴若衡先后任处长，路宗阳任副处长。原水电三局 1979 年底前由后勤部负责设备管理和物资供应工作，薛海俊任后勤部主任；1979 年后设立物资供应处，负责此两项工作。

1971 年 5 月，水电四局石泉分局设置后勤部，下设设备科主管全局施工机械、设备备品、配件管理和供应；储运科负责机电设备采购运输工作；材料科负责物资的采购和供应。截至 1978 年初，后勤部历任主任：刘锡臣、钱家骍；副主任：周哲成、魏克兴、苏克谦、齐东升、张继臣、周昭钦。

1978 年 4 月，水电十五工程局设立机电设备处，负责设备管理。1978 年 12 月更名为机电处，直至 1995 年 5 月改为机电公司。

1992 年 8 月，水电三局名称由能源部第三工程局变更为水电三局，机构设置机电设备处，负责全局设备的选型、购置、调拨、保管、封存、报废、审批；大型设备的资产管理征缴费用；更新改造和技术革新；用电计划安排；内部财务管理等。

1994 年 6 月，水电三局机关执行定编定员，原机电设备处拆分为两部分，一部分行使设备管理职能，作为机关处室叫设备管理处，下设综合科、资产管理科。1995 年增设技术科，一部分为设备经营职能，对内称为机电设备公司。主要负责局管闲置设备的退库保管、采购代理、设备租赁等工作。机电设备处、设备管理处历任处长（主任）：张继臣、王雅堂、柴元方、屈良贵、沈钧；机电设备公司历任经理：刘策群、袁久峡。副处长（副主任）：沈默、杨柏林、刘喜成、王国斌、叶祖奎、郭土斌、徐明钦、王如羡、蔡非扬、陈克武、任吉恒、刘策群、杨俊、袁久峡、孙细安。

1996 年 1 月 10 日，成立中国水利水电第三工程局机电设备公司（简称水电三局机电设备公司）。截至 2007 年历任领导：经理刘群策、袁久峡；副经理赵贵东、单勇锋、王根生、许建明、刘立、陈立斌、马虹。

1978 年 4 月，水电十五工程局成立物资供应处，负责物资供应。1981 年 6 月改为供应处。1992 年 11 月成立水电三局物资总公司。1994 年 2 月更名为水电三局物资公司。1995 年 12 月 13 日水电三局决定物资公司恢复物资供应处名称，实行一套班子两块牌子，用印自主。截至2006年供应处（物资供应处）历任处长：钱家骕、齐东升、吴道通、王全德；副处长：张文祥、赵之禹、何孟祥、史振宇、洪炳锡。物资公司历任经理：王全德、邓成伍、夏正平。副经理：郑义、范国林、彭继光、王军。

第二节　建　章　立　制

一、设备管理制度

1994年6月以前水电三局执行计划经济管理模式，设备物资由上级配给。水电三局对施工机械设备采取三级管理制度，即局机关职能处（名称有物资供应处、机电处、机械处、供管处）、二级单位供应科、车间（厂）队技术员。同时建立有与各级职责相应的管理规章制度，包括机械设备的采供、调拨、事故分析及处理、维修、报废鉴定、运行管理、技术标准的实施等。这一时期建立和执行的主要管理制度有：

1972年，水电四局石泉分局颁发《施工机械设备管理办法（试行草案）》，经几年实践检验，于1974年、1975年两次对原办法进行补充修改。1977年10月18日，又颁发《施工机械设备管理办法》（［1977］125号）在全局各单位贯彻执行。该办法明确了机械设备管理的组织机构及其职责范围，对计划与采购、验收与保管、调拨与租借、操作与运行、维护保养与检修、机械设备的变更装置、事故与报废、统计和报表作出了具体规定。

1978年7月6日，水电十五局转发执行水电部《水利电力基本建设施工机械设备管理规定》。共5章30条，除总则附则之外，对机电设备管理、使用、保养与修理作出具体规定，还明确水电部管8类60种主要施工机械设备名称有：①土石方机械；②起重机械；③运输机械；④砂石及混凝土机械；⑤工程船舶；⑥钻探及基础处理设备等。

1991年6月5日，水电三局制订下发《关于加强机械设备安全生产管理工作的通知》。

1994年6月后，为适应市场经济的需要，进一步理顺资产关系，水电三局逐步修订了新的规章制度。

1994年10月5日，以局财字［1994］第21号《关于AB类设备管理的财务关系的通知》，明确相关规定。

根据《统计法》和上级部门的有关规定及水电三局实际情况，1994年12月29日水电三局制订下发《设备统计管理办法》（设字［1994］第05号），要求局属单位遵照执行。

1995年2月14日，以局设字［1995］第02号文关于实施《水电三局生产施工设备管理办法（修订）》的通知，在遵循转换经营机制实施纲要大原则的前提下，对原生产施工设备管理办法进行了补充和修订后印发执行。10月16日以局设字［1995］第07号文下发执行《水电三局盘活设备资产暂行规定》。10月27日水电三局以局设字［1995］第09号文印发执行《水电三局设备管理检查制度》。11月12日以局设字［1995］第10号文《水电三局设备租赁管理实施细则》。12月18日以局设字［1995］第11号文下发执行《水电三局生产施工设备技术改造管理暂行规定》。

1996年2月4日，以局设字［1996］第01号文《水电三局设备固定资产管理细则》，共6章30条，除总则附则之外，对固定资产计价、设备固定资产折旧管理、设备固定资产日常管理、设备固定资产清理作出明确规定。3月20日以局设字［1996］第03号文《关于做好起重、动力设备安全使用的通知》。

1999年9月13日，以局设字［1999］第05号印发执行《水电三局投保设备管理细则》。

2001年6月5日，以局设字［2001］第05号印发执行《水电三局设备管理工作党风廉政建设规定》。

“红旗设备竞赛”活动是开展全员设备管理的一种有效方式，水电三局制定了活动竞赛评比办法，历年坚持持续开展评选表彰活动。2004年8月以局设字［2004］第04号文，对以往的活动办法及评选标准进行修订，明确红旗设备分为局级和项目级，局级在项目级红旗设备中斟选。此活动对提高设备完好率、利用率，降低事故率发挥了积极作用。

按照设备管理预防为主、养修并重的原则，合理安排施工设备修理，保证施工设备技术状况完好、运行安全经济可靠，促进企业生产持续发展，2006年3月20日以局设［2006］1号文印发执行《水电三局施工设备管理文件》，包括《水电三局设备管理办法》、《水电三局施工设备大修理管理暂行办法》、《水电三局设备采购管理细则》、《水电三局设备前期管理规定》、《水电三局设备使用管理规定》、《水电三局设备基础管理规定》、《水电三局设备检查、考核管理暂行规定》、《水电三局设备技术管理规定》、《水电三局设备修理管理暂行规定》、《水电三局账面报废设备细则规定》、《水电三局设备租赁管理办法》、《水电三局设备统计管理规定》、《闲置、库存设备管理纲要》等共13件，原有文件同时作废。

2006年3月，水电三局下发设备管理文件，各项管理规定、办法共13个，主要有《水电三局设备管理办法》、《水电三局施工设备大修理管理暂行办法》等；12月下发《大型特殊设备管理办法》。

二、物资管理制度

青铜峡工程局时期制订并推行了一整套的物资管理规定，对确保工程需要的物资供应管理发挥了积极作用。

1975年9月18日，水电四局石泉分局以水电四石革［1975］165号《安康工程筹建阶段为加强物资管理工作重申几项具体规定》，对生产、生活车辆的油料消耗做了具体规定。

水电四局石泉分局从1973年起，陆续印发《材料供应管理工作的暂行条例》等几项具体制度，局属各单位先后制定加强材料管理、仓库管理、工器具管理等具体实施办法。1977年10月27日以水电四石革后［1977］133号文颁发执行《材料供应管理工作条例（草案）》，明确规定分局后勤部材料科是全局材料业务主管部门。局属各单位均需建立材料供应管理机构，受局材料部门的业务领导。

1978年4月17日，水电四局石泉分局制订1978～1979年物资战线学大庆规划。

1982年1月15日，水电三局下发《关于实行主要材料消耗定额试行办法的通知》，后经修订于1983年11月4日下发，实行主要材料消耗定额管理办法。

1986年4月2日，印发《水电三局节约能源管理暂行办法》。

1987年6月5日，印发执行《水电三局三材管理办法》；6月19日印发《水电三局钢模板使用、管理暂行办法》：钢模总的要求周转使用50次以上，局内每年周转12次以上，达到者年终给予一次性奖励。

1988年4月18日，以局总经字［1988］第4号文印发水电三局《物资管理办法》，除总则附则之外，强调对安康工程的物资管理，必须按指令性要求考核完成。同时对外承包及多种经营，应广开门路，予以扶持。坚决贯彻“双增双节”的要求，开展修旧利废，加强回收管理，提高企业效益。对主要材料执行限额领料，单项工程核算核销制，其他材料各单位可以自购；房建实行栋号管理；周转材料实行有偿占用。

1989年7月1日，水电三局颁发执行《安康水电站常规材料检测项目有关规定》。

1990年2月16日，以局供字［1990］第3号文印发执行《关于转发供应处煤厂经营管理实施办法的通知》。

为加强对局办公类资产的管理，1995年4月11日水电三局以局办字［1995］第11号印发执行《局机关办公类资产管理办法》。

2005年11月15日，以局经管［2005］71号印发执行《水电三局物资管理办法（试行)》，共9章43条，除总则和附则之外，还有机构及主要职责、物资的计划管理、采购管理、验收和验证管理、库存领用及使用管理、回收处理与核销、责任与奖惩等详细规定。

根据《企业会计制度》、《企业会计准则》及国资委及集团公司有关规定，水电三局制定《水电三局资产损失核销暂行规定》，并于2006年7月31日以局财字［2006］62号文印发执行。

三、资产管理规定

2004年10月9日，以局财字［2004］第53号文印发《关于修订固定资产折旧及大修理费用提取办法的通知》。

2005年1月31日，以局财字［2005］5号文转发《中国水利水电集团公司“账销案存”资产管理（暂行）办法》，自2005年1月1日起，水电三局认真贯彻执行。

根据集团公司通知要求，为加强水电三局对所属各单位财务监督，规范水电三局清产核资账销案存资产管理，建立和完善内部控制制度，依据国家清产核资有关规定和集团公司《中国水利水电集团公司“账销案存”资产管理（暂行）办法》，结合实际2005年3月21日以局财［2005］15号文印发执行《中国水利水电第三工程局账销案存资产管理（暂行）实施细则》，原账销案存相关规定与本细则有冲突的，以本细则为准。

为加强资产的管理，规范资产损失的认定、审批、核销，减少税务风险，维护企业利益，防止国有资产流失，根据《企业会计制度》、《企业会计准则》及国资委及集团公司有关规定，结合实际制定《水电三局资产损失核销暂行规定》，并于2006年7月31日以局财［2006］62号文印发执行。

第三节　采　　购

一、机电设备采购

计划经济时期，机械设备和设备备品、配件的年度、半年度的申请计划，根据设计清单和水电部颁发的机械施工指标，由设备主管部门会同有关部门和队（厂）编制上报，经上级主管部门审定批准后方可按计划供给调拨或购买。

1985 年 1 月 22 日，水电部下发了《关于改革水利水电工程施工机械购置费问题暂行规定的通知》，水电三局转发执行此规定。

1985 年 4 月 16 日，水电三局印发执行《关于进口配件实行计划供应和国产配件及二、三类机电产品实行代购的实施办法》：①进口配件根据国家进出口公司分配给各部、委的外汇资金，由各部委每年分 2 期上报进口配件计划。②为了搞活经济，国家对国内配件及二三类机电产品实行横向和纵向相结合，开放式、多渠道的供应办法。

进入市场经济以后，水电三局根据工程需要，按需有计划地采购施工设备。但是局属部分单位，在承担外包工程施工中，未按管理程序，自行购置了大量局管施工设备，约占同期局新增设备总量的 1/3，使水电三局设备管理的正常秩序受到干扰，不利于完善经营管理。为此，1994 年 12 月 29 日水电三局以局设字［1994］第 04 号文发出《关于清理和停止二级单位自购局管设备的紧急通知》，明确指出：①设备管理处对各单位 1992～1994 年底自购局管设备做一次性认购清理工作。②AB 级施工生产设备为局管设备，其计划、购置审批权属水电三局。自 1995 年 1 月 1 日起局属二级单位（含指挥部）一律不得自购 AB 级设备。如遇特殊情况发生自购，须经局党政联席会议认定后，设备管理处才可办理认购，否则不得办理。

2000 年 8 月 22 日，水电三局党政联席会议明确禁止水电三局职工私人合伙购买设备租给水电三局承包的项目使用收取租赁费的行为，并由监察处重申有关规定，着手调查。存在此类问题的项目，应立即更正。2000 年 12 月 22 日以局经管字［2000］第 50 号文《关于禁止各单位集资购置设备返租给本单位使用并收取租赁费的通知》指出，按照国发［1993］24 号通知和通报精神，水电三局曾于 1993 年 6 月 15 日以局财字［1993］第 13 号文下发通知，严格禁止各单位巧立名目违规集资。鉴于尚存在此现象，水电三局再次重申，严格禁止各单位以各种名义的乱集资行为，如再有此类问题发生，水电三局将按干部管理制度和党风廉政建设的有关规定，对单位党政一把手和有关领导予以党纪政纪处分。

二、物资采购

计划体制时期，物资供应均按工程施工年度计划进行报批、调拨、采供。“文革”期间，建筑材料属于统购统销紧俏物资，必须经上级主管部门或地方政府审批后方可按计划供给。

1976 年 9 月，陕西省银行通知，要求各地加强对提货托收结算工作的管理，改变过去一些地方和单位存在的盲目采购，提货收据满天飞，冲击国家物资分配计划的弊病，防止坏人从中投机倒把。石泉分局下发执行《关于加强以实物收据提货托收结算管理的通知》，规定：①分局采购生产物资的实物收据，一律由后勤部财务科统一管理。②厂队经后勤部材料科、设备科批准的生产物资自行采购计划，报送财务部门一份。未经后勤部材料科批准的物资自购计划，未经设备科批准的设备、配件自购计划以及机械大中修计划项目的费用，财务部门可以拒付，使采购物资、提货、托收、结算工作搞得更好。

1977年8月3日，转发执行陕西省安康县革委会《关于认真贯彻执行“社会集团购买力的管理办法”的通知》，要求各单位对已颁发的陕西省社会集团商品购买证安排妥善使用。国家规定的禁购28种商品，仍应按原规定手续报送申请表，逐级审批购买。

1977年10月27日，水电四局石泉分局以水电四石革后发［1977］133号文颁发执行《材料供应管理工作条例（草案）》规定：全局物资实行统一领导，统一计划，统一订购，统一分配，统一管理的“五个统一”的办法。工程局属各单位均需建立材料供应管理机构，受局材料部门的业务领导。后勤部材料科是全局材料业务主管部门。根据上级要求，负责向部省地县编报各类材料申请计划并统一组织办理材料的订货、采购、催交、发运等业务，千方百计保证施工用料的供应。工程局负责材料申请订货、分配拨发、平衡调剂、制定制度、推广经验，检查基层工作等。基层单位负责材料请拨，现场用料的发放，检查使用情况，材料退收，仓库管理以及各项制度的贯彻执行，统计报表的编报工作。明确了分局与基层材料部门的职责。

1981年3月18日，水电十五局制订印发《关于实行物资合同的通知》，自1981年4月份起由供应处和队厂签订物资供需合同，明确双方经济责任。

1992年4月10日，以局供字［1992］第02号文印发《关于废金属材料回收上交及结算办法规定的通知》。

1993年11月4日，以局技安字［1993］第43号文《关于局承建工程中禁止使用劣质建筑材料的通知》指出，水电三局承建的水利水电及民建工程，施工中所用的建材，必须按合同标书所指定的材料进行采购；若合同书中没有指定，必须在质量可靠的生产厂家或政府指定的建材市场购买，所采购的材料需达到国家标准、规范要求；不得通过非正常渠道，购买劣质建材用于工程施工中。

三、招标采购

进入市场经济后，水电三局实行局、处（分局）分级采购设备物资的管理办法，水电三局制定一系列的制度进行规范。

1994年下发执行《水电三局生产施工设备管理办法》，2001年修订后以局设字［2001］第14号文印发执行《水电三局设备管理办法（试行）》，共7章43条，除总则附则外，还有管理组织及职责、日常管理、使用规定、统计工作、油料管理、奖励和惩罚等条款。

2001年8月15日，以局工管字［2001］第15号文《关于择优选择局物资公司、机电公司为局属项目部建筑材料和机电配件供应商的规定》。

根据《中华人民共和国合同法》、《招投标法》有关规定，参照其他单位的做法，水电三局于2001年12月制定，自2002年1月起执行《水电三局设备采购引入招标机制管理细则》。它是《水电三局设备管理办法（试行）》的配套细则，共8章31条，除总则附则外，还明确购置设备的审批和范围、采购工作组织管理、招（议）标、开标、议标和中标、合同及采购验收、违规处罚等条款规定。

为加强内部会计控制制度建设，建立健全会计监督制约机制，整顿和规范会计工作秩序，2003 年 5 月 26 日以局财字［2003］第 15 号转发执行财政部《内部会计制度规范——采购与付款（试行）》的通知。水电三局根据文中的相关规定，提出如下要求：

（1）各单位应建立采购与付款业务的岗位责任制，明确相关部门和岗位的权限，确保办理采购与支付业务的不相容岗位相互分离、制约和监督。严禁由同一部门或个人办理采购与付款业务的全过程。

（2）完善设备、材料审批、采购与验收制度。①对于设备采购应认真贯彻执行局设字［2001］第 13 号文关于实施《水电三局设备采购引入招标机制管理细则》的相关规定。②对材料、配件的采购，应加强预算管理。按照年度预算的安排进行审批，对于超预算和预算采购项目，应根据实际需要，按预算审批程序进行审批、采购。使用量大、价值高的材料、配件的采购，采购部门应在广泛进行市场调查的基础上，做到“货比三家”确保产品价格合理。③严把质量验收关。

（3）建立采购资金付款制度。

（4）建立采购与付款的监督检查制度，完善内部控制监督机制。

第四节　保　　管

计划经济时期，水电三局对施工机械基本上采用三级管理。第一级是水电三局的职能处，先后经历了后勤部、物资处、机电设备处等，负责施工机械的购置、检修、配件等计划的编制及完成情况的上报；制定及推行各种技术标准、规章制度、各种定额；定期清产核资，施工设备的评比、技术考核等。第二级是二级单位设置的对应管理科室，主要负责施工机械的现场管理。第三级是车间、队的技术人员，负责施工机械的现场管理、使用、维修、保养等。

各时期水电三局均设立设备和物资材料保管的专门机构和人员，实行按类分级保管的办法。水电三局里有设备物资大库，各二级单位及项目部也都设有设备物资仓库，执行水电三局统一的保管制度。

1977 年 10 月 18 日，水电四局石泉分局颁发的《施工机械设备管理办法》规定，主要的、专业性强的机械设备的购入或调入，由设备科会同或委托有关队（厂）及时进行点交和验收。分局设有机械设备和设备备品、配件的保管仓库，统一保管有关机械设备和备品、配件。各队（厂）修建一些必要的仓库，存放周转的机械设备和备品、配件。仓库必须做好入库验收，妥善保管，准确发放、账物卡相符。年终进行清仓盘点，及时提出呆滞、积压及短缺情况的报告。各队厂根据计划预检修制度和机械设备的使用情况，编制机械设备的大中修计划和设备备品、配件的需用计划，报设备科统一安排全局性大、中修理计划。

按照水电部供应司供设字［1977］第 242 号文《关于切实执行机电设备统计报表制度

和我部对报表补充规定的通知》精神，1978年1月7日石泉分局下发执行《关于切实执行机电设备库存和使用统计报表制度的通知》。

1990年3月14日，水电三局以［1990］局经管字第11号文印发《加强我局各类设备归口管理的规定》，对各类设备的管理实行统一领导、总体控制、分级归口管理的原则。各类设备按以下7个方面归口管理：①行政处：行政生活福利设施；②卫生处：医疗卫生防疫设备；③局党委宣传部：新闻宣传广播设备；④局工会：工会设备；⑤局办公室：办公、公安、消防、计量、环保培训等设备，局机关各处室所有设备；⑥中小学教育处：教育设备；⑦技工学校（职工中专）：教育设备。各归口部门需明确专职人员负责归口范围内设备的计划、统计、技术鉴定等管理工作。设备购置更新手续办理程序是：①施工设备由二级单位提出申请，报送机电处；其他各类设备由使用单位提出申请，报送各归口部门。②各归口部门根据本范围内资金情况、设备使用及库存情况进行平衡后，提出初步意见后汇总报机电处。③机电处会同财务处、计划处、技术处、经营管理办公室等部门，根据资金情况，设备使用、库存情况和工程施工需要，进行平衡调剂，编制全局设备购置及更新计划。

1996年5月13日，以局设字［1996］第05号文下发执行《水电三局征缴调拨、退库AB级设备修理费管理暂行规定》。

1997年6月2日，以局设字［1997］第03号文实施《水电三局生产施工设备库存保管细则》，共7章34条，除总则附则之外，对库存保管条件、设备的入出库、设备存放与保管、库存设备保养、保管费用与结算等作出了明确规定。

2000年5月12日，以局设字［2000］第03号文《关于加强设备整修和保管工作的通知》，要求各单位（项目部）认真执行《水电三局生产施工设备管理办法》做好设备的实物管理和资产管理工作，对不使用的设备及时整修后，妥善保管，保证设备的技术性能。

2005年2月18日，以局设字［2005］12号文印发执行《水电三局施工设备大修理管理的办法（暂行）》。

2005年4月18日，以局财字［2005］21号文印发执行《局机关办公设备集中采购管理办法》，以加强局机关办公设备管理，降低采购成本。

第五节 供应与服务

一、设备供应服务

20世纪70年代，外单位向原水电三局调拨机械设备时，需凭水电部调拨和文电通知办理；本局范围内机械设备调动，由调入单位向主管部门办理调拨手续。主要机械设备的租借须经水电部审批；小型机械设备与器具租借，经局有关领导同意由主管部门办理租借合同。从1983年1月1日起，水电三局执行水电总局印发的《关于部分通用大型施工机械实行内部有偿占用的通知》，实行通用设备的租赁管理，并于7月29日制订下发《关于施工机械设备租赁办法的规定》。

1988 年 4 月 6 日，水电三局以局总经字［1988］第 3 号文印发执行《水电三局施工设备经济管理暂行办法》，决定对设备管理进行如下改革措施：①进行全局施工设备的成色鉴定，核定设备的实际净值，实行有偿占用。②根据装备能力与生产任务基本适应的原则，核定各单位继续占有设备的数量。③对于各单位继续留用的设备实行有偿占用，采取按年定额台班计算、预扣各项设备费用的办法。1988 年机械设备管理实行租赁和预扣折旧费办法。

水电三局每年均有新购置和经大修的施工设备投入使用，1992 年 5 月 7 日水电三局以局机电字［1992］第 2 号文颁布执行《设备走合期使用管理暂行标准》，规定新购置和经大修理的设备，在投入使用初期阶段，必须有走合期。其目的使设备各项配装置的零部件的活动摩擦表面达到良好的配合，以防止早期磨损，从而延长设备使用寿命。本标准规定了设备在合同期使用中，对燃油、润滑油脂、液压、液力介质的品质要求、操作要领、紧固保养方法。还规定了负荷及运转速度的限制标准。

1994 年以前，水电三局基本沿用计划经济时期的设备管理模式，设备及物资由水电三局统一管理并调配给二级单位。二级单位之间设备调配由机电处开据调拨单调拨。1994 年成立水电三局机电公司，职能由原工程局职能处室转制为水电三局内部的设备及配件的运营单位。1995 年机电公司开始探讨混凝土泵车、罐车、汽车吊、拖车的局内及社会市场的设备租赁及配件营销业务。1995 年 2 月 14 日《水电三局生产施工设备管理办法》（修订本）中规定 AB 级设备短期内在局属单位间调剂使用时采用租赁方式。这是水电三局设备管理文件中首次规定局内二级单位短期设备调剂采用租赁方式，标志着水电三局的设备租赁经营开始起步。

1995 年 11 月 12 日，以局设字［1995］第 10 号文下发执行《水电三局设备租赁管理实施细则》明确规定：①设备租赁应本着对内搞活，对外开放的方针，开展多种形式的设备租赁活动。②租赁方式为人机固定的连人带机一并租赁及只租设备不带人。③设备租赁有关费用及计算方法应遵循内外有别原则：局内租赁：按总公司设备管理实施细则按成本计价；同局外单位开展设备租赁以设备租赁市场价格为准。外租设备台班费高于局内租赁台班费。

水电三局二级生产经营单位管理的施工项目（简称“处管项目”）工作的本单位职工，自愿合伙购置设备，项目经理部在约定的项目实施期间，根据设备配置和施工生产的需要，按照市场价值规则约定条件，签订设备租赁协议，由项目经理部租赁使用，这种行为称为职工设备租赁。2002 年 10 月 31 日以局经管字［2002］第 31 号文下发执行《水电三局施工项目职工设备租赁管理办法（试行）》，规范职工设备租赁行为。

2006 年 10 月，下发《水电三局大型特殊设备管理规定》，明确大型特殊设备交局机电设备公司进行管理，并指明大型特殊设备运营租赁不具备盈利性质，只提设备管理费用。

二、物资供应服务

计划经济时期，全部材料实行计划供应，青铜峡工程局年、季、月度生产基建计划，以及根据它所提出的材料需用计划和材料定额（施工预算定额）是供应材料的依据。按照计划申请调拨、自行采购后，再向二级单位分配，二级单位的供应科负责施工中队、班组的分发、领用。青铜峡、石门、石泉、安康等水电站建设时期，物资供应得到水电部和地方政府的大力支持。

1976年9月30日，陕西省革命委员会安康水电站建设领导小组召开会议，研究安康水电站建设几个急需解决的问题，其中第四条为物资供应问题。明确凡属统配部管物资，由石泉分局报水电部解决；属于省、地管的二、三类物资，由省地负责供应；不足部分，由各主管部门负责介绍到外地采购。导流施工及铁路专用线进点急需的水泥、油毡、石棉瓦、铅丝、元钉、胶管等材料，分别由省建委、物资局、商业局等主管部门研究解决；杂木杆等临时建材，要就地取材，由安康地区负责因地制宜就近组织农副业生产供应。

1983年安康水电站基建物资试行配套承包供应。

水电三局从1980年5月开始普遍实行内部投资包干和使用代金券结算，决定从1986年8月1日起废止局内部代金券结算制度，各单位相互间转账进行材料结算；8月16日水电三局制订执行《水电三局内部材料调拨结算暂行规定》。

水泥供应方面：水泥是主建材之一，在20世纪80年代又是国家重要和紧缺的建材。合理使用水泥，对降低工程造价，加快工程进度有直接影响。1983年10月5日确定安康水电站建设水泥定点供应厂为四川峨嵋水泥厂。1985年11月1日水电三局贯彻执行水电部颁发的《降低水利水电工程水泥用量的几项规定（试行)》。

油料供应方面：1977年4月27日原水电三局制订下发《油料计划供应试行办法》。11月30日制订下发《张岭油库供油管理暂行办法》。1980年6月9日工程局制订下发油料节约奖励实行办法。1990年5月5日，水电三局以［1990］局供字第6号下发执行《关于贯彻执行油料管理办法的通知》。

1988年水电三局供应处建材科被水利电力部评为“优质服务，保证供应”先进集体。

市场经济体制后，物资采供由各项目自行负责。部分大宗主材与业主合同约定供应方式。局供应处也随之逐步由管理服务方式转变为经营管理方式，再到变为公司化社会经营。

第十一章 财 务 管 理

第一节 机 构

青铜峡工程局初期设立计划财务处，刘兴珍任副处长，后改财务处，李铁志任副处长。改为水电部第三工程局后，机构设置三部一室，在局办公室下设财务组；1979年机构调整，设立财务处。

水电四局石泉分局在后勤部设立财务科。1978年4月石泉分局改为水电十五局后，设置财务处，下设财务科、会计科、成本科、综合科。1990年9月设立机关财务科。

1982年12月，两局合并为水电三局，机构设置财务处。1994年6月～1996年1月改为财务（审计）处。截至 2006 年历任领导：处长：陈寿麒、刘玉建、李秀梅、胡伟（兼资金中心主任）。

1988 年 5 月 1 日，成立水电三局内部银行，属财务处管理。1990 年 12 月 1 日起，内部银行在业务上独立，行政上从财务处划出，挂靠经营管理办公室。1994 年 7 月 18 日水电三局决定，内部银行划出局机关，独立设置机构，成为经营性质的单位，业务范围主要是进行水电三局内部的资金结算工作；主要职责：①进行内部资金的融通、筹措、存储工作。②按规定扣交应缴水电三局的款项。③负责水电三局内部单位之间的结算工作。历任行长：倪广哲（经营管理办公室主任会计师兼行长）、习生祥。

水电三局机关迁址西安后于 1999 年 6 月 18 日成立水电三局资金管理中心，总部设在西安，在水电三局属各工程项目设置办事处，作为资金管理中心的派出机构。同时撤销水电三局内部银行建制。资金管理中心历任主任：刘玉建（局副总会计师兼）、胡伟（局财务处处长兼）。

遵照集团公司 2003 年财务工作要求，2003 年 10 月 15 日，成立水电三局张岭基地会计核算中心。根据《水电三局组建会计核算中心方案》，第一期纳入核算中心的单位有基地分局、中小学教育处、公安处、工商企业处、新闻中心、离退休管理处 6 个单位。纳入集中核算的单位一律撤销财务机构，注销银行账户。

第二节　资　产　管　理

资产管理的主要内容是设备、物资及房地产管理。水电三局的设备管理由局设备主管部门负责；物资管理由局物资主管部门负责；其房地产由局房管处负责。

水电三局制定较为完善的设备管理制度，已形成为成熟的管理机制，流程清晰，管理顺畅。物资管理为流动资产范畴，水电三局实行分级分类管理方式。2005 年 11 月水电三局《水电三局物资管理办法》，明确了管理原则、权限、范围、职责等。

设备和物资管理及房地产管理状况已作专章、节记叙，在此略。

水电三局主管部门遵循国家法规和上级主管部门的要求，认真实施资产管理职能。

1985 年 6 月 14 日，转发执行水电部关于贯彻国务院《国营企业固定资产折旧试行条例》的通知。

1994 年 10 月 16 日，以局经管字［1994］第 15 号文《关于开展固定资产价值重估工作的决定》，由设备管理处负责，财务审计处、经营管理办公室配合，进行固定资产价值重估工作。纳入重估价值的资产范围是：纳入固定资产的所有生产经营用的机械、设备、设施等。重估价值的方法：采用现行市价法，即采用 1994 年 12 月市场加权平均价确定原值。

1998 年 5 月 12 日，成立水电三局建立资本纽带工作领导小组，组长：李友仁；副组长：廖为民；成员 4 人。12 月 8 日以局财字［1998］97 号文正式运行《水电三局建立资本纽带实施方案》。

1999 年 12 月 8 日，以局财字［1999］第 52 号文下发《水电三局债权债务管理办法》。

2004 年 10 月 22 日，以局经管字［2004］第 37 号文制订《中国水利水电第三工程局发展战略与规划》中有关资产管理的要求有：水电三局主要是对现有债券资产加大管理力度，大额债券资产（30 万元）进行逐笔登记、监控，确保债券资产的安全；固定资产实行 A、B、C 三级分类管理，A、B 级为主要大型设备，C 级为中小型以及专业性较强的施工队伍使用的设备。A、B 级设备统一由水电三局管理，C 级设备由局属二级单位管理，最大限度地发挥设备利用效率。财务管理方面是：①全面开展会计电算化工作。②组建会计核算中心。③抓好预算管理工作，促进企业经营管理水平的提高。④加强债权债务管理，督促债权的清收。⑤开展一年一度的财务综合性检查工作。

2006 年 12 月 27 日，以局财［2006］94 号文对整合后的二级生产经营单位资源配置作出调整。

第三节　资　金　管　理

计划经济时期，原水电三局财务部门资金管理主要任务是，根据国家年度投资计划和施工要求，编制资金使用计划，在国家限额拨款范围内，组织所属单位的生产资金下拨，保证国家投资和限额拨款正确使用，多快好省地完成施工生产任务。在计划投资体制下，水电三局财务既代表国家负责建设项目的投资管理，又负责施工企业生产资金的使用和管理，集“甲方、乙方”责任于一身。资金管理方式，除了要求财政拨款及时收取到位外，对施工生产资金使用实行计划控制，统一管理分级核算。

随着国家经济体制由计划经济向市场经济转变，计划内投资拨款项目逐步减少和结束，企业为了生存和发展，从 1985 年开始“找米下锅”，向社会独立承揽施工项目，吸收社会资金满足生产发展要求。施工单位直接从社会吸收生产资金，成了企业一项新的资金来源，资金管理逐渐向多渠道方向发展。

1996 年初水电三局提出，以商业银行运作的原则建立全局范围的资金管理中心，旨在加强全局的资金管理，提高资金使用效率，保证企业生产的正常进行。以后几年为适应电力体制改革的要求，水电三局运用资产重组的手段，调整现有资产，盘活闲置资产。随着水电三局投资项目的增加，加强投资管理势在必行。投资管理体系的建立，使投资决策更加科学，投资行为更加审慎，规范了水电三局对外投资项目的管理，明确了派出董事、监事的责任和义务，切实维护了水电三局的利益。

1999 年 6 月成立中国水利水电第三工程局资金管理中心，资金管理中心总部设在西安，并在局属部分工程项目设置办事处，作为中心的派出机构，加强全局的资金管理。根据水电三局当时生产经营情况，先在西安、安康、三峡、小浪底、石泉设置 5 个办事处。

为盘活沉淀资金，降低融资资本，提高资金使用效率，水电三局发［1999］03 号文《水电三局资金管理中心管理暂行办法》，完善了水电三局内部经营管理，建立了以资金管理为中心的经营机制，依照国家财经制度和金融政策，资金管理中心按照商业银行的运行原则和内部资金市场的基本要求，结合水电三局的生产经营特点，以实现全局货币资金集中管理的目标，扩大了全局资金管理的覆盖面，提高了全局资金统一调度的能力和使用的效率，全局80%以上的资金均进入该中心，资金和投资管理体系得到改善，资本运营体系初步建立。

2005年3月27～30日，中国水利水电建设集团公司2005年财务暨资金管理工作会议在水电三局召开，集团公司副总经理范集湘、袁柏松，集团公司财务产权部、审计部、国际财务部等负责人以及来自集团公司系统各单位的总会计师、财务及资金管理的负责人等近百人参加会议。财政部企业司运行处副处长陈颖涛参加会议并讲话。

至2006年，水电三局120个银行账户全部实现网银归集，均在资金管理中心监督之下，99%的资金在资金管理中心控制范围内。实行资金分账户管理，从源头改变资金流向，均衡收取应上缴费用1.8亿元，增加了水电三局可使用资金，使贷息负债率大幅下降；资产负债率也由2005年度的76%降为74%；内部发放贷款年均1亿多，为外部贷款的5倍；年度节约财务费用约400余万元。

一、存贷款管理

1996年5月7日，以局财字［1996］第06号文下发执行《水电三局流动资金借款及贷款担保管理办法》。

1999年10月11日，以局资管字［1999］第06号文印发执行《水电三局资金管理中心存贷款管理办法》。随着水电三局生产经营业务的扩展，各单位对资金的需求量增大，需要通过内部融资解决。为了规范水电三局内部贷款行为，做到有章可循，水电三局对原办法进行补充修订，于2004年8月10日以局资管字［2004］第07号文印发全局执行《水电三局资金管理中心存贷款管理办法补充规定》。

2004年8月18日，成立水电三局内部贷款审批委员会，主任：张治源；副主任：陈庆和、吴新琪、刘玉建；成员3人。

为把局属各单位资金的使用纳入全局计划管理体系，加强水电三局资金管理，保证资金安全，提高资金使用效率，依据资金收支活动必须坚持计划预算管理的原则，水电三局制定《水电三局货币资金使用计划审批暂行办法》，于2005年7月6日以局资管［2005］08号印发全局贯彻执行。本办法适用于下列资金的支付管理：①工资性支出；②设备购置支出；③材料、机械配件购置支出；④水电费支出；⑤分包工程支出；⑥设备租赁支出；⑦偿还债务支出；⑧修理费用支出；⑨上缴水电三局各项费用；⑩上缴二级单位各项费用；⑪工地转移费；⑫税金支出；⑬备用金提取；⑭其他。

经对原有的存贷款管理办法和相关规定进行修订，2006年4月26日以局资管［2006］5号文印发执行新的《水电三局存贷款管理办法》。

二、差旅费管理

水电三局在各时期制定差旅费管理制度，详尽规定各级各类人员到不同地域、城市（镇）出差应享受的交通工具等级、住宿等级、途中食宿补助的报销标准，并根据情况变化，或执行上级文件规定，或进行内部必要而合理的调整。

1981年9月22日，转发财政部《关于乘坐空调软座可躺式客车票价报销等问题的通知》。

1982年4月26日，转发财政部《关于调整到深圳、珠海两市出差住勤费标准的通知》。

1984年2月28日，以局财字［1984］第45号文转发财政部《关于修改差旅费、会议费开支规定的通知》。

从1985年6月1日起，水电三局执行财政部财文字［1985］第145号文《关于提高出差伙食补助标准的通知》，对出差途中伙食补助和住勤伙食补助标准在现行标准基础上提高0.3元。

根据水电部财综字［1985］第272号转发财政部《关于统一修订〈国家机关、企业事业单位工作人员差旅费开支的规定〉的通知》精神，结合水电三局实际情况，于1986年1月11日以局财字［1986］第1号文特作如下补充规定：①正副局长、局党委正副书记、局纪委书记、总工程师、总经济师、局工会主席和其他按规定应享受局级差旅费报销标准的人员，可乘坐火车软席、轮船二等舱位。②其余人员出差，可乘坐火车硬席、轮船三等舱位。

根据财政部1988年决定调整在京单位的出差伙食补助费及安康市财政局安地财事字［1988］284号文《关于提高出差伙食补助标准的通知》精神，1988年7月28日，水电三局以局财字［1988］第17号文通知：自1988年8月1日起提高出差伙食补助标准：①到安康市境外出差的，每人每天分别不同地区类别，在原补助标准基础上提高1.00元，即一类地区从2.50元提高到3.50元，二类地区从3.00元提高到4.00元，三类地区从5.00元提高到6.00元。②各单位常年派驻外地及出差在一地超过2个月的出差人员，家在常驻地或出差地的，伙食费补助标准每人每天调整为：一类地区从1.50元提高到2.10元，二类地区从1.80元提高到2.40元，三类地区从3.00元提高到3.60元。

根据财政部财文字［1988］第742号《关于国家机关、事业单位工作人员差旅费开支的规定》，参照陕西省财政厅陕财文［1988］285号及安康市财政局安地财事字［1989］56号通知，水电三局研究制订了《水电三局工作人员差旅费开支暂行规定》，从1989年5月1日起实行，原水电三局局财字［1986］第1号和局财字［1988］第17号文同时废止。

水电三局参照国家机关规定，从1989年5月1日起实行差旅费开支“分项计算，总额包干”办法。从1990年7月1日起执行局财字［1990］第14号《水电三局工作人员差旅费开支补充规定》。

1995年6月26日，以局财字［1995］第16号文修改《水电三局工作人员差旅费开支暂行规定》，对局财字［1994］第02号文件有关规定做补充和修订。

1999年5月20日，以局财字［1999］第19号下发《机关人员赴安康差旅费报销办法》。

2004年11月30日，以局财字［2004］第65号印发《水电三局工作人员差旅费开支暂行规定（修订本）》。员工因公出差按照“先审批、后出差”的办法管理，出差人员出差前应填写出差审批表，经主管领导审批签字后作为借款报销差旅费的依据。

三、招待费管理

遵照国家及上级有关文件精神，水电三局制定对外应酬招待费制度，旨在规范经营、公务活动中的应酬招待行为。

1983 年 3 月 9 日，转发水电部转发国务院办公厅《关于严格控制外出参观和制止公费旅游的通知》。

1987 年 7 月 13 日，制订执行水电三局《关于对外应酬招待费标准的暂行规定》。

1993 年 9 月 26 日，以局办字［1993］第 27 号文印发《工程局对外应酬招待标准及有关问题的暂行规定》。

1995 年 5 月 2 日，以局办［1995］第 17 号文印发《工程局经营、公务活动中应酬招待的管理办法》，要求局属各生产经营单位、项目经理部（指挥部）、机关各处室，在进行工程开发、联营合作、合同商订、商贸洽谈、公务接待、外事活动等企业经营和公务时必须发生的一切应酬招待，应本着“必须、适度、节约”的原则，严格审批手续，实行控制总额。

1997 年 11 月 28 日，发局财字［1997］第 41 号文《关于严格控制业务招待费开支的通知》规定，各单位发生的业务招待费不得超过控制指标。各单位财务负责人必须定期向领导汇报该指标的超支及结余情况。对于严重超支单位，水电三局将追究主要领导的责任。

2000 年 6 月 23 日，以局办字［2000］第 27 号文印发执行《水电三局公务招待管理办法》。

2002 年 3 月 14 日，以局办字［2002］第 08 号文印发执行《水电三局机关业务招待管理办法（试行）》。

2005 年 9 月 26 日，发局财［2005］50 号文《关于业务招待费开支范围及标准的通知》，明确控制标准为：（局外取得主营业务收入＋局外取得其他业务收入）×1%。局财字［1997］41 号文及［2001］59 号文同时废止。

水电三局财务处于 1988 年 5 月成立内部银行、1999 年 6 月成立的资金中心为局资金管理主管机构和业务机构。

第四节 基 金 管 理

原水电三局 1978 年 6 月 16 日转发执行水电部水电财字［1978］第 40 号《关于颁发〈基本建设专用基金开支范围的规定〉和〈基本建设若干费用列支办法〉的通知》。该通知对水利水电建设单位和建筑安装企业各项专用基金开支范围规定如下：①固定资产更新改造资金，按规定从折旧基金和固定资产变价收入中留用。②固定资产大修理基金，其费用在提取的大修理基金中开支。③职工福利基金，按照职工工资总额和国家规定的比例从有关成本中提取。④科学试验研究费和新产品试制费：全国性科学试验研究项目由国家下达；所需费用编制计划报经批准后，由国家预算拨款解决。非国家规定的和本企业自行安排的科学试验研究项目，所需资金由更新改造资金解决。工程项目本身的科学研究项目，列入概算由基本建设投资解决。⑤临时设施资金和施工机械购置资金，建安企业向建设单位按规定费率收取包干使用的临时设施资金。⑥其他专用基金。

由国家批准拨给或规定的有专门用途的其他各项资金，均单独管理和使用。根据财政部财企字［1973］第41号文通知中“国营工业交通企业若干费用开支办法”和国家有关规定，对水利电力建设单位和建安企业若干费用列支规定如下：①企业教育经费；②企业支援农业费用；③人防经费；④民兵活动经费；⑤展览费用；⑥积压残次物资利用和改制费用；⑦试运转费用；⑧职工安置、回乡、下乡落户补助费；⑨编外人员生活费；⑩职工子弟学校经费。

1980年12月22日，水电三局通知从1981年1月1日起试行《各项专用基金开支范围的规定》：①职工福利基金的开支范围；②企业基金；③利润留成基金；④更新改造基金；⑤大修理基金；并规定开支范围，不得互相混淆，侵占挪用，严格管理控制。

1983年11月26日，总公司通知：因受特大洪灾袭击，同意水电三局从历年积累的企业基金、利润留成基金中各提取25万元，严格控制使用。

1996年12月9日，以局财字［1996］第36号文下发《水电三局住房基金财务管理及会计核算办法》。

第五节 投 资 管 理

计划经济时期，原水电三局重点是管好用好国家建设投资。改革开放以后，随着国家经济体制的转型，企业由国家完全管理到逐步放开，1980年国务院批准了国家计委、国家建委、财政部、中国人民建设银行关于实行基本建设拨款改贷款的报告，决定从1981年起，凡实行独立核算，有还款能力的企业，都应该实行基建拨款改贷款的制度。水电十五局1981年的基建投资中已有1100万元是建行贷给的，从此走上基建投资“拨改贷”的道路。1985年2月28日水电部总公司转发国家计委、财政部、建设银行总行发计资［1984］2580号文《关于下达〈关于国家预算内基本建设投资全部由拨款改为贷款的暂行规定〉的通知》，水电三局遵照执行，全部实行了基建投资“拨改贷”。

随着水电三局最后一个计划投资工程安康水电站进入尾工时期，开始实行“一业为主、多种经营”大力发展第三产业模式，步入自主经营、自负盈亏、自我约束、自我发展的“四自”道路。

从1999年起，水电三局加大投资经营力度，先后投资的项目有苏州三新公司、湖北谷城联虹公司、陕西石泉水电站扩机工程、陕西汉江投资开发有限公司、苏州新科源施工研究公司、云南秦云工贸有限公司。截至2006年底投资额为4915.4万元。

为了加强日益增多的投资项目的管理，建立科学、合理、规范、高效的投资项目管理体制，使投资管理过程规范化、科学化，提高水平、防范风险，获取效益，水电三局于1999年11月25日发局经管字［1999］第42号文成立水电三局对外投资管理委员会（简称投资管理委员会）。投资管理委员会在水电三局局长的直接领导下，行使以下主要职责：①参与制定水电三局对外投资政策；②组织对投资项目的可行性研究，拟定提交对外投资方案，经局党政联席会批准后实施；③选派推荐投资项目中我方委派的董事、监事及其他主要管理人员，负责外派董监事人员，考核与工作协调；④代表水电三局行使股东职权，按章程规定，参与投资项目的重大经营活动的决策，履行对外投资项目的股东监管职责；⑤协调、决定董、监事及其他派出人员在投资项目上重大事项的统一意见；⑥协调水电三局内部有关部门、单位涉及投资项目的工作关系。投资管理委员会组成人员：主任李友仁；副主任：陈庆和、于彦洲；委员：刘伟民、廖为民、马树生、王德明、任世玉、冯亮、刘玉建、胡伟。下设办公室办理日常事务。办公室设在局经营管理办公室，主任：任世玉（兼）；专职人员由经济、财务专业干部组成。

水电三局的投资经营仅限于局级，不允许二级单位进行对外投资活动。

第六节　成本核算（管理）

水电三局在计划经济体制下的财务核算，主要是进行工程成本核算。成本核算在实际工作中分为两个部分：一是按照水电三局现行的成本核算办法在每月终对成本核算单位（公司、厂、队）所进行的成本核算。二是企业或项目对成本计划期（即成本预测期）的成本、费用所进行的核算，并相应进行成本会计账务处理的工作过程。水电三局在长期开展水电施工生产过程中，形成了较完善的财务管理与核算方法。

成本管理工作的任务是：促进企业降低成本，费用，推进管理的进步，改进企业及其项目的生产经营管理，提高经济效益。成本管理工作的内容包括：①成本预测和成本计划；②成本控制；③成本核算；④成本分析和成本考核等。

青铜峡工程局在枢纽开工不久，对工时、材料消耗、机械台班等实行投资包干管理办法，制定《黄河青铜峡工程局投资包干试行办法（草案）》，先试行，后推行，对推动经济核算、节约人力物力，降低成本发挥了作用。

1975 年 12 月 29 日，水电四局石泉分局发出《关于开展核算工作的通知》，决定从 1976 年起各队厂在分级管理的基础上开展经济核算：①要充分发动群众，组织群众核算。要求干什么，管什么，算什么。首先是建立和健全各种原始记录（包括工料消耗、机械运转记录等），作为算账的依据。②各单位要重点核算“产值”。如以机械施工为主的单位，着重按机械和车辆的产值进行考核；以人工为主的施工单位，着重计算劳动生产率。各单位都要大力压缩非生产人员和非生产用工。③队厂财务报表暂定三张：会计总表、成本报表、管理费明细表。各单位在送报财务报表时，除报表反映的数据外，要求附有编表说明书，说明产量、产值、形象进度、质量安全、劳动工资（如出勤率、工时利用、非生产人员比例、非生产用工情况）、机械使用、材料燃料消耗、费用和成本节约情况，使工程局尽快全面实行分级管理、二级核算创造条件。

1979 年 8 月 16 日，转发执行电力工业部财务司《关于基建工程成本、利润指标计算和考核的有关问题的函》。

1984 年 5 月，水电三局转发并施行国务院发布的《国营企业成本管理条例》，共 6 章 46 条。从当年起水电三局与水电总局签订百元产值工资含量包干合同，先在第二工程处试行。1985 年全局范围内普遍实行百元产值工资含量包干和费用工资含量包干。工资含量包干以后，实际发生的工资和奖金，均在“工资基金”项下开支，超支不补，节余归单位；当年使用不完的，允许跨年度使用或以丰补歉。以局财字［1985］第11号文发出《关于奖金列入成本和工资包干结余会计处理的规定》，对有关会计处理方法作出具体规定，便于各单位财务人员操作。

1985年初，贯彻执行《中华人民共和国会计法》。根据国家和上级制定的内部财务制度，使水电三局会计制度体系不断完善。当年3月29日水电三局转发施行财政部、建设银行制定的《国营施工企业成本管理实施细则》，其内容有：关于实施范围、成本开支范围、成本核算、成本管理责任制、监督与制裁等共65条。

1998年11月9日，以局财字［1998］第87号文《关于规范成本核算真实反映盈亏等有关问题的通知》，要求各单位各项目部加强成本管理，规范成本核算，按照《会计准则》和局《会计核算办法》的要求，坚持收入与成本费用相配比的原则，以及权责发生制原则，进行财务处理和会计核算，真实反映当期成本，准确计算当期损益。

2002年6月17日，水电三局以局财字［2002］第28号文转发执行中水电财［2002］13号文《水电工程总公司成本管理办法》和中水电财［2002］15号文《水电工程总公司施工项目财务管理与会计核算指导意见》。成本管理办法所称成本是指企业为工程施工（产品生产）提供劳务而发生的各种耗费。成本管理是对成本的形成进行计划、决策、控制、核算、分析、考核的一系列管理工作。共10章41条，除总则附则之外，还有成本管理的组织机构、成本管理职责、成本核算、成本目标的编制、目标成本控制、成本管理的评价、考核和监督等具体办法。

2004年10月22日，以局经管字［2004］第37号文上报的《中国水利水电第三工程局发展战略与规划》中对成本管理做了长期规划。水电三局始终强调项目管理的核心是成本管理，对强化全局成本管理提出更高的要求，将其作为年度经营责任制考核的一项重要指标。要求各单位增强全员成本意识，单位领导必须亲自负责，从成本管理的基础入手，按照利润倒逼机制，确定目标成本。同时，做好成本预测、控制、核算、分析、检查、考核等各个环节的工作，确保成本目标的实现。在成本考核方面，坚持收入与成本相配比原则、权责发生制原则，力求真实反映成本、精确计算盈亏。

2006年11月22日，水电三局被评为2005年度“财务报表编制工作先进单位”。这是自2001年集团公司开展财务报表评比以来连续五年获此荣誉。水电三局历年财务有关经济指标见表7-11-1。

表7-11-1　　水电三局历年财务有关经济指标

年　份	产值（万元）	利润（万元）
1977	1438.37	
1978	3010.52	
1979	3113.49	100.46
1980	2487.83	67.25
1981	2092.33	65.59

续表

年　份	产值（万元）	利润（万元）
1982	3194.33	314.68
1983	5437.18	637.49
1984	8057.94	517.82
1985	7237.68	268.99
1986	7589.57	190.60
1987	8774.65	257.17
1988	10 302	346.76
1989	17 337.94	－102
1990	21 595.77	2.5789
1991	39 748.6	1338 纯利润 24.42
1992	42 424.31	利税 190（利润 80）
1993	31 170	－336.38
1994	37 855.37	
1995	51 418	利税 1231.97
1996	69 400	利税 1700
1997	61 400	利税 1651.88 其中税金 1433.88
1998	63 132	利税 1439
1999	65 600	利税 2264
2000	76 300	利税 2255
2001	86 800	利税 2640
2002	103 800	利税 2982
2003	11 900	利税 3641
2004	175 800	利税 6700
2005	214 300	利税 12 600
2006	241 800	利税 13 208.7（利润 4421）

注　表格应加下划线及边框。

第七节　税　　务

水电三局属于基本建设和施工单位，1958～1977 年不缴纳税金。党的十一届三中全会后，国家税制进行重大改革，第一阶段建立涉外税收制度，第二阶段由上缴利润改为征收国营企业所得税，水电三局开始纳税。1983 年国家第一步利改税将国营企业上缴利润改为征收国营企业所得税，税后利润归企业支配，实行税利并存。1984 年国家第二步利改税改革是将国营企业应当上缴国家的财政收入按 8 个税种向国家交税，逐渐由“税利并存”过渡到完全的“以税代利”，税后利润归企业使用。

一、机构　荣誉

1983 年，水电三局成立“三查”（税收、财务、物价）领导小组，1989 年 1 月、1990 年 8 月、1992 年 9 月分别调整或增补成员。历任领导：组长刘纪仁、李友仁。

1989～1993 年，水电三局被安康市人民政府评为税法宣传纳税先进单位。

2002 年 1 月 16 日，水电三局被陕西省工商行政管理局列为 2001～2002 年度免检企业。

2006 年 7 月 11 日，水电三局被陕西省国家税务局和陕西省地方税务局评定为陕西省纳税信用 A 级企业；8 月 8 日被西安市国税局和地税局评为西安市纳税信用 A 级企业。

二、制度与实施

（一）规章制度

1976 年 4 月 17 日，石泉分局转发执行安康县财税局《关于防止偷税漏税严禁白条进账，进一步加强发货票管理的通知》。

1985 年 11 月 25 日，转发执行财政部印发《关于财务大检查中有关财务处理的若干规定》。

1994 年 7 月 2 日，以局财字［1994］第 10 号文转发执行财政部财工字［1994］第 42 号《关于税制改革、外汇管理体制改革后有关企业财务问题处理的通知》。同年 9 月 9 日以局财字［1994］第 16 号转发执行财政部、国家税务总局以财税字［1994］第 012 号《关于运输费用和废旧物资准予抵扣进项税额问题的通知》。

1995 年 12 月 20 日，以局财字［1995］第 32 号转发安康交通征费稽查所安市交征［1995］026 号《关于 1996 年度公路规费及有关税费征收的通知》。抓紧做好 1996 年度公路规费及有关税费的减、免和缴纳工作。

1997 年 4 月 8 日，以局财字［1997］第 09 号文转发《国家税务总局关于企业租赁经营有关税收问题的通知》，要求各单位采取租赁经营方式的应在租赁经营协议签字生效前报局经营管理办公室和财务处审批。

1998 年 10 月 8 日，以发局财字［1998］第 81 号文转发执行《国家税务总局关于印发〈企业财产损失税前扣除管理办法〉的通知》。

2001 年 6 月 5 日，以局财字［2001］第 34 号文转发《中华人民共和国税收征收管理法》。新的征管办法强调“自行申报、检查从严、处罚从重”。要求各单位领导及财务人员认真学习，强化纳税意识，规范会计核算，严格按照税法要求做好应税工作。

2001 年 5 月 15 日，以局财字［2001］第 25 号文转发执行国税发［2001］13 号《国家税务总局关于汇总（合并）纳税企业实行统一计算、分级管理、就地预交、集中清算所得税问题的通知》。

（二）所得税

1980 年 9 月，《中华人民共和国个人所得税法》颁布施行，规定我国实行个人所得税制，不论中国人和外国人每月工资，薪金超过800元部分都征收个人所得税，由职工工资发放单位代扣代缴。

1983年8月23日，水电部发《水利电力部直属基本建设施工企业利改税实施办法》的通知：部属内部承包吃基本建设投资的施工单位，暂不交纳所得税。水电部对这些企业的利润实行全额分成的办法。

1985年10月，水电三局贯彻执行水电部转发国务院颁发的《国营企业工资调节税暂行规定》和《国营企业奖金税暂行规定》及财政部《关于颁发国营企业工资调节税暂行规定施行细则的通知》和《关于颁发国营企业奖金税暂行规定施行细则的通知》。

1988年1月1日，水电三局执行水电部转发国家计委《关于改革国营施工企业经营机制的若干规定》，按照“包死基数，确保上交，超支多留、歉收自补”的原则，落实对国家实行上交所得税或上缴利润承包经济责任制。

1995年2月13日，以局财字［1995］第03号文转发陕西省省财政厅等部门《关于贯彻财政部、国家税务总局〈关于加强个人所得税征收管理的意见〉的报告》。8月23日以局财字［1995］第19号文转发国家税务总局《个人所得税代扣代缴暂行办法》，要求各单位贯彻执行，并指定具体办税人员，与税务机关取得联系，做好个人所得税的代扣代缴工作。

1999年5月28日，以局财字［1999］第22号文转发执行国家税务总局以国税发［1999］49号文下发的《企业技术开发费税前扣除管理办法》。

2000年7月26日，以局财字［2000］第22号文转发执行国家税务总局印发的《企业所得税前扣除办法》。

2003年7月3日，以局财字［2003］第18号文转发执行国家税务总局关于执行《企业会计制度》需要明确的有关所得税问题的通知。

2005年11月3日，以局财字［2005］66号文转发执行国家税务总局《企业财产损失所得税税前扣除管理办法》。

（三）建筑税

1983年12月24日，水电三局转发执行财政部颁发的《建筑税征收暂行办法实施细则》。

1987年6月25日，国务院发布施行《中华人民共和国建筑税暂行条例》。1983年9月20日国务院发布的《中华人民共和国建筑税征收暂行办法》同时废止。

1996年2月25日，以局财字［1996］第04号文转发总公司中水电财［1996］4号文《关于转发国家税务总局关于建筑安装企业所得税纳税地点问题的通知》，根据文件精神，凡在安康市以外施工的单位（含项目经理部），应迅速与安康市国税局取得联系，开出外出经营证，并在局主管部门办理税务登记证件及其他有关事宜。本局应缴纳的企业所得税由水电三局一并缴纳，各单位应根据此文办好税务交涉。

（四）房地产税

1986年9月15日国务院发布《房地产税暂行条例》。

1988年12月7日，安康市税务局以安市税字［1988］第365号文转发国务院第17

号令《中华人民共和国城镇土地使用税暂行条例》、国家税务局、陕西省税务局《关于土地使用税若干具体问题的解释和暂行规定》。水电三局依照执行。

2001年12月12日，以局房管字［2001］第04号文《关于张岭局属各单位缴纳房产税的通知》：根据安康市汉滨区地方税务局《关于交纳房产税的批复》及“谁收益、谁负责”的原则，张岭基地各单位办公、生产等占用的房产，应由各使用单位承担房产税费。

2002年12月27日，以局经管字［2002］第41号文《关于重申缴纳土地和房地产使用税有关问题的通知》指出，按照《中华人民共和国土地管理法》、《中华人民共和国城镇土地使用税暂行条例》及《中华人民共和国房产税暂行条例》的有关规定和要求，结合水电三局土地和房地产的管理使用情况，决定本局土地和房地产继续实行有偿使用。

2003年8月22日，以局经管字［2003］第16号文《关于局属各单位2002年度上缴土地使用税的通知》：根据安康税务部门2002年对水电三局核定的计税土地面积及应缴税款总额，经管办会同财务处、房管处对各单位实际占用生产经营用地、经营状况等，进行了逐一核实调整，并核定出2002年度各单位应缴面积和应缴税额。安康基地26个单位计征占用土地282 080米^2，应缴纳土地使用税70.52万元。

（五）印花税

1988年11月12日，以局财字［1988］第30号文转发国务院《中华人民共和国印花税暂行条例》和财政部《关于发布〈中华人民共和国印花税施行细则〉的通知》，要求各单位开展学习，确保条例及实施细则的贯彻执行。

（六）消费税

1994年12月14日，以局财字［1994］第33号文转发执行安康市税务局安市国税字［1994］06号《转发国家税务总局关于消费税若干征税问题的通知》。

第八节　建　章　立　制

一、财会制度

1979年1月5日，原水电三局财务规定：①关于职工借款问题的规定；②关于出差问题的规定；③关于邮电费问题的规定；④关于控购商品问题的规定；⑤文体宣传费；⑥关于非生产用料；⑦关于费用计划管理；⑧加强管理，节约开支，禁购物资严禁购买。

1980年1月2日，原水电三局转发并执行财政部《关于〈基本建设会计制度〉中部分会计科目的补充说明》的通知规定。

1984年7月9日，以局财字［1984］第193号文转发水利水电建设总公司［1984］水建财字第27号文《关于水利水电建设单位分别执行建设单位和施工单位两套会计制度的规定》，并根据水电三局的具体情况，作出具体规定。

《中华人民共和国会计法》经六届全国人大常委会第九次会议通过，从1985年5月1日起施行；1993年和1999年经全国人大第九次、第十二次会议修订后施行。水电三局1985年5月16日以局会字［1985］第1号文发出关于认真做好《会计法》宣传和实施工作的通知，组织学习和执行。

1986 年 7 月 19 日，印发《水电三局内部财务结算办法（试行）》，统一规定为以债权单位为主，提出结算转账凭证，月终由局财务处集中划转结算。

1988 年 6 月 28 日，以局财字［1988］第 15 号文印发《关于内部结算和内部银行有关会计处理的补充规定》。

1989 年 3 月 2 日，转发能源部能源经［1989］81 号文《转发中国人民银行关于颁发“银行结算办法”和“银行结算会计核算手续”的通知》，组织有关人员认真学习，尽快领会和适应新的银行结算办法。6 月 1 日以局财字［1989］第 11 号文印发执行《深化改革，强化经营管理实施办法中关于内部财务结算及账务处理的若干规定》。

1990 年 4 月 7 日，以局财字［1990］第 4 号文转发财政部《关于全民所有制公司财务管理的规定》，要求各施工单位开办的多种经营项目，不管承包与否均应实行内部独立核算，自负盈亏，全员承包，其财务收支要严格执行国营企业财会制度，对承包者的工资、奖励及各项补贴要按水电三局的有关规定、制度、标准执行。

1991 年 4 月 6 日，以局经管字［1991］17 号文印发执行《关于贯彻实施〈水电施工企业会计达标考核标准细则〉的若干规定》。同年 11 月 15 日水电三局会计工作通过中国水利水电工程总公司验收确认为会计工作达标单位。

1993 年 1 月 11 日，以局财字［1993］第 01 号文转发并贯彻实施国务院 1990 年 12 月 31 日第 72 号令《总会计师条例》、能源部 1992 年 5 月 10 日第 8 号文令《能源部实施总会计师条例暂行办法》、中国水利水电工程总公司以中水电干字［1992］125 号、中水电财字［1992］73 号印发《关于下发中国水利水电工程总公司实施《总会计师条例》具体规定的通知》。

1993 年发 7 月 7 日，以局财字［1993］第 17 号文《关于贯彻实施新的企业财务制度有关问题的通知》，要求各单位 7 月 1 日起按新会计科目建立新账，旧账及记账凭证作为会计档案进行保管。

1993 年 9 月 3 日，以局财字［1993］第 22 号文印发执行《水电三局财务管理试行办法》。本办法共 8 章 51 条，对资金管理及财务计划、流动资产、固定资产、成本和费用、营业收入利润及利润分配、财务报告与财务评价等做了具体规定。

1994 年 5 月 4 日，以局财字［1994］第 06 号文《转发财政部关于认真学习宣传贯彻实施〈中华人民共和国会计法〉的通知》。根据《会计法》和部经调司规定，局属各单位财务科长的任免，需报经局主管部门同意。

根据水电三局 1995 年经营管理工作会议精神和《工程局转换经营机制实施纲要》，特制定《水电三局财务管理办法》，经局党政联席会议和局职代会审议通过，于 1995 年 8 月 3 日以局财字［1995］第 17 号文印发执行。《水电三局财务管理办法》共 14 章 66 条。除总则、附则之外，还有财务管理的基础工作、资金筹集和管理、固定资产管理、流动资产管理、无形资产、递延资产和其他资产、对外投资、成本和费用管理、营业收入、利润及利润分配、外币业务、项目经理部的财务管理、财务报告与财务评价、考核与奖惩等具体管理办法。

1996 年：5 月 16 日以局财字［1996］第 07 号文转发总公司中水电财［1996］20 号

转发《关于转发〈会计改革与发展纲要〉的通知》，要求全局财务人员加强税收等业务知识学习，健全内部会计管理制度，规范会计基础工作和会计工作秩序，加强会计岗位责任制，提高会计工作质量。会计人员需持证上岗，加强会计电算化工作，加强培训，尽早使用《会计核算系统》和《会计报表管理系统》，推动会计管理职能的转变。6月14日以局财字［1996］第13号文印发《水电三局会计核算办法》。附件有：①《局处两级经济分配关系账务处理》的规定；②《关于局处两级分配关系到若干规定》；③《局用、二级单位用会计科目表》；④《各单位会计报表隶属关系情况一览表》；⑤会计报表格式。8月16日以局财字［1996］22号转发财政部《关于会计基础工作规范化的意见》，并结合以局财字［1996］第20号文逐项对照做好整顿会计工作秩序的自查工作。10月7日以局财字［1996］第27号文《关于规范有关账务处理的通知》。12月30日以局财字［1996］第38号文下发《水电三局会计报表评比办法》。

1997年2月16日，以局财字［1997］第05号文转发《关于转发财政部〈会计证管理办法〉的通知》。鉴于会计证管理改按属地原则，水电三局持有总公司统一印发的会计证的人员需向所在地的同级财政部门申请为其颁发会计证，以利注册和办理年检。

1998年12月8日，以局财字［1998］第97号文通知，《水电三局建立资本纽带实施方案》已经总公司批准，进入正式运行阶段。为了保证此项工作的顺利进行，结合《国家电力公司建立资本纽带若干问题的规定》，就有关问题通知如下。

（1）范围：水电三局这次参加建立资本纽带关系的单位共56个，其中：分公司42个，全资公司9个，控股公司2个，非控股公司3个。

（2）水电三局对分公司的管理：①经营及财务管理：水电三局主要通过两级经营两级管理的内部经济责任制方式对分公司实施经营管理。各分公司财务统一执行施工企业会计制度和水电三局制定的《水电三局财务管理办法》、《水电三局会计核算办法》及其他有关内部管理制度。流转税由各分公司在其施工所在地就地交纳，所得税由水电三局统一汇算交纳。财务会计报表由水电三局统一汇总上报总公司。②对外投资管理：水电三局对外投资管理的部门是水电三局财务处，任何分公司一律不得对外进行投资，不得提供各类形式的经济担保。③建立资本纽带的有关财务处理问题：建立资本纽带关系后，对于局拨资金，水电三局在“拨付所属资金”科目核算，各分公司必须在“上级拨入资金”科目中核算，并不得随意变动，分公司必须按年与财务处对账。分公司不得随意使用“实收资本”、“资本公积”、“盈利余公积”等科目。

（3）水电三局对子公司的管理：①经营及财务管理：水电三局作为母公司对其出资的9个全资子公司，实行母子公司制的组织管理。子公司除执行统一的会计制度及其有关的内部管理制度外，依法享有民事责任。流转税及所得税应单独交纳。②对外投资的管理：依据《公司法》要求，子公司有对外投资及管理的权利，但水电三局有权对子公司进行审批，待审批通过后，方可进行对外投资。③建立资本纽带的有关财务处理问题：对于水电三局出资部分，水电三局在“长期投资”科目中核算，各全资子公司必须在“实收资本－法人资本－水电三局”科目中核算。各全资子公司的税后利润按财务制度规定进行分配，在相关科目中进行核算。水电三局对以上分公司、子公司建立资本纽带的财务时间以

1997年12月31日的年终决算数为准，财务处理必须在1998年12月31日前按规定要求进行账务调整。

1999年5月10日，以局财字［1999］第16号文印发执行《水电三局财务印鉴管理办法》，对财务印鉴的刻制、启用、使用、保管、销毁等作出了具体管理办法。

2001年3月28日，以局财字［2001］第15号文印发《水电三局财务系统党风廉政建设若干规定》。

2001年6月1日，以局财字［2001］第55号文印发水电三局《出纳工作规范》。8月27日发局财字［2001］第42号文《关于加强财务管理规范债权、债务核算的通知》，要求各单位财务人员必须按照《施工企业会计制度》的规定，正确使用会计科目，规范债权债务核算。

2002年11月26日，以局工管字［2002］第20号文印发执行《水电三局工程结算管理办法》。

2004年7月1日，以局财字［2004］74号文印发《局财务工作交接管理办法》。

为进一步加强水电三局会计管理，提高报表编报质量，2005年12月8日以局财字［2005］78号印发执行《水电三局会计工作评比办法》。

2005年12月12日，以局财字［2005］80号文印发执行《水电三局债权债务管理办法》，局财字［1999］52号文、［2001］62号文、［2005］25号文同时废止。

维护企业在金融系统的良好信誉，2006年11月16日以局资管［2006］22号文转发执行中国水利水电建设集团公司《关于加强金融风险防范的通知》。水电三局结合实际情况，在资金审批、贷款业务、担保业务、银行结算账户管理、网银账户管理、保函业务等方面，制定了风险防范内控制度，要求各级领导及业务部门切实负起防范风险的责任，注重各个环节上层层把关。资金管理中心经对上述方面定期或不定期进行检查，对查出的问题，经根据水电三局相关规定，追究单位负责人机相关人员的经济责任和行政责任；情节严重给水电三局造成损失的，要承担法律责任。

二、内部银行及资金中心管理制度

1988年5月1日，水电三局正式成立水电三局内部银行，为全局内部结算中心。4月12日以局财字［1988］第14号文印发水电三局《内部银行结算暂行办法》，自1988年5月1日起执行，局属各单位正常调拨材料、低值易耗品配件，以及工程价款、劳务、台班、产品、修配等各项经济往来业务，一律通过内部银行支票结算。各单位“内部往来”账户停止使用，并进行清理。

1990年10月19日，以局经管字［1990］第69号下发并于12月1日起执行《强化内部银行职能试行办法》，规定各单位的安康工程基建资金必须存入内部银行，不准在外开户。从12月起，内部银行业务独立，行政上从财务处划出，挂靠经营管理办公室。

1994年7月18日，水电三局以三改字［1994］第02号《关于独立设置局内部银行的通知》明确，内部银行划出局机关，独立设置机构，成为经营性质的单位。

1996年5月7日，以局财字［1996］第06号文下发《水电三局流动资金借款及贷款担保管理办法》。

1998年7月16日，以局财字［1998］第53号文《关于清理银行账户的通知》，水电三局研究决定限期清理局属各单位在金融机构开设的银行账户，将资金全部转入局内部银行开设的账户内，不允许各二级单位及其分支机构私自在外开设银行账户。

1999年：8月12日以局资管字［1999］03号下发实施《水电三局资金管理中心管理暂行办法》，共7章26条，明确组织机构及人员管理、运行原则、工作任务、工作规定、工作职责等。资金管理中心的工作实行在局长领导下的总会计师负责制，以货币资金运行为主线，指导其内部的管理工作，协调局内各部门之间的业务关系。资金管理中心的总部设西安，并在局属各工程项目设办事处，作为中心的办事机构，履行辖区内的资金管理职责。8月27日以局资管字［1999］第02号文印发《资金管理中心有关银行票据业务处理暂行规定》。10月11日以局资管字［1999］第05号文印发《水电三局资金管理中心会计核算办法》。同日第06号文印发《水电三局资金管理中心存贷款管理办法》的通知。12月8日以局财字［1999］第52号下发《水电三局债权债务管理办法》。

根据《中华人民共和国中国人民银行法》和《中华人民共和国商业银行法》，水电三局制定《水电三局银行结算账户管理办法》，2005年8月8日以局资管［2005］12号文印发执行。8月19日以局财字［2005］41号印发《水电三局资金分账号管理暂行规定》，附件有水电三局资金分账户管理账户处理、水电三局资金分账户管理流程图。

2005年9月26日，以局资管［2005］16号文印发执行《水电三局资金管理中心运行规则》，再次明确资金管理中心是水电三局内部结算、融资信贷、金融服务和资金调控监督的专门机构。其主要任务是：按照国家法律、法规统一管理水电三局资金，提高资金使用效率增强融资能力，盘活沉淀资金，为生产经营和资本运营搭建融资平台，实现水电三局整体利益最大化。促进资金使用的程序化、规范化，确保资金使用安全，有效防范和规避财务风险。各办事处工作人员由资金管理中心集中管理，人员的工资、福利、费用及办事处的成立、撤销、定员、聘用、考核等工作，均由中心总部统一核算，统一管理。资金管理中心模拟商业银行的经营模式，内部独立核算，自负盈亏。以局资管字［1999］第03号《水电三局资金管理中心管理暂行办法》废止。

三、资金管理制度

1979年8月24日，原水电三局下发《关于颁发〈资金管理试行办法〉的通知》，加强财务管理，加速资金周转。

1985年5月16日，以局财字［1985］第26号文印发《关于利润分成比例及会计处理、“暗”改“明”有关费用分解的规定》。

1997年8月26日，以局财字［1997］第21号文转发国家电力公司《关于加强资金安全工作的通知》：根据国家电力公司国电财［1997］第49号文精神，结合水电三局具体情况再作如下规定：①一个单位只许开设一个银行账户。②配备出纳员须持会计证上岗，并经人事部门审察，领导班子集体决定。③坚持管账不管钱，管钱不管账的内部制度。④出纳员的每日现金余额不得超过核定限额，出差不得携带超过差旅费和零星采购需要的大量现金。⑤按照局财字［1995］17号《水电三局财务管理办法》第34条规定，对外投资权属水电三局，应由各主管部门进行可行性研究，报经水电三局审批后立项，各单位也不得对外贷款（或提供贷款担保）或以预付方式转移、隐藏资金。⑥各单位应立即落实“三防一保”工作。水电三局将尽快结合“税收、财务、物价大检查”进行资金安全检查。违反以上规定，造成资金流失或类似问题的，水电三局将按照“谁主管、谁负责；谁做主，谁负责”的原则，严格追究有关负责人和直接责任人员的责任。

1998 年 4 月 23 日以局财字［1998］第 15 号文、2005 年 9 月 26 日以局财字［2005］49 号文分别印发《水电三局发票管理办法》。

2003 年 4 月 16 日，以局财字［2003］第 05 号文转发《财政部关于建立健全企业应收款项管理制度》，要求局属各单位：①建立健全应收账款领导负责制度，加强各单位内部控制，提高财务管理水平，避免发生坏账损失。各单位行政领导为应收款项管理的第一责任人，不但对任期中产生的各项应收款项负有清理回收责任，而且对前任领导移交的各种应收款项同样负有督促清理回收的责任，任期终了时如果审计确认因主观因素而形成坏账，将追究其行政责任和经济责任。②各单位应建立应收款项的台账，对停止结算 6 个月以上的各类应收款项按照挂账时间、责任部门、经办人、批准人进行登记，同时将日常对账、催收情况进行记录备查。建立完善应收款项对账机制。建立应收款项催收制度。规范应收款项明细核算。建立坏账审批及追索制度。

2005 年 9 月 2 日，以局经管［2005］53 号文印发《水电三局资金收支分账户管理暂行规定》，对全局工程项目实行资金收支分账户管理。

2006 年 7 月 4 日，以局财字［2006］55 号文印发《库存现金限额管理规定》。12 月 5 日以局资管［2006］24 号文下发《关于建立货币资金管理情况检查制度的通知》。

第九节　财务人员管理

1985 年 9 月 10 日，以局财字［1985］第 37 号文将总公司水建政字［1985］第 25 号文转发部干行字［1985］44 号、水电财综字［1985］第 74 号文《转发财政部和劳动人事部财会［1985］28 号文《关于贯彻施行〈会计法〉中有关会计人员任免规定的通知》转发全局贯彻执行。并作出以下规定：①自 1985 年 9 月 1 日起，局属各单位会计机构负责人和会计主管人员的任免，应由各单位行政领导人提名报局主管部门与财务会计部门协商考核，由局总会计师审定经局长同意后，单位行政领导人方可正式任免。②1985 年 5 月 1 日《会计法》施行前已经由局任命的会计机构负责人（会计主管人员）以及在经济体制改革过程中，各单位聘任的会计机构负责人（会计主管人员），要报局备案。水电三局认为不宜担任该项职务的人员，应当责成上报单位重新提名任免。③对忠于职守、坚持原则，受到错误处理的会计人员责成处理单位及时予以纠正；对玩忽职守、丧失原则、不宜担任会计工作的会计人员，经局总会计师审定后，应严格按照《会计法》的规定，及时予以处理，以切实保障会计人员依法行使职权和严肃对待渎职的会计人员。

1986 年 7 月 20 日，水电三局成立发放会计证工作领导小组，戴天利任组长。

1988 年 8 月 9 日，水电三局以［1988］局总会字第 8 号文转发财政部［1988］财会字第 38 号《颁发会计人员荣誉证书试行规定》，对从事财会专业 30 年者颁发荣誉证书。

1997 年 2 月 16 日，以局财字［1997］第 05 号文转发执行中水电财［1996］63 号文《关于转发财政部〈会计证管理办法〉的通知》，对未取得会计证的人员，各单位不得任用其担任会计岗位工作。2 月 21 日，以局财字［1997］第 07 号文转发执行总公司中水电财［1997］4 号《关于对违反国家财政纪律的会计人员解除专业技术职务等有关问题的通知》。11 月 19 日以局财字［1997］第 35 号文印发执行《关于对局属财务机构和会计人员情况进行调查的通知》。

1999 年 8 月 12 日，以局财字［1999］第 33 号文转发财政部《会计人员继续教育暂行规定》的通知。

2000 年 4 月 5 日，以局财字［2000］第 09 号文转发陕西省财政厅《转发财政部关于开展全国会计人员调查统计工作和建立会计人员信息数据库的通知》。

2001 年 9 月 6 日，以局财字［2001］第 45 号文转发《陕西省财政厅关于发布〈陕西省会计从业人员资格管理实施办法〉的通知》的通知。

2002 年 1 月 28 日，以局财字［2002］第 06 号文印发《水电三局第三届财务队伍管理和建设暂行规定》。

2005 年 9 月 30 日，以局财字［2005］52 号文转发财政部《会计从业资格管理办法》。10 月 26 日以局财字［2005］59 号文印发《水电三局会计人员继续教育暂行规定》。10 月 30 日以局财字［2005］62 号文印发《水电三局财会队伍管理办法》。

第十节　会 计 电 算 化

会计电算化是把以电子计算机为代表的现代化数据处理工具和以信息论、系统论、控制论、数据库以及计算机网络等新兴理论和技术应用于会计核算和财务管理工作中，以提高财务管理水平和经济效益，进而实现会计工作现代化的工作方式。为有计划、有步骤地推进会计电算化工作，1994 年 11 月 2 日，水电三局转发执行水电总公司中水电财［1994］55 号《关于转发财政部会计电算化管理办法等规章的通知》，开始逐步推行会计电算化。

1997 年 1 月，水电总公司决定在全系统全面推广应用《水电施工企业会计信息系统》。水电三局决定从 1997 年 1 月开始推行使用会计电算化软件。2 月 14 日以局财字［1997］第 03 号关于推广使用《水电施工企业会计信息系统》的通知指出，按照水电总公司中水电财［1997］1 号《关于认真做好〈水电施工企业会计信息系统〉推广应用的通知》要求，水电三局决定：凡有条件的单位，从 1997 年 1 月开始，均可使用该套系统步入“双轨（实行手工记账和电子计算机记账）”运行；凡“双轨”运行超过半年的单位，可提出申请，经工程局评审通过，甩开手工记账。

1997 年 10 月 15 日，以局财字［1997］第 24 号文转发总公司中水电财［1997］53 号文《关于印发〈总公司会计电算化验收工作方案〉的通知》指出，会计电算化是会计发展史上重大革命，也是管理现代化的客观需要。水电三局财务处从 1997 年 5 月开始，对总公司的《会计核算系统》进行试运行工作。

根据财政部《会计电算化管理办法》和《会计电算化工作规范》的要求，水电三局制定《水电三局会计电算化管理办法》于1999年11月25日以局财字［1999］第49号文下发执行。本办法共7章50条，除总则附则之外，有会计电算化的岗位责任制、操作管理、账务处理、硬软件管理、档案管理等具体管理办法。经充实修订后，2005年10月30日再次印发新的《水电三局会计电算化管理办法》。

2002年9月13日，国家电力公司、水电总公司财务软件检查小组到水电三局对正在使用的财务用友软件的使用情况进行检查指导。

2003年8月8日，以局财字［2003］第24号文《关于会计电算化验收的通知》，要求局属各单位（二级单位本部）上半年必须具备脱开手工记账条件。水电三局安排由财务处全面负责正式验收，成立二个验收小组。验收内容：①软硬件配备状况；②财务人员的操作水平和能力；③内部管理制度完善情况以及岗位责任和基本操作程序；④防病毒措施；⑤双轨运行期间的会计资料；⑥数据安全措施；⑦电算化会计档案保管。

2003年11月14日，以局财字［2003］45号下发《关于开展远光财务实时系统联网工作的通知》，根据水电集团公司财务信息化管理要求，水电三局计划“远光财务实时体系”分批进行联网运行。

2004年7月14日，以局财字［2004］39号下发《关于开展三级项目会计电算化工作的通知》，水电三局确定实施会计电算化的三级项目有52个，资金管理中心所属外派机构14个。

随着水电三局信息化技术的快速发展，对财务信息化工作提出了科学化、标准化的要求，2006年4月14日，以局财字［2006］34号印发执行《水电三局会计电算化操作规程》。

根据水电三局会计电算化发展的长远目标，水电三局制定《2006～2008年会计电算化发展规划》，于2006年4月20日以局财字［2006］28号文下发贯彻落实。

随着水电三局经营规模的不断扩大和管理的需要，制定《水电三局网银账户管理暂行办法》，于2006年6月15日以局资管字［2006］9号文印发执行，以构建水电三局集中式网银资金管理体系，提高资金使用效率。6月21日以局财字［2006］52号印发执行《水电三局网银账户账务处理规定》。

第十一节　达　标　升　级

1983年1月25日，水电三局转发水电部颁发的《水利电力部直属单位财务会计工作整顿验收标准》。

1988年8月18日，以局财字［1988］第19号文转发财政部财会字［1988］第47号《关于印发〈会计工作达标升级试行办法〉的通知》，要求各单位切实加强领导，有组织、有计划的做好该项工作，组织一次自查，提出达标规划。

1990年5月，总公司决定凡属总公司成员企业，均应按照财政部颁发的《会计工作达标升级试行办法》和能源部制定的《电力企事业单位会计工作达标升级实施细则》以及总公司制定规定，考核确认会计工作等级，并明确了升级各级别的考核标准。同时明确了总公司的升级达标规划目标。要求实行二级或三级核算的成员企业，应先在内部单位逐级组织考核验收。二级核算单位的“达标”或“升级”面必须达到80%以上才能向总公司提出相应等级的申报。

1991年12月25日，中水电财［1991］48号《关于确认水电三局会计工作达标的函》称：水电总公司会计工作达标升级考核委员会组成了考核小组，对水电三局申报材料进行了审查，并于1991年11月13～15日对水电三局进行现场实地考核。按照《水电施工企业会计工作达标升级考核标准细则》逐项逐条进行考核，实得总分884分，其中会计核算部分294分，符合达标标准。根据考核小组意见，同意水电三局会计工作为达标单位。

1996年9月9日，水电总公司整顿会计工作秩序重点检查组抵达水电三局检查工作。

第十二章　人力资源管理

第一节　机　　构

青铜峡工程局设立干部处、人事教育处（后改为劳动工资处），负责对干部、工人、民工和工资的管理工作。陈溪文为干部处处长；宗化诚、高金堂、李秀峰为人事教育处副处长。1964年4月后，李秀峰任劳动工资处处长，宗化诚任副处长。变更为水电三局后，至1979年7月机构合并成为政治部、生产指挥部、后勤部。在政治部设立劳资组，负责人员及工资管理。1979年8月改劳资组为劳动工资处。

水电四局石泉分局设置指挥部劳动工资科，1978年4月石泉分局改为水电十五局改设劳动工资处，定员15人，马广余任处长。

两局合并后仍设立劳动工资处，至1989年1月精简机构，水电三局将干部处与劳资处合并为劳动人事处。1991年9月，局机关机构调整复设劳资处，内设干部科、工人科、工资管理科、综合科。1994年6月，水电三局机关再次调整，劳动工资处改名为劳务管理处；至1999年6月水电三局社会保险管理处成立前，局社会保险工作一直由劳务管理处负责。水电三局机关迁址西安后，为更好地适应市场经济，1999年5月局机关机构调整为15个部门，劳务管理处再次更改为劳动人事处，延续至2006年。历任处长田文源、刘洪学、俞德南、郭彪、姚世友；副处长：叶世德、雷凡、安鸣瑞、陈喜忠、李林雪、魏山河、田浩。

第二节　劳动人事管理制度

青铜峡工程局、原水电三局、水电四局石泉分局时期，转发执行国家和政府部门有关人事管理的法律法规，此外制定了人事管理的内部制度，如职工招录、工资发放、《职工守则》、民工管理、休息休假、津贴和加班等管理制度。

1981 年 9 月，转发执行电力部劳组字［1981］第 23 号关于试行《电力工业部劳动计划工作暂行条例》和《电力企业职工加班管理若干规定》等法规。

水电三局转发执行 1986 年 7 月国务院发布的《国营企业实行劳动合同制暂行规定》、《国有企业招用工人暂行规定》、《国营企业辞退违纪职工暂行规定》及《国营企业职工待业保险暂行规定》等法规。

《劳动法》实施后，1994 年 12 月 1～9 日，劳动部相继印发《企业经济性裁减人员规定》、《企业职工患病或非因工负伤医疗期规定》、《违反和解除劳动合同的经济补偿办法》、《工资支付暂行规定》、《进行集体协商签订集体合同试点工作的意见》、《集体合同规定》、《违反〈中华人民共和国劳动法〉行政处罚办法》及《未成年工特殊保护规定》等 8 个文件。1995 年 3 月，水电三局以劳字［1995］第 13 号转发水电总公司中水电劳［1995］17 号文转发的这 8 个文件，并要求全局遵照执行。

根据劳动法及有关法规，结合水电三局“两级经营，两级管理”和“项目法施工”以及向联营体输出劳务等具体情况，1996 年 6 月 27 日以局劳字［1996］第 32 号制定印发执行《中国水利水电第三工程局劳务管理试行办法》。本办法共 8 章 28 条，总则附则之外，有劳务调配与管理、劳务工资、劳务保险和福利、劳动保护、调解和仲裁、劳务培训、劳务费等具体规定。要求局属各单位在“三项制度”改革和“四定”工作完成后，劳动人事管理部门应组建内部劳务管理市场，以形成全局劳务管理的网络系统，储备各类专业的劳务人员，在局劳动人事部门的指导下，利用多种渠道输出合格的劳务人员。全局劳务人员实行统一的动态管理，利用市场调节的基础性手段合理地配置劳动力资源。根据各项目经营管理计划，对劳务需求进行综合平衡，提高企业整体经济效益。明确水电三局劳务管理处、组织人事处是劳务输出、管理的主管部门，负责协调各二级单位和用人单位之间的工作关系，提供劳务供需信息，协调有关部门劳务费用的收支和分配，并接受委托进行劳务输出合同的签订工作。

2005 年 8 月 12 日，以局劳人字［2005］61 号印发《水电三局技术工种从业人员岗位要求的通知》，对电工、电焊工、施工机械修理工、空压机运转工、汽车驾驶员、油漆工、车工、镗铣工、磨工、刨工、水工建筑测量工、水工浇筑工、钻探灌浆工、电气试验工、水工仪器观测工等 39 个技术工种人员的年龄、学历、健康状况、资格、培训、专业知识等提出具体要求。

2006 年 5 月 23 日，以局劳人字［2006］54 号印发《水电三局技师、高级技师管理办法》：提出正确实施技师（含高级技师）聘任制度，加强技能型人才管理，充分发挥技师的技术骨干作用，促进技术工人不断提高操作技能，更好地为企业经营生产服务。人力资源部门负责技师和高级技师的综合管理，执行国家有关规定及标准，按照工程局的管理要求，及时修订管理办法，并根据工作需要选聘技师及负责对技师的培养、使用和考核工作。

2006 年 5 月 27 日，以局劳人字［2006］57 号印发执行《水电三局职业技能鉴定管理办法》。本办法的职业技能鉴定是指对劳动者进行技能等级的鉴定和技师、高级技师资格的考评。

第三节 干 部 管 理

一、大中专毕业生录用

计划体制时期，大中专毕业学生均为计划分配，原水电三局按照国家政策进行管理。改革开放后，高等教育多元化，毕业生出现多种情况，为适应企业对专业人员的录用管理，1993 年 3 月 5 日水电三局以干字［1993］第 9 号下发执行《关于自费生录用干部问题的有关通知》，作出内部规定：①国家计划内大中专自费生和“五大”毕业生在上报主管部门下达录用指标的情况下，经水电三局录干专业考试及格者，择优予以录用。考试不及格者，定期给一次补考机会，补考及格者，作为候补录用人员。②凡国家计划外自费生（含国家不承认学历的自费生），不论什么情况和性质一律不予录用。③国家计划内的自费肄业生（结业生）不予录用。

1998～2006 年水电三局通过供需见面和双向选择的方式，共接收 872 名大中专毕业生来水电三局工作。

二、干部聘任制

1987 年，水电三局增设机构，干部管理试行处科级干部聘任制。

1988 年 4 月 16 日，以局干字［1988］第 22 号文印发执行《干部人事制度改革暂行办法》，从 1988 年始，水电三局逐步开展人事制度改革，干部从任命制逐步过渡到聘任制，干部岗位一律实行聘任制。

1994 年 12 月 19 日，以局党字［1994］第 47 号文印发执行《水电三局处级后备干部选拔和管理工作实施办法》，以加强处级后备干部选拔和管理工作，促进各级领导班子建设。

1995 年 6 月 11 日，以局党字［1995］第 37 号文印发《中共水电三局党委关于抓紧培养选拔优秀年轻干部的意见》。

1996 年 3 月，水电三局制定《水电三局干部管理办法》（试行稿），1997 年 3 月修订经局五届二次职代会审议通过后颁布执行。本办法共 12 章 61 条，总则附则之外，有干部聘免、聘任（用）合同、考察、干部监督管理、培训、调配、停薪留职及辞职、待遇奖惩、退休、职称评聘等具体管理规定。

2001 年 6 月 15 日，水电三局党委和水电三局联合下发文件，全局处级干部引入竞争机制上岗工作全面展开。

2002 年 11 月 14 日，以局人字［2002］第 45 号下发执行《关于印发生产施工等单位中层领导干部上岗条件的通知》。

为进一步加强企业中层领导干部管理工作，根据国家和上级部门的有关规定精神，2006 年 3 月 27 日以局党字［2006］15 号制订印发执行《水电三局中层领导干部管理办法》。本办法的管理范围是根据干部管理权限，明确由水电三局管理的中层领导干部，包括：①各二级单位及施工局（项目部）行政、党（工）委、工会领导；主任工程师、主任经济师、主任会计师、总工程师、总经济师、总会计师。②水电三局局长助理、副总工程师、副总经济师、副总会计师；局机关各部门正、副处长（主任）、主任工程师、主任经济师、主任会计师。③委派到联营体水电三局控股、参股企业的班子成员、部门负责人。企业中层领导干部的选拔任用坚持党管干部的原则；任人唯贤、群众公认和德才兼备的原则；注重实绩的原则；公开、公平、竞争、择优和依法办事的原则。该管理办法对干部选拔任用的基本条件、资格、职位的要求、选拔任用方式、考核与奖励、监督与惩戒及回避、培训交流与教育、免职辞职离岗退休等作出了明确规定。

2006年3月27日，以局党字［2006］16号印发《水电三局企业中层领导后备干部选拔和管理工作实施办法》，强调必须坚持以下原则：①党管干部的原则；②德才兼备、任人唯贤的原则；③民主集中制的原则；④群众公认、注重实绩的原则；⑤公开、平等、竞争、择优的原则；⑥注重发展潜力、重视培养提高的原则；⑦备用结合、动态管理的原则；⑧统一调配的原则。按照培养提高、备用结合、动态管理、统一使用的原则，建设素质优良、数量充足、门类齐全、结构合理的企业中层领导后备干部队伍。

2006年9月30日，以局党字［2006］64号下发《水电三局生产经营单位负责人（副职）公开选聘暂行办法》。公开选聘的原则：①坚持贯彻和执行党的干部路线、方针和政策；②坚持公开、公平、公正、竞争、择优录用；③坚持任人唯贤、德才兼备、注重实绩；④坚持干部革命化、知识化、专业化、年轻化；⑤坚持群众公认、组织考核的原则；⑥坚持民主集中制原则。

2006年9月，水电三局开始进行下属生产经营单位负责人副职全局范围内公开选聘竞争上岗工作。经过报名申请、初选、面试、竞聘演讲、考核、公示等多个环节的公开选拔，最后由局党政联席会研究确定，59人被聘任到处级岗位，其中30人是从科级岗位选聘上来的。

第四节　全员劳动合同制

一、劳动合同制

水电三局从1984年4月起录用合同制工人，截至1986年8月录用391人，都是工程局退休职工的子女，经过地方劳动部门批准，属于企业在册职工编制，首次签订合同期限为5年。

1988年，水电三局执行劳动人事部劳人培字［1988］1号文《关于技工学校毕业生当工人后实行劳动合同制的通知》要求，录用技工学校毕业生实行合同制。

根据国家劳动部、财政部、物价局和陕西省、地、市劳动、财政和物价部门文件规定精神，水电三局进行劳动合同鉴证工作，历时一个月，于1989年11月初结束，共鉴证劳动合同1308份/人。

1996年5月30日～6月4日，水电三局召开劳动工作会议决定：水电三局从7月1日起全面实行全员劳动合同制，全面实施《电力行业职工养老保险制度改革试点方案》及相关配套政策。6月11日以局劳字［1996］第22号印发执行《中国水利水电第三工程局全员劳动合同制度实施细则》。7月10日水电三局局长李友仁与局属47个单位、部门的负责人签订了劳动合同书和法定代表人委托书，按照水电三局制定的《水电三局全员劳动合同制度实施细则》，在平等、自愿、协商一致的基础上，逐级签订劳动合同书。全员劳动合同制的实施，是水电三局继1984年劳动用工制度改革后劳动用工制度的又一次重大改革。是国家在企业推行的一种破除固定工制度和劳动合同制度并存的用工制度而采取的一项改革措施，是企业与员工在平等自愿、协商一致的基础上，通过签订劳动合同，明确双方的权利和义务以法律形式确定劳动关系，并依照合同进行管理的新型劳动用工制度。水电三局在册的正式员工，除中国水利水电总公司管理的领导（副局级以上）外，其他各类人员均适用本实施细则。水电三局于1996年7月1日起实行全员劳动合同制度。凡与企业签订劳动合同的职工统称为企业员工。

1997年8月25日，水电三局以劳字［1997］第41号下发《关于逾期未签劳动合同员工按自动离职处理的决定》，又于1996年9月11日、1996年11月6日两次在《工人日报》刊登催促限期签订劳动合同启事。截至1996年12月10日，尚有部分员工逾期未签订劳动合同。根据有关规定，经1997年8月9日局党政联席会议研究决定，共计52人按自动离职处理。此决定从1996年12月1日起执行。

2002年1月21日，以局劳人字［2002］第08号印发《关于加强劳动合同管理、理顺劳动关系的规定》。

2002年3月11日，水电三局以劳人字［2002］第26号转发执行陕西省劳动和社会保障厅《关于转发劳动和社会保障部办公厅“关于〈国营企业实行劳动合同制暂行规定〉废止后有关终止劳动合同支付生活补助费问题的复函”的通知》。

根据《中华人民共和国劳动法》及国家有关规定，水电三局制定《水电三局劳动合同管理试行办法》，于2006年1月5日以局劳人［2006］4号文印发执行。本办法规定《劳动合同书》在水电三局与员工平等自愿协商一致的原则下签订，水电三局法定代表人（或委托代理人）与员工双方签字后生效。劳动合同内容具备以下主要条款：①劳动合同期限；②工作内容；③劳动保护和劳动条件；④劳动报酬；⑤社会保险福利；⑥劳动纪律；⑦劳动合同的续订、变更、解除和终止；⑧违反劳动合同的责任；⑨劳动争议处理；⑩双方约定的其他事项。共8章35条，总则和附则之外，对劳动合同内容、劳动合同期限、劳动合同的续订变更解除和终止、经济补偿和赔偿、劳动合同管理及劳动争议处理等作出规定。

二、集体合同

根据《中华人民共和国劳动法》、《中华人民共和国工会法》、《中华人民共和国企业法》、劳动部《集体合同规定》和其他有关法律、法规以及水电三局实际情况，按照国务院关于“在企业全面实施集体合同制度”的通知精神，水电三局工会代表全体职工与水电三局经双方平等协商共签订三轮集体合同。集体合同内容涉及劳动合同、工资、休息休假、保险待遇、劳动保护、安全卫生、职工培训等多方面，对职工的利益以法律的形式给予保障；合同主体的双方是企业行政和员工。

第一轮集体合同，于1997年2月由水电三局五届二次职代会作出《授权代表团长及各专门委员会主任联席会议审议〈集体合同〉的决议》，委托局工会与局行政平等协商签订。同年5月，在水电三局第二次工会会员代表大会上，推举10人作为工会和职工代表与局行政进行平等协商。5月8日，在水电三局党委的领导下，双方代表经过认真、细致、全面协商，在取得认识一致的基础上，水电三局局长李友仁代表企业，水电三局工会主席姜玉村代表全体职工，在水电三局集体合同文本上正式签字，标志着水电三局劳动用工制度改革步入一个新阶段。7月17日经安康市集体合同管理机构审查登记并发出审查意见书。7月22日以局办字［1997］第17号文水电三局与局工会集体合同公布实施。至此，水电三局第一轮集体合同完成法定的各项程序正式生效。此后又于2000年8月11日、2004年2月24日按程序分别进行了第二轮、第三轮集体合同的签订。集体合同是企业维护员工合法权益的一项重要法律依据，推进了企业由行政化管理向契约化管理的进程。

第五节　劳　务　管　理

一、知识青年安置

青铜峡工程局1968年8月由政治部负责进行知识青年上山下乡工作，第一批是在青铜峡三中上学的本局高初中生398人到青铜峡县迎门滩、大坝公社接受贫下中农再教育。1969～1971年秋又有369名中学生下乡。青铜峡工程局转移到陕西汉中后，成立知识青年办公室，李建中任主任，继续办理知青下乡事宜，1971～1975年先后有近400名初、高中学生到留坝县、勉县、汉中市新沟桥公社接受再教育。

水电四局石泉分局从1974年开始办理知识青年下乡。1976年4月6日启用“中共水电四局石泉分局委员会知青办公章”印章。1977年3月8日成立知识青年上山下乡领导小组：由6人组成，王英清任组长，张道宽任副组长。截至1977年5月，石泉分局将74～76届初高中毕业生622人先后安置在石泉县新田和前池、安康县岚河和流水农村插队落户。

1978年成立水电十五局，知青工作归局教育处负责，随原水电三局机构调整1979年10月移交给电力部二局知识青年办公室。

根据国家劳动总局和部“五七”办的指示精神，水电十五局1978年在安康县五里区建民公社新胜大队开办一个农场，命名为“知青农场”。1979年3月，原水电三局要求地方政府把分散在安康10个公社169名局职工子女知青集中到了知青农场。1980年，根据中央对农场“广损停办”的精神，经上级批准农场撤销。

根据劳动人事部劳人培［1985］23号文《关于解决原下乡知识青年插队期间工龄计算问题的通知》和陕西省办公厅陕政办发［1985］135号文的规定，水电三局于1987年7月14日以局劳字［1987］第37号发出《关于解决原下乡知识青年插队期间工龄计算问题的通知》，本着实事求是的原则，逐个落实认定将知识青年插队年限计算为工龄。

二、劳务输出

原水电三局和十五局按照水电部要求，在20世纪70年代组织施工队，以劳务形式，先后支援三门峡、葛洲坝、红石、白山、龙羊峡、板桥等水电工程建设，进行截流会战、混凝土施工、机组安装等项工作。

根据水电三局与北京德胜电力工程咨询公司签署的劳务合作合同书，1993年3月底派出25名技术工人参加德胜海外工程公司在新加坡的工程项目，派出期限为2年。为保障外部联系和加强内部管理，使劳务、供应合同得以顺利执行，特制定《新加坡劳务管理暂行办法》。

为适应三峡工程建设需要，统一执行“三七八”联营总公司在三峡工程建设中的劳务管理，1994年12月7日以局劳字［1994］第41号转发《“三七八”联营总公司劳务（含职员）管理暂行办法》：①水电三局收到“三七八”联营总公司劳务（职员）派出计划后由局劳务管理处和组织人事处负责组织推荐工作，将所需专业工种计划分配给所派单位。各派出单位按要求及时推荐上报。②“三七八”联营总公司劳务费的返回由局财务审计处按协议返回的金额全部划拨给派出单位，并由派出单位负责缴纳退休养老金。③派出劳务（职员）只转临时工资关系到工程局报到。日常管理工作均由原派出单位负责。

2003年3月以局劳人字［2003］第11号印发执行《水电三局劳务流动暂行规定》。

三、下岗员工

根据《劳动法》及水电三局《关于全员劳动合同制度的实施细则》及有关文件精神，1997年2月16日以局劳字［1997］第07号文制定印发施行《水电三局下岗员工管理暂行规定》：①下岗员工生活费待遇按局劳字［1995］第28号文规定。②个人部分养老保险金，从生活费中按规定的标准扣除，由原单位随同上缴部分一并缴工程局社会保险事业管理中心。

1998年3月31日，以局劳字［1998］第27号《关于建立下岗职工台账和审发下岗证有关问题的通知》。8月19日以局劳字［1998］第57号《关于开展下岗职工认定和进入再就业服务中心工作的通知》。8月20日以局劳字［1998］第59号印发《水电三局再就业、帮困解困工作实施意见》。9月15日以局劳字［1998］第77号《关于妥善安排夫妻双方下岗或一方工作且下岗员工工作及有关问题的通知》。10月13日以局劳字［1998］第85号转发《陕西省国有企业再就业服务中心管理办法》的通知。要求各单位贯彻执行，使内部再就业工作逐步走向规范化。12月30日以局劳字［1999］第03号印发《水电三局下岗职工基本生活保障和再就业工作实施办法》。

1999年6月15日，水电三局再就业服务指导中心办公室改为科级机构，仍挂靠劳动人事处。

根据陕西省劳动厅《关于提高国有企业下岗职工基本生活保障水平的安排意见》，1999年9月15日，以局劳字［1999］第42号印发《关于提高下岗职工基本生活保障水平等有关问题的通知》。经水电三局研究：①从1999年7月1日起，将局内下岗职工基本生活保障金由175元/月提高到225元/月，养老保险金和失业保险金按社保机构的要求做出相应变更，医疗费在未实行医疗保险以前仍按15元/月发给。②按照中共中央及陕西省政府规定，这次提高基本生活保障金的对象是进入再就业服务中心并签订基本生活保障协议的下岗职工。

2000年9月15日，以局劳人字［2000］第49号文转发《关于调整我省国有企业下岗职工基本生活保障若干政策的通知》。按照中央、陕西省建立健全统一完善的社会保障体系的要求，国有企业下岗职工基本生活保障制度将逐步向失业保险过渡，并要求从严控制新增下岗职工进入再就业服务中心的人数，根据陕劳发［2000］278号文件精神，水电三局决定自2000年8月1日起不再安排下岗职工进入再就业服务中心。各单位要建立健全下岗职工档案，随时掌握其人数变化，加强管理工作。

2003年2月12日，成立水电三局下岗职工职业培训站，免费为下岗职工培训商业营销、计算机操作、服装裁剪等职业技能。下岗职工通过职业培训，掌握职业技能，提高自身素质，在再就业中实现自身价值。4月5日以局劳人字［2003］第13号转发《陕西省劳动和社会保障厅关于印发〈陕西省（再就业优惠证）发放管理办法〉的通知》，根据劳动和社会保障部及陕西省有关文件精神，水电三局将开展下岗失业人员《再就业优惠证》的申办工作。

2005年7月，水电三局按照陕西省劳动和社会保障厅关于调整陕西省最低工资标准的通知及相关规定进行调整：工作地点在西安市辖区内的执行陕西省一类标准为490元；在汉中市辖区的执行二类标准为460元；在安康市辖区的执行标准为430元。

2006年6月1日，以局发劳人［2006］58号《关于加强下岗员工管理工作的通知》。要求各单位职能部门明确专人负责下岗员工的日常管理工作，定期组织下岗员工学习国家有关法律、法规政策及企业各项规章制度，并为下岗员工提供至少一次转岗或其他技能培训，提高他们的专业技能水平，把一部分下岗员工充实到生产第一线。单位对下岗员工提供的一次上岗机会，本人无正当理由不去的，从通知报到之日起，停发生活费，并按旷工论处，连续旷工达到15天及以上者，水电三局依照劳动合同管理试行办法第4章第15条之规定解除其劳动合同。

四、退职、退养人员

（一）退职人员

经本人申请，确系因病完全丧失劳动能力可以办理退职。全局约有30余人退职，按国发［1978］104号文件发给生活补贴。补贴标准和开支渠道与本单位离退休人员相同。1999年8月23日，以局发劳人字［1999］第37号《关于恢复职工退休和退职有关问题的通知》，根据陕劳发［1999］209号文件规定，退休年龄按国家规定执行。因病或非因工致残，由医院证明并经劳动鉴定委员会确认完全丧失劳动能力的，退休年龄为男年满50周岁，女年满45周岁，达不到年龄的按退职办理。

（二）停薪留职

1985年前后，水电三局有少数职工办理停薪留职。1986年6月10日水电三局通知，不再办理停薪留职。根据情况变化，1995年6月8日以局劳字［1995］第27号《关于进一步重申“停薪留职”的有关问题的通知》规定：固定职工要求停薪留职的，必须根据工作是否需要，严加控制，区别对待。停薪留职的时间一般不超过2年。停薪留职人员按月向单位缴纳劳动保险基金。职工要求停薪留职由本人提出书面申请，经所在单位签署意见，报局主管部门审批。停薪留职期间，不享受水电三局任何福利待遇，包括房租、子女入学、入托、供气等，以上诸项均按市场价格收费。从1995年7月1日起，二级单位停止审批停薪留职。确需办理的，按管理权限上报局主管部门审批。

1995年12月12日，水电三局党政联席会议决定：在岗职工一律不准办理停薪留职手续；下岗、待岗职工酌情对待；已办理停薪留职连续两年期满逾期不归者按自动离职处理。

（三）退养

1997年，工程局内办理退休手续的人员3720人。而按中水电劳［1998］2号《关于核定1997年退休人数的通知》，只核定水电三局退休人数（包括正常退休）为860人。按照国家电力公司及总公司的要求，各单位要清理不符合规定的提前退休人员，并做好妥善安置工作。水电三局于1998年1月20日召开党政联席会议研究了理顺1997年退休人员的具体意见：本着坚持自愿、自由选择的原则，妥善安置控制人数以外的人员：①凡属不到退休年龄的人员，均可根据本人自愿回原单位复职，各单位必须随时接收，并妥善安置。②对不愿回原单位的人员，由离退休管理处负责代管，实行内部退养。同时在离退休管理处设内部退养科。选择内部退养的人员，按在职员工的范畴管理。退养期间计算工龄，可调动，无论何时可随时复职或转岗，调升级别时，可列入本人档案工资，但不实际发放工资；专业人员可参加职称评审。最终有970余人选择了内部退养。③内部退养生活待遇综合计算：（技能工资＋岗位工资－26）×60％＋津补贴。1998年2月6日水电三局下发《关于理顺我局1997年退休人员有关问题的通知》（劳字［1998］第03号），3月18日又下发《关于内部退养管理方面的具体办法》（局劳字［1998］第19号）。

2004年5月19日，以局劳人字［2004］第47号《关于调整长期退养员工生活费的通知》：根据国务院《关于印发完善城镇社会保障体系的试点方案的通知》国发［2000］42号文，及参照省市和水电三局有关规定及协议条款内容，经局2004年5月19日党政联席会议研究决定，调整长期退养员工生活费：

（1）严格按自愿申请长期协议中确认的工作岗位、岗级和技能等级，对应套入技能工资由提高标准79元，调到入轨标准105元起点；岗位工资由原来的标准二34元起点，调整到岗位标准一105元起点。

（2）生活费计算比例和条件：①距法定退休年龄（含特殊工种）5年以内和工龄满30年以上的按75％计发；②20年以上工龄的按50％计发；③16～20年工龄的按45％计发；④15年及以下工龄的按40％计发；⑤低于安康市汉滨区最低工资标准80％，即低于270×80％＝216元的按216元计发。

2005年9月19日，以局劳人［2005］75号《关于提高我局退养人员生活费低于最低工资标准的通知》：根据陕劳社发［2005］61号文件精神，对陕西省现在执行的最低工资标准给予适当调整提高。安康市辖区执行三类标准，最低工资为430元月。退养人员按退养协议书的条款，退养生活费低于安康市规定的最低工资标准80％的，按安康市规定的最低工资标准80％发给。现有退养人员566人，达不到安康市规定的最低工资标准80％，即344元/月，应给予补差，仍按原渠道列支。从2005年7月1日起执行。

2006年10月24日，以局劳人［2006］82号《关于提高我局低于最低工资标准退养人员生活费的通知》：根据陕劳社发［2006］95号文件精神，对陕西省目前执行的最低工资标准给予适当的调整，汉滨区辖区执行三类工资标准，即460元/月。水电三局退养人员按退养协议书的条款，退养生活费低于安康市（原）规定最低工资标准80％的，按最低工资标准的80%发给。自2006年10月1日起执行。

五、民工、包工队

计划体制时期，民工由政府招募派遣到青铜峡工程局，编入组织内，由职工带领完成相应的工作任务。包工队是改革开放后，水电施工发生工程（工序）分包出现的施工组织。民工和包工队（外协队）是水电施工的重要补充力量，可以说是伴随着每个施工项目。所以也是企业人力资源管理的重要内容。

（一）民工管理

为支援青铜峡水利枢纽的建设，宁夏回族自治区在12个县市组织14 000余名民工，还有浙江支宁青年4000余人，到达建设工地参加枢纽建设。原水电三局在石门水电站建设中，通过地方政府在汉中部分县区招用了大量民工。民工被编入施工队和车间进行工作，也有独立组成队伍承担任务的。

青铜峡工程局制定民工管理的具体规定，包括住宿、工作、报酬、劳保、休息休假及纪律等内容。

1975年7月21日，水电四局石泉分局在石泉水电站施工中印发《民工工资等级和交社款的通知》，规定民工工资等级标准及评级比例、交社款如下：①民工工资等级标准为：一级工36元/月（日工资1.41元）；二级工38元/月（日工资1.49元）；三级工40元/月（日工资1.57元）。②民工交社款工资：一级14元；二级15元；三级16元。③评级比例：一级占10%；二级占60%；三级占30%。

1975年8月，石泉分局修改印发《民工管理办法实施细则》；1976年3月印发《关于三线民工探亲假的规定》：①工作在石泉工地的宁陕县、安康县、汉阴县的民工，符合探亲条件的每年享受一次探亲假。②工作在安康工地的宁陕县、石泉县、汉阴县、平利县的民工可享受探亲假，均报销一次来往车船费。1977年11月发出《关于加强民工和零工管理的通知》。

对民工实行动态管理，根据工程建设的进度和工作需要，适时调整使用民工情况。对民工退场也作出具体规定。

两局合并后，再没进行大规模的招募民工，但仍存在招用少量临时工情况。以后在外包项目中除使用包工队外，也招用零星的民工，从事杂工。

1995年5月3日，水电三局发《关于实行岗位劳动定员制度清退计划外用工的通知》（劳字［1995］第22号），要求各单位对计划外用工（包括农民工、退休返聘人员、家属工和农村子弟工）认真清理，未经批准的坚决辞退。

加强对民工、临时工以及在分包过程中招用的施工队伍的安全工作，切实贯彻安全生产谁主管谁负责的原则，规范全局的用工行为，1999年5月10日以局安监字［1999］第06号文印发执行《水电三局聘用民工、临时工劳动安全合同书》等2个合同范本。

（二）包工队管理

水电三局于1988年8月20日下发《关于加强对来我局承包工程的施工企业实行资格审查的通知》，加强对外包施工队的资质审核。

为规范外协施工队的使用和管理，加强有效监督，保证工程质量和进度要求，水电三局陆续制定了一系列的管理规章，明确招用包工队必须遵循的程序，必须签订工程合同和保廉合同、安全合同。

2006 年 1 月 17 日，以局工管［2006］1 号《关于严格工程分包队伍选用的通知》，同时下发工程合格供方名录。还下发了《关于对我局劳务分包状况进行定期调查的通知》，要求各二级施工单位定期进行分包队伍的状况调查，并上报调查结果。

第六节 职 称 评 聘

一、落实政策 评定职称

水电十五局为认真贯彻落实党对知识分子的政策，加快安康水电站建设，经各级党组织反复酝酿，群众评议，于 1978 年 12 月 27 日经工程局党委研究决定晋升肖竹生等 34 人为工程师，1 人为技师职称。1979 年 3 月 1 日又决定晋升于长玲等 5 人主任、副主任医（护）师职称。

根据国务院颁发的《工程技术干部技术职称暂行规定》及电力部电干字［1980］第 2 号文精神，原水电三局和水电十五局于 1980 年开始进行工程技术干部的职称评定工作。为保证技术职称晋升工作的顺利进行，1980 年 5 月 5 日，水电十五局成立职称评定委员会，由 10 人组成，程山任主任，石瑞芳、陆佑楣、张宝玺任副主任。6 月 18 日召开全局工程技术干部会议，传达文件，部署技术职称评定工作。

因电力系统卫生行政机构不健全和十五局卫生技术人员构成情况，组成晋升卫生技术人员职称考评组有困难，1980 年 4 月 29 日，水电三局委托安康地区行署卫生局考核审批水电三局卫生技术人员的技术职称。

1981 年 3 月 3 日，电力部电干字［1981］第 15 号文通知：根据 1979 年 12 月 15 日国务院科技干部局及电力工业部关于执行《工程技术干部技术职称暂行规定》，部属单位有 773 人套改为高级工程师，水电十五局有刘正和 1 人。

1981 年 3 月 27 日，水电十五局成立财会人员技术职称评定委员会，程山任主任，杨伟寿、张宝玺任副主任。

1981 年 4 月 30 日，水电十五局召开颁发工程师证书大会，给 109 名工程技术干部颁发了工程师证书。按照 1979 年 12 月 15 日国务院科技干部局《关于执行〈工程技术干部技术职称暂行规定〉若干问题的说明》，水电三局为 1966 年底以前已定为工程师现仍维持其职称的 28 人颁发证书。1967 年 1 月以后确定或提升技术职称的干部（1979 年先后两批提升了 82 名工程师），经复查和局技术职称考评委员会研究，有 81 人符合《工程技术干部技术职称暂行规定》，正式认定为工程师职称，并颁发证书。会上宣读了电力部《关于颁发高级工程师证书的通知》，刘正和被套改为高级工程师，并颁发高级工程师证书。

1981 年 7 月，水电十五局成立各工程处、厂（队）技术职称基层评定委员会。

根据电力部干技字［1981］第 42 号文件精神，1981 年 12 月 30 日水电三局文件通知：对“文革”期间入学的大学毕业生评定技术职称，应根据《工程技术干部技术职称暂行规定》及国务院科技干部局的有关规定，以工作成就、技术水平和业务能力为主要依据，结合考试成绩进行。1979年底以后毕业的大学生，免于参加统考。

按照水电部的要求，1982年9月17日，成立水电三局经济专业干部业务技术职称评定委员会，程山任主任，杨伟寿任副主任，委员5名。10月9日成立水电三局七类专业干部业务技术职称评定委员会，主任程山，副主任杨伟寿，委员5名。12月23日成立水电三局专业干部业务技术职称评定委员会，主任黄健；副主任杨伟寿，委员7名。

1983年4月12日，水电三局成立由13人组成的工程技术干部技术职称评定委员会，主任程山，副主任邱公鄂、李中田。

1983年，经水电三局专业技术职称评定委员会考核、评议、评审了一大批职称人员。9月经水电部水利水电建设总公司专业技术职称评审委员会，批准水电三局6名社会科学专业干部获中级业务技术职称，这些职称是会计师、经济师、统计师、编辑、翻译。其中大多数职称在水电三局是第一次评定。

1984年12月28日，成立水电三局炊事员业务技术职称考评委员会，安鸣瑞任主任，刘洪学、戚仁胜任副主任。1985年春节前完成考评工作。

二、职称改革

1987年，随着经济体制的改革，水电三局在干部管理上试行了处科级干部聘任制，与此同轨起步，开始进行职称改革工作。根据1987年8月17日水电部建设局水建人字[1987]第61号《关于直属水利水电施工企业实行专业技术职务聘任（任命）制度的实施细则》，在当年8月12日成立局职称改革工作领导小组，领导全局进行专业技术人员专业职务聘任（任命）工作和技师聘任工作。组长刘纪仁，副组长刘劲军、赵庆安、史振宇；成员8人；下设办公室在干部处和劳资处，刘洪学任办公室主任，田文源任副主任。从着手准备，调查摸底，制订方案，评审推荐，到上报审批等过程，历时近2年，至1989年8月已基本完成任职资格评审确认的各项工作。

这次职称改革基本情况：1987年底水电三局职工人数为14 240，其中干部人数为2577人，分布在工程建设、会计、经济、教育、卫生等11个专业的技术业务干部为2002人。技术业务干部曾获职称的有833人，包括高级工程师2名、工程师290名、助理工程师77名、技术员91名、经济师1名、助理经济师1名、会计师7名、助理会计师14名、会计员64名、主治医师13名、医师（含技和、药、检、护）272名、翻译1名。

这次职称改革水电总公司核定下达水电三局11个专业系列的限额指标为：总人数2002人中，高级职务137名，中级职务670名，月增工资额为4845元，另有工人技师113名。

任职资格评审确认工作结束后，任命各类专业技术干部1768人，包括：工程技术专业527人，经济专业262人，会计专业197人，统计专业28人，卫生技术专业305人，中学教师221人，新闻专业6人，翻译专业2人，小学教师154人，中专（技校）教师54人，档案专业2人。其中，有高级职务131人，中级职务531人，初级职务1106人；聘任55个工种工人技师113人。各项指标均未超过总公司规定的要求。

1989年，专业技术职称评审进入正常轨道，到年底已聘任高级职称131人，中级职称531人，初级职称1160人，任命工人技师52个工种113人。

根据水利部能源人［1990］184号文以及人事部人职发［1989］4号文件要求，水电三局从1990年5月开始对专业技术职称评聘进行复查工作。按照有关复查文件精神，工程局专门成立有组织、人事、纪检、监察部门以及主要专业技术职务评审组织等抽人组成的复查领导小组，由史振宇副局长负责全面工作，同时制订下发《关于对专业技术职称评聘工作进行复查的通知》，要求局属各二级单位指定一名处级领导主抓这项工作。做到层层落实，各负其责，协同配合、共同把复查工作做好。至当年7月上旬工作基本完成。1990年7月30日局劳人字［1990］第42号《关于我局专业技术职称评聘复查工作总结的报告》给中国水利水电工程总公司称：水电三局自1987年首次职改以来，在专业技术职务评审中获得任职资格，现被聘任相应专业技术职务的人员达1724人，其中高级专业人员125人，中级专业人员516人，初级专业人员1083人。我们按照国家《专业技术职务条例》，中央、部、总公司有关专业技术职务评聘政策以及我局《专业技术职务评审实施细则》等具体规定，从严掌握，开展深入细致的复查工作。经过复查认为：水电三局工程等11个系列1724名专业技术人员均在评聘范围内，专业技术职务评聘中，没有发生伪造学历、资历、开具假证明、假学历、剽窃他人成果、抄袭或让人代写论文和技术报告、虚报成绩和贡献、谎报工作量等弄虚作假行为。通过复查，严格了专业技术评聘制度，增强了此项工作的原则性和严肃性。

从1990年起，各专业技术职称评聘作为常规工作每年如期进行，并制发文件进行工作安排。

三、专业职称评审委员会

继1987年职称改革后，水电三局先后组建各系列职称评审委员会，负责专业技术职称的评定和晋升工作。

（一）工程系列

1. 初、中级职务评委会

1989年9月28日，成立工程系列中级专业技术职称评委会，根据总公司有关文件规定，在1991年12月、1994年9月、1996年7月和1998年9月分别进行换届调整。历任领导：主任鲁新、蔡泽夏、王孟生、吴新琪；副主任孙华山、肖永安、袁科生、鲁新、彭景铮、李积伦；委员15～26人不等。

2. 高级职称评委会

经水电总公司批复，1989年12月6日，成立水电三局高级工程师评审委员会。1991年12月12日，接总公司水电干［1991］36号和61号文通知，要求重新组建。1994年9月1日，水电总公司批复成立水电三局高级工程师任职资格评审委员会。1996年7月、1998年10月分别进行调整。历任领导：主任蔡泽夏、鲁新、于彦洲；副主任袁科生、孙华山、肖永安、周业忠、王孟生、王新友、吴新琪；委员21～27人不等。

2006年1月23日，成立水电三局教授级高级工程师评审推荐小组，组长：王鹏禹，成员6人。

（二）会计系列

经水电总公司批复，于1989年11月3日成立水电三局会计（审计）中级专业技术职称评审委员会。1991 年 9 月 30 日成立水电三局会计初级专业技术职务评审委员会，1994 年 8 月、1996 年 7 月和 1998 年 9 月分别进行调整。历任领导：主任方浩、廖为民副主任：陈畴麒、李秀梅、刘玉建；委员 15～22 人不等。

（三）经济系列

经水电总公司批复，水电三局于 1989 年 11 月 3 日成立水电三局经济中级职称评委会。1991 年 9 月 30 日成立工程局经济系列初级技术职称评审委员会，1993 年 9 月、1994 年 10 月、1995 年 10 月、1996 年 7 月、1998 年 9 月，分别进行调整。历任领导：主任刘健民、伍先富、俞德南、于彦洲、刘伟民；副主任李云基、邱建民、冯亮、任世玉；委员 15～23 人不等。

（四）普通基础教育系列

1. 初级职务评委会

1990 年 9 月 28 日，组建局中小学教师临时初级专业技术职称评委会，由 15 人组成，石予宜任主任。待总公司批复水电三局中小学教师中级评委会之后，临时初级专业技术职务评委会可自行解散。

2. 中级职务评委会

1991 年 1 月 9 日，水电总公司发中水电人［1991］5 号文批复，水电三局成立中小学教师中级职称评审委员会；1994 年 9 月，总公司批复成立水电三局普通基础教育教师中级职称任职资格评审委员会。1996 年 8 月、1997 年 8 月、1998 年 9 月分别进行调整或换届。历任领导：主任石予宜、王清潭、徐德胜；副主任曹宪宏、殷亿芬、肖庆国；委员 15 人。

3. 高级职务评委会

1991 年 12 月 12 日，经水电总公司批复成立局中学一级（小学高级）教师评委会。石予宜任主任；殷亿芬、曹宪宏任副主任；评委会由 21 人组成。

（五）职业技术教育系列

1. 初级职务评委会

1991 年 9 月 30 日，成立水电三局技工学校（职业中专）教师初级专业技术职称评审委员会。1993 年 4 月 27 日重新组建水电三局职业技术教育系列教师初级职称评委会。历任领导：主任孟宪斌、王治有；副主任司勤、吴晓胜。

2. 中级职务评委会

1991 年 2 月 21 日，经水电总公司中水电人［1991］30 号文批复，水电三局成立技工学校教师中级职称评审委员会；1993 年 9 月 4 日水电总公司批复组建职教系列中级职称评委会；1994 年 9 月、1996 年 7 月、1997 年 8 月、1998 年 9 月分别进行调整或换届。历任领导：主任孟宪斌、王千里、吴晓胜、邹明荣；副主任赵关宝、王治有、姚胜达、李东琦，委员 9～15 人不等。

（六）卫生系列

1. 初级职务评委会

1991 年 9 月 30 日，成立水电三局卫生系列初级专业技术职称评审委员会，由 19 人组成，马耀图任主任，何允武、仝斌任副主任。

2. 中级职务评委会

经水电总公司批复，1989 年 11 月 3 日成立水电三局卫生系列中级专业技术职称评委会。1993 年 9 月、1994 年 9 月、1996 年 7 月和 1998 年 9 月分别进行调整或换届。历任领导：主任马耀图，何允武、姜俊民、付保贵；副主任仝斌；委员 15～21 人不等。

（七）政工系列

1. 中级职务评委会

1988 年 10 月 10 日，成立水电三局政工专业中级职称评审委员会，1989 年 8 月、1996 年 7 月、1998 年 9 月和 2005 年 1 月分别进行成员调整。历任领导：主任田进先、姜玉村、陈庆和、张治源；副主任潘智元、刘洪学、马树生、付胜利、吴家明；委员 9～15 人不等。

2. 专业职务评定工作领导小组

1991 年 1 月 15 日，成立水电三局思想政治工作人员专业职称评定工作领导小组，组长程国清，副组长赵庆安、田进先、史振宇；成员 6 人；领导小组下设办公室，主任王德明，副主任陈庆和。

（八）综合系列

1989 年 10 月 10 日，成立水电三局新闻、翻译、档案、图书资料等系列初级专业技术职称评审委员会。1994 年组建局新闻、翻译、档案、图书资料、统计综合系列的初级专业技术职称评审委员会，负责以上 5 个系列的初级职职称评审和中、高级职称推荐工作。1996 年 7 月、1998 年 9 月分别进行调整。历任领导：主任：马东坡、马世平、刘波；副主任：王保辚；委员 9 人。

（九）工人技师

为使工人技师技术职称评审工作正常进行，并形成制度化，水电三局于 1992 年 2 月 29 日重新成立工人技师评审委员会及技师考评领导小组，1996 年 3 月 15 日进行成员调整。历任领导：①工人技师评审委员会，主任李友仁、于彦洲；副主任蔡泽夏、俞德南、郭彪；委员 8～12 人。②工人技师考评领导小组，组长周孝正；副组长陈宗林，组员 7 人。③工人技师考核委员会，主任彭景铮；副主任姚世友、吴晓胜；委员 8 人。④2001 年 8 月 20 日，成立水电三局高级技师评审委员会领导小组，主任于彦洲，副主任吴新琪、彭景铮、姚世友、邹明荣；成员 3 人。办公室设在局劳人处专业技能管理科。⑤2003 年 2 月 28 日，水电三局成立电力行业特殊工种工人技师考评委员会，由 19 人组成，主任张治源；副主任于彦洲、吴新琪。

四、聘任制度

1987 年 8 月 17 日，水电三局转发执行水电部建设局水建人字［1987］第 61 号《关于直属水利水电施工企业实行专业技术职务聘任（任命）制度的实施细则》。

1987 年，水电三局制定《水电三局实行技师聘任制实施细则》，首次实行技师聘任制工作。1989 年 7 月 17 日以局劳人字［1989］第 61 号文印发《关于实行技师聘任有关问题的通知》。1992 年制定《水电三局技师管理办法》，明确了技师的任职条件和工资与福利待遇。

1988 年 10 月 10 日，印发执行《水电三局政工系列专业职务评聘方案（试行）》。1991 年 11 月 6 日水电三局转发执行中办法［1990］8 号《关于企业思想政治工作人员专业职务试行条例》和中宣发［1990］8 号文件精神，根据能源部思想政治工作人员职务评聘实施办法，以“严格认真审慎”的要求出发，水电三局研究制定了《水电三局思想政治工作人员专业职务评定工作实施细则》。在此基础上几经修订提出实施意见，指导工作至今。

1989 年 7 月，制定下发《关于专业技术职务任命（聘任）实施办法》（局劳人字［1989］第 58 号）称：经过各系列专业评委会近一年的工作，首次评审任职资格确认已经结束，随后即转入正常化工作。实施办法包括以下内容：①专业技术职务任命（聘任）的原则；②定岗、定员、定职责“三定”工作职责划分；③任命（聘任）程序和审批权限；④任（聘）期限为两年；⑤聘用的专业技术人员实行任期目标考核制；⑥待遇等。自此水电三局每年都对专业技术职务的评聘工作作出具体安排。

1992 年 3 月 23 日，水电三局下发《关于不具备规定学历者申报高中级技术职务必须参加专业基础课考试的通知》，按照能源部人技［1992］第 3 号文《关于电力系统不具备规定学历者申报专业技术职务进行考试的通知》要求，从 1992 年起，对在电力系统从事工程、经济、会计、统计工作，申报高、中级专业技术职务而不具备规定学历者，首先进行专业基础知识考试，考试合格者再进行评审。

1992 年 12 月 15 日，发“关于 1993 年对不具备规定学历者申报专业技术职务进行考试的通知”：根据能源部人技［1992］第 45 号文件精神，1993～1995 年对电力系统不具备规定学历者申报高、中级专业技术职务，仍然先进行基础与专业理论知识考试，考试合格后再由本专业评委会进行评审，从 1996 年起不再进行此项工作。

根据总公司《关于下发水利水电施工企业劳动、人事、工资制度改革“四定”工作规范的通知》精神，结合水电三局正在进行的“四定”工作，1994 年 9 月 8 日水电三局印发《关于 1994 年专业技术职务聘任工作的通知》。

1996 年 9 月 28 日，以局人字［1996］第 42 号文印发《水电三局经常性专业技术职务评聘考试实施意见和管理办法》，共 9 章 60 条，总则附则之外，有评审的组织、评审的范围、程序及方法、评审的条件、政工专业评审范围及条件、评审的相关规定、专业技术资格考试、专业技术职务聘任与考核等具体管理办法。

1997 年 10 月 22 日，以局人字［1997］第 69 号《关于经济、统计系列中可划入工程系列的专业岗位的通知》：根据国家《工程系列专业技术职务试行条例》和《关于管理人员岗位技术等级标准》的有关规定，结合水电三局施工生产与经营管理工作性质，经济、统计系列中的以下专业岗位可划入工程系列：①在经济系列中：局处两级单位从事工程概预算、机电设备及配件、工程调度、工程或产销合同、技术档案资料、房地产规划及技术、专职技术业务培训或技术工种培训管理的人员。②在统计系列中：局处两级从事建筑业统计、投资生产产值统计、机电设备统计的人员。

2000 年 12 月 19 日，发局劳人字［2000］第 68 号文《关于专业技术资格考核认定（确认）有关事项的通知》：根据国电公司人资［1999］759 号《关于印发〈国家电力公司系统专业技术资格考核（确认）办法（试行）〉的通知》和陕西省电力公司陕电人字［2000］197号文《关于专业技术资格考核认定（确认）有关事项的通知》精神，全日制正规院校毕业的中专、大专、本科生从事专业技术工作，经所在单位对其德、能、勤、绩考核合格，按其工作年限，可直接认定专业技术资格。后续学历人员一般按其所在专业技术岗位认定。对于经济、会计、审计、统计和计算机中级及以下资格，凡全日制正规院校的毕业生符合认定的学历、年限、专业和岗位的要求的，可以先定相应资格。但在认定为中级资格后，必须参加全国统一组织的专业技术资格考试，取得中级证书后，方可评定高级资格。后续学历不能认定以上5个专业技术资格，但可参加全国统一组织的专业技术资格考试，以取得相应资格。

2004年11月24日，以局劳人字［2004］第101号《关于组建工程系列中级专业技术资格专家评委会有关问题的通知》：根据集团公司《关于印发〈中国水利水电建设集团公司关于做好职称工作的意见〉的通知》精神，水电三局研究决定组建水电三局工程系列中级专业技术资格专家评委会（简称评委会）。①评委会以“评委专家库”的形式组建。“评委专家库”暨评委会，由劳动人事处负责建立和管理。评审时，从“评委专家库”中选取组成当年度评委会。②“评委专家库”是由具有中级以上资格的评委专家组成，其中具有高级资格的评委专家不少于2/3。“评委专家库”的人选由各单位推荐，劳动人事处组织遴选，水电三局发文确认并颁发聘书。“评委专家库”每三年进行一次调整。

第七节　工　资　管　理

一、基本工资

计划体制时期，职工工资标准按照国家工资规定执行。青铜峡工程局执行十一类标准，转移到陕西汉中后，老同志仍执行原标准，新入职工执行八类地区标准。水电十五局从刘家峡转移来的老同志也执行十一类标准，转移陕南后招收的职工执行八类标准。中国人民建设银行安康地区支行安地建字［1975］014号文明确记录：水利电力部第四工程局石泉分局安康水电站工程职工现行的基本工资、地区生活补贴和施工津贴等，是延续执行甘肃刘家峡水电站所在地区的标准，即十一类加兰州地区4%作为基本工资，再加发固定收入和地区性地区生活补贴8%等。同时按照水利电力部1963年12月14日［1963］水电劳工字1093号文颁发《关于在偏僻山区、边远地区从事水利水电建设工程职工施工津贴暂行办法》的通知，根据施工单位所处的地利条件、职工的工作条件和生活条件分别规定每人每日0.30元、0.25元和0.20元三种标准。该局当时在刘家峡施工，按规定执行0.30元标准，现仍继续执行此标准。

1974年3月29日，发石革劳字［1974］第5号《关于我分局由外单位调入人员及新增加职工的现行工资标准情况》：石泉分局于1970年由甘肃转移石泉支援陕南三线建设。根据生产需要，经上级批准，至1971年两年共招收新工人500名，至1974年照顾夫妇关系调入固定职工50余名，其工资问题处理如下：①学徒待遇：陕西省规定生活补贴为8～12.5元，最高为14.50元，并确定先按14.5元执行。此外发给学徒工零用钱第一年3

元，第二年 4 元，第三年 7 元，服装费每年 20 元。学徒转正后其工资标准可按工程局现行工人工资类别标准执行。②复退军人进厂后的初期工资即可按局现行工资标准类别执行，即执行局现行的建筑安装工人工资兰州地区工资标准。③调入的固定职工，按水电三局现行的建筑安装工人工资兰州地区工资标准执行。

2006 年 10 月 24 日，以局劳人［2006］81 号《关于转发陕西省劳动和社会保障厅调整陕西省最低工资标准等有关问题的通知》：工作地点在西安市辖区内的执行陕西省一类标准，即 540 元/月；在汉中市汉台区辖区内的执行二类标准，即 500 元/月；在安康市汉滨区辖区内的执行三类标准，即 460 元/月。从 2006 年 10 月 1 日起执行。

二、调资工作

遵照国家和上级的要求，水电三局进行过几次调资工作。

（1）按照国发［1977］89 号文《国务院关于调整部分职工工资的通知》精神，水电四局石泉分局于 1977 年 11 月下旬～1978 年 3 月上旬进行了部分职工的调资工作。在各队、厂摸底测算的基础上，认真分析全局职工队伍构成情况和各类人员的比例关系，编制调资方案，经分局党委讨论通过实施。当时石泉分局有固定职工 7206 人，属于此次调资范围的 5081 人，实调 2032 人，占 40％，占全部固定职工总数的 37.3％。严格做到指标、钱不突破，两头小中间大，重点有保证。基本上达到让广大职工满意。

（2）根据中共中央［1979］70 号、国务院［1979］251 号文件规定和《电力部工资会议纪要》的要求，水电十五局于 1980 年 2～8 月底，在全局范围内开展职工调资升级工作。1980 年 3 月 3 日成立原水电三局考评升级委员会，主任常俊华、副主任靳洪歧，委员 7 人。这次调资均以 1978 年底以前参加工作的职工人数为基数，在国家规定的 40％升级指标内计算分配。按“劳动态度、技术高低、贡献大小”并以贡献大小为主，考核评比，择优升级，鼓励先进，督促后进，赶超先进的原则进行调资。经过摸底准备、学习动员、考核评选、检查验收和层层总结等 5 个阶段，全局符合调资人数共 4772 人，实际升级人数为 2817 人。

（3）根据国务院国发［1983］65 号文和劳动人事部劳人薪［1983］365 号文、劳人计［1983］73 号文件的规定，以及水利电力部关于企业调整工资若干问题的补充规定，水电三局从 1983 年 9 月下旬开始进行调整工资工作，并成立调资委员会，主任程山，副主任李大臣、杨伟寿。按照企业调整工资有关政策规定，给全局 8788 名职工升了级，其中符合升两级的 436 人，调资平均级差 9.03 元。调资后全局职工平均工资从 58.02 元/月提高到 65.02 元/月，比调资前提高 12.1％；生产工人平均级别从 3.18 级提高到 3.6 级。

三、工资改革

1985 年 11 月 23 日，水电三局成立工资改革领导小组，组长程山，副组长杨广民、赵庆安、王建民、戴天利、蔡新鉴；领导小组下设工资改革办公室，田文源任主任。12 月 26 日，召开局职代会第十五次主席团扩大会议，讨论通过《水利水电部第三工程局工资制度改革实施方案》：水电三局内固定职工和合同制职工降为八类地区套改方案：①原执行十一类地区工资标准的人员，一律按水利水电部水利水电建筑安装企业十一类工资区序列所对应的级别退至八类区序列套调。②原执行八类地区工资标准的人员，按水利水电部水利水电建筑安装企业八类工资区序列套调。③不论干部、工人，均按1981年文教卫生和1983年企业调资的标准额为基数就近套调。从1985年7月1日起执行。

根据1986年2月1日水电总局［1986］水建劳字第6号《关于工资制度改革实施方案的批复》及水电总局劳资处2月27日《关于原执行十一类工资区工资标准退套基础的指示意见》，经1986年3月4日局党政领导联系会议研究，对水电三局此次工改退套的标准做出以下决议。

（1）原执行十一类区工资标准的干部，按原等级退到建企二类标准的基础上，再进行套改。

（2）原执行十一类区工资标准的工人级干部和干部岗位上的工人，先将现工资额减去原升的八类级差，退到八类区工人工资标准上去，然后再加上减去的八类差额作为套改基数进行套改。

（3）原执行十一类工资区工资标准的工人，退到同等级八类区工资标准的基础上，再进行套改。

（4）原执行八类区工资标准的干部，按现工资额直接套新序列工资标准，其中：企业13级均按建企二类标准64元套改。

（5）原执行八类区工资标准的工人，按本人现工资额，直接对套新序列工资标准。

局属各单位在这次工资改革对套各类人员工资标准时，必须严格按照以上决议执行。

根据国务院企业工资改革研究小组、劳动人事部劳人薪［1986］97号文件精神及水电建设局核定的增资指标，水电三局拟定的《水电三局1986年增资方案（第三稿）》提交局职代会讨论原则通过，于1987年3月25日以局劳字［1987］第12号文印发执行：凡1986年9月30日在册的固定职工、合同制工人一律在本人标准工资的基础上增加半个级差（即一个档差）。对1985年工资改革时有保留地区差的人员，增资时必须以增加工资的一半冲抵保留的地区工资，冲抵不完的部分待下次再冲。工人1985年工资改革时因受封顶限制增加7元工资的人员，在原工资的基础上增加3元。该项增资指标从1986年10月1日起执行。

1987年4月4日水电部电水建人字［1987］第21号《关于1986年增加工资冲销保留地区工资的通知》：水电三局在1985年工资改革时，考虑到你局实际情况，对有地区差的职工保留了50%的是一类工资与八类工资区的地区工资差，1987年调资增加的工资原则上应该全部冲抵保留的地区工资，但考虑到这次增加的工资有限，凡有保留地区工资的，必须以增加工资的一半冲抵保留的地区工资，冲抵不完的部分待下次再冲。

1987年7月9日，水电三局召开第二届职代会第五次代表团长联席会议，原则通过《工程局目标指标挂钩考核分配制意见》。

水电三局自1985年开始实行福利费暗贴改明贴（简称“暗改明”）。经过几年的实践证明，未能达到改革的预期目的，并且造成了暗贴明贴的双重负担，致使职工福利费连年超支。为进一步理顺关系，搞好职工福利，1988年6月25日第二届职代会第七次代表团长联席会议专题讨论研究决定，改变原福利费“暗改明”的补贴办法。12月24日以局劳字［1988］第79号印发《关于改变我局暗改明补贴执行办法的通知》，其具体规定如下：

①自 1989 年 1 月 1 日起原“暗改明”补贴，即每人每月 12 元停止执行；之后每个职工（包括固定职工、合同制职工、离退休职工）每月发给洗理费 6 元。②对原享受“暗改明”补贴的职工、合同制职工，在停止执行“暗改明”补贴后，从 1989 年 1 月 1 日起在现工资（含各类浮动升级）基础上浮升一档工资；但此档工资不计入标准工资，仅在本局工作期间有效，因此不计入离退休费的基数。1992 年 6 月 18 日以局劳字［1992］第 01 号文《关于固定“暗改明浮动级”和不再扩大“效益浮动级”执行范围的通知》，对 1992 年 6 月 30 日在册职工中现执行“暗改明浮动级”的人员，从 1992 年 7 月 1 日起，在现档案工资基础上将此级（一档）予以固定，计入档案工资。

根据国务院国发［1989］83 号《关于 1989 年国营企业工资工作和离退休人员待遇问题安排的意见》及能源部能源人［1990］244 号、水电总公司中水电人［1990］92、93 号文精神，1990 年 5 月 30 日，水电三局局劳人字［1990］第 33 号印发执行《关于贯彻我局（1989 年国营企业工资工作和离退休人员待遇问题的安排意见）的实施办法的通知》：

（1）调整职工工资结构，适当提高职工工资收入中标准工资的比重。①凡 1989 年 9 月 30 日前已转正定级的正式职工，在已核定的标准工资上增加一级工资。即将已执行的一级浮动工资转入标准工资。干部工资额已达到或超过本职务最高一级工资标准的，增加工资可按我局所执行的序列工资标准向上顺延一级。工人已达到或超过 8 级工的，一律增加 15 元。②凡保留地区差和附加工资之和低于或等于本人这次调资级差一档的，这次调资时一次冲完；大于本人这次调资级差一档的，这次调资时冲销一档。③这次调资从 1989 年 10 月 1 日起执行。

（2）适当提高大中专毕业生见习期工资待遇和调整初级专业职务等级线。尚未定级的大中专毕业生从 1989 年 10 月 1 日起，见习期临时工资和一年见习期满后，高定一级的定级工资执行。1989 年 9 月 30 日前已定级的大中专毕业生调资后仍达不到定级工资的，从 1989 年 10 月 1 日起，按上述定级工资执行。

（3）适当提高专业职务等级线。

1989 年 9 月 30 日前评聘的初级专业职务人员，标准工资达不到所聘任职务最低等级线的，可先进入最低职务等级线，再调升一级；1989 年 10 月 1 日后评聘的初级专业职务人员调资仍达不到所聘任职务最低等级线的，可从聘任的当月进入最低职务等级线。

根据国家有关文件精神，水电三局在 1988 年实行效益工资，保证了 1989 年安康水电站胜利下闸，并取得全年较好的经济效益。按照局第三届职工代表大会第一次代表团长联席扩大会议的建议，经工程局研究决定 1990 年继续实行效益工资，以达到稳定和调动职工的生产积极性，促进生产发展，确保 1990 年发电任务的完成的目的。1990 年 4 月 11 日局劳人字［1990］第 25 号《关于使用效益工资的决定》：从 1990 年 1 月 1 日起，1989 年 12 月底在册已转正定级的正式职工（含合同制工人，不含受刑事行政处分人员等），在本人现行等级标准工资的基础上向上升一个级差。工人已达 8 级以上者可按 7～8 级的级差执行。经研究决定，从 1992 年 12 月 1 日起，在现档案工资的基础上将此级予以固定，计入档案工资。

1990 年 6 月 22 日，中国水利水电工程总公司在潘家口召开了调资工作会议决定，在水电施工企业进行1990年效益升级。9月1日工程局职代会代表团长、专门委员会主任联席会议讨论通过水电三局效益工资升级的实施办法，9月3日［1990］局劳人字第46号下发《关于下达执行水电施工企业1990年效益升级实施办法的通知》：这次升级范围为1990年6月30日在册的正式职工，在本人1990年6月的标准工资的基础上，增加一级标准工资，但视考核情况，也可以增加半级工资。升级人员中，凡有附加工资和保留地差者，其二者之和小于增资额的一档的，全部冲销；二者之和大于增资额的一档的，冲销一档，对冲不完的继续保留。这次升级从1990年7月1日起执行。

按照劳动部、财政部、国家经贸委联合下发的劳部发［1994］72号文提出适当解决部分企业工资问题的意见，1994年11月4日以局劳字［1994］第38号印发《水电三局调整职工工资实施办法》：水电三局1994年1月1日在册的固定职工、合同制工人，包括尚在学徒期、试用期、见习期的人员，从1994年1月1日起，在本人标准工资的基础上增加三个级差工资。

四、岗位技能工资

1995年7月15日，以局劳字［1995］第28号文制定印发执行《中国水利水电第三工程局关于执行岗位技能工资制度的实施细则》，明确了岗位技能工资的基本内容、标准、实施办法等，从1996年7月1日起兑现技能工资。

1995年12月7日，以局劳字［1995］第49号文印发《职工办理退休手续时确定岗位工资的规定》：各二级单位办理了岗位技能工资审批手续后，退休的职工即可将岗位技能工资作为离退休金的计算基数。

根据中水电劳［1996］79号及［1997］68号文件精神，1997年1月水电三局各类员工的技能工资均由提高标准79元入轨到105元的起点（八类区），并对应执行相应的技能等级。从1997年7月1日起，水电三局调整职工工资收入分配结构为：岗位工资由现行的105元起点，调整为150元起点，岗差调整为25元。按以下范围和顺序使用工资总量：①岗位工资、技能工资（计件工资或其他分配形式）、工龄工资；②物价补贴和岗位性津、补贴；③为企业建立补充养老保险提取一定数额（职工本人工龄津贴×2）的工资储备；④奖金；⑤在局下达的工资控制线范围内，使用的工资储备金或工资含量结余。

2000年4月5日，以局劳人字［2000］第17号文制定印发执行《水电三局规范岗位归级标准实施意见》和《水电三局调整员工基本工资标准实施细则》，在全局建立健全岗位动态管理机制。对管理和专业技术人员岗位归级予以规范：①专业技术职务与行政职务相结合的岗级停止执行。按照就高不就低的原则执行，实行专业技术职务与行政职务岗级两条归级线分别确定的办法。②员工调动，转移工作关系时岗位工资统一按一岗介绍。在水电三局内部调动，由调入单位重新确定岗位，并按照其所从事的岗位，对应岗位归级标准报局批准后执行新的岗级；调出局外，由局根据员工的岗位情况介绍工资关系。③管理岗位正处级与副处级、正科级与副科级的岗差应保持两岗的级差，科员与本科副科长保持两岗级差。自1999年6月30日起执行。

根据水电总公司中水电劳［1999］39号关于印发《调整水电施工企业基本工资标准的意见》精神，制定《水电三局调整员工基本工资标准实施细则》。调整基本工资标准：

1999 年 6 月底在册员工调整技能工资为 127 元起点标准；调整岗位工资为 210 元起点、岗差 40 元标准。调整工龄津贴标准：由现行的每工作一年加发 1 元调整到 3 元。调整基本工资标准后停止执行的津、补贴有：副粮补贴 3 元/（人·月）、粮价补贴 5 元/（人·月）、肉食价格补贴 3 元/（人·月）［少数民族 4.6 元/（人·月）］、洗理费 6 元/（人·月、水电补贴 0.5 元与 0.25 元/（人·月）、女工卫生补贴 0.6 元/（人·月）。本次调整基本工资标准从 1999 年 7 月 1 日起进入档案工资，从 2000 年 1 月 1 日起考核审批兑现。

2000 年前后，各外包项目在确保上交的前提下，根据本项目经济效益状况陆续制定新的工资发放办法，基本包括基础工资和效益工资加津贴。将每个职工的岗位技能工资标准封存，在工作调动时使用。2006 年前两级机关仍实行岗位技能工资制，逐步向绩效工资制转变。2006 年起执行《水电三局主营生产经营单位和局管项目部负责人基本月薪实施办法（暂行）》，领导成员实行年薪制、基本月薪制度。

五、工资集体协商制度

工资集体协商是平等协商集体合同制度的有机构成部分。为了深化企业工资分配制度的改革，建立和谐稳定的劳动关系，维护职工的经济利益，根据《中华人民共和国劳动法》和国家及陕西省有关规定，水电三局于 2002 年 9 月成立水电三局工资集体协商工作领导小组，组长于彦洲，副组长付胜利、吴家明，成员 6 人。办公室设在局工会，办公室主任王春玉。局工会在大量调查研究的基础上，起草了《水电三局工资集体协商试行办法（草案）》，在广泛征求二级单位工会主席和部分职工代表及机关行政有关部门意见的基础上，于 2003 年初，提交局六届四次职代会讨论审议同意，并同时授权本届职代会代表团长及专门委员会主任联席会议组织职工代表，依据此办法与水电三局行政进行工资集体协商。

六、奖励工资

根据国家劳动总局劳薪字［1978］第 79 号文和水电部水电计字［1978］第 549 号文《关于给工作成绩特别突出的职工升级的通知》精神，1978 年 7 月 15 日原水电三局颁发《关于试行"开展社会主义劳动竞赛实行计时工资奖励办法"的通知》。原水电三局于 12 月 22 日规定：这次职工升级指标由局统一掌握平衡，各单位可按 11 月固定职工的 2%进行提名。这次批准升级职工的新工资从 1978 年 12 月起执行。

1979 年度原水电三局试行 2.5 土石方挖土机超额奖励试行办法、试行汽车队关于场内运输超额奖励试行办法。1980 年度试行基坑清淤及石方开挖超产奖励办法、陈家沟土石方工程奖励办法等。

1984 年水电三局执行水总关于 8 个土建工种上浮一级工资的规定。

1988 年 5 月 5 日，召开第二届职代会第六次代表团长会议，讨论审议水电三局《关于贯彻使用局长掌握的 3%晋级奖励指标试行意见》，提出修改意见，建议局长掌握 1%，下放给各工程处 2%，并规定了工程处使用 2%的条件和个人受奖晋级的条件，提出了具体办理晋级奖励的要求，最后原则通过，并希望尽快实施，推动安康水电站建设，确保 1990 年发电。

1990 年 3 月 13 日，局党政联席会议研究，对 1986～1989 年累计的 3%效益奖励工资

1000名晋升一级的指标，从1990年1月1日起使用。3月21日（发）局劳人字［1990］第17号文《关于使用1988年以来3%晋级指标的通知》，将1000名晋级指标分配到各二级单位使用。各单位应严格掌握晋级标准和条件，可以整级使用也可以分档（半级）使用。

1996年11月11日，转发执行总公司社保［1996］7号《关于提高劳动模范、先进工作者待遇的批复》及电力部人劳［1996］229号《关于改善和提高劳动模范、先进工作者待遇的通知》：①经过审核，确认水电三局王进先等27位劳动模范、先进工作者享受荣誉津贴。其中王进先每月150元；刘素贞、何舍禄每月120元；刘学东、李精海、向竞成、马耀图、唐世魁、骆凤水、赵景云、黄玉阶、朱传喜、曲万江、付庆禄、王宪章、安世忠、范广聪、李阿才、李长会、赵关宝、王东虎、袁乃珍、季明远、翁兆生、王跃华、安生祥、赵新义每月100元。②1980年12月31日前离退休并保持荣誉称号的劳动模范、先进工作者在上述标准的基础上每月再增加20元。1996年1月1日以后退休的劳动模范、先进工作者，由企业给予一次性奖励，或以同等额度为其一次性增办企业补充养老保险，退休时不再增发荣誉津贴。③荣誉津贴从1996年1月1日起执行。

七、百元产值工资含量包干

1984年6月14日，水电三局转发总公司《关于试行“水利水电施工企业百元产值工资含量包干试行办法”的通知》，并制定水电三局的执行办法上报。1984年9月8日，总公司《关于百元产值工资含量包干的批复》：①同意水电三局试行百元产值工资含量包干，以总局下达你局的自行完成建安工作量为依据，核定你局1984年每百元产值工资含量系数为23.5%。由于历史原因你局尚有部分职工现仍执行原青铜峡和刘家峡地区工资标准，以及根据陕西省规定山区技术人员执行的地区津贴等，每年共需增加95.4万元，作为特殊问题处理，不包括在包干工资含量之内，不得随产值上下浮动。②在考核结算时除未计入建安工作量的自制设备产值、设备大修理产值及承揽外活等可计入建安工作量外，凡已进入建安工作量的，不得重复计算。③试行百元产值工资含量包干办法后，可按工资含量（原列入预算部分）计入工程成本。奖励基金按总局水建财字［1984］第34号文规定执行。④试行百元产值工资含量包干办法后，要切实加强各项经济责任制，提高经济效益。企业内部应根据“按劳分配”原则，实行多劳多得，奖勤罚懒，克服平均主义，工资上不封顶，下不保底。

1985年3月19日，以局办字［1985］第7号正式下达《水电三局百元产值工资含量包干试行办法》，从1985年1月1日起试行。要求各单位在试行中，树立全局观念，加强思想政治工作，引导职工正确处理国家、企业、个人三者利益的关系，努力完成和超额完成局下达的年度计划及各项经济技术指标，并注意总结经验，使其不断完善和提高。《水电三局百元产值工资含量包干试行办法》规定包干的形式和范围。①各施工单位，均实行“百元产值工资含量包干”，工资总额随产值上下浮动，增人不增加工资，减人不减工资。②对供应处、机电处、房地产管理处（房建工程除外）、教育中心、学校、医院、科研所、生活服务公司、工会等单位，实行“费用工资包干”。在完成下达的各项计划任务和经济指标，不突破费用包干指标的前提下，包干费用有节余时，根据各项费用的具体情况，按节余比例提取一定的浮动奖。核定的工资有节余时，按比例留成部分归包干单位使用。③其余局机关各单位，实行“百元产值工资含量包干”。按照各部门承担的经济责任和现有人员配备情况，分别核定全年工资总额和基础奖；根据全局各项指标完成情况提取或扣减浮动奖。

水电总公司水建劳字［1985］第32号《关于实行百元产值工资含量包干的批复》核定水电三局1985年百元产值工资含量系数为22%。另外根据水电施工特点，将砂石料生产、物资自运、大修理、营业外支出、职工医院等另行核定工资总额663万元，实行工资总额包干，不包括在包干含量之内。实行百元产值工资含量包干办法后，可按水电部财务司［1984］财基字第219号文规定计入工程成本。其他有关问题，仍按水电总局［1984］水建劳字第35号文颁发的工资含量包干办法执行。

1987年4月30日，水电部水电建设局批复水电三局1987年实行百元产值工资含量包干综合系数为27%，不得突破。另核定文教、卫生、出国人员、公检法等人员年工资额210万元，实行工资总额包干，不随产值浮动。

八、工资管理制度

原水电三局与水电十五局分别隶属水利部和电力工业部，工资、津贴、劳保福利等方面的待遇各自执行主管部规定的标准。1982年9月两局合并为水利电力部第三工程局后，1983年6月13日请示水电总公司批示后，两局合并后工资、津贴、劳保福利待遇等方面费用开支实行统一标准。

1988年4月2日，以局总经字［1928］第2号印发执行水电三局《劳动工资管理办法》。6月18日水电三局印发执行《关于志愿兵、义务兵退役到我局工作后工资待遇问题的暂行规定》和《关于调入职工确定工资的暂行规定》。9月3日召开第二届职代会第八次代表团长联席会议，专门审议水电三局《关于提高中小学教师工资标准的实施方案》、《关于解决部分中年专业技术人员工资问题的实施方案》和《关于建议实行保发电内部浮动升级的方案》，经审议原则同意。

《1991年工资分配管理办法》、《关于贯彻实施〈水电施工企业会计达标考核标准细则〉的若干规定》经局三届二次职代会审议原则通过，1991年4月6日局经管字［1991］17号印发执行。

遵照劳动部劳部发［1993］138号文《所有企业都要实行〈工资总额使用手册〉》的规定，1994年1月6日以局劳字［1994］第01号《关于使用〈工资总额使用手册〉有关规定通知》，从1994年2月起，水电三局实行工资总额管理，并使用《工资总额使用手册》。工资总额的管理包括工资总额的确定、使用、宏观调控和检查监督。原《工资基金管理手册》停止使用。

1997年4月25日，以局劳字［1997］第23号《关于重申严格劳动工资统计报表制度的通知》。

根据陕劳发［1998］463号文精神，自1999年起水电三局实行《工资总额使用手册》审批制度。

水电三局在计划经济时期工资发放一直实行的是上发薪，即月初发当月工资，当月发生增减工资，在下月发放时办理。工资分配制度改革后，局内部分单位工资分配形式发生变化，但发薪时间不统一，造成全局工资管理统计工作不规范。为了使全局工资管理规范化，2000 年 11 月 19 日水电三局通知，从 2001 年 1 月 1 日起，局属各单位凡执行计时工资的员工，一律按月计发工资，实行下发薪。考勤区间为当月 1 日～月末，依据员工考勤表，计发员工当月工资，次月 5 日～10 日为工资发放时间。

2002 年 4 月 10 日，以局劳人字［2002］第 38 号《关于在处级干部引入竞争机制中落聘人员岗级确定的通知》：2001 年在“处级干部引入竞争机制上岗”工作中，有部分原副处级以上干部落聘，不再担任领导干部职务。根据局党字［2001］第 74 号文件规定，半年后不再享受原职级待遇。经局研究决定，落聘人员岗级依据局劳人字［2000］第 17 号文件规定，各单位按照其现在所从事的岗位重新确定岗位工资，并上报水电三局审批，从 2002 年 6 月 1 日起，执行新的岗级。

第八节　人　才　规　划

水电三局在第一个“四年规划”提出，要全面更新人才观念，吸引人才、培育人才、选拔人才。采取有效措施，引进企业急需的管理、科技等方面的专业人才；发现优秀的技术、管理人才，为他们的工作创造必要的物质条件和生活保障；要结合生产经营实际，采取多种形式，重点抓好各类专业人才和特殊工种人员的知识更新和技术培训。2000 年制定的第二个“四年规划”提出，着眼“提高队伍的技术构成，建立局处两级的人才储备机制”，第一，建立局处两级的人才储备库；第二，注重培养和储备急需的技术工人和专业管理人才；第三，储备的人才具有机动性，能保证及时地向项目输送；第四，注重岗位培训和专业培训相结合，理论和实际相结合。2005 年制定的第三个“四年规划“提出：推进人才强局战略，加强人才队伍的培训。顺应市场变化，改革现有工资制度；建立激励机制，不唯学历、不唯职称、不唯资历、不唯身份，解决高技能人才紧缺问题；每年选送一定数量的各类优秀人才，到大专院校进修深造。对紧缺的人才培训每年要达到 500 人以上；按规范的劳动关系手续和通行的市场行情，在市场上灵活聘用水电三局急需的人才，吸引和培养水电三局需要的各专业技术带头人。陆续提出的这些措施，提出了水电三局人才规划的落实和发展。

一、从实际出发，在职工中培养人才

计划体制时期，技术干部主要是靠分配进入。技术工人和少数技术人才，大量的是靠内部培训和选拔。青铜峡工程局时期，针对建设者文盲率高达 70%以上的状况，一手抓生产，一手抓学习，大力开展扫盲和业余技术教育，解决了当时施工生产对技术工人急需问题。还于 1960 年 9 月 26 日，创办了青铜峡工程局技工学校。1980 年水电十五局成立职工教育委员会，制订《职工业余教育三年规划（1980～1982 年）》。1981 年 5 月又制订《1981 年职工教育计划》和《1981～1985 年职工教育规划》。主要采用内外培训、业余脱产培训相结合方式，逐步做到主要工种和专业力量配套，并建立起一套包括考试、考核、晋升等方面的全员培训制度。

"六五"期间，水电三局通过工人文化补课和技术补课提高职工文化素质。"七五"期间，以中级工培训和干部继续工程教育为主，提高企业素质。1986年8月局党委制订下发《1986～1990年干部正规化理论教育实施规划》。1990年10月水电三局制定"八五"培训规划和"九五"设想：工人以岗位培训为主，干部以业务和继续工程教育为主，逐步提高对工人的文化水平要求和干部的学历要求，力争到1995年科级以上干部达到中专以上水平，工人90%以上达到初中以上水平；到2000年，处级干部必须达到大专毕业程度，工人70%达到高中文化程度。经过努力，水电三局已经形成以中、高级工人为主体，工种配套、技术等级比较合理的工人队伍和专业配套、技术层次比较合理的干部队伍。

为落实水电三局第一个四年发展规划，1997年3月局党委印发《水电三局干部培训规划（1997～1999）》，4月7日水电三局印发《水电三局1997年职工培训计划及管理办法》；1998年1月5日，水电三局制订下发《1998～2000年工人培训计划》。

1976年5月，水电四局石泉分局成立"七·二一"大学，共培养学生百余人。1981年5月经电力工业部批准，电力部水电二局成立技工学校，1982年开始招生至今共培养学生千余名，为水电三局培养输送了后备技术工人，为社会培养出技能青年。1985年11月成立水电三局职工中等专业学校，招收具有初中毕业文化程度的在职职工学习。1989年9月陕西省人民政府批准同意安康地区行政公署、能源部水电三局联合组建安康工业学校，按照陕西省统一招生计划，实行定向培养专业技术人员。截至2008年底，安康工业学校共培养出中专毕业生2467人。举办短期培训班，培训计算机、测量、数控机床等专业技术人员400人，并发给职业证、上岗证、操作证、培训合格证书等。

从20世纪60年代起至今，水电三局选送技术干部数百人分别参加北京、河北、华东、武汉等水电学院函授学习或委培、进修提高。20世纪70年代从基层选送30余名优秀职工上"工农兵"大学。1977年恢复高考制度以来，特别是1979年以后，社会办"五大"（电大、夜大、函大、业大、职大），水电三局每年都有一批干部或工人骨干通过参加高考或成人高考，到高等院校学习企业所需专业。20世纪80年代在水电三局内举办各类脱产、半脱产培训班，培训艺术骨干、财务干部、劳资干部、工程概预算和工程计划骨干、定额管理人员、质检干部、安全劳保干部、车管干部、材料管理干部、机械设备管理干部、电子计算机骨干等共405人；选送600余名职工到大中专院校进修，所学专业包括水工、机械、工业企业电气自动化、工程测量、财会、企管、中文、英语、数学、化学、物理、医护专业等，都按期毕业或结业，又回到工程局工作。20世纪90年代水电三局举办劳资、概预算、项目经理、监理工程师、公路技术等各种学习班，培训专业技术人员1200余人。

据不完全统计，水电三局职工参加陕西电大、中央党校及各类大专院校函授学习，截至2006年底共有850人取得了大专学历，260人取得本科学历，49人取得研究生学历。

2004年下半年组织开展了人力资源管理师培训和鉴定工作。并陆续进行处级干部及项目经理培训70人·次；管理和工程技术人员的培训1040人·次；生产技术工人技能和岗位培训2300人·次。

二、制定优惠政策，吸纳大专院校毕业生

从20世纪90年代起，水电三局逐步加大吸收大中专毕业生的力度，每年制定招录计划，有水工、机械、机电、财经、工民建、文教卫生等专业。为做到“拴心留人”，水电三局制定了专门政策，根据学历层次发放不同标准的安家费，专科 3000 元，本科 5000 元，研究生 10 000 元。凡被招录的都必须与水电三局签订 5 年以上的劳动合同。

三、引入竞争机制，搭建展示平台，激发人才干事业的积极性

2001 年开始，在处级干部选拔中引入竞争机制，凡符合条件的均可报名参加相应处级领导岗位和专总岗位的竞聘。对被聘人员均按照中层干部管理，享受相应待遇。部分二级单位还通过选拔，将被选拔的专业技术人才分初、中、高等级，发放不同标准的技术津贴。

2006 年 5 月 23 日，水电三局下发《水电三局人力资源数据库管理暂行办法》（局劳人［2006］55 号），并按文件规定，建立了全局动态的人力资源管理数据库。人力资源管理系统网站为：http：//lr. cteb. com 或 http：//www. cteb/lr 。

第十三章　信息化管理

第一节　机　构

水电三局的信息化管理工作由技术部门负责，20 世纪 80 年代安康张岭建立了卫星地面接收站，利用卫星进行信息收传。

1995 年 3 月 13 日，水电三局经营管理处更名为水电三局局经营管理办公室；施工研究所计算机室已划归局经营管理办公室，建立水电三局信息中心，延续至今。1995 年 3 月 30 日，成立水电三局计算机应用领导小组，这是工程局第一个信息化方面的领导小组。于彦洲任组长，陈庆和、马锡庆、廖为民任副组长，下设办公室在经营管理办公室信息中心。2007 年 10 月，水电三局在原计算机应用领导小组的基础上成立水电三局信息化建设领导小组，吴新琪任组长，任世玉任副组长。

为进一步加强水电三局与局属各单位的联系，使各单位生产、经营、管理的信息及时得以反馈，2000 年 4 月，建立全局办公室系统信息网络，水电三局设立信息总站，总站站长由局办公室主任张兵兼任，下设办公室在局办秘书科。局属二级单位、项目经理部（指挥部）设立信息站，配备兼职站长和信息员各 1 名；局机关各处室、各单位项目经理部推荐 1 名信息员。

第二节　目标与规划

信息中心在 2004 年 8 月制定的《中国水利水电第三工程局信息化建设四年规划》中提出水电三局信息化建设的目标和主要任务。

（1）建成以水电三局机关为核心的综合信息传输网络。包括传输网络、语音网络、数据网络、视频会议系统和安全系统，是集信息、交换、处理和应用为一体的、灵活的、开放的网络平台。综合信息网络覆盖局机关和各二级单位与项目点，以局机关为网络核心，同时保留出口连入集团公司的网络平台。综合信息网采用树形分层结构，局机关为全网的中心，各二级单位和项目点作为节点接入局机关。

（2）统一组织开发和推广符合集团公司要求的、实用的企业信息管理平台。参照集团公司信息化建设的总体规划，在国家信息化方针的指导下，结合本单位的实际情况，合理有效地、逐步地安排应用系统的开发及使用，包括租赁信息系统、市场经营运作管理系统、人力资源管理信息系统和重点工程的项目管理信息系统等。

在企业信息管理平台的开发应用过程中，遵循统一领导、统一规划、统一标准、统一组织开发的原则。遵循有关国家标准，建立自己的信息化标准体系。坚持先进性、开放性、安全性、可扩性和实用性，促进信息资源的优化配置，防止低水平重复建设。

（3）建立信息管理组织机构、健全信息化建设工作制度。水电三局信息化领导小组负责建立基础建设、管理、应用及协调、实施的标准和制度；建立财务预算制度，使信息化建设资金投入得以保障；指导、推进水电三局信息化建设工作。

（4）规范信息标准，实现定额、计量、标准、统计、物料及产品编码的规范化管理。提高定额、计量、标准的水平。数据的采集、统计和录入必须建立严格的责任制度，确保数据的真实性、准确性、一致性和适时性，重要数据要尽量实现自动采集和生成。

（5）建立有效的信息网络安全系统。除了技术手段，中设优势，加快企业内部信息化基础设施的建设，加强信息资源的开始各单位还应建立完善的安全制度和多种安全措施，采取集中统一的安全制度对信息网络进行管理。

另外，还将随时跟踪信息技术的发展，推广先进成熟的实用技术和产品。结合水电施工企业的应用实际和发展需要，针对施工建设的核心业务和重点环节，通过自主研究开发、联合研究开发、委托研究开发或直接引进成熟的技术和产品的多种形式，有计划的安排专项应用系统的建设，取得相关的技术和经验后，进一步推广使用。

第三节　建　章　立　制

1995年年3月30日，水电三局经管字［1995］第12号印发《中国水利水电第三工程局机关工作规范》中，明确水电三局信息中心的职责是：①负责水电三局内外经济、法律、技术、管理、施工、合同、建设市场等方面（包括执行决策后果估计和实际执行结果的有关信息）信息资料的收集、分析、整理。②根据获得的信息资料进行分析、存储，并按水电三局有关规定，向用户提供。③负责建立信息网络系统，维修信息传递系统设备，培训计算机工作人员。④根据国家有关规定和水电三局具体情况，草拟水电三局信息管理办法或提出办法修改意见。⑤对水电三局所属单位购买计算机的选型提供技术和商务咨询，并进行归口管理。⑥对系统软件、应用软件实行归口管理，组织实施开发及应用工作。

为充分发挥计算机网络系统在经营管理中的作用，提高水电三局各部门的工作效率和工作质量，1995年7月11日以局经管字［1995］25号印发执行《水电三局信心中心计算机网络系统管理暂行办法》和《水电三局信息中心计算机网络资源使用暂行办法》，对计算机操作人员、设备、文件、环境、工作程序、管理职责等提出具体的管理规定。

根据《中华人民共和国保守国家秘密法》，1998 年 2 月 26 日国家保密局制定印发《计算机信息系统保密管理暂行规定》，共 8 章 31 条，适用于采集、存储、处理、传递、输出国家秘密信息的计算机系统；对涉密系统、涉密信息、涉密媒体、涉密场所、系统管理、奖惩作出具体规定。同年 4 月 27 日水电三局以局党保密字［1998］02 号文予以转发，要求各单位提高新形势下做好保密工作的认识，计算机管理实行领导负责制，加强对操作人员进行经常性的保密教育，增强保密意识，管好用好本单位的计算机。

2003 年 7 月 15 日，以局劳人字［2003］44 号文明确，从 2003 年 8 月起，水电三局各系列在岗的专业技术人员均应入选专业技术人才信息库。新招录的大中专毕业生，目前尚未取得专业技术任职资格的，也必须上报有关资料，纳入信息库实行动态管理。

适应机关网络管理及企业网站管理需要，分别制定了《水电三局局机关计算机信息系统安全保护管理规定》、《水电三局机房使用规则》、《水电三局机房安全防范事项》及《水电三局网站信息栏目更新责任制》等一系列管理规定。

针对网络运行及机房管理，逐步制定完善了相应的规章制度，2005 年起按《机房安全规则》、《机房管理规范》、《信息中心工作职责及程序》等制度规范工作行为。同时制定《水电三局计算机网络管理条例》、《水电三局办公自动化系统管理办法》，对日常办公中涉及的网络行为及办公室自动化系统使用进行规范。

2005 年 9 月，以局经管［2005］66 号文印发《水电三局机关局域网管理办法》，明确机关局域网是指对水电三局机关局域网网络结构、网络设备、网络信息、网络安全及网络用户的管理。局经管办信息中心是水电三局的网络管理部门，负责局机关计算机网络的规划、设计、建设、管理与运行。2005 年 9 月 27 日以局经管［2005］67 号文印发《水电三局办公自动化系统管理办法（试行）》，共 5 章 28 条。

2006 年，制定下发局劳人［2006］55 号文《水电三局人力资源数据库管理暂行办法》的通知。

第四节　应　　用

1988 年 5 月，水电三局计划处统计科开始将计算机应用于统计工作，标志着水电三局的统计工作进入一个新的阶段，为实现统计计算和数据传送传输技术现代化奠定了基础，被西北电业管理局评为先进单位。

自 1995 年起，水电三局信息中心正式组建成立，负责有关计算机管理、信息化推广及管理工作。自行组织开发了一系列小型专业软件，如工资管理软件、统计管理软件等。

1995 年，在当时的局机关所在地—陕西省安康张岭组建了第一个机关局域网，将机关各处室及部分二级单位互连起来，采用 Novell 公司的 NetWare 操作系统，在一定范围内实现了资源共享及信息共享。

1997 年 5 月水电三局机关迁至西安，信息中心主要负责西安机关的计算机采购和管理工作，并协助各单位采用拨号上网等方式接入互联网。同年1月开始水电总公司决定在全系统全面推广应用《水电施工企业会计信息系统》。2月14日水电三局决定：凡有条件的单位，从1997年1月开始，均可使用该套系统步入“双轨（实行手工记账和电子计算机记账)”运行，开始步入会计电算化轨道。

为进一步加强水电三局与局属各单位的联系，使各单位生产、经营、管理的信息及时得以反馈，为工程机的经营决策服务，促进各项工作的落实和顺利进行，2000年4月5日以局办字［2000］第13号文决定建立全局办公室系统信息网络。

2001年水电三局机关所在地西安龙首村办公楼改造完成后，信息中心于2002年7月开始西安机关网络布线工程建设，于2002年9月底完成办公楼网络线路铺设工作，并于同年10月中心机房建设完成，各类网络集成设备、互联网接入设备及服务器到位，实现了内部局域网互联，并正式接入互联网。

2002年6月起，水电三局开始进行专业领域中的《办公自动化应用系统》和《设备管理系统》的开发工作，分别于2003年6月、9月投入运行。

2002年11月，水电三局网站在国际互联网上正式注册；2003年1月1日正式运行。水电三局网站英文域名：www.cteb.com 、www.cteb.com.cn；水电三局网络实名：中国水电三局；通用网址：中国水电三局、中国水利水电第三工程局 。

2002年12月正式启动水电三局企业邮箱。面向全局，分配第一批企业邮箱账号及密码，自此走上了借助现代互联网通信技术，加快企业信息交流和互通的信息化道路。12月31日，水电三局电子信息化建设网络硬件部分通过局领导及各部门的验收。工程局机关与二级单位相互之间的文件、报表等各种资料信息均可通过电子邮件来报送传递，既提高了工作效率，又规范了报送方式。同年信息中心编制、开发了《水电三局经营管理文件汇编》电子版（试用版），并刻制成光盘。该软件涵盖水电三局1992～2002年颁布的各类经营管理文件及政策法规等。

2003年初，在集团公司指导下，开始财务电算化系统试点工作，并于同年8月正式开始在全局财务系统内推广和实施财务电算化工程。至此，水电三局的办公自动化应用系统和设备管理系统分别投入运行。

2004年8月，劳动人事管理系统正式投入使用，10月，信息中心对第一版企业网站进行全面的美工改版，并增设企业邮箱入口，对网站信息内容标准进行规范。

2005年，水电三局对原有的局域网络进行了升级改造。局域网采用超五类双绞线及配套设备搭建成的100兆快速以太网，目前共计200余个信息点，经八台二级相连接，通过三层交换机形成一个完整的网络环境，实现对VLAN楼层的划分；采用Internet连接方式，在宽带接入方面，水电三局与中国电信达成10兆宽带接入协议，分配有16个公司IP，独享10兆宽带，实现高速上网。同时，向西安市古城热线申请以水电三局网站cteb为后缀的企业信箱，空间总计1300兆。信息中心已给全局所有单位和部门分配以×××@cteb.com为用户名的电子信箱。应用系统先后定制开发局机关网络办公系统、机械设备管理系统、水电三局人力资源管理系统和景洪施工信息管理系统等应用软件。项目部、二级单位和安康基地单位大部分组建了自己小型局域网。在企业网站原有新闻功能之上，扩建机关职能部门和二级单位自建栏目；正式实行机关计算机集中采购制度，会同设备、财务、纪监部门进行计算机采购招投标工作。

2005年4月19～21日，全国水利水电施工技术信息网第11次全网大会、第19次技术经验交流会暨《水利水电工程施工手册》出版总结会在南京召开。水电三局作为水利水电施工技术信息网网员单位及《水利水电工程施工手册》参编单位参加了会议。

2006年4月水电三局信息中心组织实施了局机关网络设备的改造工程，更换重要网络设备，对原来网络结构进行重要调整，开始实施网络分段管理。购买安装了机关局域网网络杀毒软件。同年5月对局机关原有光纤进行增速，由原有4兆独享光纤升速为10兆独享。公用IP地址扩展为16个。同年7月在水电三局网站上正式开通了局内视频新闻；网站内容从专题制作、新闻采集、局水电报的收录和时效性方面都有了很大的改观。同年9月始按集团公司信息中心要求，筹建集团公司的视频会议系统；同年12月25～26日保证了中国水电建设集团公司视频会议系统开通仪式暨2006年信息化研讨会的胜利召开。同年11月西安市公安局网监支队对水电三局机关中心机房进行安全检测，并从此开始每年年底进行年检。同年12月起开始对原有企业网站核心程序进行改版，并于2007年1月完成旧版向新版的过渡。

为加快局域网建设，2006年水电三局与西安电信签订了互联网专线光缆接入服务合同。在费用不涨的前提下，西安电信公司分配给水电三局的公网IP由原来的8个升级到16个、网速由原来的4兆提升到10兆。同时按照国家要求完成了水电三局网站的ICP认证工作。

第十四章　离 退 休 管 理

第一节　机　　构

一、退休离休职工管理委员会、老干处、退休职工管理处

1980年以前离退休人员较少，随着时间的推移逐渐增多，根据陕西省劳动局陕劳薪发［1980］234号、陕西省总工会陕工总发［1980］98号文转发国家劳动总局、全国总工会《关于整顿与加强劳动保险工作的通知》精神，1981年2月3日水电十五局成立退休离休职工管理委员会，程山任主任，靳洪歧任副主任；委员7人。委员会办公地点设在局工会。

1982年底，两局合并为新的水电三局，于1983年2月2日成立退休、退职管理委员会，由7人组成，黄健任主任，李恒恩任副主任。

1983年7月29日，成立水电三局老干部办公室及老干部修养一所（设安康张岭）、水电三局老干部修养二所（设汉中河东店）。张宝玺兼任办公室主任。8月18日任朱玉康为老干部修养一所所长，陈玉祥为二所所长。

1983年10月26日，成立水电三局离退休职工管理处，原退休离休职工管理委员会

及水电三局老干部办公室即行撤销，其业务均划归离退休职工管理处办理。周佐山任主任。

1985 年 5 月 16 日，成立水电三局老干部处，负责离休老干部的各项管理工作。水电三局离退休职工管理处的老干部工作业务划归老干部处；汉中离退休管理处的老干部工作仍按原分工管理，业务工作与水电三局老干部处联系。

1985 年 7 月 27 日，水电三局离退休职工管理处改为退休职工管理处。

1987 年 5 月 9 日，老干部处和退休职工管理处合并成立离退休职工管理处，下设老干部管理科、财务劳资科、退休职工管理科、办公室 4 个科室，管理全局离退休人员 1770 多人，其中离休干部 59 人，退休干部 96 人。离退休职工管理处设党总支，仍隶属局机关党委领导。

1992 年 7 月，水电三局党委将离退休职工管理处党总支改为党委。11 月经过党员代表大会选举和局党委批复，成立由 7 人组成的局离退休管理处党委。

1994 年 11 月，水电三局机构调整，离退休职工管理处机构设置：行政办公室、退休科、老干科、劳资科、财务科、文体部；党委办公室、工会分会、纪检组、团支部；人员编制为 75 人。主要工作职责不变。

1997 年 11 月 7 日，调整离退休管理处机构设置：①安康分设管理科、老干科、行政办公室、党委办公室、劳人科、退休科、财务科、工会（含文体部）、定编 45 人，其中科级 9 人。②汉中分设办公室、劳资科、财务科、离退休科，定编 13 人，科级 4 人。

1998 年 2 月，水电三局决定在离退休职工管理处增设内部退养科，负责全局近千名内部退养人员的管理工作。

1999 年，水电三局机关迁至西安，为便于管理在西安居住的离退休人员，经水电三局批准于 11 月 25 日成立离退休管理处西安管理所。

截至 2006 年历任领导：处长张仁德、叶世德、赵柏林、柳清泉；副处长刘明诚、李洪歧、施华志（兼汉中离退休管理所所长）、吴奎玉、姚连喜、赵金荣（兼汉中离退休职工管理所所长）、高石康。

书记魏克兴、贺元林（代）、叶世德、赵柏林（兼）、刘胜平（兼纪检组长）、魏振军；副书记贺元林、柳清泉。

二、汉中基地离退休管理处

两局合并后，1985 年 3 月 6 日水电三局成立汉中基地离退休管理处；同月成立党总支；3 月 9 日刘焕喜任党总支书记，周佐山、王书祥任主任，赵怀恩任工会主席。1987 年 5 月其业务管理归并局离退休职工管理处。

1992 年 7 月，汉中离退休管理处撤销，改设为汉中离退休管理所，归水电三局离退休职工管理处领导，由局离退休管理处副处长兼任所长。10 月 26 日原汉中离退休管理处党总支改为局离退休职工管理处汉中离退休管理所党总支，隶属局离退休管理处党委领导。自 1996 年 12 月 25 日起正式启用“中国水利水电第三工程局离退休管理处汉中管理所”印章，原“水利电力部第三工程局汉中离退休管理处”印章同时废止。

截至 2006 年历任领导：书记兼处长刘焕喜、史凤阁；所长兼书记施华志（副处长兼)；工会主席赵怀恩。

三、水电三局离退休职工管理委员会

为认真贯彻执行《水利电力部基层单位退休职工管理工作暂行条例》1987年7月30日水电三局成立离退休职工管理委员会，由14人组成，史振宇任主任；张仁德、姜玉村任副主任；张仁德兼办公室主任。

四、水电三局老龄问题委员会

1985年5月，水电三局组建局老龄问题委员会。1989年5月根据安康地区老龄问题工作会议要求重新成立局老龄问题委员会，2000年9月5日调整老龄委成员。历任主任：史振宇、于彦洲；副主任张仁德、王建民；秘书长：赵柏林；副秘书长：赵金荣、魏凤珍。

第二节　建　章　立　制

水电三局劳动人事管理部门认真执行国家关于职工离退休政策、返聘制度等。

一、离退休管理制度

根据电力部指示，参照劳动部批准的有关部门的规定，1981年8月13日水电三局决定：从事高空、井下、高温、特别繁重体力劳动及其他有害身体健康作业的大坝混凝土工、大坝灌浆工、锻工、石工、潜水工、人力搬运工、蒸汽火车司机、副司机、司炉、水文测工、铁路养路工、X射线工以及大坝木工共13个工种退休年龄可按104号文件《关于工人退休退职暂行办法》第一条第二项规定办理，即男工人年满55周岁、女工人年满45周岁。

1985年4月3日，水电三局研究决定，对干部的离退休作如下规定：①局级以下干部，凡达到离退休年龄，一律办理离退休手续。②因工作需要继续留下工作的人员，也必须先办理离退休手续，然后由单位同本人签订合同，报局审批后再聘用。③自通知之月起，从第二个月开始发放离退休工资。

根据水电劳字［1987］第114号文《关于水利水电系统36个提前退休工种的若干规定的通知》精神，1988年1月27日，水电三局局劳字［1988］第32号下发执行《关于贯彻工人提前退休工种的若干规定的通知》，将涉及水电三局的工种及具体问题作出补充规定：提前退休工种年龄为男工人55周岁，女工人45周岁，并符合下列条件之一者，可办理退休。①从事高空和特别繁重体力劳动工作累计满10年的；②从事井下、高温工作累计满9年的；③从事其他有害身体健康工作累计满8年的。原已批准的提前退休工种，继续执行。

1996年6月12日，水电三局重申退休年龄仍按国家现行的文件规定办理。

1998年2月6日以局劳字［1998］第03号文下发执行《关于理顺我局1997年退休人员有关问题的通知》指出：水电三局1997年办理退休手续的人员3720人，根据中水电劳［1998］2号文《关于核定1997年退休人数的通知》，核定水电三局退休人数（包括正常退休）为860人，按照国家电力公司及总公司的要求，各单位要清理不符合规定的提前退休人员，并做好妥善安置工作。

根据陕劳发［1999］209号文件规定，1999年7月1日，水电三局发社保字［1999］第02号文印发执行《水电三局职工退休手续审批暂行办法》。

2005年9月1日，印发执行《水电三局职工退休审批和养老金社会化发放管理办法》。

2006年8月29日，以局劳人［2006］73号转发执行《陕西省劳动和社会保障厅关于基础养老金计发有关问题的通知》：为和《陕西省人民政府关于印发统一城镇企业职工基本养老保险制度实施办法的通知》（陕政发［1998］28号）相衔接，经陕西省人民政府同意，对按照省政府《关于完善企业职工基本养老保险制度的实施意见》（陕政发［2006］27号）规定的新计发办法：2006年1月1日以后办理退休手续的省级及以上劳动模范、有重大贡献的高级专家以及符合《陕西省人口与计划生育条例》规定的独生子女父母等三类人员，提高5%的基础养老金；同时符合两个以上条件的，累加执行，增加基础养老金所需资金，纳入统筹支付。

二、离退休人员聘用制度

1985年5月18日，以局党字［1985］第28号文和局干字［1985］第18号文制定下发执行《聘用离、退休人员的暂行办法》。规定：凡水电三局离、退休人员，确因工作需要，身体能够坚持正常工作，有较强的业务能力，本人愿意继续工作的，应免去原任领导职务，且必须由离、退休管理部门、聘用单位和离、退休者本人三方签订合同，经局主管部门批准生效。

1988年5月3日，水电三局印发执行《水电三局聘用离休、退休职工暂行办法》。

中组部和人事部于1988年8月25日联合发出中组发［1988］9号《关于认真执行干部退（离）休制度有关问题的通知》，1989年3月13日水电三局特制订下发执行干部退离休、聘用退离休干部问题的实施办法。

1998年3月31日，从印发执行《水电三局离退休人员聘用或第二次就业的管理办法》。

三、管理工作制度

1982年5月22日，水电三局转发水电部财务司《转发财政部关于离休干部经费如何列支的通知》。

1983年3月5日，水电三局发出《关于做好干部离休、退休工作的通知》。

1986年9月4日，水电部水利水电建设总局水建劳字［1986］第72号转发执行水电工字［1986］第12号文《关于印发水利电力部基层单位退休职工管理工作暂行条例的通知》。暂行条例共7章19条，对组织领导、工作职责、办事机构、工作制度、经费和物资等提出具体要求和规定。1987年10月5日水电部水电劳字［1987］第92号《关于印发水电部直属企业离退休费用统筹基金管理办法若干规定的通知》，水电三局遵照执行。

第三节　养老金调整

按照水电总局1985年10月天津工资制度改革会议的通知，从1985年7月1日起，水电三局离退休人员的生活补贴，由12元/（人·月）改为按17元/（人·月）发给。

在实施行业统筹时，水电三局离退休人员养老金执行陕西省西安地区标准，即8类标准。1998年9月，养老保险移交陕西省统筹后，养老金的标准不再分类，统一执行陕西省标准，坚持按时、按标准调整并按时发放离退休人员的养老金。

根据国发［1989］83号《关于1989年国营企业工资工作和离退休人员待遇问题安排的意见》、能源部能源人［1990］244号、水电总公司中水电人［1990］92、93号文精神，1990年5月16日水电三局发局劳人字［1990］第32号文决定适当提高离退休人员待遇。

根据陕西省劳动厅、财政厅陕劳险发［1993］458号《关于提高建国前参加革命工作老工人生活待遇的通知》精神，1994年3月24日以局劳字［1994］第13号决定从1994年4月1日起参照执行：①提高生活补贴：每人每月增加30元。②增加护理费：建国前参加革命工作、且年满70周岁的老工人，护理费标准按8类地区现行四级工工资每人每月67元之下。③增加交通费：每人每月20元。

根据国务院《关于调整企业离退休人员离退休金的通知》（国发［1994］9号）、国务院办公厅国办发［1994］62号及总公司中水电劳［1994］14号文件的规定及陕西省人民政府陕政发［1994］33号文件的规定，1994年10月13日，以局劳字［1994］第34号制定印发《水电三局调整离退休人员离退休金实施细则》：①1978年12月31日以前离退休人员，每月分别增发100元离休费、60元退休金。②1979年1月1日～1985年工资改革前离退休人员，每月分别增发85元离休金、45元退休金。③1985年工资改革后～1988年12月31日前离退休人员，每月增发70元离休金、30元退休金。④1989年1月1日～1993年12月31日以前离退休人员，每月分别增发60元离休金、20元退休金。⑤1993年12月31日前按国家规定退职的人员，按低于同期退休人员5元标准增加退职生活费。以上增加的离退休金，从1993年10月起执行。

根据电力工业部印发的《关于调整电力企业工资标准的意见》（电人教［1994］617号）第四条规定，适当提高离退休人员待遇，一是电力部系统要统一标准；二是按即将出台的《电力行业养老保险制度改革实施方案》规定，要建立离退休人员离退休金的正常调整机制。根据文件规定，1995年1月14日以局劳字［1995］第02号文决定，自1994年10月1日起，对1984年9月30日前离退休人员，按下列标准适当提高离退休人员待遇：1978年底前离退休的人员，每人每月增加60元；1979～1989年底离退休人员，每人每月增加45元；1990～1994年9月30日前离退休人员，每人每月增加30元。按照电力工业部文件精神，这次增加的离退休金予以冲销部分生活补贴。这次冲销不完的，在今后每年的正常调整机制中逐年冲销。

1995年11月7日，以局劳字［1995］第45号转发执行电力部电人教405号《关于给企业离退人员增发生活补贴的通知》及电人教［1995］406号《关于调整电力企业离退休人员基本养老金的通知》。这次增发生活补贴的范围是参加电力行业养老保险统筹企业中，1994年底前，办理了离休手续且未按岗位技能工资计发离休费的离休人员，视不同情况，分别发给生活补贴40～150元不等，自1995年1月1日起执行。调整养老金的范围和对象是参加电力行业养老保险统筹企业中，1994年底前办理了离退休手续且未按岗位技能工资计发离退休费的离退休人员，调整基本养老金的标准为：离退休人员每人每月增加 50 元，退职人员增加 25 元。从 1995 年 7 月 1 日起执行。

1996 年 9 月 27 日，以局劳字［1996］第 42 号转发执行电力工业部电人教［1996］502 号《电力行业〈1996 年基本养老金正常调整办法〉的通知》及电力工业部人事教育司人劳［1996］295 号文规定：1995 年 12 月 31 日前企业离退休人员调整基本养老金为：6 类地区离退休人员增加 70 元/（人·月）；8 类地区的增加 75 元/（人·月）；11 类地区的增加 80 元/（人·月）。离休人员和新中国成立前参加工作的退休工人，每人每月另增加 10 元生活补贴（不分地区类别）。自 1997 年 7 月 1 日起执行。退职人员调整增加的额度为：6 类以上地区 45 元/（人·月）；10 类以上地区 50 元/（人·月）。

1997 年 5 月 28 日，以局劳字［1997］第 27 号《关于调整离退休金中几项津补贴的通知》指出，经与水电总公司及电力部社保局联系，多方做工作，为了统一标准，对离退休人员离退休金中省区规定的津补贴，同意水电三局比照西北电管局执行的项目及标准执行。现将增减的项目及标准通知如下：

（1）增加的项目及标准：①陕西省财政厅、陕西省劳动厅《关于对职工发给水电和煤气补贴费的通知》（陕财文［1986］122 号）：6.00 元/（人·月）；②陕西省财政厅、陕西省商业厅、陕西省物价局、陕西省粮食局《关于对城镇居民肉食价格补贴进行调整的通知》（陕财综［1987］46 号）（由安康标准改按西安标准），由 3 元改为 4 元；少数民族由 4.60 元改为 5.60 元；③陕西省财政厅、陕西省劳动厅《关于给企业离退休人员增加生活补贴的电话通知》（1991 年 3 月 29 日）每人每月 10 元；④西安市财政局《关于调整民用燃料销售价格后适当增加职工补贴的通知》（市财综［1993］072 号）5 元/（人·月）。

（2）停止执行的项目：①安康地区财政局《关于提高粮食统销价格后适当发给职工等有关人员粮价补贴的通知》（安地财综字［1992］22 号）5 元/（人·月）。②水电补贴：0.25 或 0.50/元（人·月）。③水电三局局经管字［1992］第 27 号文规定的水电补贴及水电三局（局企管［1993］第 2 号）关于蜂窝煤价格补贴。以上两文件不论以前是否执行，今后均不再执行。

（3）执行范围：1997 年 7 月 1 日以前离退休人员，从 1997 年 7 月 1 日兑现；1997 年 7 月 1 日以后离退休人员，从领取离退休金的当月执行。

1997 年 11 月 6 日，水电三局转发执行国家电力公司人事劳动局人劳［1997］189 号文、217 号文及总公司中水电劳［1997］52 号文及 53 号文，对 1997 年电力企业离退休人员调整基本退休金和对离退休人员适当增加生活补贴。

（1）调整离退休人员基本离退休金：①范围：参加电力行业养老保险统筹企业中，1996 年 12 月 31 日前离退休人员。②调整标准：六类地区增加 50 元/（人·月）；八类地区 53 元/（人·月）；10 类地区 55 元/（人·月）；11 类地区 57 元/（人·月）。退职人员部分地区类别增加 30 元/（人·月）。

（2）给离休人员增加生活补贴：①范围：参加电力行业养老保险统筹企业中，1996 年 12 月 31 日前离休人员。②标准：正局级，50 元/（人·月）；副局级及 1937 年 3 月 7 日前参加革命工作的 40 元/（人·月）；正处级 25 元/（人·月）；副处级 15 元/（人·

月)。离休前无行政职务的离休人员，根据参加革命工作时间，分别按下列标准增加生活补贴：①1937年3月7日前参加革命工作的40元/（人·月)；②1937年7月7日～1942年底参加革命工作的，30元/（人·月)；③1943年1月1日～1945年9月2日参加革命工作的20元/(人·月)；④1945年9月3日～1949年9月30日参加革命工作的10元/(人·月)；新中国成立前参加工作的退休工人10元/（人·月)。

(3)、以上均从1997年7月1日起执行。

1997年12月4日，以局劳字［1997］第69号文关于转发国家电力公司人事劳动局人工［1997］240号、241号、242号三个文件的通知指出，根据《关于给归侨离退休职工增发生活补贴的通知》(人工［1997］242号）精神，决定自1997年1月1日起适当提高归侨离退休职工生活待遇，发给归侨离退休人员生活津贴，具体规定：①归侨津贴发放范围：凡按国务院国发［1978］104号文件办理了离退休手续，连续工龄满20年及以上的参加电力行业统筹单位的归侨。②津贴标准：60元/（人·月)。

根据陕劳发［1999］367号文、368号文陕西省劳动厅、财政厅《关于1999年调整企业离退休人员、退休人员基本养老金有关问题的通知》精神，水电三局对离退休职工基本养老金进行调整如下：

(1) 1999年6月30日起离休者和建国前参加革命工作、符合劳人险［1983］3号文件规定享受全薪退休费的老工人，从1999年7月1日起调整基本养老金：①正省级增加260元/（人·月)；副省级增加240元/（人·月)；正厅级增加215元/（人·月)；副厅级增加195元/（人·月)；处级连续工龄满30年以上者增加175元/（人·月)；连续工龄不满30年者，增加160元/（人·月)，处级以下增加135元/（人·月)。②教授级及相当级别比照副厅级调整养老金；副教授及相当级别比照处级调整养老金；讲师级及相当级别比照处级以下调整养老金。③无行政职务或专业技术职称的离休人员，1937年7月6日前参加革命工作的，比照副厅级调整养老金；1937年7月7日～1945年9月2日参加革命工作的和新中国成立前参加革命工作、符合劳人险［1983］3号文件规定享受全薪退休费的老工人，比照处级以下调整养老金。④同时符合以上任意两条规定条件的，可执行较高标准。

(2) 1999年6月30日以前办理了退休手续、到达国发［1978］104号文件规定年龄等条件的退休人员，从1999年7月1日起，调整其基本养老金：①企业退休人员增加55元/（人·月)；对1952年12月31日前参加革命工作的，在此标准上再增加10元。②参加这次调整后，企业退休人员月基本养老金低于所在地市最低工资标准的，在第一条的基础上再增加10元。③按国发［1978］104号文件规定办理退职手续并按月领取退职费的人员，增加40元/（人·月)。

根据陕劳社发［2001］323号、349号文通知精神，水电三局对2000年12月31日前已办理离休手续的离休人员（含新中国成立前参加革命工作的老工人)，按照陕西省人民政府办公厅转发《省人事厅、省财政厅（关于贯彻国办发［2001］14号文件实施意见）的通知》(陕政发［2001］39号）中规定的人员范围、执行时间及对应标准增加基本养老金；增加后离休人员的养老金待遇水平，若低于本人按国家1993年以来历次对机关事业单位离休人员离休费调整政策规定计算的待遇水平的，其差额部分从 2001 年 7 月 1 日起予以补齐；相等或高于的不再变动。离休人员基本养老金提高后的标准，作为按规定计发每年 1～2 个月生活补贴的基数。

根据陕劳社发［2002］5 号文通知精神，水电三局从 2001 年 10 月 1 日起增加离休人员基本养老金。调整范围是 2001 年 9 月 30 日前已办理离休手续的离休人员（含新中国成立前参加革命工作并符合原劳动人事部劳人险［1983］3 号文件规定条件退休的老工人）。调整办法是：按照陕西省人民政府办公厅转发《省人事厅、省财政厅〈关于贯彻国办发［2001］70 号文件实施意见〉的通知》（陕政办发［2001］123 号文）中规定的机关事业单位离休人员离休费调整标准增加基本养老金，具体标准是：正厅级 240 元、副厅级 195 元、正处级 156 元、副处级 137 元；相当教授级 231 元、相当副教授级 150 元。比照职务的离休人员按上述标准增加离休金。这次离休人员增加后的基本养老金标准，作为按规定计发每年 1～2 个月生活补贴的基数。

根据陕劳社发［2002］36 号文通知精神，水电三局调整退休人员基本养老金如下：①2000 年 12 月 31 日以前的退休人员（不含离休人员和建国前参加革命工作享受 100％退休金的老工人，下同），增加 35 元/（人·月）。②1954 年 1 月 1 日以后参加工作、1993 年 12 月 31 日以前退休的人员按照第一条规定增加基本养老金后，再增加 15 元/（人·月）。③1953 年 12 月 31 日以前参加工作的退休人员按照第一条规定增加养老金后，再增加 65 元/（人·月），增加后月基本养老金仍不足 400 元的，补足到 400 元。④参加这次调整的退休人员月基本养老金仍不足 240 元的，补足到 240 元。⑤2000 年 12 月 31 日以前按照国发［1978］104 号文件规定办理了退职手续并按月领取退职费的人员，每人每月增加 35 元；增加后月退职费仍不足 180 元的，补足到 180 元。

根据陕劳社发［2002］103 号文通知精神，水电三局调整退休人员基本养老金如下：①2001 年 12 月 31 日前按规定办理了退休手续的企业退休人员（不含新中国成立前参加革命工作享受 100％退休金的老工人，下同），缴费和视同缴费年限满 10 年不满 20 年的，增加 20 元/（人·月）；缴费和视同缴费年限满 20 年不满 30 年的，增加 25 元/（人·月）；缴费和视同缴费年限满 30 年及其以上的，增加 30 元/（人·月）。②1953 年 12 月 31 日以前曾在部队服役，之后转业、复员到企业工作的企业退休人员，在接第一条规定增加基本养老金后，每人每月再增加 40 元，增加后月基本养老金仍不足 600 元的，补足到 600 元；1954 年 1 月 1 日以后曾在部队服役的干部，转业到企业工作后退休的企业退休人员，在按第一条规定增加基本养老金后，每人每月再增加 15 元。③1993 年 12 月 31 日前按规定办理了退休手续的企业退休人员，经省级及省级以上有关部门批准，获得高级职称的，在按第一条规定增加基本养老金后，再增加 20 元/（人·月）。④经省级有关部门认定的原工商业者，在按第一条规定增加基本养老金后，再增加 20 元/（人·月）。⑤同时符合第二条～第四条两条以上规定条件的，可以就高增加其中一条规定的基本养老金，但不得同时执行。不符合第二条～第四条规定条件的 1993 年 12 月 31 日以前的企业退休人员，在按第一条规定增加基本养老金后，再增加 15 元/（人·月）。⑥参加这次调整的企业退休人员调整后基本养老金仍不足 300 元的，补足到 300 元。⑦2001 年 12 月 31 日前按照国发［1978］104 号文件规定办理了退职手续并按月领取退职金的人员，增加 20 元/（人·月）。

根据陕劳社函［2004］500 号《陕西省劳动和社会保障厅、陕西省财政厅关于企业离休人员生活补助发放有关问题的通知》精神，水电三局决定：从 2004 年 10 月 1 日起，发给离休人员（含新中国成立前老工人）180 元/（人·月）生活补助。所需资金从企业非统筹资金支付。

为了认真落实集团公司《关于补发两项统筹外养老金费用的通知》（中水电人［2005］187 号文）文件精神，结合实际情况，2006 年 1 月 4 日水电三局社保［2006］2 号制定《关于补发两项统筹外养老金费用实施细则》：

（1）补助基本养老保险统筹外的项目：特指原国家电力公司人工［1998］96 号文《关于给离退休人员增加过渡性养老金的通知》和人工［1998］125 号文《关于 1998 年电力企业离退休人员调整基本离退休金的通知》中所规定的项目（简称“两项统筹外项目”）。

（2）享受补助的离退休人员范围为：曾经享受过原国家电力公司人工［1998］96 号文和人工［1998］125 号文件规定两项统筹外项目费用后又停发该费用的离退休人员。

（3）两项统筹外项目所规定的标准：①原国家电力公司人工［1998］96 号文《关于给离退休人员增加过渡性养老金的通知》的标准：连续工龄不满 20 年的 35 元/（人·月）；满 20 年不满 30 年的 50 元/（人·月）；满 30 年不满 40 年的 60 元/（人·月）；40 年以上的 70 元/（人·月）。②原国家电力公司人工［1998］125 号文《关于 1998 年电力企业离退休人员调整基本离退休金的通知》的标准：八类地区 42 元/（人·月）。退职人员不分地区类别 20 元/（人·月）。

（4）补助时间及补助发放方式：对符合享受补助范围的离退休人员的补助时间，从企业停发两项统筹外项目费用之月起执行。

2006 年 1 月 5 日，成立水电三局补助发放两项统筹外养老金费用领导小组：组长司勤，副组长付胜利、任世玉、刘玉建、吴家明。成员 12 人。下设办公室，主任陈宗林，成员 4 人。水电三局按要求在政策范围内顺利实施两项统筹外养老金费用的补助发放工作。

第四节　社会化服务

截至 2006 年底全局有离退休人员 6765 人，多数居住在安康、汉中、西安基地，返回原籍定居的有 2290 人；还有 1029 户离退休人员遗属，散居在全国 30 个省市自治区。水电三局离退休职工管理处按其生活居住地进行分片管理。

一、异地安置

1992 年 10 月 16 日，总公司批复同意水电三局在北京市朝阳区房地产开发公司购买商品房 450 米^2，安置在北京的离退休职工。

1995 年 9 月 28 日，经局党政联席会议决定，离退休局级干部根据本人自愿可在西安分配住房，并按西安房价缴房租，无继承权。

1998 年 6 月 8 日，以局财字［1998］第 45 号《关于对离退休职工迁往异地安家搬迁费用的报告的批复》：①由原基地（安康、汉中）迁往异地安置的离退休人员，按规定办理了交房手续后（经房管处确认），可按第二条规定办理异地安置的搬迁费用。②迁往异地安家的职工和随行人员（包括职工的配偶和一名年龄未满16周岁的子女）行李费和家具托运费，按每人不超过500千克的范围，办理火车托运；交通费、住宿费、途中伙食补助费，按局财字［1994］第02号文执行。不得乘坐飞机、软卧、轮船二等以上舱位。③费用渠道由离退休管理处在规定的范围内，按实报销，转财务处核销。

二、社会化管理

以前离退休人员的养老金发放采用传统的人工发放方式，1993年水电三局给每位离退休人员建立离退休台账，发一个本人所在地地区编号的卡片，按月及时发放离退休费。1998年8月，银行营业点普遍联网后，改为银行代发，从未拖欠。

根据国发［1998］28号文《国务院关于实行企业职工基本养老保险省级统筹和行业统筹移交地方管理有关问题的通知》及国家劳动和社会保障部、财政部1996年12月29日联合下发劳社部发［1998］22号文《关于核定原行业统筹项目的通知》，陕西省劳动厅、财政厅1999年4月2日下发的陕劳发［1999］142号文《关于核定铁路等六原行业基本养老保险统筹项目的通知》等文件规定，水电三局的基本养老保险工作于1998年9月1日起由原行业统筹正式移交陕西省，实行省级统筹管理。离退休人员养老金由陕西省社会保障局发放。

2001年7月，陕西省社会保障局正式确定包括水电三局在内的全省离退休人员养老金直接进入社会商业银行发放，标志着离退休人员向社区化管理迈出了重要的一步。当年水电三局离退休人员7440余人，主要分布在安康、汉中、西安和全国其他省、市、自治区。实施养老金社会化发放以后，水电三局委托中国人民建设银行为离退休人员办理陕西省建设银行通用存折。建行采用汇兑和柜台两种形式进行发放。2004年3月24日，以局社保字［2004］第07号《关于规范退休审批及养老金社会化发放等问题的通知》称：因建设银行改制，造成我局部分离退休人员养老金省内异地领取需支付手续费问题，经陕西省社保局2004年3月18日研究决定：将陕西省内异地离退休人员的养老金关系转至居住地市的银行发放。

按照陕西省委办公厅、陕西省人民政府办公厅陕办发［2003］26号《转发省劳动保障厅〈关于陕西省企业退休人员社会化管理服务工作实施方案〉的通知》精神，陕西省社会保障局陕社保发［2003］165号发出《关于行业企业退休人员社会化管理服务工作有关问题的通知》规定，陕西省及驻陕企业退休人员社会化管理服务工作实行属地管理。为规范和理顺行业企业退休人员社会化管理服务工作：①社会化管理服务的基本形式是将企业退休人员直接纳入街道社区进行管理服务。条件具备的行业企业，要做好退休人员的摸底调查工作，填写退休人员社会化管理服务基本信息卡，可通过当地养老保险经办机构向社区移交退休人员。条件不具备的，按属地管理的原则，在省社会保障局的指导协调下，由当地养老保险经办机构对行业企业实行依托企业退休人员管理的社会化管理服务模式。②各行业企业要将企业退休人员社会化管理服务工作纳入当地劳动保障行政部门和养老保险经办机构的总体安排，从2003年12月起，以市为单位每月5日前向同级养老保险经办机构报送本单位《企业退休人员社会化管理服务情况表》。各市县区养老保险经办机构也要切实加强与各行业单位联系，对其退休人员社会化管理服务工作进行检查、指导和协调，并对行业报表汇总后报陕西省社会保险局综合处。2003 年 11 月 28 日以局社保字［2003］第 14 号文转发执行。

2003 年 12 月 15 日～2004 年 1 月 15 日，离退休管理处根据陕西省社会保障局《关于行业企业退休人员社会化管理服务工作有关问题的通知》精神，对全局在安康、汉中、西安基地和外地离退休人员、退职人员进行大规模的社会化管理服务基本信息登记工作。

为认真贯彻《中共中央办公厅、国务院办公厅关于转发劳动和保障部等部门〈关于积极推进企业退休人员社会化管理服务工作的意见〉的通知》和《中国陕西省委办公厅、陕西省人民政府办公厅转发省劳动和社会保障厅〈关于陕西省企业退休人员社会化管理服务工作实施方案〉的通知》精神，推进驻陕原行业统筹企业退休人员的属地管理工作，2004 年初陕西省社会保障局印发陕社保发［2004］第 6 号文《关于驻陕原行业统筹企业退休人员实行属地管理的通知》。2004 年 2 月 17 日以局社保字［2004］第 03 号文转发此文件，结合水电三局实际，提出以下实施意见：①加快搜集填写《退休人员社会化管理服务基本信息表》，做好调查摸底工作，并按要求将退休人员的居住分布情况及时报送水电三局，以备移交。②主动与地方劳动保障部门和养老保险经办机构取得联系，争取得到地方政府的支持，逐步平稳过渡，待移交条件成熟后，再顺利移交。

按照上级要求，2005 年 1 月 4 日向安康市养老保险经办处正式移交了全局《离退休人员基本信息数据库》。2005 年水电三局离退休管理处“企业退休人员社会化管理服务工作站”挂牌成立。但地方劳动保障工作还没有做到“机构、人员、经费、场地、制度、工作”六到位，仍以企业的离退休管理机构管理服务为主来过渡。截至 2006 年底，水电三局的离退休人员还没能完全进入社会化管理，还处在企业管理与社会化管理并进的现状中，即离退休人员的日常管理与服务仍由企业进行管理，社会化管理的主要内容为：①由陕西省社保支付离退休人员的养老金；支付离退休人员及因公死亡人员遗属的生活困难补助费。②陕西省社保要求每年对离退休人员的养老金及遗属的生活困难补助费的领取资格进行一次核查。③审核、支付离退休人员死亡丧葬费。④对达到离退休条件的职工的离退休手续进行审核、接收并纳入管理。⑤对离退休人员及因公死亡人员的遗属资格进行审核、上报批准、接收并纳入管理。

从 2001 年开始，水电三局医疗保险和计划生育保险按照西安市医保政策实施企业内封闭运行。水电三局工伤保险自 2005 年 1 月进入西安市工伤保险。迄今为止，水电三局离退休人员并未实现真正意义上的向地方移交和实行社会化管理，除离退休人员养老金归陕西省社会保障局管理和直接发放，以及医疗、计划生育、工伤保险进入西安市统筹外，其余仍为企业管理。

第五节　文　化　生　活

水电三局离退休职工管理处自成立以后，陆续建立起阅览室、棋牌室、乒乓球活动室、门球场、舞场等多种文体活动场所，发展成为占地近4000多米^2（其中办公用房900多米^2、离退休娱乐场地3500多米^2，含活动室20余处、门球场4处、阅览室2处、舞场2处）包括安康、汉中、西安三地集中管理的全局性离退休管理机构。丰富离退休人员的文化生活，组织老年门球队、舞蹈队、秧歌队、社火队等参加各项文体活动。每逢新春佳节，组织离退休人员排练社火彩船、舞蹈等文艺节目，参加地方政府组织的迎春活动。在组织参加各项文体活动比赛中，曾多次获得省、市、区级奖项，离退休人员在娱乐健身活动中还获得成功的喜悦。

为丰富离退休人员的体育文化生活，1988年11月16日成立老年体育协会，主席史振宇，副主席张仁德、王增德、阎体昌，委员3人；张仁德兼秘书长。

1990年，汉中基地离退休管理处（管理700多名离退休人员）举办新春游艺运动会，有500名老年人登场竞技表演，其中近300人的迪斯科舞蹈阵容庞大，轻松优美，再现青春。这只老年迪斯科代表队曾参加汉中地区比赛，荣获第二名。老年门球队1989年参加汉中地区举行的4省12地市老年门球赛一举夺魁，捧回“武侯杯”。

1991年，在水电总公司首届“水电棋牌赛”上，水电三局退休职工李崇堂、包树仁分别获得中国象棋第三、四名。

1992年，水电三局7名退休职工组成的女子门球队，应邀参加陕西省委、省妇联联合举办的“庆三八”女子门球赛，荣获第五名。

1993年10月9日至15日，在水电工程总公司举办的第二届“水电松鹤杯”棋牌赛中，水电三局退休职工王学瑞夺得象棋赛冠军。

2001年6月10日，水电三局离退休管理处“夕阳红”代表队82人参加安康市千人太极拳选拔赛，有60人为优胜者，代表安康市参加陕西省“申奥万人太极拳表演”。

2005年11月5日，水电三局65岁退休人员黄忠祥在2005年“安利杯”中国西安城墙国际马拉松比赛中，以55分45秒的成绩，获得13.7千米、男子50岁以上竞赛国内组第一名。2006年11月4日，在西安市人民政府主办、西安市体育局和西安市城墙景区管理委员会共同承办的第十二届中国西安城墙国际马拉松赛上，黄忠祥以55分08秒的成绩夺得13.7千米国内运动员男子50岁以上组第一名，打破了上届由他自己保持的优胜纪录。

第十五章　综　合　管　理

第一节　机　　构

水电三局曾先后设行政办公室、党委办公室、后勤部、行政处等机构承担综合管理职能。

青铜峡工程局时期白玉嵩任办公室副主任，负责部门工作。水电四局石泉分局改为水电十五局及两局合并成立水电三局之后工程局办公室为处级部门。截至2006年12月历任主任：魏克兴、张宝玺、张贵兴、安鸣瑞、陈庆和、刘泽（兼）、张兵、郭振清、白存忠；副主任：解启荣、贾士忠、刘炳常、张友盛、马东坡、靳淑琴、田浩、李宁东、张金斗。

水电三局办公室的主要职责为文秘、文书、档案、信访、法律事务、接待等。两局合并后，局办公室下设秘书科、档案科、信访科、法律顾问室、接待科（总务、食堂、招待所、小车班）、北京办事处、调研室。1991年7月，水电三局制定了行政办公室工作标准；1995年3月制定局办公室工作规范；2007年6月制定的《水电三局机关机构调整实施方案》，更加详尽地明确了职能部门负责人的岗位职责。

青铜峡工程局时设有行政处，李久枝、时秀荣、王凤英曾任副处长。“文革”期间改为后勤部。1978年成立水电十五局设立行政处。1982年5月撤销行政处，将工作业务分别划归局办公室和新成立的生活服务公司。1984年7月设立房地产管理处。1987年5月将房地产管理处和生活服务公司合并成立行政处。1992年7月撤销了行政处，恢复成立生活服务公司和房地产管理处。

青铜峡工程局行政处的主要工作职能有：职工住宅及办公用房的分配、管理；地产管理；基地市政、环卫管理；行政及办公家具管理；劳保及职工食堂管理等。行政处撤销后，将行政管理职责划归局办公室，其他基地房产维修、供水供电、供暖（浴池）等生活服务部分划归局房地产管理处和生活服务公司，同时把这两个单位定为基地费用补贴单位，使其逐步走向市场化经营。2007年7月水电三局撤销房地产管理处和生活服务公司组成物业管理公司，将房地产管理职责划给工程局基地分局，设立房管科。

第二节　文　　秘

原水电三局办公室和水电十五局办公室都配备1～2名人员负责文秘工作；两局合并后，水电三局办公室下设秘书科。水电三局所属各二级单位的行政办公室也配备至少1名文秘工作人员。文秘人员主要负责文件起草、公文登记、送发、催办和立卷、归档等工作。水电三局对文秘工作制定了严格、规范的工作制度。1992年水电三局制定《公文处理实施细则》，细化了对文秘工作的管理。2005年重新印发了《水电三局公文处理办法》。

2007年6月，水电三局制订的《水电三局机关机构调整实施方案》中，明确文秘、文印工作的主要职责为负责起草、审核和办理以水电三局名义上呈下达的各类行政公文、相关会议文件、资料和有关专题材料；负责水电三局大事记的记载和编印工作；负责落实局党政联席会议、局务会议、办公会议和有关专题会议议题的收集整理、会议通知、会议记录及会议纪要编印等工作；负责水电三局印章、法定代表人（局长）印鉴，局长工作部印章、局长工作部主任印鉴的管理和正确使用，并按有关规定办理机关各部门、局属各单位印章的刻制、启用和废止、回收工作；负责日常公文处理工作，负责水电三局及机关部门文件印刷、资料复印等工作；负责涉秘文件管理和有关事项的保密工作；负责了解全局工作动态，收集和反馈局内外综合信息，开展相关调研工作；负责水电三局有关会议决策、议定事项的落实和督办工作等。

第三节　机 要 与 保 密

水电三局机要、保密工作由局党委负责，局党委办公室（党委工作部）设一名机要员，主要工作职责是对中、省、集团公司及水电三局带密级的文件，通过收文、登记、加传阅笺后送领导批示。每年年底对这些带密级的文件进行清理、造册后，或上交，或保存归档。

虽然水电三局在保密工作方面所承担的任务和责任是有限的，但水电三局还是一贯遵照上级的指示，做好保密工作。从 20 世纪 50 年代至今，水电三局在保密工作方面一直做到严格遵守上级组织的保密规定，按照程序作好保密工作，未在保密工作上出现过纰漏。特别是在 20 世纪 90 年代国家颁布《保密法》后，水电三局遵照上级指示，更加重视保密工作，进一步完善了水电三局各级保密组织，明确局一级的保密委员会主任由局党委副书记兼任，各二级单位的保密工作领导小组组长由所属单位党委书记或副书记兼任，并落实保密工作领导干部责任制。

1991 年 7 月，水电三局党委保密委员会制定《关于领导干部保守党和国家秘密的规定》，规定副处以上领导干部必须模范地遵守国家保密法律、法规和局党委制定的 9 条保密守则。1994 年 4 月局党委根据上级指示精神，制定加强保密工作的四个要点：①深入开展保密宣传教育，增强广大职工的保密意识；②完善各项保密制度，依法开展保密工作；③加强保密检查，严肃查处泄密事件；④加强保密组织机构建设，提高保密干部自身素质。1997 年《中共中央关于加强新形势下保密工作的决定》下发以后，水电三局立即将文件发至所属各单位，要求各单位保密工作人员深刻领会文件精神，提高对做好新形势下保密工作的认识，使保密工作真正服从、服务于企业的各项工作，为企业的发展提供保障作用。同时，按照国家保密局《计算机信息系统保密管理暂行规定》的要求，计算机管理实行领导负责制，加强对计算机系统的管理，并加强对计算机操作人员进行经常性的保密教育，增强操作人员的保密意识，管好用好本单位的计算机。

在完善组织、落实责任的同时，中共水电三局党委在全局范围内开展保密宣传教育活动，并对每年的保密宣传月活动都提出具体要求；水电三局保密委员会在认真学习文件，领会文件精神的基础上，组织领导干部及保密委员会成员传阅有关保密工作的文件，并根据水电三局的实际情况，对局属各单位开展宣传教育活动进行安排布置。同时，中共水电三局党委在 1998 年安排的四期处级干部政治理论培训班上，把保密教育纳入学习内容，采取播放保密教育录像带的形式，向参加学习的领导干部进行保密教育。中共水电三局党委和各二级单位党委及保密工作领导小组，以国家《保密法》及相关法规、法纪，提高对新形势下做好保密工作的认识，增强保密工作的责任感，自觉遵守保密法规和纪律。水电三局保密委员会还购买《领导干部保密工作学习参考资料》一书，发到各单位供领导干部学习。水电三局保密委员会还利用电视台、局小报进行宣传报道，广泛深入地开展宣传教育活动。

第四节　信　　访

信访部门是水电三局信访工作领导小组下设的日常办事机构，代表中共水电三局党委和水电三局接待和处理群众来信来访，负责日常信访的接待、转办、联络和协调工作。

"文革"期间，由原水电三局政治部负责接待群众来信来访工作。当时主要接待、处理了大量的有关移民安置问题、困难时期精简下放人员上访问题、反映干部、职工工作作风问题、要求解决职工家属调动和子女安置等问题。

1979～1982年底两局合并前，局信访部门协调处理、解决了大量的历史遗留问题、平反冤假错案，并复查恢复了部分职工的干部身份。两局合并后，水电三局党委成立专门的信访接待室。局信访部门协调处理了历史遗留问题和移民问题。

1983年以后，由水电三局办公室下设的信访接待室，负责日常来信来访接待和协调处理工作，协调解决了职工子女安置问题、多种经营合同纠纷问题和企业职工住房改革中的问题。

1997年5月，水电三局信访办随局机关搬迁西安，负责全局的信访协调、处理工作；1999年1月成立的安康基地管理分局设基地信访接待室，负责接待和协同处理基地职工群众的来信来访，并负责与局信访办汇报联络信访情况。水电三局属各处级单位设立以主要领导为组长的信访领导小组，负责接待处理本单位的信访问题。这一时期按照《信访条例》的规定，协同处理了劳动合同纠纷，劳资纠纷，多种经营企业承包合同纠纷，以及职工住房问题，子女安置问题，下岗再就业问题，维护了企业内部的稳定和谐。

为把信访工作纳入正常化、程序化和分级负责的轨道，进一步做好职工和群众的稳定工作，1994年5月水电三局制定了《关于加强信访工作的办法》，明确了水电三局各级部门和信访工作人员的工作职责；强调要本着"为领导分忧，为群众解难"的原则，掌握政策、运用职责，熟悉业务，坚持原则，办事公道；对上访者做到热情地接待、认真地听取，耐心细致地解释、宣传、疏导。这一时期信访接待下岗职工的上访案例比较多。

根据国务院《信访条例》和水电三局实际，2005年12月水电三局重新修改制定《水电三局信访工作管理办法》。该办法规定工程局信访办、安康基地分局信访科、水电三局属各单位信访人员要按照"属地管理，分级负责；谁主管，谁负责；依法、及时、就地解决问题与疏导教育相结合"的原则开展信访工作，并进一步明确了局信访办、安康基地分局信访科、局属各单位信访人员的工作职责。要求各级信访部门（人员）主动收集和筛选职工群众信访的热点、难点问题，对政策性、倾向性较强的问题及重大信访事件进行调研，商请有关部门提出建议和处理意见。

2005年以后，水电三局信访办年平均接待受理群众来信来访100余起；安康基地分局领导接待来访100余次；整体上访人数比往年有所下降，但政策性、复杂性上升，处理难度加大。集体上访涉及历史遗留问题较多，特别是涉及法律、政策等方面的问题比较多。主要反映以下几大问题：退休人员公积金及门诊费的拖欠问题；解除劳动合同人员上访问题；原铁合金厂临时合同工养老基金问题；整合后拖欠部分职工各项费用问题；基地卫生、市政建设和各项服务的收费问题；基地电价问题；伤残人员及困难户因整合后生活标准下降等问题。

水电三局从建局以来一直很重视信访工作，特别是2000年以后，凡属群众通过正常渠道上访的问题，水电三局各级信访部门和信访工作人员都热情接待来访群众，认真登记来信来访的诉求，倾听并分析所反映的问题，及时与有关部门联系，沟通情况。做好来信来访的解释和疏导工作，教育和引导群众学法、懂法、用法、守法，以理性合法的方式表达利益要求，依法维护自身合法权益。

水电三局各级信访部门建立了信访联系网络，如发生到局机关或进省、赴京集体上访及突发事件，各级信访部门及时协调相关单位与局有关部门派人到现场进行处理。对越级到局、省、进京上访的人员，做好耐心细致的政策宣传和思想疏导工作，防止事态扩大，严格控制越级信访。对上访者请求事由事实清楚，符合法律、法规和政策规定的，各级信访部门予以支持，并督促有关部门执行；请求事由合理但缺乏法律依据的，则向信访人做好解释工作，做到以理服人。

第五节　接　　待

青铜峡工程局时期，接待工作主要由局党委办公室、行政处负责。水电三局时期接待工作由局办公室或对口部门负责。主要接待对象是到工程局来检查、指导工作的行业上级领导和兄弟单位的领导及同仁，地方政府及各相关部门的领导和同仁，中共、省及总公司各新闻媒体的记者，曾在水电三局工作过的老领导等。在接待规格上按照水电三局制定的接待标准执行。首先安排好被接待人员的吃、住、行；由水电三局公安保卫部门负责来宾的安全；由局办公室和有关部门负责为来宾的工作、访问、采访提供服务。

进入市场经济后，水电三局施工项目多、涉及面宽，西安总部、安康、汉中基地和各施工项目部根据实际做好接待工作，因地制宜，繁简得体。建局以来，接待工作总体上本着以确保来宾的人身安全为重点；以热情礼貌，一视同仁为标准；以提供周到服务为宗旨的接待工作原则。

水电三局驻各地的办事处除了本身的工作业务外，也担负了部分内部人员往来以及外单位人员来访的接待任务。

第六节　档　　案

一、机构

1958年10月，青铜峡工程局党委办公室下设档案科，管理党政文书及人事档案。原水电三局和水电十五局都在机关设立了档案管理部门。1983年9月27日水电三局成立档案科，隶属水电三局行政办公室。（2007年6月归局长工作部）。1996年10月起档案科定员由3人增加到4人，历任科长苍惠春、隋立、张静茹、史桂新、郑建荣、王文英。

为加强对水电三局档案管理升级工作的领导，1991 年 6 月 10 日水电三局成立档案管理升级工作领导小组。组长史振宇；副组长蔡泽夏、安鸣瑞；成员 14 人。

依据《档案法》的规定，对已到保存期的档案应予以鉴定和销毁，为做好此项工作，经研究决定，1997 年 5 月 14 日水电三局成立水电三局档案销毁工作领导小组，组长刘伟民；副组长：张兵、张玉凤，成员 5 人。

为贯彻落实中央组织部关于《干部人事档案暂行办法》和《干部人事档案工作目标管理考核标准的通知》精神，进一步加强水电三局干部人事档案管理工作，1999 年 6 月 5 日水电三局成立干部人事档案工作目标管理领导小组，组长于彦洲，成员 5 人，下设办公室，郑建荣兼任办公室主任。

二、建章立制

根据国务院批准的《科学技术档案工作条例》规定，结合水电三局具体情况，1984 年 6 月 26 日水电三局制定《科技档案管理试行办法》；11 月 10 日颁发执行《安康水电站工程科技档案分类大纲》。

1986 年前，水电三局的科技、财务、文书、工人档案已归口在局办公室档案科集中管理。1986 年 2 月 27 日水电三局印发《科技档案借阅制度》、《人事档案借阅制度》、《财务档案借阅制度》、《文书档案借阅制度》等一系列管理制度，加强专业性强服务性高的档案管理工作。1989 年 10 月 9 日水电三局印发《执行〈科技、文书、财务、人事档案借阅办法〉的通知》，重申并坚持执行档案借阅制度。

水电三局转发执行 1987 年 3 月 13 日水电部干部司关于转发中央统战部统［1986］053 号文《关于查阅中央管理党外人士档案的规定》、8 月 5 日安康地区行署办公室发布的《安康地区城镇建设档案管理暂行条例》及 10 月 8 日水电部办公厅《转发国家档案局“关于废止部分档案工作行政规章制度的通知”》等文件。

1988 年 1 月 11 日，水电部办公厅转发国家档案局国档发［1987］27 号文印发的《机关档案工作业务建设规范》、《国家档案局关于机关档案保管期限的规定》、《机关文件材料归档和不归档的范围》。4 月 11 日水电部办公厅转发国家档案局、国家计委印发的《基本建设项目档案资料管理暂行规定》共 5 章 20 条。水电三局将其汇编成册。

1989 年 7 月 1 日，水电三局转发执行国家档案局《关于〈文书档案案卷格式〉几个问题的说明》，指出原单位如有原已制作好的硬、软卷皮及盒等章节仍可继续使用，需新制作时应严格按《文书档案案卷格式》执行。

1991 年 6 月 25 日，水电三局以局办字［1991］第 37 号《关于认真贯彻执行〈科技档案管理暂行办法〉等十三项制度的通知》，将《科技档案管理暂行办法》、《文书档案管理暂行办法》、《会议档案管理暂行办法》、《声像档案管理暂行办法》、《职工档案管理暂行办法》、《档案库房技术管理暂行办法》、《档案的鉴定销毁暂行办法》、《档案统计暂行办法》、《档案保密制度》、《档案借阅制度》、《档案归档范围、保管期限》、《不归档的文件材料范围》及《档案分类大纲》印发，自 1991 年 6 月 25 日起执行。要求主管档案的负责人和兼（专）职档案员严格按照其办法进行档案管理工作，使水电三局档案管理工作能够如期达到省级、国家二级标准。

三、分类管理

按照《中华人民共和国档案法》和国家档案局的有关规定要求，水电三局档案科将档案分门别类进行管理。

1987年，水利电力部转发国家档案局国档发［1987］19号《档案库房技术管理暂行规定》，7月4日水电部办公厅转发国家档案局《关于雨季防止库房进水和档案受潮及关于加强档案安全保管的通知》，水电三局档案科认真贯彻执行“以防为主，防治结合”的原则，在防尘、防火、防盗的基础上，采取防水、防潮、防蛀、防霉等措施，防患于未然。

档案库房是集中保管各种载体档案的重地，为此要确保档案的安全和最大限度地延长档案寿命，就必须加强对档案库房的技术管理。水电三局认真贯彻执行1987年10月14日水电部办公厅转发执行国家档案局《档案库房技术管理暂行规定》，对档案库房进行了必要的整修，以达到要求标准。

（一）人事档案管理

根据电力工业部电干字［1981］第14号《关于干部档案清理和整理工作的几点意见》和总局召开的“清档”工作会议，改变干部档案材料分散、杂乱的状况，1981年6月24日水电三局作出《关于干部档案清理和整理工作的几点意见》，并安排专人，对全局现有1200余名干部的档案材料普遍进行一次认真清理和整理。截至1982年6月底清理完毕。

从1999年7月始，水电三局组织部组织人力，按照中共中央组织部《干部人事档案工作目标管理考评标准》的规定，在1989年工作基础上，对全局4000份干部人事档案重新进行鉴别、分类、登记和装订。

1999年12月23日，水电三局印发执行《水电三局干部档案工作八项制度》：①干部档案材料的收集补充制度；②递交干部档案材料归档制度；③干部档案材料鉴别归档制度；④干部档案的保管、保密制度；⑤干部档案查阅制度；⑥干部档案转递制度；⑦干部档案的检查核对制度；⑧干部档案管理人员职责和要求。

（二）文书档案管理

1984年6月2日，水电三局以局办字［1984］第167号颁发执行《文书档案工作管理试行办法》。

1991年6月25日，水电三局颁发执行《文书档案管理暂行办法》，对文书档案的归档、立卷、编制检索工具、保管等方面作出具体规定。该办法一直沿用至今。

（三）财务档案管理

依据《会计法》和《档案法》的有关规定，财政部、国家档案局以财会字［1998］32号文颁发经修订后的《会计档案管理办法》，自1999年1月1日起施行。1984年6月6日财政部、国家档案局发布的《会计档案管理办法》同时废止。国家电力公司、水电总公司相继转发了财政部、国家档案局以财会字［1998］32号文，水电三局于1999年3月1日以局财字［1999］第15号文转发并执行《会计档案管理办法》。

（四）审计档案管理

1991年5月8日，审计署、国家档案局审办发［1991］158号《关于审计档案管理工作的规定》和《审计文件材料立卷归档工作程序》，水电三局按照文件要求，坚持谁审计谁立卷，把审计监督和行政管理两类文件材料分开立卷的原则，建立立卷归档工作责任制。

（五）技术档案管理

1981年2月27日，水电三局印发《科技文件归档的初步意见》，要求各单位按归档要求对有关科技文件系统整理归档。自此建立起科学技术档案管理的系统制度。

1982年9月14日，水电三局转发执行水电部水电总公司8月18日下发的《关于把科学技术档案的整顿工作纳入企业全面整顿的通知》。

1988年，国家档案局、计委国档发［1988］4号《基本建设项目档案资料管理暂行规定》发布以来，水电三局按照文件要求，对基本建设项目从酝酿、决策到建成投产的全过程形成的文件，包括项目的提出、调研、生产准备、竣工等工作活动中形成的文字材料、图纸、图表、计算材料、声像材料等进行认真的收集归档保管。

贯彻安康市人民政府以安市政发字［1988］143号文《安康市城市建设档案管理暂行办法》，水电三局设计处将1984年5月成立以后的城市建设档案每项设计图纸等资料移交给局档案室。

1990年7月，水电三局根据国家经委、国家建委、国家科委、国家档案局发布的《科技档案工作条例》精神，实行科技档案集中统一、分级管理，其中设备、仪器档案室设在机电处，声像档案设在宣传部。

1992年11月21日，水电三局发出《关于加强我局外包工程及施工资料归档工作的通知》，强调各外包工程施工单位按要求及归档范围及时搜集、整理有关资料，并按时移交局办公室档案科归档。

1999年10月26日，水电三局下发关于建立健全施工设备技术档案的通知，要求局属各单位凡1997年以后购入的设备必须严格按贯标文件（Q/SD3－ZY－0508－1998《施工设备技术档案资料管理办法》）的要求，建立设备技术档案。

2000年10月24日，水电三局发出《关于做好2000年国家重点技术项目档案工作的通知》，指出，近期国家档案局、国家电力公司先后发出通知，要求做好2000年国家重点技术项目档案工作，在国家计委下达的2000年国家重点技术项目档案工作名单中，包括水电三局承建部分项目的三峡工程、小浪底工程、江垭工程、大朝山工程等，各指挥部、项目部要保证项目档案工作与项目技术进程同步，在日常工作中按照全面、完整的标准收集档案资料，以便国家档案局归档。

四、档案升级

1987年7月9日，国家档案局以国档发［1987］15号文印发《企业档案升级试行办法》。1988年3月31日水电部水电办字［1988］第11号文印发《水利水电部企业档案管理升级试行办法》，要求各单位要在企业升级工作中，把企业档案管理升级工作作为考察的内容，使企业档案管理工作更好地为企业的各项工作服务。1990年2月27日，能源部办公厅印发了《水利水电企业档案管理升级试行标准》补充内容的通知，要求各单位结合《水利水电企业档案管理升级试行标准》认真贯彻实施。1991年6月10日成立水电三局档案管理升级工作领导小组。1991年7月水电三局举办档案管理网络学习班，档案管理走上新的层级。

1996 年，国家档案局档发字［1996］9 号文《企业档案工作目标管理办法》颁布后，水电三局根据国家有关企业档案工作的法规、标准及企业档案工作现状和发展计划，制订企业档案工作等级标准，并按规定的办法、程序进行考评，认定等级。

2000 年 12 月 13 日，水电总公司干部人事档案目标领导小组到水电三局，指导验收并认证“中国水利水电第三工程局干部人事档案已达到国家二级标准”，为水电系统第一个通过水电总公司验收的单位。

第七节　交 通 与 通 信

水电三局职工出行的交通工具在 20 世纪五六十年代几乎是空白。由于当时机动车缺乏，不管是 1958 年的青铜峡工地，还是 1969 年的石泉工地，职工上下班全靠步行，最远的到工地要走 20 余里路。至于设备、物资运输有时候也靠马车、人力车，甚至职工手拿肩扛。20 世纪 70 年代，机动车渐多，但职工上下班从驻地到工地往返仍以步代车。70 年代后期到 20 世纪 80 年代，原水电三局才有了为数不多的大小轿车和用卡车加帆布改装的“客车”，俗称大篷车，运送职工上下班。由于车少人多，所以对乘车人员有严格的规定：如安康工地，家在基地和城区的单身职工每周只可乘坐一个往返；其他人员则用车票和乘车证加以限制。20 世纪 90 年代以后，随着我国汽车工业的发展，水电三局的大小轿车逐渐增多，职工告别了以步代车的年代。至 2008 年全局共有小轿车、越野车、客车、皮卡车等 320 余辆。

1979 年 1 月起，原水电三局各单位自行安排，以租用公交车和用卡车改装方式，解决职工上下班的通勤问题，以后随条件改善陆续购买轿车接送职工上下班。工程局因此制定了统一的通勤车管理规定。

通信系统是水电三局进行工作联系的重要工具。在工作条件最简陋的 1958 年的青铜峡工地，队伍一进局就首先架设通信线路，设立总机，以保证通信畅通。随着社会的进步、发展，通信设施、资源也随之变化更新。在 20 世纪五六十年代，青铜峡工程局的通信系统使用的是人工转接的手摇磁石电话；20 世纪 70 年代中、后期使用供电式人工转接电话；20 世纪 80 年代局总机开始使用自动式纵横制交换机；1992 年使用程控（时分制用户）交换机；1995 年水电三局与安康电信局合作，利用水电三局的资源，由水电三局负责通信线路的架设、设备、设施的安装、维护，电信局提供新设备，在安康张岭基地建立一个“万门模块局”，以满足基地职工和局属各单位安装电话的需求，使安康基地固定电话用户超过 7000 余户；并提供在该公司的机房内用虚拟交换机，满足水电三局的 500 门内部电话使用。

随着国家通信事业的发展，水电三局由 20 个世纪的手摇电话机到拨号单机、直拨电话、无线电话发展到网络通信时代。

20 世纪 80 年代初期以前，原水电三局一直使用的是磁式电话交换机，1980 年 9 月 27 日起投入使用纵横制自动总机，单机容量由原来的 100 门增加到 450 门，方便了工程局的施工生产和职工生活。后不断发展建设，局机电队安装总机 730 门（其中张岭 360

门、大沙坝270门、紫荆50门、关庙50门)，设置4个机房。从1992年始张岭和关庙逐步更新为程控交换机，原有设备拆除。

为解决施工人员和施工设备在施工现场流动中的通信，提高生产调度效率，1983年水电三局建起一套移动通信系统成功地应用在安康水电站施工中，创国内工程施工首例。

1986年11月1日水电三局电传正式开通使用，电传号码为70060TCB CN，可直接与国内外所有用户电传终端机的单位通报。电传开通后，发报时间以机关作息时间为准，抄收电传24小时工作。

1990～1995年，水电三局增设卫星地面接收站以便于与北京总公司及水电三局各办事处等相关单位的通信联系。另外，从20世纪80年代后期开始，水电三局为加强与漫湾等外包点的联系，还使用了电台通信。同时，在安康水电站与安康基地之间，采用了12门中继传输载波通信。

由行政处电讯队负责安装的ZX－500数字式程控交换机于1992年5月1日正式投入使用。这台由水电三局投资89万元购置的新设备取代了以前使用的360门纵横交换机，通话容量可在原基础上增加30%以上，可新增150台用户电话。

1993年4月13日，水电三局制定下发长途电话收费暂行办法：①按照1993年局两会通过的《水电三局转换经营机制实施纲要》和《局机关费用管理办法》的精神，生活服务公司实行企业化经营管理，长途电话由各用户单位自行负担。自1993年4月18日开始，长途电话的管理工作从局办公室划归生活服务公司。②自1993年5月1日开始，各用户单位打长途电话，实行“先预购长话号，再对号记挂长话”的办法，每号暂按50元收取长话预付款，每月与电信局结算后多退少补。

鉴于安康地区邮电局市内电话月租费自1993年4月18日起实行复式计次制，水电三局原制定的内部电话每部每月收市话费55.5元标准已不适用。6月24日水电三局研究决定内部电话每部每月市话费收取标准，自1993年4月18日起，张岭地区（包括关庙、紫荆）调至为62元；前方片仍为55.50元。

1995年5月10日，水电三局以局办字［1995］第19号文下发执行《工程局公费内部电话安装拆除管理办法》。8月29日水电三局发出《关于严禁利用公用电话点歌消遣的通知》。12月14日中共水电三局党政联席会议讨论同意安康地区电信局在张岭装500门内单机并入市话管理。由局生活服务公司与安康电信局签订关于在张岭基地设立市话分局及电话受理、安装、代维修合同书。合同商定，由安康电信局在张岭设立机房，架设通信线路，生活服务公司电信队为线路维护代办单位，负责用户电话的安装、维护。

1996年10月8日，水电三局以局办字［1996］31号文印发执行《水电三局电话管理办法》。自1996年10月25日23：30开始水电三局内部电话全部并入安康市话网络，并网后，局内电话号码由原3位升级至7位，总机取消。1997年8月29日水电三局下发执行《水电三局电话管理办法》补充规定。

1996年10月9日，水电三局以局经管字［1996］第34号文下发执行“局内电话并入地方网络收费标准”：①局内电话：座机费为40元/（部·月）；处级以上干部离退休后保留局内电话的，座机费为20元/（部·月）。座机费均包括局内电话费和维修费。②市话、农话、县市通话和长途话费按邮电局有关规定标准执行。单位电话和经批准配备的领导住宅公务电话，按局规定由单位承担使用费；处级以上干部离退休后保留局内电话，使用费（包括座机费、话费）自行承担。③局内电话初装费为1100元/部（不包括话机费）。④移机费为200元/部（含材料、人工费用）。

为加强对水电三局机关办公室电话、住宅公务电话、公务移动电话及寻呼机的管理，1999年6月18日水电三局下发执行《水电三局局机关通信工具管理办法》。

2003年11月，生活服务公司与安康市电信分公司签订“关于撤销安康张岭生活服务公司虚拟网并入安康市话网的协议”，把水电三局内500门虚拟网中约6000部用户转入市话网。

水电三局根据通信设备的变化和局内单位公用电话以及领导住宅公务电话的使用需求，制定了相应的通信管理办法并不断修订完善。2005年12月，水电三局又制定了《水电三局局机关通信工具及费用管理办法》（局办［2005］37号），在局属各单位参照执行。

第八节　计　划　生　育

一、机构

从1973年开始，国家对计划生育工作日益重视，宣传和提倡一对夫妇晚、稀、少生育孩子。原水电三局和水电十五局高度重视计划生育工作，分别成立计划生育工作领导小组，设立办事机构。两局合并后，1983年2月7日成立水电三局计划生育领导小组，副局长黄健任组长，卫生处副处长马跃图任副组长；成员8人；下设计生办，陈化仁任办公室主任。

以后因人员变动等原因，截至2006年，水电三局计划生育领导小组进行了9次成员调整。历任组长：史振宇、刘洪学、于彦洲、冯亮；副组长：马耀图、陈庆和、付胜利、吴家明；办公室主任：陈化仁、沈君修、尹凤兰、海瑛。1986年12月3日，水电三局计划生育办公室划归局卫生处。

2006年7月18日，水电三局卫［2006］3号文印发执行《水电三局人口与计划生育管理办法》，明确水电三局人口与计划生育工作实行局处两级管理体制。水电三局和局属二级单位分别成立人口与计划生育领导小组，负责全局和本单位范围内的人口与计划生育工作。水电三局人口与计划生育领导小组行使对二级单位人口与计划生育领导小组的业务领导职责；常设机构为局人口与计划生育办公室（简称局计生办），负责全局人口与计划生育日常管理工作。局计生办下设人口与计划生育宣传技术服务站，负责人口与计划生育宣传教育、避孕药具供应、节育技术咨询服务（包括环情、孕情检查）工作等。

二、建章立制

开展计划生育工作以来，水电三局加强宣传工作，除贯彻执行国家和地方政府的法律法规外，还制定了局内各项规章制度，控制和降低人口出生率。

1979年10月，原水电三局转发陕西省革委会《关于征求“陕西省计划生育若干问题的试行规定”》补充规定意见后提出，1980年全局计划生育指标为0.7%；一对夫妇最好生1个，限制2个，刹住3个和“晚、少”的原则，严格控制管理。

1981年4月27日，水电三局制定《关于对晚育女工增加产假及保健费发放有关规定》，产假56天+14天，共70天，工资照发。从当年的5月1日起执行。

两局合并后的水电三局第一届职工代表大会，审议通过水电三局《计划生育工作暂行规定》，并发局劳字［1983］第269号文《我局女职工因怀孕及婴儿哺乳期请长假待遇的通知》指出，根据国家经济委员会、劳动人事部1983年4月以劳人计［1983］42号文转发《全国整顿企业劳动组织工作座谈会纪要》第三项第五条规定：“富余人员中的女职工，因怀孕或有哺乳婴儿自愿请长假的女职工，可以准许。包括产假在内时间不超过2年，产假期间，照发基本工资，请假期间，发原标准工资60%的生活费。”的精神，经研究，凡水电三局过去已订合同休长假期限尚未满的，按原合同发75%基本工资不变，从1983年8月1日起，新订请长假合同的，一律按本人标准工资的60%发生活费。

根据《陕西省计划生育条例》规定，1988年12月水电三局对计划生育的有关具体问题做如下补充规定：①实行晚婚晚育。凡水电三局员工初婚年龄要求男女双方各需按法定婚龄推迟3年，即女23周岁，男25周岁。②实行晚育。水电三局女员工婚后生育第一胎，年龄需满24周岁以后，并坚持生育指标的申请和审批制度。③水电三局员工女年满30周岁，男年满32周岁未婚的，在参加集资建房和分配住房时与已婚者享受同等待遇。

1991年3月29日，水电三局转发执行《安康市基层人口计划管理办法》。

为保证计划生育活动经费，根据陕政办发［1991］90号文和安地计生发［1994］3号文件精神，1994年8月5日水电三局决定从1994年起由局属各单位（包括局机关各处室）承担部分计划生育工作活动经费，即每年按职工总数，人均2元的标准统筹，作为开展计划生育宣传教育活动经费；组织全局性节育环普查工作经费；支付避孕药具管理费及年终考核奖励等专项费用。各单位发生的其他计生工作有关费用仍由本单位承担。统筹款交局计划生育办公室。并将此项工作作为争先创优考核内容之一。

随着新的《陕西省计划生育条例》的颁布和地方计划生育管理机构的调整，1998年11月10日水电三局对《计划生育业务承办管理制度》进行修订下发执行：计划生育业务承办有：①婚姻登记；②准生证的发放；③照顾二胎生育审批程序；④独生子女证的办理；⑤统计报表的编制；⑥婚育证的办理；⑦避孕药具的管理和发放等进行审核，并申报地方计划生育主管部门。

1998年12月15日，水电三局下发关于贯彻执行《流动人口计划生育工作管理办法》及有关规定的通知。

1999年2月2日，以局卫字［1999］第05号下发执行《水电三局计划生育管理办法》。

2000年4月10日，水电三局转发执行安康地区计划生育局等7个部门联合下发的《关于切实做好流动人口〈晚育证明〉审验和出具工作的通知》，加强水电三局流动人口计划生育管理工作，杜绝流动人口中出现计划外生育现象。7月12日，水电三局下发执行《流动人口婚育证明管理规定》。

2002年10月8日，水电三局转发执行《安康市下岗职工计划生育管理暂行办法》。

《中华人民共和国人口与计划生育法》、《社会抚养费征收管理办法》于 2002 年 9 月 1 日起施行。《陕西省人口与计划生育条例》、《陕西省流动人口计划生育管理办法》也于 2002 年 9 月 29 日正式公布施行。同年 12 月 24 日，水电三局以卫字［2002］第 11 号文要求各单位全面贯彻和落实以上法律、法规。

2003 年 4 月 9 日，水电三局转发执行中共安康市委、安康市人民政府《实行计划生育工作奖励与一票否决的若干规定》。

2004 年 6 月 17 日，以局卫字［2004］第 2 号《关于明确我局劳务人员人口与计划生育管理职责的通知》，明确各施工局劳务人员人口与计划生育管理责任如下：

（1）施工局工期在两年以上的，应与水电三局签订人口与计划生育责任书，负责施工局及被招用的劳务人员人口与计划生育管理工作。①施工局党政一把手作为第一责任人，履行其管理职责，落实“一票否决”制度。②设兼职计生干部（人口较多的施工局，下属工区还可设送检员），负责人口报表的编报、业务手续承办、计生档案管理，药具发放及育龄女工的“三查”、季度随访等业务工作。接收局计生办业务指导，向主管领导负责。③施工局应承担必要的计划生育工作经费，包括三查费、管理费、宣传费、计生干部津贴等及政策规定员工应享受的各项计划生育待遇和奖励。

（2）施工局工期在两年以下的，其劳务人员的计划生育管理工作和发生的工作经费仍由原单位负责。劳务人员按政策规定享有的计划生育待遇和奖励由用工的施工局支付。

为了维护用人单位和女职工的权益，根据计划生育有关法律、法规，参照《企业职工生育保险试行办法》，2005 年 2 月 21 日水电三局以卫字［2005］4 号文调整和确定各项计划生育费用支付标准。

（1）生育医疗费：水电三局女职工系政策内生育的，对符合规定的生育医疗费（含围产期检查费）实行包干。

（2）计划生育医疗费：计划生育医疗费是指已婚女职工实行计划生育实施节育技术服务及符合生育政策实施复通所需的医疗费用（自费医疗服务费和自费药品除外）。①对因落实“长效”节育措施或“长效”节育措施失败而发生的计划生育医疗费（包括上环、取环、结扎及人工流产等）按 100％报销。②已婚育龄女职工进行环情、孕情检查费按 10 元支付。③未落实“长效”节育措施而发生的人工流产医疗费按 50％报销，其节育药具费按每人每年 5 元支付。④政策内怀孕，非婴儿性别选择而流产的按 100％报销。

根据《中华人民共和国人口与计划生育法》、《流动人口计划生育管理办法》、《陕西省人口与计划生育条例》等有关法律、法规，2006 年 7 月 18 日水电三局以卫字［2006］3 号印发执行《水电三局人口与计划生育管理办法》。除总则和附则之外，有机构人员设置、计划生育费用、计划生育管理责任制、罚则等具体管理办法。1999 年 2 月 2 日下发的《水电三局计划生育管理办法》（局卫字［1999］05 号）文同时废止。

三、计划生育措施

水电三局建立了员工一卡十册基础资料，把计划生育工作纳入制度化管理轨道。

中共石泉分局革委会 1976 年 6 月 7 日 59 号文规定：①托儿费补助问题：“女职工分娩自第三胎始新入托者，保育费不予补助。”②发给出生婴儿户口卡片。③提倡男 26 周岁、女 24 周岁以后结婚。实行晚婚晚育新风尚，达到“晚、稀、少”的要求。④工会福利补助，对因 1974 年以后出生的多胎子女而造成多子女生活困难者，不应作为申请补助的理由。⑤对做绝育手术的男女职工和家属（户口在安康、石泉的），每人发给营养补助费 5 元。女扎手术休假 1 月，男扎手术休假 2 周。人工流产休假 2 周，上环休假 2 天。以上假期工资及施工津贴照发。民工及家属做绝育手术者，给予同样假期待遇，工资照发。根据石泉县石革发［1973］67 号文，男女结扎手术后，供应肉 2 斤、糖 2 斤；人工流产后，供应肉 2 斤。粮食部门给其适当供应细粮。

1978 年 12 月 26 日，原水电三局《关于认真贯彻中共中央［1978］69 号文件，做好我局计划生育工作的安排》中指出：①中央要求明年人口自然增长率要下降到 8.5‰，在“七五”期间要下降到 0.7%，必须全局动员，切实抓紧抓好，达到中央的规定。②按国务院有关规定，在评比先进和评奖时，要把计划生育和晚婚作为一个重要条件。③按陕西省规定：晚婚年龄规定为男 26 周岁，女 24 周岁，要求结婚的男女青年先到局计划生育办审核同意后，各单位才介绍到有关公社办理结婚证书。中央 69 号文件提倡一对夫妇生育子女最好 1 个，最多 2 个，生育间隔 3 年以上。④为鼓励受术者，解决他（她）们的休息、营养问题，休息期间工资由原单位照发，并且不影响全勤评奖；在工地做绝育手术者补助 15 元。

从 1980 年起，局工会协同局计生办等有关部门，加强计划生育管理工作，在职工中广泛宣传独生子女政策，并把一胎率和计划生育指标，分解落实到各个基层单位。教育职工正确对待和处理婚姻、家庭、子女问题，引导女职工自愿实行计划生育。

1987 年，水电三局落实局育字［1987］第 1 号文，在全局初步建立三级计划生育管理网络：分别设立计划生育领导小组、计划生育专干和计划生育送检员。计划生育领导小组负责本单位计划生育工作的领导工作；计划生育专干负责本单位计划生育工作的具体业务管理；计划生育送检员负责其辖区育龄妇女的随访和已婚妇女的避孕药具发放工作。

20 世纪 90 年代初期，计划生育工作以“六清两落实”为主要内容，即节育措施清，计划外怀孕补救清，超生对象处理清，超生子女费征收清，早婚早育查处清，计划生育领域不正之风清。两落实是：生育政策落实，人口指标落实。这期间经局计生办介绍登记的结婚人数和生育对象每年高达六、七百人，是水电三局历史上的最高峰。而上级下达的生育指标仅 200 个，经计生干部做艰苦细致的思想工作，终于在 1993 年做到了计划生育率、晚婚晚育率、节育措施落实率、独生子女领证率四个 100%，人流率控制在 5%以下。水电三局荣获安康地区 1990 年度计划生育先进集体，受到表彰奖励。

根据陕办字［1995］31 号文件精神，计划生育工作人员每月津贴由原来的 10 元提高到 30 元。考虑到水电三局实际情况，从 1999 年 1 月 1 日起调整为：计划生育干部每月补贴 20 元，送检员每月 10 元，由各单位负责发放。

20 世纪 90 年代中后期有计划地组织全局女工进行透环工作，一胎上环、二胎结扎，成为当时计划生育的主要措施。同时开展“四查四清”活动，一查“一卡十册”是否健全、准确，做到漏登、缺项纠正清；二查“双查”对象是否一个不漏，做到未查对象补查清；三查一上二扎对象是否落实，做到当年任务当年清；四查当年人口计划是否落实，做到“准生证”核发落实清。

2003年12月15日，以局卫字［2003］第07号《关于严格执行育龄妇女“三查”管理制度的通知》规定：全局育龄女工均享有“三查”（查环、查孕、查病）的权利，各单位应依法支付“三查”费用。育龄女工有义务接受“三查”。原则上应在居住地计划生育技术服务站进行，外包工地处于偏远地带少数民族区域的也可在所在地医疗机构进行。应做到每年至少一次的“三查”和每季度接受一次送检员随访。各单位应将“三查”（或孕检）结果报送局计生办。从此局计生办与局工会女工部联合每两年组织一次全局育龄妇女“三查”及生殖健康普查工作，其中包括宫颈癌普查和乳腺扫描。每次检查人数为2000人左右。结束了多年来女工只采用X光透环的单纯查环的做法。使女工通过“三查”及时了解环情、孕情和病情。

2003年，水电三局开始对育龄男工也增设了生殖健康普查项目，让员工得到实惠，使计划生育工作更加深入人心。

鉴于外包工程增多，员工流动频繁等特点，为加强管理和提高政策宣传的普及率，水电三局从2006年开始，由过去与重点对象签计划生育合同转变为全员计划生育合同制管理，凡在育龄期的所有男女员工（包括下岗、离岗、退养、退休人员）与所在单位（离退休管理处）签订计划生育合同，对单位及个人起到监督和约束作用。

2001年5月19日，陕、川、渝、鄂、豫五省21个地市的计划生育参观考察团来水电三局召开现场会，水电三局计生办制作了《计划生育任重道远》为主题的大型摄影展，向150多人的参观团展示水电三局计划生育的工作成果。同年水电三局荣获安康市计划生育先进单位称号。

1994～2006年，水电三局连续12年计划生育率达100%。

四、独生子女政策

水电三局从1979年开始办理独生子女证；11月4日水电三局对第一批申请终身只生一胎的33对夫妇实行奖励，每对夫妇发给奖金40元。

1981年遵照国家有关规定，从5月1日起发放独生子女保健费每月5元。从1985年1月1日起享受独生子女保健费的职工，男女双方在本局的每月发5元，一方在本局每月发2.5元。领取独生子女证的一次性奖励费，职工男女双方在本局发给40元，一方在本局发给20元。汉中分局独生子女补发一次性奖励费，停止执行“三免”。

1988年9月19日，开始对全局6个月～14周岁的独生子女免费进行一次健康检查。同年12月26日水电三局决定，根据《陕西省计划生育条例》规定，凡符合生育二胎条件而自愿终身只生育一个孩子并领取了独生子女证者，给予一次性奖励200元，退休后享受加发5%的退休金待遇。

1989年1月9日，以局卫字［1989］第1号文转发并执行安康市计生委字［1988］039号文《关于女职工领取独生子女证后延长产期的通知》：根据中华人民共和国国务院令（第9号）关于《女职工劳动保护规定》第八条“女职工产假为90天……”的规定，女职工的正常产假比原来延长了1个月，与《陕西省计划生育条例》和安康市政府发字［1988］049号文件中规定女职工领取独生子女证后享受的产假相等。就此问题，水电三局请示并经市政府同意，可在原女职工领取独生子女证后休假 90 天的基础上，再延长 1 个月，即女职工领取独生子女证后的产假定为 4 个月。

陕西省第七届人民代表大会常务委员会第二十次会议 1991 年 3 月 3 日通过和颁布新的《陕西省计划生育条例》。根据新条例精神，水电三局计划生育领导小组 5 月 29 日发出《关于学习贯彻〈陕西省计划生育条例〉的安排及有关规定的通知》。该文件规定：①实行晚婚晚育，男、女双方按法定婚龄各推迟 3 年以上初婚的为晚婚；24 岁以上的已婚妇女生育第一个子女的为晚育。国家职工晚婚的，除享受国家规定的婚假外，增加婚假 20 天；晚育的，除享受国家规定的产假外，增加产假 15 天，在产假期间领取了独生子女证的，另增加产假 30 天。增加的婚、产假期间视为出勤，工资、奖金照发。夫妻双方终身只生育一个子女或合法收养一个子女的，领取《独生子女证》之月起～14 周岁，每月发给独生子女保健费 5 元，由其父母所在单位各负担 50%。②原执行的独生子女父母退休金加发 5%的规定，按照新条例精神，停止执行。③实行生育证制度，持有生育证的夫妻方可生育，无证生育者，处 200 元以上，400 元以下罚款。未到法定婚龄或者非婚怀孕的，必须终止妊娠，坚持生育的视为计划外生育，处以 500 元以上，2000 元以下罚款，情节严重的处以 2000 元以上，5000 元以下罚款。④职工接受节育手术，按照规定享受的假期视为出勤，工资、奖金照发。节育手术费在本单位医疗费中开支。夫妻一方在接受手术期间，经手术单位证明，确需另一方护理的，给护理个假 7～10 天，假期待遇与受术者相同。⑤对落实长效节育措施的职工给予奖励和优待。凡职工结扎者，给予一次性奖励 50 元，营养费 30 元。文件还对早婚早育、收养子女等作了具体规定。上述规定自 1991 年 3 月起执行。

1991 年 8 月 1 日，局计划生育领导小组会议决定，凡符合生育二胎条件而自愿终身只生育一个孩子并领取了独生子女证者，给予一次性奖励 200 元，所需费用由夫妇双方所在单位各负担 50%。

2005 年 2 月 21 日，水电三局研究决定：生育一个孩子并在 3 个月内领取了《独生子女父母光荣证》的，给予每人（次）一次性补偿女职工生育费 1000 元；没有领取《独生子女父母光荣证》或政策内二胎生育的，给予每人（次）一次性补偿女职工生育费 800 元。政策内生育因难产进行剖宫产的，增加生育费补偿 1500 元；多胞胎生育的，每多生育一个婴儿，增加生育费补偿 400 元。系政策内怀孕，非婴儿性别选择而进行的 7 个月以下引产的给予每人（次）一次性补偿 600 元。本局女职工在生育后 3 个月内领取《独生子女父母光荣证》的，单位奖励 100 元；独生子女保健费从领证之日起到独生子女 14 周岁止，每月发给 10 元；符合生育第二个子女条件，夫妇双方在孩子 14 周岁内申请放弃生育第二个子女并领取了《独生子女父母光荣证》的奖励 2000 元。以上奖励费用均由夫妇双方单位各承担 50%；单职工按以上奖励费总额的 50%支付。

2006 年 8 月 29 日，水电三局以劳人［2006］73 号文转发执行《陕西省劳动和社会保障厅关于基础养老金计发有关问题的通知》：2006 年 1 月 1 日以后办理退休手续的，符合《陕西省人口与计划生育条例》规定的独生子女父母，提高 5%的基础养老金。增加基础养老金所需资金，纳入统筹支付。

第九节　国　家　安　全

1992 年 6 月 8 日，根据上级的要求，水电三局成立国家安全小组。后经 1994 年 1 月 14 日和 1995 年 1 月 14 日两次调整。历任组长：田进先、陈庆和；副组长：史振宇、刘洪学；成员 3～5 人。办公地点设在局公安处，配备一名联络员，负责与地方国家安全局工作联系。

根据《国家安全法》的有关规定，水电三局制定局内国家安全工作的主要任务为：①对水电三局员工进行维护国家安全、荣誉、利益和维护社会稳定的宣传教育，提高员工国家安全意识，增强员工维护国家安全和社会政治稳定的自觉性；②在上级国家安全机关的指导下，开展反渗透、反策反、反窃密、反恐怖等维护国家和社会政治稳定的工作；③通过健全水电三局内部安全防范组织、制度，落实防范措施，及时、有效地防范和制止水电三局内部发生危害国家安全和社会政治稳定的行为；④做好出国人员的政治审查工作，并向上级部门提供出国人员的真实、详细资料；⑤随时掌握水电三局内部有关涉及国家安全和社会政治稳定方面的情况信息，并认真研究处理；如有重要情况及时通报上级国家安全机关。

根据以上工作任务，水电三局国家安全领导小组结合实际情况开展工作。

第十六章　社　会　保　障

第一节　机　　构

一、职工养老保险统筹办公室—社会保险管理处

根据国发［1991］33 号文精神，1992 年 11 月 19 日水电三局成立职工养老保险科，归局劳资处。

按中电联要求，1994 年 8 月 17 日水电三局成立职工养老保险统筹办公室，行政编制独立，业务由劳务管理处指导，定编 4 人。陈宗林为水电三局养老保险办公室主任。

1995 年 12 月 24 日，成立水电三局社会保险事业管理中心（简称局社保中心），下设养老统筹科、综合科、财务科，同时撤销原局职工养老保险统筹办公室（归属劳务管理处）。水电三局社保中心是局属各单位的社会保险基金经办机构，按照“人、钱、事”统一的要求，做好养老保险基金的征集、拨付、差额上缴（弥补）、运营等管理工作；负责建立职工个人社会保障账号和社会保险缴费记录、台账、档案、账户；归口负责失业、医疗、工伤、生育等其他社会保险项目基金的管理和运营。郭彪为局社保中心主任（兼）；陈宗林为副主任（常务）。1997 年 4 月 3 日局社保中心增设医疗保险科。

为了加强社会保险工作的管理，1999 年 6 月 14 日水电三局研究决定：水电三局社会保险事业管理中心不再挂靠劳动人事处，成立独立运转的业务部门，纳入机关编制，并在

此基础上成立水电三局社会保险管理处（简称局社保处），下设养老保险科、医疗保险科、财务科、综合科；原卫生处医管办（定编3人），行政工资关系挂靠在局社保处。截至2006年历任处长：郭彪、陈宗林。

二、水电三局社会保险管理监督委员会

1996年1月17日，水电三局设立社会保险管理监督委员会。其职责是贯彻国务院、电力行业和地方政府有关社会保险的法律法规和政策；审议批准社会保险管理实施方案；对基本养老保险基金企业补充养老保险和个人储蓄性养老保险基金管理工作的监督、审查以及制定保险基金的预算和保险基金保值增值的措施，对社保基金依法运营，切实保证基金的安全。主任：于彦洲；副主任：姜玉村、郭彪，委员8人。

2004年12月27日，局社保字［2004］第15号文决定，将1996年成立的水电三局社会保险管理监督委员会和2000年成立的水电三局大病互助基金管理委员会合并，建立水电三局社会保险管理监督委员会，全面监督水电三局的社会保险管理工作，包括贯彻执行国家和省市地方政府关于社会保险方面的法律法规和政策，审议批准水电三局社会保险管理的实施细则和办法，负责对基本养老保险、基本医疗保险、工伤保险、失业保险、生育保险、大额医疗互助保险、企业年金和水电三局内统筹等基金管理的监督工作。主任：司勤；副主任：任世玉、刘玉建、吴家明；成员16人；下设办公室，设在局社会保险管理处。

第二节　劳　动　保　障

一、职工保险

1951年2月26日，中央人民政府政务院颁布《中华人民共和国劳动保险条例》。1980年3月14日，国家劳动总局、全国总工会发出《关于整顿与加强劳动保险工作的通知》，规定企业行政与工会密切协作，相互配合搞好劳动保险工作。水电三局贯彻实施《劳动保险条例》及相关的配套政策，水电三局工会于1985年制定了《关于贯彻执行工会会员与非会员享受不同的劳动保险待遇的通知》。按照国家规定，执行劳动保险条例。

二、劳动鉴定

为加强劳动鉴定管理工作，1987年4月，水电三局成立局劳动鉴定委员会，1989年4月、1992年10月、1995年4月、1996年1月、2000年8月、2005年1月分别调整成员。历任主任：刘纪仁、李友仁、王新友、司勤。

劳动鉴定委员会下设办公室，1995年4月设在局安监办，办公室主任杨飞；1996年1月设在局劳务管理处，办公室主任：姚世友；2000年8月～2005年设在局劳动人事处，历任办公室主任刘卫平、孟祥茹。2005年水电三局劳动能力鉴定委员会分别在安康、汉中两地设立办事机构。

1995年5月3日，成立水电三局劳动鉴定委员会医务鉴定领导小组，组长何允武。

为适应机构改革，加强劳动鉴定管理工作，完善管理制度，明确审批程序，水电三局先后制定下发管理规章制度：

1996年1月11日，以局劳字［1996］第03号文下发执行《关于加强因工（公）致残丧失劳动能力程度鉴定管理工作的通知》。

1997年3月14日，以局劳字［1997］第13号文下发执行《关于加强员工因病或非因工负伤致残后丧失劳动能力程度鉴定工作的通知》。

2000年8月15日，以局劳人字［2000］第54号文印发执行《劳动鉴定管理（暂行）办法》。

2004年12月20日，以局安监字［2004］19号文制定印发《水电三局工伤认定初审管理办法》（试行），有效规范水电三局工伤认定初审工作的有关事宜，切实维护当事人的合法权益。

2005年1月26日，水电三局制订下发执行《水电三局劳动能力鉴定管理办法》。

三、残疾人工作委员会

1996年2月11日，成立水电三局残疾人工作协调委员会，主任张国泰。协调委员会下设办公室在局信访办，负责处理日常事务。

2002年5月17日，成立水电三局残疾人工作委员会，按照《残疾人保障法》及地方政府的有关规定，指导和监督局属各单位开展残疾人就业保障工作。主任张治源。委员会下设安康基地办公室、汉中基地办公室、西安办公室。

第三节　社会保险统筹

一、养老保险

（一）养老保险制度沿革

1951年2月26日，中央人民政府政务院颁布《中华人民共和国劳动保险条例》规定，职工退休费根据本人工龄长短按比例发放，直到本人死亡为止。1978年6月国务院颁发《关于安置老弱病残干部的暂行办法》和《国务院关于工人退休、退职的暂行办法》的通知，企业离退休职工退休费仍按比例发放，退休费比例有所提高。1986年7月，国务院颁布改革劳动制度4个规定的通知，对新招收的合同制工人，退休养老实行社会保险制度，养老保险费由企业和个人共同缴纳。

1987年5月25日，水电部劳动工资司、财务司转发财政部财综字［1987］第3号《关于加强国营企业职工待业保险基金和退休养老基金财务管理的暂行规定》、劳动人事部劳人险［1987］4号《关于退休养老基金和职工待业保险基金管理问题的通知》指出，水电部实行离退休费用统筹。水电部直属企业离退休费用仍按部统筹文件规定执行。参加地方统筹的劳动合同制工人退休养老基金管理和待业保险基金的管理应按财政部财综字［1987］第3号文件执行。

1991年10月，国务院国发［1991］33号文发布《关于企业职工养老保险制度改革的决定》，这是新中国成立以来企业职工养老保险制度的一次重大改革，是整个经济体制改革的一项重要内容。根据国务院国发［1991］33号文决定及原能源部能源人［1992］《关于印发〈电力企业职工个人缴纳基本养老保险费的暂行办法〉的通知》规定，结合水电三局的实际情况，1993 年 12 月 20 日以局劳字［1993］第 34 号文《印发水电三局〈职工个人缴纳基本养老保险费的暂行实施办法〉等文件的通知》决定：水电三局固定职工从 1992 年 10 月 1 日起，执行职工个人缴纳基本养老保险费，按本人工资总额的 2%缴纳；按照固定职工和劳动合同制职工的养老保险基金要逐步按统一比例提取的原则，水电三局劳动合同制职工从 1994 年 1 月 1 日起，改按本实施办法的规定比例（工资总额的 2%）缴纳。“个人缴费”由职工所在单位的劳动工资部门随工资单提出每人的缴费金额，财务部门在发放工资时按月代为扣缴，并由劳动工资部门分别记入《职工养老保险手册》和《基本养老保险缴费记载》卡。单位和职工必须同时缴纳基本养老保险费，才能计算为职工的缴费年限。

按照国家技术监督局发布的社会保障号码（GB 11643—1989）建立职工养老保险档案，1995 年 3 月 10 日，水电三局发出《建立职工养老保险档案的通知》，要求水电三局属各单位为每个人建立健全基本养老保险个人账户。水电三局职工统筹办公室和养老保险会计每年进行定期审核，各单位（项目部）或职工本人保管，退休时，按照手册中记载的缴费工资和个人账户中的储存额为其计发养老金。

1995 年下半年，水电三局开始为职工建立养老保险账户，即个人缴纳的养老保险金全部计入个人账户，企业缴纳的养老保险金按比例划入个人账户，总比例为 12%。电力行业企业统一从 1993 年 1 月 1 日起建立职工个人账户。

水电三局于 1996 年 7 月 1 日起实行全员劳动合同制，同时实施《电力行业职工养老保险制度改革试点方案》及相关配套政策。

1997 年，水电三局相继行文加强养老金收缴及管理工作。1 月 9 日以局劳字［1997］第 01 号文《关于 1997 年工程局基本养老保险费有关收缴问题的通知》。6 月 3 日以局劳字［1997］第 31 号文《关于建立 1996 年基本养老保险个人账户有关事项的通知》。11 月 10 日以局劳字［1997］第 61 号文关于转发水电总公司中水电社保［1997］34 号文《关于水电企业新增人员建立账户有关问题的规定》的通知。12 月 17 日以局劳字［1997］第 71 号文《关于提高职工个人缴纳基本养老保险费比例及有关事项的通知》：根据国家电力公司《转发〈国务院关于建立统一的企业职工基本养老保险制度的决定〉的通知》国电人劳［1997］94 号文规定，自 1997 年 1 月 1 日起，全行业个人缴纳基本养老保险费比例由 3%提高到 4%，以前月度应予补缴，个人账户中企业划转的比例相应减少 1%。

为了使参保职工个人账户按期全额计入所交纳的基本养老保险费及利息金额，切实保障广大劳动者的合法权益，根据劳动部办公厅劳办发［1997］116 号文印发《职工基本养老保险个人账户管理暂行办法》的规定，水电三局从 1998 年 10 月 1 日起，对用人单位或个人不按时足额缴纳基本养老保险费的，以后缴费采用滚动分配法记账：即缴费先补缴以前欠缴费用及利息后，剩余部分作为当月缴费。

根据陕西省城镇企业职工基本养老保险条例及有关政策规定，结合水电三局实际，制定《水电三局职工基本养老保险管理实施办法》，于 1999 年 6 月 30 日以局社保字［1999］第 01 号文印发遵照执行。

（1）基本养老保险费由用人单位和个人共同负担。

（2）《职工养老保险手册》与《基本养老保险缴费记载》（简称记载卡）是准确记载用人单位和职工缴纳基本养老保险费的基础资料，为职工办理退休和调动等变更养老保险关系时提供依据。每位员工各一份手册和记载卡，由水电三局社保处核发，用人单位劳人部门负责保管。（3）基本养老保险个人账户的管理：①水电三局社保处按照国家和陕西省有关规定，为足额上缴单位和个人养老保险费的参保者建立基本养老保险个人账户。②职工基本养老保险个人账户按本人缴费工资的11％建立。

（二）养老金的计算

1977年底以前，职工退休费按1953年国务院颁布的劳动保险条例执行，根据本人工作年限计算退休费，以本人退休前基本工资为基数按比例发放，一般为50％～70％。

1978年，退休费按国务院颁布的规定，离休干部享受在职时工资的100％离休费。一般干部和工人退休，因参加工作时间不同，按照工龄长短计发退休金，退休金比例为60％～90％。从事特殊工种的工人，退休年龄比正常退休年龄提前5年，女工人比女干部提前5年退休。

按照中共陕西省委陕发［1984］28号及陕西省劳动人事厅、陕西省科学技术委员会陕科干人发［1984］181号文件规定：自1984年10月1日起，凡在山区县（市）工作累计20年以上、具有技术员以上职称或中专毕业以上学历，原籍在外县（市）的人员，退休后继续留在当地定居的，退休金标准可提高10％，但其退休金总额不得超过本人的标准工资。

1991～1998年，养老保险实行电力行业统筹，退休费的计算执行电力行业规定。

1999～2003年由行业统筹过渡到陕西省社会统筹期间，职工退休费按两种办法计算：①实行原电力行业统筹规定的“新办法＋过渡性养老金”和“影子标准”养老金就高执行办法与陕西省人民政府陕政发［1998］28号文件规定的计发办法同时并存，就高不就低。②对于按照原行业统筹就高办法计发的月基本养老金，高于按照陕西省新办法计发的月基本养老金的部分，采用加发一定数额的补贴解决。从2004年1月1日起不再执行原办法。

2004～2005年统一执行陕西省规定的办法计发养老金。

2006年1月1日起依照（陕政发［2006］27号）文件精神，执行改革后的陕西省城镇企业职工基本养老金计发办法：①1996年1月1日以后参加工作的职工或以个人身份参加基本养老保险的人员，缴费年限（含视同缴费年限，下同）累计满15年的，退休后按月发给基本养老金。基本养老金由基础养老金和个人账户养老金2部分组成。退休时的基础养老金月标准以全省上年度在岗职工月平均工资和本人指数化月平均缴费工资的平均值为基数，缴费每满1年发给1％。个人账户养老金月标准为个人账户储存额除以计发月数，计发月数根据职工退休时城镇人口平均预期寿命、本人退休年龄、利息等因素确定。②1995年12月31日前参加工作的职工或以个人身份参加基本养老保险的人员，2006年1月1日以后退休且缴费年限累计满15年的，按月发给基本养老金。基本养老金由基础养老金、个人账户养老金、过渡性养老金和调节金4部分组成。

（三）养老金的统筹和支付

1958年，根据劳动保险条例规定，职工退休费由企业按月支付，企业按职工工资总数额 3%提取劳动保险金，交工会办理，其中 30%上缴上级工会组织作为劳保基金，70%留本企业工会作为劳保基金，用作支付因工残废抚恤金、救济费、疾病和因工负伤救济费、退休费、退职生活费、丧葬补助费等。

1969 年，国家财政部下发《关于国营企业财务工作几项制度的改革意见》，国有企业一律停止提取劳动保险金，企业职工的退休费改为营业外列支，社会性质的劳动保险变成了企业保险。

1986 年新招收的职工实行合同制，养老保险从本人工资中按比例扣缴，企业按合同制职工的工资总额按比例缴纳。

1992 年 10 月，根据国务院改革企业养老保险制度的决定，企业职工养老保险实行社会统筹，养老保险由企业和个人共同负担，职工按上年本人平均工资的一定比例扣缴，最初比例为 2%，现已提高到 8%；企业按职工工资总额一定比例缴纳。

1991～1998 年，养老保险实行电力行业统筹。

1999 年以后的养老保险实行陕西省社会统筹。2001 年 7 月水电三局与陕西省社保局、中国建设银行陕西省分行签订了《关于驻陕原行业统筹企业离退休人员基本养老金社会化发放协议书》，与陕西省社保局和银行等部门密切配合，水电三局 7000 多名离退休人员已连续多年在指定银行、邮局按月足额领取到了基本养老金，基本实行了养老金的社会化发放。

二、失业保险

1986 年 9 月，陕西省政府根据国务院《国营企业职工待业保险暂行规定》，颁发《陕西省国营企业职工待业保险实施办法》，规定向企业单位征集职工待业保险基金。水电三局认真贯彻执行，于 1986 年参加了安康市待业保险统筹，由劳资部门按职工月收入的 1%征集职工待业保险基金，用于社会保险事业。1991 年，待业保险改为失业保险，并由企业和职工共同缴纳，职工合同期满后，企业可将职工劳动关系退回本人户口所在地，享受失业保险金。

按照国家劳动和社会保障部等 6 部委通知（劳社部发［1998］8 号）和陕西省劳动厅陕劳发［1998］366 号《关于加强失业保险基金征缴管理工作有关问题的通知》精神，从 1998 年开始失业保险基金的缴费比例由企业工资总额的 1.5%提高到 3.5%，由企业单方负担改为企业和职工个人共同负担，其中企业缴纳 2.5%，个人缴纳 1%。水电三局全体员工从 1999 年 1 月 1 日起按上述规定比例缴纳失业保险金至今。

从 1999 年 7 月起，随着机关搬迁至西安市后，经陕西省劳动厅批复，水电三局原在安康市缴纳失业保险费改由陕西省劳动厅失业保险处办理参保登记和缴费基数核定，并逐月向省地税局缴纳失业保险费。由安康、汉中、西安当地的劳动保障部门分别为水电三局户籍在三地的职工建立失业保险缴费台账。职工被解除或终止劳动关系失业后可在原籍劳动保障部门登记，申报领取失业保险金和其他费用。

2005 年 6 月 6 日，水电三局社保［2005］9 号文关于转发陕西省《失业保险条例》实施办法及《陕西省失业保险金申领发放办法》的通知，遵照执行：单位按职工上年度月平均工资总额 2.5%缴纳；个人按本人上年度月平均工资收入的 1%缴纳。由所在单位按月从工资中代扣代缴。7月12日以局社保［2005］11号文印发《水电三局失业保险关系转迁暂行规定》，进一步规范失业保险的管理。

三、医疗保险

2000年12月1日前水电三局职工医疗待遇按照《劳动保险条例》医疗规定实施。

根据国务院部署和陕西省的安排，要求水电三局在2000年底前实施新的医疗制度改革方案。2000年2月，水电三局六届一次职代会讨论通过《水电三局职工基本医疗保险实施方案》，从2000年1月1日起在离退休人员中开始试行；11月7日水电三局召开医疗保险制度改革实施动员大会，决定12月1日在全体职工中进行运作。

全局职工和离退休人员进入医疗保险。根据医疗保险属地化管理的原则，水电三局参加陕西省西安市的医改。水电三局根据企业实际制定了《水电三局基本医疗保险实施细则》，报西安市劳动局批准。经西安市劳动局（市医改办发［2000］9号）文件批复，从2000年12月1日起，水电三局按属地管理原则（社会保险注册地）参加了西安市的基本医疗保险。在统一政策、统一管理的前提下，暂在水电三局内封闭运行，内部管理，待西安市（市级）医疗保险信息网络建成后再纳入全市医疗保险统筹。按照西安市医保政策规定，基本医疗保险费由用人单位和职工双方共同负担；基本医疗保险基金实行统筹和个人账户相结合的原则。用人单位按上年度职工工资总额的7%缴纳，职工个人按本人上年度月平均工资收入的2%缴纳。退休人员个人不缴纳基本医疗保险费。进入再就业中心并签订了再就业协议的职工，以陕西省上年度职工月平均工资的60%为基数，由再就业中心代为交纳。

从2000年12月1日起，水电三局正式实施医疗保险改革方案。用人单位和职工个人缴纳的基本医疗保险费按规定的比例划分为统筹基金和个人账户两部分，统筹基金和个人账户按各自的支付范围，分别核算，不得相互挤占。个人账户基金用完后所发生的有关费用全部自理。从2001年起对水电三局参加基本医疗保险人员，开始核发《基本医疗保险证》。

2000年12月5日，水电三局党政联席会议研究决定：实行医疗保险改革后，西安片选西京医院、西安医科大学第二附属医院、西安市第二人民医院、西安市中医院、西安市未央区第一人民医院、西安市莲湖区红十字医院为水电三局定点医院。

2001年1月5日，水电三局成立大病住院医疗互助基金管理委员会，主任于彦洲，下设办公室（社保处），主任：郭彪。局属各单位按照《水电三局职工大病住院医疗互助保险管理暂行办法》规定，在职人员互助基金应在一季度内由单位代扣并上缴。水电三局大病住院医疗互助基金设立专用账户。局属各单位收缴的基金直接汇入上述账户，缴费人员名单交社保处医险科。

2005年9月5日，以局社保［2005］16号文印发执行《水电三局职工基本医疗保险管理办法》，共7章38条。明确水电三局主管基本医疗保险的部门为社会保险管理处（简称局社保处）。由局社会保险管理监督委员会对基本医疗保险基金的使用进行监督和管理。今后逐步同西安市基本医疗保险制度完全接轨并移交西安市管理。基本医疗保险基金实行全局统筹和个人账户相结合，以收定支，收支基本平衡的原则。基本医疗保险费缴纳：用人单位按职工个人社会保险缴费基数总和的7%缴纳；职工个人按本人社会保险缴费基数的2%缴纳；退休人员个人不缴纳基本医疗保险费。参保人员在定点医疗机构住院或门诊紧急抢救医治特殊病种要符合西安市住院病种目录和门诊紧急抢救医治特殊病种暂行规定，发生的有关医疗费按有关办法支付。

四、工伤保险

2004年12月14日，以局社保字［2004］第14号文印发《水电三局工伤保险实施细则》(试行)。实施细则指出，为保障因工作遭受事故伤害或者患职业病的职工获得医疗救治和经济补偿，分散局属用人单位工伤风险，促进安全生产、工伤预防和职业康复，根据国务院《工伤保险条例》、《陕西省实施工伤保险条例办法》、《西安市工伤保险实施办法》和国家有关规定，水电三局工伤保险专题会议研究决定，局属用人单位从2005年1月起开始缴纳工伤保险费，缴纳比例为工资总额的1%，由局社保处负责向局属各单位征收。

第四节　职工互助保险

1979年1月，水电三局按照全国总工会发出的《关于整顿互助储金会和职工困难补助工作的通知》精神，以班组为单位，建立起职工互助储金会。每人每月最低存额起点1元，多者不限，存储方便。实行集体领导，民主管理，群众监督，互济互助，有利于缓解职工日常生活开支的燃眉之急。

1991年，水电三局工会开展中华女子爱国储蓄活动，全局女职工共储蓄975 495元，参储面占女职工总数的86%，人均储蓄236元。

按照陕西省总工会《关于大力发展职工互助保险的通知》精神，2001年8月水电三局工会在全局职工中建立起职工互助保险业务。

第五节　丧葬费及遗属困难补助

一、丧葬费统筹

1996年底以前，按国家及上级主管部门的有关规定，水电三局的职工和离退休人员死亡丧葬费发给400元/人。自1997年1月1日起，离退休人员死亡后，发给丧葬费标准为：因工致残离退休死亡后，发给2000元；因病或非因工死亡的，发给1500元；包干使用。自1998年9月水电三局的基本养老保险工作由原电力行业统筹移交参加省级统筹后，离退休人员死亡待遇所需费用由原行业统筹改由企业自行承担。从1999年1月1日起，离退休人员死亡后发给丧葬费调整为：工伤伤残程度被评为1～4级的，发给2000元；工伤伤残程度被评为5～6级的，发给1800元；工伤伤残程度被评为7～10级的，发给1600元；因病或非因工离退休后死亡的，发给1500元；包干使用。从1999年6月1日起水电三局离退休人员死亡后统一执行陕西省的有关待遇：即发给丧葬费1500元，包干使用。

二、供养直系亲属生活困难补助费

1991～1999年以前供养直系亲属生活困难补助费是按照《劳动保障监察条例》规定

纳入原电力行业统筹。

根据中共陕西省委组织部陕组通字［2004］80号文件规定，经省社保局审核批准水电三局离休人员（含符合条件的新中国成立前参加革命工作的老工人）去世后，其无工作的配偶，不论居住在城镇还是农村，其生活困难补助标准调整为：1937年7月6日以前参加革命工作的离休人员的配偶，每月400元；1937年7月7日～1945年9月2日参加革命工作的离休人员的配偶，每月300元。配偶中的孤寡老人每月另加100元。调整后的所需经费纳入陕西省养老保险社会统筹。

第六节　建　章　立　制

1999年6月30日，以局社保字［1999］第01号文印发执行《水电三局职工基本养老保险管理实施办法》。

2000年6月26日，以局社保字［2000］第10号文印发《陕西省税务征缴社会保险费实施细则》，（陕西省地方税务局陕地税发［2000)］067号文规定：陕西省境内基本养老保险金、基本医疗保险费和失业保险费（统称“社会保险费”），由地方税务机关负责征收。

2002年3月1日，以局社保字［2002］第02号文印发执行《水电三局社会保险统计管理暂行办法》和《水电三局社会保险统计责任制考核办法（试行)》。

2003年7月16日，以局社保字［2003］第11号文转发陕西省劳动和社会保障厅等部门陕劳社发［2003］40号文《关于进一步加强养老保险费缴纳情况监督维护职工合法权益有关问题的通知》，要求局属各用人单位要按照厂务公开制度的要求，定期公布缴纳社会保险费情况。从2003年起，必须建立健全参保职工工资性收入年度“签认制度”，接受职工监督。

2004年12月8日，以局社保字［2004］14号文印发执行《水电三局工伤保险实施细则（试行)》。

2005年1月24日，以局社保［2005］02号文印发执行《水电三局职工大额医疗费互助保险管理办法（试行)》。

2005年7月14日，以局社保［2005］11号文印发执行《水电三局失业保险关系转迁暂行规定》，完善和规范了水电三局的失业保险操作程序。

2005年9月1日，以局社保［2005］14号文印发执行《水电三局离退休人员死亡后遗属定期生活困难补助费申报审批管理办法》，完善和规范了水电三局离退休人员死亡后遗属定期生活困难补助费申报审批程序。

2005年9月1日，以局社保［2005］14号文印发执行《水电三局职工退休审批和养老金社会化发放管理办法》，进一步规范了职工退休审批及养老金发放程序。

2005年9月5日，以局社保［2005］16号文印发执行《水电三局职工基本医疗保险管理办法》。

第八篇　科 技 与 教 育

第八篇　科技与教育

第一章　科学技术

第一节　机　构

无论是青铜峡、刘家峡建设时期，还是石泉、石门和安康水电站建设及外包工程建设时期；无论是计划经济时期，还是进入市场经济以后，水电三局都十分重视科学技术的探索和研究。为了开发应用及总结提高，先后建立了相应的组织机构。

一、技术处

青铜峡工程局时期，施工技术归由工务处管理，后改为施工技术处。

建设汉中石门水利枢纽工程时期，工程局在生产指挥部下设技术组，负责施工技术和工程设计工作。1979 年 8 月后设施工技术处，负责施工技术管理。

建设石泉水电站期间，石泉分局在生产指挥部下设置施工科，承担技术工作。1978 年 4 月改为十五局，设立施工技术处，定员 29 人。两局合并后更名为水利水电第三工程局设技术处。

二、施工研究所—中心实验室—勘测设计研究院

施工研究所成立于 1958 年。青铜峡和石门工程建设期间设置试验室。1975 年 10 月 16 日水电四局石泉分局革命委员会科研所成立。1982 年 9 月两局合并组建新的水电三局，仍设置施工研究所。

根据国家技术监督局《产品质量检验机构计量认证/审查认可（验收）评审准则》的规定和要求，为满足水电三局产品质量检验需要，2003 年 3 月 7 日，水电三局将施工研究所试验室更名为水电三局中心实验室；是水电三局工程产品质量检测工作的归口管理单位，具有委托法人资格的质量检测机构。

2006 年 8 月，水电三局生产经营单位机构整合，将施工研究所与勘测设计院整合为水电三局勘测设计研究院。下设技委会、综合办公室、技术管理部、质量安全部、人力资源部、财务部、建材室、水工安全监测室、化灌室等主要科室。

三、技术协会等

1985 年 12 月 9 日，成立水电三局职工技术协作委员会（群众团体），下设办公室，设在工程局工会生产部。与此同时成立水电三局技协第一分会电子技术分会筹备小组。1986 年 1 月 20 日，召开所属电子技术分会成立大会。

1987 年 12 月，水电三局成立科学技术协作委员会，主席：张宏义。1992 年 8 月水电三局成立科协，负责技术咨询，科普教育，技术发展，新科技推广，学术交流。

2005 年 12 月 21 日，水电三局召开 2005 年科技工作会暨第三届科技代表大会，成立水电三局技术委员会、专家委员会、评审委员会；改选了水电三局科学技术协会，水电三局职工技术协会。会议讨论修改通过了《水电三局四年科技发展规划》，明确了科技工作的指导思想，基本原则，目标任务和主要政策措施等。

2006年1月17日，以局技管［2006］2号《关于下发水电三局技术委员会、专家委员会、科技评审委员会及科协机构负责人名单的通知》确定了水电三局技术委员会、专家委员会、科技评审委员会、科协等机构的委员（理事）、常务委员（常务理事）、负责人名单：①技术委员会委员由71人组成；常务委员25人；主任：王鹏禹；副主任：姬脉兴、刘策群、洪飞、张民；秘书长：姬脉兴（兼）。②水电三局专家委员会由30人组成；主任：王鹏禹；副主任：姬脉兴；秘书长：谢凯军。③水电三局科技评审委员会由23人组成，主任：王鹏禹；副主任姬脉兴；秘书长：谢凯军。④水电三局科协理事由74人组成；常务理事由25人组成；理事长：吴新琪；副理事长：张治源、司勤、焦继轩、张波、王鹏禹、任世玉；秘书长：姬脉兴。

2006年1月18日，以局技管［2006］3号文印发《水电三局技术委员会章程》。4月7日水电三局职工技协委员会二届一次会议表决通过了《中国水电三局职工技术协会章程》，共9章37条，在总则中明确，水电三局职工技术协会是开展科技活动的群众团体，由职工自愿结合的科技型团体会员和个人会员组成；是陕西省职工技术协会的团体会员，属于非营利性质的群众组织。章程对业务范围、会员、组织机构、经费、会徽、章程的修改程序、终止程序及终止后的财产处理等作出具体规定。

四、技术管理办公室

1992年6月，成立水电三局技术管理办公室。1994年机构调整，将水电三局机关原有23个部门缩减为15个，其中技术管理处与总工程师办公室合并为水电三局工程技术管理办公室。水电三局机关迁址西安后，1999年5月12日对局机关机构重新设置调整为15个部门，其中设有技术管理办公室。

1995年3月30日，以局经管字［1995］第12号文印发《中国水利水电第三工程局机关工作规范》，明确技术管理办公室是水电三局的技术管理部门，其主要工作职责：①负责编制和修订水电三局技术进步发展规划和施工科研计划，并指导监督其实施。②审查中标项目大中型水利水电工程和其他建设工程实施阶段施工组织设计和重大技术方案，参与重大技术方案的确定。③组织编制水电三局的企业标准，指导二级单位编制的工艺、方法。根据国家和部门有关规程、规范，制订和修改水电三局的技术管理办法；督促二级单位（施工项目）制定技术管理工作的实施细则，并监督执行。收集局属各单位上报的科研成果，组织进行鉴定或申报专利，实施科技成果的管理工作。④深入施工现场，审查技术方案和解决技术问题；监督和检查项目技术管理部门的工作。对工程师以上专业技术干部进行技术业务水平的实际考察。⑤负责审查工程投标文件施工组织设计部分，参加施工现场考察，协助拟订投标施工组织设计编写大纲，确定重大施工技术方案，参加投标答辩会。⑥负责技术图书、期刊、技术文件、技术情报以及局内部技术资料的整理管理工作，提出技术资料的服务办法。⑦负责全局性的技术交流活动，组织技术交流会、专题讲座会等。⑧负责编制全局的技术人员培训计划，确定培训专题、联系和组织培训师资、确定培训人员等。⑨审查大中型水电建设工程的竣工资料，参加大中型水电建设工程的竣工验收工作。⑩负责各承包工程项目的技术资料收集，负责工程投标过程中的技术资料的收集。⑪组织水电三局内有关在职或已离退休的专家进行技术攻关，提供技术咨询和技术服务。⑫承担水电三局科协人员的管理工作，协助科协开展工作。

五、水电三局科技领导小组

1990年，发［1990］局办字25号文成立水电三局合理化建议和技术革新领导小组，组长刘纪仁；副组长蔡泽夏、蔡新鉴、姜玉村。1997年3月21日经水电三局研究决定，将其改为水电三局科技领导小组，其成员调整如下：组长李友仁（局长），副组长张治源（副局长）、蔡泽夏（总工程师）；成员9人。领导小组下设办公室，主任：马锡庆（兼）；副主任：张宝庆、彭景铮。

六、无线电管理领导小组

1988年7月7日，成立水电三局无线电管理领导小组。1994年3月16日、1995年3月16日、1996年5月9日，分别进行领导小组成员调整。历任组长：胡懋初、张治源、刘洪学；副组长：肖圣义、刘泽、张兵；成员4～5人。

七、水电三局专业技术带头人推荐委员会

根据《集团公司专业技术带头人管理办法》（中水电人［2005］109号文）精神，2006年1月5日，成立水电三局专业技术带头人推荐委员会，负责对各单位上报的专业技术带头人候选人进行遴选，并向集团公司推荐。主任吴新琪；副主任司勤，专家委员付胜利、王鹏禹、任世玉、刘玉建、姬脉兴等13人。下设办公室，设在水电三局劳动人事处，刘卫平任主任。

第二节　规　　划

从20世纪90年代起至2006年，水电三局共制定了四个企业改革发展规划，均对全局的科技进步、科技发展提出了明确的要求。

1996年，水电三局改革和发展四年规划（1996～1999）提出科技工作部署和措施：①增强科技意识，提倡“科技兴局”。树立“科学技术是第一生产力”的观念，把依靠科技进步作为实现水电三局经济增长方式的突破口之一。②在水电三局已形成的综合技术优势基础上逐渐形成具有特色的生产组织形式和施工工艺；坚持为工程服务，以实用技术为主，兼顾行业领先地位的尖端技术和树立企业形象的主导技术开发。③推广以小发明、小设计、小改造、小建议、小革新为主要内容的“五小”科技活动，解决施工现场存在的技术问题。④探索技术引进、开发应用的运行机制，建立健全科技进步考核制度，完善科技成果应用的推广体系，探索建立科技基金制度。通过科技进步，改善生产组织方式，优化施工措施，实行规模经济效益。

2000～2003四年改革发展规划提出技术管理工作安排：①提高队伍技术构成，建立局处两级人才储备机制；完善专业技术职务聘任制度。②大力增强科技创新意识，以推广特色技术与先进技术为主；建立技术创新、引进推广的考核制度，完善评审机制，对在技术创新、成果转化创造经济社会效益的技术人员进行奖励。

2005～2008四年改革发展规划提出科技工作目标：①分专业、分层次解决专业技术人才待遇偏低问题；建立激励机制，培育有广泛群众基础的技术工人和业务尖子；每年选送一定数量的优秀人才到大专院校进修深造，对紧缺技能人才每年培训力争达到500人以上，合格率达90%以上。挖掘技术潜力，开展各层次的技术“比武”活动。②加快新技术、新工艺、新材料的应用推广。③研究科技创新课题，制订分年度课题规划，长远安排生产力优化手段和创新能力，加速形成技术创新和科技成果转化。建立员工技术创新、科研项目评定奖励办法。逐步增加科技经费投入。

2005年12月，水电三局第二届科技大会通过的《水电三局四年科技发展规划》确立了“科技兴局”“人才兴局”“创新强局”的发展战略和2005～2008年科技工作目标及工作规划：①积极为水电三局第三个改革和发展四年规划作好技术支持和智力支撑，确保各项经济技术指标的实现。②创造“尊重知识”、“尊重人才”、“专家治企”、“素质创优”的经营环境，采取各科优惠激励政策，努力提高科技人员的待遇，加大人才培养选拔力度，创新包装人才，确保每年招收引进各类大学生不少于200人，使技术干部流失率降低80%以上，使流失人员回归率达20%以上。③逐年加大科技投入的比例，使2006年科技投入比占总产值的0.3%、2007年达0.4%、2008年达0.5%。④力争建设三个科技含量高的科技示范工程，科技先进水平达到省级和水电总公司级获奖标准，以此带动一批该行业项目领域的其他工程。⑤提高科技专业技术人员发现科技亮点，勇闯科技难点，善于总结提高创新的能力。每年在各种报纸杂志上发表不少于30篇科技论文，规划期末取得不少于3项省级或水电总公司级科技成果，每年工程局内科研立项项目不少于10项，10项经费不少于100万元，争取在行业技术规范、规程、标准和科技专著上有所造就。⑥确保在南水北调丹江口大坝加高工程施工中出一本技术专著，突破国内行业新老混凝土黏接、年老失修大坝技术改造增容技术难关，力争荣获一、二项国家和省部级科技奖励，争取申请一项国家专利，发表一批在国内外有影响的科技论文，总结一套水电工程加固改造增容的经验和工法。⑦确保在水电总公司科研项目中已立项的山西西龙池大坡度超长斜井和高强度输水钢管制作与安装科研任务的全面完成，力争荣获水电总公司和陕西科技进步奖，为水电三局两项科研项目总结一套可以指导其他工程和推广应用的施工经验和工法。⑧在大坝基础煤层采空区地质加固处理科研项目上力争荣获水电总公司或陕西省科技进步奖。⑨重视筱溪工程大坝基础处理施工问题，收集处理过程的资料（包括影视资料），为水电三局复杂坝基地质处理总结一套经验和工法，力争荣获水电总公司和陕西省科技进步奖。⑩在闸墩整体滑模施工方面力争荣获水电总公司和陕西省科技进步奖。⑪积极做好高坝施工，大容量机组安装的技术储备，力争在堆石面板坝、碾压混凝土坝、双曲拱坝、芯墙土石坝的高坝施工和350兆瓦以上70兆瓦以下混流式机组，30～40兆瓦贯流式机组，200～300兆瓦可逆式抽水蓄能机组安装领域内有新突破，力争占据一席之地。

第三节　施　工　科　研

中国水利水电第三工程局中心实验室（简称水电三局中心实验室）是水电三局的专业

检测试验机构，始建于20世纪50年代，分别属三门峡水力发电工程局和青铜峡工程局。先后参加了陆浑、刘家峡、盐锅峡、八盘峡、石泉、石门、安康、大峡、小浪底、三峡等数十座国内水利水电工程的施工建设，参加了国外的伊拉克墨索尔水坝、阿尔及利亚布库尔丹水坝和罗斯法水坝工程的施工建设，承担了这些工程的筑坝材料试验研究、工程施工质量控制及水质和材料化学分析等项工作。

水电三局中心实验室在水利水电工程质量检测和新材料、新技术的应用上成果显著。其中“粉煤灰在水工结构混凝土中的应用”、“射钉法快速检测混凝土强度”、“轻型化灌泵的研制”和“混凝土试验资料管理系统软件开发”等项目先后获得水电总公司和电力部的科技应用二、三、四等奖；“三峡工程EL82系统优质混凝土生产质量管理”项目获得建设部2001年度全国工程建设企业现代化管理成果三等奖；“三峡二期工程左岸电站厂房混凝土配合比优化设计研究”和景洪水电站工程的“铁矿渣石灰岩双掺料施工技术研究”项目分别获得中国水利水电建设集团公司2006年度和2007年度科技进步三等奖；同时，在长期的水利水电工程筑坝材料的研究和施工质量控制中，培养了一大批具有丰富经验的专业检测试验技术队伍，能够满足各个层次的控制水利水电工程质量控制和检测试验工作的需要；具有良好的人员招聘、培训、考核和上岗机制。

1990年，水电三局中心实验室经陕西省建设厅考核评审，定为一级实验室；1998年2月通过国家技术监督局电力评审组的计量认证评审；2004年2月通过了国家认证认可监督管理委员会电力评审组的计量认证换证复评审；2006年4月18日通过了国家实验室计量认证高速铁路增项评审和换证复评审，有效期至2012年4月17日。水电三局中心实验室现获批准的认证/授权（验收）项目为41个产品，529个参数。

水电三局施工研究所主要产品：①混凝土外加剂：包括减水剂、引气剂、缓凝剂、早强剂、膨胀剂、泵送剂等7个品种。②混凝土毛面处理剂：该产品获得了水电部科技成果三等奖；这也是水电三局拥有独立知识产权的产品。③锚固剂：产品是水泥基锚固剂，适用于地下工程、高边坡开挖支护及工程修复加固。

长期的施工科技研究，水电三局形成了三大优势专业：建材试验、大坝安全监测、化学灌浆。

一、材料试验与质量控制

1993年，责任承担了中国长江三峡总公司业主试验中心的运行管理工作。1996年经招投标，中标参与小浪底建管局试验室运行管理工作。1999年协议承担了百米高碾压混凝土拱坝——陕西蔺河口工程的业主试验室工作。2002年经招投标，中标云南小湾水电工程业主试验中心的责任运行和管理工作。2004年经过议标，中标云南糯扎渡水电站业主试验室筹建期的建设、运作。2005年和2006年通过议标分别承担了金沙江溪洛渡水电站和向家坝水电站业主试验中心的建设、运行和管理协议。目前水电三局中心实验室进行业主试验室运行控制管理的水电站装机达到42 000兆瓦。水电三局中心实验室创造了一整套大型和巨型水利水电工程业主试验中心质量控制监督和管理机制。

全国水利水电施工技术信息网组织编写的我国水利水电工程施工用工具书——《水利水电工程施工手册》，由水电三局中心实验室负责，其中“混凝土工程卷”第三章　混凝土原材料选择及常态混凝土配合比设计主编工作；另外还参与修订了《水利水电建设工程单元工程质量等级评定标准（一）水工建筑物》规范的修订工作，为中国水利水电工程技术的发展作出了一定贡献。

在实际工程施工监控过程中，以水电三局中心实验室为主的三峡总公司试验中心组织北京水利水电科学院和武汉长江科学院，对三峡工程所用的原材料和混凝土配合比进行了长达数年的试验研究，在三峡工程混凝土施工配合比使用花岗岩作为混凝土粗细骨料的不利情况下，采用先进技术和工艺，使三峡工程混凝土施工配合比达到了世界先进水平，并且因混凝土配合比优化，使国家节省了近2亿元的材料款，并使混凝土工程施工质量得到很大的提高，为保证三峡工程的施工质量打下良好的基础。水电三局中心实验室为京沪高铁三标段工程设计了全部的高性能混凝土配合比，满足了工程施工的需要；为海阳核电厂工程设计的核岛工程配合比，被美国西屋公司一次性批准。

水电三局中心实验室先后承担了数个国际工程的原材料检验试验和工程施工质量控制工作，对使用国外检验试验标准和规程、规范有丰富的经验；如在阿尔及利亚的布库尔丹、罗斯法土石坝和苏夫水处理工程，在混凝土原材料质量控制中均采用AFNOR（法国标准化协会）标准；在土方工程质量检验和控制中部分采用AFNOR，部分采用ASTM（美国材料试验协会标准），从而对这两个国家的标准有非常深入的了解。

二、大坝安全监测

多年来安全监测专业技术人员承担了安康水电站、黄河小浪底水利枢纽、青海公伯峡水电站等多项局内外大中型水利水电工程的安全监测项目，业务范围辐射全国20多个省市自治区。该专业拥有国内一流的监测设备，技术力量和理论水平较高、工程实践经验丰富。现有水工建筑物、岩土工程、工程地质、工程力学及数值分析、工程测量、自动化控制等方面的各类专业人员，并有一批专业从事现场仪器安装施工的技术工人。能提供国内外著名仪器厂家的仪器和自动化观测设备，仪器率定、施工安装、调试测读及资料整编分析等技术服务。在岩土工程测试方面，主要从事工程开挖爆破震动、地应力、弹性波和桩基等项目的测试和研究，承担过安康水电站、漫湾水电站、大峡水电站、尼那水电站、小浪底水利枢纽、景洪水电站、向家坝水电站等多项工程的岩石工程的测试和研究工作。拥有INV306大功率多功能信号采集分析仪、声波检测仪（含大功率发射机）、拓扑爆破震动数据采集仪等测试设备50多台（套）。

三、化学灌浆及工程缺陷处理

水电三局施工研究从事化学灌浆浆材、工艺、设备的研究和应用，已有四十多年历史，有一支能够承担化学灌浆研究、设计、施工专业队伍，局属科研所已成为全国水利水电化学灌浆专业委员会成员，拥有副主任委员1名，顾问2名；在该专业领域处于国内领先地位，在国内化灌届享有很高的声誉，是中国水利水电化学灌浆专业委员会副主任委员单位。承担过青铜峡、刘家峡、石门、石泉、安康、大峡及石板水水电站的化学灌浆试验、设计和施工任务。先后在葛洲坝、三峡、桓仁电站、佛子岭、广东枫树坝、湖南鱼潭、葛洲坝等多个水电工程施工中承担化学灌浆施工任务，还承担并圆满完成了湖南大圳灌溉工程高压灌溉管道裂缝补强灌浆，冶金部基建工程兵承建的陕西华阴金堆城钼矿、麻家边水库给水工程裂缝补强灌浆，安康水泥厂、安康工业大楼等工业民用建筑补强灌浆。这些工程项目经过多年运用的考验，表明化学灌浆效果良好。近年来又相继承担并圆满完成了举世瞩目的长江三峡水利枢纽、河南小浪底水利枢纽、青海公伯峡水电站的化学灌浆处理、陕西平利古仙洞二级电站压力管道裂缝补强及防渗处理、陕西安康联营电站厂房边墙裂缝化学灌浆处理、陕西宁强二郎坝及天生桥水库枢纽暗河拱堵头补强化学灌浆处理、湖北庙子头水电站化学灌浆处理等项任务。

水电三局化学灌浆方面主要获奖项目："化学灌浆浆材及工艺"项目获水电部科技进步二等奖及1978年全国科学大会奖；"轻型化灌泵研究"项目获1987年水电部科技进步三等奖；1991年6月，参加深圳星火高科技展，"化学灌浆技术"项目获优秀奖；"复杂地基处理——安康水电站坝基千枚岩软弱岩层化灌处理技术研究"项目获1991年能源部科技进步四等奖；"轻型化灌泵"项目于1992年参加北京第四届国际能源（电力）供应技术和设备展览会，获科技成果奖；"复杂地基处理——安康水电站坝基千枚岩软弱岩层化灌处理技术研究"应邀参展，获全国专利科技成果金奖。在学术活动中，水电三局科技人员在学术期刊和论文集上发表了多篇有较高价值的学术论文。1997年9月，水电三局在西安成功举办了中国水利水电第七届化学灌浆学术交流会，并主编了会议论文集。2000年9月，在第八届全国化学灌浆学术交流会上，水电三局提交的论文荣获中青年优秀论文奖，并在此次换届选举中连任化学灌浆专门委员会副主任委员单位。化灌专业拥有独立知识产权的SK－H002型混凝土毛面剂，即混凝土缝面剂，为国内独家生产，主要用于新浇混凝土平、立面以及人工和机械难以处理的各类施工缝的毛面。以代替传统的人工打毛、风镐凿毛、风砂枪及高压水冲毛等方法。是一种高效混凝土毛面处理新工艺。40年来，本产品在小浪底、大峡、安康等水利水电工程以及高速公路的桥梁等工程项目中应用，取得了非常好的效果。特别是应用于高速公路、桥梁的结构层与调平层结合面及调平层与磨耗层结合面的处理，大大提高了其使用寿命。

第四节　施　工　技　术

1958年8月，青铜峡水利枢纽开工后，明渠导流施工条件极端恶劣，断石相连，岩石破碎，基坑涌水，又少机械动力。工程局采用了草土围堰土专家包寿昌（民工）的建议，用大捆稻草从河边往下压，浸水的稻草捆湿了很沉，一直压到高度超过水位；基础开挖缺少抽水机，就自制木水车，采用小的草土围堰，连续作业，交替进行。草土围堰的成功应用，解决了导流的关键问题。

1969年2月，褒河石门水利枢纽开工，混凝土双曲拱坝为当时同类坝型中最高。施工中采用了拱坝应力分析梁拱变位协调分载法。《拱坝应力分析梁拱变位协调分载法（试载法）》作者：郑建林、马锡庆、刘光先、周履名。其成果效能：在计算机上实现，可进行径、切、水平扭转三项变位一次调整。适用于等厚度变圆心拱坝，拱梁划分为7拱13梁。对高拱坝（100米范围左右拱坝）初设，低拱坝技设阶段可得到满意解答，选型预应力分析皆可运用，当时在我国处于领先地位。已应用于陕西石门拱坝预应力计算，湖南东江拱坝预应力计算，天生桥拱坝选型，二滩拱坝选型，龙羊峡拱坝选型等。

1975年以后，在石泉水电站施工中采用塑料拔管代替冷却水管和灌浆管施工技术，塑料软管充气埋入混凝土内，待一定强度后放气，收缩而拔出形成孔洞，代替传统预埋钢管。

1978年12月20日，原水电三局按水电部通知，成立以凌宏焜为组长的工作小组，主持修订《水工建筑物混凝土及钢筋混凝土工程施工技术暂行规范》，修订后的规范由水电部于1982年4月颁布施行。此项目获国家科学进步三等奖。

1983年10月，水利水电建设总局在水电三局召开了安康工程混凝土施工技术讨论会。为适应安康水电站工程高速水流要求，国内首次采用较为先进的消力戽消能施工技术。

1986年3月，水电部科技司和总局在水电三局召开了高边坡工程技术交流会。

1989年1月，陕西省水电学会邀请全国有关方面专家学者在水电三局召开安康水电站坝体冷却接缝灌浆技术研讨会。同年10月第三届全国水工混凝土学术讨论会在水电三局召开。

1995年3月16日，由陕西省科委组织、西北电管局主持召开的安康水电站过水叠梁技术成果鉴定会在水电三局举行。鉴定小组成员由水科院、北京勘察设计院、西北水科院、西安理工大学、西北勘设院等有关单位的专家和教授组成。鉴定会认为，安康水电站运用大型过水叠梁技术提高发电效益这一科研成果，属国内先进水平，为大中型水电站建设提供了成功经验。同年11月20～24日全国混凝土坝信息网技术年会在四川丰都举行，水电三局总工程师蔡泽夏参加会议。与会专家学者对水电三局承担施工的石板水电站碾压混凝土施工成果给予了高度评价。

为了适应水电及建筑业市场经济发展的需要，发挥水电三局在施工技术方面的群体优势，满足各施工项目点对施工技术的需求，1996年4月29日，以水电三局技字［1996］第05号文下发执行《中国水利水电第三工程局施工技术管理办法》，该管理办法按项目法管理中直线职能制的指导思想而制定的，对各施工项目的重大施工方案和技术措施实行宏观管理，以保证其方案和技术措施的经济性和技术上的合理性；通过施工方案的优化，提高项目经营的经济效益，从而提高施工技术水平，明确了施工技术管理的业务和内容、施工技术管理的组织和职能、施工技术管理、制度等有关管理办法。

2005年4月19～21日，全国水利水电施工第19次技术经验交流会暨《水利水电工程施工手册》出版总结会在南京召开。水电三局作为水利水电施工单位及《水利水电工程施工手册》参编单位参加了会议。水电三局陈文耀、谢凯军是该书第3卷“混凝土工程”中第三章“混凝土原材料选择及常态混凝土配合比设计”的主要执笔人；陈军是第五章“特种水工混凝土”的主要执笔人之一。

2005年10月8日，以水电三局技管字［2005］第4号文下发《中国水利水电第三工程局施工技术管理办法》。该管理办法进一步明确了施工技术管理的业务和内容、组织和职能、管理和制度等有关管理办法。

为保证国家和行业的技术标准（规程、规范）在工程局的贯彻执行，2005年10月27

日以局技管字［2005］第7号文下发实施《中国水利水电第三工程局技术标准（规程、规范）管理办法》：①水电三局是国有大型建筑施工企业，在大中型基本建设施工中采用国家和部颁行业标准以确保工程质量。②水电三局技术管理办公室根据工程资质范围编制水电三局技术标准（规程、规范）现行控制清单，经审核后由水电三局总工程师批准发布。③技管办及时跟踪、收集国家、行业最新的技术标准，发布信息并向局属各二级单位、项目部通报，局属各二级单位和项目部应及时配备自己所需的新标准，并应根据标书要求积极主动与业主、监理商讨贯彻、实施新标准的方式。

一、混凝土重力坝施工技术进一步提高和大坝整体加厚加高施工技术的突破创新

安康水电站折线混凝土重力坝，坝高128米，总装机852.5兆瓦，为全国和世界上地质条件最复杂的坝址之一，施工中成功解决了因坝址河床含泥缓倾角断层所带来的重力坝深层抗滑不稳定的基础处理问题以及右岸200米高边坡不稳定的治理问题；采用了宽尾墩、折流礅和异型鼻坎等新型的综合消能技术，成功解决了大流量泄洪消能难题；采用掺加外加剂和掺和料等综合技术，成功解决了大坝温控防裂难题，保证了大坝的安全运行。获得了能源部优质工程奖。同一时期参加了水电行业知名度最高的《水利水电工程施工手册》编制，主编了土石方开挖卷，参审了混凝土施工卷。

黄河刘家峡水电站混凝土重力坝，坝高147米，装机1225兆瓦，同样是国内地质条件极为复杂的坝址之一，施工中攻克了顺河大断层大坝基础、左岸坝肩及库区内塌滑体等稳定问题的技术难题，创高速泄水建筑施工和大容量机组、高电压等级输电线路、高水头大孔闸门启闭机安装的国内之最，获水利电力部优秀工程奖。

丹江口水利枢纽大坝加高工程是南水北调中线水源工程的重要组成项目之一，加高后的混凝土重力坝坝高117米，装机900兆瓦。施工中采用键槽、增加结合面、温控、设置锚筋、优化配合比、改变混凝土弹性模量等方法，成功解决了新、老混凝土坝体结合成整体等八大技术难题；应用全液压盘锯成功完成老坝体混凝土表面键槽施工，应用静力钻切排孔法工艺成功完成老坝体混凝土内水平通风孔造孔施工，应用EMA－COS188材料配合MeycoDeguna喷射泵成功修补了老坝体闸室破损部位，开创了我国大型水电站旧坝改造的新局面。创造了水工混凝土建筑物整体加厚加高工程的世界纪录，创造了混凝土重力坝大面积横缝锯缝的国内同类施工新纪录，并获国家发明专利一项，参加编制的《液压盘锯切割混凝土键槽施工工法》获得了国家级施工工法。

二、碾压混凝土坝和混凝土面板堆石坝筑坝技术

水电三局承建的石板水水电站施工中在碾压混凝土层间结合、同仓异种混凝土接合、碾压混凝土层面处理、Ve值的动态控制、利用不同原岩作粗细骨料浇筑和高温期混凝土浇筑等方面进行了大胆的改进研究提高，取得了众多成功经验，获重庆市优良工程。1996年3月22日水电三局在四川石板水电站压力钢管混凝土回填施工中，连创两项全国纪录：压力钢管道最后一层回填一次性完成110米，国产混凝土泵垂直输送混凝土180米。

澜沧江大朝山水电站为碾压混凝土重力坝，坝高114米，装机6×225兆瓦，在原材料、配合比、温控、模板、施工机械等方面采用一系列的新技术、新材料、新工艺，创造了多项国内之最，充分体现了碾压混凝土快速、高效及优质的特点，为促进国内碾压混凝土筑坝技术提高提供了丰富的技术创新成果。该工程2004年获中国建筑工程鲁班奖、云南省优质工程一等奖。《碾压混凝土筑坝技术研究与应用》获中国水利水电建设集团公司科技进步一等奖。

澜沧江景洪水电站碾压混凝土重力坝，坝高114米，装机5×350兆瓦。在施工中重点进行了包括高性能混凝土在内的特种混凝土性能与应用技术研究，在国内首次使用铁矿渣与石灰岩双掺料的新型材料获得成功；同时碾压混凝土斜层施工采用平推法、二期横向围堰采用土工膜芯墙、厂房坝段牛腿采用预制钢筋混凝土模板、厂房坝段坝前门机轨道梁采用片筏基础、右冲坝段开挖采用控制爆破支护加固、引水压力钢管采用钢筋混凝土支墩支撑等项新工艺、新技术，加快了施工进度，确保工程质量、消灭了安全隐患，节约了施工成本。创造的国内碾压混凝土大口径取芯最长的新纪录，充分展现了主体工程混凝土施工的质量水平。《铁矿渣石灰岩双掺料混凝土施工技术研究》（作者：王鹏禹、谢凯军、赵仁安、姚安华、姚小平）获2007年度中国水利水电建设集团科学技术进步三等奖，为水电工程节能减排和降低成本保证质量创出了新路。水电三局基础分局赵存怀主编的《混凝土大直径长芯取芯施工工法》获国家级施工工法。

云南弄另水电站和重庆石板水水电站同样为近百米高碾压混凝土重力坝。弄另水电站为在工期十分紧迫情况下完成大规模混凝土浇筑任务，进行了单掺火山灰碾压混凝土试验研究，试验单掺料选用当地腾冲火山石加工的火山灰为掺和料，针对下料时间、下料顺序和方式，分别进行50秒、60秒和75秒三种拌和时间的拌和试验，对不同下料顺序和拌和时间的混凝土取样进行拌和物的Ve值、混凝土含气容量和抗压强度试验，试验的成功为大坝碾压混凝土浇筑奠定了坚实基础，节能减排成果受到陕西省总工会的重视。

三、大型及特大型发电厂房及机电安装工程施工技术

长江三峡工程左岸电站厂房施工中，在国内外首次采用蜗壳在充水保温保压模拟发电状态下浇筑二期混凝土的新技术获得成功；蜗壳二期回填大流态混凝土配合比的试验和应用，取得了显著的实用效果；厂房外墙采用WLSA多卡镜面模板工艺，进行不装修混凝土清水墙面施工，有效地提高了混凝土质量，得到了国务院检查组的充分肯定，被树为三峡混凝土施工样板工程。厂房工程竣工验收评定为优良工程，授为三峡工程建设最佳诚信单位。《三峡工程左岸电站厂房施工》获得全国优秀社科成果一等奖；《三峡电站左岸厂房蜗壳保温保压浇筑混凝土施工》2006年获陕西省第九届自然科学优秀一等奖；《三峡二期工程左岸电站混凝土配合比优化设计研究》（作者谢凯军）2006年获中国水利水电建设集团公司科研二等奖。

澜沧江景洪水电站装机5×350兆瓦的厂房工程（跨度31.5米）、承接的装机4×800兆瓦的金沙江中游向家坝水电坝后厂房工程（跨度39.5米）和金沙江中游阿海水电站5×400兆瓦厂房坝段，黄河小浪底水利枢纽6×300兆瓦和山西西龙池抽水蓄能电站4×300兆瓦混流式机组机电设备安装工程，云南阿鸠田水电站（四级）3×35兆瓦和四川仁宗海水电站2×120兆瓦冲击式机组机电设备安装工程，湖南株洲航电工程5×28兆瓦、乌金峡水电站4×35兆瓦和黄河炳灵水电站5×48兆瓦贯流式机组机电设备安装工程，西龙池电站500千伏输变电系统安装工程同样具有相当规模，充分展示了在大型厂房工程施工、大容量或特大容量机组及特大电压等级输变电系统安装中的雄厚实力和科技创新能力。

四、大型地下洞室施工已具有雄厚施工实力和成熟施工技术

水电三局承建的地下洞室工程项目众多，代表性的大型地下厂房工程如黄河刘家峡水电站地下厂房（跨度 31 米）、湖南江垭水电站地下厂房、凤滩水电站地下厂房、四川仁宗海水电站地下厂房等；长度超过 2.5 千米的长隧洞工程如四川柳洪水电站引水隧洞、陕西蔺河口水电站引水隧洞、四川薛城水电站引水隧洞、四川金窝水电站引水隧洞、小浪底水利枢纽排沙洞等；开挖断面 400 $米^2$ 以上的大断面隧洞工程有黄河小浪底 3 号导流洞、四川官地水电站左岸导流洞、云南龙马水电站右岸导流洞、阿海水电站导流洞、小浪底水利枢纽孔板洞等。

地下洞室施工中三局不断的研究提高轮廓控制爆破能力和大断面、长隧洞钻爆法施工技术，开发引进新型锚固技术及材料设备，将不良地质条件下洞室施工技术作为重点对象进行研究。针对地下洞室地质条件复杂、爆破开挖难度大、安全问题突出的特点，采用超前钻探、打导洞等方法了解地质情况，对地下水丰富、地质不良洞段和岩爆频发洞段，采用定点监测、管棚灌浆、顶拱素喷、锚杆支护以及浅钻孔、弱爆破、多循环、勤支护等施工方法，确保施工有序进行。光面爆破和预裂爆破效果良好，残留炮孔痕迹在开挖轮廓面上分布均匀，相邻两孔的岩面平整。对洞室混凝土衬砌模板技术也进行了创新，采用各种先进的钢模台车和模板技术组合，不但保证了施工质量和安全，并且大大加快了施工进度。

黄河拉西瓦水电站引水系统进水口拦污栅墩滑模施工，一次性滑升 103.4 米高度，创国内滑模施工水工混凝土一次滑升最高新纪录，自行研制的针梁式全断面混凝土衬砌钢模台车得到了广泛应用。其中刘家峡地下厂房工程获水电部优秀工程奖，江垭水电站和凤滩水电站地下厂房工程分别获得“湖南省重点建设项目先进单位”称号，小浪底 3 号导流洞被树为“样板洞”，并被时任国家主席的江泽民同志誉为“具有中国特色的爱国主义教育基地”，其他洞室工程也被评为优良工程或树为开挖样板工程。

五、高边坡开挖支护工程施工技术处于国内先进水平

金沙江向家坝水电站左岸 300 米以上边坡开挖支护工程、澜沧江小湾水电站右岸缆机基础及 1000 米高程以上坝基开挖支护工程、景洪水电站左岸 612 米以下坝基开挖支护工程和黄河拉西瓦水电站右岸坝肩、电站进水口及消能区边坡开挖支护工程以及正在施工的金沙江中游阿海水电站右岸缆机基础和 1420 米高程以上坝基开挖支护工程、鲁地拉水电站右岸 1135 米高程以上开挖支护工程等是水电三局高边坡开挖支护的标志性工程，边坡开挖高度均在 200 米以上，最高 700 余米。施工中开展了高边坡开挖控制爆破技术研究及开挖爆破稳定性问题研究、新型锚固技术研究及锚固快速施工研究，采用了削坡加锚钻结合法以及坡面、坡里同时排水的施工技术，在地质条件极其复杂、阴雨风雪过多的恶劣天气条件下，确保了工程工期、质量和安全。其中向家坝水电站土石方挖运日强度 3.81 $万米^3$ 和月强度108.5 $万米^3$，创国内水电行业施工新纪录；单月边坡支护量 5.43 $万米^3$，创国内同类施工新纪录；景洪水电站开挖月平均强度超过 55 $万米^3$，树为开挖样板工程；

小湾水电站被树为不良地质段开挖样板工程、安全先进单位。《700米高边坡及堆积体开挖与锚固施工技术研究》于2006年获中国水利水电建设集团公司科研特等奖，同年获中国电力科学技术一等奖。

六、引水系统大坡度超长斜井施工及高强压力钢管制安技术处于同行业领先水平

山西西龙池水电站是我国目前最大水头（694.5米）的抽水蓄能电站，四川任宗海水电站也是目前国内高水头（610米）引水式电站之一，水电三局在此创出了品牌，创出了信誉，其中西龙池60度的大倾角超长斜井施工及800兆帕高强压力钢管制安是目前国内施工及制作安装水平最高、技术难题解决最为成功的优秀范例。

西龙池引水系统施工采用先进的阿里玛克爬罐设备和新改进的LM－300反钻井高质量地完成了国内坡度最大、隧洞最长的斜井开挖，成功完成了亚洲HD值最大的压力钢管制安，解决了大坡度超长斜井施工及800兆瓦高强度压力钢管制安中的一系列技术难题，形成了一套爬罐斜井施工导向控制及反井钻导孔钻进过程纠偏控制测量工艺，在同行业中处于领先水平。其中斜井钢管安装及混凝土回填月平均进度创世界新纪录，斜井开挖长度、施工精度及高强钢管焊接等创国内同类施工4项企业新纪录，获全国优秀焊接工程奖。《西龙池电站输水系统大坡度超长斜井开挖中的难点和对策》论文获陕西省第十届自然科学优秀学术论文二等奖；科研项目《输水系统大坡度超长斜井开挖技术研究》获中国电力科学技术三等奖（参研人员：王鹏禹、姬脉兴、皮高华、赵刚等）。同时获得中国水利水电建设集团公司科学进步一等奖。主编的《斜井开挖激光导向施工工法》及《斜井导井阿里玛克施工工法》2008年获2005～2006年度国家级施工工法。

七、复杂坝基处理及防渗工程施工技术研究的新进展

湖南筱溪水电站为地质断层最大、最多、最复杂的电站坝址，水电三局成功运用化学固结灌浆方法替代传统的水流固结灌浆式开挖回填方法，化学固结灌浆材料为自行研制的改性低黏度环氧灌浆材料，用多台电动隔膜化学灌浆泵同时灌注；压力控制在0.8兆帕左右。采用该方案对坝基的处理满足了施工设计要求，与传统的开挖回填方案相比，成本降低80%，工期由一年缩短为37天，创国内水电工程地基加固处理新纪录，自行研制的“轻型化灌泵”获水电科技进步奖。

黄河乌金峡水电站、小峡水电站、湘江株洲航电工程、大渡河沙湾水电站、重庆金家坝水电站、湖南清水江白市水电站等电站围堰工程采用的深孔高喷灌浆施工工艺获得了成功，其中高喷防渗墙最大孔深沙湾水电站为81.0米（平均深度60米），乌金峡为48米，小峡水电站为35米，株洲航电工程为30米。《深孔高喷灌浆施工工艺研究》的科研成果已被鉴定为国家行业领先水平。该项目积累了30～60米深厚砂卵石层高喷灌浆施工的经验，成功解决了因砂卵石覆盖层深厚并夹含粉细砂层及大量孤石钻进困难、严重涌沙、灌浆抱管频繁难题；完善提高了严寒条件下施工的防冻保温措施，确定了适合深厚砂卵石层高喷灌浆的工艺参数，采用两排三管四序法施工；配备德国KLEMM全液压钻机、XL－50旋喷机和变频高压灌浆泵等先进深孔高喷灌浆设备，高喷灌浆围堰防渗效果良好。其中乌金峡水电站经基坑抽水测试和高喷凝结体取样试验，高喷防渗墙渗透系数为5.07×10^{-5}厘米/秒，抗压强度为8.2～13.6兆帕完全满足规范规定，经开挖检测高喷防渗墙厚度为1.3～1.5米（双排），同样满足规范规定和设计要求，高喷灌浆混凝土防渗墙的深度和质量被专家赞誉为“西北第一墙”。深厚覆盖层高喷灌浆施工技术在水利水电工程围堰防渗中有着广泛的应用前景，该技术比混凝土防渗墙节约成本、节省工期。达到防渗效果后可大大节省经常性抽排水费用，确保围堰的安全有效运行，项目研究达到了国内先进水平，效益显著，具有较高的应用推广价值。

云南茄子山水库为其他单位施工的混凝土面板堆石坝，该地段地质条件差，岩石节理裂隙发育，不均匀风化严重。水库蓄水后，边坡产生滑塌，基础渗漏严重，不但影响库区蓄水，而且危及大坝安全。水电三局受业主委托承担该危坝的除险加固。渗漏处理中采用前堵后截方法；前堵则为对可能集中渗漏通道用细石混凝土填塞和基岩灌浆，后截则为加强和加深趾板下已有的帷幕灌浆和固结灌浆。对边坡则增加喷锚支护和局部锚索锚固支护。处理结果渗漏量稳定在很小量值，超过了设计标准，并由此获“水库渗漏处理优良工程”奖。

八、大江大河截流技术具有丰富的成功经验

水电三局针对工程的具体情况，开展了大江大河高截流流速、大截流流量、深龙口水深、大抛筑强度的高难度截流工程的施工技术研究，加强了防渗体渗漏研究，成功完成了一批大江大河的截流工程。其中澜沧江漫湾水电站截流工程获能源部水电工程优质奖，汉江喜河水电站、蜀河水电站、株洲航电工程、景洪水电站等工程的围堰导流标准均超过1.5万米^3/秒，湖南湘江株洲航电工程和黄河柴家峡水电站截流流量均超过1600米^3/秒，分别创湘江和黄河上游水电站大江大河截流流量的最大纪录。

九、PCCP管建筑安装技术获得突破性进展

开展了长隧洞PCCP管运输及安装的关键技术研究，长隧洞PCCP管安装回填施工已填补了国内在此领域中的空白。水电三局与太原重型机械厂联合研制的“驮管车”获国家专利和科技进步奖，与中科院建材研究所联合进行的隧洞泡沫混凝土回填试验也取得了成功。其中山西万家寨引黄工程连接段PCCP输水工程建筑安装项目创国内同行业管道安装内径最大和隧洞内安装最长新纪录。《长隧洞大直径PCCP管道运输安装施工技术研究》于2007年获中国水利水电建设集团公司科学技术进步二等奖；张育林、梁艺华、罗栓定、盛连才参加编制的《特大PCCP管安装施工工法》获国家级施工工法。

2006～2007年，与太原重型机械厂再次合作，对“驮管车”进行大胆改进，共同研制出目前国内最大、自动化强度最高的4台DD/SDT-4000型电动隧洞PCCP管道运输安装车。这是我国第一台4000型PCCP管道安装运输设备，单台最大运输能力为80吨，车长19.5米，宽4.8米，高4米，自重65吨，为目前我国在隧洞PCCP管道安装中处于技术领先地位的施工专用设备。该设备应用于南水北调北京段PCCP管道施工安装项目，为加快工程进度和提高工程质量起到了关键作用。该设备已被国家专利局批准为专利，水电三局重要的研制单位之一。

十、建材试验、质量控制、安全监测及工程缺陷化灌处理实力在同行业中独树一帜

水电三局连续承担了世界上最大的水利枢纽工程—三峡工程试验中心；世界最高的混凝土拱坝—云南小湾水电站工程试验中心；国内最大的土石坝—小浪底水利枢纽建管局试

验室以及金沙江向家坝水电站和溪洛渡水电站、澜沧江糯扎渡水电站、陕西蔺河口水电站、万家寨引黄工程等大型及特大型水利水电工程业主试验室的筹建、运行和管理，还承担了我国第一条具有世界先进水平的国家级大型工程—京沪高速铁路（JHTJ－3 标段，长 266.62 千米，合同价 142.7 亿元）试验中心的运行和管理。

水电三局先后获得 10 项国家级和省部级科技进步奖，主编了《水利水电工程施工手册》中的《混凝土原材料选择及常态混凝土配合比设计》，参加修订了《水利水电建设工程单元工程质量等级评定标准（一）水工建筑物》规范，为水利水电工程技术发展作出了贡献。以水电三局专业人员为主的三峡工程试验中心，对三峡工程的原材料和混凝土配合比进行了长达数年的试验研究，在混凝土施工配合比使用花岗岩作为粗细骨料的困难情况下，经反复试验，终于使三峡工程的混凝土配合比达到世界先进水平，仅此就为工程节省了近 2 亿元的投资，并大大提高了混凝土质量，为三峡工程混凝土施工样板工程奠定了坚实基础。

2006 年，水电三局技术委员会积极推进科技创新、攻关工作，对申报的 7 个科技创新项目进行了评审鉴定。通过评审鉴定验收的项目有 6 项，分别为：《大型灯泡贯流式水轮发电机组安装》、《XP40－70 平面铣床设计、制作及加工》、《重庆城口左岚水电站设计》、《动态 GSP 在施工中的应用》、《厂房尾水墩及挡水结构滑模施工》、《景洪水电站二期围堰施工》。

第五节　制 作 安 装 技 术

水电三局的金属结构制作与机电安装，是由工程局属制造安装分局承担。制安分局的前身是工程局属机电安装单位及机械制造单位。

一、机构沿革及概况

青铜峡工程期间机构设置有机械站、修配厂、安装队、汽车队。转战陕西汉中石门褒河电站后，于 1975 年机构设置机运队、安装队、修配厂。

石泉水电站建设期间机构设置有安装队、机电队、汽车队、机修厂；1975 年 8 月 11 日成立铁路筹建处，12 月成立汽修厂。1978 年改为水电十五局机构设置汽车队、机修厂、机电队。1979 年改为电力部二局机构设置汽车队、机械修配厂、机电队。

1982 年 9 月两局合并为水电三局，机构设置机械修配厂。1985 年 5 月机构调整，局机械修配厂改为机械制造厂，后成立机电安装处。1995 年 5 月，机电安装处改为安装公司。2002 年 9 月，以局经管字［2002］28 号文批复设立水电三局机械制造厂。

2006 年 8 月 14 日，按照集团公司的整体部署，将安装公司和机械制造厂整合组建了中国水利水电第三工程局制造安装分局，同时撤销原安装公司、机械制造厂。

二、已完建的大、中型工程项目

（一）金属结构制作

1998 年为长江三峡工程制造安装一组 1000 吨散装水泥罐。2001 年又为青海公伯峡电站制造安装了一组 1000 吨散装水泥罐。2002 年为长江三峡左岸发电厂房制作了平板尾水闸门尺寸9×9.4～51.4米，共计2台（套），单扇重达105吨。2002～2005年，制造安装了2台跨度分别为20米、24米的50吨龙门吊。2004年为四川省都江堰市紫坪铺电站制作的特大型弧门，弧长达18.7米，宽12米，单扇重达210吨，计1扇。弧门安全运行4年并在汶川大地震中顺利运行，经受了大地震的考验。2005年为青海省贵德县拉西瓦电站制作了特大型平板尾水检修门2扇，单扇重245吨，闸门厚2.2米，孔口尺寸15.3×18.7～31米。2005年为四川罗江口电站制作、安装了2×800千牛双向门机，2005年为四川罗江口电站制造安装了2×1600千牛固定式启闭机。2006年为西藏雪卡水电站制造安装了320千牛双向门机。

（二）金属结构安装

1964年在北京市门头沟区下马岭电站制作安装了引水压力钢管，特别是水平段，因洞内条件受限，难以运入成品钢管，硬是将一片片弧板运进洞内再进行安装，按期完成了在首都的施工任务。1969年在甘肃省永靖县刘家峡电站完成5条直径8米的压力钢管安装，其中坝后式3条，洞内式暗管2条。同时完成了同五台机组配套的进口工作门、检修门、尾水门、溢洪道弧门等金属结构安装。2000年在四川岷江铜钟电站制造安装了内径6米，长265米的过江压力钢管。2002年在长江三峡水电站完成了总重168吨，直径5米的排砂管。该管采用不锈钢复合钢板制作，攻克焊接关是施工中的一道难题。2003年，完成长江三峡电站双线五级连续梯型船闸四闸首、五闸首人字型超大型闸门安装。单扇闸门尺寸为37.5米×20.2米×3米，每套门重达1600余吨。该闸门号称天下第一门，是世界上最大的航运闸门。2003年6月16日，三峡永久船闸试通航典礼会场就设在制安分局施工的四闸首。2003年攻克了门孔深（达92米），门体重（达92吨），闸隙小的三大难点，利用400吨汽车吊完成了长江三峡电站永久船闸南线四闸室、五闸室用于充水的反向弧门安装，反向弧门尺寸4.2米×4.5米，是专门为启闭频繁、压力较大向船闸闸室充水的反向受力的工作闸门。2003～2006年，在长江三峡水电站，先后完成了左岸厂房1、2、9、10号，右厂房19、20号6台700兆牛机组埋件——座环和蜗壳的安装，占三峡电站26台机组的23%。单台座环重达75吨，其中2号机组蜗壳被三峡总公司评为样板工程。完成了左、右岸厂房网格屋架屋顶吊装。该网架单扇重64吨，尺寸36.2米×18.5米×3.5米。2004年7月，在甘肃海甸峡电站制作安装直径达8米，总重1000余吨的压力钢管。2006年完成宁夏黄河沙波头电站六扇平板叠梁闸门，该闸门单扇重155吨，孔口尺寸14米×15.9米～15.5米。

（三）机电安装

20世纪50年代末初，参与了三门峡电站5×50兆瓦水轮发电机组安装及电站压力钢管、坝顶门机、进出口闸门等金属结构安装。1968～1970年参与了刘家峡地下厂房2×22.5兆瓦水轮发电机组安装。1970～1974年在“烧饭靠砍柴，蔬菜西安买，住房干打垒，稻草人背来（指作草土围堰用的稻草）”的困难条件下完成了陕西石泉水电站3台45兆瓦混流式水轮发电机组及电站全部金属结构安装。1990～1992年，为抢安康水电站工期、节约资金在现场取消试验片，直接焊接重达160吨的分瓣转轮，完成4台200兆瓦混流式水轮发电机组安装和1台采用F—113氟立昂循环冷却气体封闭新技术的52.5兆瓦水轮发电机安装。1991年水电三局装机容量达252.5兆瓦，占当年全国水电装机计划容量840.4计划装机容量的33%。1992年，装机400兆瓦占当年全国水电装机计划容量2000兆瓦的25%。安康水电站（包括全长4×95米、总重485吨的引水钢管、5台重1000余吨的表孔弧门、3台中孔弧门、2台350吨桥式起重机，1台360/20坝顶门机及机组进水口、尾水闸门、尾水门机、启闭机在内的2.6万吨）全部金属结构安装均由水电三局独立完成。1992年，完成了丹江口电站自备防汛混流悬吊式水轮发电机机组安装，机组容量2×20兆瓦，为水电三局步入市场经济后进占湖北水电机电安装市场奠定了基础。1994年完成溪口抽水蓄能电站2×40兆瓦由瑞士生产的抽水蓄能机组安装，同时安装了直径3.2米长度639.4米，总重1218吨的压力钢管及其他全部金属结构。1997年完成了四川石板水电站3×35+10兆瓦4台水轮发电机组的安装及重达45吨的中孔弧门，坡度64度，直径3.7米，长度245米，总重1100吨的压力钢管等金属结构安装。1997年完成了湖北谷城白水峪电站3×15 +1×5兆瓦4台水轮发电机安装及重达155吨，尺寸12×18.8米的表孔弧门、600余吨的压力钢管、700余吨的金属结构的制造和安装。1998年完成了位于甘肃省白银市的大峡水电站4台75兆瓦转桨式和1台24.5兆瓦立式水轮发电机组安装，并获甘肃电力工业局“基建移交生产达标机组”称号。1999年在湖南省慈利县江垭水电站完成3台100兆瓦混流式水轮发电机组安装，并获湖南省重点建设施工先进单位。2000年8月完成了石泉二期（扩机）2台45兆瓦混流式机组安装及全部金属结构制造和安装。2000年在甘肃张掖龙首电站（一期）完成了4台立轴式混流水轮发电机组安装，总容量3×45兆瓦+1×22兆瓦。2001年水电三局独立完成了黄河小浪底水利枢纽2号机300兆瓦水轮发电机组安装。该机组为竖轴半伞式结构，转速107转/分，额定水头112米，机组总重1870吨，水轮机总重1049吨。机组投产后运行平稳，转子绝缘直流泄露试验值为120兆安，为该电站6台机组质量之最；被评为唯一一台优良等级的分部工程。2004年完成了云南省保山市阿鸠田水电站3台35千瓦冲击式水轮发电机组。该机组最大水头为421.27米，最小水头395.59米，额定水头398米，是当时国内容量最大的冲击式水轮发电机组，填补了水电三局安装冲击式水轮发电机组的空白。2005年制安签约合同金额2042.75万元，完成了湖南湘江株洲航电枢纽工程安装5台28兆瓦灯泡式贯流机组，该机组转轮直径7.5米，为当时国内同类型水轮发电机组之最。该电站左汉11孔、右汉13孔计24套单扇12×20米的特大型弧门在内的全部金属结构也由水电三局施工，此项工程获湖南省重点建设施工项目先进单位。

（四）特殊大型起重机械拆装

1990～1992年在陕西安康水电站先后安全拆装4台·次东德平移式缆机。在大峡电站安全拆装2台·次东德平移式缆机。该缆机承重20吨，提升高度125米，自重1470余吨，设计跨度615米，安康水电站安装跨度527米。由水电三局安装的安康水电站100吨级门式干运垂直升船机，跨度最长达715米，起吊吨位最大达180吨（船、货总重），国内一次性提升高度最高达105米，总重1419吨，年过坝运货能力50万吨，是西北地区最大的垂直升船机，2002年8月交付安康电厂使用。2003年在长江三峡左岸厂房成功安装了首台125吨桥式起重机。该机自重220吨，跨度36米，为安装首台1200/125吨桥机创造了条件。2003～2006年在三峡电站左、右岸厂房坝段，水电三局先后拆装17台·次MQ2000港式起重机。在安装过程中科学攻关，探索顶升技术关键，创造了同类港机拆装速度全国企业新纪录。2005年在南水北调中线取水源头湖北丹江口大坝加高工程中，科学的采用连接索引滑移方案提前15天完成150吨斜拉升船机水平行走钢梁拆除，荣获陕西省劳动竞赛委员会2006年职工创新成果奖。2006年在三峡电站右岸厂房成功地安装了1200/125吨桥式起重机，该桥机自重813吨（不含电器），跨度36米，为目前国内最大的桥式起重机。

（五）PCCP输水管道安装

PCCP输水管道是预应力钢筋、混凝土压力管道英文缩写，是世界上应用极为广泛的一种金属和非金属复合输水管材，在我国已逐步得到广泛应用，是一项很有发展前景、较为先进、运用广泛的输水管道。早在2000年，水电三局在山西万家寨引黄入晋工程连接段就率先迈入了这一新的施工领域。万家寨引水入晋泵站安装一山西万家寨引黄入晋总干一、二级泵站是引黄入晋的龙首工程，该项目是将海拔917米的万家寨水库的水送到海拔1550米的高山上。该泵站为日本产单机单吸立式离心泵，单机流量6.45米^3/秒，系国内最大的水泵。制安分局根据该泵组技术新、安装要求高的特点，在施工中采用框式水平仪控制质量，安装质量超过了日方的要求。2000～2002年水电三局承建的山西万家寨引黄入晋工程一标，合同金额7626万元，该工程PCCP管线有5次穿越其他地下管线，三次穿越汾河河道，工程全长17千米，其中明槽段9千米，隧洞段8千米，PCCP管内径3.0米，另有排气阀、排水阀、检修阀、检修井、流量计量井等42座建筑物。工程较合同工期提前5个月，被评为优良工程。2003年又承建引黄入晋连接段向汾河西干渠分水工程PCCP管道安装，也被评为优质工程。2006年承建南水北调（中线）北京段总干渠西甘池上、下游隧洞和崇青隧洞内直径4米，单节重达70吨（隧洞内运输重量）的PCCP管道安装。总长度2×2280米。全部工程提前10天竣工。施工期间，国务院南水北调办公室张基尧主任曾到水电三局施工现场视察，并对施工质量给予高度评价。2006年又承建了辽宁省大伙房输水（二期）工程。该项目主要负责位于沈阳市境内的PCCP管道安装。该工程PCCP管内径2.4米，长度39 025米。土石方开挖强度11.6万米^3/月，为满足PCCP管隧洞内运输安装需要，制安分局和太原重型机械厂联合研制的驮管车获国家专利。

三、主要科技成果与荣誉

水电三局制造安装的发展历程，是一个不断将科学技术运用于生产实践的历程，也是一个不断刷新同行业国内生产施工纪录的历程。在生产实践中刷新了许多施工纪录，创新了许多科技成果，获得了不少的荣誉。

在《中国企业新纪录》中，水电三局在机电制作安装方面有五项施工纪录榜上有名：①2002年黄河万家寨引黄入晋泵站安装单机流量6.45米^3/秒、转轮直径1.786米、扬程140米，创国内单机功率最大泵组安装纪录。②2002年山西引黄入晋PCCP管道安装，PCCP管内径3米，单节5米，隧洞内安装8千米，创国内2002年PCCP管道内径最大，隧洞内安装最长纪录。③2003年长江三峡电站3号MQ2000型港机拆卸和安装速度新纪录。④山西西龙池抽水蓄能电站引水隧洞开挖，1号引水洞1448.32米，最大倾角60度，创国内大倾角斜井开挖长度和发电引水水头最高新纪录。⑤2004年山西西龙池抽水蓄能电站斜井利用阿里马克爬罐和反井钻机联合开挖，长515.7米的斜井轴线仅偏1.8厘米，偏差率0.035％，创国内水电行业大倾角超长斜井开挖轴线精确度新纪录。

西龙池抽水蓄能电站引水压力钢管制造焊接工程被中国工程建设焊接协会评为《全国优秀焊接工程》。制安分局和太原重型机械厂联合研制的PCCP管道洞内运输安装车获国家专利。甘肃大峡电站75兆瓦转桨式机组安装获甘肃省电业局《基建移交生产达标投产机组》。陕西省技术监督局核准制安分局设立《特种设备焊工培训考核基地》。山西古交项目部引黄入晋工程获陕西省"'十五'职工经济技术创新十佳示范岗"称号。丹江口大坝加高工程150吨升船机拆除获陕西省职工经济技术创新优秀成果奖。

第六节　基础处理技术

基础处理施工是工程建设必不可少的一个重要环节。水电三局从事基础处理工程施工是伴随着工程局的组建开始的。

一、机构沿革及概况

从1958年起，历经青铜峡工程、刘家峡工程、汉中石门、石泉、安康水电站建设，水电三局在各个时期的组织机构均设置专业机构灌浆队。1986年5月灌浆队改为基础处理工程处。1995年5月基础处理处改制为基础处理公司。2006年8月水电三局以第68号文撤销基础处理公司成立水电三局基础处理工程分局。

50多年来，水电三局先后承建了青铜峡、刘家峡、石门、石泉、葛洲坝、安康、大峡、小浪底、三峡、宝珠寺等几十余座电站的基础处理工程施工。

20世纪80年代以后，水电三局为适应市场需求，不断提高市场竞争力，以水利水电工程基础处理为依托，广开门路，积极在江湖堤防加固工程、房建、公路、桥梁、铁路等非水电施工领域寻求市场，涉足道路路基、桩基、预应力锚索、高喷灌浆、超薄防渗墙、边坡处理、堤防加固等工程领域，由水利水电工程专业基础处理施工逐步向全方位工程施工领域拓展，不断提高竞争实力。先后承建完成了江西京九铁路赣江特大桥桥基、湖北白水峪电站基坑防渗墙、甘肃大峡电站帷幕灌浆、湖南张家界渔谭电站闸墩200吨级预应力锚索、西藏甲岗电站帷幕灌浆、三峡水利枢纽左厂坝坝后坡300吨级锚索、河南小浪底帷幕补强灌浆、甘肃小峡电站Ⅰ、Ⅱ期围堰高喷防渗墙、湖南株洲电站围堰高喷防渗墙、青海公伯峡电站左岸边坡锚索、长江同马大堤防渗墙及加固、长江荆南大堤加固、长江黄冈大堤加固工程、安徽临淮岗洪水控制工程（北副坝Ⅶ标段）、山东京沪高速铁路岩溶灌浆地基处理工程等50多项工程，工程合格率100％，优良率85％以上。

二、基础处理主要施工技术

（一）预应力锚索施工工艺

1986年水电三局开始引进预应力锚索施工工艺，分别承建了陕西安康水电站右岸船闸预应力锚索、云南漫湾电站预应力锚索、湖南鱼潭电站闸墩预应力锚索、三峡电站预应力锚索、湖北白水峪电站预应力锚索、甘肃大峡电站预应力锚索、甘肃小峡电站导流洞闸室预应力锚索、青海公伯峡电站左泄工作闸室及2010平台边坡预应力锚索等工程。公司目前拥有锚索施工设备20多台（套），能够承担1000～10 000千牛级的施工任务，月生产能力20万吨·米以上。

（二）大坝基础处理

经过几十年的施工实践和经验积累，水电三局年基础处理施工能力已达到10万米以上，并大量使用电脑自动记录仪等先进仪器，施工能力在全国同行业中处于领先地位。

（三）高喷防渗墙处理

20世纪90年代末，水电三局为拓宽工程施工领域，开始参与高喷防渗墙的施工，逐步掌握了高喷灌浆的施工工艺。先后承建了湖北庙子头电站上下游围堰和永久防护堤、湖北白水峪电站围堰防渗墙、陕西紫阳毛坝关电站Ⅰ期围堰防渗墙、甘肃小峡电站Ⅰ、Ⅱ期围堰防渗墙、湖南株洲电站围堰防渗墙、青海尼那电站防渗墙等。所承建工程合格率100%，优良率90%以上。经过不断的实践和探索，分局高喷防渗墙施工工艺达到了国内先进水平。

（四）高压喷射灌浆施工技术

1993年，水电三局组成了一支高喷灌浆专业队伍。通过十几年的实践和锻炼，高喷工艺日臻成熟，高喷专业施工人员已具有丰富的施工经验，先后圆满完成了湖北庙子头、黄河小峡、尼那、柴家峡、乌金峡、湖南株洲、筱溪、汉江喜河、蜀河、甘肃莲麓、苗家坝、云南土卡河、戈兰滩、弄另等十几个大中型水电站的围堰高喷防渗工程，累计完成高喷防渗墙钻孔75 698米，灌浆60 096米。其中乌金峡水电站二期围堰高喷防渗墙科研课题，积累了在30～50米厚，夹含孤石、粉细砂等复杂地层下高喷钻孔灌浆的施工经验，该科研项目被集团公司评定为2008年度科技进步二等奖。

（五）边坡（防坍塌）处理技术

水电三局拥有各类边坡（塌方体）处理施工资质，有丰富的边坡支护、喷护、插筋孔、预应力岩锚、锚杆钻孔等施工经验，先后承担了石泉二期电站边坡岩锚加固、湖南皂市水库塌方体加固、云南茄子山水库边坡喷护、青海公伯峡电站左岸边坡支护等工程。所承建工程做到质量第一、安全第一。

（六）反井钻施工技术

在水电站引水洞施工中，竖、斜井开挖是竖斜井施工的主要环节，由于竖、斜井施工难度大，所以往往是电站建设的控制项目之一。利用反井钻施工竖、斜井导井的反井施工方法是一种新的、具有很强生命力的开挖技术。基础工程分局反井钻施工队在西龙池抽水蓄能电站成功地完成了深度达75.1米的1号闸门井反井钻施工，导井的偏斜率仅为0.03%，这一成果在同行业施工的相关报道中属最高水平，得到了各界的广泛赞誉。

（七）大孔径混凝土取芯技术

水电三局在景洪水电站工地，按照业主、监理的要求，对电站C2标段碾压混凝土钻孔取芯，以检查混凝土工程质量。经过156个小时钻孔，2006年10月1日，在业主、监理的见证下，顺利从岩芯管中取出完整的混凝土芯样，芯样直径197毫米，长度14.13

米。此芯样长度为国内同行业中碾压混凝土所取出的最长芯样。芯样表面光滑密实，无气孔，是少见的碾压混凝土芯样，创造了混凝土大口径取芯的新纪录，在业内称之为“中国第一芯”。

(八) 大口径造孔、倒垂孔

水电三局拥有乌卡斯等大口径造孔钻机15台（套），月施工能力为大口径桩基70根。多年来，先后承担了江西京九铁路赣江特大桥桥基、辽宁秦沈高速铁路软基桥基、陕西安康月河跨河铁路桥基、宁夏沙坡头电站大口径排水井等工程的施工。自20世纪80年代开始倒垂孔施工，拥有丰富的倒垂孔施工经验和一支倒垂孔施工专业队伍，先后承建了甘肃大峡、陕西安康、湖北白水峪、陕西石泉等电站的倒垂孔施工。

(九) 堤防加固工程的施工

水电三局以国家开展的大规模长江堤防加固整治工程为契机，通过同马大堤、荆南大堤、黄冈大堤、黄广大堤、武汉长江大堤、黄梅大堤等长江堤防加固工程的施工（共完成防渗墙53.47万米^2，土石方开挖30.59万米^3，堤身坝体填筑217.22万米^3），不仅掌握了射水法造墙、深层搅拌法造墙、锥探灌浆、锯槽式造墙等江河大堤防渗墙施工工艺，而且还在土石方开挖和填筑施工方面积累了施工经验。

第七节　施 工 机 械 研 制

水电三局建局以后，在长期的建设施工中，广大科技工作者和工程技术人员认真钻研，勇于探索，因地制宜创造、发明、制作出适应工程建设的机械设备并投入使用，在新技术、新材料、新工艺应用中取得一系列科研成果。

1958年底～1961年，在青铜峡水电站河床坝段质量处理和混凝土补强技术中，以工程局的技术干部、技术工人、领导干部组成“三结合”攻关小组发挥了强有力的作用。由修配厂的副厂长张维春为首，老技工辛凤舞、王友斌、李鱼飞等人参与，与有关单位合作，集中力量调查研究，开展科学实验，研制成功膜片式化学灌浆泵，摸索出一套从灌浆原料、配方以至化学灌浆泵的试制、操作规程和方法等，开展化学灌浆，同时在外部铺设多层钢筋，涂抹环氧砂浆以及采用钻机打孔进行水泥灌浆等，这在当时国内还是首创项目。

1988年，由水电三局沈俊年、曹光钊、徐家林、肖永安、沈启光创造发明的SSMB-2/6型隔膜式比例泵，对于解决混凝土裂缝补强的双液法化学灌浆是较适合的设备。该泵工作性能稳定，无泄漏，操作技术简单，浆材利用率高（达95%以上），可减少浆液损失。该泵在国内属于首创，并达到国内先进水平，获水电部科技进步三等奖。由水电三局沈俊年、曹光钊、徐家林、肖永安、沈启光研制的SSMB-10/8手提、手摇电动隔膜两用化灌泵，适用于混凝土裂缝补强、堵漏、防渗和一般基岩化学灌浆；具有手摇电动两用，无级调节流量，精度高、工作性能稳定可靠、体积小重量轻，灌浆压力达20千克/厘米^2，用途广泛适用性强、减少化灌费用等先进技术特点，提高了劳动生产率。获水电部科技进步三等奖。

1989 年，由水电三局勘测设计处设计制作的阿尔及利亚布库尔丹水坝导流洞（直径 8.6 米）钢模台车，在我国水利水电工程施工上应用实属创举。该设计实现了大型钢模整体在门架上可作水平方向的移动和调整，为安装和施工带来了极大的方便，节省了人力，减轻了劳动强度，提高了工效，且安全可靠。在阿尔及利亚布库尔丹水坝导流洞施工中，解决了英国 R－M－D 模板公司尚未解决的难题，为我国争得了荣誉，赢得了时间。获水电部科技进步四等奖。

1994 年 6 月，由水电三局马鞍山康海公司船舶修造厂自行设计制造的 100 吨液砼甲板丙用机驳船正式投入运行，填补了水电三局的空白。

PCCP 输水管道是预应力钢筋、混凝土压力管道英文缩写，是世界上应用极为广泛的一种金属和非金属复合输水管材，是一项很有发展前景、较为先进、运用广泛的输水管道，在我国已逐步得到广泛应用，2000 年水电三局在山西万家寨引黄入晋工程连接段就率先迈入了这一新的施工领域。为满足 PCCP 管隧洞内运输安装需要，制安分局和太原重型机械厂联合研制了 DD/SDT 型 PCCP 管道洞内运输安装车获国家专利。

2001 年，由卢仁纪、王涛、罗军等人负责针梁式钢模台车的研究设计、制作安装成功，并在蔺河口水电站、公伯峡水电站、小湾水电站等工程的引水洞、泄洪洞和交通洞混凝土衬砌施工中推广应用，提高了隧洞混凝土衬砌质量和速度，降低了成本，使单项工程时间省、质量优、效益高。

第八节　建筑材料研制

一、化学灌浆

水电三局研制的化学灌浆主要产品。

(1) 由曹光钊、肖永安、叶铭勋研制应用多种化学浆材：①甲凝浆；②环氧树脂浆；③丙凝浆；④水玻璃浆；⑤聚氨酯浆材。1978 年获全国科技大会奖和水电部科技进步二等奖。

(2) 由向竞成、刘洪兵、冯祖俊、胡德芳、张鹤楼研制的 SK－HOO2 型混凝土施工缝表面处理剂，1986 年获国家专利，1988 年获水电部科技进步三等奖。

(3) 锚固剂：产品是水泥基锚固剂，适用于地下工程、高边坡开挖支护及工程修复加固。锚固剂锚杆与注浆锚杆相比，具有速度快、锚固力强、可靠、方便和节省等突出优点。该产品已在安康工程、大峡工程、虎跳河电站隧洞、潘家口水库厂房等工程得到广泛应用，取得了良好的效益。

二、建筑材料

(1) 混凝土外加剂。包括减水剂、引气剂、缓凝剂、早强剂、膨胀剂、泵送剂等 7 个品种，可满足各类工程的需要，已成功应用于包括三峡、小浪底在内的数 10 个工程中。

(2) 由黄煜及科研所等研制的非金属涂料延长水泵寿命及代替电站蜗壳钢衬板：适用于非金属配方和应用工艺技术，适用于修复磨损气蚀严重机械仪表、水泵、水轮机叶片等，使之返老还童，延长使用寿命；其工艺简单，费用低，耐磨损、抗腐蚀。1978 年获全国科技大会三等奖。此衬板成功应用于青铜峡水电站蜗壳，代替了设计要求的钢板衬砌，节约钢材30吨，且磨损抗腐蚀性能优于钢板。

(3) 由技术处、科研所研制的月牙型内加强肋岔管及无梁岔管，1978年获全国科技大会奖。输水洞分流钢叉管的设计计算、试验、施工技术，适用于混凝土输水洞分流后水轮机等金属机件连接部位，技术可靠，经济合理。

(4) 由张云、刘武久研制的悬臂式钢模板，1984年获水电总局科学技术进步三等奖。平面组合型钢式悬臂模板和键槽悬臂钢模板，是大坝混凝土施工一种新型模板，在技术上可行，经济上合理，每千方混凝土悬臂钢模板比普通定型模板节约木材6.27米^3，比钢模板节约木材4.45米^3，节约钢板400千克，悬臂模板使用机械化装卸，比钢模板功效提高1倍左右，比普通木模板提高6倍左右。1984年水电建设总局组织鉴定后，在水电大坝混凝土施工中推广应用。

(5) 水电三局科研所完成的M2型模板，于1991年获中国水利水电工程总公司科学技术进步三等奖。该模板技术水平国内领先，主要研究人员：马贞光、包正中、徐保国、朱瑛。该模板是在吸收国外先进模板优点的基础上自行研制的多功能悬臂整体大型钢模板；其支撑系统为拉压杆件结构，具有前后、上下、左右、正坡60度和反坡30度全方位调整功能，并设有安全工作平台。它的特点是：工艺简单、易于操作、调整方便、工作安全。M2型模板周转次数≥100次，单位面积重量<145千克/米^2，造价为205元/米^2。同当时国外先进的PERI模板比较，具有周转次数高、节约木材量大、功能多、重量较轻、安全性好、造价底等优点，可应用于水利、水电工业建筑等行业的混凝土浇筑。经全国重点工程——安康水电站应用，节约木材90%，提高功效5～10倍，安装、拆卸、调整简单方便。

第九节　新工艺、新技术、新材料应用

水电三局在长期的建设施工中，除制作与安装、基础处理、施工机械、建筑材料等技术研制成果的应用之外，还采用了以下多项新技术、新材料、新工艺，以降低成本、缩短工期、提高效益。

一、在施工技术方面

(1) 1960年2月，青铜峡水利枢纽工程截流后，为保证施工质量，成立了由技术干部、技术工人、领导干部组成的“三结合”攻关小组，进行河床电站坝段混凝土质量处理和补强。一是对于混凝土浇筑过程中出现的贯穿性裂缝、一般性裂缝以及密实性较差等问题，采用化学灌浆、环氧砂浆等新技术新工艺进行补强处理；二是在模板制作中，为防止因工艺粗糙而发生漏浆和出现泡沫，用肥皂水喷洗以保持其光洁度和湿度；在混凝土浇筑中克服振捣不够均匀、密实度不高的缺陷。

(2) 1970年11月，陕西石泉水电站开工后，采用了溢流坝选用消力戽消能新技术，减少石方开挖7万米^3；拦河坝采用混凝土空腹重力坝，利于混凝土的强度，降低坝基压力，节约混凝土2.4万米^3，节约钢材，减少石方开挖1.2万米^3，节省灌浆4500米^2；混凝土温控采用塑料拔管代替冷却钢管，加快冷却时间，节约钢管5696米；使用无支撑侧

悬模板，节约木材；选用塑料止水片，既节省有色金属，又方便施工。为适应安康水电站工程高速水流要求，国内首次采用较为先进的消力戽消能施工技术，如干硬性混凝土，无模板刮轨施工，应用推广效果较好。

(3) 拱坝应力计算分析法改进。采用电阻应变仪调整水轮发电机推力瓦受力，一次安装成功。提高了推力轴承各块瓦的受力均匀度，避免瓦烧，从而提高了机组安全运行发电的可靠性；能减轻工人劳动，缩短安装直线工期，提前发电，经济效益可观。

(4) 塑料拔管代替冷却水管和灌浆管。采用塑料软管充气埋入混凝土内，待一定强度后放气，收缩而拔出形成孔洞，代替传统预埋钢管。适用于坝体冷却水管、灌浆管及混凝土内各种直径的直形预留孔洞，节约钢材，降低造价，工艺方便。在安康工程坝体厂房等部位使用。曾在石泉工程中应用，节约塑料管 18 万米、钢材 450 吨。

(5) 水电三局的科研成果《水工补偿收缩混凝土快速建坝》于 1993 年获电力工业部科学技术进步二等奖。国内外大中型大体积混凝土坝的设计和施工，长期以来沿用美国 20 世纪 30 年代以纵横缝划分的柱状分块方法。这种方法分块尺寸小，浇筑强度低，温度应力小，便于施工和温控；其缺点是带来了坝块冷却和接缝灌浆的麻烦。20 世纪 60 年代以后，随着大型浇筑机械的发展，温控技术的进步，出现了通仓、间歇浇筑的设计施工实例，如美国的德沃歇克重力坝等。我国也进行了试点。但由于浇筑机械和温控技术落后，一直未能突破沿用已久的柱状分缝的设计施工方法。根据安康水电站工期的要求，必须在当年汛后一个月的时间内，快速封堵导流缺口，以解决安康工程发电的关键问题。水电三局设计应用首创的新技术——水工补偿收缩混凝土建坝补偿原理及计算，采用陕西略阳水泥厂生产的低热微膨胀水泥，水化热低适当的微膨胀联合补偿的原理，以及施工性能好等有利条件，在导流缺口坝段突破传统的柱状分缝分块的施工方法，取消纵缝实行大面积连续浇筑，取得成功。该成果在科技进步方面主要表现在：①大体积混凝土补偿收缩理论变形曲线，补偿原理（变形、应力补偿）及预压应力计算。②结合工程对这种水泥进行了改性试制，试制的Ⅲ型补偿收缩混凝土，对大体积混凝土内部温度下降引起的收缩补偿优于原来的Ⅰ型及Ⅱ型。③在低热微膨胀水泥混凝土其他性能均较优越的基础上，又进行了耐久性研究，抗冻性能经室内两种技术途径试验，均可达到快冻 300 次以上，其抗冲耐磨性能也略优于普通硅酸盐混凝土。④ 历经三次工程实践均获成功，在安康大坝缺口坝段浇筑中实现了大面积（722 米^2）快速浇筑（6 米高块连续浇筑以及创造一个仓面 14 天浇筑三层 3 米层厚的浇筑块的新纪录）。工程质量好，未发现明显裂缝。坝体实测最大拉应力 0.66 兆帕，最小抗裂安全系数较大。经国际联机检索，国外尚无混凝土 800 米^2 大仓面连续浇筑的实例。⑤和陕西省合作，建立了低热微膨胀水泥专业生产厂，已稳定批量生产，水泥价格约相当于硅酸盐水泥。经过多次实践，这种水泥的优点已经得到充分的肯定。

(6) 大型水电站机组安装新技术。改变水轮机安装程序和传统方法，不预装。

(7) 拱坝应力分析梁拱变位协调分载法（试载法）。该法在计算机上实现，可进行径、切、水平扭转三项变位一次调整；适用于等厚度变圆心拱坝，拱梁划分为 7 拱 13 梁。对高拱坝（100 米范围左右拱坝）初设，低拱坝技设阶段可得到满意解答，选型与应力分析皆可运用，当时在我国处于领先地位。已应用于陕西石门拱坝应力计算，湖南东江拱坝应力计算，天生桥拱坝选型，二滩拱坝选型，龙羊峡拱坝选型等。

(8) 1997年7月30日，水电三局三峡工程厂坝二期项目部，采用预裂爆破开挖钢管槽群成型获得重大成功。水电泰斗张光斗给予高度评价。

(9) 1998年4月12日，水电三局承建的甘肃叶子坝电站首部枢纽一期基坑坝基铺设了新产品——防渗土工膜，它标志着一期基坑施工胜利完成。

(10) 1999年2月27日，云南大朝山水电站拦河大坝14～18坝段大仓号顺利收仓。这个仓号采用了国内较少使用的斜层碾压工艺，并且是首次应用于大朝山水电站。3月6日，昆明水电勘测设计院在大朝山电站工地进行碾压混凝土原位抗剪试验。3月8日，中国工程院院士谭靖夷到大朝山电站工地指导工作。4月28日，来自美国、日本、澳大利亚、泰国及中国和台湾地区的30名碾压混凝土筑坝技术专家、学者莅临云南大朝山水电站工地，对大朝山水电站碾压混凝土施工给予了高度评价。4月29日，中国工程院院士谭靖夷、碾压混凝土筑坝专家王圣培、中国水电科学研究院副院长沈崇刚、中国水力发电工程学会水工水力学专委会主任李桂兰、北京设计院总工林可骥以及韩立、陈秀兰等水电专家学者莅临大朝山工地，为大朝山工程安全度汛和施工出谋划策、提供咨询。

(11) 继三峡左岸厂房和永久船闸底板混凝土等施工采用了新工艺、新技术之后，三峡永久船闸人字门也采用了新工艺组焊，左岸电站70万千瓦机组埋件座环、蜗壳的安装也都采用先进的施工工艺和新技术施工。

(12) 2004年，凤滩地下厂房岩锚梁和尾水出口水下混凝土围堰施工及GPS在尼那水电站的测量和变形监测的应用，这些新技术、新课题填补了水电三局在该专业项目中的空白。

(13) 水电三局承担的西龙池抽水蓄能电站输水系统大坡度超长斜井开挖，高强钢压力钢管制造安装，焊接施工（集团公司立项）科研攻关项目，2005年11月通过集团公司检查验收。检查结果表明，在输水系统大坡度超长斜井开挖研究和施工中，斜井爬罐导井施工创造了60度斜井掘进382米测量贯通误差万分之一，即目前国内最高纪录和最高水平；在反井钻斜井施工研究项目上创造了斜井施工135米贯通偏差0.45%的国内最高水平（反井钻设计控制偏差1.5%）。成功试制了低成本点火起爆装置。在测量领域研究形成一套成熟爬罐斜井施工导向控制与反井钻导孔钻进过程防偏斜测量工艺。在此两项控制测量方面取得了非常好的成果，为爬罐和反井钻施工创造了非常准确的测量方法。在爬罐382米的导井施工中遇到的不良地质处理和反井钻过不良地质段方面的探索研究取得重要成果，在长斜井导井施工通风排烟措施方面取得较好效果，为今后长斜井爬罐和反井钻施工提供可借鉴的施工技术方案及工艺。对780兆帕级高强钢压力钢管制造安装及焊接施工技术研究项目的检查结果表明，目前已完成《西龙池电站压力钢管制造，安装简述》、《西龙池电站压力钢管生产制作工艺》、《西龙池电站压力钢管制作安装焊接实验大纲》780兆帕级高强钢的焊接工艺评定阶段性试验全部完成，并通过集团公司中间审查。

二、化学灌浆浆材及工艺、设备

1988年，水电三局研制的SSMB-2/6型隔膜式比例泵，在国内属于首创，对于解决混凝土裂缝补强的双液法化学灌浆是较适合的设备。该泵操作技术简单，浆材利用率高

(达95%以上)，可减少浆液损失。工作性能稳定，无泄漏，达到国内先进水平。同时研制的SSMB-10/8手提、手摇电动隔膜两用化灌泵，适用于混凝土裂缝补强。堵漏、防渗和一般基岩化学灌浆；具有手摇电动两用，无级调节流量，精度高、工作性能稳定可靠等先进技术特点；其体积小、重量轻，灌浆压力达20千克/厘米^2，用途广泛适用性强，可提高劳动生产率，减少化灌费用，当时进行批量生产应用。

三、建筑材料

(1) 水电三局研制的科研成果《安康水电站工程掺用粉煤灰节约水泥》1993年获电力工业部科技进步三等奖。

掺用粉煤灰是安康工程施工中解决温控问题的一项主要措施。经充分实验论证，在大坝混凝土中全方位采用了掺用粉煤灰技术。基础混凝土掺用30%，内部混凝土掺40%，上下游水位变化区掺20%，抗冲部位掺10%～15%，厂房大体积混凝土掺15%。掺用粉煤灰后降低了混凝土升温，节约了骨料予冷系统和加冰工艺，简化了温控措施，改善了混凝土性能。大坝混凝土裂缝由未掺时的4.01条/万米^{3}减少至0.56条/万米^3，基本解决了安康工程的温控矛盾。1984年4月～1990年底共掺用粉煤灰9.8万吨，节约水泥8.59万吨，净节约建设资金1147万元，取得显著的技术和经济效益。安康工程掺用粉煤灰数量之多，范围之广和持续时间之长居国内领先水平。特别是在水位区和抗冲部位，冲破了粉煤灰混合材的使用禁区，为扩大粉煤灰在水工混凝土中的使用积累了经验。

这项成果推广应用极有前景：据有关部门统计，我国火电厂灰渣排放量约为4500万吨/年，混凝土中利用粉煤灰100万吨/年，利用率约2.2%。世界先进国家粉煤灰利用率为15%～45%。与世界水平相比，我国粉煤灰利用水平处于落后状态。因此，粉煤灰应用技术在我国有着推广的前景。安康工程317.0万米^{3}混凝土中98%的混凝土掺用了9.8万吨粉煤灰，节约资金1147万元，平均每利用1T粉煤灰节约117元(或每立方混凝土节约4.02元/米^3)。如果我国粉煤灰利用率由目前2.2%提高到10%，利用率将由100万吨提高到450万吨，每年将直接增加经济效益4.1亿元。就水电工程而言，如果我国大中型水电站混凝土年浇筑量按500万米^{3}计算，可产生直接经济效益2000万元，经济效益十分可观。

(2) 安康水电站运用大型过水叠梁技术提高发电效益。1995年3月16日，经由陕西省科委组织召开的科技成果鉴定会鉴定，属国内先进水平。从1992年7月～1994年3月底，安康水电站采用这项技术，多创直接经济效益5300万元，而这一科技成果的总造价为410万元，投入产出比例超过10%。

第十节　勘　测　设　计

一、机构与资质

水电三局勘测设计历史由来已久，其机构也经历了几个演变过程。早期电站建设均由水电部北京勘测设计院(西北勘测设计院)承担工程设计任务。为积极配合其工作，青铜峡建设时期机构设置设计队；石泉水电站建设初期，机构设置设计组和地勘队；1975年7月成立水电四局石泉分局革命委员会勘测设计研究院、水电四局石泉分局地勘队革命委员会、水电四局石泉分局革命委员会勘测设计研究院设计室，1979 年更名为电力工业部第二水利水电三局设计院，自 1983 年起划归西北勘测设计院。1985 年 2 月水电三局成立设计室，1986 年 4 月改为水电三局勘测设计处。1991 年机构重新编制设置有勘测设计处。2001 年 9 月以局经管字［2001］39 号文批复成立水电三局勘测设计院；2002 年 1 月，以局经管字［2002］02 号文批复设立陕西江河水利水电土木勘测设计研究院。2006 年水电三局生产经营单位机构整合，将施工研究所与勘测设计院整合为水电三局勘测设计研究院。

1985 年 2 月 25 日，由水电部水利水电规划设计院审查合格，准予水电三局设计室承担勘察设计任务，并颁发了水利电力部部级类别的勘测设计乙级证书（编号：水设证字第 225 号），自此步入小型水利水电工程设计及科研工作（包括与工程有关的配套项目设计及大型水利水电工程的施工组织设计）。

1985 年 6 月 11 日，水利电力部颁发给水电三局工程勘察丙级证书（编号：水电勘证丙字第 0004 号）。1988 年 1 月 10 日能源部和水电部颁发给水电三局工程设计乙级证书（编号：水电设证乙字第 16 号）。为从事小型水利水电的地质勘探、测量与水文测验工作提供了法律保障。

1993 年 7 月 1 日，国家建设部颁发给水电三局工程设计乙级证书（编号：建设部 2610292 号），从此在从事水利水电主行业的勘测设计的基础上，步入建筑、市政专业市场，开展了跨行业的勘测设计工作。

1993 年 12 月 9 日，陕西省建设厅颁发给水电三局城市规划设计等级：丙级（编号：2020010），从此步入丙级城市规划设计。

1994 年 8 月 17 日，陕西省建设厅颁发给水电三局工程场地抗震性能评价资质等级：乙级证书［编号：陕建抗资（场）字 021 号］，从此获得重大建设项目的场地岩土地震稳定性评价及建设场地类别划分合法资格。

1995 年 11 月 1 日，陕西省建设厅颁发给水电三局工程勘察丙级证书，为从事水利水电及其他行业工程地质专业勘察、测量与水文测验工作，获得合法资格。

1996 年 2 月 28 日，水电三局取得工程施工总承包一级企业资质证书，标志着水电三局的企业资质已跨入国家建筑企业的最高等级，可承担各类型工程建设项目的勘察、设计、工程管理与施工、工程材料与设备采购、工程技术开发与应用等的总承包；同年 9 月水电三局取得了国家测绘总局颁发的甲级测绘资格证书。

2002 年 5 月 30 日，陕西省建设厅向陕西江河水利水电土木勘测设计研究院颁发了工程勘察（乙级）证书（编号：263051—SY）；业务范围：可承担专业类岩土工程、水文地质工程测量乙级资质范围的工程勘察任务。

2002 年 12 月 20 日，陕西省建设厅向陕西江河水利水电土木勘测设计研究院颁发了工程设计（乙级）证书（编号：263187—SY）；业务范围：可承担建筑工程乙级资质范围的工程设计任务。

2005 年 3 月 9 日，中华人民共和国建设部向陕西江河水利水电土木勘测设计研究院颁发了工程设计（乙级）证书（编号：261029—SY）；业务范围：电力行业（水力发电）

乙级、市政公用行业（给水、排水）乙级。

2006 年 3 月 10 日，建设部批准了水电三局主项资质升级的申请，颁发了水利水电工程施工总承包特级为主项资质的建筑业企业资质证书（编号为：A0051161011201）这在水电三局发展史上具有里程碑意义，也为水电三局勘测设计研究院从事水利水电、房屋建筑、公路、桥梁、隧道、市政公用及土石方等工程勘测设计，拓宽了资质空间。

二、勘测设计的主要工程项目

水电三局勘测设计研究院先后完成了堰河水电站、观音峡水电站、重庆城口左岚水电站、镇平浪河水电站、汉中市邮电局生产楼、湖北三峡十三小区、安康市文教局教学楼、汉中汉台区市政工程等千余项工程设计任务。在水利、水电、商业、公共、办公、住宅、卫生、银行、通信、市政、暖通等建筑领域均有建树。

1985～1989 年，水电三局主要勘测设计工程项目有安康水电站辅助工程、安康火车站、安康化工厂、安康新泰宾馆、安康地区人民银行、安康地区妇幼保健院、安康县人民法院、安康江北贸易中心、安康地区税务局税务干校、安康地区劳人局培训中心楼、安康县中医院门诊办公楼、安康水电总厂、安康地区移民办办公楼、安康地区植保站办公楼、安康地区财政局办公楼、安康市房产开发公司住宅楼、安康地区中药厂、阿尔巴尼亚布库尔丹水坝导流洞（直径 8.6 米）钢模台车设计制作施工。

1990～2001 年有安康地区行署办公室及住宅采暖、安康地区公安局西城派出所、安康教育学院职工住宅楼、安康地区蚕种厂、安康市百货公司商场、安康邮电职工教育中心、秦皇岛市南戴河水电职工培训中心、安康市皂树小学、安康地区建行江北分理处、水电三局技校综合服务楼。甘肃大峡水电厂水处理系统及职工培训中心大楼、安康市总工会经济服务楼、长江三峡水电站工程南村坪矿石系统对外交通公路、浙江溪口抽水蓄能电站进厂公路、坎儿沟阎坝乡吊桥、四川省云阳县黄一高四级公路、宁陕县长安河木行渠拱桥、安康市瀛湖风景区旅游码头、汉中市风景路王仁桥、长江三峡水利枢纽左岸大坝和电站第二期开挖工程、安康市恒口区长胜乡月河吊桥、小浪底水利枢纽建设管理局停车场、鱼潭水利水电工程大坝导流底孔钢闸门、水电三局职教中心综合楼、安康市恒口区河南乡月南村月河吊桥、汉中市南关邮局生产楼、安康水力发电厂采暖工程、安康地区建设银行江北支行营业楼、安康地区中医院医技楼、水电三局西安龙首村机关办公楼改造、安康市缫丝厂旧楼改造、安康水电站建设纪念碑、水电三局西安基地 C 楼、安康地区通用机械厂厂房施工图、安康市交警大队兴安西路综合楼、安康市人民检察院技质大楼施工图、滔河口便桥、公伯峡水电站供水工程施工图、316 国道陕西汉阴涧池收费站。合成工程勘察项目：安康长兴小区工程地质补充勘察、岚河金淌电站营地施工图及宿舍办公楼、安康汉滨区龙舟文化园主会场、清莲溪水电站 10 吨摆幅式缆机施工图、滴水岩电站扩机工程、公伯峡电站三局营地采暖工程、东风小区工程、安铁工程开发公司拟建商住楼群、广景花园建筑场地地基土测试评价，安康汉江望江楼工程地基开挖竣工地质报告。

2002～2006 年有安康市人民检察院办公楼、铁通安康分公司无线检修基地、安康石油公司长岭加油站、安康中医院 1、2、3 楼竣工工程地质报告、安康市江北黄沟居民安置点、水电三局汉中基地给水工程（河西供水）、安康江南污水处理厂排洪排污涵洞改造工程、张岭1、2号泵房改建工程、旬阳康华园小区给排水、电器设计、安康市龙首山庄A、B、C、D、E型别墅及建筑场地和挡墙抗滑处理、喜河水电站施工供电线路和加油站施工及施工道路照明、安康永兆大厦变电站电气施工图、安康江北望江楼小区、连通汉滨区洪山基站塔基、安康市广电局网络中心建筑场地、张岭四区E、F楼地基、联通安康分公司基站42个塔基和CDMA三期项目75个塔基、陕西镇平浪河水电站、张岭基地供水改造工程、云南糯扎渡水电站现场实验室、张岭基地机制厂给水改造、重庆城口县左岚水电站引水隧洞和厂房及宿办楼、安康通用机械厂江北新厂、张岭聚兴园小区15号住宅楼、关庙基地水井泵房、甘肃康县观音峡电站、检察院住宅楼、安康五里电信局仓库、安康泸康酒业灌区、联通新时空安康分公司138个基站基础工程、西铁安康配水站管道加固工程、岚河公司金淌电站宿舍楼、安康市12处给水工程及水管网改造工程、陕西镇平浪河电站、龙口水利枢纽工程、蜀河电站项目部业主营地宿办楼、金淌水电站辅助工程、恒山水库。

2006年，由水电三局勘测设计研究院承担的潘口水电站施工规划研究通过审定。潘口水电站位于湖北省十堰市竹山县境内，水库总库容23.38亿米^3，电站装机2台，总装机容量500兆瓦，属一等大Ⅰ型工程，这是水电三局从小水电设计向中、大型水电站设计进军的新起点。

三、水电三局勘测设计研究院2006年科研项目完成情况及获奖情况

(1) 完成了集团公司立项的《铁矿渣石灰岩双掺料混凝土施工技术研究》项目的研究成果获集团公司2007年度科技进步三等奖。2006年10月1日景洪工程19坝段钻出长度为14.13米，直径197毫米的碾压混凝土芯样，超过了此前全国最长的龙滩水电站12.67米长，直径200毫米的碾压混凝土芯样，为当时全国第一长芯，充分说明了景洪水电站采用双掺料混凝土的优异施工质量；同时也表明了水电三局在新材料、新工艺和新技术上的运用和创新能力。截至2006年12月，共在景洪工程中使用铁矿渣石灰岩双掺料逾10万吨，共节约建设资金2400余万元。

(2) 以三峡工程为项目依托的《三峡二期工程左岸电站厂房混凝土配合比优化设计研究》研究成果获得了集团公司2006年度科技进步三等奖。

(3) 水电三局勘测设计研究人员撰写的论文《GPS RTK技术在水电工程施工中的应用初探》获得了安康市第八届自然科学优秀学术论文三等奖。

(4) 化灌专业引进欧洲先进化灌设备，改革化灌传统工艺，完善了无损化灌新工艺，提高化学灌浆的质量和工效；在湖南筱溪水电站3号机基础F28断层处理中采用了复杂地基化学固结灌浆技术获得成功，为水电三局增加了一项软基处理中国企业新纪录。在喜河水电站工程渗漏处理中巧用复合型化灌材料，科学制订处理方案，在背水面采用成功封堵流量超过3米^3/分钟，压力1.4兆帕的漏水。

第十一节 获奖和专利

一、获取的专利

1986年，由向竞成、刘洪宾、冯祖俊、胡德芳、张鹤楼负责研制的SK－HOO2型混凝土施工缝表面处理剂获国家专利。水电三局拥有独立知识产权。

1990年《中国技术成果大全科学技术文献科研成果项目（工业专辑之一第六期总第八十六期)》刊登水电三局七项科研成果项目：

（1）混凝土资料微机管理系统：序号86—891；中图法分类号：TV33 。该系统的功能是利用计算机对混凝土的各种资料进行科学的管理和分析，及时提供各类报表为施工生产服务；同时可根据需要对指定的工程项目进行混凝土质量分析，提供竣工资料。适用于大中型工程的混凝土资料管理和质量控制。该系统宜在IBM-PC兼容机上使用，全部采用汉字进行人机对话，通过各级菜单的提示，选择操作，磁盘储存各种有关资料和数据，其资源为各类报表共享。应用该项技术对大量的混凝土资料进行分析整理，不仅可节约大量的人力物力，其高效率和资料分析的准确性及方便灵活性更是人工难以达到的，具有明显的社会和经济效益。该系统在安康大型水电站工程中使用，收到了良好的效果。该系统主要研究人：易辉、周孝正。鉴定时间：1990.1.13；技术水平：部内先进。成果持有者：能源部水电第三工程局施工研究所。

（2）硬化混凝土强度射钉法检测技术：序号86—894；中图法分类号：TV52。射钉法，又称贯入阻力法，是一种对硬化混凝土及其构件进行非破损检验的方法。其原理是使用射钉枪将一只特制的钢钉射入混凝土中，根据其贯入阻力的大小推定混凝土的实际强度。该方法设备简单，操作方便，测试迅速；测试范围为10～40兆帕的混凝土构件；测试精度：相关系数>0.92，剩余均方差2.8兆帕。变异系数11%。适用于对水利、水电、交通公路、民航机场及工民建等混凝土建筑物或构件进行现场检验和质量评定。采用国产建筑安装用的低速射钉枪，经设备选型及确定子弹、钢钉的规格标准，并设计加工了一些辅助设备，完成了射钉法检测设备的配套工作。该套设备与国外高速射钉枪的检测设备不同，其试验精度和可靠性则同国外水平相当。该技术主要研究人：周孝正、蔡正咏、易辉、李世绮、陈文耀；鉴定时间：1990.7.4；技术水平：国内领先；成果持有者：水电部第三工程局科研所。

（3）直径8.5×14米-250型钢模台车及首创部分，水平移动机构及弯道部分：序号86—895；中图法分类号：TV53 。该台车是阿尔及利亚的布库尔丹水坝工程直径8.6米输水洞衬砌混凝土的专用设备。该台车直径为3.6米，长14米，总重量250吨。由于采用了先进的水平移动机构、弯道门架连接机构及行走台车，使整个台车的设计达到了目前同行业的国际先进水平。布库尔丹水坝工程输水洞轴线长333.93米，轴线上、下为直线段，中间部分为圆弧段（半径为300米）。洞身断面呈马蹄形，全高8.6米，底宽6.7米，洞底坡1.03%。洞身混凝土衬砌厚度最大为2米。其输水洞的弯、直段混凝土衬砌共用一个门架、行走台车及牵引系统，从而节约钢材105吨。该台车为国家节约外汇约50万元人民币，且比普通模板施工提前工期80天。减少了竣工后的表面处理费及施工中的安全事故费，具有良好的经济效益和社会效益。该技术主要研究人：彭景铮、黄继敏、梁周全、曾凡烈、炎严兴。鉴定时间：1990.1.28；技术水平：国际领先；成果持有者：能源部水电三局。

（4）YQ-150A型潜孔钻除尘装置：序号86—897；中图法分类号：TV538.3。该除尘装置由空气引射器、组合式滤箱和捕尘罩组成。工作时整个系统呈负压状态，潜孔钻排出孔口的含尘气体由捕尘罩约束，沿输尘管道进入组合滤箱，干净空气通过滤管进入净气室由引射器吸出排放。空气引射器为单级多喷嘴，具有体积小、重量轻、易加工等优点，其质量引射系数达到5以上，和同类产品比节能30%左右。组合式滤箱内滤料，采用微孔塑料管，干、湿性高浓度粉尘均可适用。滤管前设置一挡板形成碰撞沉降室。大颗粒粉尘在此落入灰斗，避免直接与滤管碰撞，微细的粒尘由滤管拦截落入灰斗，灰斗内的粉尘在自重作用下压开自动卸灰阀卸灰，有效地防止二次扬尘污染，刚柔捕尘罩轻便灵活，造价低，气密性好，适用于打垂直和30°以上倾角的钻孔。该除尘装置为国内首创，现场使用，除尘效率高达99.99%。该技术主要研究人：李 欣、黄西谋、周新光、蔡树中、梁卫国。鉴定时间：已鉴定；技术水平：国内领先；成果持有者：能源部水电第三工程局。

（5）大坝观测资料计算机处理系统：序号86—900；中图法分类号：TV64 。该系统可对大坝埋设的应变计、无应力计、多点变位计等11种仪器的观测数据进行计算机处理。原始数据来自仪器卡片、接线记录和现场观测记录，并送入相关数据库。质量控制标准遵守有关规定，临界值特殊处理。输出成果按规定程序打印，点阵图、折线图、曲线拟合图分别以CRT显示/PRINT打印。曲线拟合图采用多项式最小二乘和三次样条两种方案，其图形生成曲线拟合达国内先进水平。大坝观测资料的处理周期长，数据多。用计算机处理可及时向决策机构提供准确可靠的有关分析资料。经济效益显著，可在水电施工企业和水电站管理运行单位推广使用。该系统主要研究人：曹德成、孙寒立。鉴定时间：1990.3；技术水平：国内先进；成果持有者：水电三局施工研究所计算机室。

（6）复杂地基处理——安康水电站坝基千枚岩软弱层化灌处理技术研究：序号86—899；中图法分类号：TV543 。该研究成果结合安康水电站的地质实际，对左岸和河床坝基F18断层进行了两次大型化学灌浆。该成果采用了多种性能优良的浆材，如聚氨酯、JN、环氧巨酰胺和环氧伯胺浆液；适用的灌浆设备，如“SSDM”轻型化灌泵和电动试压泵；以及使用小口径合金钻、金刚石钻头钻孔，孔内预埋管，孔容填小石，分区分序一段灌浆的技术；一套先进的测定技术，如孔内静弹，钻孔取芯三轴剪和偏光镜检测等。该灌浆技术用于千枚岩软基处理系国内首创。可用于类似条件的高坝（100米左右）软弱岩基处理。社会经济效益显著。该系统主要研究人：曹光钊、周业忠、王伯录、李茂涛、朱忠耀。鉴定时间：已鉴定；技术水平：国内领先；成果持有者：能源部水电三局施工研究所。

（7）M2型模板：序号86—892；中图法分类号：TV332.9。该模板是在吸收国外先进模板优点的基础上自行研制的多功能悬臂整体大型钢模板。其支撑系统为拉压杆件结构，具有前后、上下、左右、正坡60度和反坡30度全方位调整功能，并设有安全工作平台。它的特点是：工艺简单、易于操作，调整方便，工作安全。M2型模板周转次数≥100次，单位面积重量<145千克/米^2，造价为205元/米^2。同目前国外先进的PERI模板比较，具有周转次数高、节约木材量大、功能多、重量较轻、安全性好、造价低等优点，可应用于水利、水电工业建筑等行业的混凝土浇筑。经全国重点工程——安康水电站应用，节约木材90%，提高功效5～10倍，安装、拆卸、调整简单方便。该成果1991年

获中国水利水电工程总公司科学技术进步三等奖。该模板主要研究人：马贞光、包正中、徐保国、朱瑛。鉴定时间：已鉴定；技术水平：国内领先；成果持有者：水利电力部第三工程局。

1992年，水电三局的复杂地基处理——安康水电站坝基千枚岩软弱岩层化灌处理技术研究，应邀参加北京第四届国际能源（电力）供应技术和设备展览会，获全国专利科技成果金奖。

二、创新纪录的工程技术项目

1996年6月23日，水电三局承担的大峡水电站2号机定子一次吊装就位，创造了水电三局水电施工史上现场组装、现场整体吊装大型水轮发电机定子的新纪录。

2006年11月25～27日，在由中国企业联合会、中国企业家协会共同举办的中国企业新纪录（第十一批）新闻发布会暨企业自主创新论坛上，水电三局创造了四项中国企业新纪录、三项中国企业纪录。其中：

（1）获得四项中国企业新纪录的是：①2005年在四川省向家坝水电站左岸高程300米以上边坡土石方挖运施工中，11月开挖111万米^3、挖运107万米^3；12月挖运108.5万米^3；其中11月19日完成土石方挖运3.81万米^3，创国内水电行业土石方挖运月强度和日强度新纪录。②2005年建成的山西省西龙池抽水蓄能电站引水系统工程，由两条引水隧洞组成，1号引水洞总长1448.33米，2号引水洞总长1431.18米，都由三个平段两个斜段构成，斜段长度756.59米，最大倾角60度，最小倾角56度。该项目于2003年12月开工，2005年12月贯通，创国内大倾角斜井开挖长度和发电引水水头最高新纪录。③2004年5月承建的山西省西龙池抽水蓄能电站引水系统工程，长515.7米上斜段使用阿里马克爬罐和反井钻机联合开挖，轴线偏离仅1.8厘米，偏离率0.003 5%，创国内水电行业大倾角超长斜井开挖轴线精确度新纪录。④2005年在湖南筱溪水电站工程施工中，运用化学固结灌浆方法代替传统开挖回填方法处理电站厂房主体段复杂地基；化学固结灌浆材料为改性低黏度环氧灌浆材料，用4台电动隔膜化学灌浆泵同时灌注。9月29日～11月4日结束灌浆，历时37天，共进行了58孔灌浆，灌浆压力控制在0.8兆帕左右，灌浆延米305米，平均61.93升/米，工程造价不到200万元，比传统开挖回填处理方案节约工期约一年，成本降低超过80%，创国内水电工程地基加固处理新纪录。

（2）获三项中国企业纪录是：①2003年在三峡水利枢纽工程建设中，自主完成的3号MQ型港机拆除及安装工作，自8月25日开始拆除，9月19日开始安装，10月20日通过负荷实验，拆除历时25天，安装历时32天，比合同工期提前33天完成，创国内水电行业同类型港机拆除和安装速度纪录。②2002年建成的万家寨引黄工程总干线一级、二级泵站项目，引进日本丸红（荏原/东芝）联营体生产的水泵电动机组，设计扬程140米，设计流量6.45米^3/秒，额定转速600转/分钟，转轮直径1.786米，单机配套定速电机12兆瓦，2000年8月～2002年7月11日完成了全部6台电机单机调试工作，创国内单机功率最大和泵站单台泵组功率（12兆瓦）安装纪录。③2002年完成的山西省万家寨引黄工程连接段PCCP输水工程建筑安装项目，总长17千米，其中明埋安装9千米，隧洞内安装8千米，PCCP管径3米，单节长5米，重30～40吨，于2001年7月10日开工，2002年8月31日完成，创国内同行业管道安装内径最大个隧洞内安装最长纪录。

2005年5月27日，山西省西龙池抽水蓄能电站有限责任公司在施工现场为水电三局承建的斜井开挖创全国新纪录暨2号主洞上斜井贯通举行庆祝仪式。同年6月20日水电三局承建的山西西龙池抽水蓄能水电站1号引水洞上斜井开挖全面贯通，再创斜井开挖382米的全国纪录。

2005年12月，水电三局参建的四川向家坝土石方开挖月强度达到108万米^3，再创水电系统单项工程开挖新纪录。

2006年10月1日，水电三局基础分局对景洪水电站C2标段碾压混凝土钻孔取芯，以检查混凝土工程质量。经过156个小时钻孔，顺利从岩芯管中取出完整的混凝土芯样，芯样直径197毫米，长度14.13米，为国内同行业中碾压混凝土所取出的最长芯样，创造了混凝土大口径取芯的新纪录，在业内被称为“中国第一芯”。

第二章　教　育

第一节　机　构

青铜峡工程局成立后，机关设立人事教育处，主管教育及职工（包括民工）培训工作，副处长宗化诚、李秀峰。1960年成立（职工）业余教育委员会，主任房洪涛（局党委副书记）；副主任李子华（副局长）、陈芝瑞（局工会主席）；委员16人。青铜峡工程局成建制转移到陕西汉中成立原水电三局后，由局领导直管全局教育工作，先后创建了职工子弟中学和子弟小学。

水电四局石泉分局的教育工作由政治部管理。分局于1970年先后在石泉县创建了两所子弟学校；1973年8月15日成立水电部第四工程局石泉分局城关职工子弟学校教育革命委员会，张泽民任主任，萧中尧任副主任。1976年5月7日成立了“七·二一”职工大学。1977年10月起先后在陕西安康张岭、关庙创建两所子弟学校。

一、教育处

1978年4月，石泉分局改为水电十五局设立教育处，管辖两所职工子弟中学、小学及“七·二一”职工大学，做好知识青年下乡安置、分点、住房等各项管理工作。同年11月2日成立中共水电十五局教育处总支委员会，由5人组成。

1979年10月，水电十五局更名为电力工业部第二水电工程局，机构设置了教育处、职工子弟一校、职工子弟二校、知识青年办公室。教育处职责范围除知青工作移交之外维持原状。根据需要又在电站工地创建了职工子弟三校。1982年6月23日又恢复为水电十五局，均设立教育处（管理职工子弟一、二、三校）。两局合并为新的水利电力部第三工程局后设立教育处，负责职工子弟中小学教育工作。至1983年初历任领导：处长兼党总支书记：魏克兴、解启荣；副处长：冯学智、李鸿岐。

二、职工教育委员会一教育委员会—教育培训中心

1980年1月2日，电力部水电二局成立职工教育委员会，局党委副书记王英清兼任主任，魏克兴、靳洪歧、马广余任副主任；委员6人；下设办公室，魏克兴兼任办公室主任。局职工教育工作由教育处负责，下设职工教育科、中小学教育科。将“七・二一”职工大学改为局职工培训班，由教育处领导，承担工人、干部的脱产专业培训。电视大学教学班划归职工训练班管理。1980年5月12日启用电力部二局职工教育委员会印章，原水电十五局“七・二一”职工大学印章同时作废。

1981年11月12日，成立中共电力部二局教育工作委员会由6人组成，局党委副书记陈瑞峰兼任书记，房泉森、俞子惠任副书记。

1983年1月4日，成立水电三局教育委员会，撤销水电三局教育处和中小学党委。下设办公室、职工培训部、中小学教育部、政治部。中小学校、技工学校由教育委员会领导。教育委员会共11名委员，主任潘智元；副主任解启荣、邱公鄂（兼）；培训部主任冯学智；中小学教育部主任李宏歧；政治部主任房泉森。同日组建中共水电三局教育工作委员会，潘智元任书记，解启荣任副书记。1983年3月2日启用教育委员会印章，废止教育处印章。10月26日邱公鄂任教育委员会副主任。

1984年4月11日，撤销局教育委员会，成立局教育培训中心，下设职工培训部、中小学部、党群办公室、行政办公室、技工学校，并明确砂石厂的中小学（二校）划由教育培训中心领导，行政生活问题仍由砂石厂负责解决。汉中分局的中小学，除全部经费和部分地区性以外的业务由教育培训中心管理外，其他仍由汉中分局负责管理，受双重领导。1984年7月22日启用局教育培训中心印章，局教育委员会印章同时停止使用。

1985年全局机构调整，8月30日撤销教育培训中心，分设中小学教育处和职工培训处。

1985年9月4日，以局办字［1985］第25号成立水利电力部第三工程局教育委员会。教育委员会设常务委员，负责日常工作。教育委员主任：程山（局党委书记兼局长）；副主任：赵国伟（副局长）、赵庆安（局党委副书记）；成员10人。1988年3月水电三局撤销教育委员会。

三、中小学教育处

1985年8月30日，正式成立水电三局中小学教育处直至2006年。1988年6月中小学教育处机构设置为：办公室、中小学教育科、子弟中学、高中部教务处、初中部教务处、职业高中部教育处、总务科、政教处、子弟一校、二校、三校、汉中中学、汉中小学、幼儿园。2004年9月张岭局子弟中学分离为初级中学和高级中学。

向地方移交前局中小学教育处下设机构为：中小学教育科、劳财科、办公室、党办、局初级中学、高级中学、子弟一校、汉中子弟学校、局幼儿园。

中小学教育处历任领导有：处长石予宜、王清潭、肖庆国。副处长王千里、曹宪宏、徐德胜、王广培。党委书记石予宜（兼）、康忠耀、王清潭（兼）、徐德胜。副书记兼纪检组组长：李新民、徐建新。工会主席王千里、韩世善、王海水、徐建新（兼）。

2006年12月1日和6日，水电三局领导分别与汉中汉台区、安康汉滨区两地政府领

导签订了移交协议，将水电三局安康张岭子弟学校、关庙子弟学校和汉中子弟校成建制地顺利移交给地方政府。

2007年1月17日，以局劳人［2007］3号文注销中国水利水电第三工程局中小学教育处，同时将局幼儿园划归基地分局管理。

四、职工培训处、职工培训委员会

1985年8月30日，正式成立水电三局职工培训处。1988年5月，职工培训处下设办公室、职工教育科、培训管理科。历任领导：处长解启荣、王千里；副处长刘晓东、贺元林。

为推动职教工作的顺利开展，协调岗位培训与用人制度的同步改革，制定岗位规范，组织和发证工作，1989年4月19日水电三局成立水电三局职工培训委员会，主任史振宇，副主任赵国伟、蔡泽夏，委员5人。

五、职教中心

1992年8月，水电三局设立职业技术教育中心（简称职教中心），负责管理水电三局技工学校、水电三局职工中专学校和安康工业学校及全局职工培训工作（一套班子四块牌子）。截至2007年元月历任领导有：主任王千里、邹明荣、肖庆国；副主任司勤、陈家昌、姚胜达、陶尧耕、马全生（1995.4.14水电三局决定免去马全生局职业技术教育中心副主任职务）、王治有、吴晓胜、陈万轩、李东琦。党委书记崔万军、伍星红、冯学智、邹明荣（兼）；党委副书记兼工会主席陈江生、禹贵录、庄凤翔。

第二节　学　　校

水电三局各所学校，认真贯彻党的教育方针，全面推进素质教育，努力把学生培养成为有理想、有道德、有文化、有纪律的社会主义新人。

一、子弟中小学校

（一）青铜峡工程局—水电三局汉中分局职工子弟学校

1959年8月8日，青铜峡工程局小学正式开学，取名为培红小学，设有1～6年级12个班；1960年8月起，增设初中一年级班次，方便职工子女就读。学校由工程局人事教育处负责管理，后交地方政府管理。1969年2月，青铜峡工程局成建制地由宁夏转移到陕西汉中，于1970年创办子弟学校，为普通全日制中小学。1974年底正式成为含有小学、初中、高中的全日制完全学校，定名为水电部第三工程局职工子弟学校，校址在汉中市河东店。

1982年9月两局合并，汉中子弟学校更名为水电三局汉中分局中学和水电三局汉中分局小学，归水电三局汉中分局负责管理；1984年归局教育培训中心和汉中分局双重领导。

1985年8月，局撤销教育培训中心，分设中小学教育处和职工培训处。1985年3月6日水电三局研究决定：汉中中、小学划归局中小学教育处管理。

1994年，水电三局汉中子弟中、小学多名学生参加汉中市及全国学科竞赛，被授予

“状元”称号、教师和学生获得多个奖项，被汉中市评为德育优级学校。

由于生源萎缩，1995 年 4 月，局中小学教育处决定将汉中中学和汉中小学合并为汉中子弟学校。1996 年 8 月 27 日，王广培为中小学教育处副处长兼汉中子弟学校校长。

1996 年汉中子弟学校第五次被汉中市汉台区教育局授予“提高教育质量优胜单位”、“高考优胜单位”等荣誉称号。

1998 年，汉中子弟学校在参加全国中学生英语能力竞赛中，有 9 名学生参赛，8 名获奖；其中高中二年级、初中三年级各有两人获得一等奖；初中三年级和二年级各有 1 人获得二等奖。英语教师周瑾、刘艳娟获得指导教师一等奖。

历任校长兼书记：王凤英、李省、牛克文、赵怀恩、李鸿岐、王刚（中学）、丁明照（中学）、王广培、陈竹茹（小学）、田道藩；小学校长 ：赵瑞萱、华陵荪；副校长：黄行天（中学）、樊鸿兰、张保平（中学）、周海定、沙云峰；书记：吴云华（中学）、李传志（小学）。

2006 年 5 月 17 日，中国水利水电建设集团公司（甲方）与陕西省人民政府（乙方）签署了移交协议书（陕中企移字［2006］023 号），甲方将在陕西省直属企业所办全日制普通中小学校 3 所（汉中 1 所、安康 2 所），一次性与甲方分离并按属地原则，成建制移交乙方所属地方政府管理。2006 年 12 月 1 日 ，中国水利水电第三工程局（甲方）与汉中市汉台区人民政府（乙方）签署了移交补充协议书（编号：汉区移字［2006］05 号），将水电三局汉中子弟学校从 2006 年 1 月 1 日起成建制移交乙方管理。具体移交内容：①资产移交：截止 2006 年 10 月 31 日甲方学校的账面资产 67.39 万元（含土地原值、电子及通信设备等 78 247 元）、房产 3617.68 米^2、土地 18 913.4 米^2（原值 595 652 元），按照移交资产无偿划转的原则，经逐项清理核实后，一次性划转给乙方。②补助经费移交：2006 年上半年学校经费由企业负担，2006 年下半年和 2007 年学校经费由汉台区财政局在财政部核定的经费基数内按计划拨付，从 2008 年起，学校经费纳入汉台区本级预算管理。③人员移交：以 2003 年 12 月 31 日的在职人数为依据，结合 2004 年及 2005 年变动情况，经甲乙双方审核确认，甲方学校教职工 72 名（其中：在职 30 名，离退休 42 名），由乙方接收。

（二）水电十五局职工子弟学校

为解决职工子女的教育问题，水电四局石泉分局于 1970 年 8 月在石泉饶峰建立第一所子弟学校—职工子弟一校，校革委会副主任张永忠、周秀华。1972 年初在石泉城关创办职工子弟二校。至 1977 年 8 月，水电四局石泉分局发展成两所小学、初中、高中 9 年一贯制学校，在校学生 2500 多人。随着职工转移安康，学生逐步减少，1978 年 10 月两所学校先后撤销。

1975 年，石泉分局开始陆续转移安康。1977 年 10 月在安康张岭创办子弟一校（包括小学、初中和高中），在安康关庙局砂石厂创办子弟二校（包括小学和初中）。随着职工转移，子弟入学人数逐年增加，分设中学和小学。1978 年 4 月成立水电十五局教育处，管辖三所职工子弟学校；10 月 15 日启用水电十五局职工子弟中学、职工子弟一校、职工子弟二校印章。

为解决在电站工地居住的职工子女上学问题，1979 年 7 月工程局在安康水电站坝址附近的大沙坝建立子弟三校。1979 年 11 月随工程局更名，机构设置电力部二局教育处、职工子弟一校、职工子弟二校、职工子弟三校。

（三）两局合并后的水电三局职工子弟学校

1982 年两局合并后的水电三局，共有 6 所职工子弟学校，除汉中分局子弟中、小学外，其余 4 所是设在安康的原职工子弟学校。

1. 职工子弟中学

1991 年 10 月，在能源部电力系统子弟中学办学水平考核中，水电三局子弟中学以 928 分的成绩被评为 A 级学校。

历任中学校长：俞子惠、赵素珍、孙教人、石予宜、肖庆国（兼）、徐德胜（兼）；副校长：周秀华、王云龙、曹宪宏、郎雪芳、赵建华、周洪文、汪荣桂、陈发祥。党支部书记：赵素珍、俞子惠、石予宜（兼）、曹宪宏、肖庆国（兼）、徐德胜（兼）。

为了适应国家普及高中教育的需求，2004 年 8 月 30 日水电三局中小学教育处将张岭局子弟中学分离为局初级中学和高级中学，并将汉中子弟学校高中合并，组建水电三局教育处高级中学。至此始建于 1978 年的水电三局职工子弟中学分设为水电三局教育处高级中学、初级中学并分别正式挂牌成立。

子弟中学 2001 年 4 月创办《三局中学》校报，2004 年在参加德育报社首届全国校报校刊评选活动中，荣获一等奖，成为安康市唯一获此奖的学校，并被吸收为德育报社全国校报校刊联谊会理事单位。2004 年初，水电三局中学初、高中分离，校报归初级中学，更名为《岭上清风》。

截至 2005 年，水电三局教育处高级中学学校建筑面积 3024 米^2，有教职工 46 人，学生 464 人，开设 13 个教学班。校长兼党支部书记王广培（兼）；副校长：田景明。水电三局教育处初级中学有教职工 60 人，学生 764 人，开设教学班 18 个；学校建筑面积 5495 米^2，建有一个全校校园网、两个电教室共计 100 余台电脑、化学物理生物实验室各一个、图书室一个藏书 3650 余万册，学校固定资产达 108 万元。校长兼党支部书记徐德胜；副校长兼副书记陈发祥。

2. 职工子弟一校

始建于 1978 年的水电三局子弟一校是一所企办完全小学，地处安康市汉滨区江北张岭，占地面积 1.43 万米^2，校园布置合理，教学实验设备及体育器材较为完备，微机室、电教室基本满足需要，校园图书室藏书 8000 余册；学校有教职工 73 人，学生 1170 人，开设教学班 29 个。历任小学校长：周秀华、虞爱梅、殷亿芬、戴安平；副校长：虞爱梅、冯峰、王辉亚、甘朝富、魏玉惠、孙莲芳、兰新华、陈蜀冀、王勇；党支部书记：赵素珍、俞子惠（兼）、汪荣桂、曹永三、殷亿芬（兼）、戴安平（兼）、邓峰。

3. 职工子弟二校

水电三局子弟二校（后更名为水电三局关庙子弟学校）是一所企业办九年制中小学，始建于 1978 年，位于安康市汉滨区江北关庙（现为安康市汉滨区汉江第二大桥北侧桥头）。建校初期包括小学和初中。最高峰时，小学 1～6 年级每年级 3 个班，初中每年级 4

个班，学生总数达880余人，教职员工49人。1981年9月～1982年7月设立高中。为便于管理和组织教学，1981年8月24日原水电三局研究决定：职工子弟二校（安康关庙子弟学校）党的关系、行政关系划归砂石厂领导，其教学业务仍由教育处负责。自1982年开始，其教育经费由局财务处直拨砂石厂。关庙小学实行党支部领导下的校长负责制。2005年占地面积5400米^2，建筑面积3350米^2，有教职工20人，学生278人，开设9个教学班。历任校长为：申服廉、邹开田、曹永三、戴安平、邓峰。2000～2005年7月负责人为何亚平、乔金山。2005年9月后尚玉虎任校长、乔金山为副校长。历任党支部书记：陈恩富（兼）、白海江、曹永三、戴安平（兼）、邓峰（兼）、尚玉虎（兼）、徐建新（兼）。学校2006年底移交地方。

4. 职工子弟三校

建校初期设立1～5年级各1个班，有学生100多人，初期接收铁一局五处的职工子女，后期还接收当地农民子女入学。学校负责人及校长有：冯文才、许三淮、徐立宁、徐建新。党支部书记冯文才。由于安康水电站主体工程竣工，随着大批职工转移，1992年1月29日，工程局党政联席会议研究决定撤销子弟三校，原校舍移交工程局第四工程处。1994年12月水电三局将大沙坝左岸原征用的局子弟三校的土地5865.5米^{2}无偿移交给安康市人民政府作为石庙三合小学新校址，支援贫困山区的教育事业。

总之，位于安康的水电三局子弟中小学校教学实验设备、体育器材较为完备，藏书4.7万余册。会议室、微机室、电教室、美展室、舞蹈室、电子备课室的设备基本满足教学需要。中学还建有一个全校性的校园网，两个计算机室共100余台电脑，有化学、物理、生物实验室各一个，符合国家基础教育标准。多年来水电三局在评比表彰活动中都对作出突出成绩的优秀教师和先进集体进行了表彰奖励。除每年水电三局表彰奖励之外，水电三局教育处及子弟学校还获得省、部、地市级的数十项奖励。

2005年8月，为便于子弟学校向地方政府移交，水电三局子弟中学、子弟一校合并为水电三局子弟学校。徐德胜任水电三局子弟学校校长；王广培、周洪文、陈发祥、戴安平任副校长；王广培任党委书记。

2006年12月6日，中国水利水电第三工程局（甲方）与安康市汉滨区人民政府（乙方）签署了补充移交协议书，将水电三局张岭子弟学校、水电三局关庙子弟学校（简称子弟学校）一次性与甲方分离，并按属地管理原则，成建制移交给乙方汉滨区管理。①房产16 852米^2、土地3.3万米^2，按照移交资产无偿划转的原则，经逐项清理核实后，一次性划转给乙方。②以2003年12月31日的在职人数为依据，符合有关职（执）业资格条件的在职教职工226人、中小学离退休教师112人，由乙方接收。③补助经费移交：以陕西省财政厅、中国水利水电建设集团公司联合上报财政部审核批复办理。关于移交离退休教师的养老金经费问题，将按照陕西省社保局的有关办企业社会移交的具体政策执行。④移交时间：根据财政部、国资委及省市财政部门的确认和批复，甲方的两所学校，从2006年7月1日起移交安康市汉滨区。

二、“七・二一”职工大学

原水电三局1967年7月21日创办了“七・二一”职工大学，招收48名学员。只办了1期即停办。

1976年5月7日，水电四局石泉分局成立“七·二一”职工大学，开办短期（半年）培训班，并参照“工农兵”大学生的录取办法，经推荐和考核录取学生进行专业教育。冯学智任校长，朱玉康、赵关宝任副校长。1976年7月21日开学，入学31人，学制2年半，1978年12月结束，其中21人毕业。1977年7月招生84人，设水工、机械、电气三个专业；1979年3月提前毕业79人。

1978年4月，随原水电三局更名为“水电十五局七·二一职工大学”；8月1日，原石泉分局生产指挥部机床实验组及后勤部制氧站划归局“七·二一”职工大学领导；11月2日，撤销设计院的科研所，部分人员划归“七·二一”职工大学，该校未迁安康前仍由设计院代管，1978年4月由水电十五局教育处管理。

1980年初，原水电三局将“七·二一”职工大学改为局职工培训班，由教育处领导，承担工人、干部的脱产专业培训。电视大学教学班划归职工训练班管理。1980年5月12日原“水电十五局七·二一职工大学”印章作废。

三、技工学校

根据工程建设需要，1960年7月，青铜峡工程局决定创办技术学校，自行培养技术人才。学校名称为青铜峡工程局水利水电技术学校，校址在河东。学校开设中技水能动力装置、电站金属结构、水利工程建筑、水利施工机械4个专业；还有机械安装、机械运转、机械修理3个技工班，以后又增设内燃机检修、汽车驾驶、电气、潜水、钻孔、灌浆6个专业。为全日制，学制1～2年。学员通过考试录取，首批学员计划800人。9月26日，学校开学，副局长李文兼任校长，实际入学学员500余人。技工学校在“文革”开始后停办。

水电十五局（水电四局石泉分局）自转移陕南后多次向水电部、电力部申报恢复开办技工学校。1981年7月31日，电力工业部发电劳字［1981］第59号《关于成立电力工业部第二水电工程局（当时更名）技工学校的批复》：为适应水电建设事业发展需要，解决施工队伍中技术力量薄弱的问题，同意电力二局建立一所技工学校，承担为你局培养输送后备技术工人及培训提高青年工人文化技术水平的任务。①名称：电力工业部第二水电工程局技工学校。②学校规模：暂定600名学生。③校址及建筑面积：学校设在陕西安康张岭。建筑面积按每个学生20～25米^2 建设。④专业设置：在水电建设总局规定的6个专业中，根据需要设置，并报告总局和电力部。⑤组织机构与人员编制：技工学校按照国家劳动总局颁发的《技工学校工作条例》的有关规定执行；人员编制，参照1961年5月10日劳动部颁发试行的技工学校编制标准，结合当前实际情况确定。理论教师与学生按1∶10配备，并应占整个教职员工的40%以上。抓紧筹建，领导班子配备、理论与实习教师的配备工作，1982年开始招生。

1981年9月18日，原水电三局发电二局劳字［1981］第209号文件《关于成立技工学校的通知》：撤销职工培训班，原培训班全部人员划归技校。

（1）机构设置：校长办公室、教育科、实习工厂、总务科。

（2）专业设置：①水工建筑专业；②金属加工专业（机修）；③内燃机检修专业；

④电气设备维修专业。

(3) 原职业班、干部班的任务由技校承办。电大暂由技校代管，以后划归教育处。10月4日启用技工学校印章，并将每年7月31日确认为技工学校校庆纪念日。

1982年10月10日，水电三局技工学校正式开学。1983年5月增设学生科。

技工学校遵循原国家劳动总局1979年2月颁发的《技工学校工作条例（试行）》和自1987年1月1日起实行的由劳动人事部、国家教委颁发的《技工学校工作条例》进行办学。

1988年起，水电三局技工学校执行水电部劳资司、教育司以劳组字［1988］第11号转发劳动人事部劳人培［1988］1号文《关于技工学校毕业生当工人后实行劳动合同制的通知》精神，录取新生时，学校、学生、家长三方签订协议。协议应就学校和学生双方的权利与义务、学生毕业后必须在本系统服务的工作年限、在规定工作年限内本人要求调离系统需缴纳培训费等有关事宜作出明确规定。

1992年4月25日，根据能源部《关于对技工学校90级毕业生实行两证制的通知》和陕西省劳动人事厅《技工学校毕业生都要实行两证》的规定，水电三局技工学校在取得毕业证的前提下，按部颁技术等级标准发给相应的技术等级证书。

1992年，水电三局技工学校以952.5分的成绩通过陕西省劳动厅的评估和最后审定，3月6日被陕西省人民政府命名为陕西省重点技工学校，并被评为能源部系统职业技术教育先进学校。

根据劳动部劳部发［1993］255号和中电联教［1994］3号文件精神，结合企业需求的实际情况，水电三局技工学校从1994年起自行组织招生。根据中电联教职［1995］5号文《关于下达电力部所属技校95年招生来源计划的通知》要求，1995年工程局技校更名为岗前培训招生。1997年恢复社会招生，学生毕业后按“面向社会，双向选择，学校推荐，不包分配”的原则就业。水电三局以经管字［2000］07号文件要求技工学校转为职工文化、技术培训职能。

为拓宽技校的生存空间，增强技校在市场竞争中的整体实力，安康市技工学校、安康铁路分局技校、交通技校、供销技校、水电三局技工学校及安康市劳动培训中心申报联合办学，创建安康技术学院，水电三局技工学校设立为工程技术分院。旨在调整结构，扩大规模，实现资源共享，优势互补，以提高安康市职业技能培训质量，造就复合型人才。2001年10月21日陕西省劳动和社会保障厅技工学校升格技术学院专家评估组一行10人来安康对水电三局技工学校申报安康技术学院工程技术分院进行实地考察和评估。

2003年8月，水电三局技工学校与安康市劳动局、安康市技工学校、安康市交通技校、安康市党校、安康铁路分局技工学校、安康市劳动教育培训中心联合成立安康技术学院。水电三局技工学校对外改称为安康技术学院工程技术分院。截至2008年底，共培训电工、车工、机工、电焊工、计算机等专业技术人员800人左右，并发给操作证、上岗证、工种等级证书等。

技校历任校长：孟宪斌；副校长：吴秉钧、赵关宝、何锡瑾、曹治民、陈家昌、陶尧耕、司勤、姚胜达。

职业技术教育中心主任兼技校校长：王千里、邹明荣；副主任兼副校长：司勤、姚胜达、马全生、王治有、吴晓胜、李东琦。

历任书记：崔万军、孟宪斌（兼）、孙宝顺、冯学智、邹明荣。

四、职工中等专业学校

1981 年 4 月 14 日，水电十五局向水电总公司呈报《关于成立职业学校的报告》，拟开办职工中专，为水利电力生产建设事业培养“四有”及专业技术知识和实际工作能力的中等专业人才。以培养水电建设急需的中级管理干部、技术干部和主要岗位技术工人为主。1985 年 11 月 28 日，水利水电部水利水电建设总公司以水建字［1985］第 30 号文批准成立水电部第三工程局职工中等专业学校（简称局职工中专）。总规模 480 人，学制三年，招收具有初中毕业文化程度的在职职工。1985 年计划开设四个专业：劳动保护、质量检查与管理、水电施工、水电机械，招生 85 人。考生一律参加国家组织的统一入学考试。学校经费：筹建费由水电三局筹集解决，办学日常经费，除按规定收费外，不足部分由水电三局自有资金解决。本局以外的学生，由学生所在单位按有关规定向学校交纳学费。1986 年 5 月 4 日启用局职工中专印章。

1988 年 5 月，水电三局职工中专（含技校）机构设置为：办公室、教务处、文化科、基础科、专业科、工艺科、学生科、总务科、实习工厂、汽训队。

1992 年 5 月 30 日～6 月 3 日，西北电管局西北片职工中等专业学校评估团对水电三局职工中专进行检查、评审，水电三局职工中专获得 888.38 分，名列第三名，属 B 等（良好）级别；文化科考试成绩及格率达 97%，属于 A 等（优秀），仅低西安电力职工中专 0.6%，名列第二。

五、安康工业学校

1989 年 9 月 12 日，陕西省高等教育局发陕高教专［1989］第 116 号文：经报请陕西省人民政府批准，同意安康地区行政公署、能源部水电三局利用水电三局职工中专的现有条件联合举办安康工业学校。学校规模为 640 人，暂设水电工程、水电建筑、工业与民用建筑、工业电器设备等 4 个专业。招生纳入陕西省统一计划，实行定向。招生对象暂定高中毕业生，学制 2 年，今后随办学条件的改善应逐步向招收初中毕业生过渡。学校基建投资、经常性经费，毕业分配按双方协议，由你们负责解决。水电三局职工中专仍应根据需要继续开展成人中专教育和岗位职务培训，以发挥学校的整体效益。从此成立安康工业学校。校领导与技校、职工中专为同一班子。

1993 年 3 月 3 日，成立安康工业学校党支部，由职业技术教育中心党委代管。根据安康地委提议，委任高明建为党支部书记（副处）；职业技术教育中心副主任王治有任党支部副书记。1999 年 11 月 11 日，成立安康工业学校党委。截至 2006 年历任领导有：书记：邹明荣；副书记：禹贵录、高明建、庄凤翔（兼工会主席）。

1993 年 4 月 7 日，根据安康地委提议，聘任冀长喜安康工业学校副校长（副处）。

2001 年 12 月～2006 年底邹明荣任职教中心主任、安康工业学校校长；李东琦任副主任、副校长。

截至 2008 年底，安康工业学校共培养出中专毕业生 2467 人。举办短期培训班，培训计算机、测量、数控机床等专业人员400余人，并发给职业证、上岗证、操作证、培训合格证书等。

六、水电三局幼儿园（幼儿教育）

1958年青铜峡工程开工后，工程局开办了托儿所，所长孙惠茹，副所长陈巧英。“三年自然灾害”时期，工程局建起奶牛场，想方设法保证300多个孩子吃好。青铜峡工程局转移到汉中后，继续开办托儿所，后来改称幼儿园，园长刘荣华。5个班，170余名幼儿入园。

1969年，水电四局石泉分局在石泉建托儿所幼儿园。转移安康后从1979年4月开始，在张岭、大沙坝建立幼儿园、托儿所。1980年3月12日张岭幼儿园正式开始接收儿童入托至今。1982年建起砂石厂托儿所，扩建张岭幼儿园。各厂队也开办托儿所，解决职工的后顾之忧。后因机构、人员变化，厂队托儿所陆续停办，只保留张岭局幼儿园。随着安康水电站竣工，职工到外包工地，居住地集中张岭，张岭幼儿园入园幼儿逐年增加。1983年5月10日成立局托幼领导小组办公室，加强托幼工作的领导和管理，为保证幼教事业的发展，为9年义务教育奠定良好的基础。

1982～1984年，水电三局在全局9个托幼园开展了“阿姨赛妈妈”活动，促进幼教工作。到1985年水电三局职工彻底解决了入托难的问题。局幼儿园入托婴幼儿由1980年260人发展到2004年的480人，其中高峰期的1990年和1991年分别达到1000人，幼教工作人员及保育员近百人。1993年幼儿园被安康地区教育局评为地区首批一类幼儿园；2003年4月被陕西省教育厅命名为“陕西省示范幼儿园”。

水电三局幼儿园先后归属局行政处、生活服务公司、教育处、基地分局管理，也从单纯的幼儿托管变为幼教机构。历任负责人及园长：王云香、里桂芝、赵素珍、方荣群、高金兰。党支部书记：赵素珍（兼）、高金兰。

1980年6月30日，原水电三局决定本局双职工子女入托，每人每月补助5元，补给局幼儿园。1985年3月18日水电三局职代会主席团讨论审议《水电三局关于发放职工子女托儿费补贴的暂行规定》，决定自1985年4月1日起把“暗贴”改为“明补”：凡有三足月以上七周岁以下、户口在本局、未入学子女的本局职工，均按一个儿童由职工所在单位按月发给职工每人每月7元的子女托儿费补贴，取消原由水电三局财务划拨给幼儿园按入托就餐儿童人数每月补助的5元伙食津贴。

自1985年9月10日第一个教师节起，水电三局中小学教育处、职工培训处、职教中心等单位每年教师节都举行座谈会、表彰会等节庆活动。根据水电总局水建劳字［1985］第91号文精神，水电三局中小学校、技工学校、中等专业学校的专职教师、幼儿园的教师从1985年7月1日起执行职业工龄津贴。具体办法按陕西省陕工改办发［1986］047号《陕西省教师教龄津贴实施细则》执行。从1987年10月起，水电三局属中小学、技校、职工中专、幼儿园教师在现行的工资标准上，原则上提高10%。

第三节　职　工　教　育

水电三局建局以来，职工教育经历了起步、发展、适应改革、稳定等不同历史阶段。

一、文化技术培训

(一) 文化教育

水电三局建局以来，经历了两次较大的全员文化教育活动。一次是扫盲教育，20世纪50年代参加工作的工人，文盲半文盲较多，60年代初期，工程局以工会组织牵头，利用晚上和业余时间举办扫盲班；教师由文化干部和技术干部担任。另一次是青工“双补”教育。20世纪80年代初，根据国务院《关于加强职工教育工作的决定》和有关部门关于搞好青壮年职工文化、技术补课的决定，水电三局共给职工教育投资约600万，开展青工“双补”教育工作。

1958年8月26日，青铜峡工程开工，施工人员来自河南、河北、山东、宁夏等地，到1959年建设者就达2万多人，文盲达万余人，青壮年文盲有7000余人，占总人数的59.7%；中老年文盲2000余人占总人数的11.2%；半文盲3000余人，占总人数的25.9%。青铜峡工程局积极响应党中央号召，采取政治、技术、文化学习三结合的办法，一手抓生产，一手抓学习，大力开展扫盲和业余教育等项工作。在1959～1960年先后办扫盲班127个、高小班84个、初中班33个、高中班3个，水电三局和二级单位共办大小业余学校21所，参加学习人数占总人数的90%。1959年试办的共产主义大学于2月25日正式开学。1960年成立职工业余教育委员会，加强职工业余教育的组织领导。

原水电三局1980年成立职工培训学校，开办文化补习班和各工种技术培训班，开展对职工的文化和技术培训工作。

水电十五局于1980年成立职工教育委员会，全面展开职工文化教育工作。1981年5月16日工程局制定《1981年职工教育计划》和《1981～1985年职工教育规划》，经局首届一次职代会审议通过，在全局贯彻实施。各单位相应地制定了职工教育年计划和五年规划，纷纷成立职工教育工作机构，举办小学、中学文化补习班和技术培训班，职工培训工作全面铺开。各二级单位均设立了职工教育工作部门。

1981年开办扫盲、小学、初中、高中班、业余中专、外语、各种技术培训、企业管理、电大、外送大专进修等各种班级78个，参加学习人员共计3344人，占职工总数8631名的38.7%。

1982年2月18日，水电三局转发《中华人民共和国职工教育法草案》，指导全局职工教育工作。4月8日转发电力部电劳字[1982]第62号《电力工业企事业单位工人技术考核办法》和《电力工业企事业单位学徒培训管理办法》。

1982年3月，开展青壮年职工文化、技术补课工作。到1985年底对1968年以来进厂的初高中毕业生进行文化摸底普测，开展全局性初中文化补课培训，重新颁发初中毕业证书。同年6月组织在生产岗位上的历届高中毕业的待业职工子女进行文化复习。

新合并的水电三局成立后，一直重视职工教育培训工作。延续执行和完善管理制度，制定中长期规划和年度执行计划，确保了职工教育的有效进行。

1988年10月26日，印发执行水电三局《职工培训管理办法（暂行）》，共5章35条。

经过几年努力，截至1992年完成工人文化补课4275人，占应补人数81%，技术补课合格 4283 人，占应补人数 93%，青工政治轮训 4000 人，完成计划 70%。

（二）技术培训

根据水电计字［1979］第 29 号文《关于对工人进行技术考试和评定技术等级的通知》，1979 年 2 月 22 日，工程局决定对本局工人进行技术考试和评定技术等级，成立考工评级委员会，主任：武天杰；副主任：陆佑楣；委员 5 人加上各队厂技工、技干代表共计 16 人。全局有技工 5404 人是 1～8 级工，平均技术等级为 3.3 级，共有 113 个工种，参加这次技术考试。12 月 15 日考试结束，根据考试成绩及平时技术能力和工作成绩评定技术等级，填表装入本人档案，作为调整工资时的重要依据。6 月 5 日，原水电三局选送 53 人到洛阳铁路分局代培行车、机修、电务、化验和材料等业务技术一年，为铁路分局专用线正常运营创造条件。

1980 年 10 月 6 日，原水电三局转发执行《电力部加强技工培训工作意见》并指导广泛开展职工技术培训工作。每年确定工人技术培训的重点，针对培训对象因人施教：1982 年的重点是，具有初中毕业文化水平、1945 年以后出生的青壮年工人和生产骨干，并与学徒转正、技术工种升级挂钩。1983 年后的重点是对工人进行技术培训。1986～1990 年培训的重点：①对职工高中或中专培训，主要对象是 45 岁以下具有初中文化程度的在职中青年干部，到 1990 年这部分干部达到高中或中专文化程度，共培训 450 人。②工人中的技术培训对象是技术岗位上的二～五级工，年龄在 40 岁以内，具有初中毕业以上文化程度，并经技术补课和初级技术培训合格的工人，经过培训使他们真正具有和达到（四至六级工）技术理论水平和操作技能。到 1990 年使技术工人中实际水平符合中级技术等级标准的比例，提高到技术工人总数的 50%以上，全局对中级工培训 3749 人。截至 1992 年，完成中级工培训 831 人，高级工培训 43 人，各工种工人综合技术短培 5037 人·次；“双基”教育办班 194 个，培训 7402 人；干部继续工程教育短培 2639 人·次，中专以上学历培训 778 人；累计培训 2.57 万人·次，占全员总数的 167%。

1993 年，局处两级开展电焊、混凝土、钢筋、木工、基础处理等工种以及待岗转岗人员培训达 2336 人。

1994 年，全局进行特殊工种上岗培训 132 人，机电、土建类 10 余个工种的中、高级工培训 3671 人，其中中级工 2943 人，高级工 728 人。

1995 年，水电三局重点对班组长进行培训，局属各单位 372 名班组长经过正规培训，严格考试，获得班组长合格证书，其中 72 人获得了国家统一颁发的合格证书。对工人进行技术等级培训共计 7962 人，其中高级工 1025 人；水电三局集中办班 3 期 9 个班次培训 466 人，到外包单位培训 7496 人。

1996 年，培训班组长 388 人·次；培训中级工以上人员 6200 余人。

1997 年，水电三局广泛进行职工技术培训，参培人员累计达万余人·次。

2001 年，水电三局工会与局劳动人事处联合举办班组长培训班，对培训合格者发给上岗证；按照国家要求，此后班组长一律持证上岗。

2002 年 1 月 25 日，水电三局要求对新进厂的军工必须进行岗前培训，局劳人部门据其培训考核情况分配单位。严格培训考勤纪律，凡不参加培训者，不予以接受。

至2006年水电三局、分局、项目部结合项目要求开展了多工种、多专业的培训工作，满足项目施工需要。

1982年8月13日，转发执行电力部《电力工业企事业单位工人技术考核办法》和《电力工业企事业单位学徒培训管理办法》。

为搞好职工培训工作，水电三局制定相关的规章制度，建立对应的组织机构。1983年10月成立锅炉压力容器焊工考试委员会。1984年4月成立水工人技术考核委员会，1993年和1996年分别进行了成员调整。1989年4月成立职工培训考核委员会。1993年2月成立焊工考试核委员会。1995年6月29日陕西省劳动厅陕劳函字第034号批复，经审查同意能源部水电三局成立职业技能鉴定站，承担核定工种（专业）等级类别的鉴定工作。

从1986年起，开始形成“先培训后就业、先培训后上岗，变招工为招生”的制度，这是水电三局职工培训的一个重要转折。

根据《中华人民共和国劳动法》、《中华人民共和国职业教育法》及《企业职工培训规定》，水电三局于2006年5月27日以局劳人［2006］56号文制定印发《水电三局职工教育培训管理暂行规定》，除总则和附则之外，对管理机构、培训设施与条件、培训经费管理、奖惩、管理和实施等做了明确规定。职工教育培训按照水电三局统一领导，按照统一规划、统一标准、分级管理、分级负责的原则，实行水电三局、分局（施工局、项目部）两级管理体制。水电三局劳动人事处是水电三局教育培训的管理部门。各分局、施工局、项目部人力资源管理部门对职工教育培训工作实行归口管理。职教中心是开展职工教育培训的主要基地和实施部门。

二、大中专学历教育

20世纪60年代，青铜峡工程局选送一批技术干部参加北京水电学院等院校组织的函授学习，先后取得大专、大学本科毕业证书。70年代按照毛主席关于“要从有实践经验的工人农民中间选拔学生。到学校学几年以后，又回到生产实践中去”的指示，工程局先后从基层选送30余名优秀青年职工上大学（即，工农兵大学生）。就读的学院有：清华大学、北京大学、西安交大、兰州大学、湖南大学、安徽大学、北京中医学院、上海第一医学院、上海中医学院、武汉水利电力学院、华东水利学院、长沙铁道学院、河北水利水电学院、成都工学院、大连工学院等。学习毕业后回工程局分配到生产、工程、技术、文教卫生、政工等部门，成为生产、技术、工作骨干。

1976年5月7日，成立水电四局石泉分局“七・二一”职工大学，毕业的学生于1989年底参加国家统一组织的“认定学历考试”合格后，确认为大专学历。

1977年恢复高考制度以来，特别是1979年以后，社会办“五大”（电大、夜大、函大、业大、职大），水电三局每年都有一批干部或工人骨干通过参加高考或成人高考，到高等院校学习企业所需专业，并取得相应的学历证书。

1983年，水电三局委托葛洲坝水电工程学院长期代培学生，学业合格，发给大专毕业文凭；与陕西省机械学院商定，考试择优录取74名青工在职培训2年，发给中专毕业证书。1983年水电三局外送大、中、高等院校培训139人。

20世纪80年代水电三局先后共选送600余名职工到大中专院校进修，所学专业包括水工、机械、工业企业电气自动化、工程测量、财会、企管、中文、英语、数学、化学、物理、医护专业等，都按期毕业或结业，又回到工程局工作。

（一）电大、党校教育

1980年4月，原水电三局建立电大教学班，实行业余学习，学制3年，考试合格发给大专毕业证书。当年招收电子专业班1个。1981年招收电子专业2个班27名学员。1982年招收文科班12人、理科英语2人。1983年招收经济类专业班1个；1984年招收政工类专业班1个。

1982年，陕西电大、葛洲坝职工大学、西北电业职工大学、十二局职工中等经济管理学校在水电三局共录取104名职工。水电一局委托吉林省委党校举办党政干部培训班（大专），1984年11月在水电三局招生22人，脱产学习2年，考试合格发给大专学历。

（二）函授教育

根据水电部水电计字第416号文件精神，原水电三局1979年3月26日以十五局字[1979]第60号决定开办职工业余大学和业余中专。分别招收高中和初中水平的职工。采取自愿报名、领导批准、择优录取的办法。大学学制5年；中专学制4年。1979年4月下旬开学，每周学习3个晚上，每次学习2课时。首先在张岭开设大学一个班（40人），专业为机械系。校址设在教育处。

1986年，水电三局工会制定下发执行《职工业余自学成才奖励试行办法》。截至1995年全年共有410名职工自学考试完成学业后，成为业务骨干、技术中坚，局工会及时给他们一次性自学成才奖励。

2000年，职教中心在水电三局内开展以下培训工作：①与武汉水利电力大学联合开办《工程管理》专业“专升本”函授班，学制三年。②为中央党校函授学院继续招收《经济管理》专业本科生及《经济管理》、《金融》两个专业的专科生。③举办监理工程师培训班，经过培训合格者，颁发国家认可的监理工程师培训证书。

据不完全统计，截至2006年底，水电三局职工参加陕西电大、中央党校及各类大专院校函授学习，共有850人取得大专学历，260人取得本科学历，49人取得研究生学历。

三、干部培训

水电三局在抓好学历培训教育的同时，把专业技术人员的继续工程教育纳入职工培训轨道，对具有大专以上文化程度的专业技术人员进行知识更新培训。

1981年全局内外培训职工1165人，占总职工人数的13.5%；参加水电总局企业管理研究班13人，局办企管训练班2期，科级以上60人参加了学习。1982年12月举办科级以上党员干部轮训班。

1983年，水电三局对经营管理干部人员进行培训，举办助理会计师、会计员、定额员、待业青年财会人员、劳资业务干部、机电管理干部、材料供应人员、计划统计人员、行政管理人员等10余个业务培（轮）训班，共培训302人。举办科技干部培训，电子计算机的培训，英语的内培和外培，中小学教师的培训，医师和护士的培训等，共培训123人。

1984 年 8 月 16 日，举办首期电子计算机应用培训班，35 人参加。1984 年 11 月 11 日局闭路电视开设系统工程在水利水电建设中的应用、系统工程学、机械制图学习班：12 月 3 日正式上课，每周三、五晚上播放、收视学习。

20 世纪 80 年代，水电三局在局内举办各类脱产、半脱产培训班，培训艺术骨干、财务、劳资干部、工程概预算和工程计划骨干、定额管理人员、质检、安全、劳保、车管、材料管理、机械设备管理干部、电子计算机骨干等共 405 人；选送工程技术人员 30 人，教师 18 人，医务人员 33 人外培进修。同时对全局、工程师、助理工程师进行外语轮训，每期 20 人，学习时间 3～4 个月。

根据劳动部安劳［1990］25 号和总公司中水电工［1993］27 号文件精神，1994 年 2 月水电三局举办《厂长、经理职业安全卫生管理资格认证》培训班，每期 10 天。

1994 年，水电三局组织职工进行各种培训近 3700 人·次，干部学历培训 389 人，专业技术培训 114 人，项目经理培训 10 人，监理工程师培训 45 人，处以上领导干部经济体制改革应急培训 85 人。

1995 年分别举办学习班，培训 70 多名劳资专干、100 余名概预算人员、60 名监理工程师、20 余人项目经理，以上人员均领取了专业资格证书。

1996 年 5 月 13 日，由中国水利水电工程总公司和清华大学联合主办的第九期项目经理培训班在水电三局开办。7 月 29 日，水电三局举办首期高等级公路技术培训班，聘请西安公路交通大学教授、讲师授课。当年水电三局培训概预算、项目经理、监理工程师 400 余人并取得相应资格证书。

2000 年以后，培训工作与市场经济相结合，重点转移到监理工程师、市场急需的工种和项目经理的培训，以适应水电工程建筑市场的需求。

2005 年 10 月 18～19 日，水电三局在西安承办集团公司 2005 年第一期在建项目商务管理培训班。来自系统内的项目经理、主管经营的副经理、项目合同主管人员，从事市场开发及经营的主管人员近 180 人参加培训。

2006 年 9 月 25 日，水电三局第一期后备项目总经济师培训班在西安理工大学水利水电学院开课，来自全局各单位的 50 余名学员参加培训。

四、党校培训

1981 年 6 月，电力部水电二局（水电十五局）在安康张岭成立党校，承担干部培训工作。两局合并后，党校成为常设机构，至 1991 年 9 月党校划归党委宣传部。水电三局机关搬迁西安后，1999 年 1 月党校交由基地分局管理，2006 年划归职教中心管理。历任校长：孙荣昌、方占寅、魏世雄、贺元林；副校长朱玉康、康忠耀、王克芬、刘新法、魏世雄。党校是全局干部政治培训中心，每年举办领导干部政治轮训和入党积极分子培训，并协助举办部分专门培训班。

五、职业教育

根据形势发展时政变化，水电三局党委统一部署领导，由局工会牵头，局教育培训中心、局职工培训处密切协作，结合实际举办职工培训班、轮训班、知识竞赛等形式，不断提高职工的思想政治水平和职业道德水准和法制观念。

（一）时政教育

20 世纪 80 年代，在职工中进行形势教育、爱国主义教育、法纪观念教育、党的优良传统和作风教育、共产主义远大目标教育等。在局党校轮训科技干部 300 人，培训政工人员 260 人。1986 年有 3000 名青工（占青工人数 52%）参加了政治轮训。1987 年全局青工政治轮训提前一年完成计划。90 年代在开展知识竞赛的基础上，举办演讲、专题讨论等形式深入宣传教育。开展“迎亚运、保发电”的爱国主义教育，组织了盛大的“亚运火炬”传递活动。在全局职工中开展“爱岗位、爱企业、爱国、爱党、爱社会主义”的“五爱”教育。开展香港回归百题知识竞赛等系列活动，加强广大职工思想道德教育，发扬企业精神及敬业精神，“爱岗敬业，崇尚技能”，提高全局职工队伍整体素质。2000 年以后开展贯彻实施《公民道德建设纲要》等教育活动。

（二）职业道德教育

1982 年水电三局制定了《职工守则》，1983 年制定《水电三局厂规厂纪》等文件。1987 年对职工进行政策、形势、人物、纪律和职业道德教育。1991 年在党员中开展“三基”教育（马克思基本理论、党的基本路线和党的基本知识），对职工进行基本国情、基本路线的“双基”教育。全年举办“双基”教育 13 期 145 班·次，培训青工 5712 名。

第四节　教　育　经　费

计划经济体制时期，青铜峡工程局、原水电三局、水电十五局所办的基础教育、职工教育，其费用均在投资计划的教育经费中列支。年度教育经费计划批准后，由教育主管部门统管。规定经费开支必须贯彻勤俭办学的方针，教育经费不能挪作他用。

进入市场经济后，水电三局自办教育的费用，按照国家规定，在营业外收支科目列支。学校收费归入营业外收入，不足部分由水电三局在营业外支出中拨付。职工教育经费也按国家规定，按职工工资总额的 1.5%计提并控制使用，如不敷开支，可从各部门的包干经费和预算外收入中调剂解决。

水电三局为管好用好教育费用，根据不同时期的具体情况，针对不同的教育类别，制定相应的局内管理制度和措施以及开支报销规定。如基础教育的收费标准及支出、大中专教育中的费用支出和学生待遇规定、教育经费的分摊方法等。

1985 年 7 月 26 日，转发执行水电部财综字［1985］第 140 号文及财政部、国家教委、外交部《关于颁发公费出国留学人员经费开支规定》。

1985 年 6 月 21 日，职代会第十四次主席团会议，讨论了水电三局“关于改革中小学教育经费收费办法的暂行规定”，提出修改意见并经局务会审定后于 1985 年 7 月 2 日以局改字［1985］第 5 号印发试行《关于改革中、小学教育经费收费办法的暂行规定》和《中小学教育经费收费办法细则》指出：

（1）中、小学教育经费办法及相应的改革主要包括：①中、小学教育经费原由局统一核批拨款，实报实销，现改为由学生家长所在单位在营业外支出渠道中负担。教育部门分别按小学、初中、高中三个标准和入学人数向各单位结算收费。②中、小学教育部门对所收费用实行包干，专款专用，超支不补，节约不交。③与上述两项改革相配合，各中、小学可实行校长负责制，干部聘任制，费用包干制，并按照多劳多得、少劳少得、奖勤罚懒、奖优罚劣的原则进行内部奖金分配。要进一步健全经济责任制，逐步按定编、定额、定员组织教学，合理调整内部人员结构，想方设法安置富余人员，充分调动教职工的积极性，不断提高教学质量，多出人才，出好人才。

(2) 中、小学教育费用1985年的收费标准及适用范围：①本局职工子女入学，小学生每人每学期77.5元。②初中生每人每学期87元。③高中生每人每学期107.5元。外单位子女在我局子弟学校上学的纳费标准由教育部门自定。

(3) 费用负担和收费办法：①在校学生的教育费用由其家长所在单位负担。②本局临时家属的子女在子弟学校上学者，也应按标准交纳教育费用，费用负担可根据实际情况，由学生家长所在单位决定。③本局退离休职工的子女户口在局内和遗孀遗孤子女在局内居住并在子弟学校上学者，其教育费用由局负担。④学杂费和书簿费按学校规定交纳，由学生家长自理。⑤教育费用由教育中心负责征收。

(4) 本局合同制工人在合同期间，可比照正式职工对待。

(5) 不在本局子弟学校上学的职工子女，教育费用单位不予负担，由家长自理。从1985年1月1日起，凡在水电三局子弟学校上学的学生都应收费。1985年收费标准按水电三局规定执行。

1988～2006年，水电三局对中小学教育处实行全额费用包干。

1989年2月24日，教育处处长石予宜与局长刘纪仁签订了1989年划小核算单位负责人承包经营目标责任书。自此每年都签订执行之。

1988年5月20日，以局发［1988］局总会字第4号文规定：水电三局对技工学校经费从1988年实行全额包干使用。全年包干总额96.22万元，超支不补，自此实行承包经营管理。

根据陕西省教育委员会、劳动厅、物价局、财政厅陕教财［1992］1号文《关于中等职业技术学校收取学杂费的通知》和安康地区物价局、局安价费发［1992］120号文《关于调整水电三局中等职业技术学校自费生学杂费的通知》精神，1992年8月14日，水电三局对局技工学校、工业学校收取学杂费标准规定如下：①公费生，技校学生130元/(生·学年)。②自费生，工业学校：三局子弟1150元/(生·学年)。地方子女1150元/(生·学年)。技校：1280元/(生·学年)。从1992年秋季开学起执行。③对于学杂费的收缴，使用及管理，均按陕教财［1992］1号文执行。

教育费附加是从1986年7月1日起执行的对缴纳增值税、营业税的单位征收的一种专项用于弥补地方教育经费不足的附加性费用，它是由税务机关负责为教育部门代征的一项收入。根据国务院国发［1986］50号文第十条规定："凡有职工子弟学校的单位，应先按规定缴纳教育附加，然后由教育部门给办学单位，返还已缴纳数的80%，作为对所办学校经费的补贴"。水电三局自办教育机构，属于应返还的单位。为办理教育经费附加的返还，1990年7月4日，水电三局以局财字［1990］第13号文对统计教育费附加缴纳事宜做出安排。

1995 年 12 月 27 日，水电三局以发局财字［1995］第 30 号文，转发《安康地区行政公署关于印发地区教育事业费附加征收管理使用暂行办法的通知》指出：该办法实施后，教育费附加的征收范围明显增大。水电三局是自办职工子弟学校的单位，有完全中学两所、完全小学两所、九年制学校（含初中）一所，幼儿学校一所，教职员工 471 人，中小学生 2500 余人，入校幼儿 700 人，每年发生的中小学教育经费达 300 余万元，按规定属于教育费附加返还的单位。水电三局要求各二级单位和工程指挥部：①安康各单位在缴纳教育费附加后及时做好教育费附加的返还工作。②各外包项目点，对 1990 年 7 月 1 日以来缴纳的教育费附加的税票进行复印，根据年月、记账凭证号、税种、税票号、税务局（所）、金额、进行汇总统计，索取当地《教育费附加实施细则》按规定的返还比例向当地教育部门要求返还。③返还的教育费附加上交综合费。由于外包项目分布广泛，教育附加费上缴地分散，返还工作在具体操作上存在较大难度，未能坚持落实。

第九篇　后勤工作

第九篇　后　勤　工　作

第一章　基　地　建　设

第一节　机　　构

水电三局经过近50年的发展，建立了三个后方基地：汉中基地、安康基地、西安基地。

一、汉中基地

1969年2月，青铜峡工程局整建制转移陆续迁入陕西省汉中市河东店，12月青铜峡工程局更名为水利电力部第三工程局（原水电三局）。与工程建设同步开始进行生产生活基地建设。

汉中基地占地2728146.9米^2，划分为19块，大致可分为河东、河西、红庙三个区域，分属汉中市汉台区和勉县。

1982年12月，成立水电三局汉中分局和分局党委，兼管汉中基地事务。1983年5月13日水电三局向水电总公司上报《关于把三局汉中生活区改建为综合性基地的请示报告》，6月2日水电总局以水电劳字［1983］第46号批复：考虑到将来梯级开发汉江中上游水利资源的需要，同意汉中生活区维持现状，为水电三局的一个职工生活基地。

1986年7月，水电部和陕西省人民政府相继批准水电三局在陕西安康、汉中建永久性基地，水电三局汉中基地建设进入统筹规划的新阶段。

截至2006年，汉中分局历任领导：分局长史凤阁、刘光先、李春田（局长助理兼）；副分局长刘升、姬脉兴、龚明初、许春华、汤自惕、刘永祥（兼总工程师）、王信德、赵新民、向武生、周怀军。党委书记刘焕喜、王瑞、史凤阁、刘昌海、刘光先、周怀军、李春田（兼）；副书记王书祥、王刚。总工程师李中田。工会主席赵怀恩、赵万奎、龚明初（兼）、赵秀文、田恒久、赵金荣、何玉贵。

二、安康基地

安康基地位于安康市城区汉江北岸，占丘陵地1.667余千米^2，以张岭为中心，辅以关庙、大沙坝、紫荆等小区。1975年4月，水电四局石泉分局的施工队伍由石泉开始向安康火石岩工地转移；5月15日分局党委、革委会机关由石泉迁至安康马坡岭办公。1976年9月30日，陕西省革命委员会安康水电站建设领导小组召开第三次领导小组会议，研究安康水电站建设前方施工和后方张岭基地进点急需的土地征用问题，明确征地工作仍应按照过去已定的“一次征购，分期使用”的原则办理。经安康县（现安康市汉滨区）、安康地区（现安康市）、陕西省政府逐级批准同意后，1976年，水电四局石泉分局开始筹建安康张岭基地。1977年第四季度张岭基地破土动工，12月开始建房。1978年7月，张岭基地部分职工生活用房启用。

1978 年 4 月 23 日，工程局机关搬迁到安康水电站建设工地——安康县大沙坝办公；1981 年 5 月 25 日迁至安康张岭办公。

1980 年 4 月 19 日，工程局向水力发电建设总局报送基地建设规划，开始利用安康水电站工程临建费以安康张岭为中心建职工住房和办公及福利用房。1982 年 9 月两局合并定名为水利电力部第三工程局，局机关办公地点设在安康县江北（后改为安康市汉滨区，下同）张岭（简称安康张岭基地）。

1984 年，水电部在浙江金华召开水电施工基地建设会议以后，水电三局认真执行国家计委、国家经委、劳动人事部印发的《基地建设项目包干经济责任制试行办法》，着手将安康张岭按永久性基地进行规划建设。

1986 年，水利电力部水电建设总局以水电计字［1986］65 号文明确水电三局在陕西安康、汉中建永久性基地；同年 7 月经陕西省人民政府批准同意，水电三局基地建设步入统筹规划的新阶段。

为了加强基地建设及管理，水电三局相继成立以下组织机构。

（一）张岭工作委员会

1980 年 10 月 11 日，原水电十五局成立张岭工作委员会，下设办公室、农副科、劳动服务公司、房产科（包括修缮队）、贸易公司（由行政处划出）、房建组（业务属技术处）、张岭派出所（业务属保卫科）。阎体昌任书记兼主任；易生、魏文奎、崔万军先后任副主任。1981 年 10 月 14 日撤销。

（二）基地建设管理部

1990 年 2 月 10 日，成立基地建设管理部，明确行政总负责人为副局长史振宇。

1991 年 2 月 11 日，设立水电三局基地建设部和工程管理部。4 月 8 日明确基地建设部设企业管理室、计划财务室、行政管理室、房地产管理室、综合室。

（三）水电三局基本建设领导小组

为使工程局基建工作有序进行并纳入系统化管理，2002 年 5 月 17 日，以局工管字［2002］第 13 号成立以下组织机构：①水电三局基本建设领导小组，组长张治源、于彦洲；副组长吴新琪、刘玉建，成员 7 人。②专家技术小组：组长吴新琪（兼），副组长彭景铮，成员 8 人。③综合办公室：工程管理处设立基建管理办公室，履行建设单位的职责与义务。

（四）水电三局安康基地管理分局

1999 年 1 月 21 日，以局劳字［1999］第 06 号文成立水电三局安康基地管理分局。机构设置：党群部门：①党委工作委员会，下设秘书科、党校、组宣科、团委。②工会委员会，下设工会工作部、劳动争议调解办公室。行政部门：办公室、信访科、事务科、劳动人事科、财务科、基建安全科。历任领导：分局长黄全孝、张兵；副分局长胡宝定。

1999 年 2 月 25 日，成立安康基地管理分局党工委。历任书记：赵柏林（兼）、江德佩、钟泽明；副书记：任祥友；工会工作委员会主席：王守仁。

水电三局服从地方政府领导，参与地方政务。1980 年 12 月 30 日水电三局张云、吕中元、于长玲、岳文华被选举为出席安康县人代会的代表。1990 年程国清、刘纪仁、姚培芳（女）当选为安康市第十二届人大代表；张文怡、贾沛霖、沈君修（女）、陈修华、杨安玲、孟雅琴当选为安康市政协第九届委员。1991年4月安康市第十二届二次人大代表会增选水电三局局长刘纪仁为陕西省第七届人大代表。1992年李友仁局长、张运惠、赵栓磨当选为第十三届安康市人大代表。1993年2月局党委书记赵庆安当选为陕西省第八次党代会代表。1993年4月李友仁局长当选陕西省第八届人大代表。1997年12月25日局长李友仁及马金玲、李素春当选为安康市第十四届人民代表大会代表。1998年1月24日局党委书记赵庆安当选为中共陕西省第九次党员代表大会代表。2002年1月29日水电三局在安康基地召开党员代表会议，选举江德佩、徐德胜为出席安康市第一次党员代表大会代表。2002年3月15日水电三局党委在安康基地召开党员代表会议，选举局党委书记陈庆和为中共陕西省第十次党员代表大会代表。2005年12月5～7日水电三局局长吴新琪当选为陕西安康市第二届人民代表大会代表。2006年11月6日张兵当选为安康市第二次党代会代表。

2001年1月1日，地级安康市成立揭牌仪式暨庆祝大会在安康隆重举行，水电三局局长张治源、党委书记陈庆和等领导应邀参加庆典活动。

三、西安基地

1973年1月13日，水利水电部计划司发《关于水利电力部第四工程局石泉分局西安转运站建房报告的批复》：同意你局西安转运站（从西安临潼临时转运货场）迁往西安北郊龙首村（龙首北路西段22号），增建楼房1500米^2、平房350米^{2}作为办公、住宿、仓库、食堂等使用。从此建立了西安基地的首要位置。

1986年11月4日，水电三局将西安转运站改为西安办事处、县团级单位（水电总局8月4日、陕西省省政府办公厅10月31日批复）。1987年9月18日，西安办事处成立党支部。

历任领导：办事处主任兼党支部书记解启荣、安鸣瑞；副主任王树芳、王永庆。后因机构调整，工作职能变化，水电三局研究决定并于1997年10月20日发局办字［1997］第26号文撤销水电三局西安办事处。

1996年7月9日，电力工业部办公厅发办水农［1996］55号文《关于水电三局机关迁入西安市的批复》，同意水电三局机关迁入西安市。8月5日，中国水利水电工程总公司以中水电综［1996］24号转发此批复后，水电三局随即派专人与西安市人民政府、陕西省人民政府多次联系办理有关搬迁工作事宜。1996年12月12日，陕西省人民政府发办公厅办1393号文原则同意水电三局机关迁址西安市，请西安市政府根据陕政发［1990］219号《陕西省人民政府转发西安市政府关于对迁入西安市区（城六区）人口实行集中统一管理的请示的通知》精神，初步审查提出意见后，报省政府审批同意。

1997年5月18日，水电三局机关正式迁移西安并开始办公，地址：西安市龙首村龙首北路西段22号。为不影响机关搬迁后安康基地的工作，转移期间实行两地办公的办法。1999年4月1日局机关全部转移至西安办公。

为了尽快结束局机关两地办公和加强西安基建的领导管理工作，1997年10月26日以局工管字［1997］第25号文成立水电三局西安基建领导小组及基建办公室，负责西安基建领导管理工作。

经多年建设发展，西安龙首村原机关大院、西安市西邦子街18号大院、未央大道100号住宅大院、浐河鑫州佳苑等构成了水电三局西安基地。

第二节 房 地 产

水电三局房地产主要分布在陕西安康市、汉中市、西安市三地，河北秦皇岛市、甘肃白银市、云南昆明市、江苏苏州市、湖北武汉市、北京市均有少量房地产。截至2000年底，水电三局有土地证的土地26宗，总面积为80.23万米^2，其中20宗属于政府划拨土地，6宗系出让方式取得。

水电三局房地产主要分布区域是：

一、陕西省安康市

（一）石泉县

遵照毛主席“三线建设要抓紧”的教导，石泉水电站工程是在边筹建、边转移、边设计、边准备、边施工的情况下进行的。石泉水电站开工后共征用土地0.92千米^2（其中：租用0.023千米^2）。经一年施工实践，不断调整设计，减少主体工程量，压缩附属企业规模，少占土地，退还土地0.15千米^2，另有施工暂缓土地0.024千米^2，交给生产队耕种。截至1971年12月25日石泉分局使用土地0.75千米^2（水田0.17千米^2，平地0.19千米^2，坡地0.33千米^2，滩地0.055千米^2）。石泉水电站所有征地在工程全部竣工前后陆续退还当地。

（二）安康县（后改为安康市汉滨区）

水电部第四工程局石泉工程筹建处、安康工程筹建组编制的《安康水电站施工用地规划报告及请求征购土地文》1970年5月30日上报第四工程局革委会；6月1日又分别上报陕西省基建指挥部、安康地区基建指挥部和安康县革委会。此规划对安康水电站坝址施工用地和安康基地建设用地提出了详细的布置规划。6月21日安康县革委会基建组以安县革基字［1970］021号文明确安康工程筹建征地采用分期征用个别履行手续的办法。急需的“转运站”用地，设在安康县建民公社忠诚大队一块0.01千米^{2}旱坡地；后方指挥部设在马坡岭南侧山地（安岚公路南侧）。截至1996年底，水电三局在安康水电站施工期间共征用土地为3.62千米^2，具体分布如下。

1.马坡岭

水电四局石泉分局党委会、革委会自1975年5月15日起移驻安康马坡岭办公；6月原有房屋机关人员住满，为解决建房队伍住宿需建临时房屋，租用附近吉河区吉河公社2153.3米^{2}土地，修建550米^{2}临时房屋。后随安康工程建设进展，人员相继转移到安康城区、火石岩、大沙坝及张岭基地。

2001年11月22日，水电三局与安康市汉滨区铭垚有限公司分别签订安康马坡岭房产转让协议、马坡岭0.018千米^{2}土地使用权转让协议、马坡岭房地产有偿转让补充协议，三个协议总价为227.71万元。

2. 安康城区

(1) 原水电四局石泉分局安康筹建组在安康水电站前期勘测设计工作期间，于 1974 年 10 月 31 日，与原安康地区革委会协商，将安康城区东城南镇街西巷子砖平房 57 间房屋连同院落，土地面积共 4247 米^2 以 23 万元让售给石泉分局。1983 年 7 月 31 日安康遭受特大洪水，水电三局西巷子家属院职工家属全部撤离，地面建筑物被洪水全部摧毁。该宗土地被安康灾民搭救灾蓬挪用后陆续改建为永久用房，经多次与地方政府协商未果。

(2) 安康城东堤头“北京设计院”作为水电三局原“设计组”办公生活用地，土地面积 0.017 千米^2。1996 年 10 月 25 日，水电三局将北京设计院安康城区房产转让给安康地区交警支队。

(3) 1980 年工程局职工医院住院部由马坡岭搬到安康城区金州路 1 号楼，土地面积 6880 米^2。职工医院住院部于 1988 年 6 月搬迁至张岭后，1 号楼成为职工家属居住和多种经营用房。1999 年水电三局有偿转让给安康地区邮电局，先后完成房地产及水电过户手续等，同年 12 月 30 日前房地产实物移交工作全部结束。

3. 火石岩、大沙坝（后改名为瀛湖镇）

从 1975 年 7 月 5 日，原水电四局石泉分局安康筹建组关于火石岩施工变电站征地的报告起，相继多次向地方政府报告征地，修建生产设施和生活建房。安康水电站施工期间水电三局在电站建设区域——岚河区双河公社、石庙公社分三批共征用土地面积如下。

(1) 紫荆：土地面积 0.143 千米^2，其中 0.073 千米^2 为水电三局铁合金厂生产用地；另外 0.07 千米^2 土地是水电施工队伍驻地。1998 年 12 月 3 日水电三局与安康地区行署签订协议，将紫荆房地产全部转让给地方政府修建粮库。

(2) 大沙坝、陈家堂安装处和钢管厂驻地，两宗土地共计面积 0.039 千米^2。大沙坝左右两岸及坝前码头公路，共计土地面积 1.34 千米^2，其中已按国家规定移交安康水力发电厂生产安全警戒区用地 0.94 千米^2；移交安康市建设大沙坝集镇用地 0.09 千米^2；瀛湖风景管理处用地 0.04 千米^2；竣工后坝前码头公路用地 0.023 千米^2 也按原设计规定移交当地政府。由于大沙坝左岸部分房屋建在滑坡体上，自 1983 年开始，有地基下沉和滑动迹象，水电三局从 1987 年开始对滑坡体进行监测。1990 年工程局质安处会同行政处、计划处、设计处和房屋使用单位进行了实地查勘鉴定，同年 5 月 12 日责令使用单位限期拆除危房。

1994 年 12 月，水电三局与安康市人民政府签订协议书，将大沙坝左岸原征用的局子弟三校的土地 5865.5 米^2 无偿移交给地方政府作为石庙三合小学新校址，以替换原危房，支援贫困山区的教育事业，房屋折价 6.87 万元转让地方政府建新校舍使用。

(3) 安火公路用地面积 0.14 千米^2 与安康水电站铁路专用线 0.03 千米^2 土地，安康水电站竣工后移交安康水力发电厂。

4. 关庙

根据安康地区征地移民办公室 1975 年 8 月 14 日［1975］017 号文批复，同意石泉分局砂石厂进点征用关庙区胜利公社金星大队 5951.4 米^2 土地。自此水电三局在安康地区安康县关庙区开始建立生产和生活设施，几经征地总面积为：关庙砂石厂（包括子弟二校）土地面积0.23千米^2（其中关庙老君关码头皮带机运输线用地0.025千米^2；关庙砂石厂东侧安旬公路南侧皮带机用地2586.68米^2；关庙位于襄渝线边的“装车楼”土地面积22600米^2），是以水电三局一分局为主的2000余名职工和家属的生活基地。

1975年9月22日，原水电四局石泉分局“关于东站货场征用土地的报告”经地方政府审批后开始修建“东站货场”。经平整场地，填挖土方近50万余米^3，建成有进场公路、铁路专用线及成套设备、钢材、木材、水泥、油料等大型仓库的安康水电站建设重要材料物资转运、存放基地。货场生产和非生产建筑用地面积为1.147万米^2（包括预留西康铁路占地1.2万米^2）共计11.7万米^2，1997年国家重点工程西康线征用6.87万米^2，余4.83万米^{2}国有划拨土地及地面建筑物，2005年转让给安康市汉滨区人民政府。

5. 长岭

1975年8月16日，石泉分局征用安康五里区建民公社1.15万米^{2}土地，修建长岭炸药库。1978年4月8日，在安康市长岭修建一座雷管库，库存250万发雷管，并保证安康水电站施工周转使用。水电三局征用长岭土地面积共计2.25万米^2。

6. 张岭

1976年1月25日，水电四局石泉分局报送安康县革委会“安康水电站施工布置用地张岭后方基地规划报告”，提出将安康县张岭作为后方基地的选址。同年2月11日，安康地区征地移民办公室发安地征移字［1976］003号文《关于“安康水电站施工布置用地张岭后方基地规划报告”的批复》：①同意安康水电站后方基地布置在花园沟铁桥东侧张岭地区。②水电四局石泉分局和安康县研究制定生产、生活等设施的具体平面布置，报地区革委会审批。同年10月28日，安康地区革委会发安革发［1976］64号文《关于安康水电站张岭后方基地几个具体问题的批复》，同意张岭基地总面积控制在100万米^{2}内。石泉分局应按城市建设要求，做出总体平面布置规划、移民安置计划等，争取早日报陕西省正式审批。经陕西省政府批准同意后，1976年水电四局石泉分局开始筹建安康张岭基地。1986年水利电力部水电建设总局明确水电三局在陕西安康、汉中建永久性基地；7月陕西省人民政府批准同意，水电三局张岭基地建设步入统筹规划的新阶段。

张岭位于安康城区汉江北岸，北至襄渝线，东至新汉白公路，南沿以大桥至七里沟公路为界，西侧为花园沟共征用土地面积97.4万米^2。基地范围内高程280～330米，有大沟1条（长1千米）、中沟2条（长400～600米）、小沟5条。截至1992年底，水电三局使用安康水电站工程临建费、基地建设费、水电部筹资金补贴及工程局自筹资金等投资8370.99万元，场地平整挖方220余万米^3，填方200余万米^3，共建办公、生活、市政用房48.13万米^2；供水、供电、通信、道路及市政工程基本形成；办公、学校、幼儿园、医院、职工食堂、商业网点等福利设施俱全，成为水电三局职工生活、生产基地和局机关经营管理指挥中心。另外尚有5个二级单位和6个经营管理部门从事生产经营活动。随着安康工程竣工，还有3个生产单位从大沙坝撤回张岭。外包工程项目部都在张岭设有办事处。张岭居住人口除离退休人员之外，还有生产经营、生活管理服务人员、外包工程完工后休整待岗人员及职工家属子女等达2万余人，成为水电三局广大员工休养生息的大后方。

截至2008年3月，安康基地土地面积分布：①张岭基地总面积为98.39万米^2；②关庙基地总面积为18.51万米^2；③瀛湖镇总面积为5.27万米^2；④建民镇炸药库总面积为1.93万米^2；合计面积为124.09万米^2，其中东站装车楼襄渝二线征用面积为2.26万米^2，瀛湖镇两宗土地地方政府要以土地闲置理由收回，面积分别为1.12、4.15万米^2；公有房屋总面积为18.48万米^2。

二、陕西省汉中市

水电三局汉中基地地处汉中盆地最北端的褒河镇和勉县的边沿红庙乡，基地房地产是在1969年修建汉中褒河石门水电站时征用土地和修建的房屋。1983年，汉中基地有职工家属6283人，住户1426户，合计占地21.9万米^2。配有文化教育、医疗卫生、商业服务等设施，并有一定规模的生产修理、物资储存能力，已成为水电三局必不可少的基地。截至2005年汉中基地占地26.67万米^{2}左右，以河西（勉县）为主，辅以河东（汉中）、红庙等地。基地住宅建筑面积约6万米^2。常住人口约4000人，为汉中分局、第六分局、万家寨工程项目指挥部等施工单位的驻地。还有一所完全中小学，一所设施完善的职工医院，以及离退休管理部门，生活服务设施，供水供电系统和相应的人员。

截至2008年3月，汉中基地土地面积分布情况：①汉台区河东店土地总面积为2.58万米^2；②勉县土地总面积为21.63万米^2。

三、陕西省西安市

20世纪70年代初期，在建设石泉水电站中，经陕西省委批准，水电四局石泉分局借用西安铁路局三桥货场共4.87万米^2，临时建起一个物资转运货场。后因西安铁路局扩建三桥货场，石泉分局将物资转运货场搬至临潼。

1973年1月13日，水利水电部计划司《关于水利电力部第四工程局石泉分局西安转运站建房报告的批复》：同意石泉分局西安转运站迁往西安北郊龙首村（原属陕西省农电公司，主要建筑始建于1966年，占地约0.34万米^2），增建楼房1500米^2、平房350米^2。3月29日石泉分局西安转运站（甲方）与陕西省第一建筑工程局第十工程公司（乙方）签订了《施工协议书》，由乙方承建办公楼、宿舍、食堂工程，建筑面积2296米^2，工程总造价16.4万元。自1973年5月1日开工至8月31日竣工。石泉分局货场从临潼迁至西安转运站。

1975年8月～1978年1月，石泉分局3次向水电部报告，申请扩大西安转运站建房及地皮等。经批准和经请示陕西省、西安市建委同意，就近在北关75中西北角墙外至二府庄供销社之间一段旱地征购地皮0.33万米^{2}进行扩建。

经水电三局请示报告，陕西省计委于1988年5月20日发陕计设选便字［1988］第05号《关于水电部第三工程局西安办事处建设地址的通知》，批准水电三局在西安规划区征地，建设西安办事处。鉴于当时征地、建房手续繁多、难度大，不能及时投入使用，水电三局由自购土地建房计划调改为购买商品房计划。1988年7月25日，与西安市房地产综合服务所签订《购买商品房协议》，购买位于西安市西梆子市街迎春巷在建商品房1.4万米^2（其中：框架结构楼一栋6200米^2，住宅楼两栋7000米^2），作为办事处办公、接待、住宿、配件材料仓库等使用，总占地面积约0.65万米^2，总造价为1250万元。1994

年8月18日局党政联席会议决定：为照顾局级离退休老干部，将迎春巷18号住宅楼的1、2单元租用给局级离退休老干部；3、4单元租给西安办事处招待所及其他职工。在西安租房后，安康住房必须交回。

1993年11月27日，中国水利水电建设集团公司发中水电综［1993］42号文《关于西安办事处房屋改造的批复》：安康水电站工程即将竣工，从长远发展考虑，为增强市场竞争能力，拓宽多种经营领域，水电三局拟对西安办事处房屋进行改造，为将来局机关迁入西安准备条件。经总公司研究，同意水电三局对西安办事处房屋进行改造。改造规模为，15层综合办公楼1栋，13层住宅楼1栋，总建筑面积控制在1.5万米^2。所需资金1200万元自筹解决。12月20日水电三局请示西安市计划委员会同意后，开始对西安办事处旧房进行改造，为将来工程局机关搬迁西安市准备条件。

1995年4月20日，水电总公司批复同意在西安市征地2万米^2，建筑面积约7.2万米^2。10月16日同意西安办事处在17号住宅楼东侧建商业用房2处，建筑面积73米^2。

1996年7月9日，电力工业部办公厅发办水农［1996］55号文《关于水电三局机关迁入西安市的批复》，同意水电三局机关迁入西安市。1997年5月18日：水电三局机关正式迁移西安市龙首村龙首北路西段22号并开始办公。

为解决水电三局机关迁入西安市的住宅和办公用房问题，1997年5月22日水电三局与陕西省农工贸集团公司签订土地转让合同，新购土地0.8万米^2，位于西安市未央区34号。基建项目计划：一期修建7层砖混结构住宅楼2栋；二期修建16层框剪综合办公楼1栋 、16层点式框剪结构住宅楼1栋、其他附属及配套建筑。同年8月1日发中水电办［1997］34号文同意对西安龙首村龙首北路西段22号院内旧楼进行加层改造，增加建筑面积1800米^2，建设改造资金150万元自筹解决。10月26日成立水电三局西安基建领导小组及基建办公室，负责西安基建领导管理工作。

为支持国家重点项目西康铁路工程建设，水电三局于1997年将安康东站机电设备货场6.87万米^{2}土地出让。陕西省政府1997年10月第17次省长办公会议决定，由省计委出面协调在西安地区为水电三局调剂和划拨一块土地作为补偿。在省、市领导的批示下，省土地局于1998年11月以陕土批字发［1998］215号文向西安市土地管理局行文，将陕西钢厂位于东郊十里铺浐河开发区的两宗土地共4.44万米^2（含代征路0.16万米^2）划拨给水电三局，并于1998年11月与陕西钢厂签订土地使用权移交协议，按协议规定水电三局向陕西钢厂支付2200万元。

1999年9月17日，水电三局向西安浐河经济开发区管委会申请部分工业企业、科研、设计、经营机构入驻的报告。

2001年11月28日，发局工管字［2001］第29号文向西安市城市规划管理局提出水电三局浐河用地规划申请，得到审查批准并核发建设用地规划许可证后实施。水电三局在浐河经济开发区以西沿米秦路北有两块土地，计约4万米^2：①东片土地证号：西灞国用［2000］字第525号，规划建筑总面积66872米^2。②西片土地证号：西灞国用［2000］字第526号，规划建筑总面积6056米^2。项目所需资金由本企业自筹和职工住房个人集资两个途径来解决。

截至2008年3月，西安房地产及土地分布情况：①西安绑子市1号面积为5273.20米^2。②龙首北22号机关面积为3461.48米^2。③未央100号院面积为7049.50米^2。④浐河面积为3.81万米^2。

四、外省房地产

水电三局为拓宽市场开发经营，从1985年后陆续在外省个别城市购置了房地产。经统计：①甘肃白银市面积为1.99万米^2。②河北秦皇岛市面积为9050.58米^2。③湖北武汉市面积为11.720米^2。④江苏苏州市面积为31.4米^2。

第三节　基　地　费　用

1986年，水利电力部水电建设总局、陕西省人民政府批准同意水电三局在陕西安康、汉中建永久性基地以后，水电三局提出基地建设初步设想，1987年2月4日，向水电建设总局申请基地补助资金，1988年向能源部提交《请解决基地建设资金的报告》。1988～1990年底，水电工程总公司划拨基地建设费800万元，水电三局积极筹集资金投入自有资金1443.7万元。

截至1992年底，水电三局利用各种投资及水电三局自筹资金共计8370.99万元，建设安康、汉中基地。

1994～1998年底，水电三局陆续对基地投资建设或改造供水、供电、通信、有线电视网络、市政市容市貌等公益设施。

1997年工程局机关迁址西安后，水电三局每年都投入数百万元，改善安康（含关庙）、汉中基地基础设施，统筹计划安排基地的基建项目。

第四节　基　地　人　口

按照地方政府的统一部署，1987年10月底～1988年6月底，水电三局开展首次颁发居民身份证工作，核对水电三局在安康的职工户口12 889人，家属7103人、3737户。

1990年下半年完成第四次全国人口普查工作。据统计，全局共普查登记家庭户5879户18 244人；集体户4596人。2000年1月20日成立水电三局第五次人口普查领导小组，并顺利完成第五次人口普查工作，截至2000年11月底全局共普查登记家庭户5764户13 859人、集体户197户1128人。

第二章　职　工　生　活

第一节　组　织　机　构

青铜峡工程局设立行政处，管理后勤事务。李久枝、王凤英、时秀荣先后任副处长，工程局副局长刘思孝主管职工生活。工程局还成立农场，开荒600万米^2，自产粮食和蔬菜，保障职工生活供应。农场场长朱景山、高庆荣。

青铜峡工程局转移到汉中成立原水电三局，设立后勤组，后改行政处。曾组织在打钟寺、武家坝、褒河东岸开荒21.3万米^2，建农场。张盛堂、刘焕喜、王巨才先后任场长。

水电四局石泉分局在革委会办公室设立生活科，负责管理职工生活。1976年5月7日水电四局石泉分局成立“五七”办公室，组织家属兴办“五七”机砖厂、蜂窝煤厂、翻砂厂及各种服务性工作，筹建家属农场。1981年10月20日撤销“五七”办公室。苏克谦、易生先后任“五七”办公室副主任。

1978年4月石泉分局改水电十五局，成立行政管理处。曹流申任处长；易生、周金明、魏文奎、戚仁胜、赵焕山先后任副处长。

1982年5月底撤销行政管理处，成立生活服务公司和劳动服务公司。同年7月12日成立生活服务公司党委。生活服务公司下设：办公室、贸易公司、饮食服务部、综合服务部、市政服务队、维修队、绿化队。历任经理：刘振海、张学智（代）；副经理：杨光兴、张学智、戚仁胜；党委书记：唐士奎、刘振海；副书记：姚连喜、杨光兴。

1987年5月，将生活服务公司和1984年7月成立的局房地产管理处合并，重新成立行政处，设处办公室、接待科、行政科、生活科、财务科、房产科、劳动人事科、综合科和贸易公司、及水电队、电讯队、市政队等12个科、队级机构。处长齐东升；副处长：朱传喜、严正杰、戚仁胜、朱有富、何成汉；党委书记：李恒恩。

1992年7月再撤销行政处，恢复成立生活服务公司。下设办公室、劳人科、财务科、综合科、经营科、生活科、水电队、电讯队、供热站、地面站（卫星通信）。负责基地生活服务与管理（机关一、二食堂、工地食堂），组织各单位食堂检查评比，负责生活用水用电供应，收缴水费、电费，管理供热站、澡堂、电话通信（含地面卫星接收站）。同年7月21日，水电三局党委研究决定，撤销原行政处党委及纪委，成立中共水电三局生活服务公司党委、工会、团委。历任经理：付增祥、黄小平；副经理：马照华、夏正平、郝平岗、林坤耀；历任党委书记：付增祥、夏正平、王斌；副书记：王明新、田炳安。

1992年8月，水电三局设置房地产管理处，负责基地房建规划与建设、房屋分配、修缮、房费收缴，土地分配、使用和管理、市政、绿化、交通（含通勤、接站）。1994年底房管处更名为房地产公司，2001年恢复为房地产管理处名称。历任领导：处长、经理：耿仁云、李恒恩、王绍忠、王和平、程军；副处长、副经理：朱传喜、俞北田、李平。

第二节　生　活　福　利

青铜峡水利枢纽工程前期基本上是因地制宜，因陋就简，就地取材搭撑帐篷，挖砌土窑洞，修造土坯房、干打垒平房，供职工办公及生活居住，条件十分艰苦。整体转移到陕西汉中后，陆续修建了简易的生产生活用房。水电四局石泉分局在建设石泉水电站期间，各厂队均是依山修建干打垒平房。从石泉转战安康后，局机关设在前方（大沙坝），职工家属在前、后方（张岭基地）两地分别安置，局行政部门在前、后方建立起一批集体生活福利设施，其中包括食堂、宿舍、浴池、医务室、幼儿园、职工子弟学校等，解决职工后顾之忧。

1983年6月21日，合并后的水电三局印发《关于改进生活服务工作的规定（试行）》，陆续成立了属于生活服务公司直接领导的4个分公司。水电三局机关一、二食堂、四处食堂、灌浆队、加工厂、机修厂、砂石厂等8个大单位的食堂、商店和大部分茶炉、浴池、托儿所（幼儿园）、理发室、卫生、绿化等生活服务性行业都由其统一领导和经营管理（还负责局机关房屋、家具的管理维修和交通车的管理等项工作），现已基本上建立健全了与这一新体制相适应的组织机构、人员配备和规章制度，各项工作已逐步展开；普遍推行了经济承包和独立核算管理办法，既便于统一经营管理，进一步搞好生活服务工作，又使之逐步走向企业化、社会化。

水电三局职代会主席团于1985年3月18日讨论审议《发放职工生活福利补贴的暂行规定》。决定将若干费用补助由局划拨有关服务部门包干统筹使用，改为直接发放给职工个人，各服务部门实行全收费制，即把“暗贴”改为“明补”，项目有：内部职工食堂伙食费价差补贴、职工家庭生活蜂窝煤与冬季烤火煤价差补贴和职工洗理费补贴。补贴标准：①本局职工（包括合同期内的合同制工人）每人每月享受生活福利费补贴12元（伙食费、洗理费和煤贴）。②学制为6个月以上的外出学习人员，在学习期间，生活福利费补贴按每人每月3元发放。③离退休人员，享受国务院规定的离退休职工生活补助费时，生活福利费补贴按每人每月3元发放。④长期借调到外单位工作人员及出国援外人员，生活福利费补贴按每人每月2元发放。⑤鳏寡且无固定职业者或未成年的孤儿，在水电三局所在地居住时，由局离退休管理处以困难补助形式，每人每月补贴2元，可半年发放一次。发放职工生活福利费补贴后，随即取消原随工资发放的洗理费及各种形式的误餐补助费。将生活福利方面费用补贴“暗改明”后，各职工食堂、煤厂、浴池、理发室、幼儿园（托儿所）等单位，均实行内部企业化经营方式，在经济上与行政部门脱钩，成为局内部独立经营、独立核算、自负盈亏的经济实体。这些单位的固定职工保留全民所有制职工身份。从4月1日起，财务部门停止对实行“暗改明”的各服务部门拨款，各服务部门的职工，从经营收入中发放工资及各项补贴，不得挤占工程成本。局职代会生活管理委员会行使监督权。1985年3月25日水电三局以［1985］局改字的4号文下发《发放职工生活福利补贴的暂行规定》，从4月1日开始执行。

1985年10月14日，水电三局职工家庭用上了液化石油气。1987年12月12日成立水电三局液化气站，填补了安康地区的空白。

1988年起水电三局对行政处实行全额费用包干。1989年1月将行政处所属的贸易公司、福利厂、手套厂、劳保仓库、汽水冰棍糕点加工厂、理发店、照相馆、修理部、张岭浴池和两个营业食堂等单位划归劳动服务公司管理，实行独立核算。同年2月24日，工程局行政处处长齐东升与水电三局局长刘纪仁签订1989年划小核算单位负责人承包经营目标责任书。

1990年11月2日，能源部颁发《电力职工福利管理和设施标准》。水电三局对标准中所列的职工食堂、职工集体宿舍、家属住宅、运转员休息室和工作餐、职工浴室、托儿所（幼儿园）、职工医院（卫生所）、招待所、菜篮子工程、厂区环境等进行标准化建设。

1992年7月10日，水电三局以局财字［1992］第15号文转发执行财政部［1992］财工字第120号文《关于提高国营企业职工福利基金提取比例调整职工福利基金和职工教育经费计提基数的通知》，提高国营企业职工福利基金提取比例，调整职工福利基金和职工教育经费计提基数，确保开支需要。

从1991年1月1日起，水电三局适当调整职工用煤销售价，即：0.09元/块，对在水电三局内立户办理煤证的本局已婚职工、退离休职工及家属，试行定量返还差价的办法，每户每年定量供应1000块，定量之内的实际购煤数返还差价每块0.02元。1993年1月1日起水电三局调整蜂窝煤价格：小蜂窝煤单价为0.12元/块，大蜂窝煤为0.22元/块。给予购煤户主的补贴为：每户每年不超过1000块小蜂窝煤，每块补贴最高限额为0.04元。

水电三局在安康基地修建浴池及供热系统，1990年以前作为职工的劳保福利设施，其水电煤及人员工资等费用均由水电三局承担，职工和家属洗澡收费经多次调整为0.15～1.50元/人。1990年水电三局投入2台2吨锅炉运行，改变为以供热为主，浴池为辅的服务。1992年供暖范围由职工医院扩大到局幼儿园、子弟中小学及局机关、局设计院等单位。水电三局对供热站实行自收自支、差额补贴，年补贴资金19万元。进入2000年以后，随着煤电物价上涨等因素，浴池及供热站严重入不敷出，难以为继，于2006年1月关闭。

第三节　食　　堂

职工食堂随工程建设而建立，随工程转移而转移。1982年以前职工食堂实行全额费用补贴，食堂设备、燃料、运输费用、人员工资管理费等项开支均由水电三局负担，职工就餐只收原料成本，其中工地食堂还有30%原料成本补贴。1986年7月后水电三局对局机关一、二食堂及工地食堂对正式职工实行限额补贴，炊事机械折旧费全年免缴。水电三局对食堂由全额费用补贴改为部分补贴，全局36个职工食堂逐步走向市场化。20世纪90年代水电三局取消对职工食堂的补贴，食堂完全步入市场。1996年后随着个体餐饮业迅猛发展，张岭原局机关的三个食堂停业，局属各二级单位的职工食堂除外包工地外，也相继撤销。2006年前各单位、各项目在驻地开办食堂。

为使食堂提高服务质量，水电三局在各单位食堂中开展优质服务竞赛评比活动，一直延续到20世纪90年代初期。

第四节　住　　房

一、福利分房

1978年7月，工程局张岭基地部分职工生活用房开始启用。20世纪70年代中期至房改前，工程局在安康张岭基地（含大沙坝、关庙、紫金等地）、汉中基地、西安基地职工住房（单身宿舍和家属住房）一直采取统筹统配安置、低租金使用方法解决职工住房问题。

水电三局制订和多次修订房屋分配的原则和标准。1983 年召开水电三局第一届职工代表大会，审议通过《水电三局房产、家具管理暂行规定》，7 月 27 日下发执行。大会选举产生由 19 人组成的房屋分配委员会。房屋分配委员会分别召开 5 次会议研究制定房屋分配标准和方案等。1983 年 5 月成立住房普查小组，对张岭、大沙坝、关庙、城区、马坡岭等区域职工家属职工现住房、待房和要求调整住房等情况，进行全面普查登记的同时，制定房屋分配和管理制度。

首届职代会主席团扩大会议讨论通过了水电三局《住房分配试行标准》、《住房分配评分试行办法》及《房地产、家具管理暂行规定》，对省部级先进生产（工作）者可按局级劳模对待，住房分配时奖励 10 分；对晚婚晚育和独生子女者也给予分房奖励。1984 年 12 月 25 日讨论修改增加了给省、部级先进生产（工作）者、局劳模分房时加分优先分房的规定。

1990 年，水电三局职代会讨论通过《水电三局职工住宅分配收费暂行规定》、《关于清理违章违纪建筑及综合治理整顿的决定》及《关于贯彻执行〈水电三局基地办公用房使用管理的补充规定〉的通知》等文件，压缩办公用房、调整职工宿舍，缓解住房矛盾。

1995 年 1 月 18 日，水电三局印发实行《水电三局西安办事处住房管理办法》。西安办事处住房实行小区管理，由局房地产管理处对该区实行管理、收费、修缮一条龙服务。

1995 年 10 月 19 日，以局房字［1995］第 10 号下发执行《水电三局房屋再装饰装修管理办法》。

二、房租与补贴

房改前水电三局职工住房实行租住，早期房租费均按住公房的间数计算收费，从 1984 年 8 月 1 日起，均按建筑面积缴纳租金。1991 年 6 月 13 日水电三局印发执行经局第三届职代会第九次代表团长、专门工作委员会主任联席（扩大）会议审议通过的《关于提高房租费等问题的若干规定》，规定指出：水电三局所收房租仅占实际成本的 1.9%，这样低的房租无法有效的改善职工住房条件。为了改变被动局面，使住房制度趋于合理，必须适当提高房租，即按楼层调整房租标准为：0.08～0.15 元/(月·建筑米^2)。具体措施是，实行调整房租，减少房屋维修费用补贴；杜绝超标准住房、抢占房屋、一户有多处住房等违纪行为，为住房制度改革创造条件。

从 1991 年 7 月 1 日开始，居住在汉中基地的职工住房房租，由汉中各单位按局规定标准统一从职工每月工资中扣除，各单位按月将租金交给汉中分局，用于房屋维修，不得挪作他用。

1992 年 12 月 15 日，水电三局党政联席会议研究当年竣工房屋分配原则及房租标准：对 1992 年以前分配的老住房每米^2 提价 0.05 元；1992 年以后分配的新房每米^2 提高 0.10 元；离退休职工的房租每米^2 提高 0.05 元。

《水电三局西安办事处住房管理办法》规定，西安办事处住房由局房地产管理处负责管理、收费、修缮服务。房租收缴标准：一、六层楼使用面积每米^{2}0.6 元/月；二～五层楼每米^{2}0.65 元/月。

从1996年4月1日起执行《水电三局公有住房租金调整办法》，具体标准为：凡1992年1月1日前建成的平房使用面积每米^{2}0.2元/月；3楼以下不成套楼房每米^{2}0.25元/月；成套住宅楼每米^{2}0.54元/月。凡1992年1月1日后建成的成套住宅楼，执行新的公有住房租金，按使用面积每米^{2}0.76元/月。

1997年9月8日，水电三局印发执行《水电三局营业用房管理办法》。

三、住房制度改革

1988年8月24日，成立水电三局住房制度改革领导小组，下设办公室；1992年8月5日、1993年8月30日和1996年9月20日分别对成员进行调整。历任领导：组长史振宇、李友仁；副组长赵庆安、王建民、齐东升、田进先、史振宇、姜玉村、刘洪学、陈庆和。办公室主任齐东升（兼）、王和平（兼）。

1991年，水电三局职代会讨论通过《职工住房制度改革意见》和《调整住房制度的若干规定》等文件，指出住房制度要采取国家、企业和个人负担一部分的办法，加速改善职工居住条件。

1993年是水电三局房改起步第一年，水电三局多次召开房改会议，贯彻实施房改政策，推动房改工作。1993年当年水电三局355套首批售房全部出售，整个房改工作进展顺利。

根据《陕西省城镇住房制度改革总体方案》及陕西省房改发［1992］14号文件、陕西电力系统住房制度改革实施方案，结合水电三局具体实际，水电三局制定《水电三局住房制度改革实施方案》，于1994年8月9日以三局房改字［1994］1号文印发。文件指出，《水电三局住房制度改革实施方案》、《水电三局公有住房向个人出售暂行办法》、《水电三局住房租赁保证金实施办法》、《水电三局住房公积金管理暂行办法》及《水电三局公有住房租金的暂行规定》，业经西北电管局房改办1993年11月8日西电房改字［1993］72号批准，从1994年5月1日开始实施。总的目的与陕西电力系统住房制度改革方案基本精神一致，从改革低租金制度入手，分步提高租金，出售公有住房，集资建房，建立住房基金，逐步建立国家、单位和职工个人三者共同负担的住房投资体制，发挥企业的整体优势，实现住房资金投入产出的良性循环，缓解职工住房困难，逐步改善住房条件，正确引导消费，促进住房商品化。

1995年12月22日，以局房字［1995］第14号关于印发《水电三局1995年度公有住房出售办法》和《水电三局公有住房售后维修管理办法》。此次售房只限于1995年底以前新竣工验收的2栋住宅楼（3区16栋、4区49栋）、5栋第一批集资建房和1993年已经评估批准出售尚未售完的成套住房，合计330套，总建筑面积19414.43米^2。出售对象是本局固定职工、合同制职工、计划内合同工和离退休职工。售房价格统一执行经陕西省房改委批复的标准价，参照安康市城区售房现行标准价。

1996年8月21日，以局房字［1996］第10号文印发水电三局重新制定的《水电三局住房制度改革实施方案》，附件有：①《水电三局住房公积金管理暂行办法》；②《公积金手册管理办法》；③《水电三局公有住房出售管理办法》；④《水电三局公有住房售后维修管理办法》；⑤《水电三局职工集资建设住房的管理办法》；⑥《水电三局公有住房租金调整办法》；⑦《水电三局公有住房租赁保证金实施办法》；⑧《水电三局关于违反房改政策的处罚规定》。

1996 年 9 月 19 日，电力部西北电业管理局西电以房改字［1996］45 号文指出，水电三局报送的《关于我局 1992 年以前竣工已住房向职工出售的请示》局房字［1996］08 号文已经陕西省房改办以陕房改办售发［1996］081 号文批复：①同意水电三局向职工出售 162 幢，5306 套，总建筑面积为 265 725.56 米^2 的公有旧住房。②以上公有住房按成本价出售。③向职工出售公有住宅时，应列表核算到户，先送水电三局纪检监察部门审查盖章，经确认后报西北电业管理局房改办和省房改办审核批准后，方可向职工办理售房手续。

1996 年 9 月 19 日，电力部西北电业管理局西电以房改字［1996］47 号文指出，水电三局报送的《关于申请我局安康基地张岭三区 23、24、25、26 幢住宅楼集资建房的报告》（局房字［1996］第 04 号）业经陕西省房改办售发［1996］57 号批复：①同意水电三局以职工集资方式建设住宅 6344.28 米^2，共 96 套，总投资控制在 310.8 万元之内。全部投资自筹和职工集资解决。职工集资总额不得低于 103.6 万元。②、③略。④从集资款存入专业银行之日起第 18 个月，工程必须交付使用。⑤住宅楼如期竣工后，按陕政发［1994］59 号文和《西安市深化城镇住房制度改革实施方案》的有关规定，经评估批准后，以集资当年公有住房出售标准价出售给职工个人，集资款不计息。其余事项按陕房改办发［1994］009 号文规定执行。

1996 年 9 月 19 日，电力部西北电业管理局西电以房改字［1996］48 号文转发陕西省房改办《关于对中国水利水电第三工程局出售公有住房报告的批复》（陕房改办售发［1996］062 号文）：同意水电三局以 1994 年标准价向职工出售位于安康市张岭水电城内，单位编号为 4～49 号、3～16 号、3～17 号、3～18 号、3～19 号、3～20 号、3～21 号的 7 幢砖混结构单元式住宅楼，批准出售的建筑面积为 1.163 万米^2。向职工出售公有住宅时，应列表核算到户，先送纪检监察部门审查盖章，经确认后报省房改办审核批准后，产权单位方可向职工办理售房手续。

截至 1997 年 6 月 30 日，水电三局经陕西省房改办批准出售的 5306 套总建筑面积为 26.57 万米^2 的公有旧住房，按成本价出售 5013 套。全局共集资建房 402 户，出售公有住房 5019 户，出售新房 864 户。所有购房职工在办完购房手续之后就有了使用权和部分所有权。

1999 年 2 月 5 日，以局房改字［1999］第 02 号文转发并执行《陕西电力系统成本价出售公有住房实施办法》和《陕西电力系统成本价出售公有住房实施办法补充规定》。

根据国务院《住房公积金管理条例》精神，2004 年 1 月 14 日，以局房管字［2004］第 2 号文制定印发《水电三局住房公积金支取暂行规定》的通知，职工有下列情况之一的，可以支取职工住房公积金账户内的存储余额：①购买、建造、翻建自住住房的；②离休、退休的；③完全丧失劳动能力，并与单位终止劳动关系的；④出境定居的；⑤偿还购房贷款本息的；⑥房租超出家庭工资收入的规定比例的；⑦职工调出水电三局（西安市除外）；⑧职工死亡的，职工的继承人、受遗赠人可以提取职工住房公积金账户内的存储余额。本规定从2004年10月1日起执行。

第五节 供 水 供 电

汉中基地办公及生活用水用电先后由汉中分局、物业公司负责。安康张岭基地单位及居民用水用电，由生活服务公司（后改物业公司）负责，均制定了管理办法。1995年1月1日起张岭执行修订后的《水电三局张岭基地供水管理暂行规定》。

1996年和2002年，水电三局投资、生活服务公司负责施工，对张岭基地供电、供水进行二期改造；2004年6月开始再次对张岭基地供水管路改造，至2006年底完工。

一、供水

20世纪80年代前，职工家庭用水用电在限量内收取少量费用，超量后加收。1993年12月25日～2005年，水电三局根据国家计委、电力部和陕西省计委、省监察厅、西北电管局及安康地委或行署有关文件规定，对基地用水收费标准进行多次调整，其中居民用水由0.30元/(月·米^3)提高至1.7元/(月·米^3)。

从1995年10月1日起，在张岭基地征收排水设施使用费。凡在张岭辖区用水的局属各单位和职工、家属，局外住张岭的单位和个人，由生活服务公司在每月收取水费时，按每立方米用水代房地产公司收取0.12元排水设施使用费。

从2005年7月1日起，水费征收中增加水资源费0.01元/(月·米^3)。

二、供电

1977年3月16日、1985年4月15日、1988年10月5日及1993年10月19日，水电三局分别下发关于加强管理节约用电的通知及《供用电管理暂行办法》指出，根据原水利水电部［1983］水电电生字第83号文转发的《全国供用电规则》和能源部、公安部［1990］275号文件精神，要求各单位加强用电管理，进一步开展节约用电工作，做到经济、合理地使用电力能源。要教育职工和家属树立“建电站不忘节电”的思想，在生产和生活中时刻注意节约用电；要认真贯彻执行1990年1月31日国务院批准的《关于严禁窃电的通告》，坚决抵制一切违章用电和窃电行为。

为加强水电三局基地（含张岭、关庙、汉中）供用电管理，确保施工生产和职工家属生活用电，维护基地正常的生产、生活秩序，根据国家和地方有关供用电政策，结合基地实际情况，1995年1月14日水电三局制定下发执行《水电三局基地供用电管理办法》。

根据《中华人民共和国电力法》和电力工业部［1996］8号令《供电营业规则》，结合实际，1997年7月22日水电三局制订下发《水电三局安康基地供电管理实施细则》，汉中、关庙基地参照执行，明确本局供电单位为生活服务公司。

水电三局于1994～2004年先后4次投资对张岭基地供电系统进行较大规模改造，更换用户旧电表，增强计量准确性，减少线变损耗，提高回收率。安康张岭基地年供电量超过10 000万千瓦·时，回收870余万千瓦·时。

三、电费收缴

根据国发［1978］2号文和［1981］56号文及全国供用电规则的要求，1981年12月

16 日水电三局颁发执行《供用电管理细则（暂行办法）》明确规定：从 1982 年 1 月 1 日起，水电三局职工家属用电计量收费：每户定量为 20 千瓦·时，0.08 元/(千瓦·时)，电价差额由局行政补贴。如超过 20 千瓦·时者，超支部分每千瓦·时电价为 0.22 元/(千瓦·时)，水电三局不再补贴。未装电表的用户，每户用电不得超过 200 瓦，按 0.01 元收取电费。1983 年 8 月底前各家各户安装电能表，从 9 月 1 日按计量收费。

大沙坝（包括马坡岭）局职工家属用电收费自 1987 年 6 月 1 日起执行办法为：已装电表者，每户每月 20 千瓦·时定量内免费，超出部分每千瓦·时电价为 0.22 元。

1988 年 12 月 21 日，国务院批转国家计委《关于征收电力建设资金暂行规定的通知》：从 1988 年 1 月 1 日起至 1995 年 12 月 31 日止，在全国征收电力建设资金，征收标准为每千瓦·时用电量 0.02 元，由用户随电费缴纳。

根据国家计委、电力部、陕西省计委、省物价局、省监察厅、西北电管局、安康地区物价局、供电局的有关规定，结合水电三局实际，水电三局从 1993 年 7 月 1 日起调整并执行综合电价，至 2005 年居民生活用电由 0.22 元/(千瓦·时)逐步提高到 0.53 元/(千瓦·时)。

第六节　休　　假

一、工作时间

水电三局职工工作时间执行国家规定，多年实行的是周工作 6 天 48 小时、日工作 8 小时的制度。遵照国务院及劳动部、人事部的《国务院关于职工工作时间的规定》精神，水电三局自 1994 年 3 月 1 日起施行以下规定：①工作为一班制的人员，每周工作时间为 5 天半，即星期六下午和星期日为休息日。②工作为三班制的人员，实行平均每周工作 44 小时工时制度。根据具体情况可将每两周中的两个半天休息时间调换为一天休息。

根据《中华人民共和国劳动法》第 39 条的规定和《关于企业实施不定时工作制和综合计算工时工作制的审批办法》（劳动部发［1984］503 号文）及中华人民共和国国务院令第 174 号文《国务院关于修改〈国务院关于职工工作时间的规定〉的决定》、劳动部、人事部两部贯彻《国务院关于职工工作时间的规定》实施办法等法规，针对水电施工企业的生产特点，1995 年 5 月 25 日水电三局以局劳字［1995］第 23 号文印发《关于贯彻执行〈国务院关于职工工作时间的规定〉实施细则》的通知：从 1995 年 9 月 1 日起，职工实行每周五天工作制。职工每日工作 8 小时，每周工作 40 小时。因行业特点，受季节和自然条件限制，需要连续作业的职工，可以实行综合计算工时制，可分别以周、月、季、年等为周期综合计算工作时间，即劳动者可实行轮班工作制，也可采取集中工作、集中休息或轮换调休等工作方式。实行五天工作制，全年月平均工作时间不超过 169.3 小时。

二、探亲假

1981 年 4 月 8 日，工程局转发执行国发［1981］36 号国务院关于公布《国务院关于职工探亲假待遇的规定》：①探配偶假期为 30 天，给予一方每年一次；②未婚探父母的，原则上每年给假一次，假期为 20 天；③已婚探父母的，每 4 年给假一次为 20 天。

安康水电站施工进入尾工后，职工陆续到外包工地工作，各单位除继续执行上述规定外，外包项目部根据施工情况安排职工休假及假期。

三、年休假

按照1991年6月15日中共中央、国务院《关于职工休假问题的通知》，1991年8月27日水电三局党政联席会议研究，执行国家年休假规定。

四、节日假

水电三局执行国务院《全国年节及纪念日放假办法》规定，安排职工节日休假。节日上班的按照规定发放加班工资。从2000年起节日假期由原来的7天改为10天，即，元旦放假1天，春节放假3天，“五一”放假3天，“十一”放假3天。2008年又将节日假期调整为11天，即，元旦放假1天，春节放假3天，端阳节放假1天，“五一”放假2天，中秋节放假1天，“十一”放假3天。

第七节　职　工　家　属

一、落实政策

1968年，学习甘肃省会宁县居民下放经验，水电四局停办家属举办的电石厂、制钉厂、被服厂、食堂、托儿所等集体事业，停止直接参加工程建设的家属工作，动员家属及子女下放农村。转战石泉水电站后，1970年，经陕西省委革委会批准将部分下放家属迁回城镇落户。1971年8月，水电四局石泉分局又向陕西省革委会上报《关于返乡家属遗留问题处理意见的报告》，提出需迁入石泉县的家属约300户、1200余人。1971年11月9日安康地区革命委员会发安地革［1971］126号文《关于水电四局石泉工程筹建处家属户口迁入问题的通知》，根据陕西省革委会指示精神，凡具有下述情形之一者应给予适当安排，即迁入单位在沿海边防大、中城市；职工因工致残，年老多病丧失劳动能力，返乡后无依无靠；后因家属返乡后病故，子女年幼不能独立生活者；或因子女多而无劳动能力者。以上人员持有公社以上机关或公安机关证明，经该局革委会审查同意，报石泉县逐户、逐人审查批准后，予以安排。凡属家居城镇供应商品粮者，准迁后按照城镇人口落户，依据当地商品粮标准供应；凡属家居农村准迁后，仍应在农村落户。

1975年5月20日，在［1975］四石革后字第73号文《关于出差旅费问题的补充规定》中对接家属旅费报销问题作出规定。

按照《国务院批转公安部关于处理户口迁移的规定的通知》（国发［1977］140号）精神，1978年7月15日，水电四局石泉分局再次向陕西省委上报《关于解决下放农村家属回城等问题的报告》，汇报工程局现有职工7174人，其中带家属740人，尚有近3000名老职工的家属在原籍农村，两地分居。1969年返乡67户279人；职工配偶离异或死亡后遗留的子女16户36人；双工原籍父母年老多病无依靠的50人；无户口和腰包户口的31户94人。工程局请求对上述存在实际困难的139户559人落实政策解决落户，对其他四类情况符合国发［1977］140号文规定的解决落户。1978年12月6日工程局根据陕西省委［1978］85号文精神，通过地方政府，将上述人员迁回城镇落户，对被动员下放所带子女，符合招工条件的，1978 年招工给予照顾。

二、家属管理

青铜峡工程局、转移汉中成立原水电三局，设立家属政治处，负责家属的管理工作。

水电四局石泉分局 1975 年 8 月决定各队、厂、医院等单位，成立家属管理站（或家属管理组），主要任务是在党委、革委会领导下，对广大家属加强管理教育，组织有劳动能力的家属从事修旧利废、服务行业等工作，充分调动广大家属的积极性，发挥妇女“半边天”的作用；并在队、厂计划生育领导小组领导下，负责计划生育和晚婚的日常工作。

1976 年 5 月 7 日，石泉分局成立“五七”办公室（1981 年 10 月 20 日撤销），组织家属兴办“五七”机砖厂、蜂窝煤厂、翻砂厂及各种服务性工作，筹建家属农场。到当年底全局共有 400 余名家属从事烧砖、翻砂、喷漆、补胎、装卸、缝纫、压面及理发等项生产劳动。

1977 年 1 月 11 日，石泉分局下发《关于有关“五七”工厂（组）暂行管理问题的通知》，6 月 19 日下发《关于进一步巩固、发展职工家属走“五七”道路的通知》。

三、“农转非”

1978 年 5 月 17 日，原水电三局转发国发［1977］140 号文《国务院批转公安部关于处理户口迁移的规定的通知》，1979 年 6 月 16 日原水电三局向陕西省科委、陕西省公安局报送《关于解决科技人员夫妇分居两地的请示报告》，提出解决 43 名技术人员配偶“农转非”问题。

1980 年 9 月 25 日，原水电三局转发执行电力部《关于解决职工夫妻长期两地分居问题的通知》，做好摸底调查登记工作，当年 10 月底汇总上报水总和陕西省政府。

1985 年 1 月 12 日，水电三局转发执行总公司转发财政部《关于职工搬迁家属路费报销问题的函》的通知精神。

1985 年 11 月，陕西省政府批给水电三局 700 人“农转非”指标，水电三局积极工作，落实到人头，于当年 11 月底以前上报地方公安部门批准后逐个解决。

四、职工子女就业

1975 年 7 月 14 日，水电四局石泉分局向甘肃省劳动局递交《关于职工退休及因工死亡后子女顶替工作问题的报告》，经批准执行之。根据甘肃省劳资会议关于职工退休后的缺额退多少补多少、先退后补的原则精神，水电三局研究在职工退休后，按照允许补充的原则，符合参加工作条件的子女（包括家居农村的），来本单位顶替工作，此外因工死亡职工的子女顶替工作也按此规定执行。

20 世纪 80 年代落实有关政策，录用家在农村及部分返城职工子女参加工作，20 世纪 90 年代初期实行职工退休或死亡，职工子女顶替招工政策。

根据安地人事局、劳动局安地人干发［1992］37 号文《关于解决我区有突出贡献专家和高级专业技术人员子女就业问题的通知》精神，1992 年 11 月 6 日水电三局研究决定：同意为 20 名高级职称子女安排就业，要求局劳人处对高级技术人员子女进行摸底进一步核实，以免漏报和误报。

1995 年 12 月 12 日，局党政联席会议决定：录用职工子女自费大学毕业生；高级职称职工子女就业问题进一步落实；废止非因公死亡职工子女顶替、工伤顶替招工制度。

第三章　医　疗　卫　生

第一节　机　　构

水电三局职工医院是由原水电三局职工医院和水电十五局职工医院合并而成。其组织机构起源于三门峡黄河职工医院和青铜峡工程局职工医院、刘家峡工程局职工医院。

一、原水电三局职工医院、卫生处

青铜峡水电站于1958年8月开工后，宁夏回族自治区卫生厅派出一支有内科、外科、妇产科大夫、护士、药剂师及麻醉师等21人的医疗队到工地，在当地一医务室开展医疗工作。1959年正式成立水利水电部青铜峡工程局职工医院，刘凤德任院长。1960年工程局成立卫生科，设在职工医院，刘凤德院长兼任科长，马耀图任副院长。职工医院设置内科、外科、妇产科、儿科、眼科、中医科、口腔科等医疗科室。医院人员增加到100多人，设病床100张。1961年增设放射科、药械科、检验科、理疗室等相关科室，购置X光机和心电图机等先进的医疗设备。救治大面积烧伤病人、颅脑损伤、断臂再植术等被宁夏日报报道，受到上级领导称赞和群众的认可，步入宁夏十大医院行列，多次被评为先进单位。

1969年2月，青铜峡工程局成建制陆续转移到陕西省汉中市修建褒河电站，改为水利电力部第三工程局（原水电三局）。1970年6月青铜峡工程局职工医院10余人转移到陕西汉中市褒城，在原陕南队（地方水利机构测量队伍）的卫生所建立临时病房，接收门诊病人，开展医疗工作。后医务人员陆续转入，从外单位调入及工程局招工分配，人员增加，工程局成立原水电三局职工医院。1971年上半年，工程局决定在馒头山下的桃园修建医院，1972年完工，为三层内廊式楼房，建筑面积约2000米^2。后来又修建了传染病房。以后人员陆续增加到110余人，其中医务人员90余人（含本科毕业生10多人），医疗骨干多，技术力量强。先后开展了鱼胆和农药重度中毒抢救；心肌梗死抢救；胸腹、上腹、食道及骨折手术；盆腔清扫术；颅脑等大的手术请地方医院专家进行指导。工程局曾请兰州医疗专家乘专机到汉中为在工地颅脑负伤的工人进行会诊、治疗。医院设立内、外、妇、儿、传染等病房，门诊（含以上各科和中医、五官、心电图、理疗等科）、药械、检验、放射等医务科室，还有综合办公室、卫生防疫科，并代管工程局计划生育委员会办公室和爱国卫生运动委员会办公室。1980年工程局设立卫生处，马耀图为处长兼院长，赵怀恩为副处长。

职工医院设直属党支部，1959～1982年历任党支部书记：杨和春、张仪超、徐长辰、马忠骞、赵德考、丁溪川、杜雨田、高世智、高金堂、戴贤仓、冯伯振；王瑞民任副书记。“文革”中，丁溪川、高世智先后任革委会主任兼书记；马耀图、杜雨田为副主任；军代表于峰秀。

1974年，马耀图任职工医院院长；高树武、崔建章、许玉贵、仝斌、欧文干、刘秀兰先后任副院长。

二、水电十五局职工医院、卫生处

刘家峡水电站1956年开始筹建，1958年正式开工。为适应电站建设的需要，组建了10多个人的医务所，随着电站建设的发展，医务所逐步扩大，于1959年正式成立职工医院，由赵凯任院长，宋建国任副院长。医院购进了X光机等基本设备，成立了临床科室和医技科室，床位达100张。1960年电站工程下马，医院由300多人精简至40余人。1961年工程重新上马，大部分职工重返单位，并开始建设职工医院大楼、门诊部和200张床位的住院部，有职工200余人，设立内科、传染病科、小儿科、外科、妇产科等临床科室和放射、检验等医技科室。由宋建国任卫生处处长兼院长，黄校昌任副院长。

1964年，黄河三门峡职工医院大批医务人员调入刘家峡职工医院，同时并入河南陆浑工程局职工医院，医疗队伍壮大，修建了医院大楼，扩建了住院部，床位增至300余张，医疗设备基本配备齐全。1965年徐亨通任院长，总支书记王自安，副院长黄校昌。1967年李世才任革委会主任，凌尚宝任副主任，段子贤任书记。

1969年底，水电四局石泉分局人员陆续转移到陕西石泉县，开始建设石泉水电站。1970年宋建国带领40余人从甘肃刘家峡到陕南，在石泉城郊筹建水电四局石泉分局职工医院。先后建立住院部、门诊部、芦家沟门诊部、临床及医技科室，安装了200毫安X光机，医疗设备逐步配备完善。

1975年4月，水电四局石泉分局的施工队伍开始向安康转移，筹建安康水电站。1975年9月职工医院65人转移到安康。1976年全体人员（209人）转移至安康马坡岭住院部，设置病床60张，设置临床科室和医技科室及病房，并建立了工地门诊部。1977年建成张岭门诊部。1980年住院部由马坡岭搬到安康城区金州路1号楼，设置床位150张，购置了400毫安X光机，增添了脑血流图机、心动图机和心脏监护仪。1979年10月，工程局批复职工医院下设14个科室（院办、医务科、护理部、内科、外科、传染病科、药械科、检验科、放射科、五官科、总务科、张岭门诊部、工地门诊部及卫生防疫站），人员编制384人。

1978年6月，成立水电十五局卫生处，负责管理职工医院；下设医政科、工业卫生科、人员编制16～20人。

1969～1982年职工医院组织机构及领导。

（1）党组织机构：1969～1981年上半年成立职工医院党支部。历任书记：孙荣昌、侯东华；副书记：宋建国、孙晨、翁维善、张景茂、邓在成。1981年6月12日职工医院成立临时党总支，宋建国任书记，邓在成、于长玲任副书记。1982年3月职工医院成立由4人组成的首届党委，邓在成任书记；成立由4人组成的首届党委纪委，于长玲任党委副书记兼纪委书记。

（2）历任行政领导：1969年宋建国任革委会主任，于福录任副主任。1978年6月～1982年宋建国任卫生处处长兼医院院长；副院长张立坤、陈化仁。

三、水电三局职工医院

1982年9月两局合并，医疗机构组建成为水电三局卫生处及职工医院，为处院合一机构，地址在安康城区金州路1号楼。卫生处机构设立～2007年5月水电三局二级单位整合时撤销，期间经历了较短时间的处院分设阶段。

卫生处负责管理两所医院、防疫站、代管水电三局爱国卫生运动委员会办公室、计划生育委员会办公室。合并初期卫生处有近700人，以后陆续减少。

职工医院设医务科、内科、外科、妇产科、小儿科、传染科、中医科、药械科、检验科、放射科、张岭门诊部、前方门诊部、砂石厂（关庙）卫生所、总务科等科室，以后增加了功能检查科。设病床200张，有职工520人，其中各级医技人员371人。1983年7月31日安康遭遇特大洪灾，职工医院遭受重大损失。水电三局自筹资金80万元在安康张岭修建医院住院部。1988年3月24日张岭住院部竣工验收移交；同年5月处院机关及医院住院部从安康城金州路1号楼搬迁至张岭。医院占地面积为1.76万米^2，建筑面积为9716米^2。医院病床增加至200张，成为设施齐备、医疗技术较为全面的综合性医疗机构，满足工程建设和职工家属疾病治疗的需要。

1992年，职工医院被中国电力企业联合会授予“医院达标”合格单位称号。1998年陕西省停止医院等级评定后，职工医院被批准按照二级甲等医院管理。1999年1月安康地区卫生局被授予“爱婴医院”称号，具备“非营利性医疗机构”许可证，是安康市社保局确定的医疗保险定点医院。

为扩大业务开拓医疗市场，2000年5月关庙卫生所迁址整修，成立水电三局职工医院关庙分院，黄力任分院长。2003年更名为水电三局职工医院第二分院，由卫生处副处长、副院长尹超峰兼任分院长。

2002年12月，卫生处撤销党委办公室、行政办公室、劳动人事教育科等，合并成立卫生处（院）综合办公室。2006年3月职工医院撤销儿科、综合科，成立内二科。

随着医改的深化和企业改革发展，职工医院经营发生困难，业务逐渐萎缩，医务人员流失，陆续撤并了一些诊疗科室，到2006年底，人员减少为241人。仍为处院合一，设有综合办公室、医务科、劳财科、总务科4个职能科室；门诊部、急诊科、内一科、内二科、外科、妇产科6个临床科室和药械科、检验科（特检室）、放射科、功能检查科（彩超、B超、心电图、电子胃镜）4个医技科室，设病床120张；有医疗设备152台(套)。

原水电三局职工医院与水电十五局职工医院合并后，仍在原址保留了缩小的医院，名为水电三局汉中分局职工医院，由汉中分局管理，负责汉中基地的医疗卫生和防疫工作。潘恒达、姜柏华（兼）先后任院长；刘秀兰、史放先后任副院长。院址在汉中市褒城桃园，1993年夏搬迁至褒城南门108国道边新建的医院楼。

1985年3月6日，水电三局党委常委会议和局长会议研究决定汉中分局职工医院划归局卫生处管理，职责不变。

1982年底～2006年卫生处、职工医院历任领导。

(1) 卫生处处长兼职工医院院长：宋建国、马耀图、何允武、姜俊民、傅保贵；副处长兼副院长：张立坤、黄鼎炎、仝斌、欧文干、陈化仁、吴云华、王伟、姜柏华、张宗满、尹超峰；副院长：吕炳炎。

(2) 卫生处党委书记：邓在成、陈家新、汪群策；副书记兼工会主席：吕炳炎；纪委书记：李洪明、吴奎玉；工会主席：吴云华、吕炳炎、陈家新、汪群策。

四、医疗学会

(1) 水电三局红十字会：为普及卫生救护知识和广泛开展群众性卫生工作，根据安康地区红十字发［1989］04号文精神，1989年11月23日成立水电三局红十字会，由7人组成，史振宇为会长，马耀图为副会长，仝斌为秘书长。

(2) 医学学会：水电三局职工医院分别为中国水利电力医学科学技术学会、安康市医学会会员单位，医务人员均为会员。何允武、姜俊民、傅保贵分别为历届中国水利电力医学科学技术学会常务理事。

1983～1994年，马耀图任安康地区（市）医学会副会长兼管理学组组长；仝斌任外科学组组长；黄鼎炎任内科学组组长；何允武任儿科学组副组长；赵志海任放射学组副组长；1995年10月～2003年12月，姜俊民任医学会副会长；2003年12月，付保贵任医学会副会长、外科分会副主任委员。

第二节　诊　疗　技　术

五十年来，水电三局职工医院由小变大，几经转移，曾经辉煌，其技术力量和医疗设备在当地处于领先，能够救治较重工伤和疾病，为水电建设和职工健康作出了积极贡献。各临床、医技科室开展工作情况如下。

内科：能够诊断治疗心脑血管疾病、呼吸系统疾病、慢性胃炎、胃及十二指肠溃疡、上消化道大出血和各种严重感染性疾病，肿瘤化疗等方面的诊治、抢救见长并积累了丰富经验。大面积心肌梗塞、重症心律失常及难治性心力衰竭等疾病诊治、抢救也见长。

外科：设普外科、骨科。配备前列腺气化电切镜等仪器。主要开展的手术包括甲状腺癌、食道癌、乳腺癌、直肠癌、前列腺癌根治术、胰十二指肠切除术（俗称“三脏器切除术”）、左、右半结肠、肾、膀胱癌、肺叶等切除术、特重型颅脑损伤手术、颈髓探查椎管扩大术、椎管病灶清除术、椎间盘髓核摘除术、髓核微创抽吸术、四肢骨折外固定支架固定及全髋置换术和大面积Ⅱ－Ⅲ度烧伤并感染的诊治。1984年12月成功完成一例断臂再植手术。1997年对手术室、心电监护室、功能检查科等进行了全面装修，使其布局合理功能增加，为患者提供良好的就医场所。

儿科：1988年4月起独立设置儿科病房，开展儿科方面各种常见、多发疾病的诊治，尤其在新生儿疾病、腹泻并重度脱水、高热惊厥、肾病等疾病诊治积累了丰富经验。

妇产科：开展妇科常见、多发疾病的诊治和生理产科工作，能完成子宫肌瘤、宫外孕、剖宫产等手术。1994年开展的巨大卵巢囊肿（混合型）手术，重达12.5千克。经安康地区卫生局评审验收合格，1999年1月12日水电三局职工医院创办“爱婴医院”。

传染科：又称感染性疾病科，在病毒性肝炎、肝硬化腹水、上消化道出血、急性重症肝炎、肺结核并大咯血等疾病诊治方面积累丰富经验。

急诊科：1996年增设，配备有先进的急救设备、设施、救护车，实行24小时值班制，对各种急症呼救随时出诊，确保急症患者得到及时救治。

中医科：开展中医内、外、妇及针灸的诊疗工作，对乙肝、慢性萎缩性胃炎、糖尿病、慢性肾炎、功能子宫出血等慢性病诊治方面有丰富经验，针灸治疗面神经麻痹、中风后遗症疗效显著。

门诊部：包括内、外、妇、儿、传染、口腔科、眼科、耳鼻喉科、皮肤科，理疗以及医技科室，主要开展对常见、多发疾病的检查治疗。

放射科：配备美国通用电气公司MAX640全身电子扫描摄影装置（CT），日产岛津500米AX光机等设备，自动片盒，配备了数字工作站，能开展全身各部位CT检查；各种常规拍片；全消化道钡透；肾盂、膀胱、胆囊、四肢血管、脊髓造影。

检验科：配备全自动生化分析仪，血球计数仪、尿液分析仪和酶标仪等设备，设备配置基本齐全。开展临检、生化、免疫、细菌微生物等检验项目和病理检验。

功能科：配备美国GE公司彩色超声诊断仪、日产电子胃镜、结肠镜、膀胱镜、十二导联心电图机等设备，能开展腹部、心脏等部位超声检查和胃镜、纤维支气管镜、结肠镜、膀胱镜等检查诊治。

1990年10月31日～11月3日，能源部中电联在青岛召开全国电力系统医院互检达标单位及优秀护士表彰大会，水电三局职工医院经过严格的达标互检，被评定为达标合格医院。护士田景瑜受到表彰。

2002年8月30日，香港“健康快车”抵达安康，停靠在水电三局张岭火车站（货场），为贫困地区的白内障患者实施复明手术。

第三节　医　疗　费　用

水电三局职工医疗费用随着国家的医疗制度的改革而变化。

一、公费医疗

早期公费医疗制度是我国劳动保险制度之一。水电三局职工享受国营企业国家统一的劳保医疗制度，医疗费用全额报销；职工家属实行半费，企业从规定的福利费列支。企业职工福利费按工资总额的5.5%提取，由企业负责管理使用。1983年5月28日水电三局制定职工、家属就医、转诊、转院、病休及医药费报销的暂行规定。公费医疗制度对职工及家属的疾病治疗和身体健康发挥了重大作用。

二、医疗费包干

多年的公费医疗使水电三局医药费超支严重，影响到医疗工作的正常开展。为了加强医药费的管理，堵塞漏洞，避免浪费，使医药费开支做到基本合理，以利职工的劳动保护，1984年12月25日局首届职代会第十二次主席团会议审议通过《关于医疗费包干管理试行办法》，以［1984］局卫字第1号文印发，决定从1985年2月1日起，对全局的医药费实行包干管理。1985年1月12日［1985］局卫字第1号文制订下发《关于医药费包干管理试行办法的实施细则》和《关于职工就医、转诊、转院医药费报销的暂行规定》。具体办法是：①按职工工资总额的5.5%提取的职工医药费不再由局统一管理，改由各单位自行掌握使用；职工和家属看病支付的医药费由各单位承担，工程局职工医院实行全收费制。②各单位将医药费的一部分发给职工本人，另留部分由单位掌握使用。③按职工工龄长短，发给职工个人的医药费指标及规定报销比例见表 9-3-1。

表 9-3-1　按职工工龄长短，发给职工个人的医药费指标及规定报销比例

工龄档次	门诊药费 包干标准 [元/（人·年）]	门诊药费指标超 支报销比例 （%）	住院医药费
8 年以下	10	75	实报实销
9～16 年	15	75	实报实销
17～25 年	20	90	实报实销
26 年以上	25	90	实报实销
离退休职工		实报实销	实报实销
职工直系亲属	8		
癌症患者		实报实销	实报实销

本局职工住院治疗医药费用一律实行收全费，职工回单位按规定报销。本局职工必须在局职工医院就诊，需转院治疗者经局职工医院同意、主管部门批准，按上述规定给予报销。

1987 年 6 月 11 日，职代会代表团长联席会讨论通过修订的《水电三局医药费包干管理试行办法》，以［1987］局卫字第 1 号文印发执行。职工门诊医药费包干标准和报销比例调整情况见表 9-3-2。

表 9-3-2　　职工门诊医药费包干标准和报销比例调整情况

工龄档次	门诊药费 包干标准 [元/（人·年）]	门诊药费指标超 支报销比例 （%）	住院 报销比例
8 年以下	15	70	实报实销
9～16 年	20	75	实报实销
17～25 年	25	80	实报实销
26 年以上	30	85	实报实销
离退休职工		实报实销	实报实销
职工直系亲属	12		50%
癌症患者		实报实销	实报实销

为加强对自费药品的管理，水电三局于 1987 年 8 月下发《关于对“医药费包干管理办法”中的几个有关问题的解释的通知》，对自费药品的范围做出明确规定。

根据中央领导有关我国医疗卫生体制应该实行“有公益性的社会福利事业”的指示精神，1991 年 6 月 13 日水电三局发［1991］局办字第 21 号文《调整医疗费管理办法的若

干规定》，从1991年1月1日起执行的医疗费管理办法见表9-3-3。

表9-3-3　　从1991年1月1日起执行的医疗费管理办法

工龄档次	门诊药费包干标准[元/(人·年)]	门诊医药费报销			住院医疗费报销	
		超支限额(元)	超支限额以内报销比例(%)	超支限额以外报销比例(%)	脏器移植(%)	住院医疗费(%)
10年以内	20	50	70	60		
11～20年	30	70	75	65		
21年以上	40	90	80	70		
16年以上						95
15年以下						90
退休职工	0	300	100	85	95	100
离休职工	0	360	100	95	95	100
25年以内					90	
25年以上					95	
职工直系亲属	12					50
工伤、职业病职工		门诊医药费按100%报销				100

1992年7月27日，水电三局下发局财字［1992］第19号文《关于我局单职工子女住院医疗费报销办法的补充通知》，对单职工子女住院医疗费报销做出补充规定。

根据陕西省卫生厅、陕西省物价局、陕西省财政厅、陕卫发［1989］117号文《关于调整医院取暖费收费标准的通知》精神，1993年11月9日水电三局规定，职工医院住院病人取暖费收取标准仍按每人每日1元的标准执行。

1995年4月14日，水电三局以局经管字［1995］第17号文印发《水电三局医疗费管理的若干规定》，对1991年《调整医疗费管理办法若干规定》进行适当修订和完善，自1995年1月1日起执行的医疗费管理规定见表9-3-4。

表9-3-4　　自1995年1月1日起执行的医疗费管理规定

工龄档次	门诊药费包干标准[元/(人·年)]	门诊医药费报销			住院医疗费报销	
		超支限额(元)	超支限额以内报销比例(%)	超支限额以外报销比例(%)	脏器移植(%)	住院医疗费(%)
10年以内	30	60	65	60		80
11～20年	40	80	75	65		85
21～30年	50	100	80	70		90
31年以上	60	110	85	75		95

续表

工龄档次	门诊药费包干标准[元/(人·年)]	门诊医药费报销			住院医疗费报销	
		超支限额（元）	超支限额以内报销比例（%）	超支限额以外报销比例（%）	脏器移植（%）	住院医疗费（%）
15 年以上						90
16 年以下						95
退休职工：20 年以内		200	90	80	95	85
退休职工：21～30 年		250	95	85		90
退休职工：31 年以上		300	100	90		95
离休职工	无限额，实行实报实销				95	100
25 年以内					90	
26 年以上(含离退休职工)					95	
癌症、精神病患者病故前最后一次治疗						100
职工直系亲属	30 元					50
	独生子女 50 元					
工伤、职业病职工		对症门诊医药费按 100%报销				100

注　1. 退休女工的工龄档次整体提前 5 年。
2. 工伤、职业病者非对症部分的医药费执行上款规定。

根据国家体改委、财政部、劳动部、卫生部四部委（体改分［1994］51 号）文件规定，1997 年 11 月 25 日水电三局发局经管字［1997］第 29 号文对局经管字［1995］第 17 号文《水电三局医疗费管理办法若干规定》的部分条款进行修订，并从 1998 年 1 月 1 日起执行：直系亲属在住院期间的治疗费、药费和一般检查费按 40%报销（原定 50%）。住院费和特殊检查费不予报销。凡在水电三局工作的单职工，所供养子女由职工所在单位发给门诊包干医药费标准的 50%，其住院医疗费按 20%（原规定为 25%），由所在单位报销。

三、离退休人员医疗费管理

1985 年 2 月 1 日以前，离休、退休人员的医药费实行公费医疗实报实销。1985～1990 年水电三局实行医疗费包干，离休、退休人员的医药费实行全包，医药费指标不发给本人。在门诊就诊、检查、治疗以及住院者，一律交全费，由离退休管理处给予报销。离退休职工家属的医药费由离退休管理处按在职职工的规定发给和报销。

1991 年 1 月 1 日起执行［1991］局办字第 21 号文规定，离退休人员实行门诊医药费包干使用及部分报销（详见表 9－3－4）。从 1992 年 1 月 1 日起，取消对离休干部门诊实行限额、医疗费个人负担 5%的办法，实行实报实销。

依据《劳动保险条例》等有关文件，结合水电三局经济状况，水电三局制定并于 1993 年 5 月 21 日下发《离退休职工因工因病住院享受护理、护理人员差旅费报销的有关规定》和《安康、汉中基地离退休职工 1993 年医疗费报销暂行规定》，明确享受护理的条件、就地住院护理及外地就医、住院、护理的具体规定。并将离退休人员医疗费 285 万元拨付给离退休管理处负责管理。

按照《陕西省职工医疗制度改革总体方案（试行）》的精神，水电三局决定自 1994 年 4 月 1 日起将离退休职工的公费医疗和劳保医疗改由卫生处管理，实行基数包干管理办法。离退休职工医疗费包干基数由水电三局参照上年度公费医疗实际人均支出，考虑财力状况和物价上涨及加强管理等因素核定，实行超支不补，节余留用，以丰补歉。

根据电力工业部《关于〈电力行业医疗保险制度改革指导方案〉的通知》精神，1997 年 6 月 27 日水电三局制定并以局劳字［1997］第 33 号文印发《水电三局离退休人员医疗改革试行办法》和《医疗管理办法实施细则》，明确规定：离退休人员的医疗保险基金的管理，坚持“以收定支、收支基本平衡、略有结余”的原则。医疗保险基金，必须专款专用，任何单位和个人都不得挪作他用。同时建立离退休人员个人医疗账户，实行水电三局合理统筹和个人账户相结合的方式。离退休人员医疗保险基金，实行专户储存，并按同期城乡居民活期储蓄存款计算利息。个人账户结余归己，但必须用于医疗支出。同时下发《水电三局离退休人员医疗保险大病统筹病种的规定（试行）》、《水电三局公费医疗用药报销范围》及《水电三局离退休人员医疗管理办法实施细则》，从 1997 年 7 月 1 日起试行。水电三局离退休人员的医疗保险基金，按上年度实发离退休费的 10％提取，由局社保中心按季核发，局卫生处离退休职工医疗管理办公室（简称卫生处医管办）要为每个离退休人员建立个人医疗账户，并统一制发《中国水利水电第三工程局离退休人员医疗保险个人账户手册》（简称手册），记载个人医疗收支情况，由本人保管。记入个人账户的医疗保险基金标准见表 9－3－5。

表 9－3－5　　记入个人账户的医疗保险基金标准

人员范围	年龄分段	划入个人账户比例（％）
离退休人员（包括二等一级以上伤残军人、建国前参加革命工作的老工人）	35 岁及以下者	3
	36～50 岁	4
	51～55 岁	5
	56～65 岁	6
	66 岁以上者	7

离退休人员的医疗保险金，实行大病医疗保险统筹基金和个人医疗账户资金相结合管理办法。离退休人员、二等一级以上伤残军人、建国前参加革命工作的老工人就医发生的医疗费用，先从个人医疗账户中核减，账户不够支付时，全额由统筹基金中支付（报销）。退休人员就医的费用，先从个人医疗账户中核减，账户用完后，所自付的医疗费累计，采用“分段计算，累加支付”的办法进行计算，离退休人员医疗保险中个人负担比例见表 9－3－6。

表 9-3-6　　　离退休人员医疗保险中个人负担比例

超出个人账户的费用分段		个人负担比例（%）	
		45 岁以下	45 岁以上
第一段	在上年度平均离退休费的 5%以内部分	80	50
第二段	5%以上～5000 元以下的部分	15	9
第三段	5000 元以上～10 000 元的部分	8	5

退休人员患大病抢救数目一次性费用在 2000 元以上部分，由大病统筹基金负担 97.5%，个人负担 2.5%。

1997 年 11 月 28 日，水电三局修改《水电三局离退休人员医疗改革试行办法》和《医疗管理办法实施细则》的部分条款，有关记账比例修改见表 9-3-7。

表 9-3-7　　　有关记账比例

人员范围	年龄分段	划入个人账户比例（%）
离退休人员（包括二等一级以上伤残军人、新中国成立前参加革命工作的老工人）	35 岁及以下者	1.5
	36～50 岁	2
	51～55 岁	3

1998 年，水电三局基本养老保险移交地方后，自 1999 年 1 月 1 日起，离退休人员医疗费用改由水三电局自行负担。1999 年 3 月 29 日以局劳字［1999］第 02 号下发《1999 年离退休人员医疗费报销暂行规定》指出，为了做好在 1999 年内与地方的医改方案接轨工作，参照国务院医改精神暂做如下规定：①1999 年离退休人员不再设立个人账户，以前结余的个人账户仍继续支付个人负担的医疗费。②按照国务院低保障广覆盖的医改精神，在上年全局平均离退休人员基本养老金 10%以内的医疗费，全部由个人负担。（1998 年全局离退休人员基本养老金平均 5000 元，即 500 元为个人负担）。③超出上年平均离退休养老金 10%以上医疗费按年龄分段报销。超出上年平均离退休养老金 4 倍以上部分的医疗费不再报销。基本养老保险移交地方后医疗费具体负担比例见表 9-3-8。④按第②条规定个人负担超出上年平均离退休养老金 10%部分的医疗费发票每人每月限额报销：享受离休待遇的限额 200 元；65 岁及以上退休人员限额 150 元；65 岁以下的退休人员限报 100 元，转外地治疗的医疗费，可按本人年限额范围内的数额予以报销。

表 9-3-8　　　基本养老保险移交地方后医疗费具体负担比例

医疗费用分段		个人负担比例（%）	
		45 岁以下	45 岁及以上
第一段	0～500 元	100	100
第二段	500～5000 元	15	9
第三段	5000～20 000 元	8	5

根据国务院医改精神要求，地方的医疗保险制度改革于1999年10月启动。2000年2月，水电三局六届一次职代会讨论通过《水电三局职工基本医疗保险实施方案》，从2000年1月1日起试行。实施方案明确退休人员家属医疗费不再报销；职工供养直系亲属医疗费不在基本医疗保险范围，据此原报销规定停止执行。

2000年12月5日，水电三局党组联席会议研究，实行医疗保险改革后，在西安选定西京医院、西安医科大学第二附属医院、西安市第二人民医院、西安市中医院、西安市未央区第一人民医院及西安市莲湖区红十字医院为水电三局的定点医院。

第四节 社 区 服 务

社区卫生服务是卫生部、人事部、民政部等十部委推行的一种基本卫生服务办法，1996年12月《中共中央、国务院关于出生改革与发展的决定》指出：改革卫生服务体系积极发展社区卫生服务，逐步形成功能合理、方便群众的卫生服务网络。国家要求2010年在全国各地建立健全社区卫生服务网。

根据这一精神，水电三局职工医院在安康地区首家推出社区卫生服务，于1999年9月成立社区卫生服务中心，为院属科级编制，下辖6个社区卫生服务站。9月10日在张岭基地一区、三区、四区及五区不同地段设置的4个社区卫生服务站投入运营。之后又增设2个服务站。每个站点配备医生、护士各一人和相应医疗设施，主要承担对辖区居民常见病、多发病的诊治；提供计划生育、防疫保健等方面的咨询和服务；给老弱病残患者提供上门医护服务和家庭病房服务等，同医院建立转诊关系，基本上形成了小病进社区，大病到医院的服务格局，可为服务对象提供方便、快捷、优质、价廉的医疗卫生服务。

1997年5月水电三局机关搬迁西安市龙首村北路西段22号后，为解决局机关职工家属及离退休人员600余人的医疗卫生保健需求，2000年2月21日，水电三局向西安市莲湖区人民政府卫生局提出申请，在水电三局办公楼临街处设立水电三局社区医疗服务站。

水电三局投资30多万元，于2000年6月15日建立水电三局职工医院关庙分院，设有外科、内科、儿科、妇产科，配有心电图机、X线机和16名医护人员等，方便社区服务，开拓外部市场。分院与河南濮阳慢性病研究所气管炎、哮喘专科医院联合开办哮喘治疗专科于2004年7月15日正式挂牌营业，迈出联合办院，拓宽医疗市场的第一步。

第五节 卫 生 防 疫

一、组织机构

（一）防疫站

青铜峡工程局及原水电三局时期，卫生防疫工作由职工医院和卫生处负责管理和实施。1971年水电四局石泉分局筹建防疫站，1972年设立防疫组和计划生育组，重点开展环境卫生治理及预防接种工作，兼管计划生育宣传与管理。1978年设立检验组。两局合并后设独立的防疫站，由卫生处管辖；调整并健全了卫生防疫组、职业病防治组、预防接种组、食品卫生组和检验组等 5 个职能组和办公室。全站职工 23 人，其中专业人员 20 人。1983 年特大洪灾后，工程局为防疫站添置防疫用车一辆。1984 年防疫组在原环境卫生治理和计划免疫工作外增加结核病防治职能。1992 年卫生检验组并入职工医院检验科，各职能组也随之逐渐压缩。1995 年承担计划免疫、劳动卫生、食品卫生及传染病报告等项工作。

历任领导：负责人陈化仁、刘长青、王郁青。站长：欧文干（局卫生处副处长兼）、李志敬 、张清秀 、黄其秀、胡彬；副站长：刘长青。

（二）爱国卫生运动委员会

1959 年，青铜峡工程局成立爱国卫生运动委员会，办公室设在职工医院，负责全局的卫生和疾病预防工作。工程局转移到汉中成立原水电三局后，1970 年成立水电三局爱国卫生运动委员会，仍由职工医院代管，并组织开展工作。

1978 年 4 月，水电十五局成立以党、政、工、团领导及有关部门负责人参加的爱国卫生运动委员会（简称局爱卫会），下设办公室，负责日常工作。办公室设主任 1 人，专职工作人员 2 人，机构设置在局机关。

两局合并后的水电三局，继续设立爱卫会和工作办公室。1986～2006 年底局爱卫会办公室由卫生处代管。1989 年水电三局属各二级单位分别成立爱卫分会，由各单位的主要领导担任分会主任。

至 2006 年底，随着机构变动和人员变化，局爱委会调整成员 12 次，历任领导：主任黄健、赵国伟、史振宇、刘洪学、于彦洲、冯亮；副主任马耀图、曹流申、张立绅、朱传喜、安鸣瑞、王建民、陈庆和、陈恩富、何允武、姜俊民、张国泰、付胜利、宋璞、任世玉、李春田、张兵、傅保贵；办公室主任马耀图（兼）、张立绅（兼）、刘长青、刘广江、陈立荣。

（三）水电三局精神病防治康复工作领导小组

2002 年 5 月 26 日，成立水电三局精神病防治康复工作领导小组，组长：于彦洲；成员 6 人；办公室设在局职工医院。

二、群防群治

（一）防病除害

青铜峡工程局早期的医疗卫生工作重点放在预防上。在当时较差的卫生状况下，爱卫会工作重点开展“除四害、讲卫生”活动和具体的治理工作。原水电三局和水电十五局每年都根据季节变化，适时开展卫生清理和防治工作，保持良好的工作和生活环境。

1983 年以后，水电三局在安康水电站工地、张岭基地、汉中基地开展以消灭老鼠、蝇、蚊为重点的群众卫生运动。安康地区防疫站、局防疫站、局爱卫会组成专业防治队，每年 4～9 月连续消杀 4 次，在全局范围内统一投放鼠药 8000～10 000 包，9 月在各基地的城乡结合部位小面积投放鼠药。监测显示：鼠害由灭前 5%下降至 1%，灭鼠效果为 100%。

每年的消杀工作在春、夏、秋季进行，针对基地居民区的垃圾箱、垃圾集结点、农贸市场，明水沟、厕所进行喷药消杀，面积达 1.25 万米^2/次，有效控制蚊蝇的繁殖。多年来基地未发生过流行性肠道传染病。

（二）卫生治理

1983年，水电三局爱卫会下发《关于深入开展卫生运动的实施细则》，对电站工地、张岭基地的环境卫生进行综合治理，从根本上解决了“脏、乱、差”现象。1983年7月31日安康特大洪灾之后，爱卫会和防疫站多次组织进行对辖区内的卫生清理和消毒、消杀工作；9月水电三局发出进一步加强卫生防疫工作的通知，巩固灾后防疫成果。

1988年4月，国务院决定开展第一个“爱国卫生活动月”活动，规定今后每年4月为“爱国卫生活动月”。局爱卫会每年根据不同的治理重点，制订爱国卫生月活动方案，发动群众组织开展除害防病、环境卫生综合整治等活动，截至2006年共开展了18个“爱国卫生活动月”。

经过近二十年的不懈努力，局属各单位清除卫生死角达2000余处，清除生活及建筑垃圾上千万米^3，投放鼠药近20万包，使水电三局几个基地整体卫生水平逐步提高，鼠密度始终控制在国家规定标准内，达到以月促年的要求，推动全局爱国卫生工作向纵深发展。

（三）计划免疫

计划免疫是根据疫情监测和人群免疫状况分析，按照规定的免疫程序并做到有计划地利用生物制品进行人群预防接种，以提高人群免疫水平，达到控制至最终消灭相应传染病的目的的一种医疗手段。计划免疫的初期在儿童中开展接种“四苗”（指麻疹疫苗、卡介苗、百白破三联疫苗、小儿麻痹糖丸），1992年将乙肝疫苗纳入计划免疫；2004年将乙脑疫苗纳入计划免疫。防疫站将建站初期实行的预防接种登记册改为配套使用的计划免疫登记卡和计划免疫接种证，建证率100％；“四苗”接种率一直保持在95％以上。

以每年4月5日为“计划免疫宣传日”，防疫站在张岭水电大街开展宣传活动。

2002～2006年，水电三局防疫站对张岭辖区的急性传染病进行流行病学调查，做好疫情预测工作，传染病上报率达100％；积极做好全局婴幼儿的基础免疫工作及中小学生的七苗基础免疫接种，每年冬季对年老体弱及儿童进行流感疫苗接种。水电三局七苗基础免疫和加强免疫接种率达到95％以上，办证率达到100％。通过有效的预防接种工作，使传染病得到有效的遏制，全局未发生过传染病流行。

2006年1月1日起，陕西省全省七苗基础免疫实行免费接种。水电三局防疫站被安康市汉滨区卫生局定为张岭辖区预防计划免疫接种点。

（四）食品卫生管理

陕西省1983年7月1日起正式执行《陕西省食品卫生许可证发放办法（试行）》及《陕西省食品行业卫生要求》。水电三局防疫站加强饮食卫生管理与监督，1983年设立食品卫生组。1995～2006年对局属辖区内单位食堂、个体工商户进行卫生监督，检查食品卫生300余次；每年培训从业人员80余人·次；根据食品卫生法要求每年对从业人员进行健康体检，办证（卫生许可证、健康证）率达95％；食品卫生组人员不定期进行食品卫生检查，开展宣传执法工作。全局未发生过一起食物中毒事件。

（五）疾病防控

1984年，安康地区卫生防疫站与局防疫站防疫组合作，对局砂石厂、加工厂进行结核病流行病学调查。从此防疫组细划为三个职能小组：计划免疫小组；消杀灭小组；结核病防治小组，各组连年开展相应的专业工作。

三、职业病防治

水电三局是水电工程建设施工企业，从开挖到混凝土浇筑再到机组安装，各个工序分布着各种职业危害，大体可分为物理因素、化学物质及粉尘3大类，接触工种有21个，高峰期多达7000余人。水电三局贯彻《中华人民共和国职业病防治法》，职业病防治组负责对从事有毒有害作业工人，每两年进行一次健康体检，分门别类建立完整系统的档案和卡片。截至2006年水电三局共有职业病患者224人，其中Ⅰ～Ⅲ期矽肺182人，锰苯铅酸中毒29人，噪声性耳聋10名、高山病2名、布氏病1名。1996年局防疫站成立职业病专科门诊，承担职业病患者的检查治疗工作。1985～1993年水电三局对职业病患者分批送往疗养院疗养。

按照劳动部、卫生部、全国总工会联合颁发的《职工工伤与职业病致残程度鉴定标准（试行）》中的规定的护理依赖程度，水电三局自1996年8月1日起，调整工伤全残职工护理费标准：分别按完全、大部分、部分护理依赖三级执行：完全护理依赖90元/月；大部分护理依赖70元/月；部分护理依赖55元/月。

1997年3月6日，水电三局印发《水电三局工业卫生与职业病防治工作四年规划（1997～2000年）》并组织实施。

为贯彻《危险化学品管理条例》，结合水电三局生产特性，水电三局制定并于2004年7月5日局安监字［2004］第11号文印发《水电三局化学危险品管理办法》。

根据《职业健康安全管理体系》（GB/T 28000）系列标准和水电三局质量、环境和职业健康安全体系文件中关于员工代表的条件，2005年8月8日推选局工会副主席宋璞为局职业健康安全管理体系的员工代表，确定11人为二级单位和项目部的员工代表，促进全局职业健康安全管理体系的正常运行。

四、干部体检

根据国务院国办发［1995］5号文件《关于进一步加强领导认真做好干部健康体检的通知》精神，1995年8月2日局人字［1995］第53号文决定组织全局副处级以上干部和高级职称以及45周岁以上中级职称人员进行体检。体检费用由水电三局统一支付。自此形成制度，每3年安排一次体检，做到对疾病早发现，早预防，早治疗，真正关心爱护干部。

第四章　安　全　保　卫

青铜峡工程局成立后，设立保卫处，副处长张升堂（主持工作）、史凤阁。1969年8月局保卫处归并政工组，1969年12月～1982年11月，青铜峡工程局分别先后更名为水电部汉江上游工程局、水利电力部第三工程局、水利部第三工程局时设立保卫处。

1970年11月～1978年4月，水电四局石泉分局公安保卫工作归属分局政治部，下设治保组；1978年4月改称水电部第十五工程局后设立保卫处；陈梦祥、苏玉峰先后担任处长。

1982年9月，两局合并后的中国水利水电第三工程局设立保卫处，苏玉峰、李彦文、郭振清、李成岩先后任处长。水电三局所属各二级单位设立保卫科。1982年3月22日，原水电十五局成立经济民警中队，担负内部重点要害部门值班看护和负责安全保卫执勤。

陕西省公安厅根据国务院和公安部的文件精神，于1985年2月16日下发《关于水利电力部第三工程局保卫处改建为公安处的批复》。1985年11月14日，中国水利电力部第三工程局公安处正式挂牌成立，内设秘书科、刑事侦察科、预审科、生产保卫科、消防队、治安科、张岭派出所。水电三局所属各二级单位的保卫科改为公安科。公安处行使县公安局的职权（户口审批权除外）；局属各二级单位的公安科行使公安派出所的职权，担负单位内部及其生活区各类案件的侦破、治安管理、生产保卫、预审等项工作。公安处隶属水电三局和原安康地区公安处双重领导；业务上以地区公安处领导为主；干警编制和所属经费由水电三局负责；干警服装、武器弹药及装备由地方公安机关按价调拨。1988年1月水电三局公安处交通警察队成立，主要职责是承担安康一火石岩（安康水电站）施工区、生活区的道路交通秩序的维护以及机动车辆管理和一般交通肇事处理。1991年7月水电三局公安处成立党委，机关设置党委办公室，下设五个基层党支部。先后担任公安处党委书记（政委）的有：吕中福、李彦文、谢成安。

随着国家重点工程安康水电站的竣工，水电三局逐步向市场经济过渡，加之公安体制改革，局属二级单位公安科80%被撤并，由二级单位自行撤并公安科或恢复保卫科。水电三局公安处仍行使原职责权限，在编干警50余人，下设刑事侦察科、治安科、交警队、消防队、张岭派出所、法制科、调研科、党群办公室。主要承担张岭、关庙生活区各类案件的侦破、治安管理、生产保卫、交通、消防管理等任务。

第一节　公　　安

水电三局建局以来特别是两局合并后，公安保卫工作始终坚持“预防为主，确保重点，打击敌人，保障安全”的方针，实行综合治理，维护施工环境良好建设秩序，保障国家重点工程顺利进行；加强防范机制和对社会面的控制；依据《刑法》中的有关规定，同所在地的公、检、法机构紧密配合，依法惩处一批严重侵犯国家和集体利益，危害人民生命财产安全的罪犯；实行户籍、交管、消防、重点人口和流动人员的动态管理；开展安全竞赛，健全防范措施，确保企业内部的社会秩序的稳定。

一、治安管理

为确保内部治安秩序的稳定，水电三局始终坚持“党委领导、依靠群众、预防为主、管理从严、及时打击、保障安全”的二十四字方针，于1987年8月7日制定了《水电三局治安安全承包责任制试行办法》，明确了各单位、各部门在治安安全管理上的职责任务和具体要求。按照中央综治委《关于加强社会治安防范工作的实施意见》要求，公安处一贯坚持“打防结合，预防为主”的方针，从基层基础防范着手，加强人防、物防、技防能力，组建“治保会”51个315人；护厂巡逻队32个164人。这些组织在治安防范上发挥着重要作用。

根据社会治安形势的发展变化，1994年6月16日，水电三局制定了《关于重点治理张岭生活区治安秩序的安排意见》，公安处从基础防范入手，将警力下放到基层，实行“一区一警”制，还组建了一支由复转军人为主的治安巡逻队伍，常年坚持对辖区的治安巡查防范。经过上述各项治安整顿防范工作的不断加强，保证了内部治安秩序的稳定。工程局公安处在1985～2008年共查处治安案件1213起，其中治安拘留549人·次；罚款、警告1845人·次。1995年为推进全局综合治理工作，在全局建立民事调解组织24个，兼职调解员117名，加大民事纠纷的调解工作。从1995年至2008年，共调解民事纠纷1291起；接待上访、信访人员4007人·次。

二、打击刑事犯罪

依据《刑法》规定，公安处同当地公安机关、人民检察院、人民法院紧密配合，先后开展“打击抢劫、盗窃、流氓滋扰及破大案、打团伙、追逃犯”等专项斗争，设立“严打”办公室，由公安处处长、副处长任正副主任，对局内发生的各种刑事案件做到“五不放过”：即案件不破不放过；犯罪分子不抓获不放过；防范措施不落实不放过；责任不查清不放过；失职不处理不放过。坚持“预防为主，确保重点，打击敌人，保障安全”的方针，依法惩处一批严重侵犯国家和集体利益，危害人民生命财产安全的罪犯。同时认真抓好“打击、防范、建设”三项任务，保障了企业内部的社会稳定。

1985～2008年，水电三局公安处共侦破各类刑事案件1001起，摧毁犯罪团伙20余个，抓获犯罪分子1300余人，依法逮捕罪犯305人，追回经济损失300余万元。

三、施工现场保卫

青铜峡工程局保卫处早期是对青铜峡水电站、石门水库、石泉水电站建设施工工地进行现场保卫，后来主要是对安康水电站的施工现场保卫。安康水电站施工用地、场区建筑用地和附属设施用地面积共18千米^2；施工时间为16年。主要施工单位是水电三局，临时支援施工的有水电四局、铁一局五处以及浙江、四川、安康地区各县的施工队伍。地方驻工地办事机构和企业有：安康供电局、安康建设银行、安康工商银行、安康农业银行、地方税务所以及地方商业、服务业等。工程局在工地设有生产指挥部门、各单位办公室、职工住房、文化及生活福利设施（职工医院、职工食堂、影剧院、招待所）及各种附属企业、加工厂、车间、仓库分散零乱，战线长达10余千米。高峰期工地施工人员以及各行业工作人员有一万余人。由于施工现场没有围墙和护围建筑，场区四通八达，人员往来无阻，日人流量超过1万人，车流量日逾500辆以上。工地要害部位有：汉江铁路大桥、三台跨江缆机、炸药库、油库、拌和楼、门机、厂房、大小机组、变电站、大坝廊道等。大型设备、建筑材料露天存放比重大等因素增加了现场治安秩序、施工保障的维护难度。

1985年11月，水电三局公安处生产保卫科成立，取代原保卫处现场保卫科，统一协调负责整个工地治安保卫工作。在防范方面，组织纠察、值班、值勤人员，在工地现场和各施工单位居住区实行24小时值班巡逻。在施工现场保卫工作中，主要以依法打击盗窃、抢劫、破坏等刑事犯罪为重点。公安处生产保卫科每月对外来施工单位进行清查核对，随时掌握人员流动变化情况，并通过包工队的领导摸清民工的政治思想情况，做到心中有数。在包工队进入工地时，与其签订安全保卫承包责任书，加强其责任感；开展法制教育，及时处理流氓滋扰、赌博、打架斗殴、偷拿公物等违法乱纪行为。

从1982年至1992年安康水电站完工，水电三局公安处共出动警力3.5万余人・次，清理施工现场闲散人员和车辆；查处施工现场治安案件670余起，侦破盗窃、抢劫、破坏案件550余起。

安康水电站建设后期，工程局陆续投入外包工程建设，施工现场的保卫工作就由在各外包工地的工程局二级单位公安科（保卫科）会同所在地的公安部门负责。

四、交通管理

水电三局所承担的安康水电站工程所辖道路由安康到火石岩专用（公路）线、施工区、生活区道路三部分组成。

安康火石岩专用（公路）线1977年从安康水电站工程项目中拨款修建，1980年改建，形成三级水泥路面，全程18.8千米，宽7米。

施工区道路是水电三局为满足安康水电站施工需要，按照边勘探、边施工的原则，在安火公路以外，沿安康城区及水电站坝址汉江两岸开凿约27.5千米的简易公路。分别布置了建安队伍及施工设施。安康水电站以坝址为中心，左岸上至岚河区郭家河，下至安康石庙火车站，右岸上至瀛湖旅游区临时码头，下至安岚公路，形成电站施工道路网络体系。

生活道路由水电三局安康基地张岭生活区和关庙生活区组成。张岭生活区以水电大街南北路为道路主干道贯通该区，分支道路为育贤路、永安路、振兴路、金洲路、福星路，道路等级为三级，全程累计15千米。关庙生活区道路为2千米。

1988年1月15日，正式成立水电部第三工程局公安处交通警察队，主要承担安康至火石岩施工区以及张岭、关庙生活区的道路交通秩序的维护、机动车辆的管理和一般交通肇事的处理。交警队在编13人，其中一线执勤8人，二线5人。所属各单位公安科配交警专职干部共12人，全局设立安全员50名，建立以处、队（科）、班组交通安全三级网络。为加强道路交通管理，局公安处制定和完善了各项规章制度30余项，其中1996年制定的《水电三局关于交通事故及损失赔偿暂行规定》、《水电三局道路交通目标管理责任百分计奖办法》以及近年来制定的《水电三局机动车驾驶员上岗资格证培训办法》、《水电三局机动车管理办法》、《水电三局机动车驾驶员管理办法》等。

1988年下半年开始，水电三局对所辖道路进行了三次大的修整和改造，增加了交通标志牌，对投入施工车辆进行分时间、地点、路段派民警进行定点管理，有效地控制了人多、车流量大，交通道路差所带来的不安全因素。在施工区域汉江公路大桥南端设立岗亭，信号灯为手控指挥，所管路段设警告提示牌28块、禁令牌15块、值勤点3处。

交警队成立以后，先后开展了“压事故、保畅通”、“百日安全无事故”、“学济南交警，搞好窗口服务”等交通安全竞赛活动，并建立安全管理网络，每年都进行以防事故为中心的安全大检查，落实、完善各项安全措施和各项制度。

交警队与局属有车单位每年都签订安全合同。平时做到抽调60%的警力上路检查，清理路障，疏导交通，查验车辆，纠正违章，每年配合安康地区交警支队审验车辆，按时完成960～1200名驾驶员的年审及四年一次的换证工作。

第二节 消 防

水电三局公安处设专业消防队，在施工高峰期消防队员有47名，配备消防车5辆，分施工现场（安康水电站）和张岭、关庙生活区。全局共有义务消防队员350人，分布在20余个单位。专职消防队员实行军事化封闭管理，集中吃住，24小时值班备勤。

在安康水电站工地设有专职消防队，设置专用消防管道，配备2台消防车，各个重点部位设置防火标志，配备足够的灭火器材，包括沙袋，专用消防池等。为加强安康水电站消防管理，预防和减少火灾事故，水电三局公安处出台了《安康水电站安全防火规定》，要求要害部位防火实行逐级防火责任制，实行严格的交接班制度，上下班进行安全检查，发现不安全因素要及时排除，严禁在施工部位使用明火，仓库内的照明灯不得使用碘钨灯和150瓦以上的灯泡；电气焊要严格操作规章；在每层作业使用易燃物品，要设专用防火灭火器具；各种易燃易爆、剧毒、放射元素等危险物品必须专物管理，分类存放，专人负责，严格进库、出库登记，清退手续，库门实行双人双锁管理。

根据安康地区公安处通告和安全防火规定，公安处修定了一系列规定、岗位责任制、安全操作规程、安全教育和安全检查等规章制度，以确保消防安全。

消防队员从实战出发，严格训练，掌握消防知识和灭火技能。1980年原电力部二局消防获陕西省消防大“比武”集体第三名，2人获个人第四名。1985年局消防队获得安康地区消防技能考核第一名；1979～1987年在战术训练中，获安康地区5个第一名；1988年被陕西省安全委员会评为“先进集体”；1991年被安康市评为“文明单位”；2003年被陕西省公安消防总队评为“全省专职消防队伍执勤岗位练兵先进集体”，消防队队长齐玉宝被公安部消防局评为“全国专职消防队伍岗位练兵优秀指挥员”荣誉称号。

水电三局消防队结合辖区特点，开展群众性的防火宣传教育，有针对性地对职工群众讲授注意事项和防火知识。从公安处成立至2006年，共出动防火宣传车46台·次，印刷防火材料2万余份，播放消防录像、火灾录像40场·次，办消防专栏110余期，在易燃易爆部位印制消防标志320余个。同时，还经常给工程局中小学生讲防火安全知识。

消防队每年冬季都对防火工作进行安排部署，全局所有重点要害部位都制定有防火责任制。坚持安全检查制度，1985～2006年，定期或不定期进行冬季消防检查400余次，查处隐患共130余次；下达隐患整改通知书150余份，不安全警告通知书40余份；签订消防安全责任书78份，娱乐场所安全责任书20份，换发安全许可证7份；建立重点单位、重点部位消防防火档案30余份，制订抢险救援预案17份。

根据实际需要，水电三局投资100余万元，购置、配备消防器材和灭火用具5000余套，并加强了日常维护保养和管理工作。

1985～2008年，公安处消防队共扑救水电三局内的火灾有76起，火警97起。共参加地方火灾扑救44起。

第三节　内　　保

一、组织机构

1991 年 6 月 17 日，成立水电三局社会治安综合治理领导小组，2004 年以后随着水电三局主要领导的变动，对水电三局综治领导小组进行调整和充实，水电三局党委书记赵庆安、张治源先后任组长；党委副书记田进先、付胜利，副局长史振宇、冯亮先后任副组长；成员由水电三局属各单位、各职能部门主要负责人 15 人左右组成，下设综合治理办公室，负责日常工作。水电三局属各单位、部门成立由单位党政主要领导为组长、副组长的综合治理领导小组。2001 年 3 月 6 日水电三局下发《关于加强矛盾纠纷排查调处工作意见》，局属各单位部门先后成立矛盾纠纷排查调处领导小组，有力地加强了矛盾纠纷的排查调处工作。随着水电三局外包工程项目的不断增加，水电三局要求各施工局和项目部及时组建了综合治理领导小组、矛盾排查调处领导小组两大综合治理机构。

截至 2004 年底，全局共组建综合治理领导小组 40 个，成员 206 人；矛盾纠纷排查调处领导小组 37 个，成员 261 人；成立治保会、帮教小组、联防队共计 72 个，成员 343 人；确保了综合治理工作有人抓、有人管。

二、责任制度

按照中共中央、国务院、综治委《关于加强社会治安综合治理的决定》和《中央社会治安综合治理委员会成员单位的职责任务》精神，水电三局在明确了各单位、各部门的党政主要领导为本单位的综治第一责任人的基础上，于 1991 年 8 月 15 日、10 月 17 日先后下发了《社会治安综合治理责任制考核奖惩办法（暂行)》、《水电三局各有关主要部门在社会治安综合治理中的职责和任务》两份文件，进一步明确了各级领导、各职能部门在综合治理中的职责任务和奖惩规定。

1992 年元月 6 日，水电三局制定了第一份以明确各级单位部门在综合治理中的任务、目标、考评办法及打分标准为主要内容的“水电三局社会治安综合治理责任书”，将综合治理责任制落实到基层，形成逐级负责制。在以后的综合治理中，不断修改完善责任书的内容，做到年初签订责任书，年中进行两次以上的责任书执行情况的检查，年终进行全面考评打分，认真抓好责任制的具体落实。工程局党委于 1996 年 10 月 24 日制定下发《水电三局社会治安综合治理目标责任制考核标准实施办法（暂行)》的通知，通过对各项责任制度落实考核，形成了社会治安综合治理工作，层层有人抓、事事有人管、人人有责任的综合治理环境。

三、治保组织

1985 年 12 月 14 日，水电三局公安处下发《关于加强整顿基层治保组织的意见》，规定了治保组织的设置、具体任务、基本工作方法、治保组织的建设，并明确规定治保组织由公安科领导。1992 年以后，对治保组织和成员，每年都要进行调整。至 1997 年底，治保组织保留 128 个，成员 135 人。

1983 年 4 月，仓库、油库、门卫、巡逻人员陆续上岗。1985 年 10 月，在前张岭、后张岭、医院、油库等处设置岗楼。1988 年 5 月张岭生活区联防队组建，联防队员达 90 人，一人一楼看家护院。据统计，当年治保人员向公安机关提供犯罪嫌疑人线索 136 件，堵截扭送小偷小摸和犯罪嫌疑人 750 人，制止违法犯罪 203 起。1985～2006 年成立帮教组织 89 个，成员 267 人，共帮教违法犯罪青少年 800 余人·次，

2002 年 7 月，安康市汉滨区江北办事处在张岭成立社区，水电三局公安处张岭派出所在辖区设立第一、第二、第三、第四警务区并派公安干警进驻社区，担负社区的警务工作。

四、打击犯罪

打击犯罪是搞好内部保卫的一项重要任务。二十多年的执法过程中，公安处以及各二级单位公安科认真贯彻“依法从严从快”的打击方针，按照上级的统一安排，先后开展“反盗窃、反破坏”、“打双抢，打团伙”，“扫黄打非”，“打黑除恶”等专项战役，1985～2008 年共查处治安案件 1213 起，其中治安拘留 549 人·次，罚款、警告 1845 人·次；共破获各类刑事案件 1001 起，摧毁犯罪团伙 20 余个，抓获犯罪分子 1300 余人，依法逮捕罪犯 305 人，追回经济损失 300 余万元，确保了国家、集体和人民群众生命财产的安全。

五、矛盾调处

水电三局公安处认真贯彻落实中央、省《关于进一步加强矛盾纠纷排查调处工作的意见》精神，建立组织机构，落实领导负责制、责任追究制，妥善处理各类矛盾纠纷。1985～2004 年共调解民事纠纷 4258 起。

第四节　人　武　工　作

青铜峡工程局在组建时设立武装部，由局党委书记兼局长赵征兼任武装部政委，副局长李文兼任武装部部长；刘作祥任副部长负责武装部日常工作。原水电三局李访华任副部长（1980 年 8 月～1982 年 11 月）。原水电十五局在石泉分局于 1976 年成立人武部，分局党委副书记张同喜兼任人武部政委；分局政治部副主任陈瑞峰兼任人武部部长；赵敬友任人武部副部长。1982 年两局合并后由局党委书记兼任人武部政委，一名副局长兼任人武部部长。人武部日常工作由副部长负责。先后担任武装部副部长的有：李访华、刘长海、李彦文、王海军。武装部的主要职责是负责开展双拥工作、征兵工作、民兵组织建设及开展军事训练工作等。

一、双拥工作

至 2006 年，水电三局的复员转业军人达 4000 余人（包括离退休人员）；有军属 180 户、烈属 12 户；有革命残废军人 17 人。从建局以后，在水电三局党政领导的支持下，武装部积极开展双拥工作。一是利用重大节日上门慰问军烈属和革命残废军人；对参战立功的现役军人和家庭有困难的烈属重点慰问；二是对军属生活上有困难的，依照上级文件精神，积极会同有关部门给予解决，为在军队服役的干部、战士解除后顾之忧；三是适时组织离退休的军转干部到本地和外地去旅游观光，丰富他们的晚年生活；四是每逢“七一”、

“八一”、“十一”等节日都组织形式多样的茶话会、座谈会、歌舞会，与他们共度佳节，使他们感受到党的关怀和温暖。

二、征兵工作

在征兵工作中，水电三局武装部始终坚持“政治合格，身体合格”的原则，为部队选送兵源。1982～2007年共给部队选送了600余名青年入伍，其中99%以上为水电三局的待业青年，也解决了局内部分待业青年的就业问题。

三、民兵工作

1962年，为响应毛主席“民兵三落实”的号召，在青铜峡工程局组建了民兵师（后改建为民兵团），由局党委书记赵征兼任师政委，副局长李文兼任师长。民兵师下设团、营、连、排、班，各级民兵组织的长官均由各级党委（支部、党小组）负责人和行政领导兼任。依照“党管武装”的原则，工程局实行党政分工负责制，齐抓共管，共同做好民兵工作。

根据安康市人武部的要求，结合水电三局实际情况，1991年成立了基干民兵团。民兵团长、政委分别由局长、局党委书记担任。水电三局所属的16个二级单位成立了5个基干民兵营和11个基干民兵连；营、连的主要负责人均由本单位的党政一把手担任。同时在16个基层单位配备了专职武装干事5人，兼职武装干事11人。1995年，安康市人武部根据支持国有企业进一步深化改革的精神，结合工程局的实际情况，将原团建制缩编为营建制，下设4个连，一个应急中队。1999年，为适应改革发展，由民兵团建制缩编为民兵营，实行营、连、排、班制。现全局民兵总兵力1352人，设4个连、12个排、26个班、一个应急分队和一个高炮分队；其中女民兵占总兵力的14%。

水电三局武装部成立后，在进行民兵政治教育工作中，始终坚持贯彻“党管武装，政治挂帅、军事过硬”的原则，一直坚持完成所在地上级武装部每年下达的民兵军事训练任务。1962年12月，在兰州军区开展的民兵大比武中，青铜峡工程局基干民兵李振华、王洪群荣获“步枪射击神枪手”称号。1982年两局合并后，局武装部根据每年安康市军分区及安康市武装部下达民兵训练任务，结合水电三局的特点和实际情况，除完成不定期的民兵步、手枪射击训练任务外，还先后完成了民兵高射机枪射击、高炮射击、防爆、消防训练等任务。

从1987年始，对水电三局子弟中学的初中一年级和高中一年级的新生进行国防教育、法制教育及军事训练。截至2005年5月，先后完成了6500名初、高中生的军训工作。

除坚持完成民兵训练任务外，在从青铜峡到安康的数十个水电站建设中，组织民兵参加站岗值勤，积极参加抗洪抢险战斗，在保卫国家和群众生命财产方面作出了突出贡献。

第十篇　党 群 工 作

第十篇　党　群　工　作

中国水利水电第三工程局由原水电三局和水电十五局于1982年9月合并而成，在建局近五十年里，除“文化大革命”的特殊时期外，两支队伍党群组织机构和职能部门健全，工作状态正常。合并后的水电三局党群工作贯彻上级要求，在改革开放新时期中不断探索，勇于实践，为水电三局的发展提供精神动力和智力支持，发挥了重要作用。

第一章　共产党组织

第一节　组　织　机　构

一、原水电三局

1958年5月，三门峡工程局按照水电部决定，派出赵征、李文、房洪涛、礼荣勋等领导干部组建黄河青铜峡工程局。7月10日施工队伍进入工地。7月初，宁夏工委派出李子华、曹鹏程、郭鹏、刘思孝等领导干部任青铜峡工程局副职，并组建党委领导班子，9月1日，宁夏回族自治区工委组织部下发工程局领导成员任职和工程局党委11名委员、6名常委的通知。赵征任党委书记兼局长，房洪涛、曹鹏程任党委副书记；1959年10月调郭鹏任副书记，曹鹏程12月调出。1958年8月26日，在青铜峡峡谷召开青铜峡水利枢纽工程开工典礼大会上，正式成立中共水利电力部黄河青铜峡水利工程局委员会。

1959年1月20～24日，青铜峡工程局召开第一次党代会，选举出赵征、曹鹏程、吴政德、房洪涛、冯荐、吴若衡、李文、刘思孝、王玉栋、陈芝瑞、王秉乾、刘生财、礼荣勋、乔捷三、李子华、叶正富等16人为首届中共青铜峡工程局委员会委员；高金堂、邢步宏、宗化诚、张成焕、陈溪文5人为候补委员。党委全委会选举赵征、曹鹏程、房洪涛、李文、刘思孝、李子华等6人为局党委常委；赵征为书记；房洪涛、曹鹏程为副书记。

宁夏回族自治区党委组织部1961年12月下发通知，批准赵征等12人为青铜峡工程局党委委员、冯荐等6人为候补委员，并成立由6名委员组成的监委；1964年4月区党委组织部再发通知，批准赵征等16人为工程局党委委员。

青铜峡工程局党委的职能部门有：党委办公室、组织部、宣传部、监察室、保卫处、武装部。二级单位党组织有：机关党总支、一工区党总支、二工区党总支；机械站党总支、修配厂党总支、动力厂党支部、混凝土厂党总支、24列车电站党支部、灌浆队党总支、安装队党总支、基建队党支部、加工厂党支部、预制厂党支部、职工医院党支部。

1969年2月，青铜峡工程局成建制转移至陕西汉中，组建水利电力部汉江上游工程局，1969年12月18日更名为水利电力部第三工程局（原水电三局）。“文革”时期取消党委，成立革委会党的核心小组，组长先后由军管会主任辛良、崔玉亭兼任。其职能部门是政治部，张兰亭、王玉栋先后任政治部主任。政治部下设组织处、宣传处、党委办公室、武装保卫处。1979年4月后恢复设立党委，赵长利任党委书记。二级单位党组织有：机关党总支、第一工程队党总支、第二工程队党总支、第三工程队党总支、灌浆队党总支、安装队党总支、修配厂党委、机运队党总支、后勤部党总支、动力厂党支部、预制厂党支部、局子弟小学党支部、局子弟中学党支部、职工医院党支部。

1979年，原水电三局奉命参加葛洲坝会战，在派出施工队伍的同时，成立葛洲坝工程队党总支；因工程建设的需要，组建了板桥分局及分局党委。

1980年1月，原水电三局党委取消政治部，设组织部、宣传部、党委办公室、落实政策办公室、保卫处、武装部。二级单位党组织调整为第一工程处党委、第二工程处党委、第三工程处党委、第四工程处党委、第五工程处党委、灌浆队党总支、安装队党总支、修配厂党总支、后勤党总支、预制厂党支部、职工子校党总支、卫生处党总支、勘测队党支部、试验室党支部。

二、水电十五局

水电十五局前身为水电四局石泉分局。1971年12月3日安康地区革命委员会发地发字［1971］057号文：经中共安康地委常委会议研究决定，同意成立中共水利电力部第四工程局石泉分局革命委员会核心小组，由鲍静波、陈赓仪、支水山、刘涛、张博林、常俊华、王英清、孙见斋、张鲁东、张品10人组成，鲍静波任组长，陈赓仪、支水山任副组长。

1972年1月31日～2月4日，水电四局石泉分局召开首届党代会，鲍静波作党委工作报告。大会选举鲍静波、支水山、陈赓仪、常俊华、张鲁东、张博林、孙见斋、张品、王英清9人为石泉分局党委常委委员；刘锡臣、武天杰、徐华德、刘漫、阎体昌、吴国祥、赵学成、宋庆善、宋建国、张道宽、李全寿、安秀荣、阎耀文、马超志、柴勉、李永胜、李万善17人为石泉分局党委委员。2月5日，召开第一次党委全委会，选举鲍静波为党委书记；陈庚仪、常俊华、支水山、王英清为党委副书记。第一次全委会上对党委书记、副书记、常委进行了分工。

1973年11月8日，中国人民解放军代表正式撤离石泉分局。11月16日，经中共安康地委研究同意：常俊华任中共水电四局石泉分局委员会书记，张鲁东、孙见斋任副书记。1974年5月11日安康地委决定吴师德任水电四局石泉分局党委常委。

1975年4月14日，中共安康地委以安地组字［1975］56号文任刘锡臣、张道宽、张同喜为中共水电四局石泉分局党委委员、常委、副书记；张治源、赵素珍任分局党委委员、常委。

石泉分局党委职能部门为政治部，陈瑞峰、潘智元先后任主任。政治部下设党委办公室、组干处、宣传处、工会、团委、保卫处、武装部。二级单位党组织为：机关党总支，后勤部党委、勘测设计院党总支、开挖队党委、浇筑队党委、汽车队党委、机电队党总支、安装队党委、灌浆队党支部、砂石厂党委、拌和厂党委、机械修配厂党委、汽车修配厂党委、综合加工厂党委、铁路分局党支部、职工医院党支部。

1975 年 7 月，石泉分局从水电四局划出，名称不变，隶属水利电力部管辖；1978 年 4 月 27 日，水电部第四工程局石泉分局更名为水利电力部第十五工程局，武林任党委书记兼局长；常俊华 、王英清任党委副书记兼副局长；刘锡臣任党委副书记。

1979 年 10 月，水利电力部第十五工程局更名为电力工业部第二水电工程局，武林任党委书记；常俊华、程山、胡玉明任副书记（1981.3 改任）。1981 年 3 月，电力部二局党委对所属党组织和职能部门进行调整，设立党委办公室；撤销政治部，将原组干处改为党委组织部；原宣传处改为党委宣传部；增设纪律检查委员会；为加强张岭基地的生产生活等方面的管理，成立张岭工作委员会作为局的派出机构。调整后的下属党组织是：第一工程处党委、第二工程处党委、第三工程处党委、第四工程处党委、灌浆队党委、砂石厂党委、机修厂党委、运输处党委、拌和厂党委、铁路分局党支部、张岭工委委员会及职工医院党总支委员会。

1982 年 6 月，电力工业部第二水电工程局恢复为水利电力部第十五工程局。

三、两局合并成立新的水电三局

1982 年 10 月，原水利电力部第三工程局与水利电力部第十五工程局合并，定名为水利电力部第三工程局。

两局合并后，水电三局党委下设职能部门有：党委办公室、党委组织部、党委宣传部、纪委、工会、团委、党校、武装部、保卫处。

2003 年 12 月 14 日，水电三局经党政联席会决定，成立中国水利水电第三工程局党委工作部。撤销局党委办公室、局党委组织部，业务归口党委工作部管理；局团委合属党委工作部办公。(局劳人字［2003］第 88 号)

至 2006 年，赵庆安、姜玉村、潘智元、吕中福、段尚毅、张玉凤先后任党委办公室主任；张友盛、赵新民、付胜利、马世平、李宁东先后任副主任。张玉凤、王广利先后任党委工作部主任；陈晓全任副主任。

二级单位党组织有：第一工程处党委、第二工程处党委、第三工程处党委、第四工程处党委、砂石厂党委、供应处党总支、铁路分局党委、灌浆队党委、综合加工厂党委、机械修配厂党委、职工医院党委、生活服务公司党委、劳动服务公司党总支；机关党总支、技工学校党总支、中小学党委、汉中分局党委、板桥留守处党支部、安康设计处党支部。1982 年 11 月成立调研室，机构设在党委办公室。

1984 年 11 月、1988 年 3 月、1993 年 7 月、1998 年 7 月和 2003 年 2 月，水电三局在安康张岭分别召开水电三局第一～第五次党代表大会，分别选举产生了各届党委和纪委领导班子。

两局合并～2006 年底，水电三局经历了从计划经济走向市场经济的变革，由承担单一的安康水电站施工转到了同时承担多个电站施工。合并后的 20 多年间，水电三局党委为适应工程建设需要，不断调整党的组织，2003 年水电三局党委组织部与党委办公室合署办公，成立党委工作部；2006 年 9 月，水电三局实施企业内部机构整合，重组后党委的职能部门是党委工作部（含团委、新闻宣传处、史志办），干部管理的职能划归为人力资源部，但党管干部的原则不变。经过整合后的下属党组织是：机关党委、第一分局党委、第二分局党委、第三分局党委、第四分局党委、路桥分局党委、制造安装分局党委、基础处理分局党委、设计研究院党总支、基地管理分局党工委、公安处党委、卫生处党委、物资贸易公司党委、职教中心党委、生活服务公司党委、机关党委、离退休管理处党委、公伯峡施工局党工委、拉西瓦施工局党工委、景洪施工局党工委、丹江施工局党工委、白市施工局党工委、株洲施工局党工委、西龙池施工局党工委、小峡施工局党工委。

第二节 组 织 工 作

中共水电三局党委组织工作由组织部负责。青铜峡工程局、原水电三局时期吴政德、王玉栋等先后任组织部长。水电十五局时期张宝玺任组织部长，王素琦任副部长。两局合并后的水电三局，张宝玺、陶楚才、王德明、戴贤仓、付胜利先后任部长；王素琦、吴家明、吕存智先后任副部长。1984 年 8 月组织部将干部工作分出，另设干部处，刘洪学、王德明先后任处长，王素琦任副处长。1994 年 6 月水电三局机关“四定”时将组织部和干部处合并，设组织人事处，王德明任处长，吴家明、吕存智任副处长。

中共水电三局党委在各个历史时期，贯彻执行党的路线方针、政策，加强党的组织建设和思想建设，加强各级领导班子建设和干部队伍建设，教育和监督各级领导干部遵守国家的法律法规，教育和要求党员发挥先锋模范作用，为职工做表率，保证水电三局各项生产经营任务的完成，为水电三局的发展壮大发挥党组织的政治核心作用、保证监督作用、战斗堡垒作用。

截至 2006 年底，全局党的基层组织共有基层党委、党工委、党总支 24 个，基层党支部 173 个，党员 2752 名。

1. 加强党的基层组织建设

制定了《水电三局局处两级党委工作纲要》、《水电三局项目党工委工作细则》、《水电三局党委加强党支部建设工作纲要》、《水电三局组织员工作管理办法》等制度。

水电三局在设立行政机构的同时，建立党的基层组织，任命党的基层组织负责人。特别是进入市场经济体制后，做到了项目到哪里，党的组织就建到那里。在组织机构健全的基础上，按照《中国共产党党章》规定，认真抓好基层党组织的换届选举工作，基层党委三年一换届，基层党支部一年一换届，为发挥党组织的政治核心作用和战斗堡垒作用提供了组织保障。

组织建设中，建局初期主要是抓党员的先锋模范作用和领导干部的率先垂范作用，影响和带领职工群众去完成生产任务。20 世纪 70 年代后期，主要是抓局、队（厂）两级领导班子和党的各级基层组织的整顿，针对党员先锋模范作用不强的现实，采用批评和自我批评和正面教育的方法，把基层组织整顿好。认真做好轮训基层支部党员骨干工作，恢复基层党组织的“三会一课”制度和党内汇报制度。进入 80 年代，认真贯彻执行《中国共产党工业企业基层组织暂行条例》，按照革命化、年轻化、知识化、专业化的要求，加强各级领导班子建设，加强党的基层组织建设，选配好党的基层组织负责人，有计划地改变当时党支部书记年龄偏大，文化偏低的状况，配备组织和宣传专职负责干部。同时加大对党的基层干部的教育培训，提高他们的业务能力和工作水平。90年代将工作重点放在工程项目党建工作和基层支部建设工作上。进入2000年后，党组织围绕企业改革，修订党的各项工作制度，抓各项制度的落实，加强对流动党员的管理。在企业内部整合期间，及时健全党的各级组织，做好党员组织关系接转移交工作，把所有党员置于党组织的有效管理之中。

中共水电三局党委和各基层党组织，根据各个时期的政治要求和施工特点，在党内开展了多项活动，搞好基层党组织建设。

1980年起，以党内“创先争优”为主线，连年开展“做一名合格的共产党员”的教育活动、党员集中教育活动、深入学习新党章活动、“两忆四查三比活动”（即忆革命传统和入党誓词；查为人民服务的观念强不强、共产主义理想信念坚定不坚定、全局观念和组织纪律性强不强；比思想作风、革命贡献、先锋模范作用）、“我是一个共产党员”活动、“全心全意为人民服务教育”活动、“三个基本教育（即马克思主义基本理论、党的基本路线、党的基本知识）”活动。党内每年进行民主评议党员工作，在评议基础上局处两级党组织都对评选出的先进党委、先进党支部、优秀共产党员、优秀党务工作者进行表彰。

部分基层党组织结合本单位年度工作重点，突出活动特色，如“建功立业”、“党员先锋岗”、“党员责任区”、“党员身边无事故”、“五好党员”及“创先争优月考核”等，赋予活动新内涵。在党内“创先争优”活动的全过程中，有两个基层党委（水电三局三分局党委、水电三局四分局党委）受到了陕西省委的表彰，一个基层党委（水电三局三分局党委）被中央组织部授予“全国基层党组织”光荣称号。

1998年，中共水电三局党委下发了《关于健全组织员队伍和组织员工作制度的通知》，对组织员的主要工作任务，组织员的条件，组织员的选配和管理，组织员工作制度都做了详细的规定。2006年4月局党委又下发了《组织员工作管理办法》，对组织员的岗位职责、任职条件、任用程序及享受待遇等进行了进一步的完善。

1999年4月，中共水电三局党的组织关系由中共陕西安康地委转移到中共陕西省委组织部，在党的建设上接受陕西省委组织部的领导，按照有关规定，在局级干部管理上接受省委组织部的协管。

在组织发展方面，中共水电三局党委认真执行“坚持标准，保证质量、改善结构、慎重发展”的发展党员工作指导方针。根据单位实际，制订年度发展计划，每年水电三局总的发展计划控制在200人左右。做到成熟一个，发展一个。同时禁止突击发展，反对关门主义。发展党员的重点也根据各个不同时期有所侧重，“文革”前，主要是将生产一线的工人作为发展重点，本着积极慎重的精神，成熟一个发展一个。从工程局建局～1959年底，就有124人加入中国共产党，其中，有69人是各类先进生产者。“文革”结束后，中国转入经济建设时期，这时发展党员的工作重点，放在具有较高政治素质和业务才能的生产、工作骨干中，放在生产一线空白班组、科室以及党员数量少、党的力量薄弱的部门和单位。重点是在知识分子、工程技术人员、青年职工及青年妇女中发展党员，尤其是在中年知识分子中具备党员条件的专业技术人员中发展党员。局处两级党组织积极做好入党积极分子的培训教育和考察工作，指定专人进行培养教育，对发展对象一般要进行1～2年的培养和比较系统的教育考察。1989年中共水电三局党委根据中央组织部《关于逐步建立积极分子入党前短期集中培训制度的通知》精神，在水电三局内部建立起了入党积极分子培训制度，安康片的入党积极分子培训由中共水电三局党委在局党校统一负责组织实施，每年2期；各外包施工单位的入党积极分子由所在单位党委负责组织培训，中共水电三局党委提供培训教材。凡经过培训的积极分子，都要做出培训鉴定和考核记载，填写《入党积极分子培训登记表》，作为发展党员的必备材料。参加培训的积极分子不一定发展，但要发展为党员的积极分子必须经过培训。凡未经过培训的积极分子，除特殊情况外，一般不予发展为党员。中共水电三局党委还下文，对科级以上干部、工程师参加中国共产党的批准进行授权；对处级及以上领导干部（包括正副总工程师、正副总会计师、正副主任工程师等）入党，均按干部管理权限，由基层组织签署意见，然后将全部材料报水电三局审批。进入市场经济后，下岗、离岗党员人数的增多，给党员管理和教育带来了一定难度，因此2006年4月，中共水电三局党委下发了《水电三局下岗（离岗）职工党员管理暂行办法》。

2. 整党工作

1983年11月，在中央《整党决定》指导下，按照中央、安康地委和水电总局党委的部署，工程局党委常委会议决定，成立水电三局整党指导小组，并于1984年11月26日对成员进行了调整，武林、程山先后任组长；胡玉明、黄健、李大臣、赵庆安任副组长；成员有：程国清、张宝玺、曹书勤、马广余、易生、方占寅、吕中福、戴贤仓、阎体昌等人。整党指导小组下设办公室，程国清、马广余先后任主任。制定下发了《关于整党的具体实施方案》。

中共水电三局的整党工作从1983年初开始，到1985年底结束，经历了两年多的时间。1983年初，首先在铁路分局进行了整党试点；1984年2月，在局机关、汉中分局和供应处三个单位，先期进行整党；1985年4月，中共水电三局属其余16个单位整党工作全面展开。整党前中共水电三局党委举办科级以上党员干部整党培训班，共办6期，每期50人，共培训300名整党骨干。整党工作分为学习文件、对照检查和组织处理、党员登记三个阶段，整改工作贯穿于整党的全过程。1985年12月24日，按照整党验收的五条标准，中共水电三局党委组成两个检查验收组，对全局的整党工作进行了全面的检查验收，验收工作于1986年1月24日结束。这次整党，占党员总数99.1%的党员参加了整党，按照党员标准进行了党员登记，应该进行登记的党员2257名，准予登记的2230名，缓期登记的16名，不予登记的4名。在整党中，对犯有各种错误的党员，本着从严治党和实事求是的原则，进行了严肃处理。受党纪处分的党员共9名，其中，开除党籍2名，留党察看3名，严重警告2名，警告2名。

这次整党是“文革”后第一次对党组织进行比较系统地整顿及对党员进行比较系统的教育。这次整党，一是统一了思想，增强了党组织和党员在思想上、政治上同党中央保持一致的自觉性；二是突出了重点，使党风有了进一步好转；三是集中进行了党性教育，使党员的思想政治素质有了新的提高；四是彻底否定了“文革”，完成了核查三种人的工作；五是党的组织工作有了新的发展，局处两级领导班子的思想素质、结构情况和工作状态都有了变化，初步形成团结战斗的领导核心，知识分子政策得到落实，党内政治生活进一步健全；六是保证了经济改革的顺利发展，推动了安康水电站工程施工和经营管理；七是贯彻了边整边改的方针，群众反映的较大问题解决得有成效，促进了安定团结的政治局面。

保持共产党员先进性教育活动 2005 年根据中央的统一部署，在全局范围内开展了保持共产党员先进性教育活动；7 月 2 日～10 月 31 日，根据《水电三局先进性教育活动实施方案》，依次进行了学习动员、分析评议、整改提高三个阶段，每个阶段都做到了详细的安排和部署，历时共计 4 个月。先进性教育活动的基本做法是：

（1）广泛发动，认真学习。水电三局编印学习资料，为每个党员配发专用笔记本，确保学习人员、时间、内容“三落实”。中共水电三局党委在水电三局网站上建立了“先进性教育活动”专题网页，在《水利水电新闻》上开辟了先进性教育活动专栏，局处两级党委充分利用各种宣传手段，使思想动员的覆盖面达到 100%。水电三局领导班子按照先进性教育活动学习计划，系统学习了《中国共产党党章》、胡锦涛总书记在新时期保持共产党员先进性专题报告会上的讲话及《树立和落实科学发展观》等文章，各级党组织努力解决施工生产与学习动员的矛盾，每个党员集中和自学累计时间均达到 40 小时以上。

（2）开展主题讨论，确立具体标准。各单位党委以《中国共产党党章》中的党员条件、党员义务和党员干部的规定为依据，以胡锦涛同志提出的新时期保持共产党员先进性的“六个坚持”为基本要求，结合本单位的实际，采取自下而上、自上而下的方式，提出党员先进性具体要求的讨论意见。水电三局根据各单位意见，经过认真整理、修改，提炼出水电三局保持共产党员先进性具体要求。

（3）开展主题实践活动，创新教育活动载体。中共水电三局党委结合生产工作实际，开展“永葆先进性，岗位立新功”、“五带头、十做到”、“两个做到、两个作用、两个满意”等主题活动。中共水电三局党委还为各级党组织配发多种学习光盘，通过听专家讲座和学习先进事迹报告，广大党员以先进模范人物为标尺，比自己在理想信念、宗旨意识和党性观念上还有哪些差距；比自己在敬业精神、能力水平和模范作用方面还存在哪些不足。

（4）广泛征求意见，找准存在问题。通过广泛征求意见，共征求到对局领导班子、班子成员、机关各部门及部门负责人的意见和建议 445 条，征求意见表回收率达到 100%。通过归纳和梳理，形成意见和建议 396 条，并及时向领导班子和各部门进行了反馈。这些意见和建议，体现了各级党组织和党员群众对局领导班子、班子成员以及机关各部门的期望，同时也为撰写党性分析材料、搞好分析评议和制定整改措施提供了依据，奠定了基础。

（5）搞好党性分析，开展民主评议。一是在班子成员之间、班子成员与部门负责人之间、部门负责人与本部门党员之间、党员与群众之间，普遍开展了谈心活动。二是对照党章规定和新时期保持共产党员先进性的基本要求和具体要求，深入查找突出问题。局领导班子成员认真从坚持科学发展观和正确业绩观以及权力观、地位观、利益观等方面进行了党性分析和思想剖析。党员和党员领导干部分别写出了 1500 字以上和 3000 字以上的党性分析材料。三是开展批评与自我批评，认真搞好民主评议。在组织生活会上，广大党员敞开心扉，畅所欲言，开展批评与自我批评。在民主评议的基础上，党支部严格组织程序，客观公正地对每个党员提出评议意见。

（6）认真进行整改，解决突出问题。中共水电三工程局党委整改工作突出重点，坚持做到“两个结合”。一是立即整改与长期整改相结合。二是个人整改与组织整改相结合。认真制定整改方案和整改措施，对群众反映强烈和具备整改条件的问题立即进行了整改。如水电三局筹措资金，投入了200万元，对张岭基地的供电线路、供水管路进行了分期改造。对一时解决不了的体制性、机制性的问题，列出了专题，制定了分步整改的措施和办法。水电三局领导班子根据查找出的突出问题，制定了整改方案，明确5个方面的整改重点，提出了27条整改措施，并明确了整改目标和时限要求，落实了分管领导、责任部门和责任人。

在先进性教育活动的全过程中，中共水电三局党委编发了25期先进性教育活动的工作简报。通过先进性教育活动，达到了提高党员素质，加强基层组织建设，促进各项工作的目标，做到了“两不误、两促进”。2005年11月2日进行了群众满意度测评工作，118人参加了测评，其中包括党员、群众、离退休职工代表及民主党派和党外人士，满意和基本满意的达到了97.4%。

保持共产党员先进性教育活动结束后，中共水电三局党委在保持共产党员先进性的长效机制上进行了积极的探索，制定了《水电三局项目党工委工作细则》、《水电三局党内谈心活动制度》等一系列规定制度，把近年来党内的重要指导性文件、规定、制度编制《党建工作文件制度汇编》，下发到基层党委和专职党务干部中，为基层党的工作提供便利和指导。

第三节　宣　传　工　作

青铜峡工程局设立党委宣传部负责党的宣传工作，冯荐任宣传部长。“文革”期间设立工程局政治部，政治部下设宣传处，负责广播等宣传工作。李建中、洪炳锡先后任处长。20世纪80年代初期，水电十五局撤销政治部，恢复成立局党委宣传部，下设宣传科、理论科、报社、广播站、印刷厂。两局合并后，潘智元、陈庆和、吕中福先后任宣传部长；周定华、田进先、王克芬、段尚毅、叶沛华、马世平等先后任副部长。1988年5月～1990年1月，水电三局成立新闻宣传处（归属水电三局行政管理），下设办公室、报社、广播电视科、印刷厂，后又设立有线电视台。周定华任处长，叶沛华、段尚毅任副处长。各二级单位设立宣传教育科。1990年2月撤销新闻宣传处归并局党委宣传部。1995年3月成立新闻中心，管理报社、电视台、印刷厂。叶沛华、刘波、胡新明先后任中心主任，马世平任副主任。1998年撤销局党委宣传部，全局的理论宣传工作由局党委办公室负责。

水电三局的理论宣传教育工作在中共水电三局党委的领导下，宣传党在各个时期的路线方针政策，宣传国家的大政方针，宣传国家的法律法规，宣传企业的形象，对全局职工进行形势与任务的教育，组织进行党的理论教育，开展施工现场的宣传鼓动工作，宣传报道工程建设中的人和事，鼓舞士气，增强了队伍的战斗力，扩大了企业的影响力，对提高职工思想政治素质、保障施工任务的完成发挥了积极的推动作用。

青铜峡工程局承建黄河青铜峡水电站建设时期，理论教育主要针对当时形势，以学习时事政治为主，坚定干部和职工扎根宁夏、建设宁夏的信心，每天坚持20分钟的制度学习。宣传工作主要是围绕如何把职工的思想统一到建设工程上来，加强党的政治思想工作，做到政治挂帅，思想领先。开办了青铜峡共产主义大学，党委书记赵征任校长，副书记房洪涛、副局长李文任副校长。青铜峡共产主义大学以工区、厂、站、机关成立了5个红专学院及家属文化补习班，对全局的全体职工、民工和家属进行共产主义教育，进行为谁劳动和发扬工人阶级优良传统教育，进行新旧社会对比教育，组织系统学习毛泽东著作、政治理论，进行普遍的扫盲教育。在广大职工中，宣传党的社会主义总路线，突出青铜峡水电站工程建设这个中心，宣传工程建设造福宁夏回汉民族的重大意义，宣传发扬党的优良传统，发扬共产主义精神，鼓足干劲，力争上游，苦干、实干加巧干，确保思想、技术及生产革新的大丰收。根据当时的职工文化状况在职工中开展了扫盲运动，利用业余时间，开办扫盲学习班。1966年青铜峡工程局党委提出了“一年工程半年完、半年工程提前完”的目标，利用各种宣传手段，及时宣传工地上施工的新面貌、新景象，鼓舞职工的斗志，广大职工不怕任务艰巨，苦干、实干，确保了工程目标的实现。

1966～1976年的“文革”中，理论宣传工作执行错误路线，主要进行了“无产阶级专政下继续革命理论”的学习，“革命大批判”贯穿始终。

1976年10月，粉碎“四人帮”后，从政治上、思想上进行拨乱反正，平反冤、假错案，落实政策，开展实践是检验真理唯一标准的讨论。在广大职工中宣传新时期的总路线、总任务；进行新宪法的宣传教育，开展社会主义民主和社会主义法制教育，宣传进行企业整顿的重大意义，宣传大庆“三老、四严”（当老实人、说老实话、做老实人，严格的要求、严密的组织、严肃的态度、严明的纪律）的作风和“四个一样”（黑天和白天一个样，坏天气和好天气一个样，领导在场和领导不在场一个样，没有人检查和有人检查一个样）的精神。

党的十一届三中全会以后，宣传贯彻党的十一届三中全会精神，围绕党的工作重点转移这个中心，宣传教育广大干部职工弄清五个重点问题：一是学习宣传全党工作重点转移的伟大意义、历史的必然和有利条件，使广大职工树立起在20世纪把我国建设成为社会主义现代化强国的信心，树立起为确保安康水电站按时截流、发电的坚强决心。二是学习宣传按照客观经济规律办事，弄清经济组织、经济手段的重要作用，提高企业的科学管理水平。三是学习宣传加快落实政策步伐，弄清解决好遗留问题，保持长期安定团结的政治局面，对实现四个现代化的极端重要性。四是学习宣传解放思想，坚持马克思主义思想路线，弄清实践是检验真理的唯一标准，一切从实际出发，端正思想路线的重大意义。五是学习宣传健全党内外民主生活和加强法制，弄清正确运用民主和加强社会主义法制的重要意义。重点是加强对党员和干部在理论方面的教育和培训，编印了理论教育问题学习问答的辅导材料，发至基层各党支部和党员干部。

1981年，中共原水电三局党委下发了《坚持四项基本原则，贯彻疏导方针，加强和改善我局的思想政治工作》的文件，提出开展“讲文明、讲礼貌、讲卫生、讲秩序、讲道德”五讲活动。加强和改善思想政治工作，着手建立健全思想政治工作新秩序。建立报告员制度，党委宣传部定期组织召开会议，组织报告员学习党的路线方针政策，交流工作情况，并对他们的工作进行检查。

1982年，在职工中进行广泛的形势教育和爱国主义教育，针对职工存在的各种疑虑和误解，宣传干部深入基层调查研究，在摸清职工思想认识问题的基础上，有针对性地认真撰写宣传材料，实事求是地把国情、局情向职工讲清楚。组织党员干部深入学习《陈云同志文稿选编》。从当年3月开始，每月一个专题，学习辅导的重点：①在安排好人民生活的基础上进行建设；②社会主义的经济是计划经济；③关于经济体制的改革和企业的全面整顿。将学习重点放在科级以上领导干部；举办领导干部轮训班，每期10天，培训40人。

1983年，根据水电三局加强职工队伍建设的总体要求，抓住思想教育的中心环节，在职工中进行共产主义思想的宣传和教育，组织单位向大庆、邯二、首钢学习；工程技术人员向蒋筑英、罗健夫和陈安乐学习；职工向张华、邵小莉学习的宣传教育。

1984年，根据《国营企业职工思想政治工作纲要（试行）》，组织班组长以上骨干脱产学习《中国近代史》、《政治经济学》和《社会主义常识》，每期一个月；组织干部每年脱产半月精读《邓小平文选》和《陈云文选》。

1985年，中共水电三局党委制定了《关于1985年青工政治轮训工作安排》，成立水电三局青工政治培训领导小组，下设办公室。政治培训以上海市委宣传部编印的《青工政治读本》为基本教材，制定了《关于1984～1987年我局青工共产主义教育安排意见》和《关于1985年我局职工政治理论教育安排》，开展干部正规化理论教育，将水电三局干部正规化教育，按工作性质、文化程度和理论基础划分为甲、乙、丙三级，与水电三局党校联合举办两期马列主义基本理论学习班，每期开甲乙两个班，甲级班每期30人，乙级班每期40人。编写了《正确认识形势，团结一致，振奋精神，为我局的发展而奋斗》的形势政策教育讲话提纲，供各单位宣传讲解时参考。

1986年，根据中共水电三局党委《1986～1990年干部正规化理论教育实施规划》，编制了《关于1986年我局干部理论系统化教育的安排》，在干部中开展学习哲学活动，规定“具有高中以上文化程度的局处级领导干部以及后备干部，处级以上机关、单位从事思想政治工作的专业干部”为参加干部理论系统教育的主要对象。对理论系统化学习建立了考核制度，考核由党委宣传部、党校和职工培训处会同安康地区的有关部门进行，成绩合格者发给结业证，作为考核干部的资料。各单位均结合实际制订了学习计划上报水电三局党委宣传部。

1988和1989年，结合党的十三大会议精神，宣传社会主义初级阶段和党的基本路线，宣传经济体制改革和政治体制改革的重大意义，围绕安康水电站建设的1989年下闸和1990年发电这两大目标，开展形势与任务的宣传教育活动。

1991～1995年，制订下发《水电三局青年职工队伍建设工作纲要》，在职工中进行基本国情、基本路线的“双基”教育，形势与任务教育，科学技术教育，企业精神教育等。

1996年，制定了《法制宣传教育第三个五年规划》，开展全局法制教育工作。

2000～2006年，宣传工作的重要任务是宣传学习贯彻党的十六大精神，制订下发了《关于认真学习〈“三个代表”重要思想学习纲要〉的通知》，大力宣传“三个代表”重要思想的基本精神，宣传“两个务必”和“八个坚持、八个反对”；围绕企业生产经营目标，进行局情、国情的宣传教育，围绕企业的改制与稳定，进行形势与任务的宣传教育，为企业的生存在发展，创造有利的舆论环境。

在理论宣传教育工作进行的同时，开展了大量的施工生产、经营管理、工程开发、科技发展、精神文明建设等各方面工作的宣传报道，向社会宣传水电三局的企业形象，提升水电三局的声誉。

第四节　统　战　工　作

统一战线是以工人阶级领导的，以工农联盟为基础的全体社会主义劳动者、拥护社会主义的爱国者和拥护祖国统一的爱国者联盟。水电三局党委历来十分重视统一战线工作（简称统战工作），从建局开始就设有专人负责统战工作，明确统战工作由局党委宣传部负责，根据上级党委对统战工作的安排部署，结合水电三局的实际情况，积极开展各项工作，努力化消极因素为积极因素，切实维护水电三局的稳定和发展。

20世纪70年代前重点抓好民族团结工作；80年代后重点做好知识分子工作和侨务工作。1990年水电三局下发《关于贯彻〈中共中央关于加强统战工作的通知〉的实施意见》，具体做了以下工作。

一、民族工作

水电三局无论在哪里施工，都重视与当地的少数民族搞好关系。早在1958年承建青铜峡水电站时期，地处少数民族地区，中共青铜峡工程局党委就十分重视统战工作，教育干部职工与当地的少数民族搞好团结，尊重他们的民风、民俗及生活习俗，取得他们对工程建设的支持。在抓紧工程建设的同时，经常派出工程技术人员支援当地的水利建设，与青铜峡市及周边少数民族建立了十分融洽的关系。承建安康水电站时，1983年7月31日，发生400年一遇的特大洪水，安康城区的清真寺倒塌，水电三局在积极抗洪抢险中，及时提供物资帮助，抢修清真寺，受到当地回族人民的好评。

水电三局有少数民族职工约500名左右，主要是回、满、蒙、苗、土、壮、畲等民族。中共水电三局党委始终贯彻党的民族政策，尊重各民族的宗教信仰，加强民族团结，充分发挥少数民族职工的积极作用，注重在少数民族中发展党员、提拔干部。全局少数民族职工在工程技术、经营管理等岗位上发挥了重要作用。建局以来，共有5名少数民族职工6次获得省部级“劳动模范”和“先进生产（工作）者”光荣称号。1991年4月水电三局第三工程处在陕西省民族团结表彰大会上，被命名为陕西省“民族团结先进集体”。

多年来，水电三局十分尊重少数民族职工风俗习惯，坚持为少数民族职工办好事、办实事；特别重视解决好少数民族职工工地就餐、子女入托、入学等实际问题。局党委还通过座谈会、家访、问卷调查等形式，广泛听取少数民族职工的意见，及时掌握他们的情况和动态，加强与少数民族的交流沟通，促进全局各民族的团结。

二、知识分子工作

党的十一届三中全会以后，根据上级党委的指示精神，水电三局积极落实知识分子政策，并做了大量工作。

（1）纠正“文革”前及期间遗留下来的冤假错案，先后平反冤假错案80余人，其中相当于工程师以上职称的知识分子34人；补发了“文革”中因冤假错案而减发的工资；退还“文革”中被查抄的财物。

（2）重视在知识分子中发展党员，知识分子新党员占发展总数的比例由1979年的14%上升到1985年的47.7%；并重视从知识分子中选拔各级领导干部。

（3）提高知识分子的生活待遇，关心知识分子的健康状况。1984年根据陕西省委的有关规定，水电三局给具有中专以上学历或技术员以上职称的专业技术干部和小教四级、中教六级以上的教师每人每月发给山区补贴10元，并向上浮动一级工资；同时根据不同的学历和职称每年发给书报费补贴。

（4）截至1986年底，先后为55名知识分子的家属办理了“农转非”的迁转手续。

（5）解决知识分子夫妻长期两地分居问题。

三、侨务工作

1982年，中共水电三局党委转发了国务院侨办等五部委的《关于归侨、侨眷职工出境探亲待遇问题的通知》，并负责做好相关工作。1982年上半年水电三局推荐选举了参加国务院侨办召开表彰大会的先进代表。1983年9月，水电三局党委常委议定，对水电三局的侨联小组进行改建。改建后的侨联小组由吕中福、陈修华、蒋宜宣、曾德清4人组成，吕中福任组长，陈修华任副组长。1985年9月25日，水电三局首届归国华侨代表会在安康张岭召开，陕西省二届侨联委员、工程师李继林主持会议。大会选举产生了水电三局首届归侨联合会委员，李继林、林楚炎分别担任水电三局侨联主席、副主席。1987年认真落实党的侨务政策，对归侨及侨属人员的档案进行清理，清除了“极左”和“文革”期间的不实材料和结论，解除了长期困扰这部分人员的思想包袱。侨联主席李继林调离水电三局后，水电三局明确林楚炎为侨联代理主席，保持党组织与侨联的经常性联系与沟通。1990年2月，水电三局成立了港澳台侨胞联谊会，认真贯彻落实《中华人民共和国归侨侨眷权益保护法》。

1992年1月，水电三局召开侨联第二次代表会议，总结第一届侨联工作，传达陕西省第三次侨代会精神，选举产生了水电三局第二届侨联会，水电三局外籍华人眷属林楚炎任侨联主席。据2001年统计，水电三局共有归侨2户（2人）、侨眷22户（30人）、侨属30户（111人）、台属54户（220人）、港属5户（11人）。

多年来，水电三局在侨联工作方面主要开展了以下工作。

（1）落实侨务政策，维护归侨、侨眷、台港澳属的合法权益。对在反“右”和“文革”等运动中，受到不同程度的冲击、迫害的，水电三局逐人逐事调查了解，落实政策，做好思想政治工作。同时，积极为他们排忧解难，使他们能安心工作。

（2）积极支持他们参政议政。水电三局历届职代会都要推选一定数量的归侨、侨眷、台港澳属代表参加，倾听他们的意见和建议。并向当地市、县第六、七届政协推选归侨陈修华、曾德清及侨眷林楚炎、沈君修（女）、林琳（女）等为代表。水电三局归侨李继林曾当选为陕西省归侨联合会第二届委员会委员；外籍华人眷属林楚炎被评为陕西省为“八五”计划、十年规划作出贡献的先进工作者。

（3）对他们的社会福利、子女就业等方面给予适当照顾。如在水电三局技校招生、就业、分房等方面给予照顾。局领导始终坚持每年春节走访慰问部分归侨、侨眷、港澳台属及宗教、民主人士。在部分华人、华侨回国探亲、观光旅游、部分侨眷出国探亲的问题上，水电三局在批假期、报销路费、适当补贴等方面尽量照顾。

（4）发挥他们的桥梁纽带作用，为国家经济建设作贡献。水电三局曾通过座谈会等形式，由当地政府和局领导介绍对外资企业和合资企业的政策以及未来发展设想等情况，与会人员都积极表示愿为当地和水电三局的发展招商引资。局归侨、侨眷、台港澳属职工王立、林楚炎、黄景玲、叶祖奎等都先后在引进国外先进设备、技术和寻找工程项目信息等方面做了积极工作，发挥了桥梁纽带作用。

局机关迁址西安后，1999 年 1 月成立水电三局安康基地党工委，负责全局的统战工作。2004 年根据陕西省侨情普查领导小组和安康市侨办关于开展侨情普查工作要求，局党委局发党字［2004］第 57 号文《关于在全局开展侨情普查工作的通知》，由安康基地党工委负责对 2004 年 1 月 1 日以前在册、户口在陕西省境内的水电三局职工（含离退休人员）具有归侨、侨眷、外籍华人、外籍华人眷属、港澳同胞及侨眷身份的人员进行了普查登记，全局共有 60 户近 160 余人，其中安康基地有 50 户 124 人。

第五节　纪律检查工作

水电三局纪律检查委员会成立以来，在上级党的纪律检查机关和中共水电三局党委的领导下，实行民主集中制原则，按照党章的规定行使职权，认真检查党的路线、方针、政策在水电三局各单位的贯彻落实情况；对全局广大党员干部进行党风党纪教育，检查和处理党组织和党员违反党纪的案件，受理党员的控告和申诉以及群众对党员的检举和控告等。

在 1959 年 1 月召开的青铜峡工程局第一次党代会上，选举曹鹏程等 7 人为工程局监察委员会委员，选举曹鹏程为监察委员会书记。后房洪涛、赵征先后任监委书记，这是工程局纪律检查委员会的前身。工程局转移汉中改为水电三局时处于“文革”时期，未设立监察机构。

1980 年 5 月，青铜峡工程局党委下发电二局党字［1980］第 015 号文《关于成立局纪律检查委员会的决定》：经局党委研究，并报请中共安康地委同意，决定成立局纪律检查委员会（简称局纪委）。由常俊华、李大臣、曹书勤、程山、陈梦祥、马广余、靳洪岐等 7 人组成。常俊华任书记、李大臣、曹书勤任副书记。并作为独立的组织机构开始履行职责。要求工程局各厂队党委及局属总支，建立纪律检查小组，成员 3～5 人，并有专人负责处理日常工作，各党支部设置纪律检查委员开始进行纪律检查工作。正式的两级纪律检查委员会待党代会召开后再进行选举产生。1980 年 7 月 30 日正式启用“中共电力部第二水电工程局委员会纪律检查委员会”印章。中共电力部第二水电工程局首届党代会于 1981 年 3 月 16～29 日，在安康张岭召开，选举生产出由胡玉明、曹书勤、马广余、李恒恩、雷克明、苏玉峰、蒋庆文 7 人组成的局纪律检查委员会，胡玉明兼任书记，曹书勤任副书记。1983年12月10日以局党字［1983］第97号文建立局党委纪检委常务委员会。增补：阎体昌、刘福、张玉亭、赵庆霭为局纪检委委员。局纪委常务委员会由胡玉明、曹书勤、阎体昌、刘福、张玉亭、赵庆霭、翁维善7人组成。

1982年，全局有11个单位建立纪律检查委员会，共配备纪检专职干部18名，全局104个党支部普遍设立了纪检委员。

1982年9月两局合并后～2006年，水电三局设立纪委和监察机构。胡玉明、赵庆安、田进先、陈庆和、段尚毅、付胜利先后任纪委书记；曹书勤、马树生、吕存智先后任副书记。1989年2月水电三局设立监察处，张友盛任处长、马树生任副处长。1991年底纪委和监察处合署办公，马树生任纪委副书记兼监察处处长，江德佩、曹宏光任副处长。2001年底曹宏光任监察处处长。

1982年，水电三局纪委与局党校共同举办了三期党性教育培训班，全局1/2的党支部书记受到培训，为实现水电三局的党风好转培训了骨干力量。

1982年5月，水电三局纪委根据安康地区关于打击经济领域严重犯罪活动会议精神，成立打击经济领域严重犯罪活动办公室，组织5个工作组，由局纪委领导率领，深入基层抓重点，到年底全局掌握一般线索87件，查清25件，结案4个，追回公款2250元，查获银元16块。根据安康地区纪检工作会议精神，在全局范围内开展了纠正“三招、三转、一住”中的不正之风工作，清退了10名不符合招工政策的人员，处理了一名违犯招工政策的科级干部，纠正了6人违犯住房政策的偏差。

1983年，水电三局开展打击经济领域严重犯罪活动，局纪委列为重点线索10件11人，已经查清9件10人，其中贪污受贿4件4人，党内警告处分1人，报送地方政法部门处理2人；追回赃款2010.90元，查获赃物折款1907.80元，追回私人欠款和挪用公款8233.73元，粮票4737斤。全局掌握一般经济犯罪线索101件，已经查清87件。

1987年，水电三局纪委制定了《处级党员干部的十二条纪律》，严格党内监督制度，健全党内生活制度，规定二级单位召开民主生活会前必须与局纪委和组织部取得联系，局纪委和组织部派人参加。这项工作制度坚持至今。当年水电三局把“打击严重经济犯罪活动办公室”改为“局经济检查室”并移交局公安处代管。

1988年，制定印发《水电三局党委政治生活的十条规定》，由广大党员职工监督执行。

1989年，水电三局纪委建立重大违纪案件报告制度。

1997年，水电三局开始建立处级干部廉政述职制度，下发《关于建立处级干部廉政述职制度的意见》，对述职的目的、内容、基本方法及对述职的组织领导都做了具体规定。在全局范围内，组织党员干部学习贯彻执行《中国共产党纪律处分条例（试行）》和《中国共产党党员领导干部廉洁从政若干准则（试行）》活动，下发《关于发扬艰苦奋斗、反对奢侈浪费，进一步促进科以上干部自律的决定》，提出了对科级以上领导干部的具体要求。

1999年，水电三局成立党风廉政建设责任制领导小组，党委书记陈庆和任组长，李友仁、于彦洲任副组长；之后根据人员变化，及时调整领导小组成员，保证机构健全。水电三局党委下发了《水电三局党政关于实行党风廉政建设责任制的实施办法（试行）》，局纪委下发了《关于认真贯彻执行〈水电三局党政关于实行党风廉政建设责任制的实施办法（试行）〉的意见》、《水电三局落实党风廉政建设责任制实施责任追究的有关规定》。

2000年，水电三局下发《水电三局党风廉政建设目标责任书实施办法》，从2000年1月1日起实行党风廉政建设目标责任书制度。责任书在每年的年度工作会上由责任单位领导和局党委领导签订。局纪委对《党风廉政建设目标责任书》实施工作负责组织协调，并对规定内容、目标落实情况进行监督检查和考评，其结果纳入水电三局年度统一考核。局纪委下发了《水电三局党风廉政建设责任制考核评比奖励办法》。2001年，《党风廉政建设目标责任书》签订的单位扩展到水电三局的各个部门。从2003年起，水电三局在每年7月，在全局范围内开展为期一个月的反腐倡廉教育月活动。

中共水电三局党委、纪委印发了《建立健全教育、制度、监督并重的惩治和预防腐败体系实施方案》，成立了水电三局治理商业贿赂专项工作领导小组。水电三局党风廉政建设工作已形成责任机制、保障机制和考核机制。同时结合生产和经营大力开展了效能监察工作。

第六节 领导班子思想作风建设

领导班子思想作风建设是领导班子建设中一项长期的、根本性的战略任务。多年来，水电三局始终把加强领导班子建设作为搞好企业的关键工作来抓，局党委下发了《关于进一步加强各级领导班子思想作风建设的实施意见》，坚持每年对二级单位领导班子进行全面考核，有力地促进了全局各项工作的发展。

（1）建立制度，为班子的思想作风建设提供保障。水电三局制订下发了《关于健全党的组织生活制度的通知》、《党委政治生活的十条纪律》、《处级党员干部的十二条纪律》和《水电三局党风廉政建设目标责任制实施办法》、《水电三局党政领导班子议事规则》、《关于进一步加强各级领导班子思想作风建设的实施意见》、《创建“四好班子”实施方案》等党内工作制度和考核办法，为加强班子思想作风建设和创建“四好班子”提出标准和依据，也具较强的针对性和操作性。

（2）根据中央要求和集团公司《关于进一步加强和完善党委中心组学习制度的意见》，水电三局建立健全了两级党委中心组学习制度，每年制订《水电三局党委理论学习中心组年度学习安排》，并下发了《关于加强局属各单位党组织中心组学习与调研工作的通知》，要求各二级单位领导班子中心理论学习组要制订本单位年度学习计划，规定学习的篇目。经多年实施，中心组学习已形成长效机制。坚持集中学习和个人自学相结合，充分利用党校对干部理论教育培训条件，使班子成员的理论学习经常化、规范化。各个时期中央和上级规定的干部教育要求成为中心组学习的基本内容。2000年以来，局党委明确和安排了《邓小平文选》、《江泽民文选》、“三个代表”重要思想、科学发展观基本内涵、党的十六大、十七大精神等的阶段性学习，对班子成员树立科学管理理念，武装头脑，推进工作发展上都发挥了很强的指导作用。

(3) 坚持实行民主集中制原则，提高班子民主决策水平。一是坚持执行民主集中制原则和《议事规则》规定，按照“集体领导、民主集中、个别酝酿、会议决定”的程序，讨论和决策“三重一大”的重要事项，确保决策的民主、科学。多年来，凡涉及企业重大问题，均通过职代会、党委会、局务会、党政联席会等民主形式讨论决定。对常规性的工作事项，班子成员均按照分工范围进行处置，落实集体领导和个人分工负责相结合的制度，保证管理运转协调、高效。二是坚持落实班子民主生活会制度。水电三局下发了《关于健全党的组织生活制度的通知》，要求健全制度，落实措施，把党的活动日固定下来，使各级党组织生活正常开展。要求中共水电三局所属党委、总支、支部最少一个季度要召开一次民主生活会；要求领导干部定期过好双重生活会，不得无故或借故缺席。领导成员要联系班子的实际和个人思想，工作作风，严于解剖自己，正确开展批评与自我批评；不能用学习文件或讨论工作，代替党的民主生活会。要把开好民主生活会作为解决班子自身问题的有效措施，保证会议质量，真正取得实效。水电三局领导除参加局级班子民主生活会外，还安排参加二级单位班子年度民主生活会，了解情况，指导工作，收集意见。同时也是接受党性教育和启发的过程。三是加强团结。开展谈心活动是党内加强团结的有效方法之一。谈心交心为班子成员间搭建了沟通工作、交换意见、互相帮助、共同进步的平台。2006 年，中共水电三局党委制订下发《水电三局党内谈心活动制度》，对谈心的对象、方法等做了明确的要求，并要求领导干部要做到：“与工作成绩相对突出的必谈；与工作有失误和相对落后的必谈；与工作生活困难的必谈；与有矛盾摩擦的必谈；与存在苗头性、倾向性问题必谈；与岗位职务变动的必谈”的 6 个必谈。班子党政主要负责人形成了重大问题及时沟通、重大事项会前统一意见、重要人事任免意见一致再提交会议讨论的工作方法，讲大局，互相尊重和支持，听取其他成员意见，维护和增强了班子团结，使班子成为坚强有力的战斗集体。

根据中组部、国资委党委《关于在国有企业开展“四好”领导班子创建活动的意见》精神和集团公司党委关于“四好”班子创建活动工作要求，2006 年 5 月工程局党委下发了《水电三局开展“四好”领导班子创建活动的实施意见》和《水电三局“四好”领导班子创建活动考评办法》，在局和分局两级领导班子中认真组织开展创建“政治素质好、经营业绩好、团结协作好、作风形象好”的“四好”领导班子活动。为了保证活动扎实有效开展，提出在四个方面狠下功夫的具体措施：一是在狠抓理论学习上下功夫，二是在狠抓党性分析上下功夫，三是在狠抓突出问题上下功夫，四是在狠抓长效机制上下功夫。通过这四个方面的工作，确保加强各级领导班子思想作风建设。

第二章　工会、职工代表大会

水电三局工会委员会组织伴随着水电三局的成立而建立，在水电三局水电建设的过程中，履行四项职能，参与民主管理，维护职工权益，组织劳动竞赛，开展技术比武；活跃职工文化生活、扶贫帮困、弘扬企业精神，为水电三局的发展与稳定做了大量卓有成效的工作，发挥了“桥梁”、“纽带”作用。

第一节　组　织　机　构

水电三局工会委员会，接受水电三局党委、集团公司工会、陕西省总工会领导。

一、原水电三局工会组织

1958年9月成立黄河青铜峡工程局工会筹委会。当时工程局职工中有会员1251人，占职工数的62%；建立工会小组112个。宁夏区工委任命陈芝瑞为局工会主席。1959年7月青铜峡工程局召开首届工会会员代表大会，选举产生了由17人组成的工会首届执行委员会。8月1日首届执行委员会举行第一次会议，陈芝瑞当选为工会主席。工程局工会下设：办公室、劳动部、福利部、会计室、俱乐部（电影队、广播室）。1960年1月青铜峡工程局更名为青铜峡水利工程局。1969年2月，青铜峡水利工程局成建制地转移陕西汉中，组建水利电力部汉江上游工程局，1969年12月18日，更名为水利电力部第三工程局，工会名称随着工程局名称改变而改变。

二、原水电十五局工会组织

按水利电力部要求，刘家峡水力发电工程局于1968年10月成立石泉分局、石泉水电站筹建领导小组。1969年11月26日，刘家峡工程局50多名干部奔赴陕西省石泉县，筹建石泉水电站。1969年12月18日，刘家峡水力发电工程局更名为水利电力部第四工程局。1973年6月5日，水电四局石泉分局首届工会会员代表大会召开，选举产生石泉分局工会首届工会委员会，选举方占寅为主任，刘家骏、李万善为副主任。1978年4月，水电四局石泉分局更名为水利电力部第十五工程局，1979年10月又更名为电力工业部第二水电工程局。1980年5月，水电建设总局电水党字第45号文批复靳洪岐任电力部二局工会主席。1981年3月，水电十五局党委以电二局党字［1981］第008号文免去靳洪岐局工会主席职务，工会工作由副主席李恒恩主持。1981年6月，电力工业部第二水电工程局恢复为水电十五局。工会名称随着工程局名称改变而改变。1982年8月，召开了水电十五局工会第一次会员代表大会，选举产生了第一届工会委员会。选举李大臣为工会主席，李恒恩为副主席。

1982年10月，两局合并成立新的水利电力部第三工程局，工会更名为水电三局工会，李大臣任局工会主席。局工会机构设置有：组织部、宣传部、生产部、劳动福利部、女工部、财务组。1983年精简机构，局工会机构合并为组织劳保部、生产宣传部、女工部3个部。1992年10月，水电三局工会更名为中国水利水电第三水工程工会。后经多次调整，到1993年底，水电三局工会设办公室、组织宣传部、生产生活部、女工部。2006年9月水电三局内部机构整合，工会撤销办公室，保留3个部，即组织宣传部、生产生活部、女工部。基层单位工会设置随行政机构的整合重组而变化，到2006年底，全局共有工会分会134个，工会小组379个，工会会员12713人，工会专职工作人员61人。工会已经成为工程局的一个重要社会团体，能够保证有效发挥工会组织在建设现代企业制度中的社会职能作用。

第二节 组 织 活 动

一、维护职工合法权益

依法维护职工权益是工会一项重要的社会职能。党和国家对工会参与职工劳动保险、劳动工资、劳动保护、女职工特殊利益、来信来访以及法律咨询均有明确规定，是工会维护职工权益的重要内容和依据。水电三局工会维护职工合法权益主要体现在以下几个方面：

（1）代表全体职工同水电三局签订集体合同。按照国务院关于“在企业全面实施集体合同制度”的通知精神，截至2006年，局工会代表全体职工与水电三局经双方平等协商共签订了四轮“集体合同”。集体合同内容，涉及劳动合同、工资、休息休假、保险待遇、劳动保护、安全卫生、职工培训等多方面，对职工权益以法律形式给予明确和保障。1997年2月由水电三局五届二次职代会作出《授权代表团长及各专门委员会主任联席会议审议〈集体合同〉的决议》，委托水电三局工会与行政平等协商签订集体合同。同年5月在水电三局第二次工会会员代表大会上，推举10人作为工会和职工代表与水电三局行政进行平等协商。5月8日在中共水电三局党委的直接领导下，双方代表经过认真、细致、全面地协商，在取得认识一致的基础上，双方首席代表姜玉村（局工会主席）、李友仁（水电三局局长）在集体合同文本上正式签字。7月17日经安康地区集体合同管理机构审查登记并发出审查意见书。至此，水电三局第一轮集体合同完成了法定的各项程序正式生效。在集体合同期满后，于2000年8月11日、2004年2月24日又分别举行了第二轮、第三轮集体合同签订仪式。2006年4月4日水电三局局长吴新琪代表企业方，水电三局工会主席吴家明代表职工方在西安签订了水电三局第四轮集体合同。水电三局工会把集体合同作为企业维护职工合法权益的一项重要依据，始终坚持维护劳动者合法权益的签约宗旨，把下岗职工利益保障和经济性裁员、职工最低工资保障和社会保险等作为重要条款在合同中加以明确规定。在合同执行期间，水电三局工会每年都要深入到施工项目，检查集体合同的履约情况，并将检查情况报局职工代表大会审议，对在执行中出现的偏差，及时与水电三局沟通进行纠正。

工资集体协商是平等协商集体合同制度的有机构成部分。水电三局于2002年9月成立水电三局工资集体协商工作领导小组。局工会在大量调查研究的基础上，起草了《水电三局工资集体协商试行办法》（草案），在广泛征求二级单位工会主席和部分职工代表及机关行政有关部门意见的基础上，于2003年初提交水电三局六届四次职代会讨论审议同意，并同时授权本届职代会代表团长及专门委员会主任联席会议组织职工代表，依据此办法与水电三局行政进行了工资集体协商。

（2）参与安全生产管理工作的全过程，维护职工安全健康权益。水电三局工会坚持参加水电三局重大人身、机械事故的调查处理工作，参与率为100%。积极参加水电三局的安全健康体系内部审核工作；参加对各单位职工工作环境与健康方面的工作进行检查监督；参与全局年终安全大检查，发现不符合规定和不安全状况，及时向有关部门和单位提出建议，监督改进。在水电三局历年的安全活动月和“安康杯”竞赛活动中，水电三局工会均参与具体的组织工作。1992年在全局职工中组织开展“安全在我心中”的大讨论和演讲比赛活动，从演讲比赛中挑选出15名同志聘为水电三局安全宣传员，组成“安全在我心中”演讲团，到水电三局各单位和外包工程进行巡回演讲。1996年，水电三局工会配合安全部门，先后到大峡、三甲、石板水、三峡等外包工地参与安全检查，落实安全措施，调查处理安全事故10余起。1997年举办60多人参加的安全干部培训班，局工会主席执教授课。配合安全部门开展重大节日突击检查活动，纠正隐患10余起。全年参与5起较大事故调查，坚持按“三不放过”原则处理事故。2001年局工会重新修订下发《工会劳动保护监督检查员工作条例》、《基层工会劳动保护检查委员会工作条例》和《工会小组劳动保护检察员工作条例》。在安全活动月中与质安部门联合举办以“安全、生命、幸福”为主体的“平安杯”演讲赛。同年9月，又组织职工参加了陕西省电视台举办的“科技综艺安全知识竞赛”，获得第二名。2002年、2003年，水电三局连续两年被陕西省总工会和省安监局评为陕西省“安康杯”竞赛优胜企业；2004～2006年又连续被全国总工会和国家安监局评为全国“安康杯”竞赛优胜企业。

水电三局工会一直重视工业粉尘和铅、苯、汞、锰等有害物质的防范工作，积极督促水电三局对从事有毒、有害工作的职工组织体检，防止职业病的发生。仅1993年，对接触粉尘、铅、苯、汞、锰等有害因素作业职工体检600多人，对诊断出职业病患者，按国家有关政策及时给予处理，切实保障这部分职工的身体健康和职业安全。1993年5月局工会撰写的论文《噪音危害与职业病耳聋》，参加了全国第三届物理因素职业危害劳动生理及职业病学术交流大会，同时摘登在《中华全国劳动卫生与职业病杂志》学术论文专集上。1994年局工会制定了《防尘劳动竞赛实行办法》，并编发了《防尘竞赛简报》。1996年局工会参加了电力部在杭州召开的行业防止尘毒工作会议，会后积极促成水电三局防止尘毒危害与职业病防治方案的出台。

(3) 坚持开展“扶贫帮困”、“送温暖工程”活动。20世纪70年代以来，局工会坚持发扬“一方有难、八方支援”的中华民族优良传统，先后为河南、宁夏、陕西、四川等地的受灾群众捐款捐物，累计捐款110万元。尤其是1983年，陕西安康发生特大洪灾，水电三局1219户职工家庭受灾，局工会除组织职工帮助地方救灾外，还救济职工家庭907户、2041人，发放被子1057床、褥子1024床、棉衣1812件、衣裤3539套，发放灶具补助费35 160元。2000年为“营造陕西省职工世纪林”捐款5.4万元。2003年为特奥会捐款1.5万元。1985年局工会转发陕西省总工会《关于做好职工扶贫工作意见》，发出《关于贯彻劳动人事部、财政部、全国总工会〈关于国营企业职工因工死亡后遗属生活困难补助问题的通知〉的通知》，开展对职工因工死亡和病故后遗属生活救助工作，累计补助130余万元。2000年局工会在开展全面深入调研的基础上，制订并实行了《水电三局工伤及重大疾病职工困难补贴试行办法》，在水电费、电视收视费和子女九年义务教育学杂费等方面给予因工致残或因大病丧失劳动力等特困职工群体经济上的资助，截至2006年，共资助资金20余万元。多年来，水电三局工会协助水电三局对因天灾人祸及生活困难职工进行不定期地补助。据不完全统计，1980～2006年底，水电三局工会共发放困难补助31824人·次，金额达1535余万元。

1998年，水电三局局工会配合水电三局建立局、处两级再就业服务中心，研究政策，分析情况，积极组织职工参加地方劳动部门举办的培训班，为下岗职工实行再就业打下了基础。当年局工会出台了《水电三局生产自救帮困资金使用管理办法》，并从5月初开始投入启动资金120万元。到2006年底，生产自救帮困资金已运行至第6轮，为546名符合使用条件的待岗、下岗职工办理了生产自救帮困贷款546万元，约有60%的困难职工，在帮困贷款的帮助下脱贫。根据陕发［2001］2号文《关于在全省县处级以上党政干部和国有企业领导干部中开展与困难职工“交友帮扶”活动的通知》精神，2001年4月水电三局成立了“交友帮扶”活动领导小组，具体领导此项工作。为9位局级领导牵线搭桥，联系了9户特困家庭。全局各级干部共结交困难职工152名，形成访谈录108份，填写问卷调查1700份。局工会起草了《水电三局工会干部与下岗职工、困难职工交友帮扶活动实施方案的报告》，向陕西省总工会进行了呈报。

2002年，局工会下发了《关于做好下岗职工职业培训的通知》，并在安康基地职工俱乐部成立了水电三局下岗职工职业培训站，对下岗职工进行计算机、烹饪、服装裁剪、市场营销等方面的培训。截至2006年底，共举办职业培训班38期，培训学员1073人；组织千余名下岗职工参加地方组织的下岗职工现场招聘会6次；共举办就业宣传专栏8期，发布就业信息2700多条；共推荐948名下岗职工进行职业应聘，466名下岗职工被聘用。为推动下岗职工再就业工作，局工会举办下岗职工再就业经验交流会2次，对10名陕西省再就业先进个人和2名陕西省再就业明星进行了表彰奖励。2005年局工会被陕西省总工会评为“再就业工作先进集体”。

（4）做好劳动模范的培养、建树、教育和管理工作。1982年根据陕西省总工会文件精神，局工会下发《关于调查登记我局“文化大革命”以前获省级或相当于省级以上“劳动模范、先进生产（工作）者”光荣称号的通知》，对150余名各级劳动模范进行摸底调查登记造册，健全了劳模档案。从1983年开始，局工会根据国家《关于保护劳动模范身体健康的几项规定》和陕西省《关于定期给劳动模范、先进生产者进行身体检查和疾病医疗问题的通知》精神，对省部级以上劳模不定期地进行身体健康检查。2002年，根据全国总工会要求，水电三局工会从5月开始对全局3名全国劳模的收入、家庭、身体状况和政策执行情况进行了调查；对45名省部级的劳模、先进个人的基本情况、健康状况、工伤和职业病情况、收入情况和经济状况进行了调查，实收调查表38份，并给上级提出了意见和建议，反映了他们的心声和要求，帮助他们解决实际困难。截至2006年底，水电三局工会共为省部级以上劳模发放困难补助金20余万元。

水电三局工会坚持不定期召开劳模座谈会；帮助解决了劳模家属“农转非”问题；为劳模福利分房加分、并享受处级待遇分房政策；组织劳动模范进行疗养，或到外地参观学习。

（5）开展互助互济活动。按照全国总工会发出的《关于整顿互助储金会和职工困难补助工作的通知》精神，20世纪80年代，在全局工会系统，以工会小组为单位，建立起互助储金会。1991年局工会开展“中华女子爱国储蓄活动”，全局女职工共储蓄97.55万元，参储面占女职工总数的86%，人均储蓄236元。2001年8月局工会按照陕西省总工会［2001］4号《关于大力发展职工互助保险的通知》精神，在全局女职工中开展工会职工互助保险业务。局工会除了积极配合劳资、社保等部门做好养老金保险、医疗保险、大病互助等收缴工作外，还积极组织全局职工参加陕西省总工会开展的职工团体人生意外伤害互助保险、职工重大疾病团体互助合作保险、职工安康互助保险、女工特殊疾病互助合作保险，为职工增加了又一道医疗保障线，受到了广大职工的普遍欢迎。据统计，从2001年8月开办以来至2006年底，局工会发展“中国职工保险互助会”会员6790名，吸收互助保险储金1949.53万元，为109人·次符合条件的遇险职工赔付保险金29.77万元。2002～2006年底，水电三局工会连续被陕西省总工会评为“中国职工互助保险”先进集体。

二、劳动保护

按照陕西省总工会的要求，水电三局工会配合行政逐步建立起“企业负责，行业管理，国家监察和群众（工会）监督”的劳动保护管理体制。1983年水电三局首届职代会就建立了生活福利、劳动保护委员会，明确了工作职责。水电三局工会和局属基层工会建立起安全监督检查委员会；各分会建立群众安全监督检查小组；各工会小组设群众安全监督检查员。为了搞好全局的劳动保护工作，局工会先后下发了《关于加强劳动保护工作的通知》、《工会中队（车间）分会、工会小组劳动保护监督检查员奖罚考核办法》、《关于进一步健全工会劳保监督网络搞好安全生产的通知》、《关于健全工会劳动保护监督检查组织机构和颁发工会劳动保护监督检查员证章的通知》、《工会中队（车间）分会、工会小组劳动保护监督检查员奖罚考核办法》等文件。举办了群众劳动保护监督检查员培训班23期，培训1830多人·次；给全局536名劳动保护监督检查员颁发了证章。对在施工生产中发挥监督检查、为预防事故发生、保护职工安全做出突出成绩的50名工会劳动保护监督检查员给予表彰奖励。考核安全检查监督员9187人·次，其中7527人·次受奖，190人·次受罚。由于有了一支群众性的劳动保护监督员队伍，才有效控制或减少了安全事故的发生。

三、劳动竞赛和技能竞赛活动

（一）劳动竞赛活动

劳动竞赛是促进职工群众生产积极性的一种主要形式。在社会主义建设的各个历史时期，水电三局工会都积极组织劳动竞赛活动。20世纪70年代前在开展以技术革新、技术革命为中心的增产节约运动中，掀起了“夺红旗、立大功，争取光荣上北京”的竞赛活动。

1977年3月，陕西省总工会发出《关于大力开展社会主义劳动竞赛的通知》，工程局工会结合实际陆续制定了《社会主义劳动竞赛奖励办法》、《关于动员职工为四化立功，深入开展增产节约运动》、《关于全省工业企业开展创“六好企业”社会主义劳动竞赛的意见》、《学大庆、学邯二、学先进、创六好工程处、五好处（室）科室、四好中队（车间）、六好班组、争当五好职工竞赛试行办法》及《水电三局为四化立功创模活动的暂行办法》等办法。

1983年，水电三局首届职代会讨论通过了在全局开展了评功记功的劳动竞赛活动。

为在7月31日安康遭受特大洪灾中抢险救灾先进人物评功记功，表彰特等功12人并各晋升一级工资；一等功46人，集体一等功29个，二等功、三等功296人。

1985年，全局开展了“向赵梦桃小组学习，争创先进班组”的竞赛活动，共评出优胜班组9个。1986年开展了“文明班（柜）组”和“好班长竞赛活动”。

1987和1988年水电三局分别制定了《水电三局劳动竞赛实施方案》、《劳动竞赛实施办法》，在全局开展了“双增双节”优质服务的劳动竞赛活动，掀起比、学、赶、帮、超的社会主义劳动竞赛的新热潮。

据不完全统计，1981～1987年局工会共表彰特等功32人，一等功182人，一等功先进集体98人，二、三等功1960人，二、三等功先进集体189个。还开展了“保证供应，优质服务”立功竞赛活动，表彰先进集体6个、先进个人27人、红旗仓库26个、先进保管员45人。

1989年，在安康水电站抢发电的关键时期，局工会在全局范围内开展了“保渡汛下闸形象竞赛”活动，明确了安康工程十八项重点任务的考核工期和奖励标准。在各方努力下，安康水电站如期下闸，为1990年第一台机组发电奠定了基础。1990年局工会又在全局范围内深入开展以“双增双节”为主要内容的社会主义劳动竞赛和合理化建议活动，并在水电三局职工代表大会上发出了《挖掘内部潜力，掀起以增产节约、增收节支为主要内容的社会主义劳动竞赛热潮》的倡议书。

20世纪90年代以后，水电三局全面步入市场，在全国各地承揽工程。局工会积极适应变化了的形势，把开展各种劳动竞赛的重点放在外包工程项目。在甘肃大峡水电站建设中，坚持把劳动竞赛与经济效益、安全质量、文明生产、目标任务、分配报酬有机结合起来，大力开展合理化建议活动、协作竞赛活动、单项目标攻坚竞赛，重点任务突击竞赛、一条龙竞赛活动等，使大峡工程提前三个月完成全年浇筑混凝土22万米^{3}的计划，各项上缴指标也居全局前列。四川石板水电站在“保渡汛、抢发电”施工中通过开展劳动竞赛，实现了月浇筑混凝土2.4万米^{3}高产纪录。局工会还广泛持久地组织广大职工开展了“迎接新世纪，岗位建功勋”活动。在黄河小浪底、长江三峡、安徽合安公路和陕西石泉扩机工程等施工现场取得了良好的效果。

2001年，为了提高广大管理人员应用计算机的水平，水电三局工会下发《关于开展职工计算机实施普及应用培训及比赛的通知》，在全局举办电脑培训班和实际应用考试，并选派获得前十名的选手代表水电三局参加陕西省计算机应用大赛，二名选手获“陕西省技术能手”称号。

2002年，水电三局工会在长江三峡、青海公伯峡、湖南凤滩项目部开展开挖、运输、混凝土浇筑一条龙竞赛活动。着重参与和指导凤滩项目部地下厂房的爆破、开挖、运输一条龙比赛和岩错等单项比赛。2004年根据水电三局全年重点工程项目的计划安排，局工会在青海拉西瓦施工局、云南景洪施工局、陕西喜河施工局和云南土卡河项目部等单位组织开展了形式多样的劳动竞赛活动。截至2006年，局工会和二级生产单位共开展劳动竞赛110余次；全局涌现出省部级以上劳模54人，其中马树生获2001年国电公司系统勤廉兼优标兵，蒲青海获2002年陕西省劳模，沈兰保获2004年中央企业劳模，李积伦获

2005年全国“五一”劳动奖章，郭均峰获2005年全国劳动模范，米振柱获2006年陕西省劳模，谢琨获2006年陕西省劳模，姬脉兴获2006年全国“五一”劳动奖章。

2004和2005年，连续被评为陕西省重点工程立功竞赛先进单位。

（二）合理化建议活动

1985年，水电三局响应出席全国“五一”劳动奖章授奖仪式的全体代表提出的《关于在全国范围内广泛开展合理化建议和技术革新活动的倡议》，贯彻全国总工会、国家经委、国家科委、团中央为此发出的联合通知精神，下发《关于在工程局开展“技术革新和合理化建议活动”的安排意见》，水电三局职代会主席团会议通过了《水利水电部第三工程局合理化建议和技术革新活动奖励条例》。根据水电三局实际情况，由局劳动竞赛委员会负责这项活动的领导、宣传、课题选定、重大科研项目的组织实施、成果鉴定、表彰奖励等工作。下设办公室和鉴定小组。成果鉴定小组由科研所、技术处、计划处、机电处、财务处等有关单位组成，由科研所负责。办公室设在局工会生产部。随后又发出《关于抓紧全局技术革新、合理化建议机构和收集填报项目和成果的通知》，局属各单位按要求均成立了组织机构，并开展了这项工作。1986年6月以后，水电三局合理化建议和技术革新成果鉴定由总工程师办公室负责，总负责人是总工程师，并详细规定了职责范围。1988年7月以局劳竞字第2号文发出《关于调整合理化建议、技术改进组织领导机构的通知》，明确总工办、总经办、总会办负责课题审定，组织制订实施方案，进行成果技术鉴定、验收等。1990年以局办字第25号文成立水电部第三程局合理化建议和技术革新领导小组，由水电三局局长担任组长，统管全局合理化建议和技术革新工作。对已出成果的项目和组织者按照水电三局《为四化立功创模活动办法》给予记功。据不完全统计，1985～2006年，共收集技术革新改造及合理化建议1596条、采纳909条，实施846条，创经济效益4800余万元。工会每年都通过职工技协开展合理化建议及“五小”活动的评选和表彰工作。

2004年，水电三局被评为陕西省职工经济技术创新工程优胜单位。

（三）技术“比武”活动

1984年，水电三局成立了青工技术“比武”组织委员会，由水电三局长任主任，局工会及四个相关部门领导担任副主任，局总工程师任顾问，下设办公室负责此项工作。至1986年局工会连续三年组织全局青工开展了第一、二、三届青工技术“比武”活动，共有3506名青年职工，分别参加了各单位的“比武”预赛选拔活动，占全局青工的44.1%。推荐9个工种12人参加安康地区和陕西省组织的技术比武，其中3人获得单项工种第二名、4人获得单项工种第三名，水电三局获优秀组织奖。

1991年后，水电三局工会组织全局青工开展了第四届、第五届、第六届青工岗位练兵、技术“比武”活动。为取得名次的选手授予“技术操作能手”称号，颁发了荣誉证书和奖金；对取得各工种第一名的选手给予晋升一级工资的奖励。2000年按照全国总工会实施群众性“经济技术创新工程”的要求，局工会组织开展的第七届职工技术“比武”活动，除组织了装载机工（推土机工），挖掘机工，电焊工三大工种技术“比武”外，还将往年单纯的工人技术“比武”扩展延伸到管理人员中，开展了财务会计人员的技术比武，全局共有 50 名财会人员参加比赛。对各工种的冠军获得晋升一级技能工资的奖励。

从 2002 年起，水电三局工会在湖南凤滩项目部举办了陕西省“水电杯”钻探灌浆工技能大赛；在甘肃张掖龙首项目部举办了陕西省“水电杯”水轮发电机、安装工技能大赛；在云南景洪项目部举办了陕西省“水电杯”混凝土搅拌和楼运转工技能大赛；在湖北丹江口项目部举办了陕西省“水电杯”水工钢筋工、浇筑工技能大赛。挑选 6 名选手参加了陕西省职工计算机应用技术大赛。截至 2006 年，水电三局参赛选手共获得陕西省技术状元 7 名、陕西省技术能手 22 名、陕西省优秀选手 48 名、陕西省优秀集体 12 个。

2002～2006 年，水电三局工会连续四年被评为陕西省职工技能大赛优秀组织单位。

四、女工工作

1981 年 5 月，电力部水电二局首届一次职代会上建立了女工工作委员会。1982 年 8 月成立水电十五局工会女工委员会，并在局工会设立了办事机构“女工部”，负责女职工日常工作。各基层工会也相应地建立女工委员会，配备专兼职女工委员。1989 年 7 月根据《中国工会章程》和《陕西省总工会女职工委员会条例》的规定，结合水电三局实际情况，将三局工会女工委员会更名为水电三局女职工委员会，将局工会女工部更名为局工会女职工部。局属各单位工会女工委员会相应更名为女职工委员会。至 2006 年底，全局共有女职工 4075 人，占全局职工总数的 33.％；有 24 个基层女工委员会、36 个女工分会、138 个女工小组、112 名专兼职女工委员。

1985 年，陕西省总工会在全省女职工中开展“争当改革中女能人”和“三个一”活动，即：我为改革读一本书、写一篇调查报告或论文、提一条合理化建议或献一条计。水电三局女职工积极响应，参加水电三局的技术革新、合理化建议活动，其中小改小革合理化建议 15 条，被采纳 8 条，节约资金 9 万余元。为规范水电三局女职工工作，1989 年 7 月，水电三局工会发出《关于印发〈水电三局工会女职工委员会的职责范围及工会会议制度〉的通知》。从 1990 年始水电三局各级女职工组织在女职工中广泛开展“四自（自尊、自信、自主、自强)”宣传教育活动；举办“十年改革女职工工作成果展”；开展“三八”红旗手、“三八”红旗集体活动；开展了“七能手、一状元、一积极分子（即增产增收、节约节支、革新建议、生产自救、优质服务、业务技术、勤俭持家的能手；学习科学文化知识状元；扫除‘六害’积极分子)”的立功竞赛活动；开展“我为发电作贡献”的竞赛活动等。

1991 年，水电三局文明办发出《关于在全局开展“文明家庭”活动的通知》，局女职工委员会积极负责宣传、组织、推动、评选等工作；举办“家庭事业我都要”演讲会等，全年涌现出文明家庭 3071 户，占全局应评户的 51％，进行了挂牌表彰。1998 年水电三局工会女职工部制定颁发《文明家庭管理办法》，并与 22 个女工单位签订创建文明家庭责任制。至 1999 年全局共评选出文明家庭 5094 户・次。女职工委员会还与 18 个单位女工主任签订目标责任书，量化考核标准。组织 500 余人参加文明家庭知识答题竞赛；上百名女工参加“年轻妈妈读书”竞赛活动。针对人们关注的热点和子女教育问题，局女职工委员会与局党委宣传部、局有线电视台联合举办“家庭风采”电视演播，让有作为的女职工现身说法，弘扬爱岗敬业的精神。组织 21 个单位 51 名代表座谈交流教育下一代的经验。

为安置女职工就业拓宽渠道，1991年局女职工委员会组织女工主任赴河南参观学习水电十一局多种经营经验。局工会女职工部对全局4323名女职工的经济状况和家庭状况进行调查，完成了2000余名女职工劳动保护状况调查。1991～1994年，局女职工委员会举办裁剪培训班四期，培训200多人·次；举办服装设计制作赛、手工制品展表演3届；举办女工干部培训班2期。1996年3月局工会女职工部组织了“家庭事业”演讲活动，12个单位女工代表参加，获得前10名的选手演讲录像送往大峡等外包单位播放，激发了广大女工“四自”热情。

1999～2004年，在每年5月的母亲节期间，局工会女职工部组织全局广大女工开展义务助老活动、“树新风、扬美德，尊老敬老”活动，优秀母亲报告会、“我爱我家”演讲会等活动，在全局形成尊老爱幼、相夫教子、爱岗敬业的社会风尚。

在历年纪念“三八”国际劳动妇女节之际，局工会女职工部积极组织全局广大女职工开展形式多样的文体活动，如纪念会、联谊会、知识竞赛、歌咏比赛、棋牌赛、拔河比赛等，鼓舞和引导广大女职工继承和发扬革命传统，做“四自”女性。

截至2006年，局工会女职工部评选表彰奖励“三八”红旗手1546人·次，“三八”先进集体16个·次，五好家庭880户·次，文明家庭5094户·次，先进女工委29个·次，优秀女工干部103人·次，女能人6人·次；单人创新示范岗5个，岗位创新或技术业务能手9人。

水电三局三分局女子电焊班因成绩突出，2000年被陕西省总工会评为“陕西省巾帼精品班组”；2001年被全国总工会评为“全国女职工先进集体”；2002和2004被全国妇联分别评为“全国三八红旗集体”和“全国先进红旗集体”；2003年5月被授予全国“五一劳动奖状”。

水电三局机制厂金结一车间女子电焊班2003年被陕西省总工会评为“十五”女职工双文明建功立业“创新示范岗”；2004年被全国总工会评为“全国女职工先进集体”，被全国妇联评为“全国三八红旗集体”。

1991年和1994年，水电三局女职工委员会被陕西省总工会分别评为先进集体。

1998年和2004年，施娟、杨春芳分别被评为陕西省先进女职工干部；2002年李欣被评为陕西省岗位创新能手；张波被全国能源化学工会评为先进女职工干部。

五、文化和体育工作

（一）职工文艺活动

水电三局工会一直把开展职工文艺活动作为一项重要工作来抓。在承建青铜峡水电站工程、石门水库工程、石泉水电站工程、安康水电站工程时分别组织了文艺宣传队，建起工人俱乐部，举办全局文艺汇演，有豫剧、曲剧、秦腔、眉户、吕剧、哑剧、音乐舞蹈等，其中有的节目为工人自己创作。1959年2月，原水电三局组建了30人的文艺演出队，参加宁夏自治区举办的首届业余文艺观摩会演大会，参演的节目有：《青铜峡组歌》、《王老汉参观青铜峡》、《工地现代穆桂英》及《宁夏变成黄金川》等12个。1965年，青铜峡工程局局文艺宣传队参加宁夏自治区的汇演，节目有自创的河南豫剧《三个女电焊工》、话剧《一场战斗》、笛子独奏《浇灌》，受到好评，被特意安排在银川大剧院和新城剧院进行巡回演出。职工自编自演，真实亲切，带来欢声笑语，伴随着职工度过了艰苦的年月。

转战陕南后，无论是原水电三局还是原水电十五局工程局，都组建了一定规模的文艺演出队，在职工中演出自编自创的文艺节目。还到安康、汉中的各县去慰问演出，增强了水电三局与地方人民的联系，增进了友谊。在安康水电站庆发电的时候，文艺演出队自创的大型歌舞《峡谷回声》，表现了水电三局职工艰苦创业、自强不息、顽强奋斗的历史过程，受到好评。文艺演出队到大峡、射洪等外包工程工地慰问演出，受到职工热烈欢迎。

水电三局工会还多次邀请地方剧团到工地慰问演出，丰富职工业余文化生活；1983年还承担起全国水电建设系统西北片文艺汇演的组织任务，水电三局宣传队同时参加汇演，获得创作奖2个，优秀节目3个，演出奖4个；同年12月，局工会举办“庆截流、迎新春”职工文艺汇演。1986、1987年和1990年，又分别举办全局业余歌手大赛，并组织获奖歌手到施工工地和汉中、安康基地进行慰问演出。1987年局工会选派业余歌手参加水电系统“龙羊之声”业余歌手赛，获得个人一等奖。

1990年，水电三局工会组织开展了“迎亚运、庆国庆”文艺汇演，其中自编自演的《峡谷的回声-水电工人之歌》大型组歌，反映了安康水电站建设的艰难历程和建设者们闪光的足迹，再现了水电工人战天斗地的风采。1995年举办了纪念抗日战争、世界反法西斯战争胜利五十周年“爱我中华”歌咏比赛，有15个单位千余人登台高歌。1996年举办了庆国庆四十五周年暨红军长征胜利六十周年文艺晚会。1997年举办迎香港回归文艺演出活动。1999年组织了“庆国庆五十周年，迎澳门回归”系列文艺活动等。在庆祝建局四十周年活动中，举办了诗歌朗诵会、卡拉OK赛、宣传版展、摄影绘画图片展、举办三场大型文艺晚会，历时2个月，参演单位20多个，参演人员600余人，演出16场次，观众2万余人·次。

从1997年起，水电三局工会每年都要组织职工开展元宵节社火活动，参加安康地区举办的元宵节社火活动暨民间文艺汇演，至2006年共有30个节目分别获得一、二等奖。还在暑期举办纳凉电影周活动，丰富基地文化生活。

（二）职工体育活动

文化体育活动是水电三局在计划经济时期活跃职工业余生活的主要形式。1983年10月，水利水电部恢复职工体育协会，局工会相应成立了体育协会，由一名副局长任理事长，18名委员。下设球类、棋牌类、体疗、其他（群体）类4个组，同时制定了水电三局体协章程和各项规章制度。组织职工因地制宜、因陋就简地建立各种体育活动场所及设施。修建了灯光篮球场、羽毛球场、游泳池、乒乓球室等，还在子弟学校修建了足球场。目前，全局各单位都设有职工体育活动游艺室，大部分单位都有羽毛球场、排球场和乒乓球活动室等。这些设施为发展群众体育活动创造了有利条件。

在水电三局体育协会的组织下，冬、春季举办职工长跑越野赛，经常举办棋牌赛等，尤其是举办了10届职工篮球赛、2届中老年篮球赛和5届职工游泳比赛，职工健美操、乒乓球、足球、排球、羽毛球、门球、台球、拔河、交际舞等体育比赛从未间断。

篮球运动：1983年5月，水电三局男女篮球队参加安康“青年杯”赛，双获冠军，并代表安康地区参加了陕西省职工篮球运动会，男队获第三名，进入甲级队。同年 9 月，水电三局承办了“全国水电建设系统篮球赛（西北赛区）”比赛，有 7 个队参赛，局男女队分别夺得第一名，参加了在山东德州进行的第二阶段比赛，男队获第二名。1987 年局男子篮球队参加安康地区职工运动会，获得第一名，又代表安康地区参加陕西省职工篮球赛，获第五名，进入省职工篮球甲级队行列。

其他球类运动：1987 年局中学女子毽球队代表安康地区参加陕西省第一届毽球赛获冠军。2000 年，水电三局男女乒乓球队参加安康地区比赛，获女子团体冠军。

棋牌类：1982 年，水电三局获得中国象棋安康地区团体和个人第一名。1983 年 3 月局象棋选手参加安康地区比赛荣获冠军，并参加陕西省象棋比赛。1990 年局围棋队获陕西省围棋邀请赛团体第一名，1 人获围棋三段，6 人获初级段位，1 人被省体委授予二级裁判。水电三局有 20 人参加了陕西省桥牌协会。

其他获奖活动：1984 年，在陕西省第二届职工运动会上，水电三局的举重、武术夺得了银牌。在 1991 年西北电力系统游泳赛中，水电三局游泳队获团体总分第二名，单项获 7 枚金牌、1 枚银牌、4 枚铜牌。参加水电系统在郑州举行的“安全杯”长跑赛中，水电三局运动员获 1 枚金牌、1 枚银牌。2004 年，局工会组织女工参加陕西省女职工健美操比赛，获得三等奖和优秀组织奖。

从 1990 年开始，安康市政府和汉滨区政府相继举办“中国安康龙舟节暨经贸洽谈会”，至 2006 年，局工会组织职工参加了 6 届安康龙舟节，获得 6 个奖项。

至 1992 年，水电三局连年被评为安康地区体育工作先进单位；获得全国水电系统和陕西省群众体育“先进单位”称号；有 3 人获全国群众体育工作先进个人称号。局工会大力发展群众体育运动，丰富了职工文体生活，保证了职工队伍的稳定，增强了职工体质，推动了职工队伍素质的全面提高，为企业的稳定与发展作出了贡献。

第三节　经　费　管　理

水电三局工会经费的来源主要有行政拨交经费收入和会费收入，其次是上级工会的补助、行政的补贴，还有事业活动收入。

一、工会会费

工会会费由工会会员每月向工会小组逐级向上交纳，从 20 世纪 80 年代开始，一直尊照全国总工会规定，按会员工资的 0.5%计交。工会会员所得的奖金、津贴、稿费及法定补助、救济费等均不计交会费。各基层单位工会所收会费全部上交给局工会。局工会按照水电三局和上级工会有关规定，向上级工会上缴 50%，自留 50%作为工会开展各项活动的经费，其中 20%的会费作为会员困难补助，不足部分由行政福利费内开支。

二、工会经费

根据《中华人民共和国工会法》的规定，水电三局按照全局职工实际工资总额的 2%，按月拨交给工会组织作为工会经费。其中 30%上交陕西省总工会，70%由水电三局工会自行管理使用。

三、经费的管理

1980 年，根据中华全国总工会恢复工会独立管理工会经费的决定，开始恢复重建工会财务工作，原水电三局工会配备了财务管理人员，1981 年设置了财务组，按照“统一领导，分级管理”的原则，局工会重新建立独立系统管理工会经费。1994 年 7 月，水电三局实行机构调整，取消了工会财务机构，具体业务由水电三局机关财务代管。局工会在每届会员代表大会上由工会经审委员会向大会作经费收支和使用情况报告。会员代表有权对经费的使用情况提出意见。工会会员代表大会选举的工会经费审查委员会负责在会员代表大会闭幕期间进行工会经费的审查工作。

四、经费的使用

工会经费主要用于：①组织工会会员开展集体活动及工会会员生活特殊困难补助；②组织开展职工教育、业余文化知识、技术、技能教育，为职工举办政治、科技、业务、再就业等各种知识教育培训；③举办职工业余文艺活动、节日联欢活动、文艺创作、文艺汇演、体育比赛奖励；④局工会在重大节日期间组织的各种宣传活动的费用及举办图书馆所需要的图书资料费用；⑤工会业务费，主要是表彰奖励、慰问困难职工、工会办公费用。⑥其他支出。上述以外的由工会组织的其他活动费用支出。

第四节　职 工 技 术 协 会

水电三局职工技术协会是局工会直接领导的群众性组织，在业务上接受水电三局科协和陕西省职工技术协会的指导。其主要职责是组织并吸引全局职工开展形式多样的群众性科技活动，提高职工的技术素质和科技素质及专业技能，推动企业科技进步与技术创新，促进科技成果转化为现实生产力，服务于水电三局施工生产和经营，实现科技兴局的战略目标。

1985 年 12 月 9 日，水电三局成立职工技术协作委员会，主任由局副总工程师李作安担任；副主任由局工会副主席李恒恩担任，成员由局生产部门领导组成。职工技术协会办公室设在局工会。职工技术协会委员由各二级单位工会主席担任。2005 年 9 月水电三局对职工技术协会进行调整，调整后的技协由 14 人组成；主任由局总工程师王鹏禹担任；副主任由局工会主席吴家明担任，成员姬脉兴、沈钧、韩贵才、俞程；秘书长：王春玉（兼）。职工技术协会办公室设在局工会生产部。2006 年 4 月 7 日召开职工技协委员会二届一次会议，选举产生由 40 人组成的中国水电三局职工技术协会第二届委员会；会长吴家明；副会长王鹏禹、姬脉兴、宋璞、沈钧、韩贵才、俞程；秘书长王春玉。会议通过了《中国水电三局职工技术协会章程》和《水电三局职工合理化建议和技术改进评选奖励条例》，重新明确了局职工技术协会业务范围：①开展技术攻关、技术改造、技术交流、技术推广、技术服务、技术咨询及技术帮扶等技术协作活动。②开展技术练兵、技术比赛、技术培训和科普教育活动。③开展合理化建议、技术革新、发明创造活动，在群众性生产技术活动中发挥骨干作用。④开发和推广新技术、新材料、新工艺及新设备。⑤维护会员的知识产权等合法权益。

2006 年共完成了 12 项技术改进、合理化建议，节约资金 340 万元。

第五节　民　主　管　理

一、职工代表大会制度

职工代表大会是职工参与企业民主管理的有效形式。坚持职工代表大会制度，对于推行企业民主管理，密切企业党组织和行政与工会的关系，保证党和国家的各项方针政策的贯彻落实，有效地维护职工的合法权益有着极重要的作用。

从水电三局建局开始，局工会就十分重视发挥职工群众参与企业的管理工作，建立职工代表大会制度。“文革”时期，职工代表大会制度一度中断。1981 年 5 月工程局按照《国营工业企业职工代表大会条例（试行草案）》规定，恢复并建立新的职工代表大会制度，开始了新的职工民主管理企业工作。

职工代表大会根据不同时期的生产任务，讨论并通过了水电三局开展社会主义竞赛评比奖励暂行办法和工程局职工代表大会组织章程、《1966 年增产节约规划》和《向苦干进军的六条标准》、《1981 年增产节约规则》和《电力部二局 1981～1983 年规划》、《职工全员培训规划》，审议通过了《关于企业全面整顿的实施方案》，通过了《关于水电施工单位推行经济责任制试行办法的实施细则》等。

1983 年，水电三局召开了两局合并后的水电三局首届职工代表大会，审议通过了《水电三局〈国营工业企业职工代表大会暂行条例〉实施细则》、《厂规厂纪》、《为四化立功创模活动暂行办法》、《计划生育工作暂行规定》、《内部自负盈亏、承包责任制试行办法》、《三级干部奖惩办法》及《1983 年职工教育培训计划》。其中《水电三局内部自负盈亏、工程承包责任制试行办法》，规定在国家计划统一指导下实行承包责任制，局属施工单位都必须承包工程任务，实行盈利分成，亏损不补，工资自理，使本单位逐步成为内部结算，自负盈亏的经济实体，为以后步入市场奠定基础。大会选举产生了 5 个专门委员会成员：房屋分配委员会；生活福利、劳动保护委员会；提案征集、分类处理委员会；增产节约、技术革新挖潜委员会；经济监督委员会。1983 年局职代会主席团会议还讨论通过了《企业全面整顿申请验收报告》和《关于通过〈创“六好企业”规划〉的决议》。

1984 年 3 月，水电三局召开首届职代会第二次会议，审议通过了《水电三局“内部自负盈亏、工程承包责任制试行办法”》。

1985 年末，召开职工代表大会，讨论审议了水电三局《关于经济体制改革的办法》和试行局长负责制、几项费用包干使用、承包责任制、工资总额包干、百元产值工资含量包干、发展多种经营、简政放权、富余人员安置等项具体办法，为水电三局迈开改革的步伐奠定了基础。

1986 年 10 月 20～23 日，召开第二届职代会第一次会议，审议通过了《深入进行改革，为全面完成“七五”计划期间我局生产经营任务而奋斗》倡议和致全局职工的《认真学习六中全会决议，切实加强精神文明建设》的倡议书。会议还通过了干部评议、提案处理、生活福利分房、生产经营 4 个工作委员会组成人员名单。

1987 年 2 月 26～27 日，召开第二届职代会第二次会议，审议通过了《关于立即在全局职工中广泛开展增产节约、增收节支活动的决议》。

1988年2月，水电三局二届四次职代会审议通过了《水电三局贯彻执行〈全民所有制工业企业厂长工作条例〉实施细则》、《水电三局推行内部承包责任制的指导原则》、《水电三局计划管理办法》、《水电三局财务改革办法》、《关于实行全额承包工资分配办法》、《水电三局产业经营承包办法》、《水电三局施工设备管理办法》、《水电三局对外承包工程管理办法》及《水电三局物资供应管理办法》。

1989年2月，水电三局二届五次职代会审议通过了《水电三局深化改革，强化经营管理的实施办法（初稿）》、《水电三局计划管理规定》、《1989年内部承包经营责任制中有关财务管理的规定》、《水电三局多种经营和第三产业开发管理实施办法》、《水电三局对外工程承包管理办法》、《劳动人事制度管理规定》、《1989年物资计划，供应管理的实施办法》、《施工设备管理办法》、《关于文教、科教、卫生及事业单位和行政机关实行预算包干的规定》。

1990年1月，水电三局三届一次职代会审议通过了《水电三局1990年经营管理实施办法》、《1990年计划管理办法》、《财务管理办法》、《对外工程承包管理办法》、《多种经营管理办法》、《设备管理办法》、《物资供应管理办法》及《承包经营责任制任期经济责任审计实施办法》。

1991年2月，水电三局三届二次职代会审议通过了《水电三局1991年经营管理实施纲要》、《关于审议工程局经营管理办法的决议》。

1992年2月，水电三局三届三次职代会讨论通过了《关于审议工程局经营管理实施纲要的决议》，旨在积极转变经营机制，逐步深化配套改革，理顺企业内部关系，推动水电三局坚持和完善多种形式的内部承包经营责任制，促进“一业为主、多种产业、两大支柱、协调发展”经营方针的贯彻落实。

1993年2月，水电三局四届一次职代会审议通过了《工程局转换经营机制实施纲要（1993～1995年）》；1994年3月，在局四届二次职代会上对《工程局转换经营机制实施纲要（1993～1995年）》部分条款进行了讨论修订，再次下发施行。并制定了与之相配套的《水电三局内部经营责任制实施办法》，经局职代会主席团会议讨论修改通过下发执行。

1995年6月，水电三局四届四次职代会审议通过了《工程局关于执行岗位技能工资的实施细则》，决定水电三局实行岗位技能工资制度。

1996年2月，水电三局五届一次职代会讨论制定了《水电三局改革与发展四年规划（1996～1999年）》、《水电三局内部经营责任制考核、奖惩办法（试行）》。

1997年2月，水电三局五届二次职代会讨论修改制定了《水电三局干部管理办法（讨论稿）》。

1998年1月，水电三局五届三次职代会听取了《局长任期目标责任制1997年度考核报告》和《1997年养老保险基金运营情况》，民主评议了局级领导干部。

1999年2月，水电三局五届一次职代会按程序进行。同年2月8日职代会主席团长专门委员会主任扩大会议讨论审议通过了“关于安康城1号楼房地产转让的提议”。

2000年2月，水电三局六届一次职代会讨论通过了《水电三局改革与发展四年规划

（2000 年～2003 年）》。

2001 年 1 月，水电三局六届二次职代会通报了《关于我局第一轮集体合同的履约情况及第二轮集体合同签约情况的报告》。

2002 年 2 月，水电三局六届三次职代会号召广大会员和全体职工积极投身到火热的生产经营中去，以主人翁精神顽强奋斗，在两个文明建设中发愤图强，再立新功，努力夺取各项工作的全面胜利。

2003 年 2 月，水电三局六届四次职代会贯彻执行局第五次党代会精神，讨论审议《关于我局第二轮集体合同履行情况及第三轮集体合同起草说明的报告》及第三轮集体合同文本，通过了“关于授权职代会代表团长及专门委员会主任联席会议适时与水电三局签订第三轮集体合同及依据《工资集体协商试行办法》进行工资集体协商的决议”。

2004 年 2 月，水电三局六届五次职代会通报了《2001～2003 年大病互助基金运行情况》等。

2005 年 2 月，水电三局七届一次职代会讨论通过了《中国水电三局改革与发展规划（2005～2008 年）》。

2006 年 4 月，水电三局七届二次职代会审议讨论了水电三局集体合同第四轮文本和《水电三局集体合同监督检查制度》。

1983 年初～2006 年 12 月，水电三局共召开七届 26 次职代会，多次召开各代表团长会和各专门工作委员会主任联席会议。在每次的职代会上，都审议局长工作报告、财务工作报告、年度生产经营计划及水电三局重大决策等，坚持民主评议干部等制度。在闭会期间，各专门工作委员会代职代会行使民主管理职权，有效地参与企业经营和管理。

二、厂务公开制度

厂务公开是企业民主管理、民主监督的有效途径；是全心全意依靠职工办企业的重要措施之一。

自 1999 年起，水电三局根据国电公司、陕西省关于实施厂务公开制度的实施意见和要求，局党委下发了［1999］48 号文《关于开展厂务公开工作的通知》，就全局厂务公开工作做了部署和安排，成立了局厂务公开领导小组，制定了《水电三局厂务公开实施细则》和《水电三局厂务公开监督检查办法》。明确了“党委领导、行政主体、纪委监督、工会运作、群众参与”的工作格局。

1999 年 7 月，水电三局成立厂务公开领导小组，由水电三局党委书记任组长，常务副局长、工会主席、总会计师任副组长。随后又成立厂务公开监督领导小组。制定《水电三局厂务公开实施细则》和《水电三局厂务公开监督检查办法》，对厂务公开的内容、形式、方法和厂务公开的原则和目标作了规定。将厂务公开工作为一项制度在水电三局建立起来，厂务公开的具体工作由工会组织负责。

2001 年，中共水电三局党委和水电三局行政联合行文下发《关于印发〈水电三局厂务公开实施细则〉的通知》，5 月，中共水电三局党委和水电三局联合在四川红岩子施工处召开了水电三局首次“厂务公开现场经验交流会”，全局有 70 多人参加会议。会上认真总结交流了经验，针对存在的问题制定了改进措施，对促进厂务公开在全局深入开展，起到了重要的推动作用。

2002 年，中央办公厅、国务院办公厅联合发出了《关于在国有企业、集体企业及其控股企业深入实行厂务公开制度的通知》，有力地推动了此项工作的深入开展。同年水电三局工会在西安组织召开了全局厂务公开经验交流会，以此来推动厂务公开工作由二级单位、局属施工项目部向车间、中队延伸。

2004 年，水电三局党委和工程局联合发出《关于印发〈中国水利水电建设集团公司推行厂务公开工作实施办法〉（试行）的通知》（局党［2004］013 号）、《水电三局局机关厂务公开实施细则》。

2005 年，水电三局制定了《关于对违反厂务公开规定的行为实施责任追究的暂行规定》、《水电三局厂务公开目标责任书》及《水电三局厂务公开整改通知书》，各单位党委书记与水电三局党委书记签订了公开目标责任书。水电三局工会、纪委、监察处，坚持每年对各二级单位、项目部、施工局的厂务公开执行情况进行指导、检查、监督。水电三局根据领导人员变动情况，及时调整厂务公开领导小组和厂务公开监督领导小组。水电三局各二级单位或施工项目，也按要求成立厂务公开工作组织，落实具体工作，建立厂务公开栏，及时更换公开的内容。年终水电三局组成检查组对厂务公开情况开展情况进行检查，及时提出指导意见和建议。现在厂务公开制度正在逐步完善。2005 年水电三局工会将 7 家二级单位开展厂务公开工作的经验转发全局。

2006 年，中共水电三局党委下发了《水电三局厂务公开考核评分标准》。考核突出了职工最为关心的问题，如企业改革发展中的重点难点、涉及职工切身利益的事项及企业负责人廉洁自律等情况。

每年底，水电三局工会都要与局纪委联合组成检查组到全局各单位检查厂务公开工作开展情况，并将检查情况汇总后报局党委。

第三章　水电三局共青团组织

第一节　组　织　机　构

1958 年 5 月，青铜峡工程局开始筹建时，机构设立了团委。8 月黄河青铜峡工程局正式成立，工作人员随之配备到位，侯廷武任工程局团委书记。团委下设组织部、宣传部。下属基层团组织有：机关团总支、一工区团总支、二工区团总支、机械站团总支、修配厂团总支等 5 个团总支，有动力厂团支部、混凝土厂团支部、24 列车电站团支部、灌浆队团支部、安装队团总支、基建队团支部、加工厂团支部、预制厂团支部、职工医院团支部等 53 个团支部、305 个团小组，有 1800 名团员，6980 名青年。1959 年 7 月召开了共青团青铜峡工程局首届团代会，选举出第一届团委，侯廷武任团委书记。1960 年 8 月召开第二次团代会上选举戴焕智为团委书记，宋宝章、董玉林先后接任团委书记，燕欣盛任副书记。1969 年工程局转移到陕西汉中成立原水电第三工程局团委，董玉林任团委书记，燕欣盛、石留群先后任团委副书记至两局合并。

水电四局石泉分局党委常委于1973年2月17日召开会议研究决定建立分局团委，设8人组成团委常委会，明确伍星红任团委书记，张治源为副书记。1975年7月郭士斌接任石泉分局团委书记。1978年4月，石泉分局改为水电十五局，郭士斌继任团委书记。局团委下属团的基层组织是：机关团总支，后勤部团总支、勘测设计院团支部、开挖队团总支、浇筑队团总支、汽车队团总支、机电队团支部、安装队团总支、灌浆队团总支、砂石厂团总支、拌和厂团总支、机械修配厂团总支、汽车修配厂团总支、综合加工厂团总支、铁路分局团支部、职工医院团支部。

1981年8月，陈江生任水电十五局团委书记。1982年6月沈继慧任局团委副书记。

1982年10月，两局合并成立水电三局后，陈江生、沈继慧继任水电三局团委书记、副书记。局团委下设组织部、宣传部、办公室。下属团组织有：第一工程处团委、第二工程处团委、第三工程处团委、第四工程处团委、砂石厂团委、供应处团委、铁路分局团委、灌浆队团委、综合加工厂团委、机械修配厂团委、职工医院团委、生活服务公司团委、劳动服务公司团总支；机关团委、技工学校团总支、中小学团委、汉中分局团委、汉中分局职工子校团总支。1984年8月吕存智任局团委副书记，主持团委工作。1985年9月张建军任局团委书记。1989年10月路苏予任局团委书记。1995年3月孙建立任局团委书记。2002年1月沈毅任局团委代理书记。2002年11月靳山任局团委书记。2003年12月15日水电三局党委成立党委工作部，团委与党委工作部合署办公。2007年7月水电三局机关机构进行整合，水电三局党委工作部副主任陈晓全兼任局团委书记。

2006年9月，根据集团公司的总体部署，水电三局实施企业内部机构整合，经过整合后水电三局团委下属团组织是：第一分局团委、第二分局团委、第三分局团委、第四分局团委、路桥分局团委、制造安装分局团委、基础处理分局团委、设计研究院团总支、基地管理分局团工委、公安处团委、卫生处团委、供应处团委、职教中心团委、生活服务公司团委、机关团委。

第二节　共青团代表大会

1959年7月5～7日，青铜峡工程局召开首届团代会，参加大会的正式代表340人，列席代表31人，团委负责人侯廷武做了《共青团青铜峡工程局委员会向第一次团代大会的工作报告》，选举出了15人组成的共青团青铜峡工程局首届委员会。选举侯廷武为局团委书记。会议命名机械队抽水队、动力厂、一工区开挖队等6个团支部为红旗团支部。

1960年8月10～12日，青铜峡工程局召开第二次团代会，参加大会的正式代表369名，列席代表18名。大会认真听取了中共青铜峡工程局党政领导的重要讲话，审议通过一年来的工作报告，选举新一届团的委员会；通过决议。团委负责人戴焕智作题为《高举毛泽东思想红旗，在党的绝对领导下，引导广大团员和青年、在党的各阶段中心任务中，发挥更大的突击作用》的工作报告。大会还做出“在全局团员青年中开展‘一顶几、争跨

1961年'的活动"决定。大会选举戴焕智为局团委书记。

1982年6月22～24日，水电十五局首届一次团代会在安康召开，选举出由17名委员组成的局团委，常委7人。局团委书记陈江生作工作报告。大会选举陈江生继续担任局团委书记，沈继慧为副书记。

1985年9月27～28日，共青团水电三局首次代表大会在安康召开，出席大会代表145人。局团委负责人张建军作工作报告。会议选举产生了由17人组成的首届共青团水电三局委员会，7人组成的团委常委会。大会选举并经共青团陕西省委批复，张建军任局团委书记。

1989年10月26～27日，水电三局召开共青团第二次代表大会，出席大会代表173人。团委负责人路苏予作工作报告。会议选举出由9人组成的新一届共青团水电三局委员会，选举并经共青团陕西省委批复路苏予为局团委书记。

2003年10月25～26日，水电三局共青团第四次代表大会在安康基地举行，76名团员代表参加会议，局团委书记靳山作工作报告。大会通过《团结带领全局团员青年，为实现工程局快速发展目标而努力奋斗》的决议草案；选举产生了新一届共青团水电三局委员会，选举靳山继任局团委书记。

第三节　组　织　活　动

青铜峡工程建设时期，青铜峡工程局团委1959年4月发出通知，在全局团员、青年中开展"三红（即红色青年、红色突击队、红旗支部）"活动；制订公布了"三红"的条件，评比的方法是：红色青年以班组为单位，一周评比一次；红旗突击队、红旗支部10天评比一次，评比结果向群众公布和向局团委报告。青年突击队的活动开展，焕发了青年在施工生产中的活力，发挥了青年在生产中的突击作用。1960年1月30日，在青铜峡水电站截流誓师大会上，青铜峡工程局党委命名了15支青年突击队。青年突击队在截流中不负众望，完成了上级交给的任务。1960年，青铜峡工程局团委开展"三牌、多合、一顶几"活动（思想解放牌、干劲永久牌、决心无敌牌；把技术革新配套成龙，把零星的经验系统整理成一种新工艺；一人顶几人、一机顶多机）。在青铜峡水电站大坝整体混凝土浇筑中，积极组织团员和青年开展争创"四好团支部、五好青年、三手四过硬标兵"活动，并请人将"四好团支部、五好青年、三手四过硬标兵"活动的具体内容谱曲，在青年中教唱。1966年5月，青铜峡工程局团委主持召开表彰大会，对在"四好团支部、五好青年、三手四过硬标兵"活动中涌现出的先进集体和个人标兵进行了表彰颁奖，对活动的经验进行了总结肯定。

1977年，原水电三局团委在全局工业学大庆群众运动中，组织全局团员、青年职工开展突击队劳动竞赛活动，激发了团员、青年职工的劳动热情，年终局团委召开祝捷大会，授予开挖队、汽车队"流动红旗"。

1979年，原水电三局团委为响应党委号召，结合青年职工特点，在全局青年职工中开展"百、千、万，国庆节献礼8万元"活动，经过全局团员、青年的共同努力，实际完成12.37万元，超额完成计划18.4%；从7月到12月共计增产节约42万余元。

1981年，水电十五局团委贯彻团中央共青团十届三中全会精神，在全局青工中开展“三热爱”教育（热爱党、热爱祖国、热爱社会主义制度），组织“三热爱”座谈会、文艺演唱会、诗歌朗诵会，进一步把“五讲”、“四美”活动和学雷锋、树新风活动紧密地结合起来。局团委配合有关部门，在青工中开展法制教育。国庆节期间，局团委会同局工会组织联合开展“书法、美术画展”。

1982年3月，水电十五局局团委组织团员青年，在安康张岭基地开展大型的为职工家属便民服务活动，自此，每年的3月局团委都组织学雷锋便民服务活动。

在安康水电站“七枯”施工的紧张时期，水电十五局团委在全局开展“青年突击手杯”、“青年能手杯”（生产工作能手、质量能手、节约能手、小改小革能手、服务能手）竞赛活动。各工程处团委根据这五个项目，结合本单位的施工生产任务制定具体竞赛条件，开展活动，促进了“七枯”施工任务的完成。

1982年9月12日，水电十五局团委组织14个单位的青年服务队约160人举行服务活动，共为群众洗熨衣物被单900余件，理发280余人，缝补113件，健康咨询1500余人，各种修理350余件，摄影、冲洗、扩印相片350余张。同日中小学团委组织的学雷锋送温暖活动，有300多名团员、少先队员分别到公共场所清理垃圾，铲除杂草。11月14日又举行了第二次大型服务活动，全局13个单位53个团支部344名团员青年参加，设立了洗衣、理发、照相、缝纫、针灸、健康咨询及各种修理项目；同日中小学团委组织出动了880多名师生，在张岭进行大规模的环境卫生大扫除。局团委对在活动中表现突出的集体和个人进行表彰，推荐3个先进集体和8名先进个人出席了陕西省青年能手表彰会。

1984年，水电三局团委组织团员青年开展振兴中华认真读书活动；举办振兴中华读书会、报告会、讲演会；开展青年有奖征题征答活动；争当电站建设突击手活动；青工岗位练兵和技术“比武”活动；还响应团中央和全国水电系统的倡议，结合水电三局任务开展“为安康水电站建设献青春”活动。活动结束后召开表彰大会，共表彰先进集体9个、先进个人15人。1984年7月，水电三局团委被共青团陕西省委评为先进团委。

安康水电站截流后，局团委围绕安康水电站的下闸、发电等重要工程阶段目标，继续深入开展青年突击队、青年突击手、青年岗位能手活动。1985年3月第一工程处汽车运输青年突击队被水电部命名为全国水电系统新长征突击队；朱松年、孙建龙、马正君、蔡振伯、王世平、牛大凤、罗文涛被命名为“全国水电系统新长征突击手”。

安康水电站工程后期，工程局开始进入市场，共青团的工作由组织统一的活动转移到以施工项目为依托，以创建“青年文明工程”、“青年文明号”为重点上来，由各项目上的团组织结合项目的施工实际，明确创建目标。局团委积极为各施工项目做好指导和服务工作。在局党委的统一领导下，经过各级团组织的努力工作，水电三局承建的大峡水电站工程被共青团甘肃省委、省建委、省计委授予甘肃省“青年文明号”工程。水电三局在承建三峡工程建设中，三分局二公司青年突击队、四公司青年突出队被共青团中央授予“全国青年文明号”。三分局青年突出队被三峡开发总公司授予“十大优秀青年突出队”称号。

水电三局小浪底工程指挥部液压铲班青年突击队，被团中央、国家计委、建设部授予“全国青年文明号先进集体”。水电三局基础处理公司湖南渔潭预锚分公司、机制厂卧龙台项目部、红岩子施工处分别被共青团陕西省委命名“青年文明号”。

第四节　团干部培训与管理

水电三局团委十分注重自身的建设，在局党委的大力支持下，加强对团干部的教育和培养。1966 年 3 月，工程局团委组织举办团干脱产培训班，团小组组长以上的团干参加培训。开设的主要课程是：①团的基本知识和团干部的工作方法；②在工程建设中，如何开展适合青年特点的独立活动；③在施工中如何学会劳力配合和成本核算业务。

1981 年 4 月 29 日，局团委在全局青年中选拔 28 人到陕西省团校培训学习，1982 年又选拔 20 名优秀青年参加培训，两批培训均为脱产一年。培训结业后，分配到团的岗位上试用半年合格后，正式录用为团的专职干部，为水电三局培养了一批共青团骨干力量，并发挥了重要作用，多数人后期陆续转为党务干部，走上党政领导岗位。

水电三局党委关心共青团干部的成长，多次下文明确团干的政治、经济待遇。1982 年局党字第 41 号文《关于对全局共青团干部管理的暂行规定》，对团干的政治待遇给予明确规定：“在位专职团委书记，副书记，局团委部门负责人在团内任职期间，享受处党委(或党总支）委员和党支部书记政治待遇；水电三局团委书记，副书记在团内任职期间，享受水电三局党委委员和处党委书记政治待遇”。同时还规定“上述专职团干的局内调整，由水电三局组织部会同局团委及所在单位共同商定”。局党字第 62 号文《关于对全局共青团干部的暂行规定》的补充规定还明确水电三局和二级单位团委书记，是党员的可以列席同级党的委员会和常务委员会的会议。

1985 年，局党字第 05 号文《关于共青团干部管理的暂行规定》，对团的干部的任免、待遇、聘用都作了详细的规定。

1987 年，局党字第 03 号文《关于对我局共青团干部享受职务补贴的通知》，规定“局团委直属的二级团委专职正、副书记、局团委各部部长可以分别享受正、副科级职务补贴，调离工作岗位后自动取消。”

1995 年，发局党字第 41 号文《关于进一步加强和改进对共青团工作领导的意见》，要求各级党组织：①要对共青团工作施以正确的引导，优化共青团工作的外部环境；②积极支持共青团依照法律和章程独立自主地开展工作，不断增强团组织自身的活力；③支持共青团更好地维护自己所代表的青年群体利益，提高共青团在企业管理中的参与意识；④切实加强共青团的思想理论教育，塑造跨世纪青年人才；⑤加强共青团干部队伍建设。

1997 年，水电三局党委印发了《水电三局青年职工队伍建设工作纲要》。2000 年印发了局党字第 06 号文《关于进一步加强和改进对共青团工作的领导意见》。2003 年印发了局党字第 020 号文《关于重申加强共青团建设有关规定的通知》，这些都体现了水电三局党委对共青团工作的重视和对团干部管理的重视。

第四章 学会、协会、研究会

第一节 科技管理

一、科学技术协会

1987年12月17日，水电三局召开科学技术协会第一次会员代表大会，选举出由25人组成的科学技术协作委员会。科学协会常务委员会由马锡庆、包正中、李作安、佘小林、张宏义、张贵兴、林宪彝、蔡泽夏、戴天利9人组成；张宏义为科协主席；李作安、佘小林为科协副主席；林宪彝为秘书长。1989年12月水电三局科学技术协会创办《三局科技》(陕西省内部报刊统一刊号：SX06-0052）杂志，刊登经营管理、工程技术、对外承包、医学教育等多方面的科学研究动态与成果。

1990年4月22日，水电三局召开科学技术协会第二次会员代表大会，选举蔡泽夏为科学技术协会主席；方浩、纪乐华、马跃图为科学技术协会副主席；纪乐华为秘书长(兼)；马锡庆、马耀图、方浩、包正中、王述敏、邓盛栋、刘健民、纪乐华、张鹤楼、赵建华、蔡泽夏11人为常务委员。同时成立水电三局科学技术协会学术委员会，张鹤楼任主任；仝斌任副主任。成立水电三局科学技术协会咨询委员会，王述敏任主任；邓盛栋任副主任。王述敏任水电三局科学技术协会办公室主任。

2005年12月21日，水电三局召开2005年科技工作会暨第二届科技代表会，选举吴新琪为水电三局科学技术协会理事长；张治源、司勤、焦继轩、张波、王鹏禹、任世玉6人为科学技术协会副理事长；姬脉兴为秘书长；谢凯军为副秘书长。选举吴新琪、张治源、司勤、焦继轩、张波、王鹏禹、任世玉、姬脉兴、刘策群、洪飞、张民、阎景参、单勇锋、黄继敏、蒲华、廖勇、谢凯军、姚安华、胡昌春、韩贵才、沈钧、李桂兰、俞程、王和平、赵红阳25人为常务理事；选举科学技术协会理事72人。成立水电三局科学技术协会，通过组织工程技术人员参加各类学术交流、技术研讨会，组织开展科技创新活动，推广新技术、新材料、新工艺的应用，提高水电三局在各个行业和领域的知名度，为科技人才提供施展才能的平台，促进了水电三局科技人才的成长。

水电三局科学技术协会下设：监测试验分会、混凝土工程分会、开挖工程分会、机电安装工程分会、基础处理分会、金属结构制造分会、地下工程分会、导截流工程分会、交通工程分会、房屋建筑分会、水电施工分会、附企分会、堆石面板坝工程分会、咨询设计分会及碾压混凝土分会。水电三局科协下设专业分会挂靠单位见表10-4-1。

表10-4-1 水电三局科协下设专业分会挂靠单位

序号	分会名称	挂靠单位	临时召集人
1	监测试验分会	施工研究所	赵仁安 谢凯军

续表

序号	分会名称	挂靠单位	临时召集人
2	混凝土工程分会	三分局、五处、九分局	王宏民 郑春雷
3	机电安装工程分会	安装公司	张育林 胡昌春
4	基础处理分会	基础处理公司	廖　勇 邓得斌
5	金属结构制造分会	机械制造厂、安装公司	单勇锋 张　民
6	地下工程分会	拉西瓦施工局、一分局	洪　飞 陈上品
7	导截流工程分会	白市项目部、柴家峡项目部	阎景参 米振柱
8	交通工程分会	交通分局	陈万林 张砚峡
9	房屋建筑分会	建筑公司	卢仁纪 吴年华
10	水电施工分会	技管办、工管处、经管办、安监办、设备处、开发部、国际工程部	姬脉兴 韩贵才
11	附企分会	二分局	蒲　华 李志原
12	堆石面板坝工程分会	六分局	宋国才 李　海
13	咨询设计分会	设计院	黄继敏 马舜融
14	碾压混凝土分会	景洪施工局、八分局、二分局、十分局	胡海涛 赵红阳

二、质量管理协会

1988 年 4 月 14 日，水电三局成立质量管理协会，胡懋初任理事长；常务理事：张宏义、马向丕、王孟生、马贞光、许春华、赵国伟、蔡泽夏。

质量管理协会下设质协办公室、培训教育宣传工作委员会、质量管理小组工作委员会。水电三局各基层单位成立质量协会基层分会。

水电三局质量管理协会成立以后，认真贯彻“百年大计，质量第一”的工作方针，组织开展全面质量管理活动，普及全面质量管理知识，培训骨干人员，在施工生产中开展QC小组活动，使QC小组活动迅速在水电三局发展起来。1988年11月4日，国家水利电力质量管理协会公布60个优秀QC小组，水电三局有2个小组获得“优秀QC小组”称号。1990年4月11日，水电总公司系统QC小组代表会在水电三局召开。1990年9月28日，水电三局第三工程处综合一队获“国家级优秀QC小组”称号。

三、企业管理协会

1985年12月12日，水电三局成立企业管理协会，程山任企业管理协会理事长；赵庆安、胡玉明、杨广明、赵国伟、肖竹生、戴天利、蔡新鉴任副理事长；蔡新鉴为秘书长。

1991年7月9日，局办字［1991］第34号文调整水电三局企业管理协会成员：名誉理事长武林；顾问胡玉明、李大臣、张兰亭、赵国伟；理事长刘纪仁；副理事长胡懋初、赵庆安、姜玉村、李友仁、李卫、张宏义、蔡新鉴、蔡泽夏、方浩；秘书长齐松林；副秘书长韩杰；办公室主任齐松林；副主任韩杰；常务理事方浩、刘纪仁、齐松林、李友仁、李卫、张宏义、赵庆安、胡懋初、姜玉村、蔡新鉴、蔡泽夏；理事方浩、王素琦、刘纪仁、刘晓东、齐松林、纪乐华、安鸣瑞、李友仁、李卫、李丕都、汪文浩、陈克武、陈庆和、陈畴麒、吴道通、张宏义、张贵兴、赵庆安、胡懋初、胡德芳、姜玉村、柴元方、柴隆彬、鲁新、韩杰、蔡新鉴、蔡泽夏、路苏予。

四、会计学会

2001年3月15日，水电三局对会计学会人员调整为：会长刘玉建；副会长胡伟、邱建康；秘书长樊荣钊；理事刘玉建、胡伟、邱建康、刘康文、樊荣钊、王紫林、姚红宾、叶萍、魏富义、赵锐、陈宗平。水电三局凡持有会计专业资格证书及从业资格的会计人员均属本学会在册会员。会计学会的常设机构在财务处。

2006年6月，水电三局成立第二届会计学会，刘玉建任会长；胡伟、邱建康任副会长；曾辉任秘书长；理事有刘玉建、胡伟、邱建康、刘康文、张立选、王紫林、叶平、曾辉、姚红滨、赵锐、魏富义、孟星、张成宏、张会铭、王恩石、王玉、蒋万军、赵兴建、李香桂、陈宗平。

水电三局会计协会成立以后，制定会计协会章程，组织会计人员学习贯彻执行《会计法》，培训会计人员，组织会计人员参加执行资格考试，交流会计工作经验。

第二节　文化活动管理

一、思想政治工作研究会

水电三局思想政治工作研究会成立于1986年8月，会长程山；副会长程国清、刘纪仁、姜玉村、王克芬；秘书长王克芬（兼）；成员80多人，常务理事20人。

水电三局思想政治工作研究会的主要任务是，在局党委的领导下，贯彻党的路线、方针政策，宣传和实践马列主义、毛泽东思想、邓小平理论和“三个代表”重要思想，创办了内部刊物《政工研究》，对思想政治工作理论、方法进行理论上的探讨，激发广大干部的理论学习热情，培养学习精神。

二、体育协会

1959年1月，青铜峡工程局体育协会成立；主任刘思孝（副局长）；副主任陈芝瑞（工会主席）。体育协会下设：运动部、劳卫制工作部、群众体育部、总务部。各工区、厂、站和机关分别成立体育理事会。体育协会主要任务是因地制宜地发展体育运动，增强职工的体质，丰富职工的业余生活。1959年10月体育协会组织了为期三天的全局职工运动会，项目有球类、棋类和田径等13个项目。

1983年12月31日，成立水电三局体育协会，黄健任体育协会主席；李恒恩、陈江生、安鸣瑞任副主席；王增德为秘书长。

1986年，水电三局对体育协会机构人员进行了调整，赵国伟任主席；李恒恩、张建军、陈畴麒、安鸣瑞任副主席；王增德任秘书长；韩金升为秘书；委员有：沈继惠、刘长德、曾荣忠、于维学、史长林、李天义、王德琛、徐金录、易武、叶祖武、张世保、朱仁莲、靳洪岐。1989年增补石予宜、孟宪斌、路苏予、陈喜忠、叶沛华为委员。

水电三局体育协会举办职工篮球比赛、拔河比赛等职工体育运动和群众性的健身运动，组织职工参加上级举办的各类体育比赛活动，在安康张岭公园安装了简易的健身器械，方便职工群众健身活动，促进了职工群众的身心健康。

三、文学艺术协会

1983年12月31日，水电三局成立文学艺术协会，黄健任主席；李恒恩、周定华、陈江生、安鸣瑞任副主席；王增德、叶沛华任秘书长。文学艺术协会下设：文学组、美术组、摄影组、书法组、音乐组；周定华、吴国玺、叶沛华、李世江、李建国分别任组长。

水电三局文学艺术协会的成立，培养了一大批文学爱好者，创办了内部刊物《水珠》[陕西省内部图书准印证（陕出批）字第028号]。广大文学艺术爱好者在《安康电站报》、《水利水电报》和《水利水电新闻》以及国内刊物上发表了大量的报告文学、诗歌、散文等文学作品、摄影作品、美术作品，创作了水电三局工人之歌，举办全局的文艺汇演，表现三局人的情怀，讴歌三局的企业精神，活跃了职工的文化生活。1990年赵柏林、王丛明的报告文学《汉江吟》获得全国“华青杯”报告文学二等奖；卢兰英的小说《报酬》获得全国小小说“华青杯”优秀作品奖。

四、老年体育协会

1988年2月，水电三局成立老年体育协会，史振宇任主席；张仁德、王增德、闫体昌任副主席；委员有：赵敬友、方占寅、赫明达；张仁德兼任秘书长。

老年体育协会制订老年体育活动计划，组织退休职工开展适合自身特点的体育活动，如门球、乒乓球、棋类活动，参加安康市举办的老年体育比赛，为增强退休职工的身心健康做了积极的工作。

第十一篇　精神文明与企业文化建设

第十一篇 精神文明与企业文化建设

精神文明与企业文化建设是整个企业建设中的软件工程，具有积极向上的精神文明和深厚文化底蕴的企业才能保持旺盛的生命力。工程局从建局起，从计划经济到市场经济，经历了企业领导体制、经营体制、管理制度的重大变革。在发展进程中，造就了“艰苦奋斗、忍辱负重、团结协作、开拓创新”的三局人精神和“特别能吃苦、特别能承受、特别能战斗、特别能奉献”的三局人品格，并由此总结提炼出了“团结、拼搏、求实、创优”的水电三局企业精神。这是水电三局多年聚集的宝贵精神财富，是水电三局企业文化的精髓，并形成优良传统代代相传。

第一章 企 业 精 神

企业精神是企业的精神支柱，是企业之魂。水电三局在长期的生产经营实践和电站施工中形成积极向上的精神风貌。中共水电三局党委在企业文化的建设中于1991年概括提炼出了水电三局的企业精神。

一、水电三局企业精神表述

团结、拼搏、求实、创优。

二、水电三局企业精神的含义

团结——企业建设恪守的指导原则和根本；

拼搏——企业的战斗精神和光荣传统；

求实——企业的优良作风和光荣传统；

创优——企业职工的共同心愿和奋斗目标。

三、水电三局企业精神的内容

（1）团结就是政通人和，团结一致是企业生存发展的基础。广大职工团结奋斗、齐心协力、奋发进取，互相关心、相互尊重，形成企业的凝聚力和向心力，从团结奋斗的愿望出发，协调各方面的关系，为企业创造良好的外部条件。

（2）拼搏就是要发扬艰苦奋斗、顽强拼搏的大无畏精神，培养竞争意识和进取精神，培养不怕艰难险阻，敢打大仗、恶仗的气质，做到能够拉得出、站得稳、打得胜。拼搏是企业的内在动力，也是三局创业的光荣历史；在竞争的年代，拼搏才能生存，拼搏是时代的主旋律，是企业生存发展的前提条件。

（3）求实就是坚持和发扬科学精神，坚持实事求是，一切从实际出发；“三老四严”，鼓实劲、干实事、创实绩、求实效，一步一个脚印，把各项工作落到实处，把革命干劲和科学态度密切结合，按客观规律办事，严肃认真、精益求精、信誉至上、坚持诚实的经营作风，尊重科学、尊重人才、不唯上、不唯书、只唯实。求实是一切工作的准则，是企业生存发展的根本。

(4) 创优是企业一切工作的出发点和归宿。它反映了职工创先争优的共同愿望。它要求全局职工齐心协力，更新观念，改进技术，实现现代化管理；迎接挑战，瞄准国内先进水平，精心组织，精心施工，高标准严要求，一切工作要求做到规范化、程序化、科学化，敢于创新、勇于开拓、胸怀大志、勇攀高峰、创一流管理、创优质工程，争最好效益，创全优服务，创一流业绩。

第一节 优 良 传 统

一、艰苦奋斗、自力更生、迎难而上、不惧困难的传统

20 世纪 60 年代初的三年困难时期，国家对基本建设进行调整，青铜峡工程因为职工的粮食问题将要下马，中共青铜峡工程局党委提出，工程不下马，自己动手解决粮食问题。中共青铜峡工程局党委组织职工在青铜峡五大台、中滩、王老滩、马家滩、西山脚及西河口 6 个农场，开垦荒地 9000 余亩。解决了职工吃粮问题，使职工渡过了低标准困难时期，同时保证了工程建设的继续。纵观水电三局发展的轨迹，充分体现了这一光荣传统的延续。

二、自强不息、诚实守信、乐于助人、公而忘私的传统

水电三局成立至今，在计划经济时期，认真执行国家指令，按时完成施工任务。在市场经济中，严格履约合同条款，按业主的要求完成各项工程目标，努力做到使业主满意。在国家发生灾害和困难时，企业与职工同时伸出援助之手，奉献爱心，承担应尽的社会责任。2000～2006 年水电三局连续 6 年荣获建设银行 AAA 信用等级；2005 和 2006 年获“中信银行 AAA 级企业”称号。

三、积极进取、勇于开拓、勇攀高峰的传统

水电三局始终坚持科技兴局、人才兴局、创新强局的发展战略，积极引进新技术、新工艺、新材料、新设备，多项科技成果在国家和省部获奖，多项“工法”被确定为国家级“工法”。西龙池蓄能电站创造了斜井开挖偏斜率 0.64%和竖井偏斜率 0.3%的全国最好成绩，同时采用国内国防激光仪首次代替进口激光仪成功。参建的青海黄河公伯峡水电站工程、云南大朝山电站枢纽工程荣获中国建筑工程鲁班奖，青海黄河公伯峡水电站工程还荣获中国土木工程“詹天佑奖”。

四、吃苦耐劳、勇于拼搏、敢打硬仗的传统

水电三局是一支具有光荣历史、特别能战斗的施工队伍，是一支能吃苦耐劳、勇于拼搏、敢打硬仗的水电铁军。在黄河上修建了著名水电工程，曾被地方政府誉为战黄河的英雄；攻坚克难，在祖国水电建设史上创建过骄人的业绩。大峡电站工程创造了 26 个月浇筑完一个河床式电站的全国纪录；三峡电站施工中的岩石开挖、混凝土浇筑创出品牌；创造了三峡新型 MQ2000 门机拆除 17 天，安装 24 天的全国最新纪录；景洪水电站大坝碾压混凝土施工取出 14.13 米长的芯样，创当时国内碾压混凝土施工的最新纪录。

第二节　文明单位创建活动

水电三局文明单位创建活动从20世纪80年代初起步，经过20多年发展，逐渐达到“三创建”的正常化、规范化状态。

1984年，水电三局在深入开展“五讲”“四美”“三热爱”的活动中，提出了开展创建文明单位工作。1985年局党委下发《关于开展创建文明单位活动的通知》，提出了水电三局年度内创建文明单位三步走的计划。一是各单位制订创建文明单位规划，并发动群众付诸实施；二是及时总结创建文明单位经验成果，开展创建文明单位检查；三是在全局评比的基础上进行重点指导。提出了水电三局年度创建目标：一个处级单位，五个中队、科室，十个班组。制定了五条创建文明单位的具体要求（包括考核标准）：①完成全年计划任务，经济效益好；做到科学管理，文明生产。②严格执行党的政策和国家法令，无严重经济犯罪问题。③认真完成干部、青工系统教育计划，在抓好思想建设，建立良好秩序上取得显著成绩。④积极办好职工生活福利事业，开展职工业余文化活动。⑤形成人人清洁、讲卫生的好风气，在创造环境美中做出显著成绩。

1986年，工程局党委又下发了《关于1986年创建文明单位活动的安排意见》，提出年度主要任务是按照文明单位的条件加强工作并组织考核检查。工程局党委决定健全三级考核制度。水电三局对处级单位实行半年考核；各单位对中队科室实行季考核；中队对班组实行月考核；采取全面考核和单项考核相结合的方法。

1987年，水电三局成立精神文明建设领导小组，1990、1995年和2004年1月分别对领导小组成员进行了调整，历任组长：赵庆安、陈庆和；副组长：史振宇、赵国伟、刘洪学、姜玉村、吴新琪、付胜利、吴家明。领导历年全局的精神文明建设工作。

1987年，提出开展“创建文明单位，争当文明职工”活动。一是治理脏、乱、差，改变张岭面貌；二是从局机关做起，开展创建文明机关大院活动。水电三局制定了《处级文明单位考核标准（试行）》和《文明职工考核标准（试行）》，规定对文明单位不搞终身制，实行一年一评比，一年一命名，保持文明单位的先进性。

1990年4月27日，制订颁发了《水电三局文明单位建设管理办法》，共8章25条；对文明单位的条件、建设、评比命名、管理、奖惩都作了详细的规定。12月22日，水电三局九个单位获市级文明单位，幼儿园被命名为安康地区文明单位。

1991年，提出把水电三局建成市级文明单位的重要目标，制订下发《水电三局创建市级文明单位规划》。整个创建工作围绕一个“防”字，突出一个“实”字，坚持一个“严”字。年终，水电三局被命名为“安康市文明单位”。

1992年，水电三局提出打破文明单位终身制，严格执行“升、降、撤”制度，对文明单位实行星级管理，以三星级为起点，标准为三星级、四星级、五星级，当年命名的文明单位为三星级文明单位，升至五星级文明单位，方可申报上一级文明单位；降至三星级文明单位，将给予黄牌警告，并限期改正，整改后，还未能达到要求的将给予摘牌处理。当年水电三局第三工程处与总参某部驻安通信连的军民共建活动获安康市的表彰。

在创建文明单位的同时，水电三局还开展了文明科室、文明车间、文明厂队、文明班组、文明宿舍、文明家庭的创建活动。每年底对已经命名的局级文明单位进行复查。

从1994年起，水电三局提出创建文明小区的工作，同时把精神文明建设向外包工程扩展，重点抓好文明施工，开展文明施工项目、文明施工现场的工作。

1995年，继续开展文明单位、文明小区、文明施工现场、文明施工项目的创建活动。

1996年，水电三局制订的《水电三局改革与发展四年规划（1996～1999年）》中，提出的创建文明单位目标是：建成局级文明单位（含文明施工现场、文明施工项目）120个；建成市级文明单位25个，地区级文明单位14个，省部文明单位8个；创国家级文明单位1个；建成文明家庭350个。当年，水电三局及下属2个单位申报创地区级文明单位，有5个单位申报创市级文明单位。按照“整顿、巩固、提高、发展”的要求，对各级文明单位实行动态管理。开始命名文明施工项目。

1997年，水电三局制订下发《中国水利水电第三工程局1996～1999年精神文明建设规划》，从指导思想和工作目标、主要任务、创建文明单位、保证措施4个方面确定了目标任务。依据规划，水电三局每年对精神文明建设工作都要做出年度工作安排，并对创建工作提出新的工作要求。

2000年，水电三局下发《关于在全局开展创建文明施工项目活动的通知》，水电三局下属各单位按照文明施工“六达标（队伍建设、工地环境建设、安全生产、工程质量、经济效益、施工进度）”的管理要求，组织开展创建文明施工项目活动。“六达标”标准共计103项，对申报项目逐项进行量化考核。

2002年，水电三局提出创建文明施工项目要以倡导职业文明为核心，以行业规范管理为标准，以科学管理为手段，以岗位创优为重点，以经济建设为中心，同落实贯标工作结合起来，同青工“比武”、岗位练兵、创建青年文明号结合起来。

2004年2月，水电三局根据水电建设集团公司党组《关于进一步开展创建“文明工程、文明小区、文明机关”的通知》精神，制订下发《水电三局文明工程、文明小区、文明机关建设管理办法》，在全局范围内开展创建“文明工程、文明小区、文明机关”为主要内容的“三创建”活动，对文明施工项目条件、文明小区条件、文明机关条件、创建的程序、命名奖惩重新进行了明确和界定；同时制订了《文明施工项目考核实施细则》、《文明机关建设考核实施细则》、《文明小区建设考核实施细则》。此后，水电三局创建工作更加规范地开展，并紧扣实际，增加新的内涵。

2006年，水电三局表彰文明施工项目7个，文明机关1个。水电三局幼儿园和安装公司通过了省级文明单位的复查。

第三节　企　业　形　象

中国水利水电第三工程局组建于1958年8月，属中国水利水电建设集团公司成员企业，是建筑企业中集施工、科研、设计、采购、监理、咨询为一体的特级大型骨干企业。企业资质等级为：水利水电工程施工总承包特级，公路工程施工总承包贰级，房屋建筑工程施工总承包贰级，市政公用工程施工总承包贰级，土石方工程专业承包壹级，钢结构工程专业承包壹级，试验室壹级，测绘甲级，工程监理乙级，工程设计乙级，工程勘测乙级。1998年获“质量管理体系”认证证书，2005年获质量、环境和职业健康安全“三合一”管理体系认证证书，2006年获得全国“五一劳动奖状”，2008年完成“三合一”管理体系扩项复评审核。

水电三局以水利水电工程为主导产业，同时涉足公路工程、工业与民用建筑工程、市政工程、铁路工程。年主要施工生产能力为：土石方开挖2500万米^3，混凝土浇筑400万米^3，钻孔及灌浆20万米，金属结构制作安装3万吨，机组安装100万千瓦，工业民用建筑10万米^2，高等级公路50千米。

水电三局拥有一个团结奋进、高效运转的领导集体，总部设有市场开发、企业发展、生产经营、工程科技、人力资源、安全质量、设备物资、财务资金等17个职能部门。企业内部体制改制和机构重组后，现共有4个各类资源相对集中、综合实力较强、具有大规模施工生产能力的区域综合分局，四个专业施工分局，以及勘测设计研究院、劳务公司和监理公司。

水电三局是一个跨行业、跨地区及国际业务经营的大型多元化企业，综合实力雄厚，财务状况良好，注册资金3.02亿元，企业拥有总资产23亿元。水电三局致力于科技人才的培养和使用，已造就了一大批技术素质高、施工经验丰富的各类专业技术队伍。有员工1.2万余人，各类专业技术和管理人员3400多名；具有高级工程师、高级经济师、高级会计师、高级政工师及其以上职称的400余名，持证建造师87名，持证项目经理近100名，持证监理工程师55名；中级职称1200名，各类高级技师、技师375名。水电三局现拥有配套的各类主要施工机械设备近8600台（套）（包括各类大型主导设备），能满足开挖、基础处理、混凝土浇筑、金属结构制作安装、机电安装、公路工程、房屋建筑及市政工程的施工需要，可确保企业年施工能力50亿元工程施工的正常进行。

水电三局先后在国内外承建了百余座大、中型水利水电工程及其他建筑工程，参加了举世瞩目的长江三峡水利枢纽工程、向家坝水电工程、黄河小浪底水利枢纽工程和南水北调工程的施工建设。其中，承建或参加施工的坝高100米以上的电站工程项目30余座，装机150兆瓦以上的厂房工程近40座。在混凝土重力坝、混凝土碾压坝、土石坝、面板堆石坝、混凝土拱坝、混凝土闸坝及船闸、发电厂房（含地下厂房）、导流工程、高边坡及厂坝基础开挖支护、引水发电及压力管道工程、泄洪工程、输水工程、基础处理工程、砂石混凝土系统、电站交通工程、机电安装、金属结构制作安装、高等级公路、房屋建筑、市政工程施工方面以及工程设计、工程缺陷处理、工程试验、工程安全监测方面都各自创出一批优秀的代表性工程；尤其在高边坡及厂坝基础开挖、混凝土重力坝及碾压混凝土坝、地下厂房及大坡度超长斜井施工、草土及土石围堰、高强度压力钢管制安、PCCP管安装、高寒地带混凝土抗冻抗渗方面创出了自己的品牌。

水电三局积极参与国际工程项目的施工与经营，先后参加并完成了伊拉克摩苏尔水坝、阿尔及利亚布库尔丹水坝和阿尔及利亚罗斯法水坝、阿联酋白纽纳污水处理、尼泊尔凯利大吉闸门启闭机安装工程等项目的施工。

中国水电三局承建和参建的工程屡获殊荣。参建的青海黄河公伯峡水电站工程荣获2008年中国土木工程“詹天佑奖”、2007年度中国建筑工程鲁班奖（国家优质工程）和“中国电力优质工程奖”。云南大朝山电站枢纽工程荣获2004年中国建筑工程鲁班奖（国家优质工程）。甘肃黄河小峡水电站工程获得全国电力行业优质工程和甘肃省建设工程“飞天金奖”。安康水电站、陕西石门水库、石泉水电站工程、云南漫湾水电站截流工程、黄河大峡水电站、株洲航电枢纽工程、黄河沙坡头水利枢纽、公伯峡水电站、小峡水电站工程、京沈高速公路102国道、合徐高速公路、汉中市电信大楼等等众多工程获省、部级优良工程奖等荣誉。施工技术方面，水电三局获得22项中国企业新纪录。

水电三局始终坚持“信守合同、讲求信誉、开拓创新、科学管理”的理念，确保施工质量、工期，注重安全、环保，牢固树立大局、强局的企业形象。水电三局自1991年以来连续17年被陕西省人民政府评为“省级先进企业”和“重合同守信用”企业，2000年以来连续被中国建设银行和中信实业银行评定为AAA级信用等级企业，被多家信用协会多次评为信用企业。1999～2005年连续被中国水利水电建设集团公司和陕西省人民政府授予年度“安全生产先进企业”；2005年度“陕西省经济领跑企业”。

水电三局以科学发展观为指导，自强不息、勇于超越、同心同德、与时俱进、开拓进取、不断创新，全面打造“中国水电”品牌工程，树立了“创优、诚信”的良好企业形象。

第二章　企　业　文　化

企业文化是企业的灵魂，为企业的持续发展提供精神动力和智力支持。长久以来，中共水电三局党政组织进行了不懈地企业文化培育和建设工作。水电三局的企业文化建设发展，积累形成的企业精神、优良作风、核心价值观，是通过长期的思想政治教育和自办有线广播、闭路电视、企业报纸、刊物等文化载体和开展丰富多彩的文化活动来实现的。

第一节　有　线　广　播

20世纪90年代前，有线广播是水电三局主要的舆论宣传工具，在承建青铜峡水电站工程、石门水库工程、石泉电站工程、安康水电站建设时都设有水电三局广播站，二级单位设有广播室，均配备功放机等广播设备，架设高音喇叭，声音覆盖整个电站建设工地和职工居住区。

（1）机构编制：中共水电三局党委宣传部在局机关所在地设置局广播站。工程局机关从大沙坝搬迁张岭基地办公后，1982年将前方（工地）广播改为分站。广播站配有采、编、播人员、专业技术人员10多人。局属各施工生产单位都设有广播室（1～3人），负责对本单位和厂区职工家属的广播。

（2）工程局广播站面对整个水电三局所在地和后方职工家属区，实行早、中、晚三次播音；前方广播站随工地生产施工作息，实行三班广播，除定时转播中央和省新闻节目和自办新闻及文艺节目外，还随时听从局领导及局调度室的安排，及时播送工地放炮、抗洪抢险等通知，直接为生产建设服务。前后方广播稿件互相传递选播，保证水电三局信息和政令畅通，步调一致。各厂、队广播室，除每天定时转播局广播站节目外，还不定时地广播本单位的大事要闻，服务于职工生产生活。

（3）工程局党委宣传部适时召开宣传工作会议布置报道要点，不定期地举办学习班培训通讯员和广播员，建立健全全局的新闻宣传体系。广播稿件内容，认真坚持正面宣传教育为主的原则，主要宣传党和国家的方针政策、水电三局的经济政治文化动态及大事要闻、企业改革步伐、工程建设的计划进度及其完成任务情况、科技文教卫生成果、评先创优的先进事迹及各行各业涌现出来的好人好事等，鼓舞职工的斗志，促进两个文明建设。

水电三局广播站在很长时期对广大职工和家属的生产、学习、生活影响很大，取得了很好的宣传效果。1980 年，工程局广播站一人应邀在陕西省人民广播电台播送小说。1991 年 5 月水电三局首次参加“安康地区广播电视优秀播音评比”，共有 10 县 11 个单位 35 件作品参评，水电三局新闻宣传处选送的作品有 1 篇 2 人获得新闻播音一等奖、1 篇 2 人获得二等奖；1 篇 2 人获得主持人节目二等奖；有 2 篇 3 人分别获得电视节目播音二、三等奖；有 2 篇论文分别获得播音论文三等奖。

根据国家的有关要求和广播电视管理的有关规定，1992 年 10 月撤销局广播站，从此企业广播退出水电三局的历史舞台。

第二节　电　　视

一、电视差转台

建设安康水电站初期，工程局在电站建设工地火石岩设置一个小型电视转播台。1978 年 4 月，工程局机关由安康城迁址电站工区大沙坝就成为企业内部的政治经济中心。为与党中央保持一致，改善职工条件，丰富文化生活，局技术处和局广播站技术人员翻山越岭测试信号，选址大沙坝山顶建起电视差转台，1985 年 12 月 15 日开通，大沙坝场强达 64 分贝，紫荆场强高达 72 分贝，职工收看到清晰的中央和陕西省的电视节目。随着通信卫星的发展，水电三局将大沙坝山顶的电视差转台转移下来，建起的大沙坝卫星电视转播台于 1988 年 10 月 1 日正式开播，住在工地的职工收看电视节目的质量得到提高。

二、有线电视

（一）有线电视台的组建

1984 年 10 月，水电三局职工培训处建立起张岭基地闭路电视台。1988 年水电三局体制改革，5 月 5 日以局劳字［1988］第 38 号文成立水电三局新闻宣传处，将原归职工培训处管理的“闭路电视台”（电教中心）与局党委宣传部摄录组、局广播站合并成立“广播电视科”，归属局新闻宣传处。局新闻宣传处在原有的闭路电视电教设施的基础上，添置设备，改善线路扩大用户，使闭路电视信号覆盖了张岭基地。同时配备编、采、播及技术人员，建立健全组织机构，制订建立广播电视管理等 14 项规章制度，积极筹办局内新闻节目。1988 年 8 月 1 日，在“闭路电视台”（即有线电视台）创办起《本局新闻》节目，使电视节目走上正规化。还将图像新闻、电视专题片投送安康地区电视台、陕西省电视台、中央电视台播出数百条（部）；有数十条（部）电视新闻及专题片获得全国水电系统及陕西省和安康市新闻工作者协会好新闻作品一二三等奖，提高了水电三局的声誉。水电三局有线电视台在不断完善和提高中也取得了合法地位，1990 年 1 月 20 日经安康地区广播电视局批准，由陕西省广播电视厅颁发了《陕西省有线电视播放许可证（闭甲编 001 号）》。

1990 年 2 月 6 日，以局党字［1990］第 14 号文撤销局新闻宣传处，又归属局党委宣传部。同年 11 月，水电三局有线电视台被全国有线电视台协会审查吸收为会员单位，成为继葛洲坝水电三局有线电视台之后的第二家水电系统有线电视台会员单位。1992 年 12 月 15 日在原新闻宣传处广播电视科的基础上，正式成立“水电三局有线电视台”，归局党委、水电三局双重领导，业务接受局党委宣传部指导。有线电视台编制：设台长、副台长各 1 人，编辑、记者 10 余人，播音员 1～2 人，技术人员和线路安装维修人员 6 人，前方转播台 4 人共计 20 余人，后来陆续减少。

1995 年初水电三局成立新闻中心，负责管理局报社和有线电视台（站）。截至 2006 年，历任领导：主任：叶沛华、刘波、胡新明；副主任马世平；主任工程师王礼加。

按照国家关于企业有线电视管理有关规定，1997 年 10 月 7 日起，水电三局有线电视并入安康市有线电视网络。水电三局有线电视台更名为电视管理科，成立水电三局安康基地电视站。

（二）收视情况

有线电视台自 1988 年 8 月 1 日起创办《本局新闻》节目以来，就成为主要的电视节目，内容包括工程施工情况、电视专题片、新闻人物专访、电视散文等。每周一首播，周三与周五重播，每次播出半小时左右。此后将《本局新闻》的录像带送往关庙、汉中基地及部分外包工程项目部播放，深受职工群众欢迎。《本局新闻》的播出方法是：与安康市有线电视联网前是单独播出，联网后是插入地方台的频道播出。自办新闻节目播出后播放文艺片。

水电三局有线电视台建成初期是采用数个卫星接收天线，接收安康城南电视转播信号。1990 年 6 月 5 日，张岭基地地面卫星（电视）接收站通过验收正式投入使用，有线电视三期扩网工程顺利完成，近 5000 户职工可以看到 9 个电视台的节目。1995 年 5 月水电三局投资 140 万元对张岭基地有线电视系统进行改建，10 月 1 日新电视系统投入运行。1995 年后，水电三局张岭有线电视输送网同安康市城区有线电视网连接，原有卫星接收转播停止使用，收视频道增加到 40 多个。

1991 年 7 月 14 日，正式动工对汉中基地有线电视进行扩网工程施工，11 月 14 日竣工，经水电三局验收组认真检查和测试，被定为优等工程，大大提高了基地职工和家属的收视效果。1996 年水电三局投资 7 万元对汉中基地有线电视系统进行扩容改造，12 月 25 日工程竣工开播，使汉中基地职工和家属看上了清晰的 15 套电视节目。1997 年水电三局投资 15.8 万元，对安康关庙基地微波传输张岭全套节目的系统进行改网建设。同时又投资 5.45 万元，在汉中基地增加安装了加密频道设备，1998 年元旦前竣工。使安康关庙和汉中这两个基地的职工和家属看上了中央电视台的电影频道、文艺频道、体育频道和河南卫视等加密频道等 40 个电视节目。

水电三局有线电视始终以党的路线方针政策为指导，围绕企业生产经营、精神文明建设工作办好节目，在企业两个文明建设中发挥了积极作用。

第三节　企　业　报　纸

工程局在建设青铜峡水电站时，办有《青铜峡报》和《青铜峡工程报》；在建设石泉水电站和安康水电站时，办有《水电通讯》和《安康电站报》，后改名为《水利水电报》，之后又改为《水利水电新闻》。

一、《青铜峡报》

1958年，青铜峡工程局成立后，局党委十分重视党的宣传鼓动工作，申请创办《青铜峡报》。中共宁夏回族自治区工委（党委）宣传部批准后，宁夏工委组织部从上海《解放日报》社支援《宁夏日报》社工作的人员中抽调了4名编辑、记者，于1958年12月15日创办了《青铜峡报》，为中共青铜峡工程局委员会机关报，四开四版周二刊，后来编采人员增加到7人。《青铜峡报》创办之初由宁夏吴忠县印刷厂印刷，后改由《宁夏日报》社印刷厂印刷，工程局印刷厂成立后由工程局印刷厂印刷。报纸发行800份，发行范围为水电部系统各单位、工程局机关科室、工区厂队、班组。

《青铜峡报》主要传达自治区党委和工程局党委的意图和要求，报道施工进展情况，交流施工经验，反映好人好事以及职工群众的学习、生活、文化活动等，《宁夏日报》经常转载其稿件，宁夏回族自治区广播电台时常播出其稿件。

《青铜峡报》的发行，在广大职工中宣传党的路线、方针、政策，鼓舞了职工群众的斗志，对青铜峡工程建设起到了积极的促进作用。后来由于受自然灾害困难的影响，《青铜峡报》于1962年3月停刊。

二、《青铜峡工程报》

经中共宁夏回族自治区党委宣传部批准，于1965年10月1日创刊，是中共青铜峡水利工程局政治部机关报，为四开四版周一刊，共有编采人员3人。《青铜峡工程报》兼有企业报和地方性报两重身份，报道了许多当地新闻，面向工程局基层生产班组，面向地方党政机关，限额免费发行2000份，并上报主管单位。该报当时是宁夏的第二张铅印报纸影响很大。后因“文革”爆发，于1966年6月下旬被迫停刊。

三、《安康电站报》—《水利水电报》—《水利水电新闻》

《水电通讯》是《安康电站报》的前身，创办于1976年7月1日。为水电四局石泉分局政治部主办的内部刊物，四开四版周一刊，有重大政治活动时加版发行，发行量800份。随着安康电站工程施工的全面展开，1979年12月17日，《水电通讯》更名为《安康电站报》，为四开四版周一刊。报纸发行量增加到1500份，免费发送到全局各单位职工，平均每10人1份。同时上报水电部办公厅、水电总局、省委宣传部和安康地委的有关领导。1985年4月，经陕西省委宣传部、新闻出版局审查审核正式登记（陕西省内部报刊登记第003号），并在国家新闻出版总署备案。1990年安康电站报社被评为陕西省宣传工作先进单位。安康电站发电以后，为适应新的形势，水电三局党委向陕西省新闻出版局提交了《关于安康电站报更名的报告》，经批准，1991 年 12 月 16 日，《安康电站报》更名为《水利水电报》，并颁发了《陕西省内部报刊准印证》（编号为第 028 号）；后来，陕西省新闻出版局重新批准刊号（陕西省内部报刊统一刊号：SX11－0108），并在报头上刊登。1995 年 5 月，《水利水电报》被评为陕西省一级内部报纸，允许在报头刊印“陕西省一级内部报刊”字样；1996 年 10 月，《水利水电报》再次被评为陕西省一级内部报纸，这一荣誉连续保持了 5 年。根据国家新闻出版总署和陕西省新闻出版局的文件要求，经陕西省新闻出版局批准，2002 年 7 月 1 日，《水利水电报》更名为《水利水电新闻》陕新出内印字第 S9100 号，为内部资料性出版物。2004 年 1 月 22 日，《水利水电新闻》经陕西省新闻出版局再次审查，批准使用“陕新出内印字第 9850 号”出版发行。

《水电通讯》时编采人员 2 人，更名为《安康电站报》时增加到 3 人，1982 年两局合并后陆续增加，最多时编采校对人员达到 8 人。长期以来，报社由局党委宣传部一名副部长或新闻中心副主任主管，1987 年始明确社长职务。从 20 世纪 80 年代始，水电三局报社分别为中国水利电力新闻工作者协会、中国水利电力新闻学会、中国企业报新闻工作者协会、陕西省新闻工作者协会、陕西省企业报新闻工作者协会、安康地区新闻工作者协会会员单位。

《水利水电新闻》作为企业内部刊物发行至今，在水电三局发展的各个历史时期始终坚持党的路线方针政策，坚持团结、稳定和以正面宣传为主方针，始终坚持以科学的理论武装人、以正确的舆论引导人、以高尚的精神塑造人、以优秀的作品鼓舞人；率先报道三峡工程选址、西电东送、水电前途的论证等文章；结合水电三局实际，不定期地开办《理论教育》、《职工园地》、《读者来信》、《名人格言》、《他山之石》、《班组生活》、《献计献策》及《科学之光》等数十个专题专栏，还充分利用报纸中缝刊登“生活顾问”，努力做到贴近工程、贴近生活、贴近群众，增强新闻舆论宣传的针对性和吸引力，以报道本局的施工生产，经营管理为主要内容，贴近广大职工的生活气息，充分反映出水电三局在工程建设过程中的状况和广大职工艰苦创业、英勇奋斗的精神面貌，宣传企业形象和职工队伍精神风貌，扩大了水电三局的社会影响，提高了企业的知名度，鼓舞了水电三局一代又一代的水电职工，为企业的稳定和持续发展作出贡献。同时报纸还敢于揭露一些单位不重视安全、不关心群众生活的现象，起到了一定的舆论监督作用。

1983 年安康遭受特大洪灾，通信中断，地方广播电视及报纸全部停刊停播，《安康电站报》社 3 名编辑记者夜以继日地工作，出版发行灾后第一张报纸，并打破周报的规律，半月出刊发行报纸 7 期，完整记载了抗洪抢险全过程，并扩印分发给受灾群众，及时传达了党中央、国务院及陕西省委、省政府对灾区人民的关怀，迅速宣传报道了广大军民共同抗洪救灾的英雄事迹，为许多新闻单位记者和文学创作者提供了宝贵的素材，后被中国军事博物馆收藏，企业报起到了地方党报的作用，充分发挥出党的宣传舆论工作的战斗作用。1984 年 11 月，在京成立中国水利水电新闻工作者协会大会上《安康电站报》受到表彰奖励。

水电三局报社在搞好水电三局内部宣传报道的同时，积极向中央及省部级新闻媒体投稿数百篇被采用，其中安康电站截流、下闸、发电等工程项目及劳动模范和先进集体先进个人的事迹，分别被刊登报道，提升了水电三局的声誉，《安康电站报》被载入《中国新闻年鉴》。报社选送参加各级新闻工作者协会“好新闻”评比活动，先后有数百篇作品分别获得一二三等奖。

第四节　思想政治工作和敬岗爱业教育

伴随工程建设，水电三局党政工团组织持续开展对职工的思想政治工作和敬岗爱业教育活动。一是各组织根据不同时期的政治任务，在年度工作中对思想政治工作、敬岗爱业教育活动的开展作出具体安排，提出要求。20 世纪 90 年代初期，实行政治员制度，在班组里设 1 名政治员，负责组织职工政治学习及日常职工思想工作；二是各组织根据自身特点和优势，通过多种形式，设计多样载体，如黑板报、宣传专栏等，把思想工作融入日常管理工作中；三是组织专项活动，大力开展向先进人物学习，激发职工敬岗爱业、发扬主人翁精神、立足岗位作贡献的工作热情；四是每年开展评先树模表彰活动，形成外有榜样内有标杆赶超氛围。

在长期的思想教育过程中，水电三局总结概括出思想政治工作方针，即坚持疏通引导。主要方法是：①说服教育，以理服人；②促使矛盾转化，一把钥匙开一把锁；③运用社会舆论力量，造成健康向上的社会风气；④采取各种形式，进行革命传统教育和先进典型示范；⑤经常注意思想动向，把工作做在前头。主要原则：①必须坚持物质鼓励与精神鼓励相结合的原则；②必须坚持解决思想问题与解决实际问题相结合的原则；③必须坚持思想政治工作与各项具体业务相结合的原则。

20 世纪 90 年代初，为激发职工的敬岗爱业精神，配合安康电站施工高潮，由局党委发起，宣传部负责在全局征集企业精神和敬岗爱业歌词。经过收集和整理，确定了《三局职工敬业歌》歌词，由局子弟中学老师张兰喜谱曲，在全局职工中组织传唱。此次征集活动亦是一次集中的敬岗爱业教育活动。

(附原歌调曲)

三局职工敬业歌

——代局歌

1=F2/4　　　　集体创作　词

坚定、热情、豪迈地进行速　　　　**曲: 张兰喜**

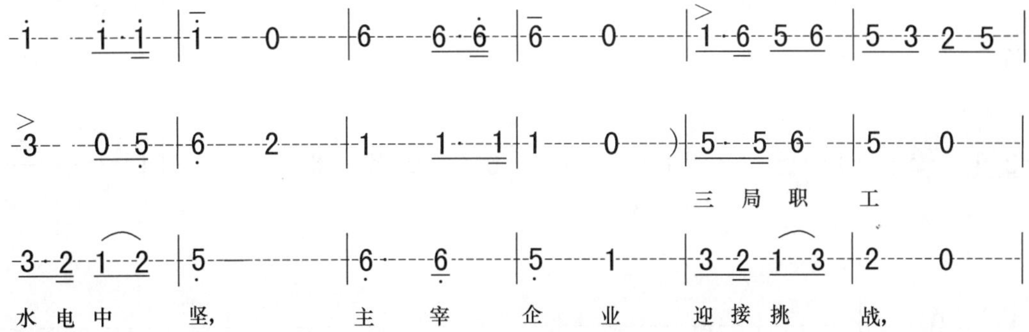

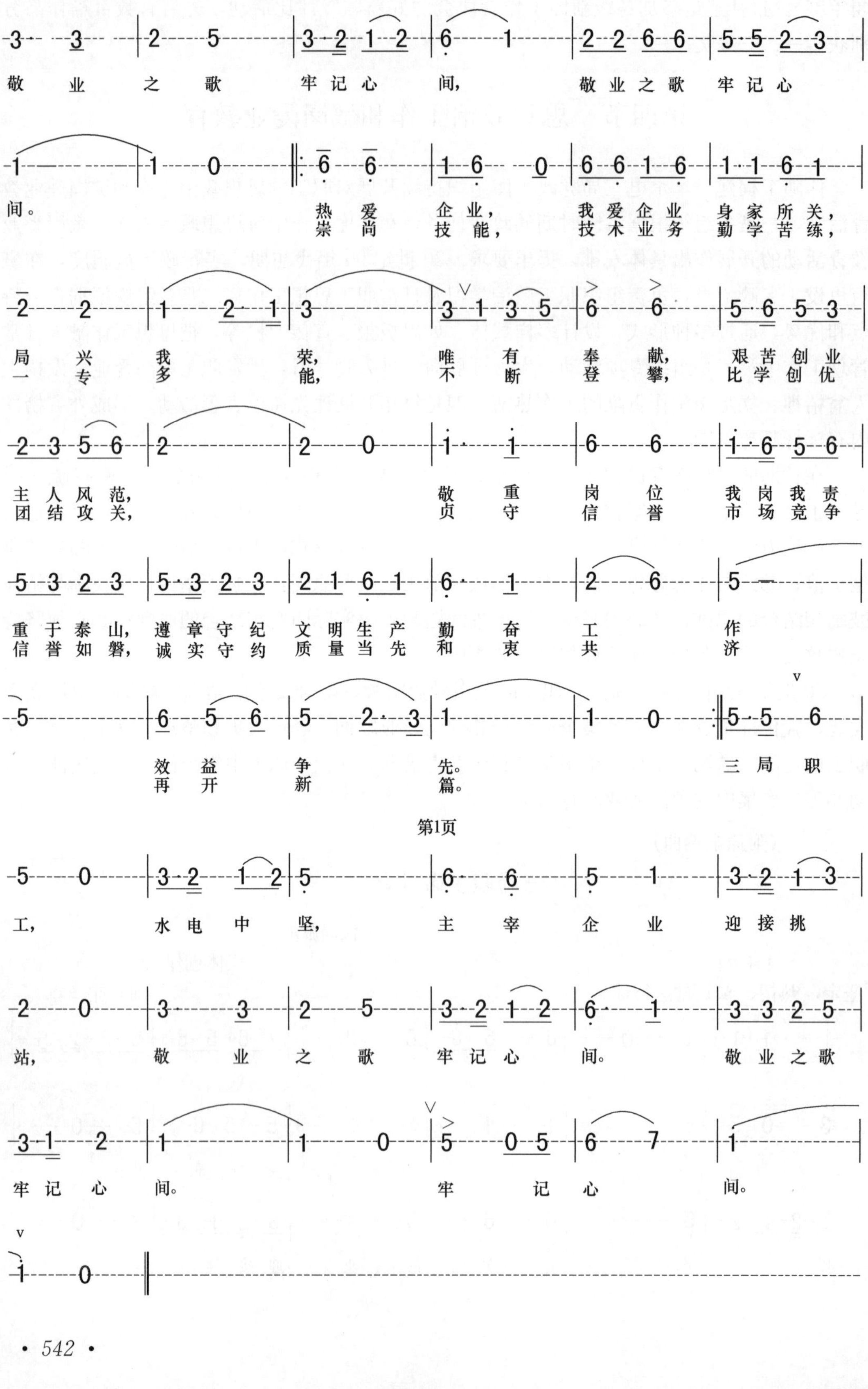
敬 业 之 歌 牢 记 心 间，敬 业 之 歌 牢 记 心
间。 热 爱 企 业， 我 爱 企 业 身 家 所 关，
崇 尚 技 能， 技 术 业 务 勤 学 苦 练，
局 兴 我 荣， 唯 有 奉 献， 艰 苦 创 业
一 专 多 能， 不 断 登 攀， 比 学 创 优
主 人 风 范， 敬 重 岗 位 我 岗 我 责
团 结 攻 关， 贞 守 信 誉 市 场 竞 争
重 于 泰 山，遵 章 守 纪 文 明 生 产 勤 奋 工 作
信 誉 如 磐，诚 实 守 约 质 量 当 先 和 衷 共 济
效 益 争 先。 三 局 职
再 开 新 篇。
第1页
工， 水 电 中 坚， 主 宰 企 业 迎 接 挑
站， 敬 业 之 歌 牢 记 心 间。 敬 业 之 歌
牢 记 心 间。 牢 记 心 间。

第五节　职工业余文化创作

1983年，水电三局成立了局文学艺术协会（简称局文协），培养和组织了一个10余人的业余文学创作组，很快创作了一本报告文学集《风雨同舟》，随后又创办文学刊物——《水珠》。

一、报告文学《风雨同舟》

全部内容是采编自水电三局职工在安康特大洪灾中涌现的抗洪救灾英雄模范人物的真实事迹，全书共20篇，并配有10多幅现场拍摄的珍贵照片资料；共5万字左右，其中3篇作品是北京作家雷加、安徽作协理事孙肖平等专业作家所撰写；孙肖平应邀为《风雨同舟》主编，党委宣传部副部长周定华为副主编，印数1000册，免费发送到局属各单位和水电系统各单位。

二、创办内部文学刊物《水珠》

水电三局职工业余创作的文学刊物《水珠》创刊于1986年6月，创刊号有水电总公司领导人王干国和刘冠山的题词。

《水珠》初定为季刊，每期有短篇小说、报告文学、诗歌散文，以及绘画摄影等文学艺术作品30～40篇，作品大部分来源于本局职工的业余创作，其中也有广西、湖南、湖北、河南、汉中、丹江等地水电系统职工的来稿。

三、创作职工业余文艺演出节目

1983年参加总公司举办的西北区文艺汇演共有6个节目获奖。20世纪90年代由水电三局集体作词，局中学音乐老师张兰喜作曲而创作的《三局职工敬业歌》在职工中传唱。

四、各类文艺作品展出

局文协不定期地组织举办职工业余文艺作品的展览和评比活动，展出时间一般在重大节假日之间，展出的作品有书法、美术、摄影等，并对评比出来的优秀创作予以奖励。

文艺作品展览一般在局展览厅举办，其中局子弟二校的小板画家画展，得到陕西省文化文物厅、中国美术协会陕西分会和安康市教育局、群众艺术馆等单位支持，在西安市文化艺术走廊展厅举办，共展出小学生版画379件，展后编印成专辑发送。

第十二篇　企业监督

第十二篇　企　业　监　督

第一章　企　业　审　计

第一节　机　　构

根据水利水电部及水电总公司关于所属单位建立审计机构及实行内部审计监督的要求，水电三局于1984年12月11日设立审计处，李学英任处长。1994年7月将财务处与审计处合并成立财审处，李秀梅任财务（审计）处处长；刘玉建、胡伟任副处长。

1996年1月30日，水电三局决定撤销财务审计处，分别成立财务处和审计处。

水电三局机关迁址西安后，1999年5月12日局机关机构调整仍设立审计处。截至2006年历任领导。处长：李学英、李秀梅、胡伟、邱建康；副处长：樊荣钊、张立选。

第二节　建　章　立　制

水电三局认真贯彻执行国家和水利水电行业的各项规章制度外，逐步建立健全企业内部审计工作的各项规章制度。

一、水电三局印发并贯彻执行上级主管部门规章制度

1986年4月10日，印发水电总公司《关于对各单位对外经济合同的管理制度、办法进行审计的通知》。同年7月7日，印发水电总公司转发水电部《关于印发审计工作暂行规定的通知》。

1987年6月19日，印发水电部财务司《转发财政部〈关于会计事务所财务收支管理和人员待遇的若干规定〉》。10月17日印发水电部审计局转发国家审计署《关于印发〈关于审计事项保密问题的暂行规定〉的通知》，并贯彻执行。根据中共中央、国务院颁发的《全民所有制工业企业厂长工作条例》和审计署《关于开展厂长离任经济责任审计工作的几个问题的通知》规定，12月31日印发水电部水电审计字第12号文印发执行《水电部厂长任期经济责任审计暂行办法》。

1988年10月15日，印发能源部审计局审字［1988］12号文转发审计署审法字［1988］190号文《关于全民所有制工业企业承包经营责任审计的若干规定》。11月17日印发能源部审计局审字［1988］16号文转发审计署《关于印发〈审计专业证书〉教育工作的暂行办法》的通知。

1989年2月18日，印发能源部审计［1989］140号文《关于颁发〈能源部内部承包经营责任审计暂行规定〉、〈能源部关于楼堂馆所建设项目开工前审计实施办法〉的通知》。2月23日印发能源部审计局《转发审计署〈关于驻地方派出机构业务工作管理的若干规定〉和〈关于驻部门审计机构工作制度的若干制度〉的通知》。8月25日印发能源部审计局审字［1989］39号文《关于转发审计署第一号令〈审计条例施行细则〉的通知》。12月30日印发能源部能源审［1989］22号文《关于贯彻执行〈中华人民共和国审计条例〉的通知》。

1990年1月5日，印发能源部审计局审字［1989］61号文《关于转发审计署第三号令〈审计署关于内部审计工作的规定〉的通知》，1985年12月5日发布的《审计署关于内部审计工作的若干规定》同时废止。2月8日转发能源部审计局审字［1990］5号文《关于开展基本建设项目开工前审计的联合通知》。根据审计署《审计条例》及部审计局加强内部审计工作的有关规定，3月7日印发能源部西北审计分局能西北审字［1990］2号文《制定下发〈能源部西北审计分局内部审计事项工作细则（试行）〉》，以希共同把审计工作的“三化”向前推进一步。5月26日印发能源部审计局审字［1990］23号文《关于转发审计署审计体系指导司下发的〈中国内部审计标准（草案）〉的通知》，认真组织学习并结合本行业特点试行。自1990年10月1日起施行国家审计署第14号令《关于审计机关办理行政诉讼的暂行规定》。9月12日印发审计署审法发［1990］270号文《关于印发〈审计署关于加强审计执法的若干规定〉的通知》，能源部审计局于1990年10月10日转发遵照执行。

二、水电三局转发并贯彻执行上级主管部门规章制度

1986年3月12日，转发水电总公司《审计署关于内部审计工作的若干规定》，与水电总公司《关于内部审计工作的试行规定》。12月16日转发执行水电部《关于水利电力部直属企事业单位财务会计决算审计试行办法》。

1991年1月7日，以局审字［1991］第1号文转发能源部西北审计分局《关于审计中检查出的违纪事项处罚暂行规定》，明确在1991年1月1日前，凡审计中检查出的违纪事项，也按此办法进行处罚。1月7日以局审字［1991］第2号转发《审计署关于加强审计执法的若干规定》和《关于办理复审事项若干问题的通知》。12月22日发局审字［1991］第5号文《关于转发〈国务院关于加强审计执法几个问题的通知〉的通知》，要求局属各单位认真贯彻执行，积极支持审计部门依法行使监督权。

1996年8月8日，以局办字［1996］第21号《关于转发电力工业部经理任期内经济责任审计办法等文件的通知》及其附件1.电力工业部电审计［1996］第370号文《电力工业部经理任期内经济责任审计办法》；附件2.《电力工业部关于对多种经营企业实施审计的意见》；附件3.《电力工业部职工养老保险基金审计实施办法》。

1997年4月8日，以局审字［1997］第06号转发《中华人民共和国国家审计基本准则》。

1999年3月4日，以局审字［1999］第03号转发《总公司内部审计工作实施细则》等4个文件：①总公司内部审计工作实施细则；②总公司实施“厂级审”试行办法；③实施“上审下”试行办法；④总公司施工项目内部审计试行办法。

2001年6月12日，以局审字［2001］第02号文转发国家电力公司《关于建立重大审计事项报告制度的通知》。

三、水电三局制定的规章制度

根据国务院和水电部、水电建设总公司关于内部审计工作的暂行规定，结合水电三局实际，1986 年 4 月 19 日颁发执行《水电三局关于执行内部审计工作试行规定的实施细则》共 16 条。水电三局设审计处，局属各内部核算单位设专职审计员。局审计处的工作受局长直接领导，审计业务上接受水电部审计局、水电建设总公司审计处和地方同级审计机构的指导，并负责向本局和主管上级审计机构报告工作。局属各单位专职审计员行政上受所在单位处长的直接领导，业务上受局审计处的指导，并负责向本单位处长和局审计处报告工作。此文明确了局审计监督的任务、范围；局内部审计机构的主要职权、主要程序等。

1989 年 1 月 2 日，水电三局下发关于对工商企业注册资金实行审计公证的通知。

1997 年 2 月 15 日，以局审字[1997]第 03 号下发《水电三局内部审计工作规定》。共 7 章 26 条，总则附则之外，对审计机构与审计人员、审计机构职责、审计机构权限、审计方式和审计工作程序、奖惩等做出具体规定。2 月 22 日以局审字[1997]第 04 号印发执行《水电三局关于审计出违纪事项处罚的暂行规定》。

1998 年 2 月 10 日，以局审字[1998]第 03 号下发《水电三局领导干部任期内经济责任制审计实施办法》，共 5 章 24 条，明确规定了审计对象及组织实施、审计范围和内容、审计程序和方法、审计报告和评价意见等实施办法。

2000 年 1 月 19 日，以局审字[2000]第 02 号下发《水电三局内部控制制度测评试行办法》，对测评内容、测评要点及测评标准等作出规定。

2002 年 11 月 25 日，以局审字[2002]第 02 号文印发遵照执行《水电三局领导干部任期经济责任审计实施办法》。

2005 年 7 月 20 日，以局审字[2005]10 号文印发执行《水电三局内部审计工作实施细则》。共 7 章 37 条，对审计机构与审计人员、审计职责与审计权限、审计方式和审计工作程序、审计工作要求、审计工作责任等做出了明确规定。原《水电三局内部审计工作规定》(局审字[1997]第 03 号文件同时废止。

2006 年 2 月 10 日，以局审字[2006]3 号印发《水电三局内部控制审计测评实施细则》，共 5 章 18 条。根据《水电三局内部审计工作实施细则》，5 月 12 日以局审字[2006]9 号印发执行《水电三局竣工决算审计办法》，5 月 26 日以局审字[2006]10 号文印发执行《水电三局经营情况审计办法》。

第三节　内　部　审　计

为贯彻执行《水利电力财务监察工作暂行规定（试行)》，1983 年 6 月 13 日局财务处设财务监察员 2 人：戴天利、李淑萍，并聘请 17 人为局属各单位的财务监察通信员。6 月 16 日成立局经济监督委员会并召开第一次会议，推选曹书勤为主任，王培雄为副主任。9 月 16 日召开第二次会议，听取局财务处 1983 年上半年决算报告。

1991 年 3 月 12 日，由组长安玉瑞、主审秦兆勋等 22 人组成的审计署驻西安特派员办事处与国家能源投资公司联合审计检查组来水电三局对安康水电站基本建设项目进行就地审计、检查，先后召开不同范围和形式的汇报、座谈会 30 余次，发出审计底稿 120 余件。

1995年2月27日～3月8日，水电总公司审计组对水电三局1994年履行承包经营协议的情况进行了审计。审计组认为，1994年水电三局较好地履行了承包方的权利和义务，努力实现利润指标，虽未达到协议中所规定的目标，但已扭转了亏损局面。同时，保证了技术改造的投入和国有资产的保全，职工年人均工资比1993年有较大提高[1993年为2917元/(年·人)，1994年为4132元/(年·人)]。

1996年10月21日，审计署驻西安特派员办事处一行到水电三局，对安康水电站建设项目竣工决算进行审计。

1997年4月7日，审计署驻西安特派员办事处一行4人，到水电三局进行为期一个月的审计工作。审计的重点是水电三局1996年财务收支，相关的经营活动等。

水电三局在省、地(市)审计机构和集团公司审计部门的领导下，认真贯彻《审计法》、《审计法实施条例》和《会计法》，紧密围绕水电三局生产经营，加强审计制度建设，开展内部审计工作，为企业健康发展保驾护航。局审计部门按照水电三局计划，每年安排对二级单位进行审计，并完成领导交办的临时审计任务。

据审计部门统计，2000～2006年水电三局共实施审计项目97项，多为财务收支、经济责任、经营情况、竣工决算、清理检查等审计项目；下发审计决定515条，意见331条，建议303条。

2001年3月22日，在国家电力公司召开的审计工作会上，水电三局审计处被国家电力公司授予“审计工作先进单位”称号；局副总会计师胡伟被授予“先进个人”称号。2002年5月10日胡伟被评为全国内部审计先进工作者；2005年6月20日水电三局被集团公司评为2002～2004年度内部审计先进单位，审计处处长邱建康被评为内部审计先进工作者。

水电三局审计部门自2004年起，建立了审计结果内部通报和向水电三局高层提交管理建议书制度，通报从内外部审计检查整改落实情况，被审单位实现利润及主要经济指标完成、查处主要问题和风险等方面，全面客观反映局属单位（项目）管理情况，并针对内控弱点提交管理建议书，提出改进管理建议，以提高经营管理水平，把审计风险降低到最低限度。

第二章　企　业　监　察

第一节　机　　构

为健全企业内部监督机制，水电三局建立监察组织机构。青铜峡工程局时期设立监察室，主任高金堂。1989年1月水电三局成立监察处，下设行政监察室、法律顾问室、合同管理科。张友盛任监察处处长。同时水电三局下发局监字［1989］第6号文《关于配备专、兼职行政监察干部的通知》，对配备专兼职监察干部作出规定。1991年7月监察处内部机构调整，设案调科、案审科、法律顾问室，共配备12人。1991年12月水电三局监察处与纪委合并，实行一套人员，两块牌子，称纪委监察处。

1991年3月，水电三局成立行政监察工作领导小组，1998年8月对成员进行调整，史振宇、李友仁先后任组长；副组长赵庆安；成员有田进先、张友盛、王德明、王素琦、于彦洲、陈庆和、马树生；办公室设在监察处，张友盛、曹宏光先后兼任办公室主任。

2005年11月，水电三局成立贯彻落实《建立健全教育、制度、监督并重的惩治和预防腐败体系实施纲要》工作领导小组，组长张治源；副组长吴新琪、付胜利、焦继轩、司勤、冯亮、刘美华、吴家明、张波、刘玉建、王鹏禹、任世玉；成员有白存忠、吕存智、张玉凤、胡伟、邱建康、陈宗林、韩贵才、李桂兰、沈钧、姬脉兴、俞程、魏山河。

2007年7月，水电三局机关内部进行整合，称纪委监察处。

第二节　建　章　立　制

水电三局在行政监察工作中，注重加强制度建设，逐步建立健全各项规章制度，做到有法可依、有章可循。

1989年6月，制订下发《局、处两级行政领导干部廉政守则》、《水电三局监察处关于实行监察书制度的暂行办法》。

1990年3月，制订下发《关于监察处立案查处违纪案件和直接行使行政处分权程序问题的通知》。

1991年7月，制订下发《水电三局监察工作规定》：①明确监察工作的领导关系；②规定监察机构的设置和人员配备；③明确监察对象的划分；④明确监察部门的主要任务；⑤确定监察部门的工作权限；⑥对案件的受理、案件的调查、案件的处理等程序作出详细规定。监察部门的主要任务是：①从执法监察入手，监督检查和调查处理监察对象贯彻执行国家法律、法规、方针、政策和单位各项规章制度的情况及违反政纪的行为；②受理对监察对象的检举、控告和监察对象不服行政处分的申诉；③协助本单位领导抓好廉政建设，教育监察对象遵纪守法，勤政廉政，同违法违纪作斗争；④必要时可以同党的纪律检查委员会联合办案，或协同办案。

1993年9月，制订下发《局党委、工程局关于消除腐败现象，加强党风廉政建设，重申对科以上干部带头廉洁自律的若干规定》。

1994年10月，水电三局制订下发《行政监察询问监察书制度》。

1995年7月，制订印发《关于工程局副处级以上领导干部和局机关工作人员严格执行中央“两个不准”的具体规定》、《局党委工程局关于认真贯彻执行中央关于〈国有企业领导干部廉洁自律规定〉、〈国有企业领导干部廉洁自律“四条规定”的实施和处理意见〉实施和处理意见的通知》。11月制订下发《关于我局处级干部收入申报制度实施办法》。

1997年，制订下发《关于建立处级干部廉政勤政述职制度的意见》、《关于发扬艰苦奋斗，反对奢侈浪费，进一步促进科以上干部廉洁自律的决定》。

1999年，制订下发《水电三局落实党风廉政建设责任制实施追究的有关规定》。

2000年4月，制订下发《水电三局效能监察工作暂行规定》、《水电三局效能监察工作程序》。5月制订下发《关于党内廉政建设重大问题制度的规定》、《关于实行领导干部诫勉谈话制度的规定》、《关于建立责任制实施情况检查巡视制度的规定》。

2001年3月，制订下发《关于认真作好反腐败抓源头工作，落实部门各负其责的意见》。

2002年5月，制订下发《关于建立党风廉政建设责任人报告党风廉政建设情况的规定》。下发《关于在签订工程（劳务）分包合同的同时签订保廉合同的通知》，要求各施工单位在签订工程分包和劳务分包合同的同时，必须签订保廉合同，并将此项工作列入年度党风廉政建设责任制考核内容，同时规定，凡2002年1月1日以后签订的工程（劳务）分包合同均应补签保廉合同，并制订保廉合同文本下发到水电三局所属各施工项目。

2002年5月，制订下发《水电三局机关工作人员廉洁规定》、《关于贯彻落实中央企业工委、中央组织部制定的中央企业领导人员廉洁自律若干规定的通知》及《关于建立党风廉政建设责任人报告党风廉政建设情况的规定》。

2003年5月，水电三局编印《水电三局领导干部廉政手册》收录了《中纪委四次全会关于国有企业领导人员廉洁自律“五条八不准”规定》、《中央企业工委、中央组织部关于中央企业领导人员廉洁自律若干规定的实施办法》、《中国水利水电建设集团公司领导干部廉洁自律若干规定》、《水电三局机关工作人员廉政规定》。

2004年，水电三局制定《水电三局效能实施细则》、《水电三局保廉合同实施办法》、《水电三局2004年度党风廉政建设责任制考核评价办法》、《水电三局2004年度党风廉政建设责任制考核评分标准》。当年，保廉合同签约率为分包合同的90%以上。

2005年，制订下发《水电三局“三重一大”民主决策实施细则》、《水电三局贯彻〈中国共产党党内监督条例〉（试行）实施细则》、《水电三局党风廉政建设责任制实施办法》、《水电三局实行领导人员谈话制度构建反腐倡廉警示训诫防线实施细则（试行）》、《关于水电三局处级以上干部收入申报制度的规定》，修订了《水电三局关于“三重一大”民主决策的若干规定》。

2006年4月，制订下发《水电三局谈话活动制度》，其中规定领导干部开展谈心活动必须做到“六个”必谈。6月制订下发《水电三局开展治理商业贿赂专项工作实施方案》、《水电三局开展不正当交易行为自纠自查工作具体安排意见》。

第三节　内　部　监　督

水电三局监察处成立后，一直把干部廉政教育工作作为一项长期的工作抓实抓好，除经常性的廉政教育，还坚持进行党风廉政专项教育活动。在抓制度建设上，一是制定水电三局处级行政领导干部廉政手册和各项廉洁从政规定；二是建立实行局处两级党政领导廉政专题民主生活会制度；三是推行“两公开一监督”：即公开办事制度、公开办事结果，依靠群众监督。在抓查处案件工作中，对群众来信来访案例逐件进行调查核实，重点查处了干部队伍中违反政纪和法纪、以权谋私、奢侈浪费的案件，在办案工作中做到了排除干扰、依法办案、秉公办案，根据事实，依据党纪、党规和政策规定进行处理。水电三局纪检监察部门通过监察工作，促进了水电三局管理的加强，提高了经济效益，推进了水电三局的健康发展。

1. 思想教育与落实制度相结合

水电三局在内部监督机制上积极采取措施及开展各项活动，用制度落实监督，端正党员领导干部的思想，树立廉政的自觉意识，达到治标又治本的效果。

2. 职工代表监督

按时召开职工代表大会，接受职工代表的监督。水电三局局长在职工代表大会上作年度工作报告，向职工代表报告年度工作情况、各项经济指标完成情况、招待费用开支情况，提请职工代表的审议。水电三局领导在职代会上作工作述职报告，接受职工代表的监督，职工代表对领导干部进行民主评议和民主测评，评议和测评的结果作为干部年度考核的重要依据。

3. 企业内部的监督机制

水电三局党委发挥党的政治核心作用，服务、服从于企业中心工作，认真推行“三重一大”的民主决策。水电三局及各二级单位党政领导班子在认真执行“三重一大”民主决策程序过程中，坚持对企业的重大事项决策、重要干部任免、重要项目安排、大额资金使用，坚持集体领导、个别酝酿、民主集中、会议集体讨论的议事规则决策重大问题。水电三局坚持对各二级单位的执行情况监督检查，同时水电三局接受集团公司的检查监督。党内民主生活会制度、效能监察制度、绩效考核制度、审计督察制度等，强化了干部的自我制约机制，强化了党内外民主监督。企业内部根据国家的法律法规和集团公司的有关规定，制定了完善的监督制度和规定，纪检监察部门发挥职能作用，参与工程分发包、设备物资采购、废旧物资设备的处理，重要工作的过程监督成为惯例。根据群众的举报，查处违规违纪案件，查处腐败行为。

4. 建立健全选拔任用干部制度和干部的监督机制

在干部的选拔任用上实行干部选拔任用公示制度、廉政谈话制度、征求纪检监察部门意见制度，严格贯彻《水电三局干部管理办法》，在选拔干部考察的基础上进行任前公示，接受群众的监督，任职前征求纪检监察部门对干部的意见，确保干部任前干净。进行任职前的廉政谈话，告诫干部把握廉政从业应该注意的事项，树立廉政意识，从制度上建立健全干部源头防范机制。

第四节　效　能　监　察

水电三局根据《中华人民共和国行政监察法》、《监察部关于全民所有制企业事业单位监察工作若干问题的意见》和《国家电力公司企业监察办法》，制订下发了《水电三局效能监察暂行规定》、《水电三局效能监察工作程序》和《水电三局效能监察实施细则》。水电三局监察部门把效能监察作为一项重要职责，依据《水电三局效能监察暂行规定》和《水电三局效能监察工作程序》，围绕生产经营中心，安排年度效能监察工作项目。组织实施效能监察，对保证水电三局政令畅通、维护经营管理健康发展起到了促进作用。

水电三局纪检监察部门每年都要求二级单位进行效能监察立项，将包括工程分包、项目管理、劳务管理、大型设备采购、物资和药品采购、报废设备的处置、施工危险源的处理、大额资金的使用等职工关心的热点问题作为效能监察立项的重点，在选准选好项目的基础上，抓好效能监察的实施，做到有效监管。在实施的过程中，及时向水电三局党政组织汇报并提出监察建议。效能监察工作的开展，对全局的生产经营、项目管理、安全管理、质量管理发挥了积极的促进作用。

水电三局的效能监察工作开展于 1997 年，第一个监察项目是湖北白水峪电站首台机组抢发电项目，通过实施效能监察，抢发电的目标提前实现，并将这一成绩作为经验在集团公司进行了交流。现在工程项目的分包、设备的采购招标、报废设备的处置等工作实施效能监察工作已经成为常规。截至 2006 年底共计效能监察立项 166 项。

第十三篇　人　　物

第十三篇 人 物

第一章 传略与简介

第一节 传 略

一、局级领导

刘思孝 （1916.10～1997.4）男，汉族，1916 年 10 月出生，陕西子长县人。1934 年参加革命工作，1936 年 6 月由共青团员转为中共党员。先后任瓦窑堡红军大学学员，延川县游击队三大队队长，警卫营连长，警八团团长，保安队边保独立营中队长、连长，三旅八团第一、三营营长，三边军区回汉支队支队长等职。建国后历任宁夏军区独立团团长，磴口县县长、县委书记，吴忠回族自治州检察院检察长。1958 年 8 月任青铜峡水利工程局副局长。1963 年 3 月回地方工作后，历任青铜峡市副市长、市长、县长，自治区保卫部劳改组组长，自治区干校校长、党组副书记，自治区林业局副局长、党组成员，中共宁夏自治区顾问委员会委员等职。1985 年 12 月离休，1997 年 4 月 26 日在宁夏银川去世，享年 81 岁。

乔捷三 （1922.1～1991.4）男，汉族，1922 年 1 月出生，山东莱芜人。初中文化程度。1939 年 5 月参加革命工作，同年加入中国共产党。历任莱芜县城乡党支部委员、莱芜县十区区委委员、沂山专署公安局副科长、山东省公安厅调研科科长、山东历城县公安局局长、山东泰安专署采购局局长，1957 年转入水电建设，先后任黄河三门峡工程局物资供应处处长、青铜峡工程局物资供应处处长、青铜峡工程局副局长、中共青铜峡工程局革委会副主任等职。1972 年 5 月调任陕西省水电工程局副局长。1984 年 6 月离休，1991 年 4 月在西安去世，享年 70 岁。

刘兴珍 （1922.5～2005.6）男，汉族，1922 年 5 月出生，陕西耀县人。1943 年 5 月参加革命工作，1944 年 3 月加入中国共产党。历任区、县武装委员会主任、武委会军事部长，南下长江支队副中队长、服务团中队长，长泰县公安局长、县长，专区水利局长。1957 年 4 月后任三门峡工程局计划科长、青铜峡工程局计划财务处副处长、青铜峡工程局机械站党总支书记，1968 年 4 月后任青铜峡工程局革委会主任、水电三局革委会副主任。1972 年 5 月调任陕西省宝鸡峡引渭灌溉管理局任副主任（副局长），1982 年 4 月离休。2005 年 6 月去世，享年 83 岁。

李清太 （1917.9～1993.9）男，汉族，1917 年 9 月出生，山西临汾人，初小文化程度。1937 年 10 月参加革命工作，1938 年 4 月加入中国共产党。历任八路军 115 师教二旅四团五连、六连、八连班长、副排长、排长；山东抗大学员；东北一纵队二师四团五连、九连连长；一营教导团学员队、教导队、六营任连长、副营长、队长、营长；38 军

113师337团参谋长；西北黄河水利工程黄河水利委员会勘察科科长；水利部水研院秘书科长、结构材料所负责人；1959年10月调青铜峡工程局任技术处处长；1968年12月任工程局革委会副主任；1969年3月后随工程局转移陕西汉中，先后任原水电三局政治部主任、副局长、党委副书记；两局合并后任副局长。1983年12月离休。1993年9月在陕西安康去世，享年76岁。

王玉栋 （1925.4～1990.9）男，汉族，1925年4月出生，河南省睢县人。1938年7月参加革命工作，1939年9月加入中国共产党。历任河南杞县抗日游击大队战士、县大队文书、滨海大队指导员、河南通许县、杞县税务局长、郑州专区专卖公司副主任、开封专区石油公司经理等职。1956年起转入水电建设，参加过三门峡、青铜峡、石门等工程建设。曾任三门峡工程局技术处科长、青铜峡工程局混凝土厂厂长、局技术处副处长、工区党总支书记、原水电三局局政治部主任、局办公室主任、局党委组织部部长、局工会主席等职务。1981年10月经水利部批准离休。1990年9月18日在陕西汉中逝世，享年65岁。

张兰亭 （1919.4～1994.12）男，汉族，1919年4月出生，籍贯山东东阿。1942年10月参加革命工作，1946年加入中国共产党，初中文化程度。历任东阿抗日政府理管员、民政协管员；东阿县抗日第五区副区长；东阿黄河修防段秘书、股长、副段长；河南新乡黄河修防处工程科副科长、秘书科长；河南省原阳黄河修防段段长；三门峡工程局坝一分局秘书、科长、二队总支书记、组织部长、党委副书记；陆浑工程局党委副书记；青铜峡工程局政治部副主任；原水电三局政治部副主任、主任、后勤部副主任、主任、副局长等职。1985年11月离休，1994年12月在陕西汉中去世，享年75岁。

刘锡臣 （1925.4～2005.11）男，汉族，1925年4月出生，河南范县人。1943年2月在范县二区参加工作，初中学历。1944年12月加入中国共产党。先后任范县二区合作社会计、会计部长；范县菏泽黄河修防处股长、副科长；三门峡工程局财务处副科长、坝一分局办公室主任；陆浑工程局党委行政办公室主任；刘家峡工程局财务处长；中共水电四局石泉分局后勤部主任、革委会主任；分局革委会副主任、副书记；中共水电十五局党委副书记；原水电三局副局长；中共淮委沂沭泗水利工程管理局副局长、党组副书记。1985年12月离休，2005年11月因病去世，享年80岁。

荆广福 （1929.2～2001.2）男，汉族，1929年2月出生，山东蓬莱人。1946年2月在胶东北海银行印刷厂参加工作，中专学历。1949年7月加入中国共产党。先后在胶东军区北海银行印刷厂、中国人民银行山东印刷厂工作；曾在中央公安部干部学校学习、后任西南行政区西南公安部二处科员、狮子滩工程局任工区团委副书记、党总支书记；大马水电指挥部党委组织部副部长、青铜峡工程局党委组织部副部长、政治部干部处处长；原水电三局机运队任党总支书记、革委会主任；局生产指挥部主任；技术处处长、工程局副局长、局党委委员；淮委沂沭泗水利工程管理局任副局长、党组成员等职。1987年9月离休，2001年2月因病去世，享年72岁。

常俊华 （1917.11～1988.9）男，汉族，1917年11月出生，陕西洛川人。1937年

7月参加革命工作，1937年10月加入中国共产党，初中文化程度。1937年7月参军，入延安抗大学习。1938年2月～1939年6月先后在陕北公学和中组部事务员党校培训。1936年6月～1964年12月，先后在骑兵师、绥远军区、22师任文化教员、保卫科副科长、科长；抗美援朝68军保卫科科长、军法处副处长；北京军区后勤部天津仓库管理处政委；1964年12月任西北勘测设计院政治部主任；1970年初转入水电工程建设，参加过陕西石泉、安康水电站建设，历任水电四局石泉分局革委会副主任、主任、党委书记；水电十五局、电力部水电二局党委副书记、副局长等职。1980年11月调西北勘测设计院。1983年12月离休，1988年9月逝世，享年71岁。

王英清　(1911.12～2000.12) 男，汉族，1911年12月出生，甘肃宁县人，中共党员。1931年参加革命工作，曾参加二万五千里长征，担任过红军第三军团连长、四团团长、东北怀德军分区司令员、广西柳州军分区司令员。1958年转入水电行业工作，历任浙江省乌溪江水电工程局局长，富春江水电工程局党委第二书记，新安江水电工程局局长，水电四局石泉分局副局长，水电十五局副局长等职。1982年4月调西北电业管理局。2000年12月在西安去世，享年89岁。

孙见斋　(1914.8～2008.8) 男，汉族，1914年8月出生，山东文登县人。1940年6月参加革命工作，10月加入中国共产党。1935年9月～1937年9月在北京民国学院经济系学习；1940年6月参加革命工作后，历任山东文登县大队文书、东海专署财政科科员、胶东区建国学校商科副主任、山东省会计专科学校教导处副主任；山东黄河河务局会计科副科长、财务处副处长；黄河三门峡工程局财务处处长、总会计师、副局长、局党委常委；刘家峡工程局副局长、局党委常委；水电四局石泉分局革委会副主任、党委副书记等职。1979年3月调西北电力设计院。2008年8月在西安去世，享年94岁。

令狐英　(1920.2～2003.10) 男，汉族，山西平陆人。1938年参加革命工作，曾任晋西北方山县、临县游击大队副政委、独立十六团营教导员及团供给处主任、青年团甘肃省省委副书记。1954年转入电业部门工作，历任西安灞桥热电厂厂长、宝鸡发电厂筹建处主任、陕西电力纺织建设公司经理、西北电业管理局副局长、安康地区电业局局长。1975年11月调任水电四局石泉分局革委会副主任，1977年调离，先后任西北电力设计院副院长、陕西电业管理局副局长、西北电业管理局副局长兼省经济委员会副主任等职。2003年10月5日在西安去世，享年83岁。

张同喜　(1937.3～1976.8) 男，汉族，1937年3月出生，河南孟县人，初中文化。1955年10月参加工作，1960年5月加入中国共产党。1955年10月～1958年12月在陕西西安西北工程总公司任四工区工会干事；1959年1月在三门峡工程局砂石厂运输队任团总支书记。1961年12月起任陆浑工程局修配厂党支部干事、局党委组织部干事。1970年转入水电四局石泉分局工作，历任石泉分局政治部组织科副科长、政治部副主任、分局党委副书记等职。参加了三门峡电站、陆浑水库、石泉电站、安康电站等工程建设。1976年8月10日，时任石泉分局副书记的他乘汽车由安康到石泉执行公务，途中发生车祸不幸身亡，时年39岁。

杨广民 (1936.5～2002.4) 男，汉族，1936年5月出生，山东青岛人。1958年毕业于西安交通大学水利系，同年参加工作。1959年4月加入中国共产党。历任中国科学院兰州分院动力室技术员、专业组组长；水利电力部刘家峡工程局技术员、工程师、开挖队副队长；水电四局石泉分局调度科副科长、科长；电力部水电二局调度室副主任、主任、副局长；水利电力部第三工程局副局长、高级工程师。先后参加了刘家峡、石泉、安康等大中型水电站的施工，1987年3月调西北电业管理局任副总工。2002年4月去世，享年66岁。

胡懋初 (1935.1.～2000.6) 男，汉族，1935年1月出生，山西省崞县人，中共党员。1958年7月西安交通大学毕业，先后参加甘肃刘家峡、陕西石泉、安康、三峡等水电站工程建设。曾担任施工员、技术员、副科长、副处长、调度室主任、水电三局副局长等职务；教授级高级工程师，是享受国务院津贴的有贡献的高级技术人员。于2000年6月19日在西安逝世，享年66岁。

方　浩 (1937～2007.6) 男，汉族，1937年1月出生，湖南桂阳人。1958年9月毕业于西北大学会计专业，同月参加工作，1961年11月加入中国共产党。参加过宁夏青铜峡水电站、汉中褒河水利枢纽工程、安康水电站的建设；历任宁夏财政厅财校教师、水电三局财务处会计、财务处科长、第三工程处副处长兼财务科长、铁合金厂厂长、工程局副总会计师、代总会计师、总会计师等职，高级会计师职称。1997年8月退休，2007年6月3日在西安去世，享年71岁。

二、享受局级待遇人员

宋建国 (1926.2～2001.11) 男，汉族，1926年2月出生，山东乳山县人。1938年5月参加八路军，1943年7月入党。1958年10月毕业于山东医学院，后随部队转入水电建设事业，曾任刘家峡工程局职工医院副院长、刘家峡工程局卫生处处长兼职工医院院长、水电四局石泉分局医院院长、水电十五局和水电三局卫生处处长兼职工医院院长等职务。1984年8月离休，离休后享受副局级待遇。2001年11月27日因病在陕西安康逝世，享年76岁。

易　生 (1925.1～1994.6) 男，汉族，1925年1月出生，河北宣化县人。1945年9月参加革命工作，1947年6月入党。历任察哈尔省宣化县十三区副区长、察南专署民政科副股长、官厅工程局一队宣传部长、三门峡工程局坝一分局队长、陆浑水库开挖队副队长、刘家峡工程局浇筑队副队长、水电三局“五七”办工委副主任、第二工程处党委书记、局机关党委书记等职务。1984年9月离休，经批准于同年9月起享受司局级待遇。1994年6月26日因病在陕西安康逝世，享年69岁。

马广余 (1922.4～1991.1) 男，汉族，1922年4月出生，江苏宿迁县人。1943年3月参加革命工作，1948年5月入党。1950年前在地方工作，以后转入水电建设，先后在治淮委员会、梅山水库、三门峡工程局、刘家峡水利工程局、水电四局石泉分局、水电十五局等单位工作，曾任水电三局劳资处处长。1982年12月离休，经批准享受局级待遇。1991年1月因病在陕西安康逝世，享年69岁。

赵秀章　(1913.11～1996.7) 男，汉族，1913 年 11 月出生，辽宁铁岭人。1945 年 8 月参加革命工作，1947 年 3 月加入中国共产党。1945 年 8 月～1949 年 2 月在齐齐哈尔铁路局工作，1949 年 6 月～1956 年 10 月在汉口铁路分局工作，先后任江岸列车段段长、运输科科长、客车站站长等职。1956 年 10 月后转入水电建设，参加了三门峡、刘家峡、石泉、安康等水电站工程建设，曾任三门峡、刘家峡工程局铁路分局局长。1983 年 5 月离休，经批准享受局级待遇。1996 年 7 月在河南三门峡去世，享年 83 岁。

王雅堂　(1929.1～2003) 男，汉族，1929 年 1 月出生，安徽灵桃人。1947 年 7 月参加革命工作，1947 年 7 月～1956 年在豫皖苏四分区、华中粮食公司、河南粮食厅工作，以后转入水电建设，先后参加了三门峡、刘家峡、石泉、安康水电站建设，曾担任过科长、处长等职。1989 年 1 月离休，经批准享受局级待遇。2003 年在陕西安康去世，享年 74 岁。

黄行天　(1926.3～2007) 男，汉族，1926 年 3 月出生，浙江余姚人。1949 年 5 月参加革命工作，至 1958 年 10 月在上海、杭州从事新闻宣传工作，任记者、编辑。以后支援内地建设，1959 年 1 月转入青铜峡工程局，先后在《青铜峡报》社、工程局技术情报组任编辑，局实验室下放劳动；1973 年 8 月起在水电三局子弟中学工作，曾任副校长。1986 年 7 月离休，经批准享受局级待遇。2007 年在上海去世，享年 81 岁。

三、烈士

严茂发　(1933.7～1965.10) 男，汉族，1933 年 7 月出生，浙江省江山县人。1951 年参加工作，1954 年加入中国共产党。1959 年到宁夏青铜峡水电站工地参加水电建设，曾任吴忠二大队开采队副队长、第三工程队皮带二班组长。1965 年 10 月 22 日，在青铜峡五大台采砂场为抢救滑入料斗的青年女工时英勇牺牲，终年 32 岁。1966 年清明节前，水电部水利电力建设总局政治部追认严茂发为革命烈士。

张海林　(1969.8.2～1996.5.19) 男，汉族，1969 年 8 月 2 日出生于甘肃张掖鹰落峡水利工地的一个普通水电工人家庭，祖籍陕西省岐山县。1989 年考入水电三局技工学校测量专业，1992 年 7 月毕业分配到水电三局工作，为汉中分局测量工人，共青团员。1996 年 5 月 19 日中午，在山西万家寨水利枢纽建设工地上，与他同单位的一名老工人不慎落入黄河中，在危急关头，他毫不犹豫地跃入激流救人，终因体力耗尽，英勇牺牲，光荣献出了 27 岁的年轻生命。1996 年 9 月 11 日，共青团陕西省委作出决定，追授为抢救落水职工而英勇牺牲的张海林“陕西省优秀共青团员”荣誉称号；12 月 9 日水利水电总公司作出决定，追授张海林为“优秀青年工人”称号。1998 年 1 月 19 日陕西省人民政府批准张海林为烈士，颁发了署国家民政部及印章的烈士证明书。

第二节　全国劳动模范、全国“五一”劳动奖章获得者简介

王进先　男，汉族，1931 年 1 月 30 日出生，山西省天镇县人。1948 年 7 月加入中国共产党，1952 年参加工作，多年从事水电工程土石方开挖工作，1960 年被破格授予工

程师职称。先后参加了官厅水库、三门峡、陆浑、刘家峡、石泉、安康等水利水电工程建设，担任过开挖队副队长、计划调度科副科长职务。1959年出席全国工业、交通运输、基本建设、财贸方面社会主义建设先进集体和先进生产者代表大会，被国务院、全国总工会表彰为全国先进生产者（全国劳模），1966年被表彰为全国电力工业先进生产者；1979年被评为全国电力工业劳模；1982年被评为陕西省劳模，并荣立安康电站建设特等功。2008年10月3日在陕西安康逝世，享年78岁。

高德胜 男，汉族，1927年3月出生，江苏省海门县人。1952年参加水电建设工作，先后参加了甘肃刘家峡、八盘峡、河南三门峡、陕西石泉、安康等水电工程建设，曾担任水电四局石泉分局、水电十五局房建队队长等职。1959年被甘肃省表彰为先进生产者，被国务院、全国总工会表彰为全国工业、交通运输、基本建设、财贸方面社会主义建设先进生产者（全国劳模）。1980年6月在陕西安康逝世，享年53岁。

王瑞亭 男，汉族，1906年出生，河北徐水县白岭村人。1940年参加革命，1942年加入中国共产党。革命战争年代，担任乡村基层干部，以中医大夫身份作掩护，为八路军和共产党干部、人民群众诊治疾病，曾光荣出席河北省徐水县的英模大会。1959年2月，在青铜峡工程局职工医院从事中医工作，建立中医科，研制出“千金定喘丸”、“加味火香正气丸”、“宽胸利膈丸”等50多种丸丹中成药，受到职工的欢迎。1960年在宁夏青铜峡工程局先后被宁夏自治区和国务院、全国总工会表彰为全国教育和文化、卫生、体育、新闻方面社会主义建设先进工作者，到北京参加了全国文教群英会。参加了青铜峡水电站和汉中石门电站建设，1972年退休，1981年在陕西汉中病逝，享年75岁。

李宝龙 男，蒙古族，1941年6月出生，内蒙古自治区召乌达盟人，中共党员。1958年在三门峡水电站参加工作，先后参加了河南三门峡、甘肃陆浑、刘家峡、陕西石泉、安康、四川涪江电航等水电工程建设，曾担任水电三局二处班长、车间主任、涪江电航工程分局安装队副队长等职。1984年被评为全国水利电力系统劳动模范，1986年被中华全国总工会授予全国“五一”劳动奖章。1990年10月31日在陕西安康逝世，享年49岁。

李　卫 男，汉族，1936年6月出生，辽宁省锦县人。1959年毕业于大连工学院水利系，同年在青铜峡工程局参加工作。高级工程师，享受国务院津贴的专家。先后参加了宁夏青铜峡、河南板桥、陕西石门、安康、甘肃大峡等水电工程建设，曾担任过青铜峡工程局质量安全检查员、副科长；水电三局房建处、三处技术科长；第三工程处副处长、处长；工程局副局长等职。1986年被评为工程局劳动模范，1987年获“陕西省劳动模范”称号，1989年被中华全国总工会授予“全国劳动模范”称号。1996年退休。

李积伦 男，汉族，1956年6月出生，四川省富顺县人。大学文化程度，教授级高级工程师。1975年在四川资中凉水公社下乡；1982年2月在陕西汉中水电三局参加工作。先后参加了龙羊峡、安康、大峡、三峡等水电工程建设，曾担任过水电三局房建队技术员、三处技术科副科长、主任工程师；水电三局科技部副主任、水电三局三峡工程指挥部副指挥长兼工程部主任等职。2002年5月被中华全国总工会授予全国“五一”劳动奖章。

2004年11月调出水电三局。

郭均峰　男，汉族，1964年3月10日出生，山东省平阴县人。1986年8月在安康参加工作，1992年4月加入中国共产党。先后参加了陕西安康水电站、甘肃大峡水电站、小浪底水利枢纽、长江三峡水利枢纽等工程建设，曾担任过班长、调度主任、项目副经理、经理等职务。2005年4月被国务院授予“全国劳动模范”称号。2006年6月4日在湖北宜昌因病去世，享年42岁。

姬脉兴　男，汉族，1951年4月出生，河南省睢县人。中共党员，大专文化程度，1971年9月参加工作，教授级高级工程师、中国电力建设专家委员会专家、中国水利水电建设集团公司首批工程技术专业带头人。先后参加过陕西石门、安康、湖北葛洲坝、四川泸州流滩坝、资中五里店、甘肃三甲、湖北三峡、山西西龙池等11个水电站工程建设。历任技术员、工程师；水电三局汉中分局副局长兼总工、第六分局分局长；工程局局长助理兼西龙池施工局局长；“三七八”联营总公司副总经理、副总工兼工程部主任；水电三局三峡指挥部指挥长、党工委书记、工程局副总工兼技术管理办公室、工程科技部主任等职。2007年4月被中华全国总工会授予“五一”劳动奖章。

第二章　名　录

第一节　新中国成立前参加革命工作人员

刘再荣	刘　庚	王登庄	卜春明	张锦凡	赵德考	王祥符	刘作祥	王玉栋
刘瑞祥	安　滨	彭承炯	艾瑞俊	孔宪生	刘喜成	马广余	田淑先	苏振隆
孙　晨	封玉通	王学政	崔建章	张盛堂	郭海亮	王巨才	高树武	邢乃珍
刘允钦	张元相	张天才	宋　凡	王　东	李传志	贾章继	郜美才	张谓田
杨洁如	田政雨	赵秀璋	唐声显	孟广福	孙茂隆	李清太	潘金山	田永吉
张占林	何清芳	田俊发	芦凤兰	杨柏林	肖中尧	仇武益	冯长富	范保元
李敬联	董志奎	孙建春	杨　静	张希元	张德龙	马宝山	李允江	付洪发
张克义	韩广德	朱景山	宋茂林	许玉贵	杨　健	唐志斌	屈奎录	宋建国
李玉成	王公敏	陈家政	刘文亮	孙荣昌	孙振乾	陈凯墀	黄保学	吴　玺
闫跃文	王兆珍	郜贞祥	赵柏芳	何孟祥	张兰亭	苏克谦	秦孟增	刘　福
易　生	李大臣	刘光华	王锦槐	黄凯泽	武　林	康崇志	陈桂芝	姚统玉
里桂芝	田　英	王洪德	黄行天	李成美	张玉亭	高玉庆	赵敬友	魏文奎
史增云	李　谦	白华堂	马纯乐	周佐山	王书祥	张学智	王瑞明	金广任
赵万奎	闫体昌	张俊贤	隋玉升	李毓春	曹流申	许道祥	赵端芳	张忠义
徐国友	方占寅	张　信	孙鲁珍	田文章	曹长友	刘培华	杨　争	徐春年
李方颜	陈秀璋	陈玉祥	杜绪清	李振学	刘厚勋	陈克聪	刘淑范	王　鑫
吴　嵽	王雅堂	范永岩	杨　柱	雷　凡	戚仁胜	周云生	孙贵恩	秦长鹏

刘广江 董文海 魏克兴 苏玉峰 刘炳常 张秉前 刘焕喜 刘　升 赵国伟
孙　林 胡学勤 杨新喜 白海江 肖明春 朱振基 金德成 章力鈞 李　彪
张仁德 魏玉连 龚明初 李元封 张立绅 胡玉明 孙玉坤 耿仁云 于秀泉
曹书勤 李向东 马兼清 姚顺如 李　欣 刘　涛 韩世善 黎振汉 王德业
高文炳 周墨林 张治龙 陈化仁 常宏毅 李正奇 魏世雄 史凤阁 吕炳炎
程炳庆 倪广哲 李访华 曹永三 洪炳锡 杨文堂 刘长青 杨宪章 安　福
卞学礼 蔡长青 曹万顺 陈连明 陈明昌 陈全胜 陈世超 陈振义 崔占骐
邓阳光 杜春华 冯世勋 付国恩 付鑫铸 葛培才 关　增 郭友根 黄朝经
黄其伟 黄玉厚 姜理道 江广勇 蒋希田 蒋学忠 解富良 金松根 李　箱
李丰年 李洪策 李洪玉 李惠卿 李命良 李佩芝 李廷锷 李伍云 李兴连
李延亭 李允信 李振峰 廖广友 刘明德 刘志学 芦　发 卢勋录 芦忠泉
陆月海 马占龙 马宗礼 毛福寿 毛和林 米群章 牛海楼 任纪清 孙吉昌
孙庆梅 孙元礼 提其美 田荣春 田永利 童保忠 王　臣 王　坤 王长泰
王德山 王福常 王国臣 王继章 王世华 王世英 王喜重 王跃庭 王振文
吴　祥 徐家印 杨德山 姚本建 姚逢轩 袁凯南 袁增佑 岳邦君 张凤玉
张桂发 张继雨 张金荣 张思从 张文才 张益三 赵福亭 赵质修 甄燕池
周宝泉 周希来 周振东 朱　良 朱登付 朱敬修 邹积华 左廷杰 窦锡林
陈　生 孙建明 阎德兴 胡国山 马从兴 后正金 陈孝法 苏子民 王光华
吴景侪 邢韵生 王新克 王二占 李成和 王怀文 乔福林 姚国兴 王运载
乔传奎 王洪均 王小昭 张金和 李　锦 张虎群 张衍峰 陈兴斌 孙思庆
吕玉龙 胡俊荣 王宗儒 张连生 陆伯祥 周伯山 高广言 员德明 万志满
王明斋 杨金德 鄢兆荣 袁东贤 翟起先 文凤山 李全枝 随文义 曹起树
陈荣茂 詹庚尧 张天顺 张文德 王世琪 陈清亮 李思道 冀喜柱 王世来
于慎学 曹德常 董悟芳 薛发升

第二节　劳动模范、先进生产（工作）者

省（市）、部级劳动模范、先进生产（工作）者见表 13-2-1。

表 13-2-1　省（市）、部级劳动模范、先进生产（工作）者

序号	姓　名	性别	命名时间（年）	当时职务	命名机构及级别
1	陈世超	男	1951	工人	平原省、省级劳模
2	周安成	男	1953	工人	河南省、甲级劳模
3	王进先	男	1982	工人	陕西省劳模
4	崔淑卿	女	1985	技术员	陕西省劳模
5	马文杰	男	1987	班长	陕西省劳模

续表

序号	姓　名	性别	命名时间（年）	当时职务	命名机构及级别
6	李　卫	男	1987	局长	陕西省劳模
7	赵栓磨	男	1992	队长	陕西省劳模
8	杨传宝	男	1997	经理	陕西省劳模
9	蒲清海	男	2002	经理	陕西省劳模
10	王勇社	男	1994	机长	电力工业部特等劳模
11	刘玉生	男	1979	科长	全国电力工业劳模
12	王进先	男	1979	工人	全国电力工业劳模
13	张士林	男	1979	司机	全国电力工业学大庆先进生产（工作）者
14	郑　丕	男	1984	副队长	全国水利电力系统劳模
15	李宝龙	男	1984	副主任	全国水利电力系统劳模
16	刘劲军	男	1984	工程局副总工程师	全国水利电力系统劳模
17	赵新义	男	1989	中队长	全国能源工业劳模
18	沈启光	男	1989	副处长	全国能源工业劳模
19	安生祥	男	1989	工人	全国能源工业劳模
20	翁兆生	男	1979	工人	全国电力工业先进工作（生产）者
21	罗建民	男	1994	科长	电力部劳模
22	朱自安	男	1994	工人	电力部劳模
23	刘学东	男	1956	试验室试验工	安徽省先进工作者
24	向竞成	男	1956	技术员	甘肃省先进工作者
25	马耀图	男	1956	医务人员	甘肃省先进工作者
26	唐士奎	男	1958	工人	甘肃省先进工作者
27	赵景云	男	1958	工人	浙江省先进工作者
28	黄玉阶	男	1958	工人	河南省先进工作者
29	朱传喜	男	1958	工人	河南省先进工作者
30	骆风水	男	1958	中队长	福建省先进工作者
31	王进先	男	1959	工人	河南省先进工作者
32	李长会	男	1959	工人	宁夏自治区先进工作者
33	曲万江	男	1959	工人	宁夏自治区先进工作者
34	王宪章	男	1959	工人	宁夏自治区先进工作者
35	何舍禄	男	1959	工人	宁夏自治区先进工作者

续表

序号	姓　名	性别	命名时间（年）	当时职务	命名机构及级别
36	刘素珍	女	1959	工人	宁夏自治区先进工作者
37	范广聪	男	1959	工人	宁夏自治区先进工作者
38	高德胜	男	1959	队长	甘肃省先进工作者
39	赵关宝	男	1959	教师	甘肃省先进工作者
40	傅庆录	男	1959	工人	甘肃省先进工作者
41	季明远	男	1959	工人	宁夏自治区先进工作者
42	王瑞亭	男	1960	中医师	宁夏自治区先进工作者
43	王东虎	男	1962	工人	甘肃省先进工作者
44	袁乃珍	女	1964	工人	宁夏自治区先进工作者
45	肖永安	男	1978	工程师	水利电力部科技先进工作者
46	王跃华	女	1979	工人	电力工业部先进工作（生产）者
47	王兆胜	男	1998	中队长	国电公司劳模
48	马树生	男	2001	监察处长	国家电力公司勤廉兼优标兵 享受国电公司劳模待遇
49	沈兰保	男	2004	分局长	中央企业劳模
50	李桂兰	女	2005	安监办主任	西安市劳模

集团公司级劳模、先进生产（工作）者见表13-2-2。

表13-2-2　　集团公司级劳模、先进生产（工作）者

序号	姓　名	性别	命名时间（年）	当时职务	命名机构及级别
1	任宗社	男	1996	主任工程师	三峡总公司
2	张治源	男	1999	水电三局副局长	三峡总公司
3	姬脉兴	男	2000	“三七八”联总副经理	三峡总公司
4	王宏民	男	2001	分局长	三峡总公司
5	刘康文	男	2003	“三七八”联总副经理	三峡总公司
6	何长春	男	2003	局开发部部长	水电建设集团劳模
7	谢　锟	男	2003	分局中队长	水电建设集团 先进生产（工作）者
8	郭均峰	男	2003	工区主任	水电建设集团 先进生产（工作）者
9	范国林	男	2003	项目总经济师	水电建设集团 先进生产（工作）者

续表

序号	姓　名	性别	命名时间（年）	当时职务	命名机构及级别
10	王玉建	男	2003	机长	水电建设集团 先进生产（工作）者
11	蒲　华	男	2005	分局长	水电建设集团劳模
12	胡海涛	男	2005	分局长	水电建设集团 先进生产（工作）者
13	严凤茂	男	2005		水电建设集团 先进生产（工作）者

第三节　水电三局历任局领导

（1）历任行政正职人员见表 13－2－3。

表 13－2－3　　　　历任行政正职人员

姓名	性别	出生年月	籍　贯	学历	参加工作时间	任职单位名称	任　期
赵　征	男	1920.10	陕西耀县		1937.02	青铜峡工程局	1958.05～1969.03
刘兴珍	男					青铜峡工程局	1968.04～1968.09
沈思镁	男					原水电三局	1969.12～1971.04
辛　良	男	1918.06	山西崞县		1938	原水电三局	1971.04～1975.06
崔玉亭	男	1922.04	山西沁源	初中	1939.12	原水电三局	1975.09～1979.03
赵长利	男	1922.11	山东沂南		1942.06	原水电三局	1979.04～1982.10
鲍静波	男	1917			1937	水电四局石泉分局	1971.02～1973.11
常俊华	男	1917.11	陕西洛川	初中	1937.07	水电四局石泉分局	1973.11～1977.10
武　林	男	1923.04	河北临榆	小学	1942.06	水电四局石泉分局、水电十五局、电力工业部二局	1977.11～1982.06
程　山	男	1927.02	江苏无锡	大学	1950.10	电力工业部二局、水电三局	1982.01～1987.01
刘纪仁	男	1933.03	陕西蓝田	大专	1956.09	水电三局	1987.02～1991.09
李友仁	男	1942.09	广东兴宁	大学	1965.08	水电三局	1991.09～2000.06
张治源	男	1949.11	河南武陟	大专	1969.09	水电三局	2000.06～2004.10
吴新琪	男	1960.08	江苏丹阳	大学	1984.08	水电三局	2004.10～2006.12

（2）历任党委正职人员见表13-2-4。

表13-2-4　历任党委正职人员

姓名	性别	出生年月	籍　贯	学历	参加工作时间	任职单位名称	任　期
赵　征	男	1920.10	陕西耀县		1937.02	青铜峡工程局	1958.05～1969.03
沈思镁	男					原水电三局	1969.12～1971.04
辛　良	男	1918.06	山西崞县		1938	原水电三局	1971.04～1975.06
崔玉亭	男	1922.04	山西沁源	初中	1939.12	原水电三局	1975.09～1979.03
赵长利	男	1922.11	山东沂南		1942.06	原水电三局	1979.04～1982.10
鲍静波	男	1917			1937	水电四局石泉分局（军代表）	1971.02～1973.11
常俊华	男	1917.11	陕西洛川	初中	1937.07	水电四局石泉分局	1973.01～1977.10
武　林	男	1923.04	河北临榆	小学	1942.06	水电四局石泉分局、水电十五局、电力工业部二局、水电三局	1977.01～1984.11
程　山	男	1927.02	江苏无锡	大学	1950.10	水电三局	1984.12～1987.02
程国清	男	1941.07	河北宣化	大专	1958.06	水电三局	1987.02～1991.09
赵庆安	男	1942.08	北京平谷	大学	1968.07	水电三局	1992.09～1999.02
陈庆和	男	1952	河南濮阳	大学	1969.03	水电三局	1999.02～2004.10
张治源	男	1949.11	河南武陟	大专	1969.09	水电三局	2004.10～2006.12

（3）历任党政副职、纪委书记、工会主席、“三总师”人员见表13-2-5。

表13-2-5　历任党政副职、纪委书记、工会主席、“三总师”人员

姓　名	性别	出生年月	籍　贯	学历	参加工作时间	任职单位名称及职务	任　期
李　文	男	1927.03	山东蓬莱		1945	青铜峡工程局副局长、党委副书记	1958.05～1969
李子华	男					青铜峡工程局副局长	1958.09～1966.01
刘思孝	男	1916.10	陕西子长	抗大	1934	青铜峡工程局副局长	1958.09～1962.03
乔捷三	男	1922.01	山东莱芜	初中	1939.05	青铜峡工程局副局长	1961.05～1972.05
刘兴珍	男					原水电三局革委会副主任	1969.02～1972.05
李清太	男	1917.09	山西临汾	初小	1937.10	原水电三局副局长	1978.03～1983
黄　健	男	1932.07	河北辛集	大学	1948.05	水电三局副局长	1979.03～1984.03

续表

姓　名	性别	出生年月	籍　贯	学历	参加工作时间	任职单位名称及职务	任　期
张兰亭	男	1919.04	山东东阿	高中	1942.10	水电三局副局长	1980.10～1982.12
荆广福	男	1929.02	山东蓬莱	中专	1946.02	水电三局副局长	1980.10～1981.10
赵国伟	男	1930.01	内蒙七旗	初中	1948.12	水电三局副局长	1980.04～1987.03
陈赓仪	男	1922.11	上海市	大学	1940	水电四局石泉分局革委会第一副主任	1971.01～1973.02
常俊华	男	1917.11	陕西洛川	初中	1937.07	水电四局石泉分局革委会副主任、主任，水电十五局副局长	1971.11～1979.11
支水山	男	1917		高中	1942	水电四局石泉分局革委会副主任（军代表）	1971.11～1973.04
刘　涛	男	1914.05	陕西富平	高中	1935.02	水电四局石泉分局革委会副主任（地方领导）	1971.12～1973.11
张博林	男	1925.09	河北南宫	高小	1946.09	水电四局石泉分局革委会副主任（军代表）	1971.12～1973.11
王英清	男	1911.12	甘肃宁县	初中	1931	水电四局石泉分局革委会副主任，水电十五局、电力工业部二局副局长	1971.11～1982.04
孙见斋	男	1914.08	山东文登	专科	1940.06	水电四局石泉分局革委会副主任	1971.12～1973.10
刘锡臣	男	1925.04	河南范县	初中	1943.02	水电四局石泉分局革委会副主任，原水电三局副局长	1975.05～1978.10 1979.05～1982.10
吴师德	男	1918.12	上海市	大学	1946	水电四局石泉分局革委会副主任兼总工程师	1975.05～1978.04
武天杰	男	1927.02	山西霍县	初中	1941	水电四局石泉分局革委会副主任、水电十五局、电力工业部二局副局长	1973.11～1982.11
令狐英	男	1920.02	山西平陆		1938	水电四局石泉分局革委会副主任	1975.11～1977.11
胡玉明	男	1930.12	辽宁沈阳	初中	1945	水电十五局、电力工业部二局副局长、副书记	1978.08～1982.11
李大臣	男	1924.06	山东蒙阴	高小	1942	水电十五局、电力工业部二局、水电三局副局长、工会主席	1978.04～1984.11

续表

姓　名	性别	出生年月	籍　贯	学历	参加工作时间	任职单位名称及职务	任　期
陆佑楣	男	1934.01	江苏太仓	大学	1956	电力部二局、水电十五局、水电三局副局长	1979.11～1984.03
杨广民	男	1936.05	山东济宁	大学	1958	水电十五局、水电三局副局长	1982.07～1987.03
刘纪仁	男	1933.03	陕西蓝田	大专	1956.09	水电三局副局长	1984.06～1987.03
刘劲军	男	1937.06	甘肃天水	大学	1958.08	水电三局副局长	1984.06～1992.09
李友仁	男	1942.09	广东兴宁	大学	1965.08	水电三局副局长	1985.06～1991.09
史振宇	男	1944.03	北京市	大专	1964.08	水电三局副局长	1991.09～1993.08
胡懋初	男	1934.01	山西崞县	大学	1958.06	水电三局副局长	1987.06～1992.09
李　卫	男	1936.06	辽宁锦县	大学	1959.08	水电三局副局长	1989.02～1997
刘洪学	男	1937.11	河北永清	大学	1965.08	水电三局副局长	1992.09～1998.03
于彦洲	男	1943.02	山东乳山	大学	1967.09	水电三局副局长	1992.09～2003.02
张治源	男	1949.11	河南武陟	大专	1969.09	水电三局副局长	1994.08～2000.06
曹松林	男	1958.11	陕西周至	大学	1982.07	水电三局副局长	1994.08～1997.08
王新友	男	1961.02	陕西佛坪	大学	1982.08	水电三局副局长	1997.06～2002.01
刘伟民	男	1957.04	陕西合阳	大学	1982.07	水电三局副局长	2000.06～2003.08
吴新琪	男	1960.08	江苏丹阳	大学	1984.08	水电三局副局长	2000.06～2004.10
焦继轩	男	1960.01	吉林双辽	大学	1980.12	水电三局副局长	2000.06～
冯　亮	男	1955.07	河北宣化	大学	1972.01	水电三局副局长	2000.06～
司　勤	男	1953.12	陕西周至	大学	1972.12	水电三局副局长	2001.10～
刘美华	男	1957.10	陕西紫阳	大学	1979.03	水电三局副局长	2003.12～
张　波	男	1967.06	宁夏中卫	大学	1989.07	水电三局副局长	2003.12～2007.03
房洪涛	男					青铜峡工程局副书记	1958.05～1966.04
郭　鹏	男	1921.08	湖北武汉		1938	青铜峡工程局副书记	1958.07～1969.03
曹鹏程	男	1914.06	陕西延川县	初中	1935	青铜峡工程局副书记	1958.07～1959.12
刘锡臣	男	1925.04	河南范县	初中	1943.02	中共水电四局石泉分局、原中共水电十五局、原中共水电三局党委副书记	1975.05～1982.10
张鲁东	男	1917	山东	初中	1937	水电四局石泉分局党委副书记	1973.11～1975.04

续表

姓　名	性别	出生年月	籍　贯	学历	参加工作时间	任职单位名称及职务	任　期
孙见斋	男	1914.08	山东文登	专科	1940.06	水电四局石泉分局党委副书记	1973.11～1975.04
张道宽	男	1930	山东平阴	初中	1950.02	水电四局石泉分局党委副书记	1975.05～1977.07
张同喜	男	1937.03	河南孟县	初中	1955.10	水电四局石泉分局党委副书记	1975.05～1976.07
常俊华	男	1917.11	陕西洛川	初中	1937.07	水电四局石泉分局、水电十五局、电力部二局党委副书记	1977.11～1980.10
王英清	男	1911.12	甘肃宁县	初中	1931	水电十五局党委副书记	1978.10～1979.11
程　山	男	1927.02	江苏无锡	大学	1950.10	电力工业部二局党委副书记	1980.06～1982.01
陈瑞峰	男	1934.12	河北香河	中专	1950.03	电力工业部二局党委副书记	1980.06～1981.10
胡玉明	男	1930.12	辽宁沈阳	初中	1945	水电十五局、电力部二局、三局党委副书记	1981.03～1984.12
程国清	男	1941.07	河北宣化	大专	1958.06	水电十五局、水电三局党委副书记	1982.07～1987.02
赵庆安	男	1942.08	北京平谷	大学	1968.07	水电三局党委副书记	1987.02～1992.09
田进先	男	1941.11	陕西平利	大学	1967.09	水电三局党委副书记、纪委书记	1991.09～1994.02
陈庆和	男	1952	河南濮阳	大学	1969.03	水电三局党委副书记、纪委书记	1994.08—1999.02
段尚毅	男	1954.12	陕西澄城	大学	1974.03	水电三局党委副书记、纪委书记	2000.06～2001.04
付胜利	男	1955.08	陕西汉阴	大专	1975.01	水电三局党委副书记、纪委书记	2001.10～
吴新琪	男	1960.08	江苏丹阳	大学	1984.08	水电三局党委副书记（兼）	2004.10～2007.11
陈芝瑞	男	1920	山东陵县	初中	1944	青铜峡工程局工会主席	1959.07～1969.03

续表

姓　名	性别	出生年月	籍　贯	学历	参加工作时间	任职单位名称及职务	任　期
王玉栋	男	1925.04	河南睢县	初中	1938.07	原水电三局工会主席	1980.10～1981.10
方占寅	男	1927.07	山东东阿	初中	1946.10	水电四局石泉分局工会主任	1973.06～1976.05
靳洪岐	男	1923.04	河北丰润	初中	1953.03	电力工业部二局工会主席	1980.05～1981.03
李大臣	男	1924.06	山东蒙阴	高小	1942	水电十五局、水电三局工会主席	1982.08～1984.11
赵国伟	男	1930.01	内蒙七旗	初中	1948.12	水电三局工会主席	1987.03～1990.05
姜玉村	男	1943.05	北京房山	大学	1966.07	水电三局工会主席	1990.05～2000.06
吴家明	男	1957.07	天津市	大学	1975.04	水电三局工会主席	2000.10～
礼荣勋	男	1917.10	辽宁抚顺	专科	1938.12	青铜峡工程局总工程师	1958.05～1969
凌宏焜	男	1927.08	广东宝安	大学	1949.08	水电三局总工程师	1982.12～1985.05（未到职）
万宗尧	男	1927	河北涿州	研究生	1948.12	水电四局石泉分局副总工程师	1970.01～1970.09
吴师德	男	1918.12	上海市	大学	1946	水电四局石泉分局总工程师	1975.05～1977.11
程　山	男	1927.02	江苏无锡	大学	1950.10	水电十五局总工程师	1978.06～1979.11
陆佑楣	男	1934.01	江苏太仓	大学	1956	电力工业部二局、水电十五局总工程师	1979.11～1982.12
肖竹生	男	1931.12	湖南涟源	大专	1951.05	水电三局总工程师	1985.05～1987.02
张宏义	男	1931.01	天津市	大学	1954.09	水电三局总工程师	1987.06～1991.09
蔡泽夏	男	1938.01	河南孟津	大学	1963.03	水电三局总工程师	1991.09～1998.03
吴新琪	男	1960.08	江苏丹阳	大学	1984.08	水电三局总工程师	1998.04～2004.10
王鹏禹	男	1962.05	山东蓬莱	大学	1984.08	水电三局总工程师	2004.10～
蔡新鉴	男	1939.08	四川成都	大学	1963	水电三局总经济师	1990.02～1991.08
蒲绪林	男	1935.11	安徽蚌埠	中专	1955.08	水电三局代总经济师	1991.09～1994.12
刘伟民	男	1957.04	陕西合阳	大学	1982.07	水电三局总经济师	1996.03～2003.08
任世玉	男	1956.04	陕西西安	大专	1974.11	水电三局总经济师	2004.10～
杨伟寿	男					水电三局总会计师	1983.05～1985.04
方　浩	男	1937	湖南桂阳	大学	1958.09	水电三局总会计师	1992.09～1997.11
廖为民	男	1954.04	陕西平利	大学	1970.06	水电三局总会计师	1997.12～2001.03
刘玉建	男	1959.06	北京市	大专	1979.05	水电三局总会计师	2001.10～

第四节　享受政府特殊津贴人员

享受政府特殊津贴人员见表13－2－6。

表13－2－6　　　　享受政府特殊津贴人员

姓名	性别	出生年月	籍　贯	职　称	享受开始时间	备注
张宏义	男	1931.01	天津市	教授级高级工程师	1992	
祝英方	男	1925.09	北京市	高级工程师	1992	去世
胡懋初	男	1934.01	山西崞县	教授级高级工程师	1992	去世
刘纪仁	男	1933.03	陕西蓝田	教授级高级工程师	1993	
蔡泽夏	男	1938.01	河南孟津	教授级高级工程师	1993	
李友仁	男	1942.09	广东兴宁	教授级高级工程师	1995	
李　卫	男	1936.06	辽宁锦县	教授级高级工程师	1997	
于彦洲	男	1943.02	山东乳山	教授级高级工程师	1999	

第五节　获高级专业技术职务任职资格人员（以授予或确认资格时间顺序排列）

一、教授级高级工程师

张宏义　刘劲军　袁科生　李　卫　胡懋初　鲁　新　包正中　蔡泽夏　刘纪仁
周业忠　刘万忠　禹元堃　杨复初　舒棣华　马锡庆　李友仁　何为祯　王孟生
薛砺生　唐剑光　曹光钊　肖永安　孙华山　马贞光　杨安玲　张保庆　李丕都
蒲绪林　金维华　屈良贵　于彦洲　陈　斌　刘洪学　周义才　刘光先　刘洪宾
徐保国　林楚炎　吴述美　杨传宝　周孝正　汤自惕　何长春　沈启光　雷家骧
周三余　顾火林　夏侯谓　纪乐华　刘伟民　曹松林　段学禄　吴　坤　彭景铮
梁周全　安志茂　郑利民　任宗社　王新友　吴新琪　司　勤　张　喆　李积伦
刘永祥　姬脉兴　王鹏禹　刘策群　张治源　冯　亮　张　波　单勇锋　陈文耀
巨建康　黄继敏　刘兴运　赵红阳　郭慧娟

二、高级工程师

刘正和　冯　焱　陆佑楣　陈永岳　刘晟飞　邱公谔　祝英方　凌宏焜　李中田
李作安　钱　醇　刘佳炎　刘金墉　张鹤楼　张子芳　闫福经　林宪彝　胡俊德
沈世琨　田文源　岳文华　钱恢先　刘时渊　蔡新鉴　台平和　吴占雄　韩锦环
许春华　杨　信　刘　恒　刘晓东　杨炳南　刘继洲　邓盛栋　李培元　许传银
王　铎　顾树勋　蔺存永　贺遂中　李光琪　郭洪玉　欧阳淳仁　于仁春　王葆华
钟光前　吴智灵　王广筠　聂永江　柴元方　潘家铭　吉寅生　姜治相　顾飞龙

柴隆彬 廖多禄 金百巨 杨本录 李 鹏 王述敏 袁凯南 姚立贤 畅新生
舒秀宝 徐文堂 钱映华 向竞成 赵振翩 赵以苏 熊传琪 黄煜堃 张廷干
陈玉珍 孙子俊 黄再湘 陈秀璋 刘志雄 石宜生 林瑞恒 黄家圭 李诚信
武维新 肖圣义 王 永 叶佩华 金积之 张胜保 楼乃逸 陈克武 刘延平
李 欣 叶祖奎 王 瑞 范儒珩 支余庆 赖纯久 苍惠春 谢忠瑞 赵桂英
刘长岭 何成汉 任吉恒 任树林 曹德成 刘 模 吴 堃 郑德林 邓成伍
娄安镐 张文义 陆汉钧 何利珩 王振民 张芳文 王清潭 钟建文 刘振萱
方国梁 杨盛相 李天义 华林坤 邱崇新 姜和基 杨 飞 马向丕 周孝庚
成万鹏 刘泽木 马友武 侯天佑 侯俊立 孙跃先 张忠才 赵克俊 许大同
王淑娟 王洪来 孙素花 蔡飞扬 张利民 潘绍珍 陈淑梅 于凤云 陈保民
韩 杰 张守仁 周墨林 李少游 穆永彩 宋素琴 刘 泽 陈家昌 常世杰
吴国玺 王德琛 黄忠祥 孙细安 杨维加 赵世军 齐志民 王宝绪 崔宏伟
徐家林 钟泽明 宋皓阳 齐松林 杨金贵 郭世明 李士彦 朱声洋 毛开慧
康忠明 沈丙勋 周廷佑 何延龄 董玉良 彭国器 潘 屏 黄永斌 李鸿岐
方炜成 王灿云 秦时忠 李兴元 周 昭 刘光宇 张炳炎 高尔勤 李茂涛
李德旺 刘 铎 王永庆 孙跃衔 汪文浩 郝心金 康明华 王建国 高新胜
井增虎 周志英 赵贵东 薄应斌 张国栋 单永峰 张 民 袁久峡 李传宝
杜顺江 廖贵明 侯满成 靳淑琴 王永利 廖云英 郑秋华 冯少民 贾 枫
聂尚仁 陈宗林 李桂兰 王和平 瞿继生 张 莉 吴瑶华 姜树立 洪 飞
胡新民 刘吉敏 张运兰 孟宪和 柳效公 田存积 陈明孝 常应生 赵俊明
常培育 周运健 王春玉 严正杰 严若斌 粟清生 云集申 梁吉元 肖钦贤
刘满成 马忠勤 周怀军 范祖嘉 王志宏 黄 斌 蔺建军 刘尚中 王 军
张 兵 吉元治 徐永举 鲁 旭 彭东山 李玉富 李殿宝 段岩松 周晓亭
潘三行 杨桂君 赵仁安 罗崇伸 陈培林 高长宝 宁 卫 李庆朗 赵仲录
于世厚 郑家林 胡东山 焦继轩 马玉民 暴宗武 黄维然 吴 垣 刘 杰
马明礼 程雍涛 赵琼仁 王效安 王晓明 佘亚清 廖 勇 王德明 杜 楠
于伟光 徐兰青 齐新建 梁维明 向冬阳 刁乃顺 王亚恒 汪忠群 蒲 华
陈 军 黄小平 宋玉东 赵道理 赵成渝 黄全孝 王 伟 韩贵才 晏建峰
沈 钧 周 林 李 磊 李多成 孙权林 黄继南 李群伟 郑宏平 胡海涛
卢仁纪 骆志强 许建明 程维斌 樊彩丽 李 俊 李昌连 刘普义 杨荣先
张砚峡 李奋勇 王爱民 李昌贵 徐明杰 王红斌 董恒远 高小玲 王 东
曹舒平 周湘安 时金虎 张 进 吕长华 李云龙 郑春雷 史德志 王淑华
周金平 王礼加 韩万友 雷 军 张育林 闫景参 杨 俊 马树生 孙孝军
王维民 辛 杰 兰文改 李智龙 赵冬梅 杨培洲 罗栓定 高小静 仇建林
裴 超 席振民 孙继林 李荣祖 毛少军 郭道斌 于黎明 白益洁 谭宁生
胡代义 陈德洲 王春芳 冯光华 魏 鹏 孙大伟 宋国才 付新成 赵永红
宋 瑛 陈锡峡 姚锡忠 邹径瑞 高广林 唐新社 任国清 张春芳 伍安宝

鄢大友　王运森　谭建清　王洪俭　张印江　陈先玉　王志庆　胡建青　陈　雄
吴　锋　胡昌春　程江波　李鸣豪　谢凯军　宋　璞　邱建民　李春田　王　彬
云平安　陈　雅　郭小安　张　健　陈旭辉　费真理　徐云杉　张　平　洪敏浩
汪宁川　常　民　李建军　尹相和　王广连　刘美华　齐志华　岳金旗　沈兰保
魏海成　倪　静　刘　东　崔伟春　乔培理　沈兰勤　罗坦安　张振兴　赵新民
李克威　王守君　王东林　董建国　马建东　尚致朝　王　斌　邓德彬　王守宁
蒋　平　章　卫　王凤民　方　勇　赵玉霞　许建明　蒋智杰　薛学义　金新建
董玉宝　王　斐　荣海贵　邹玉武　彭建刚　师永强　付新生　王新民　程家潭
韩　骏　王飞荣　姚安华　颜　涛　董亿峡　李来君　弋刚军　雷俊杰　刘　军
马安义　杨　帆　孙留营　李　敏　李再杰　时寿新　蒲正一　王松江　黄克欣
张保富　李　刚　张康龙　梅建国　凌业贵　王京生　丁　克　刘全安　吴建华
高统彪　张陆华　安国宏　黄国安　王克俭　汪小刚　马舜融　王丽娟　韩帮亮
张小安　王运敏　胡　敏　曹文昌　吕六山　马传忠　赵　刚　戴晓东　郭秋联
黄　波　缪江伟　曹　琳　闫周文　袁永昌　王国彬　李来芳　屈高见　王嘉禄
高　毅　李宝国　连宝华　查冬云　姚小平　卞　林　王国清　姚锡锋　胡建川
沙绍森　潘纪良　石　露　洪　涛　刘渭东　董才华　赵亚南　李忠贤　田　锐
李民华　马丹彤　罗永红　刘　立　张念惠　朱　瑛　史云峰　梁华奋　许春林
蒋　华　崔炳乾　张迎峰　杨黎明　张小明　张志彬　吴春福　郭　坤　王文娟
赵钢锁　赵洪学　于建福　陈光荣　马建革　杨　坤　张元敏　李世平　刘继康
耿纪虎　方　侠　杨军利　金安乐　姚云德　王建峡　张学农　武培林　仝幼宁
孙秀芳　毛继明　张传斌　肖　彬　韩国利　马少龙　王宏民　马金龙　樊　宇
施汉东　廖云芝　李文才　李灼然　岳伟强　吴年华　袁顺利　王晓东　赵志宏
张军孝　程万林　武全虎　张少良　边龙祥　卞振海　李　侠　周运东　邢永强
薛贵金　刘建中　王　刚　张徐章　翟佳怡　王保春　岳永平　李　海　张胜平
葛云鹏　王海乐　赵精让　李天祥　龚　浩　王　涛　满新利　周　勤　李志愿
魏世军　杨泽新　彭晓娟　张义红　黄宗英　陈　莉　组铁华　余　阳　韩玉兰
李东魁　盛世印　张文耀　王建成　李延平　何明峡　陈　强　孔　彬　张军成
李玉凡　曹建峡　王亚宁　刘占均　王勇社　秦树声　陈　建　周华松　巨安民
谢　锟　王爱科　郭春礼　李宏亮　祝培华　屈劲松　龚　军　李国君　皮高华

三、高级经济师

刘健民　谈顺良　伍先富　虞寿平　许道祥　张贵兴　康　纬　龚文治　田开举
毛志伊　史振宇　李云基　吴道通　俞德南　李林雪　安鸣瑞　朱启玉　邱建民
齐东升　高振汉　李振成　黄振欣　张　鹏　郭　彪　姚世友　周洪骏　胡德芳
崔正勋　王保辚　吴振梅　王先弟　蒋满意　陈光国　徐俊玉　鲁兴国　杜兰娟
任世玉　杨春生　田　浩　魏山河　李玉明　舒舍青　余国辉　陈越文　李　旭
肖永贵　赵发舜　刘大林　吕存智　李宁东　范国林　王根生　李芝乾　尹行方
刘智群　王建林　许汉明　于　英　孙　杰　梁致贤　骆志强　彭继光　窦瑞祥

张　鸣　孙　莉　李　萍　陈永林　肖亚非　赵伶俐　周邦恒　朱清洲　姜军民
杨　眉　袁宝忠　王玉伟　霍立新　李本平　郁　萍　张淑霞　丰自明　袁宏军
沈　刚　陶作东　冯　星　虞瀚晖　任晓华　李树青　纪　军　张育林　刘俊霞
赵利民　韩卫忠　田锡君　俞　程　高国辉　林坤耀　杨　坤　程　燕　张兆地
张金斗　白存忠　李　兵　蔡明华　楼志宇　李东民　于　莉　张东顺　司光燕
马　涛　施　敏　黄　平　刘广平　杜曙光　马金英　谭淑华　郭建勇　吴利华
刁国英　邹玉峡　田新斌　靳小峰　唐贵云　靳　山　周洪兴　王建河　龚立新
樊海民　邓　肖　王浙霞

四、高级会计师

陈畴麒　方　浩　范询昆　易　凰　陈郁芬　李秀梅　杜传芝　佘问一　杨淑贤
倪广哲　胡　伟　王醒民　刘康文　周志东　陈玉兰　刁生祥　郭紫石　吕嗣英
石　英　廖为民　刘玉建　樊荣钊　周治喜　邱建康　王紫林　李清林　赵芳玮
叶　平　赵玉萍　陈　静　郭凤莲　秦　颖　李花枝　赵　锐　钟　飞　党　卫
吕长荣　朱月珍　卢达琨　廖云珊　张生峡　齐文峡　乔堂玉　杨国良　杨跃明
白雪芳　马俊霞　陈宗平　欧正洪　梁玉明　李　斌　王　雷　王紫华　张建平
杨世华　张立选　王庭耀　陈美峡　张玉芬　张立文　周丽华　岳淑桃　姜学红
胡宝定　臧彩霞　赵惠芳　张俊红　何素琴　马利萍　朱广珍　夏西春　姚红滨
陈淑华

五、高级审计师

张立选

六、高级统计师

庞筱霞

七、高级政工师

姜玉村　田进先　潘智元　王德明　戴贤仓　崔万军　张国泰　俞子惠　陈庆和
邹明荣　李恒恩　康忠跃　吕中福　王建民　赵庆安　伍星红　魏世雄　赵庆霭
解启荣　房泉森　洪炳锡　陈江生　靳淑琴　刘新法　韩世善　曹永三　于秀泉
程国清　刘勇先　周定华　赵国伟　胡玉明　曹书勤　邓在成　暴宗武　梁臣安
刘顺法　王增德　朱作龙　白海江　陈恩富　周秀华　刘全通　程连坤　禹贵录
马树生　李德明　吴奎玉　贾明礼　苗文安　贺元林　施华志　陈竹如　王海水
俞北田　王明新　郑玉根　王守仁　申军霞　夏正平　段尚毅　江德佩　陈家新
魏振军　邵紫兰　胡新明　郑　燕　杨春芳　李访华　司荣祥　尹宝增　何树平
王新明　卢兰英　赵柏林　张　军　范钦平　邵良胜　顾兴业　吕莺莺　马友昌
严清宝　段娅莉　王龙飞　吴云华　张文广　马照华　李宝钧　蒋仕秀　姚连喜
马永康　曹堂义　魏恩普　汪德昌　张绪善　李彦文　吴合兴　李士江　刘国荣
石留群　杨润培　姚爱琴　孙建立　孙聚生　汤自霞　马金莲　李春田　张　群
李芝乾　苏晓华　闫世宁　毛有林　关　玮　吴家明　邓远国　吕存智　孙汉才
施　娟　徐建新　赵伶俐　姚秋红　付胜利　刘　波　郭振清　张玉凤　霍陆江

李建国　谢声翠　陈国梅　邵时荣　刘贤民　李玉香　王安平　谢成安　王俊峡
张宗林　李生勇　姬树营　史卫华　赵新民　马国玉　徐汉民　付新成　张学珠
罗永清　王玉春　路心红　王　琰　郝平岗　杨海恒　刘美华　曹宏光　申建峡
陈文莉　王　军　张定一　杨　静　余石泉　谢贤安　刘胜平　赵勤安　陈小红
王　焱　任祥友　左艳玲　刘殿生　于建安　刘长海　潘巨林　李爱萍　王建峡
黄国强　柳清泉　卫志勇　李士强　卢祖琴　张洪林　陶云花　王登康　张学莉
刘晓燕　尚玉虎　尚玉凤　吴建平　郭海峡　王厚全　王慧玲　赵启萍　沈兰春
曹宏军　梁华成　杨达铭　陈银利　刘昌恒　王国庆　李兰生　左德新　吴灵先
李　政　成建英　黄淑云　胡德清　邢海华　王再根　厉茂华　叶　军　郭　锐
汪群策　史建生　杨寿安　罗　平　戴春兰　冯富贵　李成岩　田桂琴　李　娟
王　瑞　张华民　徐汉成　王广利　庄凤祥　李　平　杜伟建　宣丽亚　李雪萍
王海军　马金猛　高石康　龙宗琦　马奇文　史长林　杜虹玲　陈庆峡　朱　辉
罗建文　翁志萍　高冬菊　米秀丽　潘　熙　晏建花

八、高级讲师

孟宪斌　王治友　何希云　骆兢晖　何锡瑾　陈文江　熊莲英　李秀清　姚胜达
李昌莲　侯满成　胡锡英　王千里　常明德　韦云芳　刘明刚　马全生　肖玉成
李树旺　兰文改　张世保　韩金升　吴晓胜　程桂荣　胡怀根　张　治　张同仁
艾建平　丁自仁　黄希琴　邹明荣　胡西宇　王泽平　张进军　周静萍　王飞荣
胡洪余　宋　玲　李　涛　王　翀　张　勤　陆振华　房　锐　刘世荣　马彩霞
刘清玲　廖　涛　胡继华　党致谊　纪安玲　杨晓贵　刘占线　赵树新　靳　华

九、高级实习指导教师

赵关宝

十、中学高级教师

叶祥瑞　南隧道　王　鑫　张学仁　郎雪芳　刘宏珍　赵建华　吴克敏　罗立凡
张保平　丁明照　段宗孔　周海定　曹满霞　汤德如　刘淑范　杨　争　石予宜
康惠珍　张振江　杨存芳　李秀莲　高绒娣　王　立　李显健　张　彤　隋琦先
廖坤泽　汪荣贵　曹宪宏　金杏娣　肖相龙　田景明　范向东　田道藩　吉元治
黄之馨　贺天碧　邢天性　徐德胜　周洪文　金志华　于建新　袁景湘　王广培
张全弼　谢玉翠　涂凤仙　郝贵成　殷亿芬　赵素珍　李维纲　何秋杰　李黎明
王辉娅　韩丽峰　窦增科　周静玲　段瑞莲　姚玉增　骆丽钦　吴　莉　邱金华
李　欣　肖庆国　王　勇　戴安平　邓　峰　童涛业　武景霞　岳　立　孙莲芳
马宝德　朱逸麟　刘　沛　胡永军　任利萍　沈力齐　王　斌　王　瑛　周建青
陈蜀冀　应　炯　陈发祥　李生侠　李家菊　胡旭辉　史桂琴　毛玉霞　成定兰
陈彦卿　郭　斌　乔金山　戴宇翔　康　翎　马　红　李　丽　罗　明　程良志
郭新宏　王　强　陈雪梅　付长征　周喜凤　陈景万　赵宏霞　闫克生　吴　清
张炳义　陈小红　殷洪胜　闫洪惠　王　利　王令社　周继平　吴惠平　赵海虹
陈　莹　吴孝玲　白陇海　唐晓燕　刘绍波　赵国献　朱　锦　王　骋　陈凤琴

刘春梅 李绍文 高弘雁 康艳霞 龚兰萍 沙云峰 鲁红平 聂 鹏 尚玉虎
闫香梅 王维娥 王秋菊 赵建军 张学敏 魏凤玲 胡晨辉 闫丽萍 胡 波
闫书华 王丛萍 陈杰海 孙光华 张中庸 贾三梅 苟德山 朱 涛 李东艳
孟克俭 李京文 孙培坚

十一、高级医务职称

1. 主任医师

于长玲 仝 斌 黄鼎炎 张立绅 周真祥 马金玲 姜俊民 付宝贵

2. 副主任医师

宋建国 马耀图 何允武 欧文干 李泽华 张芳蓉 曾素元 龚增国 罗茂珍
赵 晖 刘化兰 徐湘珍 原春梅 路起生 张 蔚 陈泽珍 高文华 赵素琴
陈越玲 薛凤琴 姜柏华 仝绪廉 张淑芳 蒋芝兰 向 东 赵志海 王曼玲
王计辰 刘向东 李国庆 王一军 赵庆三 任智星 万 萍 王登芳 史 放
何 青 谢贤菊 胡 静 王爱华 许卫红 韩兴祥 姚舜爱 黎明霞 史小增
刘志慧 尹超峰 章海峰 周建国 任利敏 张志坚 杨晓华 许 云

3. 主任护理师

李成美

4. 副主任护理师

樊文娟 尚爱华 王月娥 程德芳 薛凤和

5. 副主任检验师

庄西华 陈爱峡

6. 副主任药师

余叨信 刘海生

7. 高级兽医师

刘宝贞

十二、副编审

孙大伟 马安义

十三、编审

杨 柱 马世平 张少波 刘 波 马国玉

十四、高级技师

蒋利军 徐明茜 浦 云 刘国富 毕研勇 陈宗佩 石雅宾 肖宝玉 周天宝
张荣喜 齐秋奇 许卫军 陈学宾 毛春江 朱才宏 肖星河 田宏伟 德新平
黄松青 何春生 王宝刚 刘 绪 王新民 李建设 石新民 麻进宝 李宏亮
皮高华 郑 晓 汪龙柱 苏光辉 徐德清 王世平 王永祥 于福贵 齐荣昌
李相勋

附 录

一、重件文件辑录

（一）请转移队伍至陕西成立水利电力部汉江上游工程局

（［1969］水电军电南字第93号）

青铜峡水利工程局革委会、长江流域规划办公室革委会、西北勘测设计研究院革委会：

遵照我们伟大领袖毛主席“备战、备荒、为人民”的伟大战略方针和“革命委员会要实行一元化的领导”的教导，为了适应西北三线陕西安康、汉中地区国防及工农业发展的需要，我部军管会和陕西省革命委员会于1968年10月25日以［1968］水电军水生字第56号、陕革生发［1968］65号文件上报国务院，建议将水利电力部青铜峡水利工程局成建制地调至陕南，并从长江流域规划办公室和水利电力部西北勘测设计研究院抽调原参加该地规划设计的人员，由陕西省革委会调配一部分领导骨干，组成水利电力部汉江上游工程局，担任该地区水利水电工程的综合规划、勘测、设计和施工。青铜峡局队伍调动，可在保证青铜峡工程善始善终的条件下分批转移到汉中。上述调动已得到国务院同意，并征得兰州军区及有关省（区）革委会的同意。遵照毛主席提出的“以农业为基础，以工业为主导”的伟大建设方针，汉中地区主要灌溉大殿工程一褒河工程已经开工，汉江干流的大型水利水电工程亦需加紧勘测设计，争取尽快开工。为此，请青铜峡工程局、长办、西北院等单位革委会，速即调动队伍至陕南地区，成立汉江上游工程局，首先担任褒河工程的施工，并积极为下一个大型工程尽快开工做好各方面的准备工作。我们深信，青铜峡工程局、长办、西北院的广大革命职工，在兰州军区和有关省（区）革委会领导下，一定会高举毛泽东思想伟大红旗，突出无产阶级政治，全面落实毛主席一系列最新指示，充分发挥工人阶级的领导作用，以“只争朝夕”的革命精神，尽快地转移，承担以毛主席为首、林副主席为副的无产阶级司令部交给我们的光荣而又艰巨的任务，在建设西北三线陕南地区水利水电工程中立新功。

中国人民解放军水利电力部军事管制委员会（章）
一九六九年二月十五日

（二）水利电力部文件关于改变组织结构名称等问题的批复

（［急件］［1978］水电计字第149号）

水电部第四工程局石泉分局：

［1978］水电四石党第004号《关于改变组织结构的请示报告》收悉。考虑到石泉水电站已建成发电，现在又承担安康水电站的建设任务，为了便于工作，现决定将水电部第四工程局石泉分局改为“水利电力部第十五工程局”，为地、师级单位。印章由部颁发。

根据你局工作和生产的需要，同意对局内职能机构和生产机构作适当调整（调整的机构设置详见附表）。人员编制，应按照精兵简政的原则逐步充实，非直接生产人员的比例，不得超过国家百分之十八的规定。你局所属机构的印章，由你局自行刻制。

中华人民共和国水利电力部（章）
一九七八年四月二十七日

（三）水利电力部文件关于第三工程局与第十五工程局合并的通知

（［1982］水电水建字第40号）

第三工程局、第十五工程局：

为贯彻中共中央全面整顿企业的精神，集中力量加快安康水电站的建设，我部决定将第三工程局与第十五工程局合并，定名为“水利电力部第三工程局”。有关合并的具体事宜由水利水电建设总公司负责组织实施。

两局合并后，仍用原《水利电力部第三工程局》的印章，原《水利电力部第十五工程局》印章停止使用并退交部办公厅。

中华人民共和国水利电力部（章）
一九八二年九月十七日

（四）水利电力部第三工程局文件水利电力部第三工程局关于企业改革的决定

（［1984］局办字第211号）

各工程处、厂（队）、分局，服务公司、教育培训中心、板桥留守处、职工医院、局机关各处室：

经局“企业改革座谈会”讨论，8月2日第六次局务会研究，对我局企业改革做如下决定：

一、工程局实行局长负责制。工程处（分局、队、厂、公司）（下同）实行处长负责制，处长对局长负全责。实行党政分工，充分发挥党委的保证、监督作用和职工代表大会的民主管理作用。

二、局内实行分级任免、分权管理的领导体制。

1. 局长由总局任免；副局长、总工、总会由局长提名，总局任免。

2. 副总工、副总会、机关各处（室、所）及工程处正处长由局长任免；副处长由正处长提名，局长任免。

3. 各单位正科长（车间主任、中队长）由本单位正处长任免；副科长由正科长提名、正处长任免。

三、逐步废除干部终身制，逐步实行干部聘用制度，不拘一格选拔人才。逐步实行合同承包制。

四、局处两级机构设置要体现技术经济责任制。要简政放权，积极采用现代化管理手段，大力压缩非生产人员。

五、建立以单项工程全优承包和百元工资含量包干为中心的经济管理体制；具备条件的项目实行工程招标制。

六、工资要与岗位相适应。实行浮动工资，职务、技术、岗位津贴和上不封顶、下不保底的“高奖严罚”分配制度，合理调整利润分成比例，充分调动各级干部和全局职工的积极性。

七、积极而稳妥地研究教育、医疗、生活服务和劳动服务等方面的改革措施，进一步搞好职工的生活福利事业。

八、实行物资供应和机电设备供应业务经济承包。逐步实行单项工程设计和施工技术经济承包。

九、进一步肃清“左”的影响，认真落实知识分子政策。将一些适合担任领导职务的中年知识分子提拔到领导岗位上来。注意解决知识分子入党难的问题。加速改善知识分子的工作和生活条件，对有特殊贡献的知识分子，给予优厚待遇。

十、对从岗位上撤离下来的富余人员，要寻求多渠道出路，对于老、弱、病、残要区别对待，妥善安置。

十一、积极进行经济体制改革。各工程处（分局、厂、队）要逐步成为经济实体。积极创造条件，筹备成立对外工程承包公司（或分公司）。为我局立足国内，走向世界，要强化情报信息机构，制定有利于采用新技术的政策。

十二、建立企业改革的专门机构。局设立企业改革办公室，在调查研究的基础上组织制定适合我局的改革措施，交流改革信息。

以上决定，请认真贯彻执行，各单位要以搞好施工生产，提高经济效益为中心，结合本单位的特点，提出可行性的改革方案和具体措施。在执行中遇到重大问题，请及时向局请示报告。

水利电力部第三工程局（章）

一九八四年八月三日

（五）水利电力部文件关于水电三局试行局长负责制的批复

（［1987］水建党字第 92 号）

水电三局党委：

你局［1987］局党字 68 号文收悉。

经党组研究，同意你局试行局长负责制，刘纪仁同志继续担任局长职务。

希望你局在试行局长责任制的过程中，认真贯彻中共中央（1987）21 号《关于颁发全民所有制工业企业三个条例的通知》理顺企业中各方面关系，进一步调动广大职工的积极性，深化企业改革，不断改善和加强企业经营管理，及时研究和解决出现的新问题，努力完成生产经营计划和各项任务，推动社会主义精神文明建设，使各方面工作顺利进行。

中国共产党水利电力部水利水电建设局党组（章）
一九八七年八月二十七日

（六）水利电力部第三工程局文件关于印发《水电三局转换经营机制实施纲要》及有关配套管理办法的通知

（局企管字［1993］第 4 号）

局属各单位、局机关各处室：

《水电三局转换经营机制实施纲要》经局四届一次职代会审议于 1993 年 2 月 11 日原则通过，并经专业人员再次审核修改定稿。现将《纲要》及其专业管理办法印发给你们，请贯彻执行。

附件：《水电三局转换经营机制实施纲要》

中国水利水电第三工程局（章）
一九九三年二月二十三日

附件：

水电三局转换经营机制实施纲要

（1993～1995）

第一章　总　　则

第一条　为增强企业活力，提高企业经济效益，依据《全民所有制工业企业转换经营机制条例》（简称《条例》）的精神，结合工程局的实际情况，制定本纲要。

第二条　工程局总的经营管理指导思想和方针是：以市场为导向，以经济效益为中心，调整产业结构，转换经营机制，实现工程施工与多种经营两业并举，协调发展。

第三条　工程局转换经营机制的总体部署是：认清形势，转变观念；理顺两级关系，落实经营权和责任制，放开搞活二级单位；下放人、财、物和责、权、利，建立并完善局属法人企业和相应的机制，实施两级经营，两级管理，经过三年时间的转变过渡，使二级单位逐步走上自主经营、自负盈亏、自我约束、自我发展的轨道；使机关进一步精简、高效、转变职能，强化宏观调控，提高优质服务；使费用单位逐步实行自收自支、社会化经营；搞好工程施工、多种经营、局机关和费用单位三条线的管理。

第四条　正确处理工程局与二级单位的关系，按照管好管住全局，放开搞活基层的要求，实行“核定指标，确保上交，留利自用，亏损自负”的办法，二级单位的留利按5∶5的比例建立生产发展基金和奖励福利基金。

第五条　工程局转换经营机制，必须遵循以下几项原则：

一、坚持党的基本路线；

二、发挥党组织的政治核心作用，坚持和完善局长、处长（厂长、经理、分局长）负责制，全心全意依靠工人阶级；

三、坚持责、权、利相统一，正确处理国家、企业和职工三者之间的利益关系，贯彻按劳分配的原则，把职工的劳动所得和劳动成果联系起来；

四、坚持深化改革与推进企业技术进步、强化经营管理相结合；

五、坚持两个文明一起抓，发扬艰苦奋斗、勤俭办企业的优良传统和作风；

六、工程局各级党、政、工、团等组织以及全体职工都应为实现转换机制和经营管理的目标，加强组织领导，积极开展工作。

第二章　二级施工生产经营单位的经营权

第六条　二级单位是指工程局批准成立的处级施工生产经营组织（以下简称二级单位，含局属法人单位），其经营权是指工程局依法享有的，赋予二级单位的部分。

按照经营权限必须跟责任、利益相统一的原则，工程局对二级单位继续坚持和完善承包经营责任制。

工程局下放给各单位必要的经营权，同时核定各项经济技术指标和精神文明建设指标。经营者以部分工资作为风险抵押，通过自主经营，强化管理，实现核定的各项指标。

有条件的生产经营单位经工程局同意，报国家有关部门批准，可试行股份制；小型建筑安装企业生产经营单位，可以实行个人租赁经营或个人承包经营。

第七条　生产经营决策权

二级单位根据工程局计划指导和市场需求，自主做出经营决策，调整产业结构，选择承包对象，生产产品和为社会提供服务。

工程局向二级单位下达的指令性计划，二级单位必须优先安排。双方签订工程施工、来料加工、物资供应、产品订货等经济合同，严格履行。工程局内非指令性计划可在工程局与二级单位协商一致的基础上签订合同，履行合同。

第八条 工程、产品、劳务定价权

二级单位以工程局名义对外承包工程，工程局提供有关服务，二级单位在确保完成上交指标的前提下，自主决定投标报价。

二级单位承包工程局任务，凡为指令性的，执行预算价，凡为非指令性的，工程局与二级单位商定价格，如不能协商一致，二级单位有权拒绝承包该任务，工程局可另择单位协商。对以工程局名义签订承包合同的工程，经工程局书面同意后，可向外单位分包。

二级单位兴办的多种经营产业，其产品和服务实行市场价，若国家有规定的，从其规定。

二级单位之间提供的加工、维修、技术协作及劳务，工程局提供指导价；二级单位在指导价±20%范围内自主定价（指令性计划除外）工程局未提供指导价的，实行市场价。

费用单位收费标准，凡国家和工程局有规定的，从其规定；其余收费标准参照上款执行。

第九条 产品销售权

二级单位生产的产品，按有关行业的规定自行组织销售，但必须完善合同手续。

第十条 物资采购权

安康工程所需的物资，由局供应处供给，实行限额领料、核算核销；超限额领料部分由局供应处按市场价供给；若局供应处没有的，二级单位经局供应处批准后自行采购；也可委托局供应处采购。

工程局属多种经营项目筹建所需物资，由项目筹建单位根据批准的可行性报告自行采购，或委托局供应处采购。

局属各二级单位可自行进行物资的调剂。

第十一条 进出口权

领取企业法人营业执照的二级单位（简称法人单位）可自行选择外贸代理企业进行进出口业务，有权参与同外商的谈判，工程局提供指导和服务。

工程局在国外承包工程，进行技术协作或承担劳务，二级单位可以劳务形式参与，劳务价格由工程局与二级单位商定。

第十二条 投资决策权

法人单位有权以自有资金向国内各地区各行业的企、事业单位投资、购买和持有其他企业的股份。以经营资产和自行筹措的资金从事产业项目开发，能够自行解决建设和生产条件的，由其自行决定立项，报工程局有关部门备案；不能自行解决建设和生产条件、需要工程局投资或担保的，须报工程局批准。

不具备法人资格的二级单位对下列三类投资必须经工程局批准方可进行：

（1）向工程局外投资；

（2）工程局规定限额以上的项目；

（3）在上交指标未完成时，购置A、B类设备。

第十三条 资金支配权

二级单位以利润留成、C类设备折旧和按有关规定计提及留用等途径，形成自有资金。在保证本单位经营资产保值的前提下，可将生产发展基金用于购置固定资产、进行技术改造、开发新产品补充流动资金，也可将折旧费（二级单位部分）和其他生产性资金合并用于技术改造或者生产性投资，使其资金增值。奖励福利基金由二级单位掌握使用。

第十四条　资产处置权

二级单位根据生产经营需要，对C类设备可自主决定出租、抵押或者有偿转让，报局备案；对A、B类设备和房地产，可有偿使用，合理占用，其处置权属工程局。

处置生产性固定资产所得收入，必须全部用于设备更新和技术改造。

第十五条　联营兼并权

法人单位可按照《条例》第十六条规定与其他企事业单位联营，报工程局备案。工程局给予有关指导和服务。其兼并与被兼并，须报工程局同意。

不具备法人资格的二级单位不能与工程以外洽谈兼并或被兼并的事宜，如需与局外单位联营，必须报工程局批准，由工程局授权合法代表进行洽谈签约。

联营体取得法人资格的，由联营体独立承担民事责任；联营体属松散型的，各方按出资比例或协议约定承担民事责任；一方提供技术管理、装备，另一方成建制地提供劳务，在一个工程上或多项工程中长期联营，双方应订立合同，确定双方权利、义务，组成总包分包联营，各自承担民事责任。

第十六条　劳动用工权

对国家、工程局指令性分配人员，二级单位必须接受，跟现有职工一起，予以统筹安排。通过公开考评，择优上岗，实行合理劳动组合，对形成的富余人员采取多种途径安置。二级单位之间可直接进行人员交流，报局备案。

法人单位有权依据法律、法规、企业章程，按有关程序，解除劳动合同、辞退、除名、开除职工，报局备案；不具备法人资格的二级单位行使上述权利须报工程局，并按有关程序办理。

第十七条　人事管理权

工程局对管理人员和技术人员实行聘任制、聘用制，对干部管理实行“下管正职、考核一级、控制职数”的体制。

二级单位、费用单位和局机关处室的行政正职，由局长提名或党委推荐，局组织、干部部门考核，通过有关规定程序后，由局长聘任。

二级单位聘任行政副处级干部，由其行政正职提名或党委（总支）推荐，报局长同意，本单位组织、干部部门考核，通过有关规定程序后，由行政正职聘任，报局备案入档。

局机关处室、费用单位聘任行政副处级干部，由其行政正职提名，报局长同意后，局组织、干部部门考核，由行政正职聘任，报局备案。

解聘行政正副处级干部的权限同上，程序按有关规定。

各单位可以从优秀工人中选聘管理人员和技术人员。

第十八条　工资、奖金分配权

二级单位的工资总额（包括奖金、加班工资、各种津贴、补贴、小包工工资等）由产值中预算人工费加留利分成中的奖励基金部分共同组成。工资总额由局核定，工资的发放由局会同当地建设银行予以控制监督。

在实得的工资总额范围内，各单位、部门有权自行使用、自行分配工资和奖金。对有突出贡献的科技人员，专业管理人员和职工可以实行特殊奖励。

第十九条 内部机构设置权

二级单位在局核准的下属机构总数的范围内，有权决定内部机构的设立、调整和撤销，报局备案。

第二十条 拒绝摊派权

二级单位除应当确保完成上交工程局任务外，有权拒绝任何部门人、财、物方面的摊派。

第三章 二级单位的责任

第二十一条 与享有的经营自主权相适应，二级单位必须承担以下几项基本责任

(1) 加强经营管理，确保经营资产保值、增值，实现本单位的发展。

(2) 实现盈利或减亏目标，承担经营结果。

(3) 确保上缴，分担全局性费用。

(4) 对本单位职工负责，不断改善职工的生活条件。

(5) 按时上报各种报表。

(6) 维护工程局的统一、信誉和利益。

第二十二条 经营资产的保值、增值

经营资产的基期价值由工程局按各二级单位 1993 年初实际占用的（不包括负债）生产经营性固定资产净值、流动资产价值核定。

期末经营资产价值＝期末资产总额－负债。

经营资产保值、增值目前要求是：

(1) 按余额递减折旧法提足固定资产折旧，保持固定资产完好，净值与成色相符；

(2) 期末经营资产价值等于（或大于）经营资产基期价值。

第二十三条 二级单位上缴工程局的费用

为了保证工程局的生存和发展，工程局的公共与发展费用按照合理、适度的原则，由二级单位分担：

(1) 基地建设补贴费、特殊技术装备补贴费。凡签订工程承包合同计取的，按合同的约定全部上缴工程局。

基地建设补贴费由工程局统筹使用。特殊技术装备补贴费经工程局批准后，可用于该合同项目购置 A、B 类施工机械设备。

(2) 工程局的生产施工机械设备按单台价值与生产能力划分为 A、B、C 三类。工程局统管 A、B 类生产施工机械设备，其折旧费、保管费在局未还清设备贷款前，折旧费全部上缴；保管费上缴；C 类设备折旧费、保管费由二级单位自行提用。工程局划给各单位的其他固定资产只提取折旧费，并全部上缴工程局。

工程局全部固定资产折旧、保管费用的具体计算、上缴和使用办法由工程局制订。

(3) 综合费的上缴。

根据二级单位人均资产占有率和所从事行业的特点，工程局以与二级单位签订的内部承包经营合同约定的产值（或营业额）为计取上缴综合费的基数。

1）产值核定的方法与比例。

产值核定的方法与比例

序号	行业	人均资产占有率∶约定产值
1	工业生产、预制加工、工民建施工、水利水电基础处理、水利水电机电及金属结构制作安装	1∶2
2	水利水电工程开挖	1∶1.3～1∶1.4
3	水利水电工程混凝土浇筑	1∶1.5
4	商业及服务行业	0.3∶1（人均资产占用率）

2）上缴工程局综合费的比率：

A. 工业与民用建筑施工　　7%

B. 水利水电土建工程施工　　8%

C. 水利水电机电金结安装　　9%

D. 多种经营—按局多种经营管理办法的规定比例上缴

E. 其他　　7%～9%

3）1993年综合费的上缴：上半年按实际完成产值（或营业额）作为基数预缴。年终按签订的内部承包经营合同约定的1993年产值清缴年度综合费。

4）综合费按季度上缴工程局。

5）安康工程独立费按定额人数乘1.5系数计算，完成的工作量计算产值，另按产值的2%上缴综合费。

（4）利润上缴二级单位年度实现利润，按30%比例上缴工程局。

（5）超额流动资金占用费的缴纳：二级单位占用流动资金超过人均700元的部分，则按同期银行贷款利率计缴资金占用费。

第四章 承包经营责任制

第二十四条 按照《条例》规定，局长对工程局盈亏负直接责任。对局长的责任制实行考核和奖罚兑现。

（1）由工会主席与局长在局职代会上签订经营目标责任书，局长以标准工资25%做风险抵押。

（2）责任书总年限与任期相同，每年考核一次。责任书指标包括：①资产保值、增值；②实现利润；③履行合同，施工生产经营计划（首先保证完成上级指令性计划）；④全员劳动生产率；⑤质量安全；⑥计划生育；⑦精神文明；⑧职工生活。

（3）考核工作由局职代会组织进行，依据工程局各项年报和上级审核或审计结论。

（4）奖罚办法。

1）全面完成或基本完成（前两项必须完成）考核指标，可按实际实现利润的0.5%提奖。（以1992年实现净利润为基数，逐年递增20%）。

2）大部分完成考核指标（前二项和后六项各有一项未完成），不奖不罚。

3）基本未完成考核指标，以风险抵押金冲抵。

4）任聘内连续全面完成或基本完成责任书指标，经局职代会确认，可按任期内年度平均超额利润的1%给予一次性奖励。

5）连续两年完不成责任书指标的，职代会可向上级主管部门，提出免职请示（局长亦可自动提出辞职申请）。

第二十五条 其他局级领导干部互保责任书

局工作会上，其他局级领导与局长订立互保责任书，由局长委托有关部门组织考核，每年考核一次，考核依据同上，奖罚兑现。

（1）以20%标准工资作风险抵押。

（2）互保责任书指标包括：①分工主管工作；②与局长及其他局领导的协作配合；③支持局长为完成任期目标组织开展的各项工作。

（3）奖罚办法：以局长责任书中的前两项指标为前提，互保责任书指标全面完成或基本完成，可按局实际实现利润的0.4%提奖；分管工作主要指标有一项未完成，不奖不罚；互保责任书指标基本完成，以风险抵押金全部冲抵；工程局连续二年完不成各项目标和指标，或连续两年未完成互保责任书指标，局级领导可向上级主管部门提出集体或个人辞职的请求。

第二十六条 二级单位承包经营责任制

二级单位行政正职对单位盈亏和局下达指标负直接经营责任，并与局长签订承包经营责任合同书，以其15%标准工资作风险抵押。

（1）合同书期限与正职聘任期相同，每年考核一次，奖罚兑现，实行局机关有关部门和本单位职代会相结合的考核办法。

（2）责任书指标包括：①资产保值、增值；②实现利润；③上缴指标；④施工生产经营计划；⑤质量安全；⑥计划生育；⑦精神文明；⑧职工生活。

（3）奖罚原则参照对局长的奖罚（前三项为必保指标，利润仅指本单位的）。

（4）二级单位的其他处级领导可参照其他局领导与局长之间互保的办法，以标准工资的10%作为风险抵押金。

（5）当年完不成责任书主要考核指标的，应向局长及本单位职代会提出书面述职报告，连续两年完不成责任书主要考核指标的，局长可免去行政正职或其他处级领导的职务。法人单位职代会也可参照局职代会向局提出免去本单位行政正职或其他处级领导职务请求。

第二十七条 项目经理部和项目经理承包经营责任制

项目经理部系工程局派出机构。项目经理对局长负责，对项目的合同履行、施工生产、经营管理及局核定的各项指标的完成负有直接责任。项目经理在局党政工联席会议上跟局长签订承包经营责任合同书，以其20%标准工资作风险抵押。

(1) 责任书年限与聘任期相同，每年考核一次，奖罚兑现。考核由局长委托有关部门进行考核。

(2) 责任书指标包括：①资产保值、增值；②上交指标按时如数上交；③履行合同，完成年季月施工生产计划；④质量安全；⑤工资总额控制；⑥精神文明（包括计划生育，职工生活等）；⑦按时向局报送各种报表。

(3) 项目经理奖罚原则，若项目经理由副局级领导担任的，参照第 26 条执行，若项目经理由处级领导担任，参照第 27 条执行。前三项为必保指标，实现利润指该项目年度决算利润。

(4) 经理部费用实行预算包干制。

(5) 连续两年完不成责任书指标，局长可免去项目经理或经理部其他领导的职务。

第二十八条　多种经营单位

多种经营单位要适应市场经济，试行多种形式承包经营责任制。主管部门可根据本纲要精神，结合各行业实际情况，制订实施细则，一般应遵循的原则和包含的内容有：

(1) 保障企业的经营自主权，责权利相统一。

(2) 经营资产保值、增值。

(3) 确保上缴。

(4) 确保盈利。亏损企业，限期扭亏为盈。

(5) 增加经营者的风险责任，凡个人承包的项目在承包合同中应注明，以个人财产作抵押。

(6) 效益目标逐年递增，实现目标后对经营者重奖。

第二十九条　局机关各职能部门及行政正职包干责任制

局机关各职能部门按精简、效能、改革的原则设置，通过履行职能、相互协作来完成各项经营管理工作。其行政正职对本部门工作成效负有直接责任。各部门的费用实行预算包干制，超支不补，节余分成。

(1) 各部门行政正职在局办公会上与局长签订包干责任书，正职以 15%、副职以 10%标准工资作风险抵押。

(2) 责任书年限与正职聘任期相同，每年考核一次，奖罚兑现。

(3) 责任书指标包括：①职责；②主管的各项指标；③横向协作；④包干费用；⑤领导交办事项；⑥计划生育；⑦精神文明。

(4) 设局机关考核小组，各部门书面汇报，小组审核，局长审定。

(5) 奖罚办法。

1) 全面完成或基本完成指标（前三项必须完成），行政正职可按主管局领导奖励的 80%得奖，部门副职按正职奖金金额的 80%得奖。

2) 大部分完成（前三项和后四项各有一项未完成），不奖不罚。

3) 基本未完成（前三项有两项以上未完成），正职的风险抵押金全部冲抵，局长视情况撤、免、降部门负责人。

第三十条　费用单位经营责任制

对费用单位区别不同情况，分别实行预算费用包干、费用差额补贴，自收自支等经营责任制。

第三十一条 二级单位下属多种经营单位根据本纲要和局多种经营管理办法，制定管理制度。

第三十二条 局鼓励机关干部举办多种经营及社会服务，但应本着不影响本部门正常工作、经费自筹、公私财物分清的原则，经过半年至一年的试办后，划出机关编制，保留其原单位职工身份，局不负担其工资及管理费，其他待遇不变。

第三十三条 局属各单位必须建立有效的分配约束机制。

（1）坚持工资总额增长幅度低于利润总额增长幅度，职工实际平均工资增长幅度低于劳动生产率增长幅度的原则。

（2）职工的工资、奖金、津贴、补贴、小包工工资以及其他工资性收入都应纳入工资总额。

（3）应当每年从工资总额（按人均计算）比上年增加的部分中提取10%作为工资储备基金，以丰补歉。

（4）生产性折旧费、技术装备基金、新技术开发基金以及处置生产性固定资产所得收入，不得用于发放工资、奖金或者增加集体福利。

（5）二级单位违反上述规定，局主管部门应当及时予以制止和纠正，职工多得的不当收入应自发现之日起限期逐步予以收回，并追究责任者。

第三十四条 广开门路，发展生产，加强管理，科技兴局，搞活经济。

（1）慎重决策，选好工程施工和多种经营项目，打破常规，加快多种产业的发展，尽快转到市场经济的轨道上来。

（2）增产节约，增收节支，挖掘潜力，依靠工人群众，艰苦奋斗，向社会贡献更多的财富，给企业创造更高的效益，为自身赢得更大的利益。

（3）加强企业管理，搞好定额、信息、培训、计量、标准化、以责任制为中心的各项规章制度、班组建设等各项基础工作。

（4）科技兴局、广泛开展群众性技术革新和合理化建议活动，积极研究，推广和应用新技术、新材料、新工艺，有意识地培养一批水电行业有影响的优质工程、拳头产品、知名专家权威、信得过的施工处（队）、绝招工艺技术等。

第三十五条 树立“局兴我荣、局衰我辱”的思想，加强责任感，按期如数完成上交指标，确保全局性开支有正常的来源。

局把确保上交作为一个纪律，作为衡量一个干部及部门工作优劣标准纳入其责任制，对未能按照如数上交指标的单位，局有关部门有权对其实行扣交的办法，对不予配合或者抗交的单位，局可采用思想教育、经济和行政手段促其上交，予以处罚。

第三十六条 结算

局与二级单位实行工程结算与财务硬结算同步进行；二级单位间的往来结算，先有签证或仲裁，再通过内部银行采用托收无承付方式进行。

第五章　附　　则

第三十七条　本纲要作为1993～1995年的基本纲要，与局长任期基本一致，根据各年度情况进行适当补充和调整。本纲要实施过程中，如遇国家政策调整，可对本纲要进行修订。

第三十八条　本纲要自1993年3月1日起实行。本纲要修订工作由局职代会代表团团长和专业委员会主任联席会议主持。

第三十九条　为保障本纲要的顺利施行，由有关部门依据本纲要原则制定各项配套的专业管理办法。

二、回　忆　录

（一）青铜峡工程局创建初期的回忆

赵　征

1958年初，三门峡工程建设正当高峰时期，中央决定由三门峡工程局负责全黄河流域水利水电建设工程。紧接着，刘家峡工程局开始组建，这时刘子厚局长找我谈话，告诉我黄河上游刘家峡水电站将要动工兴建，三门峡工程局张铁铮副局长去刘家峡任局长，建议我去做他的副手，我同意了。1952年我由部队转业到西北局待命时，与张就有所接触，是他引荐我走上了水电战线的，印象极深。在三门峡又共事了两年，也由于工作的相互配合又变成了相互信任之交。正当我满怀信心准备去刘家峡时，变化却悄悄地在发生中，刘子厚局长调中共河北省委书记，中共三门峡工程局委员会副书记张海峰告知我，原决定有变，要我去黄河上游青铜峡组建工程局和开展施工工作。

与此同时，三门峡工程局副局长谢辉带队去北京接受任务，同去的还有该局二分局主任工程师礼荣勋。水电部钱正英副部长召集会议，参加会议的有宁夏工作委员会（当时宁夏回族自治区尚待成立）的刘格平、李子华和水电总局副局长沈信祥等。钱副部长说：“根据宁夏工委要求，希望兴建宁夏境内的黄河青铜峡水利枢纽工程。水电部决定，由三门峡工程局派出施工力量，派工程局党委书记、局长、总工程师、技术干部、技术工人等，作为三门峡工程局一个分局，要求青铜峡工程局保持和三门峡工程局的现行隶属关系，有关会议青铜峡要派人参加。三门峡派去的干部报任工程局正职，副职由宁夏工委配备。工程所用器材，由青铜峡工程局向上级申请调拨。”钱副部长还说：“今后凡是黄河上游水利水电工程都由三门峡工程局派出施工队伍，接着还要派施工力量去刘家峡、万家寨等工地，也作为三门峡工程局的一个分局。”水电部的这一构想，在组建刘家峡、盐锅峡、青铜峡等几个工程施工队伍中，确实起到了促进作用，但在工程兴建的实施过程中，从一开始，实际上上述工程局就都成为水电部直属的独立工程局，从事着大型水利水电工程施工。随着时间的推移和形势的发展，这一构想便失去了现实意义。

在解放初期，我随军驻宁夏时，因事穿行过青铜峡谷，留下的印象是没有人烟，极为荒凉，道路狭窄，水流湍急……我深感这一地区条件艰苦，工程艰巨，困难多，担子重。但上级已作出决定，我便愉快服从了。那时还有一种尽快改变一穷二白面貌、勇挑重担、不怕困难的精神在支配着自己。我旋即开始考虑如何组织队伍，尽快开展施工工作。因为建设这样的大型水利枢纽工程，没有一支能吃苦耐劳、艰苦创业的队伍是难以完成任务的。同时几年的三门峡施工实践也使我意识到，必须通过实践才能造就和锻炼出一支优秀的水电建设队伍。它是我一开始以至十年的青铜峡工程建设中考虑的两个主要问题。

很快，在三门峡工程局党委的领导下，组成了青铜峡工程局领导班子，我任党委书记兼局长，原三门峡工程局一分局方洪涛为副书记，原分局副局长李文为副局长，原二分局主任工程师礼荣勋为总工程师。同时确定由三门峡工程局再抽调 10 余名技术人员以及工人、管理人员等 300 人，作为组建青铜峡水利工程局基本成员，留方洪涛同志协商调配。6 月下旬，由三门峡工程局副局长谢辉率领我和李文、礼荣勋等同志先行到达宁夏银川市，向自治区党委报到并汇报，自治区主席刘格平接见了我们。之后我们就去青铜峡工地，暂借驻地部队营房住宿和办公。随后，我们与西北勘测设计院以万宗尧副总工程师为首的技术人员展开对设计方案的研究讨论，同时做施工准备。

宁夏回族自治区为加强和充实工程建设领导力量，抽派区农业厅副厅长李子华任工程局副局长，负责物资供应工作；自治区财政厅副厅长曹鹏程任党委副书记，负责政治思想工作；区水电局副书记郭鹏任党委副书记，专管群众工作；吴忠地区检察院检察长、老红军刘思孝任副局长，专管生活行政工作。

8 月，方洪涛同志率领 300 人到达工地，同时带来少量施工机械，有自卸车辆、挖掘机和抽水设备等。我们搭起临时工棚办公，筑起半地窝子土房住宿，一切从零开始。

经过不到两个月的紧张准备之后，1958 年 8 月 26 日在青铜峡峡谷召开了青铜峡水利枢纽工程开工典礼大会，自治区吴生秀副主席到会并主持了这一盛典，并正式成立“水利电力部黄河青铜峡水利工程局”。从此，我们走上了历时十年的艰苦创业历程。

2006 年 10 月

（二）石泉电站建设琐忆

姜玉村

我于 1970 年 9 月 13 日离开刘家峡，15 日到西安，住在当时我局物资转运站西安电校旁边的四新旅社。由于交通紧张，耽误了十来天，才买到去石泉的汽车票，于 27 日乘长途汽车进陕南，在宁陕住了一夜，9 月 28 日上午到石泉。到石泉后，被分配到政治部秘书组，并马上投入紧张的工作。

当时，石泉还比较闭塞，向东向西的公路既简陋也不通畅，汉江水运量很小，季节性又强，只有北向等级不高的西万公路通往西安，加之当时阳安铁路也正在施工，筑路的物资材料运输十分繁忙，西万公路上车流量非常大，经常堵车，有时甚至堵一两天。因此水电站施工所需机械设备和物资材料的运输面临巨大的困难。为了保证在极端困难的条件下石泉电站工程能按上级要求时间开工，陈赓仪同志到了石泉工地后，和分局领导认真分析工地面临的各种主客观条件和汉江流域水情，广泛征求工程技术人员意见，决定充分利用1971年汉江适逢枯水期的时机，以及陕南稻草资源充足的条件，采用堆筑草土围堰进行电站左岸厂房坝段汉江截流的施工方案。因此，我到工地后，便按领导要求，和政治部的同志到各基层单位了解情况，汇总和分析情况，讨论草土围堰施工期间加强我局思想宣传工作的措施。同时，按局统一安排，在饶丰河口的汉江边，和同志们一起去打草捆、编草绳。经过全局上下的艰苦奋斗、共同努力，11月下旬基本完成草土围堰施工的各种准备工作。1970年11月24日下午，水电三局在汉江左岸召开了全局职工大会，进行堆筑草土围堰施工动员，陈赓仪同志在大会上作了动员报告，发出了“全局总动员，苦战二十天，攻下围堰关，建设大三线”的号召。25日早班，开挖队职工从厂房坝段的汉江上下游同时进占，开始堆筑草土围堰。政治部安排赵庆安、陈俊峰和我负责工地宣传，我第一个值班。工地宣传负责了解施工动态，组写稿件，通过广播宣传草土围堰的施工情况、施工进度、施工中的好人好事，通报全局各单位为草土围堰施工所做的保证工作，组织施工队伍间开展挑应战式的竞赛活动，营造热烈、昂扬的施工氛围。半个多月后，草土围堰堆筑成功，厂房坝段汉江截流胜利完成。而后，经过堰体加高、灌浆闭气，草土围堰具备了防渗和挡水条件，保证了1970年底进行基坑抽水、导墙和厂房基础开挖，1971年春夏进行导墙和厂房坝段混凝土浇筑。堆筑左岸草土围堰，标志着石泉水电站施工的正式开始。1971年汛期，石泉段汉江最大来水量3800米^3/秒，草土围堰实现了全年挡水，保证了电站建设工程厂房坝段全年顺利施工，为1973年底石泉水电站发电奠定了基础，开拓了局面。

石泉水电站是在“文化大革命”中进行建设的。在当时条件下，各项工作都要贯彻“抓革命、促生产”方针。因此，秘书的工作，在这样的氛围中，必然是要用相当的时间、相当的精力，围绕领导、围绕会议进行。我到石泉工地后，一个重要工作，就是围绕领导，服务会议，做会议记录，特别是局革委会党的核心小组会议的记录，是我承担的一个经常性的工作。那时领导的会特多，一周开多次，且大都在晚上进行，又往往要开到深夜。因此做会议记录是件很费力熬神的事。服务会议最难的工作是按领导决定准备全局性会议。因为在1974年以前，工程局既要按施工阶段环环紧扣地抓好工程施工，又要开展一个接一个的政治运动，局里召开的大型会议也就相对频繁。而当时领导决定召开全局性会议，又大都是定后一两天就开，有的甚至是今天晚上定第二天上午开，很少能有一个相对充裕的准备时间。因此领导定了开会，我们秘书科工作人员就得加班加点拼命，夜以继日地准备会议材料。这样的情况遇多了，我们也就积累了经验。一是我们都注意平时积累资料，做到写东西时言之有理言之有物；二是我们要掌握每位领导个性、习惯、讲话的风格，对会议报告材料的繁简要求，根据领导决定的会议主报告人的风格进行准备；三是必要时我们几个秘书分部分写材料，由科长汇总，以保证不误事。总的看，从准备1971年初左岸基坑会战的三级干部会，到1974年5月的石泉电站建设经验交流会，我们都较为顺利地完成了局里召开的大型会议的准备工作。服务会议的另一件事，就是做好工程局每年工业学大庆先进集体和先进个人代表大会的准备工作。双先会召开前，我们要起草全局进行总结评比工作的通知，形成文件印发全局，指导全局开展总结评比工作。在总结评比工作进行中，我们秘书科人员还要分头到各基层单位去了解总结评比工作的情况，对各单位推选到局表彰的先进集体、先进个人的材料进行汇总，先进事迹进行核实，把事迹突出的推荐为典型，经局领导审定后，在局“双先”会上印发他们的先进事迹材料，有的还要在“双先”会上作典型发言。而整理润色“双先”代表的典型事迹材料大都由我承担。这件工作虽然很繁重，花费了很大精力，但也很有乐趣，不但认识了许多英模人物，交了许多朋友，也了解了这些先进集体和个人的工作风貌和精神境界，给我鼓舞和鞭策，增强了责任感和事业心。

在石泉电站建设中，秘书科最大量最经常的工作是按局革委会党的核心小组和政治部的统一部署，抓好全局职工思想政治工作。那几年，秘书科每年要按照局革委会党委的要求，起草年度思想政治工作安排意见、季度思想政治工作要点，检查各基层单位按照局革委会党委部署开展思想政治工作的情况。我们几个秘书，分两三个小组，每十天半月就要把基层单位跑一遍，和每个单位的书记、政工组的同志了解群众性思想政治工作的开展情况，参加班组职工的学习讨论等活动，跑完一遍基层单位后，再汇总分析情况，写成政工简报印发全局，通报全局群众性思想政治工作进展情况，推广好的做法、成功的经验，推动全局思想政治工作广泛深入地开展。那几年职工思想政治工作确实做到了年有部署、季有安排、月有检查、年终总结，活动多种多样，工作有声有色，发挥了在那种历史条件下应有的作用。我自己也在那个时期对深入基层服务基层、联系群众关心职工有了历练。1974年阳安铁路通车前，由于交通不便、通信不畅，当日的报纸要两三天以后才能送到工地，不方便职工学习。为了及时传达贯彻中央精神，局领导安排我们秘书科在重大节假日或根据广播电台的通知，做好中央人民广播电台广播的“两报一刊”重要社论的整理翻印工作。那时，广播电台都是在重要社论发表的前一天晚上8点的新闻联播中广播，我们要在第一次广播时做好录音，然后根据录音整理成文字，再交打字员打印。我们整理录音得个把小时，打字员要打一个来小时，我们再对打印稿进行认真校对，然后印刷装订。这样，从听广播到社论翻印分装好，已到晚上十一二点了。秘书科和打字室要忙忙碌碌一个晚上，但我们觉得挺有意思，是种乐趣。

在石泉电站建设的整个过程中，局领导非常重视宣传电站建设，强调在艰难困苦的条件下，要因陋就简利用一切手段造成声势，鼓舞士气，振奋人心。因此，要求工程摄影人员按施工阶段搞工程图片展览，并把工程施工照片底片制成幻灯片，在晚上给各单位放映电影前，先放我们自己的施工幻灯片，以实际影像宣传电站建设的进展情况。我和搞工程摄影的叶沛华同志在刘家峡就认识，他邀我跟他配合，为他制作的工程图片展览和幻灯片配解说词，我欣然应允。草土围堰施工完成后，他把所拍摄的施工照片进行了精心的挑选，制作了施工图片展版和幻灯片，我根据他的展版图片和幻灯片写出解说词，经领导审定后，图片展览的解说词再写到展版的照片旁，幻灯片的解说词请广播员录音，以便放电影前，播放幻灯片和解说词。第一期施工图片展板在局机关大门外和工地宣传栏上展出，幻灯片也在全局各单位放映。工程图片展览受到广大职工欢迎，职工络绎不绝地围拢观看，也吸引石泉县社会各界人士驻足观看，在石泉县引起不小的轰动。施工幻灯片和解说词在全局各单位播放后，各单位予以充分肯定，广大职工觉得十分真切，深受感动，热忱欢迎。石泉电站施工图片展和工程施工幻灯片成了我局宣传电站建设的重要载体，发挥了鼓舞职工、振奋士气、凝聚力量的作用。1971 年元旦春节期间，陕西省宣传部门组织全省建设成就展，要求我局也要参展，局领导就让我们制作石泉电站施工图片展版到西安赴展。叶沛华同志和我经过认真商量，并取得设计部门、工程技术部门的指点和支持，他精心挑选左岸草土围堰施工、基坑抽水、厂房和导墙基础开挖的施工照片，精心准备展版图样，我精心写了解说词。工程图片展版图样和解说词经领导审查定稿后，完成了石泉水电站施工图片展览展版的制作。我局的工程图片展版被陕西省建设成就展组织者安排了一个展室，施工图片展览受到省有关部门的肯定和参观者的好评，扩大了石泉电站建设工程在全省的知名度。举行工程图片展览和播放工程施工幻灯片进行电站施工宣传，一直坚持到安康电站施工初期，到工程局有了电视采访设备后才结束。石泉电站发电后，我在给庆祝发电的幻灯片写解说词时，写了一首诗：

高歌三线壮豪怀，
巧著天工画卷开。
铁臂参横倚天舞，
石岩壁立傲江栽。
千钧闸落托明镜，
一柱轴旋捧彩台。
陕南风光今与昔，
秦巴俯首细评裁。

这首诗既是我对石泉电站建设过程的一个回忆，也是我对电站建设的感慨。

2009 年 5 月 18 日

（三）石门水利枢纽工程质量管理的回顾

李　卫

石门水利枢纽工程是在计划经济体制下，采用自营制式建设的，工程质量总体符合国家法律、法规和规范要求，符合规程、规范和设计文件规定，施工质量总体是好的，质量管理是严格、规范的。

回忆过去施工企业和工程质量管理职责、管理方式、管理内容与市场经济体制下的工程质量与质量管理是有区别的，但工程质量管理的主要内容却是基本相同的。

1. 质量管理的方针、原则和目标

石门水库在工程质量方面，贯彻“百年大计，质量第一”，“工程质量、预防为主”的方针，坚持、计划、实施、检查、总结的方法，把质量安全管理列为工程局管理的中心环节，努力提高职工素质，规范质量管理工作行为，不断提高施工质量水平，追求高质量，建好石门拱坝，满足党和国家要求。

1970年4月河床截流时，原水电三局提出在施工中质量要好字当头，质量第一，坚持高标准、严要求，检查验收要一次过关，合格率100%，不发生质量事故。

每年年初都制定工程质量安全目标，年终各二级单位依据年初制定的目标进行总结和考核，对完成较好的单位和个人进行表扬和奖励。

2. 质量管理机构、职责分工及管理人员配置

石门水利枢纽工程开工初期是文化大革命初期，原水电三局机构是三部一室，工程局没有明确那位局领导抓工程质量及质量管理，1972年以后，由总工程师负责主管工程质量和质量管理工作。

原水电三局成立质量安全检查组（处），负责质量安全管理工作。质量安全检查处设劳动保护和安全组、混凝土外业组、地质灌浆组、金属结构与机电安装组、内业组等6个组。配处长（组长）1人、技术负责人1人、安全员2人、现场检验员8人、内业组1人，共计13人。

安全组负责劳动保护品的发放，安全管理制度的制定，现场安全生产的监督检查，组织定期和不定期安全大检查，安全事故的调查与事故的处理等工作；现场质量检查组负责施工过程的工序质量检查、验收和签发合格证，参加质量缺陷等事故的调查及处理，验收资料的审查、收集和整理，整理检查制度、办法的制定，参加和组织质量大检查活动等；内业组员负责技术资料的整理、归档，负责竣工验收计划和方案的制订，部分竣工验收报告的编制、部分竣工图纸的绘制等工作。

原水电三局成立基础验收委员会，负责坝基及重要隐蔽工程验收，验收委员会下设验收小组，负责验收的组织工作。技术处（组）设实验室，监测仪器埋设及观测组、测量队。实验室负责混凝土配合比设计和试配，原料及半成品质量检验，混凝土拌和物及混凝土拌和的质量控制，混凝土试拌的检测工作；仪器观测组负责观测仪器设备的采购与验收，仪器设备的率定与测试，仪器设备的埋设与观测，观测资料整理与分析工作；测量队负责施工测量技术方案的审核、施工控制图的审核，重要部位的放样测量抽查和复测，负责建筑物体型尺寸的检测和审核，枢纽控制点的布设和测量；技术处的金属结构组、机电组，负责组织金属结构及机电设备的进场检查验收及出厂验收；主体科负责材料采购计划，金属结构组负责金属设备制作计划，物资供应处材料科负责材料、中间产品和半成品的采购，主要材料进场检查验收，取样送试验检测，材料保管及使用登记，材料管理制度的制定（仓库管理办法、供应工作制度、搬运工工作制度等）。

供应处的设备科负责大型施工机械的管理及永久设备的管理，负责施工机械的各种计划购置、检修、配件的编制及计划完成后上报；负责订货、采购、验收、仓管、调拨、报废的鉴定上报。

劳资处负责质量安全教育和培养；砂石厂负责混凝土砂石骨料的生产、供应和砂石质量的检验；混凝土拌和厂负责混凝土拌和与拌和楼生产的控制；预制厂负责预制件、梁的生产及控制；各工区、厂、站分别建立了质量安全机构、配备了质量管理人员和安全人员，并制订了质量管理职责。

3．质量管理的职责

工程局对质量管理各层次的部门进行分工，明确质量管理职责和权限，并形成了文件；对各级管理人员规定了岗位的责任，主要有质量安全检查处质量安全职责、技术处质量安全职责、物资供应处质量安全职责、劳资处质量安全职责、砂石厂质量安全职责、混凝土拌和厂质量安全职责、调度室安全职责。

石门水库质量管理机构是健全的，记录责任是明确和落实的，起到了应有的组织保证作用。

4．质量安全管理制度的建设

石门水库质量安全制度是健全的。质量方面主要有各级会审制度、技术交底制度、测量复检制度、基础工程验收制度、设计变更管理制度、质量事故和质量缺陷调查处理制度、质量安全检查制度、施工文件收集整理制度、施工现场管理规定、现场值班制度，职工教育与培训制度。

石门水库虽然是计划经济体制下建设的，但施工质量检验验收仍实行“三级”检查验收制度和体系。各工区、厂、队负责各自范围内的初检和复检，工程局质量安全处负责终检。工序和单元工程必须经班组工人自检，工区厂队复检后，由技术员向质安处提出申请验收。班组自检资料要齐全，真实详细和完整，施工队或工区复检，值班队长和质量检查验收人员跟班检查验收，配合内业人员及时整理分析资料，对新问题提出处理意见，工程局终检，质量检查人员依据各级和相关文件和现场抽查记录，验收质量。

5．施工技术准备工作管理

石门水库施工质量和施工技术工作由总工程师负责，二级单位由工程师或技术骨干负责，施工队由技术员负责。

在建设过程中，工程局根据生产计划，认真编制了施工组织设计、施工技术方案、施工技术措施、作业指导书作为施工的依据。

施工组织设计由设计院编制，施工技术方案和施工技术措施由技术处编制，施工技术措施和作业指导书由二级单位编制，经审查批准后才能实施。

在建设过程中，认真组织施工三级会检，会检分三个层次：由施工队技术员主持专业会检，由班组长、技术员、技术骨干工人参加；由二级单位工程局或技术骨干主持系统会检，由技术员，施工队长参加；由总工程师主持综合会检，各级技术负责人和各部门管理人员参加，邀请设计人员参加。各级会检由主持人单位做评分记录，并整理汇总。委托外单位加工制作的各级由委托单位组织审核。

在建设过程中认真组织施工技术交底。施工技术交底是施工工序中的首要环节，各级管理部门十分重视，贯彻了未经交底不得施工的原则。

交底工作按专业交底和分专业交底进行。由工程局技术处组织专业交底，各部门技术管理干部、施工队技术干部和领导参加；分专业交底由二级单位工程师主持，施工队技术员、队长、班组长参加。技术交底前由主持单位事先编制交底材料，内容充实，有针对性和指导性。交底工作一般要在施工前进行完，对施工期较长和危险项目每月进行分专业交底。门机拆装等工作则要求逐日交底。

测量基点、施工控制图及重要项目放线的审核。技术处的测量队对设计院提供的测量基点进行复检，复检后报总工程师批准；二级单位测量组和测量队完成施工测量图布设，测量队组织复检。重要部位的放线由测量队复检。

6. 施工过程质量控制

石门水库工程施工质量控制的主要内容有：

（1）正确使用施工图纸、验收标准、施工规范和质量技术措施。

（2）调配符合规定的操作人员。

（3）按规定使用原材料、半成品、配件和设备。

（4）按规定施工并及时检查、验收。

（5）对施工现场作业环境进行控制。

（6）合理安排施工进度。

（7）对不稳定、经常出现问题的施工过程实行监控。

（8）建立施工过程的质量管理记录制度。

7. 施工质量检查与验收

石门水库实施施工质量三级检查验收制度。对混凝土工程、灌浆工程、金属结构安装工程实行工序和单元（单项）工程施工质量检查，班组进行质量初检，班长签字负责，施工队技术员跟班随工程进展进行复检，局质量安全处现场值班检查员进行终检，并签发合格证。对基础验收实行验收委员会检查验收，由参加验收人员签字负责，对永久机电设备安装由验收小组联合检查验收，由参加验收人员签字负责。

工程局制定了混凝土工程、土石方开挖工程、基础及坝体灌浆工程、金属结构安装工程、基点设备安装质量检查验收办法，实施了土建质量检查验收细则管理办法。

以普通混凝土工程为例介绍施工质量检查验收程序：

（1）技术质量标准的确定和收集。

（2）施工技术方案和质量检查细则的制定。

（3）施工缝面（基础）验收，填写基础面处理检查表。

（4）模板制作安装检查，填写模板安装质量检查表。

（5）钢筋制作安装，抽查钢筋焊接质量，取样做拉力试验，填写钢筋安装质量检查表。

（6）止水、埋件及管路安置；抽查止水焊接质量，并做渗油试验，抽查管路安装，并做通风试验，填写止水、埋件质量检查表。

（7）开仓前清理验收，并同时检查拌和厂准备情况，试验室配样等情况后签发开仓合格证。

（8）混凝土浇筑，现场盯仓，并做详细记录，试验室在拌和楼三级值班，对混凝土拌和与混凝土拌和物进行控制。如果有监测观测仪器，观测组现场看护；钢筋队、模板队有值班人员维护钢筋、模板；有温控要求时，试验室有人测温和施工队通水。

（9）混凝土养护，检查养护情况和养护记录。

（10）拆模，进行外观质量检查，做详细记录，如果是质量通病，施工工区及时进行处理；如果质量缺陷比较严重，制订质量缺陷处理方案后进行处理，处理后进行三方（设计、施工、质量）联合检查验收。

（11）整理检查验收记录。

8. 质量事故与质量缺陷的处理

工程局制定了工程质量事故管理制度和质量缺陷调查处理制度。制度对事故的分类、事故报告、事故调查工程处理和事故处罚做了规定。对质量事故和质量缺陷实行“三不放过”原则，即事故（缺陷）原因查不清楚不放过，事故（缺陷）责任不落实不放过，事故（缺陷）处理方案没制订不放过。发生质量事故和缺陷要求二级单位不得隐瞒不报，不得私自处理，质量问题一旦发生，要求相关单位做好处理。

（1）质量事故，由水电三局成立调查组调查处理，提出处理方案和意见，报水电三局讨论，工程局批准后处理；

（2）严重质量缺陷，由总工组织调查，提出处理方案和意见，报水电三局批准后处理；一般质量缺陷，由二级单位组织调查，提出处理方案和意见，报总工批准后处理。

（3）质量事故和严重质量缺陷处理方案由设计院和技术处研究制订，报总工和水电三局批准。

（4）质量事故和严重质量缺陷处理后由质量安全处组织联合验收组验收；一般质量缺陷由质量安全处验收。

（5）质量缺陷处理的程序：①收集和明确技术标准和质量要求；②编制施工技术方案和施工措施；③质量缺陷处理的实施和质量控制；④质量缺陷处理资料的整理；⑤质量缺陷的处理检验（测）；⑥质量缺陷处理验收。

石门水库建设过程中没发生质量事故，严重质量缺陷有底孔产生环向裂缝及进裂灌浆管路堵塞等质量问题。

石门水库枢纽工程建设是在“文化大革命”期间进行的，设计单位已解散，设计人员下放到水电三局，工程建设是在边勘测边施工的条件下进行的，存在设计不完善、防洪标准偏低、遗留尾工多等问题。

石门水利枢纽工程的分部工程验收、单项工程验收、机组启动验收等由工程局组织验收；批段验收和竣工验收由陕西省人民政府组织。分部工程验收随总工程进展逐步完成。1970 年 4 月由陕西省水利厅组织河床截流验收；1971 年 3 月由工程局组织坝基开挖单项工程验收；1972 年 3 月由陕西省水利厅组织水库蓄水验收；1973 年 5 月由工程局组织坝体混凝土工程单项验收；1978 年 5 月由工程局组织首台机组启动验收。1983 年 3 月由陕西省人民政府组织竣工验收；2006 年 5 月由陕西省水利厅组织除险加固初步验收。

9. 石门水利枢纽工程建设的一点启示

石门水利枢纽工程是文化大革命时期兴建的，条件艰苦，施工难度大，边设计、边准备、边施工，机械设备和物资紧缺，都远远不能满足施工需要。是原水电三局完成宁夏青铜峡工程之后的第二个水电建设工程。原水电三局的领导、管理干部、技术干部、技术工人经过青铜峡的艰苦磨炼，已是技术力量雄厚、专业工种齐、能吃苦、能打硬仗、作风严谨、技术过硬的施工队伍，政治素质、建设经验、管理水平、技术水平、工艺作风和拼命精神都处于上升时期，干部和工人都是非常不错的；企业管理尤其是工程质量管理和工程质量在水利行业上处于领先水平；在参加水电部组织的葛洲坝水电站会战、东北红石水电站会战，青海龙羊峡水电站会战中均处于领先水平，得到了部领导和同行的好评。石门水利枢纽工程就由这支队伍承建的，石门水利枢纽工程质量管理是规范，工程质量好，被部评为“水电部优质工程奖”。

石门水利枢纽的建成是陕西省政府支持的结果，更是原三局党委领导和职工团结拼搏的结果，是成千上万建设者的智慧和汗水的结晶，她的名声将与褒河共存于陕西人民的心中。我是在这个集体中成长的一名技术干部，参加石门水利枢纽工程建设是最不能忘怀的经历，回忆石门水利枢纽工程建设，也是一种慰藉。历史终究是人民创造的，石门水利枢纽工程建设至今已三十年，战斗的岁月，历史的记忆，历历在目。

现在是市场经济时代，企业生存和发展要靠竞争，市场竞争，归根结底是人才的竞争，企业要生存就必须培养出一批热爱企业、热爱职工、能吃苦、作风严谨、技术过硬的施工队伍，应像石门、石泉、安康工程一样，建设一座工程培养一支队伍，为企业和企业职工的生存创造条件和机会。

2009 年 8 月 9 日

（四）安康水电站建设过程回顾

刘纪仁

一场“史无前例”的洪流，将我从川西的雅砻江畔冲回长江最大支流的汉江上游。1975 年末，我从汉江第一坝石泉水电站进入相传是女娲补天落下七彩石的地方，安康水电站坝址——火石岩。

能源部总工程师潘家铮说，安康电站“建设难度很大，坝址有大量裂隙、缓倾角夹层和遍布上下的滑坡体，为此有人将其列为我国和国际上地质条件最复杂的高坝坝址之一。安康工程建设是一座难得的大学校……他们的成就不仅解决了安康工程的难题，而且大大增强了我们对征服大江大河的信心，对推动我国技术发展和对其他水电工程的施工将具有巨大的促进作用。”也正如陈赓仪同志所讲，安康水电站“经历了政治上以备战需要来指导工程建设；经济上两次调整，资金没有足够的保证；自然条件上地质条件复杂多变，又遭受特大洪水袭击等情况。……这个艰辛的历程应当进一步很好地加以总结。”本文仅就施工建设过程有关施工技术与管理上的主要事实进行回顾，以资借鉴。

一、工程概况

安康水电站位于陕西省安康市以西 18 公里处，是国家能源建设重点工程项目之一，是汉江上游干流上最大的水电站，梯级开发中的第四级。勘测设计工作于 1970 年开始，1973 年 7 月批准初步设计，原设计装机容量 80 万千瓦，保证出力 17.5 万千瓦，年平均发电量 28 亿千瓦·时，年节约煤 170 万吨。坝址控制流域面积 3.57 万公里^2，多年平均径流量 190 亿米^3，总库容 25.8 亿米^3，水库水域面积 77.47 千米^2，年产鲜鱼 125 万千克，调节库容 16.7 亿米^3，可进行不完全年调节，预留有 3.5 亿米^3 防洪库容，对 5～20 年一遇洪水可削洪 3400～4800 米^3/秒，是一座以发电为主、兼有防洪、航运、养殖、旅游等综合效益的大型水电枢纽工程。

安康水电站枢纽工程由混凝土重力坝、坝后式厂房、变电站、汇洪设施和过船设施组成；坝顶高程 338 米，水库正常蓄水位 330 米，死水位 300 米；重力坝最大坝高 128 米，共 27 个坝段，坝顶长 541.5 米。左右岸为非溢流坝段，河床右部布置坝后式厂房，内装 HL－220－LJ－550 型单机容量为 20 万千瓦的水轮发电机组 4 台。变电站设在厂坝之间，按 110 千伏和 330 千伏两种电压出线共 8 回，并预留 1 回间隔。中部布置泄洪坝段，其设施包括 5 个 15 米×17 米的开敞式表孔，5 个 11 米×12 米带胸墙的中孔，4 个设在纵向施工导墙坝段上的 5 米×8 米的底孔。总泄洪能力为 36 700 米^3/秒。厂房进水口右侧岸边设直径为 4 米的冲砂孔。

冲砂孔穿过主厂房安装间，出口处由我局、西北电管局和安康地区集资装 1 台 5.25 万千瓦的水轮发电机组。过船设施采用垂直升船机，布置在左岸中孔坝段上，过船吨位为 100 吨，年过坝能力为 25 万～30 万吨。

该工程规模宏伟，在已建工程中，混凝土量仅次于葛洲坝水利枢纽工程。电站主厂房长 132.55 米，宽 22.9 米，高 52.9 米。中控楼 5 层，配电楼 4 层，尾水副厂房 4 层，分别布置在主厂房上下游。中控楼布置有负荷开关、高压电缆、中控室、照明、载波机层，还装有 2 台 HN－3970 计算机实行监控。配电楼建筑面积 10 287 米^2，布置有双绕组三相升压变压器 5 台，以及与日本合作首次在国内生产应用的 330 千伏全封闭六氟化硫组合电器。

安康工程地质条件极为复杂，坝址区以震旦纪千枚岩为主，岩石不耐风化岩性软弱。两岸风化深度达 30～60 米，边坡高而不稳定，具有十多个滑坡群体，其中最大的滑坡体有 22 万米^3，治理达三年之久。坝基断面节理发育具有软弱夹层，经深挖齿槽和近两年的地下洞塞挖填处理，保证了大坝的抗滑稳定。电站主体工程量为：

土石方开挖 793 万米^3；　　基础灌浆及排水孔工程 22 万米；

混凝土及钢筋混凝土浇筑 324.7 万米^3；　　接缝灌浆 10 万米^2；

金属结构安装 8500 吨；　　房屋建筑 57.21 万米^2。

包括临建工程在内，总计土石方 1664 万米^3，混凝土及钢筋混凝土浇筑 378.6 万米^3，浆砌块石 50 万米^3，金属结构安装 1.5 万吨。整个工程共需水泥 119.78 万吨，钢材 18.12 万吨，木材 18 万米^3，工程在 1991 年追加后的概算总投资为 24.697 亿元，共追加投资 10.397 亿元。

二、“801”泡影与电站建设艰辛历程

（一）以“备战”需要而产生的“801”工程指挥部

安康水电站地处“三线建设”的腹地，在 1970 年开始勘测设计工作的基础上，1975 年 4 月成立了安康水电站筹建组。与此同时在“政治上以备战需要”的指导思想下，抓工程建设，地方政府与水电四局石泉分局抽调干部成了一个名为“801”的工程指挥部，意指：“安康电站要在 1980 年第 1 台机组发电”。这是在动荡年代所产生的一个美好而脱离

实际的美梦。它经不起事实的指尖轻轻一扣，就变成了无声的泡影。实际上安康电站第一台机组发电日期比这个梦想整整拖后了10年，这同样也是我们这些建设者做梦也没有想到的。它是由多种因素造成的这颗“闪光”的伤疤。

（二）两个开工时间，两次经济调整，三大技术难题，铸成了一场艰辛的建设历程

1. 艰难的起步

安康电站在20世纪70年代仓促上马，工程概念不清，前期准备工作不足，而在1975年8月在坝区放了几炮，浇了几方混凝土，就算“开工典礼”开工了。到1978年4月主体工程正式开工，那几方根本不在工程部位的混凝土又被炸掉了。两个开工时间一晃3年过去了。1978年该电站土石方开挖最高月产量达82.2万米^3。主体和附属工程全面展开，到1979年6月18公里的对外公路工程全线通车，从此结束了四年多来工地与安康间对外交通唯一依靠水运的情况，将原来的“三十里江程一日还”缩短到两小时即可往返。1983年3月6.4公里的对外铁路专用线正式通车，这就大大地加速了工程进展。然而竟遇上国家经济调整，每年拨给投资仅供“糊口”，等到每年三季度吃点其他工程完不了的投资“剩饭”，所谓只等“八月十五月光明”的日子一直吃到1983年12月截流之前。在此期间由于开挖工程的进展，工程地质问题不断暴露，许多问题非初步设计中所料，1970～1982年每年有一次勘测设计审查会，就是对工程地质的审查评价，从而注定了该电站“边勘测、边设计、边施工”的前提，其间甚至曾吹了一阵该工程应“下马”的冷风。

2. 是有意“考验”，还是“江神不服”

1978年4月开始主体工程大坝岸坡开挖，1979年初形成左岸一期基坑，1979年3月5日第一块主体工程混凝土开盘浇筑，紧接着完成了大导墙、导流底孔及右岸导流明渠的混凝土浇筑工程。到1983年，全局上下正为当年枯水期工程截流全力以赴之时，老天不遂人意。本来汉江洪、枯水量之比高达550∶1的径流特性，一年有效工期只有半年。这一年为了截流，水电三局万名职工与洪水搏斗，水退我进，水进我退，六进六出下基坑。“江神”似乎忍无可忍了，1983年7月31日，汉江暴发了历史上400年一遇的特大洪水，恶流咆哮着顷刻之间覆没了全部基坑，以26米高的上涨水头从坝区直冲安康古城，最大流量达3.7万米^3/秒，它不仅冲毁了全部工程基坑、整个施工现场，两岸交通和通信设施也全遭洗劫。安康古城变成一片汪洋，毁于一旦。水电三局有1200户人家受灾，城内住房400多间被荡刷一空，洪水翻过城外唯一的连通汉江两岸的大桥涛涛而下，大有危迫武汉“三镇”之势。

在这场灾难的洪流中，水电三局全体职工以大局为重，绑扎木筏，人抬、车拉从水中抢救转移了两千多名安康市民，先后接纳了八千多灾民住进张岭三局生活区，医院、学校、食堂等一切服务设施和生活场所，优先为安康城区灾民服务。动员了内部人、财、物、机械设备抢修被冲破毁的城堤，挖运市内污泥杂物，清理废墟，战斗在恢复人民生活与生产的第一线，以实际行动充分体现了社会主义的优越性。我局的宣传部门录下了这场水灾过程的第一手录像资料，因而受到水电部通令嘉奖，被陕西省授予“抗洪抢险救灾英雄集体”称号，时任国务院副总理万里视察安康灾情时首肯：水电三局在安康抗洪抢险中

表现了临危不惧、顾全大局的精神，值得表扬。

3. 大灾大难不弯腰，截流目标不动摇

洪水退却了，施工进度却被耽误了三个多月。20多公里的工程沿线和工地留下的是一片狼藉。围堰冲垮了，基坑淤进30多万米^{3}的泥沙。水电三局党委确定必须把失去的时间抢回来，提出了："大灾大难不弯腰，截流目标不动摇"的口号。全体职工忘我拼抢，终于在最后42个昼夜的奋战下，安康水电站在1983年12月25日实现了截流，宣告主体工程进入全面施工高峰。

4. 难题横生，闯关排障建坝

（1）高边坡抗滑稳定的技术难题。由于坝址地质十分复杂，且处河流弯道，以千枚岩为主的狭窄河谷，岩石不耐风化，岩性软弱，两岸风化深度达30～60米，边坡高达250米以上，不稳定的高边坡和十多个滑坡群体加上江水暴涨暴落，造成电站建设中重大的技术难题。最大的滑坡体达100多万米^3，给设计和施工带来了极大的困难，施工安全问题尤为突出。为此在右岸设计了最大断面为4米×5米、最深达44米的钢筋混凝土抗滑桩81根；左右岸共设计了142根50吨级预应力锚索，40根锚杆，直径1米的大口径抗滑桩、锚洞、截水墙、混凝土断层塞等。为此整整花了三年的时间，硬是将两岸滑动的山体锚固在大江两岸，为主体工程施工创造了可靠的条件。

（2）混凝土高坝的抗滑稳定和基础处理被国家科委和水电部列为水电技术重点攻关项目。工程开工后，在基坑开挖中发现了大坝建设中的重大地质问题，在中、表孔及厂房坝段坝基出现了缓倾角构造软弱断层有16条之多，可见长度6～70米。这就形成了人们所讲的：安康电站坝址是"脚踩西瓜皮，手抓两把泥"，坝基与两岸均存在抗滑稳定的难题。自工程开工到1984年已用了将近6亿元的投资，"下马"风虽又吹起了，但已"骑虎难下"，所以攻克这些难题就是设计、科研与施工的重大课题。经过深入研究论证，先后采取深孔固结灌浆、化学灌浆等防渗措施，并作了钢筋混凝土大型抗剪桩、混凝土抗剪洞塞、预应力锚索、开挖大齿槽、加厚消力池底板等，真是集建设水电站多种综合技术措施于一体，使尽了全身解数，并在河床以下5～40米深层开挖了2千米多的主、支洞，总计开挖2万多米^3，浇筑混凝土及钢筋混凝土1.2万米^3，先后干了两年多，创下了坝基处理的先例。

在混凝土重力坝基础深层抗滑稳定及处理技术上，专家鉴定认为：在安康属国内领先水平，获得了部级科技进步奖。这是一场工程地质综合治理、继往开来的科研创新大会战。

（3）坝址地形地质及洪水峰高量大造成难度极大的泄洪消能技术难题。这项工作从1973年开始，采用了一系列消能新技术，经过6年多的努力，终于较好地解决了该电站的泄洪消能问题。在表孔上采用了宽尾墩与消力池的联合消能工；在中孔溢流坝段采用了对称宽尾墩、差动折流墩和消力池联合消能工；在左岸溢洪道出口采用窄缝式挑流消能措施。就这样多形式联合消能提高了综合消能效率，缩短了消力池底板和岸边溢洪道的长度，减少了不少工程量，而在施工技术上增加了难度和大量工作。这些工作一直做到1993年上半年才基本完成。

（4）多种综合因素造成投资不足，工期拖延。由于开工前期工作跟不上，工程量不断增加，投资概算不断加大，又逢国家两次经济调整，所以工期必然拉长。该电站从1975年筹建开始至1990年第一台机组发电，历时15年，总概算从1973年的4.5亿元，增加到1991年审定为24.697亿元，为原来的5.49倍；土石方工程量由140万米^{3}增加到923万米^3，混凝土浇筑量由150万米^{3}增加到365万米^3，分别为原来的6.59倍和2.43倍。然而从筹建到截流的十年间，投资到位仅4.6亿元，不到总投资的五分之一。这样的工程量、投资与工期的关系，在水电建设史上不能不令人感到是一件难以理解的憾事。不能不令人感到在这样大的工程上尊重科学、决策民主是何等重要啊！

由于以上多种因素的影响，工期一拖再拖，又遇上了1984年以后，随着国家经济体制改革和价格体系的调整，工资、材料、设备价格、费用项目和指标发生了大的政策性变化，加上1989年以后的经济调整整顿，结合施工实际及条件变更，设计修改，原“五定”概算总投资14.3亿元已不敷工程使用，截至1984年底累计完成投资已达14.799亿元。在上级规定的条件下，又作了安康水电站工程追加概算，共计10.397亿元为“五定”审定投资的73%，因此安康工程总概算达到24.697亿元。

总的来看，安康水电站自开工准备到1983年截流的前8年，难题横生，施工战线太长，投资不落实，拖延了工期；后8年价格调整、政策变动、投资大增，造成了工期长、投资大的不良结果。

三、十二年艰苦跋涉，四年冲刺奏凯歌

（一）多年投资不到位，迫使总进度多次变动

水电工程的特点最突出的是每年枯水期必须组织大干，汛期又要与洪水作殊死的搏斗，它是一种战天斗地极为壮观的和平建设的战场，人、财、物的后勤供应必须有足够的保障。安康电站工程到1982年末进入了第七个枯水期，八个年头才进入了截流前的准备。1983年与洪水搏斗，七进七出实现了截流，本应一鼓作气进入主体工程施工高潮，中共水电三局党委经过周密研究，力争比上级要求提前一年于1987年第一台机组发电。但是在这大好形势下，投资仍年年无法按计划到位，只能有多少钱干多少活。据统计，1981～1986年总计少拨投资1.82亿元，相当于两年施工所需的投资，从而也失去了可创造高产的施工年度。本来月产10万米^{3}的砂石料与混凝土的施工系统，实际最多只达到6万多米^{3}的混凝土生产量，施工设备配置形成“大马拉小车”的浪费局面。总工期拖后两年多，造成该电站投资加大，人财物的更大浪费。永久拌和系统到1984年才完成一期投产任务，到1987年底3座容量为28米^{3}的拌和楼全部投产，3台20吨平移缆式起重机和五台10～30吨门机相继投产，安康市下游的老君关砂石系统也具备了月产10万米^{3}混凝土骨料的供应条件。铁路运输全部要通过国家铁路襄渝线才可进入工程专用铁路线运到右岸坝头车站，这也造成了对该工程的制约，增加了大量费用开支。到1978年底工程施工人数达8000人，已可满足要求。1982年水电十五局与水电三局合并，职工总人数达1.45万人，实际远远超过了工程需要。我们深深体会到，人多并不是一个企业兴旺的表现，如果处理不好就会形成企业极为严重的负担。

（二）四年艰苦冲刺，实现奋斗目标

经过12年的苦斗，终于完成各项主要任务近半，基本具备了最后冲刺，实现下闸与

首台机组发电目标的条件。到 1987 年底，砂石、拌和系统已具备月产 10 万米^3 混凝土的条件。其他附属工程、对外交通、混凝土水平与垂直运输条件、各专业施工队伍的组建调整均已就绪，大坝左岸中孔已浇筑至 270 米以上，表孔正浇到 256 米高程，厂房坝段已浇筑到 282 米高程。

1988～1991 年这 4 年，虽然工程正处于国家第二次经济调整期，但由于省、部与各级领导的重视，在设计、科研、施工单位的紧密配合，以及地方政府的大力支持下，工程进展出现了前所未有的新气象，形成了每年超额完成各项主要任务和指标，也创出了不少施工的高水平。从 1988 年起每年均完成 2 亿元以上的投资，1991 年完成 3.3 亿元的最高年度投资；1987～1990 年每年完成混凝土浇筑均在 40 万米^3 以上，1988 年创造了年产 57.2 万米^3 的最高纪录；相应砂石料生产运输量达到了月运 94 列车计 81 215 米^3，金属结构安装 1990 年达 15 160 吨的最高纪录。四年全员劳动生产率由凝滞均超过 1.1 万元/（人・年）以上。由此确保了 1989 年 12 月 25 日顺利下闸蓄水，提前半年于 1990 年 12 月 9 日第一台机组并网发电，1991 年 9 月 3 日第二台机组和 12 月 25 日 5.25 万千瓦小机组相继并网，为 1992 年最后两台机组投产创造了良好条件。

由于工程在困境中得到快速进展，各级领导部门也给予了应有的评价与荣誉。1988 年被水电部评为“安全文明生产先进单位”。1989 年被列入陕西省第一类完成投资计划好的企业，被陕西省府授予“重合同、守信用”的企业；被能源部、水利部评为“职工教育先进单位”等十多项省、部级先进称号。1990～1991 年先后被评为陕西“省级先进企业”“先进党委”；省级“重点建设先进施工单位”、省级“造林绿化先进单位”，并获得微机管理、化学灌浆等多项科技进步奖。

总之，艰苦创业的四年也是物质文明与精神文明双丰收的四年。在第一台机组发电时由姚振炎、白清才、陆佑楣等八位省部级领导参加了剪彩仪式，真是水电三局建局以来的鼎盛时期，是安康电站光辉的顶峰。

（三）为水电事业创造出了多项值得铭记的业绩

安康电站建设中的“三大技术难题”，对推动我国科学技术发展和对其他水电工程的施工将具有巨大的促进作用，与此同时，还创出了多项值得一记的业绩。

（1）利用右岸排砂洞装机 5.25 万千瓦，以股份制方式集资，充分利用弃水建起了一座低造价的联营电站。1985 年 1 月 30 日北京设计院，水电三局与电厂筹备组议定并上报，利用汛期弃水与冲砂弃水，在尾水渠右侧安装 5.25 千瓦水轮发电机组，年利用 3280 小时，年发电 2.3 亿千瓦・时，可解决汉江陕西段通航所需流量，也可避免大机组在低于 1/3 额定出力的不利工作情况下工作，减少振动和气蚀，有利于大机组长期安全稳定运行，为水电三局、地方政府发展第三产业与工农业用电创造了有利条件。

（2）采用低热微膨胀水泥浇筑表孔渡汛缺口的混凝土，确保水库按期蓄水，为提前发电创造了有利条件。安康水电站表孔坝段（11～15 坝段）为工程渡汛的泄洪缺口，按工程度汛与总进度的要求，1990 年度汛标准为百年一遇洪水，上游水位达 316.5 米，当时实际情况要在两个月内浇筑 10 大块，34 个仓号 3 万多米^3 混凝土，还要完成冷却和接缝灌浆，而施工却难以实现。因此提出了采用低热微膨胀水泥混凝土，将甲、乙块并仓浇筑，以实现缺口快速升高的要求。在12～14坝段的271～280米高程进行高块并仓浇筑试验，浇筑了高9米，仓面为722米^{2}混凝土6498米^3，充分发挥低热微膨胀水泥混凝土初凝时间长、和易性好、料罐下料通畅的优点，创下了一台缆机班产737米^{3}的纪录。仓面处理用我局研制生产的混凝土毛面处理剂，大大减少了准备工作量，加快了施工进度，从未发生施工冷缝，工程质量良好，降低工程造价6.8%。通仓浇筑比柱状法节省工期66天，为安康水电站1990年汛末水库按期蓄水，确保提前发电创造了可靠的条件。采用低热微膨胀水泥混凝土，取得较大的社会效益与经济效益，这是其他类型混凝土难以做到的，值得在水电建设上推广使用。

(3) 主体工程混凝土广泛并高比例的掺用粉煤灰，达到国内先进水平。安康水电站主体工程混凝土量达325万米^3，施工年均气温达41.7℃，加上汉江河滩骨料中含有碱活性骨料，砾石中含量达25%，砂子中含量达5%左右，所以混凝土温控及抑制碱活性骨料的危害问题十分突出。同时为了节约水泥，降低成本，所以掺粉煤灰这项技术措施，在安康水电站建设中显得更为重要。经过大量试验，在取得可靠数据的基础上，从1984年开始粉煤灰就应用到主体工程上，最大的掺入量为40%，在水位变化区掺用20%，抗冲耐磨区掺用了10%～15%，从而解决了骨料碱活性问题，简化了温控措施，改善了混凝土性能，保证了混凝土的质量，并扩大了粉煤灰在水工混凝土中的应用范围。在这项技术上达到了国内先进水平。到1992年共掺用粉煤灰11.2万吨，节约水泥达9.81万吨，节约建设资金1313.1万元，经济效益相当显著。

(4) 合理使用临建工程费用和自有资金，建成了两个施工基地。几十年来水电施工队伍过着“吉卜赛”式的生活，“干打垒油毡房，杂木杆子竹笆墙，有个窝铺就称强”。从数十年的数据充分证明，其维修费用与由此造成的水、火灾害，占地搬迁损失等，远远高于建永久或半永久性住房的投资。安康工程自1986年以来，在满足施工需要的情况下，经多方努力，统一规划，分期实施建设了安康与汉中两个基地，其中安康占地1.67千米^2，利用面积0.8千米^2，以张岭为中心辅之以关庙、紫荆等小区；汉中基地占地0.27千米^2，以河西为主，辅以河东、红庙等地。两地已形成生产、生活、文教卫生、科研、第三产业多种经营的多功能综合基地，是三万多名职工、家属、子女安置、集散、休整中心，解决了职工后顾之忧。

(5) 采用特殊工程措施，抬高蓄水位，提高发电效益。汉江洪水峰高量大，大坝设计洪水（$P=0.1\%$）为36 700米^3/秒。大坝泄洪中、表孔孔口尺寸大，底槛高程低。汇洪中孔弧门为11米×12米（宽×高），表孔弧门为15米×17米；中孔底槛高程305米，比死水位高程300米仅高出5米，表孔汇流堰顶高程313米。在中表孔弧门未安装投入运行前，水库的调节库容仅为总调节库容的12.5%。1991年底，电站已投入运行2台大机组和1台联营机组，总装机容量为45.25万千瓦。由于中孔弧门尚未安装，临时用钢筋混凝土叠梁封堵中孔到310米高程，调节库容小，发电效益难以充分发挥。1992年以后，电站施工项目主要为坝体泄洪孔口的闸墩和弧门安装等。闸墩为预应力结构和宽尾墩；10孔弧形闸门尺寸大，施工技术复杂，精度要求高。汉江汛期为5～10月，且在3月常发生桃汛。以上施工项目处于度汛泄洪部位，汛期施工安全无保证，有效施工期短。

为逐年提高发电效益，并为预应力闸墩和大型弧门安装创造有利的施工条件，我局技术部门进行了大量的技术经济论证工作，提出采用叠梁挡水的特殊工程措施。在中、表孔弧形闸门未安装前，分别采用混凝土预制梁和钢结构叠梁挡水，提高水库蓄水位。在1992年汛末库水位提高到320米，1993年汛期，库水位达到321～325米，汛末争取蓄水位到正常高水位330米高程。实现以上目标，共需钢结构制作量约500吨，混凝土预制梁25根共200米^3。投资需440万元。按水平年初步分析计算，水库可多蓄水19亿米^3，增发电量在7亿～9亿千瓦·时以上。

该措施投入少效益大。1992年已按原计划如期实施，从8月下旬开始分期分批安装表孔钢叠梁，于10月上旬库水位达到320米高程。到1992年底，采用以上措施增发电量为1.84亿5千瓦·时。

以上措施的技术问题是：要解决好汛期叠梁顶部泄洪过水安全，以及准确选择下叠梁的时段等。由于叠梁是个逐个分期分批安装，叠梁顶部泄洪过水，会产生平面梁顶水流分离、汇流水舌定腚、水流脉动现象，引发产生负压和振动等问题。经水工模型试验，对以上水流现象分别采用了相应的工程措施。1992年9月27日，库水位为322.8米，当时叠梁顶高程319米，泄洪水深为3.8米。埋设仪器观测到梁顶负压为1.8米，现场观察到闸墩的轻度振动。水位消落后，部分止水漏水，其他正常。

（6）附属建设中的几个第一。在安康水电站建设过程中，附属工程设施同样也创出了多项国内外一流项目。

1）建成了具有国际水平的一座汉江斜拉混凝土公路桥。该桥按20吨设计，挂100验算，双行车道宽8米，全桥宽12米，车辆满载重量36吨，人群荷载300千克/米^2。1975年初勘测，次年4月定测，1977年9月开工，1978年12月初开始吊装，1979年4月建成，6月11日正式验收移交使用。该桥长205.6米，决算投资278.2万元，每米投资1.356万元。该桥为工地左右岸交通唯一的汽车通道，对加速工程进度起到了决定性作用。建桥质量优良，技术先进，达到国际水平，为陕西省公路桥建设之首创。

2）世界上跨度最大的汉江斜腿钢构薄壁箱型钢梁铁路桥的兴建。汉江铁路桥是安康水电站铁路专用线首部跨江桥。建桥工程由铁道部基建总局领导，由铁路部科研院、专业设计院、宝鸡桥梁厂、第一工程局、第二勘测设计院、兰州铁道学院、第四勘测设计院、北方交通大学、水电三局等单位，组成汉江大桥协作组，是铁路部重点科研项目。

该桥全长542.08米，两端引桥为4孔238米的预应力钢筋混凝土梁，中部正桥为斜腿钢构薄壁箱型钢梁，钢梁全长305.1米，总重1670余吨。钢斜腿全长76.4米，如A形斜立两岸。斜腿下面铰中心的纵距为176米，共有墩台16个，桥高75米，全桥圬工1.535万米^3。该桥主跨为当时世界最大的本型桥。其结构合理，造型美观，抗扭刚度大，抗震性能好，与其他类型的桥相比可节约31%的钢材。

该桥施工测量采用三角网、横基尺激光仪等法互相校核，中孔梁在江中浮鲸上拼装好，然后将总重185吨的梁整体吊至设计标高进行投孔、两端同时合龙，全部达到设计精度。下部工程于1978年5月4日开工，桥墩采用钢滑模施工，1981年11月25日完工；上部工程于1982年3月1日开工，于该年8月19日完工。于该年12月28日通车。经

1983年6月做静载试验，质量优良。经学术会结论："安康汉江大桥是我国第一座薄壁箱型钢斜腿钢构桥。它是充分动员科研、设计、制造、施工各方面力量联合攻关的成果，在技术上有许多突破，这种结构形式可在我国山区铁路跨越深谷处推广。"

3）采用钢滑模施工，建成国内最大直径的砂石骨料罐。安康拌和系统设计要求骨料储存量为2.7万米^3，输送能力为1000米^3/小时。为此设计了直径20米，每个储量为4500米^{3}的骨料罐6个，壁厚为0.8米，全部用钢滑模施工，当时为国内直径最大的滑升施工结构。该罐施工质量优良，使用方便，材料节约，投资减少。

（四）精组合，细安装，三年装机近百万

水电三局机组安装力量的组建工作，因自石泉电站之后一直无安装任务，随着时间的推移，队伍老化，设备能力落后，人员已分散解体多年，无法适应20万千瓦机组的安装，所以一直在自己安装还是请其他队伍来安装的问题上争论不定。到1989年我们作了多种因素分析后，决定重新组建队伍承担安装任务。1990年1月才组建680人的安装处，以后又从局技校毕业生中的全局范围内抽调力量组成1000多人的安装队伍，在设备制造厂家、设计院、电厂等有关单位紧密配合下成立了统一调度指挥组织系统，提出了"精组合、细安装，安全优质创新并大网"的口号。总计一年零八个月安装并网5台机组合计85.25万千瓦。

1991年共投产25.25万千瓦，装机占当年全国水电装机100万千瓦的25.25%。

1992年共完成40万千瓦，装机占全国水电装机总量200万千瓦的25.25%。

水电三局机组安装力量在边组建边安装的情况下，三年中除安康水电站装机外，同时完成了四川螺丝池电站工程装机3.15万千瓦、四川沱江五里店水电站装机1.20万千瓦、安康新春电站0.32万千瓦、丹江口自备电厂装机4.0万千瓦等，总计装机94.92万千瓦，锻炼了队伍，提高了技术管理水平，成为国内安装水电大、中、小型各类机组的一支劲旅。

安康水电站机电安装工作和土建工程一样，也在国内首创多项新技术与新的施工方法：

(1) 大型水轮机分瓣转轮焊接的创新。在安装首台20万千瓦水轮机时，转轮焊接工艺难度大，要求高。国内电站凡分瓣转轮均先用1∶1试验片模拟试焊，然后再进行实物焊接，保险可靠，但要费时两个多月，工期已不允许。因此经过周密研究，打破惯例，直接在原件上焊接，但风险极大，一不慎将会使价值约300万元的转轮变为废物，年底发电将成泡影。经多次研讨，提出了详细的实施措施，经过突击队39小时的焊接攻关，国内第一台大型水轮发电机组的水蜗轮，不用试验片直接焊接成功了，总计节约资金20多万元，并缩短了两个月的直线工期。经按《锅炉压力容器对缝超声波探伤》标准检查达到国家Ⅰ级焊接标准，电测检查转轮内应力值大大低于规范允许值，整个转轮组装焊接质量达到优秀，为国内首创。

(2) 安装与设计上的创新。在该电站安装了我国自己制造的首台33万千伏·安的全封闭六氟化硫断路器，实施精组合细安装，质量优良，运转正常，此亦为国内第一家。

(3) 在小机组冷却上用了氟利昂。电压达1.38万千伏，是中国科学院重点科研项目，经多方鉴定是成功的，达到国内最高等级。

四、经验教训与建议

我一生曾参建了我国工期最短、投资少、见效快，而且是土法施工建成的黄河上第一个电站—盐锅峡水电站。但是也参建了由于种种原因造成安康水电站这个工期长、难度大、投资大的“胡子电站”。其经验与教训与是值得加以记述的。

水电站的建设是一个极为繁杂而科学的系统工程，要上知天文，下知地理，做好四面八方的“人和”工作，才能达到理想的境界。

（1）做好水电站的前期工作，是决定电站施工的先决条件。安康水电站工程虽于1970年就做好勘测设计，但处于十年动乱时期，一切处于无章可循或有章难循的局面，并在设计深度不足的情况下，仓促上马，势必形成边勘测、边设计、边准备、边施工的“四边”状态，导致工程总进度三次重大修改，工期加长，投资加大，发电工期从原定的1988年拖到1990年底。这样还是在设计、施工、制造厂家及上级主管部门与地方的紧密配合与共同努力下，比计划工期提前了半年多第一台机组投产。

（2）必须按合理工期组织施工，资金必须首先按计划到位。安康电站自开工到1988年整整13年都是处于“有多少钱干多少活”、“八月十五月光明”每年吃其他工程“剩饭”过日子。据统计仅1981～1986年就少拨投资1.82亿元，相当于1～2年的施工投资额，因此也失去了该电站的高产施工年度，如原配备月产10万米^{3}混凝土（年产100万米^3）的整个生产系统，而实际最高月产只达到6万米^3，最高年产也只是57.2万米^3，相应的施工设备和人员造成窝工，形成“大马拉小车”的浪费根源，并使总工期拖后两年。

（3）对工期必须进行客观的分析。汉江水流特性是暴涨暴落，1983～1989年7年间汛期水淹基坑31次，其中1983年一年就过水7次之多，这与我国其他江河截然不同。所以对工期的分析，也必须客观而现实。今后应在设计与施工上予以科学地对待，不可一概而论，墨守旧法。

（4）我国水电开发应走流域性梯级连续开发的道路。设计和施工队伍要相对稳定，便于了解情况，充分利用天时、地利、人和等优良条件，采取大中小结合和流水施工，无疑是个多快好省的路子。在1983年截流后我们曾向上级提出“建安康、上旬阳、带喜河”的方案，当时估计仅节约投资就1亿多元，发电工期均可大大提前，但由于多种原因未能如愿。在此期间三局为四川完成了两个小水电站，为陕西及秦皇岛等地建设了几个工程，仅建成投产不到8万千瓦，虽有贡献，但从总体分析仍属劳民伤财之举，企业亏损上千万元。如1983年后就上旬阳或喜河则至少有30万～40万千瓦的电站可能与安康同时投产。1990年6月我们又提出了成立“汉江上游开发公司”的建议，并得到黄毅诚部长的批示认可，但又由于多种因素而未能得到实现。这些设想未能实现，将会被时间所证明是一个最大的失机与不应有的损失。

（5）水电工程要能按照合理工期建设，以达到预期效益，就必须做到：上级主管的重视，地方各级党政部门的大力支持，设计科研单位的紧密配合，协作厂家与单位的协同工作，要有相应实力的施工队伍。这五个方面必须在认识一致的前提下，组织强有力的建设指挥领导系统，这是工程成败的关键。

(6) 关于汉江的开发。安康电站发电后的容量相当于陕西电网总装机容量的36%，年发电量相当于陕西电网年电量的20%，主要负担系统高峰、调频及事故备用任务。从梯级开发看，汉江上游陕西境内干流规划有黄金峡、石泉、喜河、安康、旬阳、蜀河、夹河等7座电站总装机容量为198万千瓦，保证出力40.85万千瓦，年发电量69.59亿千瓦·时，淹没耕地总计44.53千米^2，移民总计78 969人。在这些指标中，安康水电站分别占40.4%、42.8%、40.24%、68.72%和63.95%。从以上数据可看出，为安康与石泉电站建设征地和移民，陕西人民已付出80%的代价，取得了40%发电量，所以如充分利用现有机构和设施，抓紧连续开发，既可节约大量资金，汉江航运问题也可得到充分发挥，并由于安康水库的调节，可使下游三个梯级水电站保证出力提高16万千瓦。随着时间的推移，现有规划将重新进行，损失更大。建议国家与陕西省尽早决策。

1996年12月

(五) 难忘的十年

李友仁

1991～2000年，是水电三局十分难忘的十年。

随着国家改革进程的逐步深入，为适应社会主义市场经济的需要，水电三局在继续努力完成国家计划性的工程—安康水电站施工建设的同时，早在1984年就开始参加建筑市场的投标竞争，先后中标山西平朔煤矿矿山公路、四川射洪电航工程、资中五里店水电站施工等工程，虽然规模不是很大，但是也已经在市场经济中开始“游泳”，锻炼了队伍，积累了一些经验。

随着安康水电站建设进度加快，1990年安康水电站第一台机组顺利发电。电站的发电标志着水电三局一万余名职工赖以生存的最后一个指令性计划工程很快进入尾声，接着而来的就是水电三局将面对社会，百分之百地依靠自己的力量参与市场竞争才能继续生存和发展，这是一个国家大Ⅱ型企业脱胎换骨求新生的转折。

水电三局充分认识到这个转折首先是观念的转变。要使全局上下认清形势、解放思想、转变观念、深化内部改革，建立和形成适合市场形势，能促进工程局发展的管理体制和经营体制。

1992年水电三局提出“转变观念、深化改革、强化管理、提高效益”的经营思想，1993年水电三局颁发了《水电三局转换经营机制实施纲要》，确立了“两级经营、两级管理”的经营体制和“自主经营、自负盈亏、自我约束、自我发展”的四自机制；加大科研、技术培训、教育、人才培养的力度；加大使用管理机械设备的投入；落实两级单位的经营权和责任制；推动、支持、鼓励各个二级单位依靠自身实力，走向市场，在市场竞争中发展壮大。

水电三局依靠市场经济的发展，在落实“两级经营、两级管理”的基础上，1995年又颁发了《水电三局改革与发展的四年规划》，完善了工程投标责任制、工程项目责任制、项目经营责任制的项目法施工管理，将经营管理的基点落实到具体的项目上；陆续出台了一系列配套的管理措施，建立了相应的考核奖惩制度，健全了监督约束机制，使企业逐步进入集约化的经营轨道。

与此同时，水电三局也在调整产业结构方面加大力度，开拓公路交通项目、国外施工项目、工业和第三产业项目等。在以多种形式实现企业发展上，水电三局也作了积极有益的探索，如推进本系统和跨行业联合经营，股份制项目投资联营等，在进行产业投入的同时，促成工程承包权的获得，既发挥了自身的优势，又扩大了生存和发展空间，同时也逐步改变了全局职工思想观念的转变。

面对社会主义市场经济，全局上下解放思想，转变观念，深化改革，强化管理，努力拼搏取得了可喜的成绩，水电三局先后在大峡水电站、小浪底水利枢纽、三峡水电站、江垭水电站、溪口抽水蓄能电站、石板水水电站、大朝山水电站等工程项目中标，在市场竞争中站稳了脚跟，实现了发展和壮大，企业资产由改革初期的0.99亿元增加到1998年底的8.3亿元；固定资产原值由0.78亿元增加到5.8亿元；企业净资产由0.62亿元增加到3.36亿元；全员劳动生产率由0.66万元提高到4.69万元；职工生活水平得到了明显改善。1998年经营产值实现6.31亿元，连续四年实现年平均递增23%以上。

转折的十年，也是艰苦奋斗的十年，同时也是充满激情催人奋进的十年。遗憾的是20世纪90年代中后期受到“电力过剩”舆论的影响，水电建设在1997年和1998年连续两年零项目开工，水电建设又一次跌入低谷，否则水电建设的发展步伐将会更快，水电事业成就将会更加辉煌。

2010年6月9日

（六）水利水电建设系统首届职工文艺汇演西北区汇演概况回忆

周定华

全国水利水电建设系统西北地区职工业余文艺汇演，于1983年8月24日～9月7日在陕西省安康市张岭水电三局驻地隆重举行。

这次文艺汇演是在水电建设总公司和水电部文协的关怀指导下，在各汇演单位的大力支持下举行的，也是我国水电建设系统职工为贯彻落实党的十二大提出的建设社会主义精神文明的实际行动；是一次水电建设系统为活跃职工业余文化生活、推进企业文化建设而举行的首次大型文艺汇演活动。

参加这次文艺汇演的共有西北地区和部分四川地区的8个单位。分别是水电三局、水电四局、水电五局、水电七局、水电十局、水电十一局和西北勘测设计院、成都勘测设计院。他们分别来自青海高原龙羊峡、唐山引滦工地、河南古县工程、汉江中游安康和大渡河、涣之溪，以及文化古都西安、天府之国成都等地。

各演出队的人数一般在30人左右，多的35人，少的21人，总人数达265人。

这次文艺汇演共正式演出九场·次，计118个节目，其中90个节目是水电职工自编业余创作的，有歌曲、舞蹈、曲艺、乐器演奏、小戏剧等多种形式。

8月24日傍晚，文艺汇演在水电三局工人俱乐部剧场隆重开幕，出席开幕式的有水电建设总公司宣传处副处长、文艺汇演评委会副主任陈上奎、安康地委顾问黄克礼、副专员陈进华、安康军分区政委王福安、副司令员李天祥、中共安康县委书记杨宗道和地县文艺部门的负责人。水电三局领导武林、程山、程国清、刘纪仁、杨广民、赵国伟、李大臣也出席了开幕式，开幕式由水电三局工会主席李大臣主持，三局党委副书记程国清向文艺汇演致祝词，总公司宣传处副处长陈上奎讲了话。文艺汇演开幕还收到了陕西省文化文物厅、陕西省音乐学会发来的贺电，收到了安康地区文化局、地区歌舞团送来的锦旗和安康地区文艺室送来的贺信等。

这次文艺汇演演出的节目以各单位自编的为主，小型多样、生动活泼、丰富多彩，演员们的演出以高昂激情、甜美歌喉、婆娑舞姿热情歌颂了水电建设战线广大职工的英雄业绩和创新精神，也反映了在建设工程当地少数民族支援水电建设的动人情景，反映了水电个人的生活画卷，得到了前来观看演出的省地文艺专业人士的好评。

这次文艺汇演受到了水电三局领导的重视，专门抽调了副局长、文协主席赵国伟以及宣传部、工会、团委、保卫处、行政处、文协等部门的负责人组成文艺汇演筹备工作小组，进行了大量的筹划和组织工作，文艺汇演也得到了水电三局广大职工的热烈响应，大家表示要文明礼貌欢迎兄弟演出队的到来，要谦虚谨慎向兄弟单位学习，共同搞好这次文艺汇演。整个演出期间，剧场内座无缺席，俱乐部门前总是拥挤得水泄不通，剧场外由局保卫处派人维持秩序，但为了能看演出，仍有少数人无票进入场内，每场演出剧场走廊都挤满了观众。演出期间，观众人数累计达 1.2 万人・次之多。

这次文艺汇演的时间正值盛夏八月，安康地区气候炎热，各单位文艺演出队从四面八方跋涉来安康，有的行程数千里，十分辛苦，水电三局招待所能接纳的床位有限，只能安排少数带队的入住，所以绝大部分演出队人员都住进三局职工子弟学校的教室，打地铺睡地上，演出队的同志们为保证汇演圆满成功，他们都不计较生活条件，不辞劳累，一来到就投入到排练中。在汇演期间，不少演出队还放弃休息，深入安康水电站工地，为生产第一线的水电三局职工送去精彩节目，有的还到安康地方上和水电三局汉中分局等有关企业单位演出。

这次文艺汇演历时半月，于 9 月 7 日闭幕，水电总公司汇演节目评委会的全体同志，各单位文艺演出队和水电三局领导出席了闭幕式。闭幕式还邀请了安康地、县的领导和有关文化单位负责人出席。会上，由评委会领导人和水电三局领导分别给获奖节目颁发了奖状和奖金。这次参加汇演的 118 个节目中，共评出获奖节目 56 个，其中获优秀节目奖的有 10 个：西北勘测设计院舞蹈《水之歌》；成都勘测设计院舞蹈《勘测队员之歌》；水电十一局的乐器合奏《截流》；水电十局的羌族舞蹈《喜送阿哥修电站》；水电七局的大合唱《我们奋战在大渡河上》；水电五局的女高音独唱《水库渔歌》和男高音独唱《友谊之路》；水电四局的舞蹈《欢乐的时刻》；水电三局的三人舞《水生》和男女声对唱《水电工人爱江河》。

获创作奖的节目 13 个：西北勘测设计院男声独唱《水电工人的足迹》和女声独唱《水电站的夜晚》；成都勘测设计院的诗歌联唱《成都院之歌》；水电十一局的男高音独唱《江河、明亮的河》；水电十局的女声小合唱《欢迎你到卧龙来》；水电七局的舞蹈《欢乐的沉井挖掘工》和数来宝《读书活动育新人》、四川方言快板书《王大妈看幺儿》；水电五局的男女声三重唱《欢迎你到引滦来》、男高音独唱《赞美你呀明珠!》、女中音独唱《那是我们水电姑娘》；水电三局的大合唱《汉江组歌》和笛子独奏《江水欢歌》。

获演出奖的节目有24个：有西北勘测设计院的舞蹈《阿里山的姑娘》、舞蹈《敦煌》；成都勘测设计院的女声独唱《长江之歌》、舞蹈《康巴的春天》和笛子独奏《军垦战士送肥忙》；水电十一局的笛子独奏《水库欢歌》、女声独唱《林间清泉》、男高音独唱《砥柱颂》；水电十局双人舞《梁祝》选段《月下幽会》、小提琴独奏和女中音独唱《幸福在哪里》；水电七局的女声两重唱《请你嫁到这山庄》、舞蹈《欢乐的彝寨》；水电五局的斯里兰卡民间舞蹈《罐午》、印度民间舞蹈《排球舞》和女高音独唱《水捧滦水润心田》；水电四局的舞蹈《水峡情歌》、小提琴齐奏青海民歌《四季调》、电吉他独奏《北国之春》和女声三重唱《轻轻一句话》；水电三局的女声独唱《美丽的浪花》、男高音独唱《采蘑菇的小姑娘》、男声二重唱《高峡之歌》和器乐小合奏《西班牙的风》。

至此，整个文艺汇演在欢乐的气氛中获得圆满成功。

2010年8月9日

（七）安康水力发电站建设纪念碑碑文

“汉之广矣，不可泳思；江之永矣，不可方思。”

汉江之源，可溯于宁强嶓冢；汉江之名，始载于上古《诗经》；汉江之功，昭著于汉文化的兴盛；汉江之利，则显现于安康电站的动工。追前人以勒此石，励后来而刻此铭。

电站所在，近接巴蜀远连荆楚，左抱玉皇右牵天柱。上行一百七十公里即见石泉城池，下涉十八公里可抵安康商埠。这座国家投资三十亿元的折线型混凝土重力坝，由中国水利水电第三工程局荣幸承建。最大坝高一百二十八米，坝顶长五百四十一点五米，总库容二十五点八五亿立方米，总装机八十五点二五万千瓦，年发电量二十九点八四亿千瓦/时，过船吨位一百吨级。集发电、防洪、灌溉、养殖、旅游等综合效益于一体。

电站自1978年正式开工至1983年完成截流经1989年底下闸蓄水到1990年12月11日胜利发电，一十二度春秋，诚可谓：步步心血步步汗，一程艰辛十重难。水电三局一万五千名职工始终以科技为根，以质量为本，以人民利益高于一切为责任，以勤奋严谨、求实创新的科学精神，群策群力顽强攻克了三大技术难题：宽尾墩折流尾墩解决了泄洪消能，达到国际水平；大齿槽混凝土洞塞解决了坝基深层抗滑稳定，奏响了国内高坝史上的先声；抗滑桩水平锚洞解决了高边坡的稳定。从而确保了大坝安全施工、厂房安全运行、黄金水道畅通，为只为建起一座人民放心的工程。

工期如火，偏遇国民经济两次大的调整，工程资金到位不足，生产数次陷入困境。士气正盛，恰逢四百年一遇特大洪峰，基坑进水达三十次之多，古城安康亦遭堤溃灭顶。中流谁砥柱？风云识英雄。含辛茹苦，一千七百万方土石移出峡谷，敢与愚公比移山；披星戴月，三百六十万方混凝土填筑大坝，堪与精卫论填海；一万五千吨金结制安，焊接曲折成栋梁；一万三千吨机电安装，拼尽血肉铸辉煌。风雨兼程，我愿吃尽千般苦；寒来暑往，敢教青春无虚度。终赢得，秦巴出平湖，汉江涌明珠；通黄金水道，千帆竞发如鱼跃龙门，无限生机；润碧玉良田，万山绿染似画上丹青，有余连年；安澜裕埠，息洪患而造福一方；强国富民，耀明珠而播惠百世。

谨立此碑，愿三秦百业发达兴旺；

恭书此铭，祈两岸人民福寿安康。

公元一九九九年冬月　立

（作者系水电三局职工　张少波等）

（八）1983年安康“7·31”特大洪灾抗洪抢险

尚玉凤

1983年7月31日，水电三局所在地安康发生了一场400年一遇的特大洪水，安康县城遭受了灭顶之灾。灾情惊动了党中央国务院。在特大洪水袭击的紧要关头，水电三局全力以赴，万众一心，大灾大难不弯腰，在自救的同时也为安康人民伸出了援助之手，谱写了一曲永载史册的辉煌篇章。时任国务院副总理万里视察安康灾情时首肯：“水电三局在安康抗洪抢险中，表现了临危不惧、顾全大局的精神，值得表扬。”

1983年的7月，陕南气候异常，雨水偏多，全月有6个降雨过程，历时14天。

由于前期雨水较多，地表趋于饱和，陕南总平均降雨量高于150毫米，大都产生径流，汇集河槽，且雨带移动方向和汉江流向一致，干流洪水与支流洪水叠加，致使汉江洪水暴涨，来势凶猛，7月31日22时，安康电站工地流量2.9万米^3/秒，8月1日凌晨，安康流量3.7万米^3/秒，为明万历十一年（1583年）以来400年间最大洪峰，安康城区遭受毁灭性灾害，电站建设工地也遭到一定程度破坏。

1983年7月31日适值星期日。鉴于局技术处预报的水情严峻，局党委书记武林紧急赶往工地，和值班的副局长杨广民、局副总工程师肖竹生立即通过局调度室通知工地各施工单位领导，紧急动员职工按3万米^3/秒流量特大洪水抗洪抢险。第一、第二、第三、第四等工程处和灌浆队、砂石厂等单位迅速组织职工全力以赴转移大型机械和施工现场堆放的大量施工材料以及工地食堂、商店的物品家具等；同时紧急组织转移在洪水线下居住的职工、家属及其财产。

在工地抢险的同时，水电三局当机立断，又迅速组织驻扎在安康县城附近的第三工程处成立抢险队进入城区，帮助职工医院、东关家属院和设计院迅速撤退转移。由于行动及时、果断，54户居住在安康县城内的职工和家属百余人全部赶在洪峰到达前撤离险区。

7月31日20时许，安康护城河堤决口，一米高的洪水铺天盖地席卷而来，顿时安康县城漆黑一片陷入汪洋遭受灭顶之灾……水电三局散居在安康城内的职工和因公被困在城内的职工，在特大洪水到来之际，积极投入抗洪抢险战斗，有的不顾个人生命财产安危，抢救国家财产；有的冒着生命危险抢救落水灾民；有的和陌生青年人组成临时抢险救灾小组，营救和转移灾民和被洪水围困的群众……局职工医院领导及医护人员临危不惧沉着冷静，组建抢救队、抢险队各一支，迅速将住院病人及其职工、家属全部转移至楼顶，全院442人无一人伤亡，同时营救落水群众12名，保护了国家财产和医护人员及患者的生命安全。水电三局灌浆队水电7号船泊在安康待修，船上工作人员立即执行安康地县防汛指挥部命令，7月31日下午～8月1日凌晨，冒着生命危险，克服各种艰难险阻，营救被洪水围困群众300多人。

水电三局在这场特大洪灾中，全局共有1279户受灾，全局直接经济损失约1000万元。由于水电三局组织自救及时，措施得力，抢险有序，把损失降到了最低限度。

特大洪水造成安康城区通信中断，安康气象台也失去了同电报房的联系，许许多多急需发往西安、兰州、武汉等地的气象电报无法发出。在这紧要关头，水电三局的张岭电台在继续担当局内防汛通信任务的同时又承担起了安康气象台电报的中转任务，一次次地转发了为航空提供的气象电报。由于及时掌握了安康的气象数据，党中央、国务院和中共陕西省委、省政府的救灾飞机很快飞临安康上空，给被洪水围困的群众空投了大批食品和救灾物资。正在安康城区军民奋力同特大洪水搏斗的时候，汉江下游的白河县城也同时遭受到洪水的袭击，县城的有线和无线通讯已经全部中断。陕西省和安康地区防汛指挥部十分关心白河县人民的抗洪斗争，迫切需要把通过安康的汉江洪峰流量通告中共白河县委。安康地区电报房请求水电三局张岭电台把防汛指挥部的电报设法转发给白河县委。但是张岭电台的通信距离达不到白河县城。面对这样一封关系着无数群众生命财产安危的电报，电台的工作人员立即抄收了电文后，交由调度室工作人员即刻驱车前往安康火车站，通过铁路通信线把电报发给了白河县车站，然后由他们及时转给了中共白河县委。随着抗洪抢险斗争的发展，水电三局又在安康军分区和设计院设立了电台，为军民共同抗洪救灾提供了通讯联络。

安康县城灭顶洪灾发生后，水电三局主要领导从火石岩工地几经周折，冒险赶到安康军分区，找到地县救灾指挥部主动请求领受抗洪救灾任务，并立即召开局属各单位领导干部紧急会议，部署各单位组织抢险救灾突击队，进入城区分片抢救灾民，共救出被水围困的灾民2604人。同时把水电三局各子弟学校教室整理出来，组成灾民接待站。张岭基地共设立灾民接待站9个，总计接待灾民7942人，发放救灾草袋4500个；负责疏散灾民计2126户7892人。张岭职工医院为灾民门诊8642人·次；职工食堂为灾民赶制熟食计5.82万斤；各单位出动车辆2139台·次。水电三局迅速妥善安置、转移受灾群众，帮助他们渡过难关。

8月8日，水电三局又接受了安康地县救灾指挥部交给的清理安康城内灾区现场的任务。1983年水电三局党委成立了清理灾区现场指挥部，倾全局之力分片包干，累计参与清理和服务人员1.1万人·次，出动推土机10台、装载机3台、解放牌汽车23辆、吊车2辆、水泵8台等大型机械设备75台（辆）（1217台班），共抽水18万米^3，平整场地13万米^2，清理垃圾4015米^3，清理房屋5000米^2，清理木料1047米^3，清理道路12万米^2，清理各种财产价值36.67万元。

在特大洪水涨水及退水过程中，总长4公里多的安康护城河堤、护岸遭到了严重破坏，城区抗洪挡水标准降至1.38万米^3/秒左右，当时正值秋季大汛之际，为确保当年秋汛安康不再二次进水被淹，遵照国务院副总理万里的指示，8 月 10 日安康地县抗洪抢险救灾指挥部召开紧急会议，分配水电三局承担东堤污水站、喇叭洞、北堤指挥楼、潘家坑、大北门、榆树林六处缺口的抢堵抢修工程任务，共完成工程量：土方开挖 1.49 万米^3，灰土回填 1.59 万米^3，混凝土浇筑 9486 米^3，混凝土预制块护面 3.74 万块/1101 米^3，砂浆回填 597 米^3，砂浆抹面 932 米^2，反滤层堆筑 5692 米^3，黏土铺盖 898 米^3，浆砌石 673.8 米^3，抛石压坡 1278 米^3，铅丝笼块石 2740 米^3，钢钎铅丝网 336 米^2，钢筋 46.98 吨，铅丝 3.65 吨，止水 36 米^2，钢筋混凝土灌注桩 2822.5 米，混凝土浇筑 710 米^3，修复起坚固的防洪大堤。

1984 年 1 月，在安康地区抗洪救灾先进集体、先进个人表彰大会上，水电三局及其所属的第三工程处、职工医院、灌浆队“水电 7 号”船荣获英雄集体称号；获英雄个人称号的有：郝贵成、孙培喜、叶沛华、马耀图、王一军、尤春高、单福斌、郑旭华、魏贵宗。

编 后 记

《中国水利水电建设集团公司志——中国水利水电第三工程局卷（1958～2006）》是按照集团公司史志鉴工作安排编写的一本史志性书籍，主要记述中国水利水电第三工程局建局以来的概况和历程。

志属信史，重在记述史实，述而不论。我们无法对工程局五十多年的历史进程妄作评价，但有责任把工程局五十多年留下的足迹客观忠实地记载下来，使史料不致泯没。为此，工程局成立了局志编纂委员会，局长吴新琪、章运礼，局党委书记张治源、刘美华先后领衔主任委员。

本卷编纂工作于2008年8月正式启动。初稿由各责任编辑分工采集编写，最后由局史志办统稿编辑。参与编写的人员有：任祥友、陈家新、王俊侠、卢兰英、谢声翠、梁志贤、尚玉凤。局党委副书记付胜利审定了全部书稿。内容不再赘述，读者一览便知。

志书，要求门类齐全，详今明古，穷本溯源，绝非易事。更何况人事代谢，水电三局又是几经分合，资料亦多散轶，修志日见其艰。寒来暑往，责任编辑遵照“提高志书的学术和实用价值，尽平生之力，出质量之作”的工作要求，爬梳于数千卷故纸档案资料之中，通过搜集、正误、补缺、析疑、筛选和提炼，笔不惜秃，稿不吝涂，条分缕析，字斟句酌，时类并举，顺理成章。嗣后，又多次组织内部评审。每篇每章均经三稿四稿，历经几多艰辛！知之者谓之工程浩大，态度认真，负重致远；不知者谓之区区小事，时日有延。孰是孰非，姑妄听之。

在组稿过程中，令我们特别欣慰与感动的是，许多德高望重的老领导为我们提供资料，补充、订正史实。赵征、程山、刘纪仁、李友仁、赵庆安、于彦洲、李卫、姜玉村等原任局领导都热情地给我们提供了不少的帮助。这是对我们的莫大厚爱与鼓舞，我们在此表示衷心地感谢！

本书在编纂过程中，始终由局党委工作部全面负责协调和组织。局长工作部、企业发展部、人力资源部、财务管理部、审计部、工程科技部、国际工程部、设备物资部、社会保险管理部、安全生产监督管理部、勘测设计研究院、基础处理公司、制安分局、物贸公司、职工医院、房地产公司、离退休处、物业公司、职教中心、原安康基地分局、原子弟学校、原公安处等部门都给予了大力支持和协助，及时提供有关资料，并给予指导和校核。局属各二级单位及时提供了大量素材；局档案科的管理人员不厌其烦配合查阅资料；周定华、刘泽、刘勇先、赵柏林、马树森、王德明、马世平、刘策群等老同志积极提供史料予以补充或参与审稿，才使本书得以顺利编辑和出版，在此一并表示深深地谢意！

《中国水利水电集团公司志——中国水利水电第三工程局志（1958～2006）》和大家见

面了，了却了水电三局前人和今人的一桩心愿，给后人留下了一份宝贵的史料。编辑人员虽已呕心沥血，但由于学识浅薄，经验不足，纪事中定有不少遗缺或欠妥之处，敬请读者批评指正。

编　者

2011 年 3 月于西安

提供资料单位:

宁夏回族自治区档案馆
《宁夏日报》社
青铜峡市委宣传部
青铜峡水电厂
陕西省档案馆
陕西省地震局
水电四局档案室
沂沭泗水利管理局
西北勘测设计院
西北电力设计院
汉中市档案馆
安康市公安局

图书在版编目（CIP）数据

中国水利水电建设集团公司志．中国水利水电第三工程局卷．1958～2006/中国水利水电建设集团公司史志编辑委员会编．—北京：中国电力出版社，2012.3

ISBN 978-7-5123-2851-8

Ⅰ.①中… Ⅱ.①中… Ⅲ.①水利水电工程-工业企业-概况-中国-1958～2006 Ⅳ.①F426.9

中国版本图书馆 CIP 数据核字（2012）第 052164 号

中国电力出版社出版、发行

（北京市东城区北京站西街 19 号 100005 http://www.cepp.sgcc.com.cn）

北京盛通印刷股份有限公司印刷

各地新华书店经售

*

2012 年 7 月第一版 2012 年 7 月北京第一次印刷

787 毫米×1092 毫米 16 开本 40.25 印张 916 千字 16 插页

定价 **150.00** 元